# Monumenta Germaniae Historica

## Schriften

Band 80

2022
Harrassowitz Verlag · Wiesbaden

Ingrid Würth

# Regnum statt Interregnum

## König Wilhelm, 1247–1256

2022
Harrassowitz Verlag · Wiesbaden

Bibliographische Information der Deutschen Nationalbibliothek
Die Deutsche Nationalbibliothek verzeichnet diese Publikation
in der Deutschen Nationalbibliografie; detaillierte bibliographische Daten
sind im Internet über https://dnb.de abrufbar.

Bibliographic information published by the Deutsche Nationalbibliothek
The Deutsche Nationalbibliothek lists this publication
in the Deutsche Nationalbibliografie; detailed bibliographic data
are available in the Internet at https://dnb.de.


Gedruckt auf alterungsbeständigem Papier
Satz: Dr. Anton Thanner, Weihungszell
Druck und Verarbeitung: Hubert & Co, Göttingen
Printed in Germany
ISBN 978-3-447-11782-1
ISSN 0080-6951

# Vorwort

Das vorliegende Buch wurde im Jahr 2019 von der Philosophischen Fakultät I der Martin-Luther-Universität Halle-Wittenberg als Habilitationsschrift angenommen. Für die Erstellung der Druckfassung wurde die bis Anfang 2021 erschienene wissenschaftliche Literatur berücksichtigt.

Von der ersten Annäherung an das Thema bis zur Fertigstellung der Arbeit ist einige Zeit vergangen, in der ich von vielen Seiten Unterstützung erfahren habe. An erster Stelle möchte ich Herrn Professor Andreas Ranft danken, der mir als wissenschaftlicher Mitarbeiterin den nötigen Freiraum für meine eigenen Forschungen gewährt hat und diese immer mit großem Interesse und vielfältigen Anregungen begleitet hat. Herrn Professor Matthias Werner verdanke ich den ersten Impuls zur Beschäftigung mit dem Königtum Wilhelms, und er hat mich in allen Phasen der Arbeit mit Rat und Tat unterstützt. Die Kollegen und Kolleginnen am Institut für Geschichte in Halle und an den Universitäten in Jena, Gießen, Freiburg, Erfurt, Leipzig und andernorts haben mir durch den regen Austausch in Kolloquien und im universitären Alltag immer wieder Hinweise und konstruktive Kritik im Detail und zum großen Ganzen geliefert. Auch ihnen allen sei herzlich gedankt. Den Herren Professoren Stefan Tebruck und Georg Jostkleigrewe danke ich für das Verfassen der Gutachten zu meiner Arbeit, aus denen ich hilfreiche Vorschläge für die Erstellung des Druckmanuskripts übernehmen konnte.

Eine wichtige Rolle für das tatsächliche Entstehen eines Buches spielen diejenigen, die der Verfasserin unermüdlich in allen Höhen und Tiefen des Schreibprozesses zur Seite stehen, motivieren, diskutieren, kritisieren und vor allem die Mühe des Lesens auf sich nehmen. Für all dies danke ich Andreas Pečar, Kathrin von Basse, Mathias Kälble, Leonhard Helten, Evelien Timpener, Frauke Stange-Methfessel, Paul Beckus und meinen Eltern Roland und Renate Würth. Nici Gorff übernahm die Endredaktion des Bandes und die Erstellung des Registers, wofür ich ihm gesonderten Dank sagen möchte.

Durch die Fürsprache von Herrn Professor Enno Bünz wurde diese Arbeit in die Reihe der MGH Schriften aufgenommen. Ihm und der Präsidentin Frau Professor Martina Hartmann danke ich sehr für die Möglichkeit, meine Ergebnisse in dieser Reihe zu publizieren.

Halle, im August 2021 Ingrid Würth

# Inhaltsverzeichnis

# Abbildungsverzeichnis

# Quellen- und Literaturverzeichnis

Im Quellen- und Literaturverzeichnis sowie in den Fußnoten werden die im Deutschen Archiv für Erforschung des Mittelalters üblichen Abkürzungen und Siglen verwendet (https://www.mgh.de/storage/app/media/uploaded-files/DA_Abkuerzungen_Siglen_19-05.pdf).

## a) Quellen und Regestenwerke


Aachener Urkunden 1101–1250, bearb. von Erich MEUTHEN (Publikationen der Gesellschaft für rheinische Geschichtskunde 58, 1972)

Annales Altahenses maiores, hg. von Wilhelm GIESEBRECHT / Edmund OEFELE (MGH SS rer. Germ. [4], 1891)

Annales Erphordenses fratrum Praedicatorum, hg. von Oswald HOLDER-EGGER (MGH SS rer. Germ. [42], 1899)

Annales Hamburgenses a. 1–1265, hg. von Johann Martin LAPPENBERG (MGH SS 16, 1859) S. 380–385

Annales regni Francorum inde ab A. 741. usque ad A. 829. qui dicuntur Annales Laurisenses maiores et Einhardi, hg. von Georg Heinrich PERTZ / Friedrich KURZE (MGH SS rer. Germ [6], 1895)

Annales Sancti Pantaleonis Coloniensis, hg. von Hermann CARDAUNS (MGH SS 22, 1872) S. 529–547

Annales Spirenses, hg. von Georg Heinrich PERTZ (MGH SS 17, 1861) S. 80–85

Annales Stadenses auctore M. Alberto ab O. c. – 1256, hg. von Johann Martin LAPPENBERG (MGH SS 16, 1859) S. 271–379

Annales Wormatienses, hg. von Georg Heinrich PERTZ (MGH SS 17, 1861) S. 34–73

Auctoris incerti chronicon Tielense, hg. von Johann D. VAN LEEUWEN (Utrecht 1789)

Auszüge aus dem Necrolog des Marienstifts zu Erfurt, hg. von [Franz Joseph] MONE, in: DERS.: Geschichtliche Notizen, in: Zeitschrift für die Geschichte des Oberrheins 4 (1853) S. 250–256, hier S. 253–256

Das Baumgartenberger Formelbuch. Eine Quelle zur Geschichte des XIII. Jahrhunderts, vornehmlich der Zeiten Rudolfs von Habsburg, hg. von Hermann BAERWALD (Fontes rerum Austriacarum 2,25, 1866)

Das Brief- und Memorialbuch des Albert Behaim, hg. von Thomas FRENZ / Peter HERDE (MGH Briefe des späteren Mittelalters 1, 2000)

Biblia sacra iuxta vulgatam versionem, hg. von Robert WEBER u. a., 2 Bde. (1969)

BÖHMER, Johann Friedrich: Regesta archiepiscoporum Maguntinensium. Regesten zur Geschichte der Mainzer Erzbischöfe von Bonifatius bis Uriel von Gemmingen, 742? – 1514, Bd. 2: von Konrad I. bis Heinrich II., 1161–1288, hg. von Cornelius WILL (1886)

BÖHMER, Johann Friedrich: Regesta chronologico-diplomatica regum atque imperatorum Romanorum inde a Conrado I. usque ad Henricum VII. Die Urkunden der römischen Könige und Kaiser von Conrad I. bis Heinrich VII. (911–1313) in kurzen Auszügen mit Nachweisung der Bücher, wo solche abgedruckt sind (1831)

BÖHMER, Johann Friedrich: Regesta Imperii, Bd. 5: Jüngere Staufer 1198–1272. Die Regesten des Kaiserreichs unter Philipp, Otto IV, Friedrich II, Heinrich (VII), Conrad IV, Heinrich Raspe, Wilhelm und Richard, bearb. von Julius FICKER / Eduard WINKELMANN (Reg. Imp. V, 1881–1901)

BÖHMER, Johann Friedrich: Regesta Imperii, Bd. 5: Jüngere Staufer 1198–1272. Die Regesten des Kaiserreichs unter Philipp, Otto IV., Friedrich II., Heinrich (VII.), Conrad IV., Heinrich Raspe, Wilhelm und Richard, Nachträge und Ergänzungen, bearb. von Paul ZINSMAIER / Paul-Joachim HEINIG / Monika KARST (Reg. Imp. V,4, 1983)

BÖHMER, Johann Friedrich: Regesta Imperii, Bd. 6: Die Regesten des Kaiserreichs unter Rudolf, Adolf, Albrecht, Heinrich VII., Abt. 1: Rudolf, bearb. von Oswald REDLICH (Reg. Imp. VI,1, 1898)

BÖHMER, Johann Friedrich: Regesta Imperii, Bd. 6: Die Regesten des Kaiserreichs unter Rudolf, Adolf, Albrecht, Heinrich VII. 1273–1313, Abt. 4: Heinrich VII., 2. Lieferung, bearb. von Kurt-Ulrich JÄSCHKE / Peter THORAU (Reg. Imp. VI,4, 2014)

Braunschweigische Reimchronik, hg. von Ludwig WEILAND (MGH Dt. Chron. 2, 1877) S. 459–574

Caesarius von Heisterbach: Das Leben der Heiligen Elisabeth (Vita Sancte Elyzabeth Lantgravie, Sermo de Translatione Beate Elyzabeth), hg. und übers. von Ewald KÖNSGEN (Veröffentlichungen der Historischen Kommission für Hessen 67, 2007)

Celeberrimi Engelberti abbatis Admontensis ordinis S. Benedicti de regimine principum libri seu tractatus VII, hg. von Johann Georg Theophil HUFFNAGL (Regensburg 1725)

Christiani archiepiscopi liber de calamitate ecclesiae Moguntinae, hg. von Heinrich REIMER (MGH SS 25, 1880) S. 236–248

Chronica Mathiae de Nuwenburg. Die Chronik des Mathias von Neuenburg, I. Fassung B und VC, II. Fassung WAU, hg. von Adolf HOFMEISTER (MGH SS rer. Germ. n. s. 4, 1924–1940)

Chronica regia Coloniensis (Annales maximi Colonienses), hg. von Georg WAITZ (MGH SS rer. Germ. [18], 1880)

Chronica Villariensis monasterii, hg. von Georg WAITZ (MGH SS 25, 1880) S. 195–209

Chronici Saxonici continuatio (Thuringica) Erfordensis, hg. von Oswald HOLDER-EGGER (MGH SS rer. Germ. [42], 1899) S. 443–485

Chronik der Stadt Mühlhausen in Thüringen 1: Bis 1525, hg. von Reinhard JORDAN (1900)

Chronik der Stadt Mühlhausen in Thüringen 2: 1526–1599 (1604), hg. von Reinhard JORDAN (1903)

Die Chronik des Propstes von Ursberg, hg. von Oswald HOLDER-EGGER / Bernhard von SIMSON (MGH SS rer. Germ. [16], 1916)

Chronik des Stiftes S. Simon und Judas in Goslar, hg. von Ludwig WEILAND (MGH Dt. Chron. 2, 1877) S. 586–604

La chronique de Gislebert de Mons, hg. von Léon VANDERKINDERE [1904]

La chronique de Jean de Hocsem, hg. von Godefroid KURTH (1927)

Chronographia Johannis de Beke, hg. von Hettel BRUCH (Rijks Geschiedkundige Publicatiën. Grote serie 143, 1973)
Codex diplomaticus 1, hg. von Valentin Ferdinand VON GUDENUS (Göttingen 1743)
Codex diplomaticus Anhaltinus 2: 1212–1300, hg. von Otto VON HEINEMANN (1875)
Codex diplomaticus Anhaltinus 5: 1380–1400, hg. von Otto VON HEINEMANN (1881)
Concilia Germaniae 3, hg. von Johann Friedrich SCHANNAT / Joseph HARTZHEIM (Köln 1760)
Concilia Salisburgensia provincialia et dioecesana, hg. von Florian DALHAM (1788)
Constitutiones et acta publica imperatorum et regum 2: 1198–1272, hg. von Ludwig WEILAND (MGH Const. 2, 1896)
Constitutiones et acta publica imperatorum et regum 2 Supplementum: Die Konstitutionen Friedrichs II. für das Königreich Sizilien, hg. von Wolfgang STÜRNER (MGH Const. 2 Suppl, 1996)
Constitutiones et acta publica imperatorum et regum 3: 1273–1298, hg. von Jakob SCHWALM (MGH Const. 3, 1904–1906)
Corpus iuris canonici 1: Decretum magistri Gratiani, hg. von Emil FRIEDBERG / Emil Ludwig RICHTER (1879, ND 1955)
Corpus iuris canonici 2: Decretalium collectiones, hg. von Emil FRIEDBERG / Emil Ludwig RICHTER (1879, ND 1959)
Cronica minor minoritae Erphordensis ab Urbe cond. – 1261, hg. von Oswald HOLDER-EGGER (MGH SS rer. Germ. [42], 1899) S. 486–671
Cronica S. Petri Erfordensis moderna a. 1072–1335, hg. von Oswald HOLDER-EGGER (MGH SS [42], 1899) S. 117–369
Cuspinianus, Johannes: De Caesaribus atque Imperatoribus romanis opus insigne, Basel: Oporinus [1561]

De advocatis Altahensibus, hg. von Philipp JAFFÉ (MGH SS 17, 1861) S. 373–376
Deutsche Sagen 2, hg. von Jakob und Wilhelm GRIMM (1818)
Diplomata regum et imperatorum Germaniae 10,1: Frederici I. diplomata 1152–1158, bearb. von Heinrich APPELT u. a. (MGH DD FI., 1975)
Diplomata regum et imperatorum Germaniae 10,3: Frederici I. diplomata 1168–1180, bearb. von Heinrich APPELT / Rainer Maria HERKENRATH / Walter KOCH (MGH DD FI., 1983)
Diplomata regum et imperatorum Germaniae 14,2: Friderici II. diplomata 1212–1217, bearb. von Walter KOCH u. a. (MGH DD FII., 2007)
Diplomata regum et imperatorum Germaniae 18,1: Heinrici Rasponis et Wilhelmi de Hollandia Diplomata 1246–1252, bearb. von Dieter HÄGERMANN / Jaap G. KRUISHEER (MGH DD HRas / DD Wilh, 1989)
Diplomata regum et imperatorum Germaniae 18,2: Wilhelmi de Hollandia diplomata 1252–1256, bearb. von Dieter HÄGERMANN / Jaap G. KRUISHEER (MGH DD Wilh, 2006)
Diplomata regum et imperatorum Germaniae 19,1: Alfonsi Castiliensis diplomata, bearb. von Ingo SCHWAB (MGH DD Alf, 2016)
Diplomata regum Germaniae ex stirpe Karolinorum 3: Arnolfi diplomata, bearb. von Paul KEHR (MGH DD Arn, 1940)

DOBENECKER, Otto: Regesta diplomatica necnon epistolaria historiae Thuringiae 3: 1228–1266 (1925)

Dunensis sive diplomatum et chartarum medii aevi amplissima collectio, hg. von Joseph Marie Bruno Constantin KERVYN DE LETTENHOVE (1875)

Ellenhardi Argentinensis annales et chronica, hg. von Philipp JAFFÉ (MGH SS 17, 1861) S. 91–141

Epistolae saeculi XIII e regestis pontificum Romanorum 2, hg. von Karl RODENBERG / Georg Heinrich PERTZ (MGH Epp. saec. XIII 2, 1887)

Epistolae saeculi XIII e regestis pontificum Romanorum, Bd. 3, hg. von Karl RODENBERG / Georg Heinrich PERTZ (MGH Epp. saec. XIII 3, 1894)

Fontes rerum Bernensium: Bern's Geschichtsquellen 2: 1218–1271 (1877)

Gesta abbatum Horti Sanctae Mariae, hg. von Ludwig WEILAND (MGH SS 23, 1874) S. 573–608

Gesta Treverorum continuata, hg. von Georg WAITZ (MGH SS 24, 1879) S. 368–488

GOERZ, Adam: Regesten der Erzbischöfe von Trier von Hetti bis Johann II., 814–1503 (1861)

GOERZ, Adolf: Mittelrheinische Regesten oder chronologische Zusammenstellung des Quellen-Materials für die Geschichte der Territorien der beiden Regierungsbezirke Coblenz und Trier in kurzen Auszügen 3: 1237–1273 (1881)

Gotifredi Viterbiensis opera, hg. von Georg WAITZ (MGH SS 22, 1872) S. 1–338

GROTEFEND, Otto / ROSENFELD, Felix: Regesten der Landgrafen von Hessen 1: 1247–1328 (Veröffentlichungen der historischen Kommission für Hessen 6,1, ²1991)

GUDENUS, Valentin Ferdinand: Codex diplomaticus (Göttingen 1743)

Heinrich Kaufringer: Die unschuldige Mörderin, in: Novellistik des Mittelalters. Märendichtung, hg. von Kurt GRUBMÜLLER (Bibliothek des Mittelalters 23, 1996) S. 799–839, 1285–1291

Hermanni Altahensis annales a. 1137–1273, hg. von Philipp JAFFÉ (MGH SS 17, 1861) S. 381–407

HUILLARD-BRÉHOLLES, Alphonse (Hg.): Historia diplomatica Friderici Secundi sive constitutiones, privilegia, mandata, instrumenta quae supersunt istius imperatoris et filiorum ejus 1–6 (1852–61)

Iacobi de Guisia annales historiae illustrium principum Hannoniae, hg. von Ernst SACKUR (MGH SS 30/1, 1896) S. 44–334

Jacob van Maerlant, Alexanders Geesten, hg. von Johannes FRANCK (Bibliotheek van mittelnederlandsche Letterkunde, 1882)

Johannes von Plano Carpini: Kunde von den Mongolen [Ystoria Mongalorum], übers. von Felicitas SCHMIEDER (2015)

Kaiser Friedrich II. in Briefen und Berichten seiner Zeit, hg. von Klaus J. HEINISCH (1968)

KNIPPING, Richard: Die Regesten der Erzbischöfe von Köln im Mittelalter 3,1: 1205–1261 (Publikationen der Gesellschaft für rheinische Geschichtskunde 21,3,1, 1909, ND 1985)
KRENZER, Oskar: Regesten des Bamberger Bischofs Heinrich I. von Bilversheim (1242–1257). Programm des königlich humanistischen Gymnasiums Schweinfurt für das Schuljahr 1900/1901 (1901)
Kroniek van het klooster Bloemhof te Wittewierum, hg. von H. P. H. JANSEN / A. JANSE (Middeleuwse Studies en Bronnen 20, 1991)

Legum tomus 2 [Supplementa tomi primi/Constitutiones regum Germaniae], hg. von Georg Heinrich PERTZ (MGH LL 2, 1837)
Lodewijk van Velthem, Voortzetting van den Spiegel historiael (1248–1316) 1, hg. von Herman VANDER LINDEN / Willem DE VREESE (Commission royale d'histoire, Publications in-quarto 35, 1906)

Martini Oppaviensis Chronicon pontificum et imperatorum, hg. von Ludwig WEILAND (MGH SS 22, 1872) S. 377–475
Matthaei Parisiensis, monachi sancti Albani, Chronica Majora 1–7, hg. von Henry Richards LUARD (Rerum Britannicarum medii aevi scriptores 57/1–7, 1872–1883)
Matthaei Parisiensis, monachi sancti Albani, Historia Anglorum, sive, ut vulgo dicitur, Historia minor, hg. von Frederic MADDEN (Rerum Britannicarum medii aevi scriptores 44/1–3, 1866–1869)
MIRAEUS, Hubert (Hg.): Opera diplomatica et historica 1 (Brüssel ²1723)

Necrologium Egmundense, hg. von Hendrik VAN WIJN, in: Huiszittend leven 2,1 (1812) S. 90–140
OHZ 1: Oorkondenboek van Holland en Zeeland tot 1299 1: Eind van de 7e eeuw tot 1222, hg. von Anton Carl Frederik KOCH (1970)
OHZ 2: Oorkondenboek van Holland en Zeeland tot 1299 2: 1222 tot 1256, hg. von Jaap G. KRUISHEER (1986)
OHZ 3: Oorkondenboek van Holland en Zeeland tot 1299 3: 1256 tot 1278, hg. von Jaap G. KRUISHEER (1992)
OHZ 4: Oorkondenboek van Holland en Zeeland tot 1299 4: 1278 tot 1291, hg. von Jaap G. KRUISHEER (1997)
Oorkondenboek van Holland en Zeeland 1,1, hg. von Laurent Philippe Charles VAN DEN BERGH (1866)
Ottonis et Rahewini Gesta Friderici I. imperatoris, hg. von Georg WAITZ / Bernhard SIMSON (MGH SS rer. Germ. [46], 1912)

P. Ovidi Nasonis Tristium libri quinque, Ibis, Ex Ponto libri quattuor, Halieutica, Fragmenta, hg. von Sidney George OWEN (1915, ND 1951)
POTTHAST, August: Regesta pontificum Romanorum inde ab a. post Christum natum MCXCVIII ad a. MCCCIV 1–2 (1874–75)

Reygersbergh, Jan: Dye Cronijcke van Zeelandt (Antwerpen: Petersen 1551)

Richeri Senoniensis gesta ecclesiae, hg. von Georg WAITZ (MGH SS 25, 1880) S. 249–345
Rijmkroniek van Holland (366–1305) door een anoniem auteur en Melis Stoke, hg. von Jan W. J. BURGERS (Rijks geschiedkundige publicatiën. Grote serie 251, 2004)
Rijmkroniek van Melis Stoke 1–2, hg. von Willem Gerard BRILL (Werken uitg. door het Historisch Genootschap gevestigd te Utrecht n. s. 40/42, 1885, ND 1983)

Sachsenspiegel Landrecht, hg. von Karl August ECKHARDT (MGH Fontes iuris n. s. 1,1, 1955)
SCHANNAT, Johann Friedrich: Vindemiae literariae 1 (Fulda / Leipzig 1723)

Urkundenbuch der Abtei Eberbach im Rheingau 2, hg. von Karl ROSSEL (1865–1870)
Urkundenbuch der Deutschordensballei Thüringen 1, hg. von Karl H. LAMPE (Thüringische Geschichtsquellen N. F. 7, 1936)
Urkundenbuch der ehemals freien Reichsstadt Mühlhausen in Thüringen, bearb. von Karl HERQUET (Geschichtsquellen der Provinz Sachsen und angrenzender Gebiete 3, 1874)
Die Urkunden der Markgrafen von Meißen und Landgrafen von Thüringen 4: 1235–1247, bearb. von Tom GRABER / Mathias KÄLBLE (CDS 1 A 4, 2014)
Die Urkunden der Markgrafen von Meißen und Landgrafen von Thüringen 5: 1248–1264, bearb. von Tom GRABER / Mathias KÄLBLE (CDS 1 A 5, 2017)
Urkundenbuch der Stadt Lübeck (Codex diplomaticus Lubecensis) 1 (1843)
Urkundenbuch der Stadt und Landschaft Zürich 2, bearb. von Johann Jakob ESCHER / Paul SCHWEIZER (1890)
Urkundenbuch des Hochstifts Halberstadt und seiner Bischöfe 2: 1236–1303, hg. von Gustav SCHMIDT (Publicationen aus den K. Preußischen Staatsarchiven 21, 1884)
Urkundenbuch des Klosters Walkenried 1: Von den Anfängen bis 1300, bearb. von Josef DOLLE / Walter BAUMANN (Quellen und Forschungen zur braunschweigischen Landesgeschichte 38; Veröffentlichungen der Historischen Kommission für Niedersachsen und Bremen 210, 2002)
Urkundenbuch für die Geschichte des Niederrheins 2: 1201–1300, hg. von Theodor J. LACOMBLET (1846)
Urkundenbuch zur Geschichte der Herzöge von Braunschweig und Lüneburg und ihrer Lande 1: Bis zum Jahre 1341, hg. von Hans Friedrich SUDENDORF (1859)
Urkundenbuch zur Geschichte der jetzt die Preussischen Regierungsbezirke Coblenz und Trier bildenden mittelrheinischen Territorien 3: 1212–1260, bearb. von Leopold ELTESTER / Adam GOERZ (1874)

Westfälisches Urkundenbuch 7: Die Urkunden des kölnischen Westfalens vom J. 1200–1300, bearb. von Theodor ILGEN (1901–1908)
Willem Procurator: Kroniek, hg. von Marijke GUMBERT-HEPP / Jan Peter GUMBERT (Middeleeuwse Studies en Bronnen 76, 2001)
Wirtembergisches Urkundenbuch 5: 1253–1260, hg. von dem königlichen Staatsarchiv in Stuttgart (1889)

Wormser Chronik von Friedrich Zorn, mit den Zusätzen Franz Bertholds von Flersheim, hg. von Wilhelm ARNOLD (1857)

## b) Literatur

ACHT, Peter: Art. Christian II. von Weisenau, in: NDB 3 (1957) S. 227

AKERMANN, Manfred: Die Staufer. Ein europäisches Herrschergeschlecht (³2010)

ALPHEI, Cord: Art. Walkenried, in: Die Männer- und Frauenklöster der Zisterzienser in Niedersachsen, Schleswig-Holstein und Hamburg, bearb. von Ulrich FAUST (Germania Benedictina 12: Norddeutschland 1994) S. 678–742

ALTENA, Eveline / SMEDING, Risha / DE KNIJF, Peter: Het DNA-onderzoek, in: Erich H. P. CORDFUNKE: Willem II, graaf van Holland en Roomskoning. Een zoektocht naar het koningsgraf in Middelburg (2013) S. 75–80

ALTHOFF, Gerd: Das hochmittelalterliche Königtum. Akzente einer unabgeschlossenen Neubewertung, in: FMSt 45 (2011) S. 77–98

ALTHOFF, Gerd: Die Macht der Rituale. Symbolik und Herrschaft im Mittelalter (²2013)

ALTHOFF, Gerd: Die Zähringer – Herzöge ohne Herzogtum, in: Die Zähringer. Schweizer Vorträge und neue Forschungen, hg. von Karl SCHMID (Veröffentlichungen zur Zähringer-Ausstellung 3, 1990) S. 81–94

ALTHOFF, Gerd: Kommunikation des Königs mit den Fürsten, in: Ritualisierung politischer Willensbildung. Polen und Deutschland im hohen und späten Mittelalter, hg. von Wojciech FAŁKOWSKI / Bernd SCHNEIDMÜLLER / Stefan WEINFURTER (DHI Warschau, Quellen und Studien 24, 2010) S. 31–45

ALTHOFF, Gerd: Spielregeln der Politik im Mittelalter. Kommunikation in Friede und Fehde (²2014)

ALTMANN, Hugo: Art. Neuenahr, Grafen v., in: NDB 19 (1999) S. 106–110

AMMERICH, Hans / FLACHENECKER, Helmut: Art. Heinrich, Graf von Leiningen, in: Die Bischöfe des Heiligen Römischen Reiches 1198 bis 1448. Ein biographisches Lexikon, hg. von Erwin GATZ / Clemens BRODKORB (2001) S. 744 f.

ANDENNA, Cristina: Neue Formen der Frömmigkeit und Armutsbewegung, in: Verwandlungen des Stauferreichs. Drei Innovationsregionen im mittelalterlichen Europa, hg. von Bernd SCHNEIDMÜLLER / Stefan WEINFURTER / Alfried WICZOREK (2010) S. 246–263

ANDERMANN, Kurt: Die Bolanden – Ministerialen der Staufer, in: Vor-Zeiten 4 (1988) S. 69–86

ANGERMEIER, Heinz: Königtum und Landfriede im deutschen Spätmittelalter (1966)

ANKWICZ VON KLEEHOVEN, Hans: Art. Cuspinianus, Johannes, in: NDB 3 (1957) S. 450–452

APPELMANS, Janick: Rooms Koning Willem II doodgeknubbeld bei Hoogwoud (1256): Gaan ridderlijke eer en nationale troots opnieuw ten onder?, in: Koningsmoorden, hg. von Tom VERSCHAFFEL (2000) S. 143–157

APPELT, Heinrich: Art. Berthold, Patriarch von Aquileja, in: NDB 2 (1955) S. 152

ARNOLD, Benjamin: German Knighthood 1050–1300 (1985, ND 1999)

AVONDS, Piet: Art. Grimbergen, in: LexMA 4 (1989) Sp. 1715 f.

AVONDS, Piet: Von der Gemeinschaft zur Plutokratie, in: Antwerpen. Zwölf Jahrhunderte Geschichte und Kultur, hg. von Karel VAN ISACKER / Raymond VAN UYTVEN (1986) S. 56–64, 419 f.

BAAKEN, Gerhard: Art. Gottfried von Viterbo, in: LexMA 4 (1989) Sp. 1607f.

BAETHGEN, Friedrich: Europa im Spätmittelalter. Grundzüge seiner politischen Entwicklung (1951)

BARONE, Giulia: Federico II di Svezia e gli Ordini Mendicanti, in: Mélanges de l'Ecole française de Rome: Moyen-Age, Temps modernes 90 (1978) S. 607–626

BATTENBERG, Friedrich: Das Hofgerichtssiegel der deutschen Kaiser und Könige 1235–1451. Mit einer Liste der Hofgerichtsurkunden (Quellen und Forschungen zur höchsten Gerichtsbarkeit im alten Reich 6, 1979)

BATTENBERG, J. Friedrich: Die königlichen Hofrichter vom 13. bis 15. Jahrhundert. Eine Untersuchung zur sozialen und funktionalen Einbindung der Hofgerichtsbarkeit in den Königshof, in: Deutscher Königshof, Hoftag und Reichstag im späteren Mittelalter, hg. von Peter MORAW (Vorträge und Forschungen 48, 2002) S. 239–290

BECK, Lorenz Friedrich: Herrschaft und Territorium der Herzöge von Sachsen-Wittenberg 1212–1422 (Bibliothek der Brandenburgischen und Preußischen Geschichte 6, 2000)

BECKER, Paul: Die Grafen von Ilfeld-Honstein in der Politik des 13. Jahrhunderts, in: Beiträge zur Geschichte aus Stadt und Kreis Nordhausen 35 (2010) S. 33–41

BEEKMAN, Frans: Land en water [1300–1550], in: Geschiedenis van Zeeland 1: Prehistorie–1550, hg. von Paul BRUSSE / Peter HENDERIKX (2012) S. 191–210

BEJCZY, István Pieter: The Concept of Political Virtue in the Thirteenth Century, in: Princely Virtues in the Middle Ages, 1200–1500. Herrschertugenden im Mittelalter, hg. von István Pieter BEJCZY / Cary J. NEDERMAN (Disputatio 9, 2007) S. 9–32

BERGER, Thomas: Die Bettelorden in der Erzdiözese Mainz und in den Diözesen Speyer und Worms im 13. Jahrhundert. Ausbreitung, Förderung und Funktion (Quellen und Abhandlungen zur mittelrheinischen Kirchengeschichte 69, 1994)

BERGES, Wilhelm: Zur Geschichte des Werla-Goslarer Reichsbezirks vom neunten bis zum elften Jahrhundert, in: Deutsche Königspfalzen. Beiträge zu ihrer historischen und archäologischen Erforschung 1 (Veröffentlichungen des Max-Planck-Instituts für Geschichte 11,1, 1963) S. 113–157

BERTELOOT, Amand: Mittelalter, in: Niederländische Literaturgeschichte, hg. von Ralf GRÜTTEMEIER / Maria-Theresia LEUKER (2006) S. 1–58

BEUMANN, Helmut: Das Imperium und die Regna bei Wipo, in: DERS.: Wissenschaft vom Mittelalter. Ausgewählte Aufsätze (1972) S. 175–200 (zuerst in: Aus Geschichte und Landeskunde. Franz Steinbach zum 65. Geburtstag gewidmet von seinen Freunden und Schülern, 1960, S. 11–36)

BEYER, Heinz-Jürgen / BORCHARDT, Karl: Kreuzpredigt gegen Konrad IV. in Augsburg: Spätstaufisches aus Clm 23502, in: DA 68 (2012) S. 519–543

BIESHEUVEL, Ingrid / PALMER, Nigel F.: Art. Jacob van Maerlant, in: VL² 11 (2004) Sp. 747–755

BIESHEUVEL, Ingrid: Jacob van Maerlant, in: The Encyclopedia of the Medieval Chronicle 2, hg. von Graeme DUNPHY (2010) S. 897 f.

BIESHEUVEL, Ingrid: Jacob van Maerlant. Leben, Werk, Wirkung und Bedeutung, in: Dialog mit den Nachbarn: Mittelniederländische Literatur zwischen dem 12. und 16. Jahrhundert, hg. von Bernd BASTERT / Helmut TERVOOREN / Frank WILLAERT (Zeitschrift für deutsche Philologie, Sonderheft, 2011) S. 205–218

BLESS-GRABHER, Magdalen: Kappel, in: Die Zisterzienser und Zisterzienserinnen, die reformierten Bernhardinerinnen, die Trappisten und Trappistinnen und die Wilhelmiten in der Schweiz 1, hg. von Cécile SOMMER-RAMER / Patrick BRAUN (Helvetia Sacra 3,3,1, 1982) S. 246–289

BLOCH, Hermann: Die staufischen Kaiserwahlen und die Entstehung des Kurfürstentums (1911)

BÖCK, Matthias / GEUENICH, Dieter: Geldern und das Reich (11.–14. Jahrhundert), in: Gelre – Geldern – Gelderland. Geschichte und Kultur des Herzogtums Geldern, hg. von Johannes STINNER / Karl-Heinz TEKATH (Veröffentlichungen des Historischen Vereins für Geldern und Umgebung 100, 2001) S. 101–105

BOCKSHAMMER, Ulrich: Ältere Territorialgeschichte der Grafschaft Waldeck (Schriften des Hessischen Amts für geschichtliche Landeskunde 24, 1958)

BOEHM, Laetitia: Das Haus Wittelsbach in den Niederlanden, in: Zeitschrift für bayerische Landesgeschichte 44 (1981) S. 93–130

BÖHMER, Roland / NIEDERHÄUSER, Peter: Zwischen klösterlichem Ideal und adligen Bedürfnissen: das Zisterzienserkloster Kappel, in: Mittelalter. Zeitschrift des Schweizerischen Burgenvereins 11 (2006) S. 1–19

BONENFANT, Paul / DESPY, Georges: La noblesse en Brabant aux XII^e et XIII^e siècles, in: Le Moyen Âge 64 (1958) S. 27–66

BÖNNEN, Gerold: Rhein-Main-Neckar-Region: Herrschaftsorganisation nach konsensualem Muster, in: Verwandlungen des Stauferreichs. Drei Innovationsregionen im mittelalterlichen Europa, hg. von Bernd SCHNEIDMÜLLER / Stefan WEINFURTER / Alfried WIECZOREK (2010) S. 94–111

BOOCKMANN, Hartmut: Der Deutsche Orden in Mühlhausen, in: Sachsen und Anhalt 21 (1998) S. 10–35

BORGNET, Jules: Histoire du comté de Namur (1850)

BOSHOF, Egon: Bayern und Österreich in der Schlussphase der Herrschaft Friedrichs II., in: ZBLG 63 (2000) S. 415–443

BOSHOF, Egon: Königtum und Königsherrschaft im 10. und 11. Jahrhundert (EDG 27, 2010)

BOSL, Karl: Die Reichsministerialität der Salier und Staufer (MGH Schriften 10, 1950–51, ND 2010)

BOSL, Karl: Staat, Gesellschaft, Wirtschaft im deutschen Mittelalter, in: Gebhardt. Handbuch der deutschen Geschichte 1: Frühzeit und Mittelalter, hg. von Herbert GRUNDMANN (⁹1970, ND 1996) § 216–256 S. 693–835

BRABÄNDER, Michael Richard: Die Einflußnahme auswärtiger Mächte auf die deutsche Königswahlpolitik vom Interregnum bis zur Erhebung Karls IV. (Europäische Hochschulschriften III,590, 1994)

BRANDIS, Wolfgang: Art. Isenhagen – Zisterzienser, später Zisterzienserinnen, dann Damenstift (1243 bis zur Gegenwart), in: Niedersächsisches Klosterbuch. Verzeichnis der Klöster, Stifte, Kommenden und Beginenhäuser in Niedersachsen und Bremen von den Anfängen bis 1810, hg. von Josef DOLLE / Dennis KNOCHENHAUER (Veröffentlichungen des Instituts für historische Landesforschung der Universität Göttingen 56, 2012) S. 855–862

BRANDT, Hans Jürgen / HENGST, Karl: Geschichte des Erzbistums Paderborn 1: Das Bistum Paderborn im Mittelalter (Veröffentlichungen zur Geschichte der Mitteldeutschen Kirchenprovinz 12, 2002)

BRESSLAU, Harry: Handbuch der Urkundenlehre für Deutschland und Italien 1–2 ($^{2}$1912/1931)

BREUER, Norbert: Geschichtsbild und politische Vorstellungswelt in der Kölner Königschronik sowie der „Chronica S. Pantaleonis" (1966)

BRODKORB, Clemens: Schwerin [Einleitung], in: Die Bischöfe des Heiligen Römischen Reiches 1198 bis 1448. Ein biographisches Lexikon, hg. von Erwin GATZ / DEMS. (2001) S. 699

BROSIUS, Dieter: Art. Scharnebeck, in: Die Männer- und Frauenklöster der Zisterzienser in Niedersachsen, Schleswig-Holstein und Hamburg, bearb. von Ulrich FAUST (Germania Benedictina 12: Norddeutschland, 1994) S. 655–663

BROSIUS, Dieter: Art. Scharnebeck – Zisterzienser (1243 bis 1531), in: Niedersächsisches Klosterbuch. Verzeichnis der Klöster, Stifte, Kommenden und Beginenhäuser in Niedersachsen und Bremen von den Anfängen bis 1810, hg. von Josef DOLLE / Dennis KNOCHENHAUER (Veröffentlichungen des Instituts für historische Landesforschung der Universität Göttingen 56, 2012) S. 1340–1346

BRÜHL, Carlrichard: Art. Gastung, in: LexMA 4 (1989) Sp. 1137 f.

BRUSH, Kathryn: The Tomb Slab of Archbishop Siegfried III von Eppstein in Mainz Cathedral. A Thirteenth-Century Image and its Interpretative Contexts, in: Grabmäler. Tendenzen der Forschung an Beispielen aus Mittelalter und früher Neuzeit, hg. von Wilhelm MAIER / Wolfgang SCHMID / Michael Viktor SCHWARZ (2000) S. 33–50

BÜHNER, Peter: Das Planungsschema des mittelalterlichen Stadtgrundrisses von Mühlhausen, in: Mühlhäuser Beiträge 27 (2004) S. 39–68

BÜNZ, Enno: Art. Aschaffenburg [C.2.], in: Höfe und Residenzen im spätmittelalterlichen Reich. Ein dynastisch-topographisches Handbuch 2: Residenzen, hg. von Werner PARAVICINI (Residenzenforschung 15,1,2, 2003) S. 19–22

BURGERS, Jan W. J.: Art. Chronicon Egmondanum [Egmundanum], in: The Encyclopedia of the Medieval Chronicle 1, hg. von Graeme DUNPHY (2010) S. 331

BURGERS, Jan W. J.: De Rijmkroniek van Holland en zijn auteuers. Historiografie in Holland door de Anonymus (1280–1282) en de grafelijke klerk Melis Stoke (begin veertiende eeuw) (Hollandse Studiën 35, 1999)

BURGERS, Jan W. J.: Die Grafen von Holland-Hennegau in der Region von Maas und Niederrhein in der ersten Hälfte des 14. Jahrhunderts, in: Rheinische Vierteljahrsblätter 80 (2016) S. 58–89

BURGERS, Jan W. J.: Geschiedschrijving in Holland tot omstreeks 1300, in: Jaarboek voor middeleeuwse geschiedenis 3 (2000) S. 92–130

BURKARD, Tertulina: Landgerichte Wasserburg und Kling (Historischer Atlas von Bayern, Altbayern 15, 1965)

BURKARDT, Johannes: Art. Hünfeld, in: Die Benediktinischen Mönchs- und Nonnenklöster in Hessen, bearb. von Regina Elisabeth SCHWERDTFEGER / Friedhelm JÜRGENSMEIER / Franziskus BÜLL OSB (Germania Benedictina 7, 2004) S. 653–657

BURKHARDT, Stefan: Anfänge der Staufer nördlich der Alpen – Normannische Wurzeln im Süden, in: Die Staufer und Italien. Drei Innovationsregionen im mittelalterlichen Europa 1: Essays, hg. von Alfried WIECZOREK / Bernd SCHNEIDMÜLLER / Stefan WEINFURTER (2010) S. 73–80

BURKHARDT, Stefan: Mediterranes Kaisertum und imperiale Ordnungen. Das lateinische Kaiserreich von Konstantinopel (Europa im Mittelalter 25, 2014)

BURLET, Fabrice: Prestigeträchtige Ehen und grosse Erbschaften? Herrschaft und Heiratspolitik der Grafen von Kyburg, in: Die Grafen von Kyburg. Eine Adelsgeschichte mit Brüchen, hg. von Peter NIEDERHÄUSER (Mitteilungen der Antiquarischen Gesellschaft in Zürich 82, 2015) S. 65–81

BUSCH, Friedrich: Beiträge zum Urkunden- und Kanzleiwesen der Herzöge zu Braunschweig und Lüneburg im 13. Jahrhundert 1: Bis zum Tode Ottos des Kindes (Veröffentlichungen der Historischen Kommission für Hannover, Oldenburg, Braunschweig, Schaumburg-Lippe und Bremen, 1921)

BUSCHMANN, Arno: Art. Mainzer Reichslandfriede, in: HRG² 3 (2016) Sp. 1186–1191

BUSCHMANN, Arno: Der Rheinische Bund von 1254–1257. Landfriede, Städte, Fürsten und Reichsverfassung im 13. Jahrhundert, in: Kommunale Bündnisse Oberitaliens und Oberdeutschlands im Vergleich, hg. von Helmut MAUERER (Vorträge und Forschungen 33, 1987) S. 167–212

BUSSON, Arnold: Über einen Plan, an Stelle Wilhelms von Holland Ottokar von Böhmen zum römischen König zu erwählen, in: AÖG 40 (1869) S. 131–156

BÜTOW, Sascha: Straßen im Fluss. Schiffahrt, Flussnutzung und der lange Wandel der Verkehrsinfrastruktur in der Mark Brandenburg und der Niederlausitz vom 13. bis zum 16. Jahrhundert (Studien zur brandenburgischen und vergleichenden Landesgeschichte 18, 2014)

BÜTTNER, Andreas: Der Weg zur Krone. Rituale der Herrschererhebung im spätmittelalterlichen Reich (Mittelalter-Forschungen 35/1, 2012)

BUTZ, Eva-Maria: Adlige Herrschaft im Spannungsfeld von Reich und Region. Die Grafen von Freiburg im 13. Jahrhundert (Veröffentlichungen aus dem Archiv der Stadt Freiburg im Breisgau 34, 2002)

BUTZ, Eva-Maria: Die Grafen von Urach. Der lange Kampf um das zähringische Erbe, in: Die Zähringer. Rang und Herrschaft um 1200, hg. von Jürgen DENDORFER / Heinz KRIEG / Johanna REGNATH (Veröffentlichungen des Alemannischen Instituts 85, 201) S. 461–471

CARILE, Antonio: Art. Balduin II., lat. Kaiser von Konstantinopel, in: LexMA 1 (1980) Sp. 1369 f.

CAUCHIES, Jean-Marie: Art. Hennegau, in: LexMA 4 (1989) Sp. 2131–2133

CHRIST, Günter: Art. Aschaffenburg, in: Bayerisches Städtebuch 1, hg. von Erich KEYSER / Heinz STOOB (Deutsches Städtebuch 5,1 1971) S. 59–73

CLASSEN, Albrecht: Art. Braunschweigische Reimchronik [Braunschweiger Fürstenchronik], in: The Encyclopedia of the Medieval Chronicle 1, hg. von Graeme DUNPHY (2010) S. 209 f.

CORDFUNKE, Erich H. P.: Der keerlen God?, in: Wi Florens ... De Hollandse graaf Floris V in de samenleving van de dertiende eeuw, hg. von Dick E. H. DE BOER / Erich H. P. CORDFUNKE / Herbert SARFATIJ (1996) S. 340–354

CORDFUNKE, Erich H. P.: Familierelaties en dynastieke belangen, in: Wi Florens ... De Hollandse graaf Floris V in de samenleving van de dertiende eeuw, hg. von Dick E. H. DE BOER / Erich H. P. CORDFUNKE / Herbert SARFATIJ (1996) S. 20–37

CORDFUNKE, Erich H. P.: Macht en aanzien. Kennemer adel in de volle middeleeuwen (1050–1350, 2013)

CORDFUNKE, Erich H. P.: Opgravingen in Egmond. De abdij van Egmond in historisch-archeologisch perspectief (1984)

CORDFUNKE, Erich H. P.: Willem II, graaf van Holland en Roomskoning. Eeen zoektocht naar het koningsgraf in Middelburg, met bijdragen van George J. R. MAAT / Eveline ALTENA u. a. (2013)

CORSEPIUS, Katharina: Der Aachener ‚Karlsthron' zwischen Zeremoniell und Herrschermemoria, in: Investitur- und Krönungsrituale. Herrschaftseinsetzungen im kulturellen Vergleich, hg. von Marion STEINICKE / Stefan WEINFURTER (2005) S. 359–375

COX, Joseph Carel Marie: *Hebbende privilege van stede*. De verlening van stadsrechtprivileges in Holland en Zeeland ($13^{de}$–$15^{de}$ eeuw, 2011)

CREAMER, Joseph: St Edmund of Canterbury and Henry III in the Shadow of Thomas Becket, in: Thirteenth century England XIV: proceedings of the Aberystwyth and Lampeter conference 2011, hg. von Janet E. BURTON / Philipp R. SCHOFIELD / Björn K. U. WEILER (2013) S. 129–139

CRECELIUS, Wilhelm: Die Herrn [sic] von Hardenberg, in: Zeitschrift des bergischen Geschichtsvereins 8 (1872) S. 193–233

CYGLER, Florent: Das Generalkapitel im hohen Mittelalter. Cisterzienser, Prämonstratenser, Kartäuser und Cluniazenser (Vita regularis 12, 2002)

DANNEIL, Johann Friedrich: Kirchengeschichte der Stadt Salzwedel (1842)

DE BOER, Dick Edward Herman / CORDFUNKE, Erich H. P.: Graven van Holland. Middeleeuwse vorsten in word en beeld (880–1580, 2010)

DE GRAAF, Ronald P.: De kastelen van Floris V als instrumenten van zijn machspolitiek, in: Wi Florens ... De Hollandse graaf Floris V in de samenleving van de dertiende eeuw, hg. von Dick E. H. DE BOER / Erich H. P. CORDFUNKE / Herbert SARFATIJ (1996) S. 173–190

DEBUS, Friedhelm: Die Entstehung der deutschen Familiennamen aus Beinamen, in: Familiennamen im Deutschen. Erforschung und Nachschlagewerke. Deutsche Familiennamen im deutschen Sprachraum, Jürgen Udolph zum 65. Geburtstag zugeeignet, hg. von Karlheinz HENGST / Dietlind KRÜGER (2009) S. 85–108

DECKER-HAUFF, Hansmartin: Die Anfänge des Hauses Wirtemberg, in: 900 Jahre Haus Württemberg, hg. von Robert UHLAND (1984) S. 25–81

DEGLER-SPENGLER, Brigitte: Gfenn, in: Die Johanniter, die Templer, der Deutsche Orden, die Lazariter und Lazariterinnen, die Pauliner und die Serviten in der Schweiz, bearb. von Bernard ANDERMATTEN u. a. (Helvetia Sacra 4,7,1, 2006) S. 887–912

DEGLER-SPENGLER, Brigitte: Das Bistum vom 13. bis zum 15. Jh., in: Das Bistum Konstanz. Das Erzbistum Mainz. Das Bistum St. Gallen 1, bearb. von Franz Xaver BISCHOF u. a. (Helvetia Sacra 1,2,2,1, 1993) S. 92–122

DEMANDT, Karl Ernst: Der Endkampf des staufischen Kaiserhauses im Rhein-Maingebiet, in: Hessisches Jahrbuch für Landesgeschichte 7 (1957) S. 102–164

DEMANDT, Karl Ernst: Geschichte des Landes Hessen ($^3$1980)

DENDORFER, Jürgen: Autorität auf Gegenseitigkeit – Fürstliche Partizipation im Reich des 13. Jahrhunderts, in: Autorität und Akzeptanz. Das Reich im Europa des 13. Jahrhunderts, hg. von Hubertus SEIBERT / Werner BOMM / Verena TÜRCK (2013) S. 27–41

DENDORFER, Jürgen: Erbrecht, Lehnrecht, Konsens der Fürsten. Der zähringische Erbfall und die Etablierung neuer normativer Ordnungen um 1200, in: Die Zähringer. Rang und Herrschaft um 1200, hg. von DEMS. / Heinz KRIEG / Johanna REGNATH (Veröffentlichungen des Alemannischen Instituts 85, 2018) S. 403–424

Der Naumburger Meister. Bildhauer und Architekt im Europa der Kathedralen 1–2, hg. von Hartmut KROHM / Holger KUNDE (Schriftenreihe der Vereinigten Domstifter zu Merseburg und Naumburg und des Kollegiatstifts Zeitz 4, 2011)

DHANENS, Elisabeth: Het graf van Rooms-Koning Willem II en de rol van Jan Gossaert in de wederuitrusting van de koorkert te Middelburg in Zeeland, in: Academiae Analecta. Mededelingen van de Koninklijke Academie voor Wetenschappen, Letteren en Schone Kunsten van België 46 (1985) S. 61–142

VON DIEST, Walther: Geschichte der Familie von Diest (1926)

DIRLMEIER, Ulf: Mittelalterliche Zoll- und Stapelrechte als Handelshemmnisse?, in: Menschen und Städte: ausgewählte Aufsätze, hg. von DEMS. / Rainer ELKAR (Kieler Werkstücke 11, 2012) S. 37–55

DOLL, Ludwig Anton: Art. Werner (III.) von Bolanden, in: NDB 2 (1955) S. 429

DOLLE, Josef: Art. Walkenried – Zisterzienser, später ev. Männerkloster (1127/29 bis ca. 1648), in: Niedersächsisches Klosterbuch. Verzeichnis der Klöster, Stifte, Kommenden und Beginenhäuser in Niedersachsen und Bremen von den Anfängen bis 1810, hg. von Josef DOLLE / Dennis KNOCHENHAUER (Veröffentlichungen des Instituts für historische Landesforschung der Universität Göttingen 56, 2012) S. 1471–1487

DONNER, Gustav Adolf: Kardinal Wilhelm von Sabina. Bischof von Modena 1222–1234. Päpstlicher Legat in den nordischen Ländern († 1251; Societas scientiarum Fennica, Commentationes humanarum litterarum 2,5, 1929)

DOPSCH, Heinz: Die Gründer kamen vom Rhein. Die Spanheimer als Stifter von St. Paul, in: Schatzhaus Kärntens. Landesausstellung St. Paul 1991, 900 Jahre Benediktinerstift 2: Beiträge (1991) S. 43–67

DOTZAUER, Winfried: Geschichte des Nahe-Hunsrück-Raumes von den Anfängen bis zur Französischen Revolution (2001)

DUMONT, Franz: Mayence. Das französische Mainz (1792/98–1814), in: Mainz. Die Geschichte der Stadt, hg. von DEMS. / Ferdinand SCHERF / Friedrich SCHÜTZ (1998) S. 319–374

DUNBABIN, Jean: Charles I. of Anjou. Power, Kingship and State-Making in Thirteenth-Century Europe (1998)

DUVIVIER, Charles: La querelles des d'Avesnes et des Dampierre jusqu'a la mort de Jean d'Avesnes (1257). Les influences Française et Germanique en Belgique au XIII^e^ siècle 1–2 (1894)

ECKER, Diana: VI.1 Grabplatte des Mainzer Erzbischofs Siegfried III. von Eppstein, in: Der Naumburger Meister. Bildhauer und Architekt im Europa der Kathedralen 1, hg. von Hartmut KROHM / Holger KUNDE (Schriftenreihe der Vereinigten Domstifter zu Merseburg und Naumburg und des Kollegiatstifts Zeitz 4, 2011) S. 618 f.

ECKERT, Willehad Paul: Albert-Legenden, in: Albert der Grosse. Seine Zeit, sein Werk, seine Wirkung. Papers from the 22nd Kölner Mediävistentagung held at the Thomas-Institut, University of Cologne, 3–6 September 1980, hg. von Gudrun VUILLEMIN-DIEM / Albert ZIMMERMANN (Miscellanea mediaevalia 14, 1981) S. 1–23

EHLERS, Joachim: Sachsen. Raumbewusstsein und Raumerfahrung in einer neuen Zentrallandschaft des Reiches, in: Ottonische Neuanfänge. Symposion zur Ausstellung „Otto der Große, Magdeburg und Europa", hg. von Bernd SCHNEIDMÜLLER / Stefan WEINFURTER (2001) S. 37–57

EIFLER, Matthias: Art. Cronica S. Petri Erfordensis moderna, in: The Encyclopedia of the Medieval Chronicle 1, hg. von Graeme DUNPHY (2010) S. 421 f.

Elisabeth von Thüringen – Eine europäische Heilige. Katalog, hg. von Dieter BLUME / Matthias WERNER (2007)

ELPERS, Bettina: *Während sie die Markgrafschaft leitete, erzog sie ihren kleinen Sohn.* Mütterliche Regentschaften als Phänomene adliger Herrschaftspraxis, in: Fürstin und Fürst. Familienbeziehungen und Handlungsmöglichkeiten von hochadligen Frauen im Mittelalter, hg. von Jörg ROGGE (Mittelalter-Forschungen 15, 2004) S. 153–166

ENGEL, Evamaria: Beziehungen zwischen Königtum und Städtebürgertum unter Wilhelm von Holland (1247–1256), in: Stadt und Städtebürgertum in der deutschen Geschichte des 13. Jahrhunderts, hg. von Bernhard TÖPFER (Forschungen zur mittelalterlichen Geschichte 24, 1976) S. 63–107

ENGELS, Odilo: Art. Eger, Goldbulle v., in: LexMA 3 (1986) Sp. 1606

ENGELS, Odilo: Überlegungen zur ottonischen Herrschaftsstruktur, in: Otto III. – Heinrich II. Eine Wende?, hg. von Bernd SCHNEIDMÜLLER / Stefan WEINFURTER (Mittelalter-Forschungen 1, ²2000) S. 266–325

ENNEN, Edith: Bischof und mittelalterliche Stadt. Die Entwicklung in Oberitalien, Frankreich und Deutschland, in: Stadt und Bischof. 25. Arbeitstagung in Augsburg, 15.–17. November 1985, hg. von Bernhard KIRCHGÄSSNER / Wolfram BAER (Stadt in der Geschichte 14, 1988) S. 29–42

ERBE, Michael: Die Habsburger 1493–1918. Eine Dynastie im Reich und in Europa (2000)

ERKENS, Franz-Reiner: Kurfürsten und Königswahl. Zu neuen Theorien über den Königswahlparagraphen im Sachsenspiegel und die Entstehung des Kurfürstenkollegiums (MGH Studien und Texte 30, 2002)

ERKENS, Franz-Reiner: Zur Verfassungsrechtlichen Stellung der Herzöge von Limburg im 12. und 13. Jahrhundert, in: Rheinische Vierteljahrsblätter 43 (1979) S. 169–195

ESCH, Arnold: Friedrich II. und die Antike, in: Friedrich II. Tagung des Deutschen Historischen Instituts in Rom im Gedenkjahr 1994, hg. von Arnold ESCH / Norbert KAMP (1996) S. 201–234

EUBEL, Konrad: Hierarchia catholica medii aevi sive summorum pontificum, S. R. e. cardinalium, ecclesiarum antistitum series ab anno 1198 usque ad annum 1431 perducta (1913, ND 1960)

FEINE, Hans Erich: Kirchliche Rechtsgeschichte 1: Die katholische Kirche (³1955)
FINGER, Heinz: Die Erzbischöfe von Köln und die Grafschaft Berg vom 11. bis zur Mitte des 13. Jahrhunderts, in: Analecta Coloniensia 12 (2012) S. 165–216
FISCHER, Andreas: Personelle Verflechtungen und politisches Handeln: Zur Wahrnehmung und Funktion kardinalizischer Beziehungen im 13. Jahrhundert, in: Die Kardinäle des Mittelalters und der frühen Renaissance, hg. von Jürgen DENDORFER / Ralf LÜTZELSCHWAB (Millennio medievale. Strumenti e studi 95, n. s. 33, 2013) S. 15–36
FLACH, Dietmar: Untersuchungen zur Verfassung und Verwaltung des Aachener Reichsgutes von der Karolingerzeit bis zur Mitte des 14. Jahrhunderts (Veröffentlichungen des Max-Planck-Instituts für Geschichte 46, 1976)
FLACHENECKER, Helmut: Art. Heinrich von Bilversheim, in: Die Bischöfe des Heiligen Römischen Reiches 1198 bis 1448. Ein biographisches Lexikon, hg. von Erwin GATZ / Clemens BRODKORB (2001) S. 40 f.
FOERSTER, Anne: Die Witwe des Königs. Zu Vorstellung, Anspruch und Performanz im englischen und deutschen Hochmittelalter (Mittelalter-Forschungen 57, 2018)
FORSTREUTER, Kurt: Art. Dietrich von Grüningen, in: NDB 7 (1966) S. 200
FORWICK, Friedhelm: Die staatsrechtliche Stellung der ehemaligen Grafen von Schwalenberg (Veröffentlichungen der Historischen Kommission Westfalens 22, Geschichtliche Arbeiten zur westfälischen Landesforschung 5, 1963)
FÖSSEL, Amalie: Die Königin im mittelalterlichen Reich. Herrschaftsausübung, Herrschaftsrechte, Handlungsspielräume (Mittelalter-Forschungen 4, 2000)
FRANKEWITZ, Stefan: Burgen der Grafen von Geldern im 11. und 12. Jahrhundert, in: Verortete Herrschaft. Königspfalzen, Adelsburgen und Herrschaftsbildung in Niederlothringen während des frühen und hohen Mittelalters, hg. von Jens LIEVEN / Bert THISSEN / Ronald WIENTJES (Stiftung des Heresbach-Stiftung Kalkar 16, 2014) S. 335–357
FRÄSS-EHRFELD, Claudia: Geschichte Kärntens 1: Das Mittelalter (1984)
FREITAG, Werner: Halle 806 bis 1806. Salz, Residenz und Universität (2006)
FRENZEL, Elisabeth: Stoffe der Weltliteratur. Ein Lexikon dichtungsgeschichtlicher Längsschnitte (Kröners Taschenausgabe 300, ¹⁰2005)
FRIES, Albert / ILLING, Kurt: Art. Albertus Magnus (de Lauging, Theutonicus, de Colonia), in: VL² 1 (1978) Sp. 124–139
FROBESE, Elke: Art. Goslar – Augustiner-Chorherren auf dem Petersberg, in: Niedersächsisches Klosterbuch. Verzeichnis der Klöster, Stifte, Kommenden und Beginenhäuser in Niedersachsen und Bremen von den Anfängen bis 1810, hg. von Josef DOLLE / Dennis KNOCHENHAUER (Veröffentlichungen des Instituts für historische Landesforschung der Universität Göttingen 56, 2012) S. 506–511
FÜSSLEIN, Wilhelm: Hermann I. Graf von Henneberg (1224–1290) und der Aufschwung der hennebergischen Politik. Von der Emanzipation der Henneberger vom Burggrafenamte bis zu ihrer Teilnahme am Gegenkönigtum, in: Zeitschrift des Vereins für

thüringische Geschichte und Alterthumskunde 19, N. F. 11 (1898–99) S. 56–109, 151–224, 295–342

GARNIER, Claudia: Amicus amicis – inimicus inimicis. Politische Freundschaft und fürstliche Netzwerke im 13. Jahrhundert (Monographien zur Geschichte des Mittelalters 46, 2000)

GATZ, Erwin (Hg.): Die Bischöfe des Heiligen Römischen Reiches 1198 bis 1448. Ein biographisches Lexikon (2001)

GATZ, Erwin / BRODKORB, Clemens: Art. Heinrich von Tanne, in: Die Bischöfe des Heiligen Römischen Reiches 1198 bis 1448. Ein biographisches Lexikon, hg. von DENS. (2001) S. 289 f.

GATZ, Erwin / BRODKORB, Clemens: Art. Eberhard von Waldburg, in: Die Bischöfe des Heiligen Römischen Reiches 1198 bis 1448. Ein biographisches Lexikon, hg. von DENS. (2001) S. 290

GEHRLEIN, Thomas: Die Grafen zu Leiningen-Westerburg: 900 Jahre Gesamtgeschichte mit Stammfolge (Deutsche Dynastien 1, 2012)

GENSICKE, Hellmuth: Landesgeschichte des Westerwaldes (Veröffentlichungen der historischen Kommission für Nassau 13, 1958)

GENSICKE, Hellmuth: Zur Deutung der Urkunde Siegfrieds von Runkel von 1255, in: Nassauische Annalen 72 (1961) S. 28–30

GERLICH, Alois: Adolf von Nassau (1292–1298). Aufstieg und Sturz eines Königs, Herrscheramt und Kurfürstenfronde, in: Nassauische Annalen 105 (1994) S. 17–78

GIESSAUF, Johannes: Die Mongolengeschichte des Johannes von Piano Carpine. Einführung, Text, Übersetzung, Kommentar (Schriftenreihe des Instituts für Geschichte 6, 1995)

GIRGENSOHN, Dieter: Art. Legat, päpstlicher, in: LexMA 5 (1991) Sp. 1795 f.

GLAUERT, Mario / PRANGE, Wolfgang: Art. Johann von Diest, in: Die Bischöfe des Heiligen Römischen Reiches 1198 bis 1448. Ein biographisches Lexikon, hg. von Erwin GATZ / Clemens BRODKORB (2001) S. 352

GOCKEL, Michael: Art. Mühlhausen, in: Die deutschen Königspfalzen 2: Thüringen, bearb. von DEMS. (2000) S. 258–318

GOETZ, Hans-Werner: Herrschaft und Geschichte. Legitimation und Delegitimation von Herrschaft mittels historischer Argumentation in der Geschichtsschreibung des 12. Jahrhunderts, in: Macht und Spiegel der Macht. Herrschaft in Europa im 12. und 13. Jahrhundert vor dem Hintergrund der Chronistik, hg. von Norbert KERSKEN / Grischa VERCAMER (DHI Warschau, Quellen und Studien 27, 2013) S. 65–83

GOFFRILLER, Gabriele: Antikenrezeption, höchstpersönlich. Humanistische Elemente habsburgischer Repräsentationsstrategien in einer Kaiserchronik von 1580, in: Iohannes Cuspinianus (1473–1529). Ein Wiener Humanist und sein Werk im Kontext, hg. von Christian GASTGEBER / Elisabeth KLECKER (Singularia Vindobonensia 2, 2012) S. 195–218

GÖRICH, Knut: Friedrich II. und das Reich im Jahr 1218. Königliches Handeln zwischen Planung, Erwartung und Zufällen, in: Die Zähringer. Rang und Herrschaft um 1200, hg. von Jürgen DENDORFER / Heinz KRIEG / Johanna REGNATH (Veröffentlichungen des Alemannischen Instituts 85, 2018) S. 473–494

GRABMANN, Martin: Art. Albertus Magnus, in: NDB 1 (1953) S. 144–148
GRAMSCH, Robert: Autorität im Netzwerk der Fürsten. Friedrich II. und Heinrich (VII.) im Anerkennungswettstreit (1231–1235), in: Autorität und Akzeptanz. Das Reich im Europa des 13. Jahrhunderts, hg. von Hubertus SEIBERT / Werner BOMM / Verena TÜRCK (2013) S. 43–64
GRAMSCH, Robert: Das Reich als Netzwerk der Fürsten. Politische Strukturen unter dem Doppelkönigtum Friedrichs II. und Heinrichs (VII.) 1225–1235 (Mittelalter-Forschungen 40, 2013)
GRAUS, František: Epochenbewußtsein im Spätmittelalter und Probleme der Periodisierung, in: Epochenschwelle und Epochenbewußtsein, hg. von Reinhart HERZOG / Reinhart KOSELLECK (Poetik und Hermeneutik 12, 1987) S. 153–166
GRAUS, František: Epochenbewußtsein – Epochenillusion, in: Epochenschwelle und Epochenbewußtsein, hg. von Reinhart HERZOG / Reinhart KOSELLECK (Poetik und Hermeneutik 12, 1987) S. 531–533
GRESKY, Wolfgang: Vorreformatorische Geistliche im Mühlhäuser Gebiet, in: Beiträge zur Mühlhäuser Geschichte, hg. von Ernst BRINKMANN (1934) S. 13–24
GROSS, Reiner: Die Wettiner (2007)
GROTEN, Manfred: Ein Quellenfund zu Magister Arnold, Protonotar Wilhelms von Holland?, in: DA 49 (1993) S. 607–611
GROTEN, Manfred: Köln im 13. Jahrhundert. Gesellschaftlicher Wandel und Verfassungsentwicklung (Städteforschung A 36, 1995)
GROTEN, Manfred: Konrad von Hochstaden und die Wahl Richards von Cornwall, in: Köln. Stadt und Bistum in Kirche und Reich des Mittelalters. FS für Odilo Engels zum 65. Geburtstag, hg. von Hanna VOLLRATH / Stefan WEINFURTER (1993) S. 483–510
GROTEN, Manfred: Volkssprachliche Geschichtsdichtungen im deutschen Reich im späten 13. Jahrhundert. Melis Stoke und Gottfried Hagen, in: Von Fakten und Fiktionen. Mittelalterliche Geschichtsdarstellungen und ihre kritische Aufarbeitung, hg. von Johannes LAUDAGE (2003) S. 281–308
GRUNDMANN, Herbert: Geschichtsschreibung im Mittelalter. Gattungen – Epochen – Eigenarten ($^{4}$1987)
GRUNDMANN, Herbert: Wahlkönigtum, Territorialpolitik und Ostbewegung im 13. und 14. Jahrhundert (1198-1378), in: Gebhardt. Handbuch der deutschen Geschichte 1: Frühzeit und Mittelalter, hg. von DEMS. ($^{9}$1970, ND 1996) § 128–190 S. 426–606
GUMBERT-HEPP, Marijke: Art. Willelmus Procurator [Willelmus Jacobi], in: The Encyclopedia of the Medieval Chronicle 2, hg. von Graeme DUNPHY (2010) S. 1507
GÜNTHER, Kai-Henrik: Albert of Stade, in: The Encyclopedia of the Medieval Chronicle 1, hg. von Graeme DUNPHY (2010) S. 25

HAGE, Anton L. H.: Eeen 'clerc' schrijft geschiedenis: Melis Stoke en de Rijmkroniek van Holland, in: Wi Florens … De Hollandse graaf Floris V in de samenleving van de dertiende eeuw, hg. von Dick E. H. DE BOER / Erich H. P. CORDFUNKE / Herbert SARFATIJ (1996) S. 244–258
HÄGERMANN, Dieter: Art. Interregnum, in: LexMA 5 (1991) Sp. 468 f.

HÄGERMANN, Dieter: Studien zum Urkundenwesen König Heinrich Raspes (1246/47), in: DA 36 (1980) S. 487–548

HÄGERMANN, Dieter: Studien zum Urkundenwesen Wilhelms von Holland. Ein Beitrag zur Geschichte der deutschen Königsurkunde im 13. Jahrhundert (ADipl Beiheft 2, 1977)

HALLER, Johannes: Die Epochen der deutschen Geschichte (²1950)

HASSE, Theodor: König Wilhelm von Holland, 1247–1256 (1885, Diss. phil. 1882)

HECK, Hermann: Die Grafen von Diez als Träger Staufischer [sic] Reichspolitik, in: Diezer Heimatblätter 16 (1969) S. 25–32, 37–43

HECKMANN, Marie-Luise: Stellvertreter, Mit- und Ersatzherrscher. Regenten, Generalstatthalter, Kurfürsten und Reichsvikare in Regnum und Imperium vom 13. bis zum frühen 15. Jahrhundert (Studien zu den Luxemburgern und ihrer Zeit 9, 2002)

HEHL, Ernst-Dieter: Die Erzbischöfe von Mainz bei Erhebung, Salbung und Krönung des Königs (10. bis 14. Jahrhundert), in: Krönungen. Könige in Aachen – Geschichte und Mythos, Katalog 1, hg. von Mario KRAMP (2000) S. 97–104

HEHL, Ernst-Dieter: Die Mainzer Kirche in ottonisch-salischer Zeit (911–1122), in: Handbuch der Mainzer Kirchengeschichte 1, 1: Christliche Antike und Mittelalter, hg. von FRIEDHELM JÜRGENSMEIER (Beiträge zur Mainzer Kirchengeschichte 6, 2000) S. 195–280

HEINEMANN, Hartmut: Das Erbe der Zähringer, in: Die Zähringer. Schweizer Vorträge und neue Forschungen, hg. von Karl SCHMID (Veröffentlichungen zur Zähringer-Ausstellung 3, 1990) S. 215–265

HEINIG, Paul-Joachim: Die Mainzer Kirche am Ende des Hochmittelalters (1249–1305), in: Handbuch der Mainzer Kirchengeschichte 1, 1: Christliche Antike und Mittelalter, hg. von FRIEDHELM JÜRGENSMEIER (Beiträge zur Mainzer Kirchengeschichte 6, 2000) S. 347–415

HEISS, Gernot: Art. Maria, Erzherzogin von Österreich [Maria von Ungarn], in: NDB 16 (1990) S. 207–209

HELLMANN, Siegmund: Die Grafen von Savoyen und das Reich bis zum Ende der staufischen Periode (1900)

HELM, Karl: Art. Albertus Magnus, in: Handwörterbuch des deutschen Aberglaubens 1 (1927) Sp. 241–243

HENDERIKX, Peter: De geschiedenis van de norbertijner abdij in hoofdlijnen, in: De Abdij van Middelburg, hg. von Jeanine DEKKER / Katie HEYNING (2006) S. 26–63

HENDERIKX, Peter: Economische geschiedenis [950–1300], in: Geschiedenis van Zeeland 1: Prehistorie–1550, hg. von Paul BRUSSE / Peter HENDERIKX (2012) S. 125–145

HENDERIKX, Peter: Kerk en kerkelijke instellingen [950–1300], in: Geschiedenis van Zeeland 1: Prehistorie–1550, hg. von Paul BRUSSE / Peter HENDERIKX (2012) S. 146–166

HENDERIKX, Peter: Landschap, bewoning, sociale structuren [950–1300], in: Geschiedenis van Zeeland 1: Prehistorie–1550, hg. von Paul BRUSSE / Peter HENDERIKX (2012) S. 91–106

HENDERIKX, Peter: Politieke geschiedenis en bestuurlijke instellingen [950–1300], in: Geschiedenis van Zeeland 1: Prehistorie–1550, hg. von Paul BRUSSE / Peter HENDERIKX (2012) S. 107–124

HENGST, Karl: Art. Simon, Edelherr zur Lippe, in: Die Bischöfe des Heiligen Römischen Reiches 1198 bis 1448. Ein biographisches Lexikon, hg. von Erwin GATZ / Clemens BRODKORB (2001) S. 540 f.

HENGST, Karl: Art. Wedekind, Graf von Hoya, in: Die Bischöfe des Heiligen Römischen Reiches 1198 bis 1448. Ein biographisches Lexikon, hg. von Erwin GATZ / Clemens BRODKORB (2001) S. 455

Herzöge und Heilige. Das Geschlecht der Andechs-Meranier im europäischen Hochmittelalter, hg. von Josef KIRMEIER / Evamaria BROCKHOFF (Veröffentlichungen zur Bayerischen Geschichte und Kultur 24,93, $^{2}$1993)

HESSE, Christian: Synthese und Aufbruch 1346–1410 (Gebhardt Handbuch der deutschen Geschichte 7b, 2017)

HEYEN, Franz-Josef: Das Stift St. Simeon in Trier (Germania Sacra N. F. 41, Das Erzbistum Trier 9, 2002)

HEYNING, Katie: De Abdijkerken; verandering en continuïteit, in: De Abdij van Middelburg, hg. von Jeanine DEKKER / Katie HEYNING (2006) S. 153–159

HEYNING, Katie: Oude glorie en nieuwe zaklijkheid, in: De Abdij van Middelburg, hg. von Jeanine DEKKER / Katie HEYNING (2006) S. 211–219

HEYNING, Katie: Structura magnificentius; de inrichting van kerk en klooster vóór de Reformatie, in: De Abdij van Middelburg, hg. von Jeanine DEKKER / Katie HEYNING (2006) S. 92–98

HILPERT, Hans-Eberhard: Kaiser- und Papstbriefe in den Chronica majora des Matthaeus Paris (Veröffentlichungen des Deutschen Historischen Instituts London 9, 1981)

HINTZE, Otto: Das Königtum Wilhelms von Holland (Historische Studien 15, 1885)

HINZ, Berthold: Grabmal des Gegenkönigs Rudolf von Rheinfelden, in: 1000 Jahre Kaiserdom Merseburg. Ausstellungskatalog, hg. von Markus COTTIN / Václav Vok FILIP / Holger KUNDE (Schriftenreihe der Vereinigten Domstifter zu Merseburg und Naumburg und des Kollegiatsstifts Zeitz 9, 2015) S. 264 f.

HOCK, Gabriele Maria: Die westfälischen Zisterzienserinnen im 13. Jahrhundert. Gründungsumstände und frühe Entwicklung (2004, Diss. phil. 1994)

HOFFMANN, Christian: Art. Stade – Benediktiner, später ev. Männerkloster (1147 bis 1648), in: Niedersächsisches Klosterbuch. Verzeichnis der Klöster, Stifte, Kommenden und Beginenhäuser in Niedersachsen und Bremen von den Anfängen bis 1810, hg. von Josef DOLLE / Dennis KNOCHENHAUER (Veröffentlichungen des Instituts für historische Landesforschung der Universität Göttingen 56, 2012) S. 1370–1376

HOLBACH, Rudolf: Die Regierungszeit des Trierer Erzbischofs Arnold (II.) von Isenburg. Ein Beitrag zur Geschichte von Reich, Territorium und Kirche um die Mitte des 13. Jahrhunderts, in: Rheinische Vierteljahrsblätter 47 (1983) S. 1–66

HOLZFURTNER, Ludwig: Hermann von Niederaltaich und die Anfänge der bayerischen Landesgeschichtsschreibung, in: Studien zur bayerischen Landesgeschichtsschreibung in Mittelalter und Neuzeit: Festgabe für Andreas Kraus zum 90. Geburtstag, hg. von Alois SCHMID (Zeitschrift für bayerische Landesgeschichte, Beiheft 41, 2012) S. 95–115

HÖROLDT, Ulrike: Studien zur politischen Stellung des Kölner Domkapitels zwischen Erzbischof, Stadt Köln und Territorialgewalten 1198–1332. Untersuchungen und Personallisten (Studien zur Kölner Kirchengeschichte 27, 1994)

HOUBEN, Hubert: Kaiser Friedrich II. (1194–1250). Herrscher, Mensch und Mythos (2008)

HÜBNER, Karl: Die Provinzialsynoden im Erzbistum Salzburg bis zum Ende des XV. Jahrhunderts, in: Deutsche Geschichtsblätter 10 (1909) S. 187–236

HUGENHOLTZ, Frederic W. N.: Floris V (Fibulareeks 20, 1966)

HUGENHOLTZ, Frederic W. N.: Melis Stoke en Jacob van Maerlant, in: De Nederlanden in de late middeleeuwen, hg. von Dick E. H. DE BOER / Jannis W. MARSILJE (1987) S. 17–23

HUMPERT, Aniella: Statistische Auswertung der Urkundenempfänger Friedrichs II. (Diss. phil. 2003)

HUNDSBICHLER, Helmut: Art. Bart, in: LexMA 1 (1980) Sp. 1490 f.

HUTTER, Peter: Germanische Stammväter und römisch-deutsches Kaisertum (Historische Texte und Studien 21, 2000)

ILGEN, Theodor / VOGEL, Rudolf: Kritische Bearbeitung und Darstellung der Geschichte des thüringisch-hessischen Erbfolgekrieges (1247–1264), in: Zeitschrift des Vereins für hessische Geschichte und Landeskunde N. F. 10 (1883) S. 153–380

ILGEN, Theodor: Die ältesten Grafen von Berg und deren Abkömmlinge, die Grafen von Altena (Isenberg-Limburg und Mark). Ein Beitrag zur Legendenbildung, in: Zeitschrift des bergischen Geschichtsvereins 36 (1902–1903) S. 14–62

IMMLER, Gerhard: Territorialentwicklung in Altbayern (1180–1505), publiziert am 10. Oktober 2016, in: Historisches Lexikon Bayerns, URL: http://www.historisches-lexikon-bayerns.de/Lexikon/Territorialentwicklung in Altbayern (11. August 2021)

JACOB, Sarah / COTTIN, Markus: Königsaufenthalte in der Pfalz Merseburg, in: 1000 Jahre Kaiserdom Merseburg. Ausstellungskatalog, hg. von Markus COTTIN / Václav Vok FILIP / Holger KUNDE (Schriftenreihe der Vereinigten Domstifter zu Merseburg und Naumburg und des Kollegiatsstifts Zeitz 9, 2015) S. 112–115

JAHN, Ralf G.: Die Genealogie der Vögte, Grafen und Herzöge von Geldern, in: Gelre – Geldern – Gelderland. Geschichte und Kultur des Herzogtums Geldern, hg. von Johannes STINNER / Karl-Heinz TEKATH (Veröffentlichungen des Historischen Vereins für Geldern und Umgebung 100, 2001) S. 29–50

JAHNS, Sigrid: Frankfurt am Main im Zeitalter der Reformation (um 1500–1555), in: Frankfurt am Main. Die Geschichte der Stadt in neun Beiträgen (Veröffentlichungen der Frankfurter historischen Kommission 17, 1991) S. 151–204

JANKOWSKI, Detlef: Pöhlde, in: Die Benediktinerklöster in Niedersachsen, Schleswig-Holstein und Bremen, bearb. von Ulrich FAUST (Germania Benedictina 6: Norddeutschland, 1979) S. 404–420

JANSE, Antheun: Art. Beke, Johannes de [Beka], in: The Encyclopedia of the Medieval Chronicle 1, hg. von Graeme DUNPHY (2010) S. 163

JANSE, Antheun: Ridderslag en ridderlijkheid in laat-middeleeuws Holland, in: BMGN – Low Countries Historical Review 112 (1997) S. 317–335

JANSEN, H. P. H.: Handel en nijverheid 1000–1300, in: Algemene Geschiedenis der Nederlanden 2: Middeleeuwen: Het sociaal-economische leven circa 1000–1500. Het stedelijk leven circa 1000–1400. Politieke ontwikkeling circa 1100–1400 (1982) S. 148–186

JANSEN, H. P. H.: Holland, Zeeland en het Sticht 1100–1433, in: Algemene Geschiedenis der Nederlanden 2: Middeleeuwen: Het sociaal-economische leven circa 1000–1500. Het stedelijk leven circa 1000–1400. Politieke ontwikkeling circa 1100–1400 (1982) S. 282–323

JANSSEN, Wilhelm: Art. Konrad von Hochstaden, in: Die Bischöfe des Heiligen Römischen Reiches 1198 bis 1448. Ein biographisches Lexikon, hg. von Erwin GATZ / Clemens BRODKORB (2001) S. 272 f.

JANSSEN, Wilhelm: Die Geschichte Gelderns bis zum Traktat von Venlo (1543). Ein Überblick, in: Gelre – Geldern – Gelderland. Geschichte und Kultur des Herzogtums Geldern, hg. von Johannes STINNER / Karl-Heinz TEKATH (Veröffentlichungen des Historischen Vereins für Geldern und Umgebung 100 2001) S. 13–28

JANSSEN, Wilhelm: Niederrhein und Reich am Ausgang der Stauferzeit, in: Heinrich Raspe – Landgraf von Thüringen und römischer König (1227–1247). Fürsten, König und Reich in spätstaufischer Zeit, hg. von Matthias WERNER (Jenaer Beiträge zur Geschichte 3, 2003) S. 53–67

JAPPE ALBERTS, Wybe: Der Rheinzoll Lobith im späten Mittelalter (Rheinisches Archiv 112, 1981)

JARCK, Horst-Rüdiger: Art. Helmstedt – Augustiner-Chorfrauen, später Damenstift (Marienberg, 1176/1181 bis zur Gegenwart), in: Niedersächsisches Klosterbuch. Verzeichnis der Klöster, Stifte, Kommenden und Beginenhäuser in Niedersachsen und Bremen von den Anfängen bis 1810, hg. von Josef DOLLE / Dennis KNOCHENHAUER (Veröffentlichungen des Instituts für historische Landesforschung der Universität Göttingen 56, 2012) S. 636–643

JASPERT, Nikolaus: Die Kreuzzüge (2003)

JOHRENDT, Jochen: Die päpstliche Kapelle als Bindeglied zwischen Kurie und Kirche, in: Legati e delegati papali. Profili, ambiti d'azione e tipologie di intervento nei secoli XII–XIII, hg. von Maria Pia ALBERZONI / Claudia ZEY (2012) S. 261–282

JOHRENDT, Johann: ‚Milites' und ‚Militia' im 11. Jahrhundert. Untersuchungen zur Frühgeschichte des Rittertums in Frankreich und Deutschland (Diss. phil. 1971)

JOOS, Clemens: Art. Matthias von Neuenburg, in: The Encyclopedia of the Medieval Chronicle 2, hg. von Graeme DUNPHY (2010) S. 1096

JÜRGENSMEIER, Friedhelm: Art. Christian von Weisenau, in: Die Bischöfe des Heiligen Römischen Reiches 1198 bis 1448. Ein biographisches Lexikon, hg. von Erwin GATZ / Clemens BRODKORB (2001) S. 401

JÜRGENSMEIER, Friedhelm: Art. Gerhard Wildgraf, in: Die Bischöfe des Heiligen Römischen Reiches 1198 bis 1448. Ein biographisches Lexikon, hg. von Erwin GATZ / Clemens BRODKORB (2001) S. 401 f.

JÜRGENSMEIER, Friedhelm: Art. Siegfried (III.) von Eppstein (Eppenstein), in: Die Bischöfe des Heiligen Römischen Reiches 1198 bis 1448. Ein biographisches Lexikon, hg. von Erwin GATZ / Clemens BRODKORB (2001) S. 399–401

JÜRGENSMEIER, Friedhelm: Pro und Contra: Die Stellung der Erzbischöfe (1160–1249) im Reichsgeschehen, in: Handbuch der Mainzer Kirchengeschichte 1,1: Christliche

Antike und Mittelalter, hg. von DEMS. (Beiträge zur Mainzer Kirchengeschichte 6 2000) S. 332–346

KAH, Daniela: Die wahrhaft königliche Stadt. Das Reich in den Reichsstädten Augsburg, Nürnberg und Lübeck im Späten Mittelalter (Studies in Medieval and Reformation Traditions 211, 2018)

KÄLBLE, Mathias: Hessen und Thüringen, in: Elisabeth von Thüringen – Eine europäische Heilige. Katalog, hg. von Dieter BLUME / Matthias WERNER (2007) S. 278 f.

KÄLBLE, Matthias: Heinrich der Erlauchte, Sophie von Brabant und das ludowingische Erbe in Thüringen, in: Neugestaltung in der Mitte des Reiches: 750 Jahre Langsdorfer Verträge 1263/2013, hg. von Ursula BRAASCH-SCHWERSMANN / Christine REINLE / Ulrich RITZERFELD (Untersuchungen und Materialien zur Verfassungs- und Landesgeschichte 30, 2013) S. 255–287

KÄLBLE, Mathias: Original und Fälschung. Transsumpte ottonischer Herrscherurkunden für das Bistum Meißen, in: Originale – Fälschungen – Kopien. Kaiser- und Königsurkunden für Empfänger in „Deutschland" und „Italien" (9.–11. Jahrhundert) und ihre Nachwirkungen im Hoch- und Spätmittelalter bis ca. 1500. Originali – falsi – copie. Documenti imperiali e regi per destinatari tedeschi e italiani (secc. IX–XI) e i loro effetti nel Medioevo e nella prima età moderna fino al 1500 circa, hg. von Nicolangelo D'ACUNTO / Wolfgang HUSCHNER /Sebastian ROEBERT (Italia Regia 3, 2018) S. 263–291.

KAMENZIN, Manuel: Die Tode der römisch-deutschen Könige und Kaiser (1150–1349, Mittelalter-Forschungen 64, 2020)

KAMP, Hermann: Die Macht der Spielregeln in der mittelalterlichen Politik. Eine Einleitung, in: Spielregeln der Mächtigen. Mittelalterliche Politik zwischen Gewohnheit und Konvention, hg. von Claudia GARNIER / Hermann KAMP (2010) S. 1–18

KAMP, Norbert: Art. Capocci, Raniero, in: Dizionario Biografico degli Italiani 18 (1975) S. 608–616, URL: https://www.treccani.it/enciclopedia/raniero-capocci_%28 Dizionario-Biografico%29/ (11. August 2021)

KASTNER, Dieter: Die Territorialpolitik der Grafen von Kleve (Veröffentlichungen des Historischen Vereins für den Niederrhein insbesondere das alte Erzbistum Köln 11, 1972)

VON KAUFFUNGEN, Kunz: Regesten zu den im Archiv der Stadt Mühlhausen i. Th. deponierten Urkunden des Pfarramts zu Görmar (1318–1597), in: Mühlhäuser Geschichtsblätter 8 (1907–08) S. 1–11

KAUFHOLD, Martin: Deutsches Interregnum und europäische Politik. Konfliktlösungen und Entscheidungsstrukturen 1230–1280 (MGH Schriften 49, 2000)

KAUFHOLD, Martin: Die Könige des Interregnum: Konrad IV., Heinrich Raspe, Wilhelm, Alfons, Richard (1245–1273), in: Die deutschen Herrscher des Mittelalters. Historische Portraits von Heinrich I. bis Maximilian I. (919–1519), hg. von Bernd SCHNEIDMÜLLER / Stefan WEINFURTER (2003) S. 315–339

KAUFHOLD, Martin: Ehre und Wiederherstellung des Reiches: Neue Instrumente der Königspolitik unter Rudolf von Habsburg, in: König Rudolf I. und der Aufstieg des Hauses Habsburg im Mittelalter, hg. von Bern SCHNEIDMÜLLER (2019) S. 43–56

KAUFHOLD, Martin: Europas Norden im Mittelalter. Die Integration Skandinaviens in das christliche Europa (9.–13. Jh., 2001)

KAUFHOLD, Martin: Konrad IV. – Königliches Handeln in einer Zeit des Wandels, in: Konrad IV. (1228–1254). Deutschlands letzter Stauferkönig (Schriften zur staufischen Geschichte und Kunst 32, 2012) S. 10–25

KAUFHOLD, Martin: Norwegen, das Papsttum und Europa im 13. Jahrhundert. Mechanismen der Integration, in: HZ 265 (1997) S. 309–342

KEILMANN, Burkard: Art. Konrad von Dürkheim, in: Die Bischöfe des Heiligen Römischen Reiches 1198 bis 1448. Ein biographisches Lexikon, hg. von Erwin GATZ / Clemens BRODKORB (2001) S. 864 f.

KEILMANN, Burkard: Art. Richard von Daun, in: Die Bischöfe des Heiligen Römischen Reiches 1198 bis 1448. Ein biographisches Lexikon, hg. von Erwin GATZ / Clemens BRODKORB (2001) S. 865 f.

KELLER, Hagen: Das frühe 13. Jahrhundert. Spannungen, Umbrüche und Neuorientierungen im Lebensumfeld Elisabeths von Thüringen, in: Elisabeth von Thüringen – Eine europäische Heilige. Aufsätze, hg. von Dieter BLUME / Matthias WERNER (2007) S. 15–26

KELLER, Hagen: Zwischen regionaler Begrenzung und universalem Horizont. Deutschland im Imperium der Salier und Staufer 1024–1250 (Propyläen Geschichte Deutschlands 2, 1986, ND 1990)

KEMPF, Johannes: Geschichte des Deutschen Reiches während des grossen Interregnums 1245–1273 (1893)

KERSKEN, Norbert: Geschichtsschreibung im Europa der „nationes“. Nationalgeschichtliche Gesamtdarstellungen im Mittelalter (Münstersche historische Forschungen 8, 1995)

KETTERING, Maria: Die Territorialpolitik des Kölner Erzbischofs Konrad von Hochstaden (1238–1261), in: Jahrbuch des Kölnischen Geschichtsvereins 26 (1951) S. 1–84

KEUNECKE, Hans Otto: Die Münzenberger. Quellen und Studien zur Emancipation einer Reichsdienstmannenfamilie (Quellen und Forschungen zur hessischen Geschichte 35, 1978)

KEUPP, Jan: Autorität und Akzeptanz – Fragestellung und Zielsetzungen, in: Autorität und Akzeptanz. Das Reich im Europa des 13. Jahrhunderts, hg. von Hubertus SEIBERT / Werner BOMM / Verena TÜRCK (2013) S. 17–26

KEUPP, Jan: „Die den Erdkreis tragen ...“. Fürstliche Eliten im Imperium der Staufer, in: Die Interaktion von Herrschern und Eliten in imperialen Ordnungen des Mittelalters, hg. von Wolfram DREWS (Das Mittelalter, Beiheft 8, 2018) S. 229–246

KEUPP, Jan: Dienst und Verdienst. Die Ministerialen Friedrich Barbarossas und Heinrichs VI. (Monographien zur Geschichte des Mittelalters 48, 2002)

KIRK, Marianne: „Die kaiserlose, die schreckliche Zeit“. Das Interregnum im Wandel der Geschichtsschreibung vom ausgehenden 15. Jahrhundert bis zur Gegenwart (Europäische Hochschulschriften III,944, 2002, Diss. phil. 1998)

KLEIN, Mareike: Die Farben der Herrschaft. Imagination, Semantik und Poetologie in heldenepischen Texten des deutschen Mittelalters (Literatur-Theorie-Geschichte 5, 2014)

KLUCKE, Werner-Dieter: Die Außenbeziehungen der Grafen von Jülich aus dem Hause Heimbach (1207–1361, 1994)

KNAPP, Johann Friedrich: Regenten– und Volks-Geschichte der Länder Cleve, Mark, Jülich, Berg und Ravensberg 1: 768–1368 (1831)

KNETSCH, Carl: Das Haus Brabant. Genealogie der Herzoge von Brabant und der Landgrafen von Hessen 1: Das Haus Brabant von 9. Jahrhundert bis zu Philipp dem Großmütigen (1917)

KÖBLER, Gerhard: Historisches Lexikon der deutschen Länder. Die deutschen Territorien vom Mittelalter bis zur Gegenwart ([7]2007)

KOCH, Walter: Art. Empfängerausfertigung, in: LexMA 3 (1986) Sp. 1890 f.

KOHL, Wilhelm: Das Bistum Münster 7,3: Die Diözese (Germania Sacra N. F. 37,3 / 7,3, 2003)

KÖHN, Rolf: Die Teilnehmer an den Kreuzzügen gegen die Stedinger, in: Niedersächsisches Jahrbuch für Landesgeschichte 53 (1981) S. 139–206

KÖNIGHAUS, Waldemar: Art. Pöhlde – Kollegiatstift, später Benediktiner, dann Prämonstratenser (vor Mitte 10. Jh. bis 1533), in: Niedersächsisches Klosterbuch. Verzeichnis der Klöster, Stifte, Kommenden und Beginenhäuser in Niedersachsen und Bremen von den Anfängen bis 1810, hg. von Josef DOLLE / Dennis KNOCHENHAUER (Veröffentlichungen des Instituts für historische Landesforschung der Universität Göttingen 56, 2012) S. 1254–1262

KÖNIGHAUS, Waldemar: Drei Ablaßurkunden für das Prämonstratenserstift Pöhlde aus dem 13. Jahrhundert, in: Archiv für Diplomatik 58 (2012) S. 239–250

KOSSMANN-PUTTO, Johanna A.: Bestuur en rechtspraak tussen Eems en Schelde circa 1100–1400, in: Algemene Geschiedenis der Nederlanden 3: Middeleeuwen: Staatsinstellingen en recht circa 1100–1400. Kerkelijk en godsdienstig leven circa 1070–1384. Kunsten. Typologisch overzicht van het bronnenmateriaal (1982) S. 11–59

KRAACK, Detlev: Die frühen Schauenburger als Grafen von Holstein und Stormarn (12.–14. Jahrhundert), in: Die Fürsten des Landes. Herzöge und Grafen von Schleswig, Holstein und Lauenburg, hg. von Carsten Porskrog RASMUSSEN u. a. (2008) S. 29–51

KRAMMER, Mario: Das Kurfüstenkolleg von seinen Anfängen bis zum Zusammenschluss im Renser Kurverein des Jahres 1338 (Quellen und Studien zur Verfassungsgeschichte des Deutschen Reiches in Mittelalter und Neuzeit 5,1, 1913)

KRAUS, Thomas R.: Aachen. Von den Anfängen bis zur Gegenwart 3,1: Stadtwerdung – Ereignisse 1138–1500 (Veröffentlichungen des Stadtarchivs Aachen 15; Beihefte der Zeitschrift des Aachener Geschichtsvereins 9, 2014)

KRAUS, Thomas R.: Jülich, Aachen und das Reich. Studien zur Entstehung der Landesherrschaft der Grafen von Jülich bis zum Jahre 1328 (Veröffentlichungen des Stadtarchivs Aachen 5, 1987)

KRAUS, Thomas R.: Studien zur Frühgeschichte der Grafen von Kleve und der Entstehung der klevischen Landesherrschaft, in: Rheinische Vierteljahrsblätter 46 (1982) S. 1–47

KREMER, Christoph Jacob: Geschichte der Herren von Heinsberg des jüngern Geschlechts im Herzogthum Gülch. Nebst einigen diplomatischen Nachrichten vom

Geschlechte der alten Herrn von Diest (Historisch-diplomatische Beyträge zur Gülch- und Bergischen Geschichte, Gießen 1786–87)

KRIEG, Heinz: Zur Spiegelung Friedrich Barbarossas in stauferzeitlicher Historiographie, in: Macht und Spiegel der Macht. Herrschaft in Europa im 12. und 13. Jahrhundert vor dem Hintergrund der Chronistik, hg. von Norbert KERSKEN / Grischa VERCAMER (DHI Warschau, Quellen und Studien 27, 2013) S. 255–272

KRIEGER, Karl-Friedrich: Geschichte Englands von den Anfängen bis zum 15. Jahrhundert ($^{5}$2018)

KRIEGER, Karl-Friedrich: König, Reich und Reichsreform im Spätmittelalter (EDG 14, $^{2}$2005)

KRIEGER, Karl-Friedrich: Rudolf von Habsburg (2003)

KRÜGER, Karl-Heinrich: Art. Michael, Erzengel, I. Biblisch-theologisch und Verehrung, in: LexMA 6 (1993) Sp. 593 f.

KRUISHEER, Jaap G.: De oorkonden en de kanselarij van de graven van Holland tot 1299 (Hollandse Studiën 2, 1971)

KRUISHEER, Japp G.: Kanzleianfertigung, Empfängeranfertigung und Anfertigung durch Dritte. Methodologische Anmerkungen anlässlich einiger neuerer Untersuchungen, in: Archiv für Diplomatik 25 (1979) S. 256–300

KUDORFER, Dieter: Art. Oettingen, Grafen/Fürsten von, publiziert am 23. April 2012, in: Historisches Lexikon Bayerns, URL: http://www.historisches-lexikon-bayerns.de/Lexikon/Oettingen,_Grafen/Fürsten_von (11. August 2021)

KUDORFER, Dieter: Art. Oettingen, Grafschaft/Fürstentum, publiziert am 24. April 2012, in: Historisches Lexikon Bayerns, URL: http://www.historisches-lexikon-bayerns.de/Lexikon/Oettingen,_Grafschaft/Fürstentum (11. August 2021)

KÜHN, Norbert: Die Reichsabtei Kornelimünster im Mittelalter. Geschichtliche Entwicklung, Verfassung, Konvent, Besitz (Veröffentlichungen des Stadtarchivs Aachen 3, 1982)

KÜMPER, Hiram: Art. Gesta Treverorum, in: The Encyclopedia of the Medieval Chronicle 1, hg. von Graeme DUNPHY (2010) S. 701

KUNDE, Holger: Der Weißenfelser Vertrag als Dokument: Überlieferung, Beschreibung, Edition und Übersetzung, in: Holger KUNDE / Stefan TEBRUCK / Helge WITTMANN: Der Weißenfelser Vertrag von 1249. Die Landgrafschaft Thüringen am Beginn des Spätmittelalters (2000) S. 95–121

KUPPER, Jean-Louis: Mathilde de Boulogne, duchesse de Brabant († 1210), in: Femmes. Marriages – Lignages, XII$^{e}$–XIV$^{e}$ siècles. Mélanges offerts à Georges Duby (Bibliothèque du moyen age 1, 1992) S. 233–255

KÜTHER, Waldemar: Art. Stadtlengsfeld, in: Handbuch der historischen Stätten 9: Thüringen, hg. von Hans PATZE / Peter AUFGEBAUER ($^{2}$1989) S. 419 f.

LADEMACHER, Horst: Geschichte der Niederlande. Politik – Verfassung – Wirtschaft (1983)

LANDAU, Peter: Eike von Repgow und die Königswahl im Sachsenspiegel, in: ZRG Germ. Abt. 125 (2008) S. 18–49

LAUFS, Manfred: Politk und Recht bei Innozenz III. Kaiserprivilegien, Thronstreitregister und Egerer Goldbulle in der Reichs- und Rekuperationspolitik Papst Innozenz' III. (Kölner historische Abhandlungen 26, 1980)

LAYER, Adolf: Die Grafen von Dillingen, in: Jahrbuch des historischen Vereins Dillingen an der Donau 75 (1973) S. 76–101

LAYER, Adolf: Zweiter Teil: Schwaben, B. Von der Gründung des schwäbischen Herzogtums (911) bis zum Ende der Stauferzeit (1268), I. Die politische Entwicklung, in: Handbuch der bayerischen Geschichte 3: Franken, Schwaben, Oberpfalz bis zum Ausgang des 18. Jahrhunderts, hg. von Max SPINDLER (1971) S. 841–853

LEESCH, Wolfgang: Die deutschen Archivare 2: Biographisches Lexikon (1992)

LE GOFF, Jacques: Ludwig der Heilige (2000)

LEMMENS, Gerard T. M.: De burcht van Barbarossa, in: Het Valkhof te Nijmegen. Uitgeven ter gelegenheid van de tentoonstelling „Het Valkhof en de vroegste geschiedenis van de sted Nijmegen" in het Nijmeegs Musaum Commanderie van Sint Jan 1980 (1980) S. 59–72

LENSELINK, W. H.: Het Burggraafschap van Zeeland tot 1328, in: DERS. / Adrianus Dirk Antonie MONNA: Studies over het Zeeuwse en het Leidse burggraafschap (Bijdragen van het Instituut voor Middeleeuwse Geschiedenis der Rijksuniversiteit te Utrecht 37, 1976) S. 3–62

LERNER, Robert E.: Ernst Kantorowicz. A Life (2017)

LEVISON, Wilhelm: Wilhelm Procurator von Egmond und seine Miracula Adalberti, in: NA 40 (1916) S. 793–804

LIEVEN, Jens: Adel, Herrschaft und Memoria. Studien zur Erinnerungskultur der Grafen von Kleve und Geldern im Hochmittelalter (Schriften der Heresbach-Stiftung Kalkar 15, 2008)

LINTZEL, Martin: Die Entstehung des Kurfürstenkollegs (Berichte über die Verhandlungen der sächsischen Akademie der Wissenschaften zu Leipzig, Philologisch-historische Klasse 99,2, 1952)

LOHSE, Tillmann: Art. Goslar – Kollegiatstift St. Simon und Judas (1047 bis 1803), in: Niedersächsisches Klosterbuch. Verzeichnis der Klöster, Stifte, Kommenden und Beginenhäuser in Niedersachsen und Bremen von den Anfängen bis 1810, hg. von Josef DOLLE / Dennis KNOCHENHAUER (Veröffentlichungen des Instituts für historische Landesforschung der Universität Göttingen 56, 2012) S. 489–506

LORENZ, Sönke: Die Grafen von Grüningen-Landau (Mitte des 13. bis Anfang des 15. Jahrhunderts), in: Das Haus Württemberg. Ein biographisches Lexikon, hg. von DEMS. / Dieter MERTENS / Volker PRESS (1997) S. 45–52

LORENZ, Sönke: Kaiserswerth im Mittelalter. Genese, Struktur und Organisation königlicher Herrschaft am Niederrhein (Studia humaniora 23, 1993)

LUCAS, Henry S.: John of Avesnes and Richard of Cornwall, in: Speculum 23 (1948) S. 81–101

LÜCK, Heiner: Der Sachsenspiegel. Das berühmteste deutsche Rechtsbuch des Mittelalters (2017)

LÜCKERATH, Carl August: Chronica regia Coloniensis und Chronica Sancti Pantaleonis als Zeugnisse der mittelalterlichen Kölner Historiographie, in: Spätmittelalterliche städtische Geschichtsschreibung in Köln und im Reich. Die „Koelhoffsche" Chronik und ihr historisches Umfeld, hg. von Georg MÖLICH / Uwe NEDDERMEYER / Wolfgang SCHMITZ (Veröffentlichungen des kölnischen Geschichtsvereins 43, 2001) S. 57–67

LÜCKERATH, Carl August: Puerulo fidem et sacramenta – [Fridericus] imperator depositus, in: Geschichtsbilder. Festschrift für Michael Salewski zum 65. Geburtstag, hg. von Thomas STAMM-KUHLMANN u. a. (Historische Mitteilungen im Auftrage der Ranke-Gesellschaft 47, 2003) S. 145–157

LUTZ, Wolf Rudolf: Heinrich der Erlauchte (1218–1288), Markgraf von Meißen (1221–1288), Landgraf von Thüringen und Pfalzgraf von Sachsen (1247–1263) (Erlanger Studien 17, 1977)

MAAT, George J. R.: Het fysisch antropologisch onderzoek, in: Erich H. P. CORDFUNKE: Willem II, graaf van Holland en Roomskoning. Een zoektocht naar het koningsgraf in Middelburg (2013) S. 61–73

MACÉ, Laurent: Raymond VII of Toulouse: The Son of Queen Joanna, ‚Young Count' and Light of the World, in: The World of Eleanor of Aquitaine. Literature and Society in Southern France between the Eleventh and Thirteenth Centuries, hg. von Marcus BULL / Catherine LÉGLU (2005) S. 137–156

MALECZEK, Werner: Das Kardinalat von der Mitte des 12. Jahrhunderts bis zur Mitte des 13. Jahrhunderts (mit besonderer Blickrichtung auf die Iberische Halbinsel), in: Das begrenzte Papsttum. Spielräume päpstlichen Handelns. Legaten – delegierte Richter – Grenzen, hg. von Klaus HERBERS / Fernando LÓPEZ ALSINA / Frank ENGEL (Abhandlungen der Akademie der Wissenschaften zu Göttingen N. F. 25, 2013) S. 65–81

MALECZEK, Werner: Papst und Kardinalskolleg von 1191 bis 1216. Die Kardinäle unter Coelestin III. und Innocenz III. (Publikationen des historischen Instituts beim österreichischen Kulturinstitut in Rom I,6, 1984)

MALFLIET, Rudi: Het conflict om Zeeland-bewester-Schelde en Rijks-Vlaanderen tussen Holland en Vlaanderen. De rol van de Cisterciënzer kloosters Boudelo, Cambron, Ten Duinen, Ter Doest 1167–1256 (2004)

MALFLIET, Rudi: De domeinvorming van de Vlaamse abdijen Ten Duinen en Ter Doest in Zuid-Beveland en de Vier Ambachten tegen de achtergrond van het politieke conflict tussen Vlaanderen en Holland 1167–1296, in: Jaarboek voor Middeleeuwse Geschiedenis 9 (2006) S. 47–84

VON MALOTTKI, Hans: Heinrich von Leiningen, Bischof von Speyer und Reichskanzler. Ein Beitrag zur Geschichte der deutschen Reichskanzlei und des Bistums Speyer im 13. Jahrhundert (Münchener historische Studien, Abt. Geschichtl. Hilfswissenschaften 14, 1977)

MASCHER, Karlheinz: Reichsgut und Komitat am Südharz im Hochmittelalter (Mitteldeutsche Forschungen 9, 1957)

MAURER, Helmut: Das Herzogtum Schwaben in staufischer Zeit, in: Die Zeit der Staufer. Geschichte – Kunst – Kultur 5, Supplement: Vorträge und Forschungen, hg. von Reiner HAUSSHERR / Christian VÄTERLEIN (1979) S. 91–105

MEERMAN, Johan: Geschichte des Grafen Wilhelm von Holland, römischen Königs 1–2 (Leipzig 1787/88)

MEERMAN, Johan: Geschiedenis van Graaf Willem van Holland, Roomsch Koning ('s-Gravenhage 1783/84)

MENZEL, Michael: Die Zeit der Entwürfe 1273–1347 (Gebhardt Handbuch der deutschen Geschichte 7a, 2012)

MEREB, Ursula: Studien zur Besitzgeschichte der Grafen und Herren von Grüningen-Landau von ca. 1250 bis ca. 1500 (1970)

MERTENS, Dieter: Art. Ellenhard, in: VL² 2 (1980) Sp. 501–503

MERTENS, Dieter: Der Straßburger Ellenhard-Codex in St. Paul im Lavanttal, in: Geschichtsschreibung und Geschichtsbewußtsein im späten Mittelalter, hg. von Hans PATZE (Vorträge und Forschungen 31, 1987) S. 543–580

MERTENS, Dieter: Ulrich I. der Stifter (mit dem Daumen), in: Das Haus Württemberg. Ein biographisches Lexikon, hg. von Sönke LORENZ / DEMS. / Volker PRESS (1997) S. 20–22

MERTENS, Eberhard: Das Urkunden- und Kanzleiwesen der Herzöge Albrecht und Johann v. Braunschweig-Lüneburg 1252–1279, in: Niedersächsisches Jahrbuch für Landesgeschichte 13 (1961) S. 108–142

MEUTHEN, Erich: Die Aachener Pröpste bis zum Ende der Stauferzeit, in: Zeitschrift des Aachener Geschichtsvereins 78 (1966/67) S. 5–95

MEYER, Heinz / SUNTRUP, Rudolf: Lexikon der Mittelalterlichen Zahlenbedeutungen (Münstersche Mittelalter-Schriften 56, 1987)

MEYER, Karl: Die Grafen von Honstein, in: Zeitschrift des Harzvereins 28 (1895) S. 397–541

MICHELS, August: Leben Ottos des Kindes, ersten Herzogs von Braunschweig und Lüneburg. Mit Urkundenregesten (1891)

MIERAU, Heike Johanna: Das Reich, politische Theorien und die Heilsgeschichte. Zur Ausbildung eines Reichsbewußtseins durch die Papst-Kaiser-Chroniken des Spätmittelalters, in: ZHF 32 (2005) S. 543–573

MIERAU, Heike Johanna: Die Einheit des imperium Romanum in den Papst-Kaiser-Chroniken des Spätmittelalters, in: HZ 282 (2006) S. 281–312

MILIS, Ludo: De Kerk tussen de Gregoriaanse hervorming en Avignon, in: Algemene Geschiedenis der Nederlanden 3: Middeleeuwen: Staatsinstellingen en recht circa 1100–1400. Kerkelijk en godsdienstig leven circa 1070–1384. Kunsten. Typologisch overzicht van het bronnenmateriaal (1982) S. 165–211

MILITZER, Klaus: Der Erzbischof von Köln und die Krönung der deutschen Könige (936–1531), in: Krönungen. Könige in Aachen – Geschichte und Mythos 1: Katalog, hg. von Mario KRAMP (2000) S. 105–111

MILZ, Joseph: Geschichte der Stadt Duisburg 1: Von den Anfängen bis zum Ende des Alten Reiches (2013)

MINDERMANN, Arnd: Abt Albert von Stade. Ein Chronist des 13. Jahrhunderts, in: Stupor Saxoniae inferioris. Ernst Schubert zum 60. Geburtstag, hg. von Wiard HINRICHS / Siegfried SCHÜTZ / Jürgen WILKE (Beiträge zur Geschichte, Kunst und Kultur des Mittelalters 6, 2001 S. 51–58)

MINDERMANN, Arnd / RIGGERT-MINDERMANN, Ida-Christine: Art. Stade – Franziskaner (vor 1240 bis 1527), in: Niedersächsisches Klosterbuch. Verzeichnis der Klöster, Stifte, Kommenden und Beginenhäuser in Niedersachsen und Bremen von den

Anfängen bis 1810, hg. von Josef DOLLE / Dennis KNOCHENHAUER (Veröffentlichungen des Instituts für historische Landesforschung der Universität Göttingen 56, 2012) S. 1377–1381

MINKE, Alfred: Art. Heinrich von Geldern, in: Die Bischöfe des Heiligen Römischen Reiches 1198 bis 1448. Ein biographisches Lexikon, hg. von Erwin GATZ / Clemens BRODKORB (2001) S. 369

MITTEIS, Heinrich: Die deutsche Königswahl. Ihre Rechtsgrundlagen bis zur Goldenen Bulle ($^{2}$1944)

MÖHRING, Hannes: Der Weltkaiser der Endzeit. Entstehung, Wandel und Wirkung einer tausendjährigen Weissagung (Mittelalter-Forschungen 3, 2000)

MOL, Johannes: Art. Emo, in: The Encyclopedia of the Medieval Chronicle 1, hg. von Graeme DUNPHY (2010) S. 575

MOL, Johannes: Art. Menko, in: The Encyclopedia of the Medieval Chronicle 2, hg. von Graeme DUNPHY (2010) S. 1103

MOLL, Richard: Art. Martin of Opava, English [Chronicle of Popes and Emperors], in: The Encyclopedia of the Medieval Chronicle 2, hg. von Graeme DUNPHY (2010) S. 1088

Monasticon Belge 8,1: Province d'Anvers, hg. von Ursmer BERLIÈRE u. a. (1992)

MONNA, Adrianus Dirk Antonie: De Bezittingen van het Leidse Burggraafschap, in: W. H. LENSELINK / DERS.: Studies over het Zeeuwse en het Leidse burggraafschap (Bijdragen van het Instituut voor Middeleeuwse Geschiedenis der Rijksuniversiteit te Utrecht 37, 1976) S. 63–106

MORAW, Peter: Art. Reich I.–III., in: Geschichtliche Grundbegriffe. Historisches Lexikon zur politisch-sozialen Sprache in Deutschland 5, hg. von Otto BRUNNER / Werner CONZE / Reinhart KOSELLECK (1984) S. 423–456

MORAW, Peter: Von offener Verfassung zu gestalteter Verdichtung. Das Reich im späten Mittelalter 1250–1490 (Propyläen Geschichte Deutschlands 3, 1985, ND 1989)

MORELLI, Serena: I giustizieri nel regno di Napoli al tempo di Carlo I d'Angio: primi risultati di un'indagine prosopografica, in: L'État angevin. Pouvoir, culture et société entre XIIIe et XIVe siècle (Publications de l'École française de Rome 245, Nuovi studi storici 45 1998) S. 491–517

MÜLLER, Christine: Landgräfliche Städte in Thüringen. Die Städtepolitik der Ludowinger im 12. und 13. Jahrhundert (Veröffentlichungen der Historischen Kommission für Thüringen, Kleine Reihe 7, 2003)

MÜLLER, Harald: Mittelalter (Akademische Studienbücher Geschichte, 2008)

MÜLLER, Helmut: Die Zisterzienserabtei Bredelar (Germania Sacra Dritte Folge 6: Die Bistümer der Kirchenprovinz Mainz, Bistum Paderborn 1, 2013)

MÜLLER-MERTENS, Eckhard: Reich und Hauptorte der Salier. Probleme und Fragen, in: Die Salier und das Reich 1: Salier, Adel und Reichsverfassung, hg. von Odilo ENGELS (1991) S. 139–158

MULLER, Pieter Lodewijk: Art. Florens, genannt der Vormund, in: ADB 7 (1878) S. 129f.

MÜLLER, Pieter Lodewijk: Art. Florens V., in: ADB 7 (1878) S. 126–129

NEU, Peter: Die Abtei Prüm im Kräftespiel zwischen Rhein, Mosel und Maas vom 13. Jahrhundert bis 1576, in: Rheinische Vierteljahrsblätter 26 (1961) S. 255–285

NEUGEBAUER, Anton: Richard von Cornwall – ein Engländer am Rhein, ein König ohne Bedeutung?, in: Richard von Cornwall. Römisch-deutsches Königtum in nachstaufischer Zeit, hg. von DEMS. / Klaus KREMB / Jürgen KEDDIGKEIT (Beiträge zur pfälzischen Geschichte 25, Veröffentlichungen der Pfälzischen Gesellschaft zur Förderung der Wissenschaften 109, 2010) S. 11–24

NICHOLAS, Karen S.: Countesses as Rulers in Flanders, in: Aristocratic Women in Medieval France, hg. von Theodore EVERGATES (1999) S. 111–137

NORDZIJ, Aart: Art. Chronicon Tielense, in: The Encyclopedia of the Medieval Chronicle 1, hg. von Graeme DUNPHY (2010) S. 435 f.

OBERPARLEITER, Veronika Coroleu: Johannes Cuspinians Austria aus dem Jahr 1528. Bemerkungen zur Konzeption und zum gelehrten Anspruch, in: Iohannes Cuspinianus (1473–1529). Ein Wiener Humanist und sein Werk im Kontext, hg. von Christian GASTGEBER / Elisabeth KLECKER (Singularia Vindobonensia 2, 2012) S. 65–112

OBREEN, Henri: Bijdragen tot de kennis der middeleeuwsche geslachten van Holland en Zeeland. De Heeren van Teylingen en van Brederode, in: De Nederlandsche Leeuw. Maandblad van het Genealogisch-heraldisch Genootschap 44 (1926) Sp. 193–207, 234–243, 258–266, 290–299, 353–361

OESTREICH, Gerhard: Art. Hintze, Otto, in: NDB 9 (1972) S. 194–196

OGRIS, Alfred: Der Kampf König Ottokars II. von Böhmen um das Herzogtum Kärnten, in: Ottokar-Forschungen. Jahrbuch für Landeskunde von Niederösterreich N. F. 44–45 (1978–1979) S. 92–141

OGRIS, Alfred: Die Beziehungen König Ottokars zum Herzogtum Kärnten vor dem Hintergrund der politischen Entwicklung im 13. Jahrhundert, in: Böhmisch-österreichische Beziehungen im 13. Jahrhundert. Österreich (einschließlich Steiermark, Kärnten und Krain) im Großreichprojekt Ottokars II. Přemysl, König von Böhmen, hg. von Marie BLÁHOVÁ / Ivan HLAVÁČEK (1998) S. 69–76

OHLER, Norbert: Art. Reisen, Reisebeschreibungen, A. Westen, in: LexMA 7 (1995) Sp. 672–675

VON OIDTMANN, Ernst: Das Geschlecht Gymnich, in: Zeitschrift des Aachener Geschichtsvereins 30 (1908) S. 155–234

Oldenbourg Geschichte Lehrbuch Mittelalter, hg. von Matthias MEINHARDT / Andreas RANFT / Stephan SELZER ([2]2009)

OPLL, Ferdinand: Herrschaft durch Präsenz. Gedanken und Bemerkungen zur Itinerarforschung, in: MIÖG 117 (2009) S. 12–22

OPPERMANN, Otto: Untersuchungen zur Geschichte von Stadt und Stift Utrecht, vornehmlich im 12. und 13. Jahrhundert 1, in: Westdeutsche Zeitschrift für Geschichte und Kunst 27 (1908) S. 185–263

OPPERMANN, Otto: Untersuchungen zur Geschichte von Stadt und Stift Utrecht, vornehmlich im 12. und 13. Jahrhundert 2, in: Westdeutsche Zeitschrift für Geschichte und Kunst 28 (1909) S. 155–243

ORAM, Richard: Domination and Lordship. Scotland 1070–1230 (The New Edinburgh History of Scotland 3, 2011)

ORTH, Elsbet: Frankfurt am Main im Früh- und Hochmittelalter, in: Frankfurt am Main. Die Geschichte der Stadt in neun Beiträgen (Veröffentlichungen der Frankfurter historischen Kommission 17, 1991) S. 9–52

ORTNER, Franz / KRONTHALER, Michaela: Art. Ulrich, in: Die Bischöfe des Heiligen Römischen Reiches 1198 bis 1448. Ein biographisches Lexikon, hg. von Erwin GATZ / Clemens BRODKORB (2001) S. 664 f.

ORTNER, Franz: Art. Philipp von Spanheim, in: Die Bischöfe des Heiligen Römischen Reiches 1198 bis 1448. Ein biographisches Lexikon, hg. von Erwin GATZ / Clemens BRODKORB (2001) S. 664

OSTROGORSKY, Georg: Byzantinische Geschichte 324–1453 (1996)

PARAVICINI BAGLIANI, Agostino: Art. Capocci (Caputius, Capucius, Caboche, Capote, De Capociis), Pietro, in: Dizionario Biografico degli Italiani 18 (1975) S. 601–608, URL: http://www.treccani.it/ enciclopedia/pietro-capocci_(Dizionario-Biografico)/ (12. August 2021)

PARAVICINI BAGLIANI, Agostino: Cardinali di curia e ‚familiae' cardinalizie dal 1227 al 1254 (Italia sacra 18, 1972)

PARAVICINI BAGLIANI, Agostino: Hat das Papsttum seiner plenitudo potestatis Grenzen gesetzt? (1050–1300), in: Das begrenzte Papsttum. Spielräume päpstlichen Handelns. Legaten – delegierte Richter – Grenzen, hg. von Klaus HERBERS / Fernando LÓPEZ ALSINA / Frank ENGEL (Abhandlungen der Akademie der Wissenschaften zu Göttingen N. F. 25, 2013) S. 29–41

PATZE, Hans: Politische Geschichte im Hoch- und Spätmittelalter, in: Geschichte Thüringens 2,1: Hohes und spätes Mittelalter, hg. von DEMS. / Walter SCHLESINGER (Mitteldeutsche Forschungen 48,2,1, 1974) S. 1–214

PATZOLD, Steffen: Konsens und Konkurrenz. Überlegungen zu einem aktuellen Forschungskonzept der Mediävistik, in: FMSt 41 (2007) S. 75–103

PAUK, Marcin Rafał: Nobiles Bohemie – ministeriales Austrie. Kontakte der böhmischen und österreichischen Eliten in der Regierungszeit König Přemysl Ottokar II, in: Studia minora facultatis philosophicae universitatis Brunensis C 54 (2007) S. 121–132

PELTZER, Jörg: Locus – nomen – gloria. Zum Rang Bertholds V., in: Die Zähringer. Rang und Herrschaft um 1200, hg. von Jürgen DENDORFER / Heinz KRIEG / Johanna REGNATH (Veröffentlichungen des Alemannischen Instituts 85, 2018) S. 173–186

PELTZER, Jörg: Der Rang der Pfalzgrafen bei Rhein. Die Gestaltung der politisch-sozialen Ordnung des Reichs im 13. und 14. Jahrhundert (Rank. Politisch-soziale Ordnungen im mittelalterlichen Europa 2, 2013)

PENNINGTON, Kenneth: Art. Enrico da Susa, detto l'Ostiense, in: Dizionario Biografico degli Italiani 42 (1993), S. 758–763, URL: http://www.treccani.it/enciclopedia/enrico-da-susa-detto-l-ostiense_%28Dizionario-Biografico%29/ (12. August 2021)

PETERSOHN, Jürgen: Rom und der Reichstitel „Sacrum Romanum Imperium", vorgelegt am 16. April 1994 in einer Sitzung der wissenschaftlichen Gesellschaft an der Johann-Wolfgang-Goethe-Universität Frankfurt am Main (Sitzungsberichte der Wissenschaftlichen Gesellschaft an der Johann-Wolfgang-Goethe-Universität Frankfurt am Main 32,4, 1994) S. 75–101

PFEIFFER, Friedrich: Rheinische Transitzölle im Mittelalter (1997)

PLASSMANN, Alheydis: Art. Hermann of Niederaltaich (Hermannus abbas Altahensis), in: The Encyclopedia of the Medieval Chronicle 1, hg. von Graeme DUNPHY (2010) S. 779 f.

POLAK, Emil J.: Medieval and Renaissance Letter Treatises and Form Letters. A Census of Manuscripts Found in Eastern Europe and the Former U.S.S.R. (Davis Medieval Texts and Studies 8, 1993)

POLAK, Emil J.: Medieval and Renaissance Letter Treatises and Form Letters. A Census of Manuscripts Fount in Part of Western Europe, Japan, and in the United States of America (Davis Medieval Texts and Studies 9, 1994)

PRANGE, Wolfgang / JÄHNIG, Bernhart: Art. Albert Suerbeer, in: Die Bischöfe des Heiligen Römischen Reiches 1198 bis 1448. Ein biographisches Lexikon, hg. von Erwin GATZ / Clemens BRODKORB (2001) S. 647 f.

PRANGE, Wolfgang: Lübeck [Einleitung], in: Die Bischöfe des Heiligen Römischen Reiches 1198 bis 1448. Ein biographisches Lexikon, hg. von Erwin GATZ / Clemens BRODKORB (2001) S. 349

PRIETZEL, Malte: Der Schlachtentod mittelalterlicher Könige in der Darstellung von Zeitgenossen, in: Der König als Krieger. Zum Verhältnis von Königtum und Krieg im Mittelalter, Beiträge der Tagung des Zentrums für Mittelalterstudien der Otto-Friedrich-Universität Bamberg (13.–15. März 2013), hg. von Martin CLAUSS / Andrea STIELDORF / Tobias WELLER (Bamberger interdisziplinäre Mittelalterstudien, Vorträge und Vorlesungen 5, 2015) S. 117–135

PRÖSSLER, Robert: Das Erzstift Köln in der Zeit des Erzbischofs Konrad von Hochstaden. Organisatorische und wirtschaftliche Grundlagen in den Jahren 1238–1261 (Kölner Schriften zur Geschichte und Kultur 23, 1997)

PÜTZ, Regina: Die Bibliothek des Kloster St. Pantaleon in Köln bis zum 13. Jahrhundert. Studien zum geistigen Leben (Diss. phil. 1998)

QUELLER, Donald E.: Diplomatic ‚Blanks' in the Thirteenth Century, in: The English Historical Review 80 (1965) S. 476–491

RAUCH, Christian: Die Geschichte der Ingelheimer Königs- und Kaiserpfalz (Beiträge zur Ingelheimer Geschichte 11, 1960)

RECKWITZ, Andreas: Struktur. Zur sozialwissenschaftlichen Analyse von Regeln und Regelmäßigkeiten (1997)

REESE, Werner: Die Niederlande und das Deutsche Reich 1: Die Niederlande im Reich von den Anfängen bis ins 14. Jahrhundert (Forschungen des deutschen auslandswissenschaftlichen Instituts 4,1, 1941)

REGENBOGEN, Clemens: Das Burgundische Rektorat – Anspruch und Wirklichkeit, in: Die Zähringer. Rang und Herrschaft um 1200, hg. von Jürgen DENDORFER / Heinz KRIEG / Johanna REGNATH (Veröffentlichungen des Alemannischen Instituts 85, 2018) S. 157–170

REH, Friedrich: Kardinal Peter Capocci. Ein Staatsmann und Feldherr des XIII. Jahrhunderts (Historische Studien 235, 1933, ND 1965)

REID, Norman H.: Art. Great Cause, in: The Oxford Companion to Scottish History, hg. von Michael LYNCH (2001, ND 2011) S. 280–282

REINHARDT, Uta: Art. Medingen, in: Die Männer- und Frauenklöster der Zisterzienser in Niedersachsen, Schleswig-Holstein und Hamburg, bearb. von Ulrich FAUST (Germania Benedictina 12: Norddeutschland, 1994) S. 518–547

REULING, Ulrich: Von Lyon nach Veitshöchheim: Die Wahl Heinrich Raspes zum *rex Romanorum* im Jahre 1246, in: Heinrich Raspe – Landgraf von Thüringen und römischer König (1227–1247). Fürsten, König und Reich in spätstaufischer Zeit, hg. von Matthias WERNER (Jenaer Beiträge zur Geschichte 3, 2003) S. 273–306

REULING, Ulrich: Zur Entwicklung der Wahlformen bei den hochmittelalterlichen Königserhebungen im Reich, in: Wahlen und Wählen im Mittelalter, hg. von Reinhard SCHNEIDER / Harald ZIMMERMANN (Vorträge und Forschungen 37, 1990) S. 227–270

RICHARD, Jean: Art. Chalon, Jean v., in: LexMA 2 (1983) Sp. 1659 f.

RICHTER, Karl: Die böhmischen Länder im Früh- und Hochmittelalter, in: Handbuch der Geschichte der böhmischen Länder 1: Die böhmischen Länder von der archaischen Zeit bis zum Ausgang der hussitischen Revolution, hg. von Karl BOSL (1967) S. 163–347

RILEY-SMITH, Jonathan: Die Kreuzzüge (2015)

ROBERG, Francesco: Die Langsdorfer Urkunden – Kommentar und Edition, in: Neugestaltung in der Mitte des Reiches: 750 Jahre Langsdorfer Verträge 1263–2013, hg. von Ursula BRAASCH-SCHWERSMANN / Christine REINLE / Ulrich RITZERFELD (Untersuchungen und Materialien zur Verfassungs- und Landesgeschichte 30, 2013) S. 369–400

VON RODEN, Günter: Das Erzbistum Köln 4: Die Zisterzienserinnenklöster Saarn, Duissern, Sterkrade (Germania Sacra 18,4, 1984)

ROGGE, Jörg: Die Wettiner. Aufstieg einer Dynastie im Mittelalter (2009)

ROHR, Christian: Přemysl Otakar II. – ein Wegbereiter der Habsburger?, in: Böhmisch-österreichische Beziehungen im 13. Jahrhundert. Österreich (einschließlich Steiermark, Kärnten und Krain) im Großreichprojekt Ottokars II. Přemysl, König von Böhmen, hg. von Marie BLÁHOVÁ / Ivan HLAVÁČEK (1998) S. 25–37

RÖMER, Christof: Helmstedt, St. Ludgeri, in: Die Benediktinerklöster in Niedersachsen, Schleswig-Holstein und Bremen, bearb. von Ulrich FAUST (Germania Benedictina 6: Norddeutschland, 1979) S. 163–199

RÖSCH, Eva Sibylle / RÖSCH, Gerhard: Kaiser Friedrich II. und sein Königreich Sizilien ($^2$1996)

ROTH VON SCHRECKENSTEIN, Karl Heinrich: Das angebliche Ceremonial bei der Ritterweihe des Königs Wilhelm 1247, in: Forschungen zur Deutschen Geschichte 22 (1882) S. 233–247

RÜBSAMEN, Dieter: Art. Münzenberg, in: NDB 18 (1997) S. 551 f.

RUH, Kurt: Kaufringers Erzählung von der >Unschuldigen Mörderin<, in: DERS.: Kleine Schriften 1: Dichtung des Hoch- und Spätmittelalters, hg. von Volker MERTENS (1984) S. 170–184 (zuerst in: Interpretation und Edition deutscher Texte des Mittelalters. FS John Asher, hg. von Kathryn SMITS / Werner BESCH / Victor LANGE, 1981, S. 164–177)

RUNCIMAN, Steven: A History of the Crusades 1: The First Crusade and the Foundation of the Kingdom of Jerusalem (1978)

RUNCIMAN, Steven: A History of the Cursades 3: The Kingdom of Acre (1978)

SABLONIER, Roger: Die Grafen von Rapperswil : Kontroversen, neue Perspektiven und ein Ausblick auf die „Gründungszeit" der Eidgenossenschaft um 1300, in: Der Geschichtsfreund. Mitteilungen des Historische Vereins Zentralschweiz 147 (1994) S. 5–44

SANTIFALLER, Leo: Beiträge zur Geschichte des Lateinischen Patriarchats von Konstantinopel (1204–1261) und der venezianischen Urkunden (Historisch-diplomatische Forschungen 3, 1938)

SASSEN, Johann H. H.: Hugo von St. Cher. Seine Tätigkeit als Kardinal 1244–1263 (1908)

SATTLER, Carl: Die flandrisch-holländischen Verwicklungen unter Wilhelm von Holland 1248–1256 (1872)

SAURMA-JELTSCH, Lieselotte E.: Rom und Aachen in der staufischen Reichsimagination, in: Verwandlungen des Stauferreichs. Drei Innovationsregionen im mittelalterlichen Europa, hg. von Bernd SCHNEIDMÜLLER / Stefan WEINFURTER / Alfried WIECZOREK (2010) S. 268–307

SCALES, Len: The Shaping of German Identity. Authority and Crisis 1245–1414 (2012)

SCHÄFER, Regina: Die Herren von Eppstein. Herrschaftsausübung, Verwaltung und Besitz eines Hochadelsgeschlechts im Spätmittelalter (Veröffentlichungen der Historischen Kommission für Nassau 68, 2000)

SCHALLER, Andrea: Der Erzengel Michael im frühen Mittelalter: Ikonographie und Verehrung eines Heiligen ohne Vita (Vestigia Bibliae 26–27, 2006)

SCHALLER, Hans Martin: Art. Justingen, Anselm von, in: NDB 10 (1974) S. 709 f.

SCHALLER, Hans Martin: Art. Thaddaeus von Suessa, in: LexMA 8 (1997) Sp. 608 f.

SCHALLER, Hans Martin: Die Kanzlei Kaiser Friedrichs II. Ihr Personal und ihr Sprachstil, Teil 1: Das Personal der Kanzlei, in: Archiv für Diplomatik 3 (1957) S. 207–286

SCHALLER, Hans-Martin: Zum „Preisgedicht" des Terrisius von Atina auf Kaiser Friedrich II., in: DERS.: Stauferzeit. Ausgewählte Aufsätze (MGH Schriften 38, 1993) S. 85–101 (zuerst in: Geschichtsschreibung und geistiges Leben im Mittelalter. FS Heinz Löwe, hg. von Karl HAUCK / Hubert MORDEK, 1978, S. 503–518)

SCHAUERTE, Thomas Ulrich: Die Ehrenpforte für Kaiser Maximilian I. Dürer und Altdorfer im Dienst des Herrschers (Kunstwissenschaftliche Studien 95, 2001)

SCHEFFER-BOICHORST, Paul: Kleinere Forschungen zur Geschichte des Mittelalters 4–6, in: MIÖG 6 (1885) S. 521–582

SCHIEFFER, Rudolf: Die Reichweite päpstlicher Entscheidungen nach der papstgeschichtlichen Wende, in: Das begrenzte Papsttum. Spielräume päpstlichen Handelns. Legaten – delegierte Richter – Grenzen, hg. von Klaus HERBERS / Fernando LÓPEZ ALSINA / Frank ENGEL (Abhandlungen der Akademie der Wissenschaften zu Göttingen N. F. 25, 2013) S. 13–27

SCHILLING, Albert: Die Reichsherrschaft Justingen. Ein Beitrag zur Geschichte von Alb und Oberschwaben (1881)

SCHLEGELMILCH, Anna Margarete: Die Jugendjahre Karls V. Lebenswelt und Erziehung des burgundischen Prinzen (Beihefte zum Archiv für Kulturgeschichte 67, 2011)

SCHLESINGER, Walter: Merseburg (Versuch eines Modells künftiger Pfalzbearbeitungen), in: Deutsche Königspfalzen. Beiträge zu ihrer historischen und archäologischen Erforschung 1 (Veröffentlichungen des Max-Planck-Instituts für Geschichte 11,1, 1963) S. 158–206

SCHMIDT-WIEGAND, Ruth: Wahl und Weihe des deutschen Königs nach den Bilderhandschriften des Sachsenspiegels, in: Studien zur Geschichte des Mittelalters. Jürgen Petersohn zum 65. Geburtstag, hg. von Matthias THUMSER / Annegret WENZ-HAUBFLEISCH / Peter WIEGAND (2000) S. 222–238

SCHMITZ, Hans: Die Pfalz Ingelheim und die rhein-mainische Pfalzenlandschaft, in: Aufsätze zur reichsgeschichtlichen Bedeutung Ingelheims (Beiträge zur Ingelheimer Geschichte 26, 1976) S. 35–65

SCHNACK, Frederieke Maria: Die Heiratspolitik der Welfen von 1235 bis zum Ausgang des Mittelalters (Kieler Werkstücke A 43, 2016)

SCHNEIDER, Joachim: Art. Ellenhard, in: The Encyclopedia of the Medieval Chronicle 1, hg. von Graeme DUNPHY (2010) S. 574

SCHNEIDMÜLLER, Bernd: Das Goslarer Pfalzstift St. Simon und Judas und das deutsche Königtum in staufischer Zeit, in: Geschichte in der Region. Zum 65. Geburtstag von Heinrich Schmidt, hg. von Dieter BROSIUS u. a. (1993) S. 29–53

SCHNEIDMÜLLER, Bernd: Die neue Heimat der Welfen. Von der kaiserlichen Landschaft zum Herzogtum Braunschweig (1125–1252), in: Die Braunschweigische Landesgeschichte. Jahrtausendrückblick einer Region, hg. von Horst-Rüdiger JARCK / Gerhard SCHILDT (2000) S. 177–230

SCHNEIDMÜLLER, Bernd: Die Welfen. Herrschaft und Erinnerung (819–1252, 2000)

SCHNEIDMÜLLER, Bernd: Heinrich der Löwe und sein Politikmodell im Norden des Reichs, in: Die Staufer und der Norden Deutschlands, hg. von Karl-Heinz RUESS (Schriften zur staufischen Geschichte und Kunst 35, 2016) S. 12–46

SCHNEIDMÜLLER, Bernd: Konsens – Territorialisierung – Eigennutz. Vom Umgang mit spätmittelalterlicher Geschichte, in: Frühmittelalterliche Studien 39 (2005) S. 225–246

SCHNEIDMÜLLER, Bernd: Landesherrschaft, welfische Identität und sächsische Geschichte, in: Regionale Identität und soziale Gruppen im deutschen Mittelalter, hg. von Peter MORAW (ZHF Beiheft 14, 1992) S. 65–101

SCHNEIDMÜLLER, Bernd: Konsensuale Herrschaft. Ein Essay über Formen und Konzepte politischer Ordnung im Mittelalter, in: Reich, Regionen und Europa in Mittelalter und Neuzeit. FS für Peter Moraw, hg. von Paul-Joachim HEINIG u. a. (Historische Forschungen 67, 2000) S. 53–87

SCHNEIDMÜLLER, Bernd: Reichsfürstliches Feiern. Die Welfen und ihre Feste im 13. Jahrhundert, in: Feste und Feiern im Mittelalter. Paderborner Symposium des Mediävistenverbandes, hg. von Detlef ALTENBURG / Jörg JARNUT / Hans-Hugo STEINHOFF (1991) S. 165–180

SCHEIDMÜLLER, Bernd: Verantwortung aus Breite und Tiefe. Verschränkte Herrschaft im 13. Jahrhundert, in: König, Reich und Fürsten im Mittelalter Abschlusstagung des Greifswalder „Principes-Projekts“: FS Karl-Heinz Spieß, hg. von Oliver AUGE / Nina KÜHNLE (2017) S. 115–148

SCHNEPP, Peter: Die Raugrafen, in: Mitteilungen des historischen Vereins der Pfalz 37–38 (1918) S. 147–206

SCHNITH, Karl: Art. Justitiar (England), in: LexMA 5 (1991) Sp. 825

SCHOLZ, Michael: Art. Rudolf von Dingelstedt, in: Die Bischöfe des Heiligen Römischen Reiches 1198 bis 1448. Ein biographisches Lexikon, hg. von Erwin GATZ / Clemens BRODKORB (2001) S. 386 f.

SCHOLZ, Michael: Art. Wilbrand, Graf von Käfernburg, in: Die Bischöfe des Heiligen Römischen Reiches 1198 bis 1448. Ein biographisches Lexikon, hg. von Erwin GATZ / Clemens BRODKORB (2001) S. 386

SCHOPPMEYER, Heinrich: Die Entstehung der Landstände im Hochstift Paderborn, in: Westfälische Zeitschrift 136 (1986) S. 249–310

SCHRAMM, Percy Ernst: Zur Haar- und Barttracht als Kennzeichen im germanischen Altertum und im Mittelalter, in: DERS.: Herrschaftszeichen und Staatssymbolik. Beiträge zu ihrer Geschichte vom dritten bis zum sechzehnten Jahrhundert 1 (MGH Schriften 13,1, 1954) S. 118–127

SCHREINER, Klaus: Diversitas temporum. Zeiterfahrung und Epochengliederung im späten Mittelalter, in: Epochenschwelle und Epochenbewußtsein, hg. von Reinhart HERZOG / Reinhart KOSELLECK (Poetik und Hermeneutik 12, 1987) S. 381–428

SCHRÖER, Alois: Art. Otto, Graf zur Lippe, in: Die Bischöfe des Heiligen Römischen Reiches 1198 bis 1448. Ein biographisches Lexikon, hg. von Erwin GATZ / Clemens BRODKORB (2001) S. 466 f.

SCHROHE, Heinrich: Mainz in seinen Beziehungen zu den deutschen Königen und den Erzbischöfen der Stadt bis zum Untergang der Stadtfreiheit 1462 (Beiträge zur Geschichte der Stadt Mainz 4, 1915)

SCHUBERT, Ernst: Königsabsetzung im deutschen Mittelalter. Eine Studie zum Werden der Reichsverfassung (Abhandlungen der Akademie der Wissenschaften zu Göttingen, Philologisch-Historische Klasse 3,267, 2005)

SCHUBERT, Ernst: König und Reich. Studien zur spätmittelalterlichen deutschen Verfassungsgeschichte (Veröffentlichungen des Max-Planck-Instituts für Geschichte 63, 1979)

SCHUBERT, Karl: Art. Orestes, in: Lexikon der Alten Welt (1990) Sp. 2145 f.

SCHULZE, Hans Kurt: Die Kirche im Hoch- und Spätmittelalter, in: Geschichte Thüringens 2,2: Hohes und spätes Mittelalter, hg. von Hans PATZE / Walter SCHLESINGER (Mitteldeutsche Forschungen 48,2,2, 1973) S. 50–149

SCHULZE, Hans Kurt: Grundstrukturen der Verfassung im Mittelalter 1: Stammesverband, Gefolgschaft, Lehnswesen, Grundherrschaft ([3]1995)

SCHULZE, Hans Kurt: Grundstrukturen der Verfassung im Mittelalter 4: Das Königtum (2011)

SCHULZE, Heinz-Joachim: Isenhagen, in: Die Männer- und Frauenklöster der Zisterzienser in Niedersachsen, Schleswig-Holstein und Hamburg, bearb. von Ulrich FAUST (Germania Benedictina 12: Norddeutschland, 1994) S. 228–267

SCHULZE, Heinz-Joachim: Stade, in: Die Benediktinerklöster in Niedersachsen, Schleswig-Holstein und Bremen, bearb. von Ulrich FAUST (Germania Benedictina 6: Norddeutschland, 1979) S. 463–482

SCHUMACHER, Jakob: Wirich von Daun. Zur Wiederkehr seines 700. Todestages am 12. Juli 1962, in: Landeskundliche Vierteljahrsblätter 8 (1962) S. 83–90

SCHWARZ, Jörg: Herrschaft und Herrschaftskonzeptionen des römisch-deutschen Königs Richard von Cornwall, in: Richard von Cornwall. Römisch-deutsches Königtum in nachstaufischer Zeit, hg. von Anton NEUGEBAUER / Klaus KREMB / Jürgen KEDDIGKEIT (Beiträge zur pfälzischen Geschichte 25, Veröffentlichungen der Pfälzischen Gesellschaft zur Förderung der Wissenschaften 109, 2010) S. 55–90

SCHWARZ, Jörg: Herrscher- und Reichstitel bei Kaisertum und Papsttum im 12. und 13. Jahrhundert (Forschungen zur Kaiser- und Papstgeschichte des Mittelalters 22, 2003)

SCHWARZMAIER, Hansmartin: Der Ausgang der Stauferzeit (1167–1269), in: Handbuch der baden-württembergischen Geschichte 1,1: Allgemeine Geschichte. Von der Urzeit bis zum Ende der Staufer, hg. von Meinrad SCHAAB / DEMS. (2001) S. 529–619

SCHWENNICKE, Detlev (Bearb.): Europäische Stammtafeln. Stammtafeln zur Geschichte der europäischen Staaten, Neue Folge I,2: Přemysliden, Askanier, Herzoge von Lothringen, die Häuser Hessen, Württemberg und Zähringen (1999)

SCHWENNICKE, Detlev (Bearb.): Europäische Stammtafeln. Stammtafeln zur Geschichte der europäischen Staaten, Neue Folge IV, Abt. 1,1: Standesherrliche Häuser (1981)

SCHWENNICKE, Detlev / FREYTAG VON LORINGHOFEN, Frank (Bearb.): Europäische Stammtafeln. Stammtafeln zur Geschichte der europäischen Staaten, Neue Folge XVIII: Zwischen Maas und Rhein [1] (1998)

SCHWENNICKE, Detlev (Bearb.): Europäische Stammtafeln. Stammtafeln zur Geschichte der europäischen Staaten, Neue Folge XXIX: Zwischen Maas und Rhein 5 (2013)

SCHWIND, Fred: Art. Diez, Grafen von/Grafschaft, in: LexMA 3 (1986) Sp. 1039 f.

SCHWIND, Fred: Zu den Anfängen von Herrschaft und Stadt Hanau, in: DERS.: Burg, Dorf, Kloster, Stadt. Beiträge zur hessischen Landesgeschichte und zur mittelalterlichen Verfassungsgeschichte. Ausgewählte Aufsätze von Fred Schwind. Festgabe zu seinem 70. Geburtstag, hg. von Ursula BRAASCH-SCHWERSMANN (Untersuchungen und Materialien zur Verfassungs- und Landesgeschichte 17, 1999) S. 323–344

SCHWINEKÖPER, Berent: Art. Wolmirstedt, in: Handbuch der historischen Stätten 11: Provinz Sachsen-Anhalt, hg. von DEMS. (1987) S. 515 f.

SCHWINEKÖPER, Berent: Art. Zerbst, in: Handbuch der historischen Stätten 11: Provinz Sachsen-Anhalt, hg. von DEMS. (1987) S. 523–528

VON SEGGERN, Harm: Geschichte der Burgundischen Niederlande (2018)

SEIBRICH, Wolfgang: Art. Arnold von Isenburg, in: Die Bischöfe des Heiligen Römischen Reiches 1198 bis 1448. Ein biographisches Lexikon, hg. von Erwin GATZ / Clemens BRODKORB (2001) S. 794 f.

SICKING, Louis: Politieke geschiedenis, gewestelijke en bovengewestelijke bestursinstellingen [1300–1550], in: Geschiedenis van Zeeland 1: Prehistorie – 1550, hg. von Paul BRUSSE / Peter HENDERIKX (2012) S. 226–242

SIGHART, Joachim: Albertus Magnus. Sein Leben und seine Wissenschaft (1857)

SIGURÐSSON, Jón Viðar: Art. Hákon Hákonarson, in: Medieval Scandinavia. An Encyclopedia, hg. von Phillip PULSIANO / Kirsten WOLF (1993) S. 258 f.

SIMON, Ulrich: Das Zisterzienserinnenkloster Thron bei Wehrheim im Taunus. Landes, ordens, wirtschafts- und sozialgeschichtliche Studien (Veröffentlichungen der historischen Kommission für Nassau 41, 1986)

SIMONS, Walter: Cities of Ladies. Beguine Communities in the Medieval Low Countries, 1200–1565 (The Middle Ages Series, 2001)

SINKE, Hans / VAN DRUNEN, Ad: Verwoesting en wederopbouw, in: De Abdij van Middelburg, hg. von Jeanine DEKKER / Katie HEYNING (2006) S. 230–250

SLEIDERINK, Remco: Art. Lodwijk van Velthem, in: The Encyclopedia of the Medieval Chronicle 2, hg. von Graeme DUNPHY (2010) S. 1041

SOKOP, Brigitte: Stammtafeln europäischer Herrscherhäuser (³1993)

SOMMERLECHNER, Andrea: Der Hoftag von Mainz 1235, in: Höhepunkte des Mittelalters, hg. von Georg SCHEIBELREITER (2004) S. 141–153

SOMMERLECHNER, Andrea: Stupor mundi? Kaiser Friedrich II. und die mittelalterliche Geschichtsschreibung (Publikationen des historischen Instituts beim österreichischen Kulturinstitut in Rom I,11, 1999)

SPIESS, Karl-Heinz / WILLICH, Thomas: Das Lehnswesen in Deutschland im hohen und späten Mittelalter (³2011)

SPINDLER, Max / KRAUS, Andreas: Behauptung der Teilherzogtümer nach außen und Festigung im Innern in der zweiten Hälfte des 13. Jahrhunderts, in: Handbuch der bayerischen Geschichte 2: Das alte Bayern. Der Territorialstaat vom Ausgang des 12. Jahrhunderts bis zum Ausgang des 18. Jahrhunderts, hg. von DENS. (²1988) S. 76–109

SPINDLER, Max / KRAUS, Andreas: Die Auseinandersetzungen mit Landesadel, Episkopat und Königtum unter den drei ersten wittelsbachischen Herzögen (1180–1253), in: Handbuch der bayerischen Geschichte 2: Das alte Bayern. Der Territorialstaat vom Ausgang des 12. Jahrhunderts bis zum Ausgang des 18. Jahrhunderts, hg. von DENS. (²1988) S. 7–52

SPINDLER, Max / KRAUS, Andreas: Grundzüge des inneren Wandels, in: Handbuch der bayerischen Geschichte 2: Das alte Bayern. Der Territorialstaat vom Ausgang des 12. Jahrhunderts bis zum Ausgang des 18. Jahrhunderts, hg. von DENS. (²1988) S. 53–75

STAAB, Franz: Fulda, in: Die deutschen Königspfalzen. Repertorium der Pfalzen, Königshöfe und übrigen Aufenthaltsorte der Könige im deutschen Reich des Mittelalters 1: Hessen, 5. Lieferung Fritzlar (Schluss) – Gelnhausen (Anfang), hg. von Caspar EHLERS / Lutz FENSKE / Thomas ZOTZ (2001) S. 511–612

STAMMLER, Wolfgang: Albert der Große und die deutsche Volksfrömmigkeit im Mittelalter, in: Freiburger Zeitschrift für Philosophie und Theologie 3 (1956) S. 287–319

STANGE-METHFESSEL, Frauke: *Frauwe Sophia … regirte von irss sons wegen gar erlich unde wole*. Die fürstliche Herrschaft Herzogin Sophies von Brabant († 1275) im Spiegel zeitgenössischer Quellen, in: Neugestaltung in der Mitte des Reiches: 750 Jahre Langsdorfer Verträge, 1263–2013, hg. von Ursula BRAASCH-SCHWERSMANN / Christine REINLE / Ulrich RITZERFELD (Untersuchungen und Materialien zur Verfassungs- und Landesgeschichte 30, 2013) S. 223–238

STEHKÄMPER, Hugo: Geld bei deutschen Königswahlen des 13. Jahrhunderts, in: DERS.: Köln – und darüber hinaus: Ausgewählte Abhandlungen 1 (Mitteilungen aus dem Stadtarchiv von Köln 93–94, 2004) S. 189–232 (zuerst in: Wirtschaftskräfte und Wirtschaftswege 1, hg. von Jürgen SCHNEIDER, Beiträge zur Wirtschaftsgeschichte 4–8, 1978–1981, S. 83–136)

STEHKÄMPER, Hugo: Konrad von Hochstaden, Erzbischof von Köln (1238–1261), in: Jahrbuch des Kölnischen Geschichtsvereins 36–37 (1961–62) S. 95–116

STEHKÄMPER, Hugo: Über die rechtliche Absicherung der Stadt Köln gegen eine erzbischöfliche Landesherschaft vor 1288, in: Die Stadt in der europäischen Geschichte. Festschrift Edith Ennen, hg. von Werner BESCH / Klaus FEHN u. a. (1972) S. 343–377

STEINBACH, Hartmut: Die Reichsgewalt und Niederdeutschland in nachstaufischer Zeit, 1247–1308 (Kieler Historische Studien 5, 1968)

STONES, Edward Lionel Gregory / SIMPSON, Grant Gray: Edward I and the Throne of Scotland 1290–1296. An edition of the record sources for the Great Cause 1–2 (1978)

STRAUB, Theodor: Bayern im Zeichen der Teilungen und der Teilherzogtümer (1347–1450), in: Handbuch der bayerischen Geschichte 2: Das alte Bayern. Der Territorialstaat vom Ausgang des 12. Jahrhunderts bis zum Ausgang des 18. Jahrhunderts, hg. von Max SPINDLER / Andreas KRAUS ($^{2}$1988) S. 196–287

STRAUSS, Ulrike: Das ehemalige Augustinerchorfrauenstift Marienberg bei Helmstedt. Beiträge zu seiner Geschichte bis zur Reformation (Beihefte zum Braunschweigischen Jahrbuch 1, 1983)

STRUICK, Eduard: De verhouding tussen de bisschop, de kapittels en het stadsbestuur in Utrecht, 12e–15e eeuw, in: Stift und Stadt am Niederrhein. Referate der 3. Niederrhein-Tagung des Arbeitskreises niederrheinischer Kommunalarchivare (30. September bis 1. Oktober 1983 in Emmerich-Borghees), hg. von Erich MEUTHEN (Klever Archiv 5, 1984) S. 85–107

STÜRNER, Wolfgang: Augustalen Friedrichs II., in: Elisabeth von Thüringen – Eine europäische Heilige. Katalog, hg. von Dieter BLUME / Matthias WERNER (2007) S. 182

STÜRNER, Wolfgang: Das Wesen der herrscherlichen Gewalt im Denken und Handeln Kaiser Friedrichs II., in: DERS.: Staufisches Mittelalter. Ausgewählte Aufsätze zur Herrschaftspraxis und Persönlichkeit Friedrichs II., hg. von Folker REICHERT (2012) S. 133–146 (zuerst in: Gewalt und ihre Legitimation im Mittelalter, hg. von Günther MENSCHING, 2003, S. 15–25)

STÜRNER, Wolfgang: Deutschland und Italien in der Herrschaftskonzeption Kaiser Friedrichs II., in: DERS.: Staufisches Mittelalter. Ausgewählte Aufsätze zur Herrschaftspraxis und Persönlichkeit Friedrichs II., hg. von Folker REICHERT (2012) S. 147–173 (zuerst in: Deutschland und Italien zur Stauferzeit, Schriften zur staufischen Geschichte und Kunst 22, 2002, S. 10–40)

STÜRNER, Wolfgang: Dreizehntes Jahrhundert, 1198–1273 (Gebhardt Handbuch der deutschen Geschichte 6, $^{10}$2007)

STÜRNER, Wolfgang: Friedrich II. 1: Die Königsherrschaft in Sizilien und Deutschland 1194–1220 ($^{2}$2003)

STÜRNER, Wolfgang: Friedrich II. 2: Der Kaiser 1220–1250 ($^{2}$2003)

STÜRNER, Wolfgang: Rerum necessitas und divina provisio. Zur Interpretation des Prooemiums der Konstitutionen von Melfi (1231), in: DERS.: Staufisches Mittelalter. Ausgewählte Aufsätze zur Herrschaftspraxis und Persönlichkeit Friedrichs II., hg. von Folker REICHERT (2012) S. 59–131 (zuerst in: DA 39, 1983, S. 467–554)

SÜNDER, Martin: Zur Geschichte des Deutschen Ordens in Mühlhausen, in: Mühlhäuser Beiträge 26 (2003) S. 42–49

TEBRUCK, Stefan: *Pacem confirmare – iusticiam exhibere – per amiciciam concordare*: Fürstliche Herrschaft und politische Integration. Heinrich der Erlauchte, Thüringen und der Weißenfelser Vertrag von 1249, in: Hochadelige Herrschaft im mitteldeutschen Raum (1200–1600). Formen – Legitimation – Repräsentation, hg. von Jörg ROGGE (Quellen und Forschungen zur sächsischen Geschichte 23, 2003) S. 243–303

THEISSEN, Karl Heinrich: Die Benediktiner-Abtei Prüm und die von ihr ausgehenden Kollegiatsstifte Münstereifel, Prüm und St. Goar 720–1802. Personaldaten (2014)

THISSEN, Bert: Die Königspfalz Nimwegen. Funktion – Topographie – Ausstattung, in: Verortete Herrschaft. Königspfalzen, Adelsburgen und Herrschaftsbildung in Niederlothringen während des frühen und hohen Mittelalters, hg. von Jens LIEVEN / Bert THISSEN / Ronald WIENTJES (Schriften des Heresbach-Stiftung Kalkar 16, 2014) S. 53–106

THISSEN, Bert: Die Pfalz Nimwegen zwischen Reichs- und Territorialgewalt (1247–1371), in: Territorium und Residenz am Niederrhein. Referate der 7. Niederrhein-Tagung des Arbeitskreises niederrheinischer Kommunalarchivare für Regionalgeschichte (25.–26. September 1992 in Kleve), hg. von Klaus FLINK / Wilhelm JANSSEN (Klever Archiv 14, 1993) S. 33–66

THOMAS, Heinz: Ludwig der Bayer (1282–1347). Kaiser und Ketzer (1993)

THORAU, Peter: Territorialpolitik und fürstlicher Ehrgeiz am Niederrhein zur Zeit Kaiser Friedrichs II. und König Konrads IV.: Das Lütticher Schisma von 1238, in: Ex ipsis rerum documentis. Beiträge zur Mediävistik. FS Harald Zimmermann zum 65. Geburtstag, hg. von Klaus HERBERS / Hans Henning KORTÜM / Carlo SERVATIUS (1991) S. 523–536

THUMSER, Matthias: Kardinal Rainer von Viterbo († 1250) und seine Propaganda gegen Friedrich II., in: Die Kardinäle des Mittelalters und der frühen Renaissance, hg. von Jürgen DENDORFER / Ralf LÜTZELSCHWAB (Millennio medievale. Strumenti e studi 95, n. s. 33, 2013) S. 187–199

TOUSSAINT, Ingo: Die Grafen von Leiningen. Studien zur leiningischen Genealogie und Territorialgeschichte bis zur Teilung von 1317–18 (1982)

TUMMERS, Harry: Die Grabstätten und Grabmonumente der Grafen und Herzöge von Geldern, in: Gelre – Geldern – Gelderland. Geschichte und Kultur des Herzogtums Geldern, hg. von Johannes STINNER / Karl-Heinz TEKATH (Veröffentlichungen des Historischen Vereins für Geldern und Umgebung 100 2001) S. 55–64

UHLHORN, Friedrich: Geschichte der Grafen von Solms im Mittelalter (Beiträge zur deutschen Familiengeschichte 12, 1931)

ULRICH, Adolf: Geschichte des römischen Königs Wilhelm von Holland (1882)

VAN AMSTEL, Theodor Adriaan Arnold Maria: De heren van Amstel 1105–1378. Hun opkomst in het Nedersticht van Utrecht in de twaalfde en dertiende eeuw en hun vestiging in het hertogdom Brabant na 1296 (Middeleeuwse Studies en Bronnen 61, 1999)

VAN DER BURG, Martijn: Art. Meerman, Johan, in: Biografisch Woordenboek van Nederland, URL: http://resources.huygens.knaw.nl/bwn1780-1830/lemmata/data/Meerman (12. August 2021)

VAN EICKELS, Klaus: Art. Wilhelm I., Gf. von Holland, in: LexMA 9 (1998) Sp. 147 f.

VAN EICKELS, Klaus: Die Grafen von Holland und das Reich im 12. und 13. Jahrhundert, in: Rheinische Vierteljahrsblätter 60 (1996) S. 65–87

VAN EICKELS, Klaus: Die Grafen von Holland und ihre Entwicklungsmöglichkeiten an der Wende vom Hoch- zum Spätmittelalter: Landesherren, Reichsfürsten, Kurfürsten?, in: Königliche Tochterstämme, Königswähler und Kurfürsten, hg. von Armin WOLF (Studien zur europäischen Rechtsgeschichte 152, 2002) S. 457–483

VAN EICKELS, Klaus: Graaf tussen kust en koning. De westelijke Nederlanden en het Duitse Rijk tijdens Floris V en zijn voogangers, in: Wi Florens ... De Hollandse graaf Floris V in de samenleving van de dertiende eeuw, hg. von Dick E. H. DE BOER / Erich H. P. CORDFUNKE / Herbert SARFATIJ (1996) S. 38–53

VAN HERWAARDEN, Jan / MINKE, Alfred: Art. Johann von Arkel, in: Die Bischöfe des Heiligen Römischen Reiches 1198 bis 1448. Ein biographisches Lexikon, hg. von Erwin GATZ / Clemens BRODKORB (2001) S. 375 f.

VAN HERWAARDEN, Jan: Art. Gozewijn von Randerath, in: Die Bischöfe des Heiligen Römischen Reiches 1198 bis 1448. Ein biographisches Lexikon, hg. von Erwin GATZ / Clemens BRODKORB (2001) S. 825 f.

VAN HERWAARDEN, Jan: Art. Heinrich von Vianden, in: Die Bischöfe des Heiligen Römischen Reiches 1198 bis 1448. Ein biographisches Lexikon, hg. von Erwin GATZ / Clemens BRODKORB (2001) S. 826

VAN HERWAARDEN, Jan: Art. Otto von Holland, in: Die Bischöfe des Heiligen Römischen Reiches 1198 bis 1448. Ein biographisches Lexikon, hg. von Erwin GATZ / Clemens BRODKORB (2001) S. 825

VAN KAN, Fred J. W.: Élite and Government in Medieval Leiden, in: Journal of Medieval History 21 (1995) S. 51–75

VAN LENGEN, Hajo: Art. Friesische Freiheit, in: LexMA 4 (1989) Sp. 977

VAN OOSTROM, Frits: Maerlants Wereld (1996)

VAN VLIET, Kaj: De stad van de burgers (1122–1304), in: „Een paradijs vol weelde". Geschiedenis van de stad Utrecht, hg. von Renger E. DE BRUIN u. a. (2000) S. 73–111

VAN WINTER, Johanna Maria: Adel, ministerialiteit en ridderschap 11de–14de eeuw, in: Algemene Geschiedenis der Nederlanden 2: Middeleeuwen: Het sociaal-economische leven circa 1000–1500. Het stedelijk leven circa 1000–1400. Politieke ontwikkeling circa 1100–1400 (1982) S. 123–147

VAN WINTER, Johanna Maria: Das Bistum Utrecht zwischen Geldern und Holland, in: Gelre – Geldern – Gelderland. Geschichte und Kultur des Herzogtums Geldern, hg. von Johannes STINNER / Karl-Heinz TEKATH (Veröffentlichungen des Historischen Vereins für Geldern und Umgebung 100, 2001) S. 113–116

VANDERKINDERE, Léon: La formation territoriale des principautés Belges au moyen âge 1 (1902)

VAUGHAN, Richard: Matthew Paris (Cambridge Studies in Medieval Life and Thought 2,6, 1958)

VERMEER, Gerrit: De abdijgebouwen, in: De Abdij van Middelburg, hg. von Jeanine DEKKER / Katie HEYNING (2006) S. 70–91

VOCELKA, Karl: *Tu felix Austria nube*. Die Europäisierung der habsburgischen Hausmachtpolitik, in: Europa im 15. Jahrhundert: Herbst des Mittelalters – Frühling der Neuzeit?, hg. von Klaus HERBERS / Florian SCHULLER (2012) S. 204–212

VOGTHERR, Thomas: Art. Medingen – Zisterzienserinnen, später evangelisch-lutherisches Damenstift (1228 bis zur Gegenwart), in: Niedersächsisches Klosterbuch. Verzeichnis der Klöster, Stifte, Kommenden und Beginenhäuser in Niedersachsen und Bremen von den Anfängen bis 1810, hg. von Josef DOLLE / Dennis KNOCHENHAUER (Veröffentlichungen des Instituts für historische Landesforschung der Universität Göttingen 56, 2012) S. 1044–1050

VOGTHERR, Thomas: Urkundenlehre Basiswissen (Hahnsche Historische Hilfswissenschaften 3, 2008)

VOIGT, Johannes: Geschichte des deutschen Ritterordens in seinen zwölf Balleien in Deutschland 1 (1857)

VOIGT, Jörg: Beginen im Spätmittelalter. Frauenfrömmigkeit in Thüringen und im Reich (Veröffentlichungen der Historischen Kommission für Thüringen, Kleine Reihe 32, 2012)

VOLTMER, Ernst: Chronologisches Mitgliederverzeichnis, in: Propter culturam pacis – um des Friedens willen. Der Rheinische Städtebund von 1254/56. Katalog (1986) S. 14–19

VON DEN BRINCKEN, Anna-Dorothee: Art. Martin of Opava [Martin of Poland], in: The Encyclopedia of the Medieval Chronicle 2, hg. von Graeme DUNPHY (2010) S. 1085–1088

VON DEN BRINCKEN, Anna-Dorothee: Martin von Troppau, in: Geschichtsschreibung und Geschichtsbewusstsein im späten Mittelalter, hg. von Hans PATZE (Vorträge und Forschungen 31, 1987) S. 155–193

VON DEN BRINCKEN, Anna-Dorothee: Studien zur Überlieferung der Chronik des Martin von Troppau (Erfahrungen mit einem massenhaft überlieferten historischen Text), in: DA 41 (1985) S. 460–531

VON DEN BRINCKEN, Anna-Dorothee: Studien zur Überlieferung der Chronik des Martin von Troppau. Zweiter Teil, in: DA 45 (1989) S. 551–591

VON DEN BRINCKEN, Anna-Dorothee: Zu Herkunft und Gestalt der Martins-Chroniken, in: DA 37 (1981) S. 694–735

VONES, Ludwig: Ludwig IX., 1226–1270, in: Die französischen Könige des Mittelalters von Odo bis Karl VIII., 888–1498, hg. von Joachim EHLERS / Heribert MÜLLER / Bernd SCHNEIDMÜLLER (1996) S. 176–193

WAGNER, Hans: Vom Interregnum bis Pilgrim von Puchheim, in: Geschichte Salzburgs. Stadt und Land 1,1: Vorgeschichte, Altertum, Mittelalter, hg. von Heinz DOPSCH (1981) S. 437–486

WAMPACH, Camillus: Art. Erminsindis, in: NDB 4 (1959) S. 602 f.

WARNATSCH, Stephan: Geschichte des Klosters Lehnin 1180–1542 (Studien zur Geschichte, Kunst und Kultur der Zisterzienser 12,1, 2000)

WATTENBACH, Wilhelm / SCHMALE, Franz-Josef: Deutschlands Geschichtsquellen im Mittelalter vom Tode Kaiser Heinrichs V. bis zum Ende des Interregnum 1 (1976)

WEIDENBACH, Anton Josef: Die Grafen von Are, Hochstaden, Nurburg und Neuenare (1845)

WEIERS, Michael: Geschichte der Mongolen, in: Die Mongolen und ihr Weltreich, hg. von Arne EGGEBRECHT / Eva EGGEBRECHT / Manfred GUTGESELL (1989) S. 45–114

WEILER, Björn: Matthew Paris, Richard of Cornwall's candidacy for the German throne, and the Sicilian Business, in: Journal of Medieval History 26 (2000) S. 71–92

WEILER, Björn: Stupor mundi: Matthaeus Paris und die zeitgenössische Wahrnehmung Friedrichs II. in England, in: Herrschaftsräume, Herrschaftspraxis und Kommunikation zur Zeit Friedrichs II., hg. von Knut GÖRICH / Jan KEUPP / Theo BROEKMANN (Beiträge zur Geschichte der Ludwig-Maximilians-Universität München 2, 2008) S. 63–95

WEINFURTER, Stefan: Das Reich im Mittelalter. Kleine deutsche Geschichte 500–1500 (2008)

WEISE, Erich: Urkundenwesen und Geschichtsschreibung des Klosters St. Pantaleon zu Köln im 12. Jahrhundert, in: Jahrbuch des kölnischen Geschichtsvereins 11 (1929) S. 1–105

WEISS, Miriam: Die Chronica maiora des Matthaeus Parisiensis (Trierer historische Forschungen 73, 2018)

WEITLAUFF, Manfred: Art. Augsburg, Bistum/Hochstift: Politische Geschichte (Spätmittelalter), publiziert am 19. September 2012, in: Historisches Lexikon Bayerns, URL: https://www.historisches-lexikon-bayerns.de/Lexikon/Augsburg,_Bistum/Hochstift:_Politische_Geschichte_(Spätmittelalter) (12. August 2021)

WERMKE, Ernst: Die päpstlichen Legaten in Deutschland unter Innozenz IV. und Alexander IV. (1243–1261, 1920)

WERNER, Matthias: Gründung des Dominikanerklosters St. Johannes und St. Elisabeth in Eisenach, in: Elisabeth von Thüringen – Eine europäische Heilige. Katalog, hg. von Dieter BLUME / Matthias WERNER (2007) S. 354–357

WERNER, Matthias: Neugestaltung in der Mitte des Reiches: Thüringen und Hessen nach dem Ende des ludowingischen Landgrafenhauses 1247 und die Langsdorfer Verträge von 1263, in: Neugestaltung in der Mitte des Reiches: 750 Jahre Langsdorfer Verträge 1263–2013, hg. von Ursula BRAASCH-SCHWERSMANN / Christine REINLE / Ulrich RITZERFELD (Untersuchungen und Materialien zur Verfassungs- und Landesgeschichte 30, 2013) S. 5–118

WERNER, Matthias: Prälatenschulden und hohe Politik im 13. Jahrhundert. Die Verschuldung der Kölner Erzbischöfe bei italienischen Bankiers und ihre politischen Implikationen, in: Köln. Stadt und Bistum in Kirche und Reich des Mittelalters. FS für Odilo Engels zum 65. Geburtstag, hg. von Hanna VOLLRATH / Stefan WEINFURTER (1993) S. 511–570

WERNER, Matthias: Reichsfürst zwischen Mainz und Meißen. Heinrich Raspe als Landgraf von Thüringen und Herr von Hessen (1227–1247), in: Heinrich Raspe – Landgraf von Thüringen und römischer König (1227–1247). Fürsten, König und Reich in spätstaufischer Zeit, hg. von DEMS. (Jenaer Beiträge zur Geschichte 3, 2003) S. 125–271

WERNER, Matthias: Thüringen und die Thüringer zwischen Völkerwanderungszeit und Reformation. Die mittelalterlichen Grundlagen von Vielfalt und Einheit in der thüringischen Geschichte, in: Vom Königreich der Thüringer zum Freistaat Thüringen. Texte einer Vortragsreihe zu den Grundzügen thüringischer Geschichte, hg. vom Thüringer Landtag und der Historischen Kommission für Thüringen (1999) S. 11–42

WESTENHOLZ, Elisabeth von: Kardinal Rainer von Viterbo (Heidelberger Abhandlungen 34, 1912)

WETZSTEIN, Thomas: Die Autorität des *ordo iuris.* Die Absetzung Friedrichs II. und das zeitgenössische Verfahrensrecht, in: Autorität und Akzeptanz. Das Reich im Europa des 13. Jahrhunderts, hg. von Hubertus SEIBERT / Werner BOMM / Verena TÜRCK (2013) S. 149–182

WILD, Klaus Eberhard: Das familiäre Umfeld des ersten Wirich von Daun (ca. 1219–1260/61), in: Mitteilungen des Vereins für Heimatkunde im Landkreis Birkenfeld 80 (2006) S. 35–44

WILKE, Sabine: Das Goslarer Reichsgebiet und seine Beziehungen zu den territorialen Nachbargewalten. Politische, verfassungs- und familiengeschichtliche Untersuchungen zum Verhältnis von Königtum und Landesherrschaft am Nordharz im Mittelalter (Veröffentlichungen des Max-Planck-Instituts für Geschichte 32, 1970)

WILLIAMS, L. F. Rushbrook: History of the Abbey of St. Alban (1917)

WINKEL, Harald: Elisabeth-Münzen der Landgrafen von Hessen, in: Elisabeth von Thüringen – Eine europäische Heilige. Katalog, hg. von Dieter BLUME / Matthias WERNER (2007) S. 286

WINKEL, Harald: Herrschaft und Memoria. Die Wettiner und ihre Hausklöster im Mittelalter (Schriften zur sächsischen Geschichte und Volkskunde 32, 2010)

WISPLINGHOFF, Erich: Geschichte der Stadt Neuss von den mittelalterlichen Anfängen bis zum Jahre 1794 (1975)

WITTMANN, Helge: Merseburg im Zeitalter des Investiturstreits, in: 1000 Jahre Kaiserdom Merseburg. Ausstellungskatalog, hg. von Markus COTTIN / Václav Vok FILIP / Holger KUNDE (Schriftenreihe der Vereinigten Domstifter zu Merseburg und Naumburg und des Kollegiatsstifts Zeitz 9, 2015) S. 263

WITTMANN, Helge: Netzwerke und Karrieren von Thüringern im frühen Deutschen Orden, in: Herrschaft, Netzwerke, Brüder des Deutschen Ordens in Mittelalter und Neuzeit: Vorträge der Tagung der Internationalen Historischen Kommission zur Erforschung des Deutschen Ordens in Marburg 2010, hg. von Klaus MILITZER (Quellen und Studien zur Geschichte des Deutschen Ordens 72, Veröffentlichungen der Internationalen Historischen Kommission zur Erforschung des Deutschen Ordens 12, 2012) S. 39–65

WITTMANN, Helge: Zu den Anfängen von St. Nicolai, in: St. Nicolai zu Mühlhausen. Vorträge und Dokumentationen aus Anlass des 700-jährigen Jubiläums im Jahre 2014 (Mühlhäuser Beiträge, Sonderheft 29, 2017) S. 27–46

WOJTECKI, Dieter: Studien zur Personengeschichte des Deutschen Ordens im 13. Jahrhundert (Quellen und Studien zur Geschichte des östlichen Europa 3, 1971)

WOJTECKI, Dieter: Zur Identität einiger livländischer Landmeister des Deutschen Ordens im 13. Jahrhundert, in: Jahrbuch für die Geschichte Mittel- und Ostdeutschlands 20 (1971) S. 40–68

WOLF, Armin: Die Herzöge von (Nieder-)Lothringen/Brabant als Königswähler und Königskandidaten, in: Königliche Tochterstämme, Königswähler und Kurfürsten, hg. von DEMS. (Studien zur europäischen Rechtsgeschichte 152, 2002) S. 213–224

WOLF, Armin: König für einen Tag: Konrad von Teck (1292), in: DERS.: Verwandtschaft – Erbrecht – Königswahlen. Sieben neue und 26 aktualisierte Beiträge 2 (Studien zur europäischen Rechtsgeschichte 283, 2013) S. 761–770

WOLF, Armin: Königskandidatur und Königsverwandtschaft. Hermann von Schwaben als Prüfstein für das „Prinzip der freien Wahl“, in: DA 47 (1991) S. 45–117

WOLF, Armin: Königswähler und königliche Tochterstämme, in: Königliche Tochterstämme, Königswähler und Kurfürsten, hg. von DEMS. (Studien zur europäischen Rechtsgeschichte 152, 2002) S. 1–77

WOLF, Armin: Warum konnte Rudolf von Habsburg († 1291) König werden? Zum passiven Wahlrecht im mittelalterlichen Reich, in: ZRG Germ. Abt. 109 (1992) S. 48–94 (erweiterte Fassung in: DERS.: Verwandtschaft – Erbrecht – Königswahlen. Sieben neue und 26 aktualisierte Beiträge 2, Studien zur europäischen Rechtsgeschichte 283, 2013, S. 633–678)

WOLF, Jürgen: Art. Chronica regia Coloniensis (Cologne royal chronicle), in: The Encyclopedia of the Medieval Chronicle 1, hg. von Graeme DUNPHY (2010) S. 404 f.

WORSTBROCK, Franz Josef: Art. Baumgartenberger Formularius, in: VL² 1 (1978) Sp. 645 f.

WORSTBROCK, Franz Josef: Art. Ludolf von Hildesheim, in: VL² 5 (1985) Sp. 962–964

WÜRTH, Ingrid: Die sogenannten Falschen Friedriche als Mittel (reichs-)städtischer Politik, in: Reichszeichen. Darstellungen und Symbole des Reichs in Reichsstädten, hg. von Helge WITTMANN (Studien zur Reichsstadtgeschichte 2, 2015) S. 187–217

WÜRTH, Ingrid: König Wilhelm (1247–1256) und die Fürsten von Anhalt, in: Sachsen und Anhalt 32 (2020) S. 79–108

ZAUNER, Alois: Ottokar II. Přemysl und Oberösterreich, in: Ottokar-Forschungen, hg. von Max WELTIN / Andreas KUSTERNIG (Jahrbuch für Landeskunde von Niederösterreich N. F. 44–45, 1979) S. 1–72

ZEHETMAYER, Roman: Das sogenannte „österreichische Interregnum“: Von den Babenbergern zu den Habsburgern, in: Interregna im mittelalterlichen Europa. Konkurrierende Kräfte in politischen Zwischenräumen, hg. von Norbert KERSKEN / Stefan TEBRUCK (Tagungen zur Ostmitteleuropaforschung 38, 2020) S. 45–73

ZEUMER, Karl: Ein Reichsweisthum über die Wirkungen der Königswahl aus dem Jahre 1252, in: NA 30 (1905) S. 403–415

ZEY, Claudia: Legaten im 12. und 13. Jahrhundert. Möglichkeiten und Beschränkungen (am Beispiel des Iberischen Halbinsel, des Heiligen Landes und Skandinaviens), in: Das begrenzte Papsttum. Spielräume päpstlichen Handelns. Legaten – delegierte Richter – Grenzen, hg. von Klaus HERBERS / Fernando LÓPEZ ALSINA / Frank ENGEL (Abhandlungen der Akademie der Wissenschaften zu Göttingen N. F. 25, 2013) S. 199–212

ZEY, Claudia: Vervielfältigungen päpstlicher Präsenz und Autorität: Boten und Legaten, in: Die Päpste 1: Amt und Herrschaft in Antike, Mittelalter und Renaissance, hg. von

Bernd SCHNEIDMÜLLER u. a. (Publikationen der Reiss-Engelhorn-Museen 74, 2016) S. 257–274

ZILLMANN, Sigurd: Die welfische Territorialpolitik im XIII. Jahrhundert (Braunschweiger Werkstücke A 12 / 52, 1975)

ZIMMERMANN, Harald: Dieter Hägermann, Studien zum Urkundenwesen Wilhelms von Holland. Ein Beitrag zur Geschichte der deutschen Königsurkunde im 13. Jahrhundert (=Archiv für Diplomatik, Schriftgeschichte, Siegel- und Wappenkunde, Beiheft 2). Böhlau, Köln-Wien 1977. Gr. 8°. VI, 424 S., 14 Abb. (Rezension), in: ZRG GA 96 (1979) S. 287 f.

ZIRR, Alexander: Art. Mariental – Zisterzienser, später ev. Männerkloster (1138 bis 1810), in: Niedersächsisches Klosterbuch. Verzeichnis der Klöster, Stifte, Kommenden und Beginenhäuser in Niedersachsen und Bremen von den Anfängen bis 1810, hg. von Josef DOLLE / Dennis KNOCHENHAUER (Veröffentlichungen des Instituts für historische Landesforschung der Universität Göttingen 56, 2012) S. 1021–1031

ZÖLLNER, Walter: Art. Ludolf von Schladen, in: Die Bischöfe des Heiligen Römischen Reiches 1198 bis 1448. Ein biographisches Lexikon, hg. von Erwin GATZ / Clemens BRODKORB (2001) S. 221 f.

ZÖLLNER, Walter: Art. Meinhard von Kranichfeld, in: Die Bischöfe des Heiligen Römischen Reiches 1198 bis 1448. Ein biographisches Lexikon, hg. von Erwin GATZ / Clemens BRODKORB (2001) S. 221

ZÖLLNER, Walter: Art. Volrad von Kranichfeld, in: Die Bischöfe des Heiligen Römischen Reiches 1198 bis 1448. Ein biographisches Lexikon, hg. von Erwin GATZ / Clemens BRODKORB (2001) S. 222 f.

ZOTZ, Thomas: Die Zähringer. Dynastie und Herrschaft (2018)

ZOTZ, Thomas: Ottonen-, Salier- und Frühe Stauferzeit (911–1167), in: Handbuch der baden-württembergischen Geschichte 1,1: Allgemeine Geschichte. Von der Urzeit bis zum Ende der Staufer, hg. von Meinrad SCHAAB / Hansmartin SCHWARZMAIER (2001) S. 381–528

ZUNKER, Diana: Adel in Westfalen. Strukturen und Konzepte von Herrschaft 1106–1235 (Historische Studien 472, 2003)

# I Regnum als Konstrukt im 13. Jahrhundert

Herrschaft und Königtum im Reich im 13. Jahrhundert bedeuten für die mediävistische Forschung nach wie vor staufische Herrschaft und staufisches Königtum oder, bereits wesentlich seltener, habsburgische Herrschaft und habsburgisches Königtum[1]. Die Staufer und vor allem Kaiser Friedrich II. sind das Maß, an denen sich gemeinhin Herrschaftskonzeption und herrscherliches Handeln der nachfolgenden Könige messen lassen müssen.

Ein herausragendes Zeugnis für die herrschaftstheoretischen Überlegungen Kaiser Friedrichs sind im Proöm der Konstitutionen von Melfi aus dem Jahr 1231 erhalten: Da die Menschen sich nicht freiwillig den Gesetzen Gottes unterwerfen wollten, habe dieser die Fürsten eingesetzt, *per quos posset licentia scelerum coherceri; qui vite necisque arbitri gentibus qualem quisque fortunam, sortem statumque haberet, velut executores quodammodo divine sententie stabilirent*[2]. Die Fürsten verfügten über die Macht des weltlichen Schwertes, das ihnen direkt von Gott verliehen sei und zum Schutz der Kirche verwendet werden müsse[3]. Schon vor dieser programmatischen und die Ansprüche des Papsttums einschränkenden Ansage setzte Friedrich sein Konzept in Sizilien um, und er versuchte auch unter wesentlich schwierigeren Umständen in im nordalpinen Reich seiner Auffassung Geltung zu verschaffen[4].

Der große Plan der Sicherstellung von Frieden und Gerechtigkeit, wie er auch in der Arenga des Mainzer Reichslandfriedens 1235 zur Sprache kommt[5], konnte allerdings nur gelingen, wenn der König durch geschicktes Handeln im Kleinen dafür die notwendige Autorität erlangt hatte. Das alltägliche politische Verhalten folgte einer pragmatischen Logik, die jedoch kaum in den Quellen thematisiert wird. Das Beispiel der Verteilung des Zähringererbes 1218 bietet eine Möglichkeit, das herrscherliche Agieren

1) Um nur die aktuelleren Beispiele zu nennen: DENDORFER, Autorität auf Gegenseitigkeit S. 27–41; GRAMSCH, Autorität im Netzwerk der Fürsten S. 43–64; KEUPP, Die den Erdkreis tragen S. 243–245; KAUFHOLD, Ehre und Wiederherstellung des Reiches S. 43–56, hier S. 46 über Rudolf, der „in vertretbarer Weise die staufische Tradition" erneuerte.

2) MGH Const. 2 Suppl. S. 147 Z. 2–5.

3) STÜRNER, Rerum necessitas S. 128.

4) Vgl. STÜRNER, Wesen der herrscherlichen Gewalt S. 134–142.

5) *Ex his enim precipue munitur auctoritas imperantis, cum in observancia pacis et execucione iusticie quantum terribilis est perversis, tantum est desiderabilis mansuetis*, MGH Const. 2 Nr. 196 S. 241 Z. 28–30.

Friedrichs II. im Verhältnis zu den widerstreitenden Interessen der fürstlichen und gräflichen Akteure in einem konkreten Fall auszuloten.

Das Herzogtum der Zähringer, das sich zwischen der Ortenau und der Westschweiz erstreckte, war im Zuge des Investiturstreits vor 1100 durch Kaiser Heinrich IV. aus dem alten schwäbischen Herzogtum herausgelöst worden[6]. Bis zu Beginn des 13. Jahrhunderts hatte die Familie eine reichsfürstliche, den welfischen und staufischen Ansprüchen gleichrangige Stellung im Südwesten inne[7]. Als Berthold V. 1218 ohne männlichen Nachkommen starb, standen nicht nur seine beträchtlichen Besitzungen und der Herzogstitel zur Disposition, sondern auch das Rektorat über Burgund, das König Lothar III. den Zähringern im Jahr 1127 übertragen hatte[8]. Die Haupterben waren die Nachkommen von Bertholds Schwestern Agnes und Anna, die Grafen Egino V. von Urach und Ulrich von Kyburg[9]. Zähringische Städte wie Bern, Offenburg, Rheinfelden und Villingen wurden Reichsstädte. Das Herzogtum erlosch, das Amt des *rector Burgundiae* erhielt 1219 Friedrichs Sohn Heinrich (VII.)[10].

Mit welcher Intensität sich Friedrich II. in den Auseinandersetzungen nach dem Tod Bertholds engagierte und welche Interessen er dabei verfolgte, wurde in der Forschung unterschiedlich bewertet. Hartmut Heinemann ging davon aus, dass die Erben, unter ihnen Friedrich, sich bereits längere Zeit im Voraus in Stellung gebracht hätten. Als Hinweis darauf zitiert er eine königliche Urkunde aus dem Jahr 1214, in der Abt Berthold von Tennenbach, ein Angehöriger der Uracher Grafenfamilie und Neffe des Zähringers, als *dilect[us] consanguine[us] nost[er]* bezeichnet wird. Mit der Behauptung dieser „fast schon fiktiven Blutsverwandtschaft" sei ein staufischer Anspruch auf das Allod der Zähringer begründet worden[11]. Die Motivation Friedrichs soll, so Heinrich Büttner, territorialpolitischen Überlegungen entsprungen sein: Der Staufer habe eine Verbindung zwischen dem Elsass und Schwaben angestrebt, um seine Position im Südwesten zu stär-

6) ZOTZ, Ottonen-, Salier- und frühe Stauferzeit S. 432 f.; ZOTZ, Die Zähringer S. 55–59.

7) ALTHOFF, Die Zähringer S. 81–94; eine detaillierte Untersuchung des Ranges Bertholds V. bei PELTZER, Locus – nomen – gloria S. 173–186.

8) REGENBOGEN, Das Burgundische Rektorat S. 158–161; ZOTZ, Die Zähringer S. 81–85.

9) BUTZ, Die Grafen von Urach S. 464–467.

10) DENDORFER, Erbrecht S. 404 f., 420; zur Verteilung des Erbes im Einzelnen vgl. HEINEMANN, Das Erbe der Zähringer S. 220–231.

11) MGH DF II 224 S. 120 Z. 15 f.; vgl. HEINEMANN, Das Erbe der Zähringer S. 219 f.; GÖRICH, Friedrich II. und das Reich S. 490.

ken[12]. Jürgen Dendorfer hingegen hat vor Kurzem sowohl die Möglichkeit längerfristiger Planungen durch den König als auch dessen Verfolgung territorialer Ziele zurückgewiesen. Er billigt Friedrich lediglich die Rolle eines Mitspielers in einem facettenreichen Geschehen zu, in dem dieser „allenfalls der Stimmführer einer Gruppe ist“[13].

Im größeren Zusammenhang seines Beitrags über Friedrichs Reichspolitik um das Jahr 1218 bestätigt Knut Görich diesen Befund. Die Beurteilung, ob und wie ein König sein politisches Handeln geplant habe, sei aufgrund der Quellen kaum zu leisten und in hohem Maße von Forschungsparadigmen und Geschichtsbildern abhängig[14]. Friedrichs schneller Erfolg im Reich könne darauf zurückgeführt werden, dass er sich an die „Spielregeln der Politik“[15] gehalten, im Konsens mit den Fürsten agiert, deren Ehre geachtet und sich freigebig verhalten, letztlich einen erfolgreichen „politische[n] Akkulturationsprozess“ durchlaufen habe[16]. Zudem, so Görich, sei gar nicht einwandfrei zu bestimmen, welcher Anteil überhaupt Friedrich II. selbst an seinem Handeln zukomme. Die Beratungsprozesse im Umfeld des Herrschers sind in der Tat kaum zu belegen[17], der König wird zu einer „Chiffre“, die einen „allein handelnden und entscheidenden Herrscher“ suggeriert[18]. In den unterschiedlichen Situationen trete Friedrich als hochrangiger Akteur und „Legitimationsgeber“ in den Quellen hervor, was seiner tatsächlichen Beteiligung an den Ereignissen nicht entsprechen müsse[19].

Diese neueren Befunde von Dendorfer und Görich relativieren das Bild des Staufers und seiner Anfänge als König nördlich der Alpen. Sie entsprechen der aktuellen Tendenz der historischen Mediävistik, dem Gefüge einer konsensualen oder „verschränkten“ Herrschaft im Reich den Vorzug zu geben vor der starken Betonung von Herrscherpersönlichkeiten[20].

---

12) BÜTTNER, Egino von Urach-Freiburg, zitiert nach DENDORFER, Erbrecht S. 416.

13) DENDORFER, Erbrecht S. 423.

14) GÖRICH, Friedrich II. und das Reich S. 473.

15) Zusammenfassende Definition bei ALTHOFF, Spielregeln der Politik S. 1–17; über die Weiterentwicklung des Begriffes KAMP, Macht der Spielregeln S. 1–18.

16) GÖRICH, Friedrich II. und das Reich S. 482–489.

17) Vgl. dazu ALTHOFF, Das hochmittelalterliche Königtum S. 94–96.

18) GÖRICH, Friedrich II. und das Reich S. 474 f.

19) Ebd.

20) SCHNEIDMÜLLER, Konsensuale Herrschaft S. 81 über die Entwicklung der konsensualen Herrschaft zur „gemeinschaftliche[n] Teilhabe von König und Fürsten am Reich“; SCHNEIDMÜLLER, Verantwortung S. 115–117 über ein „Gefüge verschränkter Herrschaft“ und das „Gefüge einer hierarchisierten Verantwortungsgemeinschaft“; zu

In dieser Untersuchung ist Königsherrschaft im Reich im 13. Jahrhundert nicht gleichbedeutend mit staufischer oder habsburgischer Herrschaft. Hier geht es um König Wilhelm, der üblicherweise den Beinamen „von Holland" trägt. Eine vergleichbare Gefahr der Überbetonung von dessen Rolle im Reichsgefüge wie bei Friedrich II. besteht freilich nicht. Insofern bietet eine Betrachtung dieses Königtums in den Jahren 1247 bis 1256 eine gute Möglichkeit, das Zusammenwirken der verschiedenen politischen Akteure, vor allem des Reichsoberhauptes und der Fürsten, unbeeinflusst von übertriebenen Erwartungen an die Wirkmacht eines Königs neu einzuschätzen. Es wird zu überprüfen sein, ob auch Wilhelm von seinen Zeitgenossen als ein maßgeblicher Mitspieler neben anderen, als Legitimationsspender, als Chiffre des allein handelnden Herrschers akzeptiert wurde.

## 1 Die Ausgangssituation im Reich 1239–1247

Der Beginn von Wilhelms Königsherrschaft steht in unmittelbarem Zusammenhang mit der Verschärfung der Auseinandersetzungen zwischen Kaiser Friedrich II. und dem Papsttum sowie deren Auswirkungen auf das Reich. Während seines zweiten Aufenthalts nördlich der Alpen in den Jahren 1235-1237 hatte Kaiser Friedrich II. durch verschiedene Maßnahmen versucht, die Stabilität in Deutschland wieder herzustellen und sich der Unterstützung der Fürsten für seine militärischen Unternehmungen in Oberitalien zu versichern[21]. Als sich in den folgenden Jahren sein Konflikt mit Papst Gregor IX. zuspitzte, konnte der Herrscher mit großem Rückhalt im Reich rechnen. Der Schwerpunkt des Streits zwischen weltlicher und geistlicher Gewalt lag zunächst in Italien[22]. Den Ausspruch der zweiten Exkommunikation Friedrichs am 20. März, dem Palmsonntag des Jahres 1239, begründete der Papst nur mit Vorfällen und Rechtsbrüchen seitens des Kaisers, die sich in der Stadt Rom, im Königreich Sizilien und in Reichsitalien ereignet

---

einer Erweiterung des konsensualen Modells „um den Faktor der Konkurrenz der Großen" vgl. PATZOLD, Konsens und Konkurrenz S. 102.

21) Zusammengefasst bei STÜRNER, Friedrich II. 2 S. 296–334; über die Auseinandersetzung Friedrichs mit Heinrich (VII.) vgl. GRAMSCH, Reich als Netzwerk der Fürsten S. 303–349; zum Mainzer Hoftag und Friedrichs Auftreten als „Universalkaiser mit fremdländischer Aura [...]", der „in Deutschland uneingeschränkte Anerkennung in dieser Rolle fand", vgl. SOMMERLECHNER, Der Hoftag von Mainz S. 141–153, Zitat S. 153; BUSCHMANN, Art. Mainzer Reichslandfriede Sp. 1186–1191; zu den Auseinandersetzungen mit Herzog Friedrich II. von Österreich vgl. BOSHOF, Bayern und Österreich S. 415–443.

22) STÜRNER, Friedrich II. 2 S. 470–488.

hatten[23]. Am 1. Juni 1239 verpflichteten sich die versammelten Fürsten in Eger in Anwesenheit von Friedrichs Sohn Konrad IV., dem erwählten römischen König, eine Versöhnung Friedrichs mit dem Papst herbeizuführen[24]. Mehrere geistliche Reichsfürsten, vermutlich Erzbischof Eberhard von Salzburg, die Bischöfe Konrad von Freising und Rüdiger von Passau sowie Abt Heinrich von Tegernsee, reagierten auf die Bannung mit einem Brief, der Gregor IX. zum Einlenken bewegen sollte[25]. Zum Vermittler bestimmte man den Deutschordenshochmeister Konrad von Thüringen, den Bruder Landgraf Heinrich Raspes, der allerdings bereits im Sommer 1240 in Rom verstarb[26].

Die Möglichkeiten Gregors IX. in Deutschland hingegen beschränkten sich zunächst vor allem auf Agitation. Im Herbst 1239 wurden Philipp von Assisi, ein päpstlicher Schreiber, und der aus einer Passauer Ministerialenfamilie stammende Albert Behaim ins Reich entsandt, um den Widerstand gegen die Staufer zu organisieren[27]. Dort hatte eine völlig neuartige Bedrohung von außen den Zusammenhalt der Reichsfürsten und König Konrads IV. noch verstärkt: Während sich die militärische Aufmerksamkeit

---

23) Den Text der Bannbulle überliefert u. a. Matthaeus Parisiensis, Chronica Majora 3 S. 533–536; übers. bei Kaiser Friedrich II. (ed. HEINISCH) S. 417–419.

24) Annales Erphordenses S. 96 Z. 7–16; der Markgraf von Brandenburg – eigentlich die Markgrafen Johann I. und Otto III. – und König Wenzel I. von Böhmen werden ausdrücklich von dieser Verpflichtung ausgenommen, weil sie an der Versammlung nicht teilgenommen hatte, ebd. Z. 14–16.

25) HUILLARD-BRÉHOLLES, Historia diplomatica V,1 S. 398–400; auf dieses Schreiben bezieht sich vermutlich auch die Nachricht in den Annales Stadenses S. 365 Z. 23 f.

26) Diese Beauftragung Konrads fand wohl bereits beim Treffen in Eger statt, vielleicht sogar noch vor seiner Wahl zum Hochmeister. Fassbar wird sein Wirken für die staufische Seite erst im Frühjahr 1240, vgl. WERNER, Reichsfürst zwischen Mainz und Meißen S. 186–191. Mehrere Reichsfürsten sandten Empfehlungsbriefe für Konrad an die Kurie, zunächst am 2. April 1240 die Herzöge von Brabant, Lothringen und Limburg sowie mehrere niederrheinische Grafen (darunter die Grafen von Geldern und Jülich), Reg. Imp. V,2 11250; der Kölner Erzbischof Konrad von Hochstaden und die Bischöfe von Worms, Münster und Osnabrück, Reg. Imp. V,2 11251; Erzbischof Siegfried von Mainz, Reg. Imp. V,2 11257; Bischöfe von Freising, Eichstädt, Brixen, Reg. Imp. V,2 11263; Bischof von Siboto von Augsburg, Reg. Imp. V,2 11264; Bischof Hermann von Würzburg, Reg. Imp. V,2 11259; Landgraf Heinrich Raspe, Reg. Imp. V,2 11162; Herzog Otto von Braunschweig, Reg. Imp. V,2 11265; Herzog Albrecht von Sachsen, Reg. Imp. V,2 11266; die Markgrafen von Brandenburg, Reg. Imp. V,2 11267; vgl. MGH Const. 2 Nr. 225–232 S. 313–317.

27) Die Rechtsgrundlage dieser Beauftragung durch Gregor IX. ist unklar, Albert trägt offiziell nie den Titel eines Nuntius oder eines Legaten, vgl. FRENZ/HERDE, Brief- und Memorialbuch des Albert Behaim S. 15–19 (Einleitung).

Friedrichs auf Italien richtete, war ein mongolisches Heer bis nach Polen vorgedrungen. Im April 1241 wurden Herzog Heinrich II. von Schlesien und König Bela IV. von Ungarn besiegt, und im Reich versuchte man in aller Eile, die Gegenwehr zu organisieren. Die Gefahr wurde nur durch den Tod des Großkhans Ögödei abgewendet. Als die Mongolen die Nachricht von diesem Ereignis erhielten, zogen sie zu Beginn des Jahres 1242 wieder ab[28].

Mit dem Schwinden der Gefahr ließ auch der Zusammenhalt von König und Fürsten nach, und die Gegensätze traten deutlicher zutage. Im September 1241 schlossen sich die Erzbischöfe von Köln und von Mainz, Konrad von Hochstaden und Siegfried III., zusammen und übernahmen die Führung der antistaufischen Opposition. Bislang hatte Siegfried zumindest nominell als Reichsverweser die Sache des Kaisers und Konrads IV. vertreten, während der Kölner bereits im Frühjahr 1239 die päpstliche Seite gewählt hatte[29]. Noch komplizierter wurde die Lage durch den Tod Papst Gregors IX. am 22. August 1241: Es war nicht absehbar, welche Position dessen Nachfolger im Streit mit Friedrich II. vertreten würde, und der kurze Pontifikat Coelestins IV. sowie die folgende längere Vakanz sorgten für weitere Unsicherheit. Namhafte weltliche Reichsfürsten standen nach wie vor hinter dem Kaiser, unter ihnen Heinrich Raspe, der Anfang des Jahres 1242 an Stelle des Mainzers zum *procurator* des Reiches und vormundschaftlichen Regenten für den immer noch minderjährigen König ernannt wurde[30].

Erst als Innozenz IV. am 25. Juni 1243 zum Papst gewählt wurde, schien sich das Blatt zugunsten Friedrichs zu wenden: Als Kardinal hatte Sinibaldo Fieschi offenbar zur eher kaiserfreundlichen Minderheit an der Kurie gezählt, und es stand zu hoffen, dass er diese Politik auch als Inhaber des Stuhles Petri fortsetzen würde[31]. Es zeigte sich jedoch schnell, dass der neue Papst nicht kompromissbereiter war als sein Vorgänger. Die Kämpfe in Italien dauerten an, die Verhandlungen zwischen den Vertretern des Kaisers und der Kurie zogen sich hin, bis Innozenz und die Kardinäle schließlich im Sommer 1244 nach Genua und im Dezember nach Lyon flohen. Der Kaiser zeigte sich äußerst überrascht von diesem Schritt, ließ Rechtfertigungs-

---

28) Dazu die Briefe Heinrich Raspes an Herzog Heinrich II. von Brabant, Urkunden der Markgrafen von Meißen 1,A,4 Nr. 90, 93 S. 129–131, 135–138; zu den Briefen des ungarischen Königs und den diplomatischen Bemühungen v. a. der Kurie nach 1242 vgl. SCHMIEDER, Europa und die Fremden S. 73–88; zum Verlauf des mongolischen Westfeldzuges vgl. WEIERS, Geschichte S. 76–78.

29) JANSSEN, Niederrhein und Reich S. 59 f.; WERNER, Reichsfürst zwischen Mainz und Meißen S. 192–194.

30) WERNER, Reichsfürst zwischen Mainz und Meißen S. 195.

31) STÜRNER, Friedrich II. 2 S. 516 f.

schreiben veröffentlichen und suchte auch weiterhin den Kontakt zur Kurie[32]. Am 27. Dezember 1244 kündigte Innozenz IV. ein Konzil für den 24. Juni 1245 an, vor dem sich Friedrich verantworten sollte[33].

Über den Verlauf des Konzils von Lyon berichtet am ausführlichsten Matthaeus Parisiensis in seiner Chronica majora. Unter den Anwesenden seien keine Prälaten aus Ungarn gewesen, *quae pro multa sui parte per Tartaros est vastata*. Auch aus Deutschland, *guerra imperiali perturbata*, seien nur wenige erschienen[34]. Dennoch hätten neben den Kardinälen die Patriarchen von Konstantinopel, Antiochia und Aquileja, der byzantinische Kaiser, der Graf von Toulouse, die Gesandten des Königs von England und 140 weitere Erzbischöfe und Bischöfe teilgenommen[35]. Der englische Geschichtsschreiber lässt also von Anfang an keinen Zweifel daran, dass dieses Konzil umfassende und allgemeine Gültigkeit beanspruchen konnte, trotz der umständehalber relativ geringen Teilnehmerzahl[36]. Zugleich nutzt er die erste Gelegenheit, um die Motive und die Haltung des Papstes als fragwürdig erscheinen zu lassen. Innozenz habe geschwiegen, nachdem der lateinische Patriarch von Konstantinopel über die beklagenswerten Zustände in seinem Hoheitsbereich berichtet hatte, der immer mehr von den Griechen und anderen Feinden der römischen Kirche bedroht werde[37]. Und er habe die Heiligsprechung Edmunds von Abingdon, Erzbischof von Canterbury, vertagt, obwohl der Bericht der zuständigen Kommission eigentlich vollkommen positiv ausgefallen sei[38]. Schließlich sei Thaddaeus von Sessa, der kaiserliche Verhandlungsführer[39], vorgetreten, und habe im Auftrag Friedrichs ein Angebot unterbreitet: Damit er wieder in die Kirche aufgenommen

---

32) STÜRNER, Friedrich II. 2 S. 518–525.

33) STÜRNER, Friedrich II. 2 S. 528.

34) Matthaeus Parisiensis, Chronica Majora 4 S. 430 f.

35) Ebd. S. 431. Zu den namentlich genannten Personen im Einzelnen: Nikolaus von Castro Arquato, Lateinischer Patriarch von Konstantinopel, vgl. SANTIFALLER, Lateinisches Patriarchat S. 38–42; Albertus Rizzato (Alberto Roberti da Reggio), Lateinischer Patriarch von Antiochia, vgl. EUBEL, Hierarchia S. 93; Berthold V. von Andechs, Patriarch von Aquileja, vgl. APPELT, Art. Berthold S. 152; Balduin II., Lateinischer Kaiser von Konstantinopel, vgl. CARILE, Art. Balduin II. Sp. 1369 f.; Raimund VII., Graf von Toulouse, war durch seine Mutter Johanna ein Vetter ersten Grades von König Heinrich III. von England und hatte vermutlich deswegen die Aufmerksamkeit des Chronisten auf sich gelenkt, vgl. MACÉ, Raymond VII S. 138–144.

36) Vgl. auch WETZSTEIN, Autorität des ordo iuris S. 166 f.

37) Der Kampf des lateinischen Kaiserreichs gegen das Kaiserreich von Nikaia, vgl. BURKHARDT, Mediterranes Kaisertum S. 327–332.

38) Zum Kanonisationsverfahren Edmunds und den Unterstützerkreisen in England und Frankreich vgl. CREAMER, St Edmund S. 129–139.

39) SCHALLER, Art. Thaddaeus von Suessa Sp. 608 f.

werde, verspreche der Kaiser, die Einheit mit der orthodoxen Kirche herbeizuführen, Tataren, Choresmier[40], Muslime und andere Feinde Christi zu bekämpfen, dem Heiligen Land zu Hilfe zu eilen und die geraubten Besitzungen der römischen Kirche zurückzuerstatten. Diese Vorschläge habe Innozenz gar nicht ernst genommen: *O quam multa, quam multa, sunt promissa! nunquam vel nusquam tamen adimpleta* [...]. Die Einsetzung König Ludwigs IX. von Frankreich und König Heinrichs III. von England als Bürgen einer Einigung habe er abgelehnt, woraufhin Thaddaeus traurig geschwiegen habe[41].

An der Parteilichkeit des Matthaeus Parisiensis besteht kein Zweifel. Seine papstkritische Haltung gerade bezüglich des Prozesses gegen den Kaiser zeigt sich schon in der offenkundigen Sympathie, mit der er das Auftreten des Thaddaeus von Sessa beschreibt. Unerschrocken sei dieser gewesen und habe seinen Herrn gut und gründlich verteidigt, ganz allein gegen die Angreifer, die Friedrich aus allen Richtungen angeklagt hätten. Als letztes Mittel habe er, in Furcht und Schmerz über die Gefahr, die dem Kaiser drohte, die Appellation an ein künftiges Konzil vorgeschlagen. Innozenz wies das Ansinnen freilich mit dem Verweis auf das laufende Konzil zurück[42].

Trotz seiner Bemühungen konnte Thaddaeus die Verurteilung und Absetzung Friedrichs nicht verhindern, die am 17. Juli 1245 auf der dritten und letzten Session des Konzils vollzogen wurde. Die während der Sitzungen ausführlich diskutierten Anklagepunkte gegen den Kaiser lauteten: 1. Eidbrüchigkeit in seiner Position als Vasall des Papstes auf dem Thron Siziliens; 2. Störung des Friedens mit der Kirche; 3. die Gefangennahme von Prälaten auf dem Weg zum geplanten Konzil in Rom 1241; und 4. Häresie, vor allem die verdammenswerte Freundschaft mit Muslimen, denen er sogar eine ganze Stadt im Königreich Sizilien übereignet hatte. Aufgrund dieser Vergehen entzog Innozenz Friedrich alle kaiserlichen Ehren und Würden, entband dessen Anhänger von ihren Treueiden, bedrohte dessen Unterstützer mit der Exkommunikation, rief die Reichsfürsten zur Wahl eines neuen Königs auf und reservierte sich die Verfügungsgewalt über das Königreich Sizilien als erledigtes Lehen. Auch der Effekt der Verlesung der Bannbulle wird von Matthaeus eindrücklich beschrieben. *Ad instar choruscantis fulguris*, wie ein zuckender Blitz, habe das Dokument die Furcht der Konzilsteilnehmer erregt. Thaddaeus und die anderen Mitglieder der kaiserlichen Gesandtschaft seien in lautes Weinen ausgebrochen und hätten sich zum Zeichen der Trau-

---

40) Zu deren Rolle als Eroberer Jerusalems 1244 vgl. RILEY-SMITH, Die Kreuzzüge S. 323 f.; RUNCIMAN, Crusades 3 S. 224 f.

41) Matthaeus Parisiensis, Chronica Majora 4 S. 431–433.

42) Matthaeus Parisiensis, Chronica Majora 4 S. 435–440.

er auf die Oberschenkel und die Brust geschlagen. Der Papst und die Prälaten hätten schrecklich gewütet gegen den Kaiser, *qui jam jam imperator non est nominandus*[43].

„Der Kaiser darf nicht mehr Kaiser genannt werden" – selbst Matthaeus Parisiensis, der das Verhalten und die Entscheidungen des Papstes mit äußerster Skepsis betrachtete, musste also dieses Urteil in all seinen Konsequenzen akzeptieren, auch wenn er es als Skandal empfunden haben mag[44]. Aus prozessrechtlicher Sicht war die Absetzung Friedrichs nicht anfechtbar, auch wenn sich ihre politische Wirkung in Grenzen hielt[45]. In Sizilien wurde die Herrschaft des Staufers nicht in Frage gestellt, und die Könige von Frankreich und England erkannten diesen weiterhin als Kaiser an. Friedrich reagierte mit Briefen und Gegenreden, versuchte das Konzil und den Prozess anzufechten, richtete Appelle an die europäischen Monarchen, griff die verweltlichte Kirche als Ganzes an und forderte den Klerus zur *imitatio Christi* und zu einem Leben im Geiste der Urgemeinde auf[46]. Er förderte weiterhin seinen mythischen, fast übernatürlichen Ruf und ließ mit dem Castel del Monte ein sichtbares Symbol seines sakralen Kaisertums errichten[47]. Mit militärischen Mitteln versuchte er, in Italien den staufischen Herrschaftsanspruch durchzusetzen. Über den Tod des Vaters hinaus kämpfte Konrad im Reich bis 1251 um den Thron und suchte dann ebenfalls sein Glück in Sizilien[48]. Doch der juristischen Gültigkeit der Amtsenthebung durch den Papst, so unerhört und einzigartig sie auch sein mochte, konnten beide nichts entgegenstellen. Selbst für stauferfreundliche Geschichtsschreiber wie Matthaeus Parisiensis endete Friedrichs kaiserliche Herrschaft im Jahr 1245.

---

43) Matthaeus Parisiensis, Chronica Majora 4 S. 445–456; eine Zusammenfassung der Abläufe auch bei HOUBEN, Kaiser Friedrich II. S. 85 f.; STÜRNER, Friedrich II. 2 S. 533–539.

44) Vgl. WETZSTEIN, Autorität des ordo iuris S. 149.

45) Hierzu ausführlich WETZSTEIN, Autorität des ordo iuris S. 169–182, v. a. S. 177 f. über die Vergehen Friedrichs als *crimina notoria*, die auch ohne vorherigen Prozess zu einer Verurteilung ausreichten.

46) STÜRNER, Friedrich II. 2 S. 539–547.

47) Die (Selbst-)Überhöhung des Kaisers als christusähnliche Gestalt setzt bereits nach der Bannung 1239 ein, etwa in Friedrichs Brief an dessen Geburtsstadt Jesi im Aug. 1239, HUILLARD-BRÉHOLLES, Historia diplomatica V,1 S. 378. Als Beispiel für die literarische Kultur des Kaiserhofes, die Friedrich als „geradezu übermenschliche, von Gott zur Weltherrschaft berufene Gestalt" verehrte, vgl. den Rhythmus des Terrisius von Atina, SCHALLER, Preisgedicht S. 85–101, Zitat S. 96; vgl. insgesamt HOUBEN, Kaiser Friedrich II. S. 186–193.

48) STÜRNER, Dreizehntes Jahrhundert S. 278–286; zur militärischen Situation im Reich auch KAUFHOLD, Konrad IV. S. 18 f.

## 2 Die Legitimitätsfrage in der Historiographie

Im politischen Gefüge Europas und im Reich blieb der Kaiser vorerst durch seine Autorität weiterhin Kaiser[49]. Die zeitgenössischen Autoren indes standen in stärkerem Maße vor dem Problem, die mangelnde Legitimität des Herrschers zu thematisieren oder zu verschleiern. Überaus aufschlussreich ist in dieser Hinsicht der Umgang der Historiographen mit den Titeln der jeweils bezeichneten Personen. Der Kölner Verfasser der Annales S. Pantaleonis[50] spricht nach dem Konzil von Lyon von Friedrich immer als dem *imperator depositus*[51], die Wahl Heinrich Raspes wird lapidar vermeldet, und der neue König heißt *rex electus*[52]. Friedrichs Sohn Konrad bezeichnet der Geschichtsschreiber ganz exakt als *filiu[s] imperatoris olim electu[s] in regem*, den Königstitel billigt er ihm nicht mehr zu[53]. Mit der gleichen formalen Korrektheit wird Wilhelm nach seiner Wahl *rex novus* oder *rex electus* genannt, nach seiner Krönung nur noch *rex*[54].

Auch Menko von Wittewierum, Prior des Prämonstratenserstifts Bloemhof bei Groningen[55], demonstriert seine Sorgfalt im Umgang mit den Titeln der verschiedenen kaiserlichen und königlichen Protagonisten. Er gibt einen Überblick über das Konzil von Lyon und scheint auch die Absetzungsbulle Innozenz' vor Augen gehabt zu haben, da er aus ihr zitiert[56]. Heinrich Raspe widmet er nur einen kurzen Abschnitt. Er berichtet über dessen Wahl, die Bestätigung durch den Papst und dass er gestorben sei, bevor er gekrönt worden war. Den unerwarteten Tod Heinrich Raspes nutzt er für eine moralische Anmerkung: Vielleicht habe Gott die Kirche züchtigen und versuchen wollen, um ihren wahren Glauben zu erproben (Deut. 13,3). Oder er habe den Gerechten entrückt, damit er nicht verdorben werde durch die

---

49) Zu den Unterstützern bzw. Gegnern Heinrich Raspes vgl. WERNER, Reichsfürst zwischen Mainz und Meißen S. 241–245; die Parteien im Reich zur Zeit Wilhelms ausführlich bei HINTZE, Königtum Wilhelms S. 64–91; zur Problematik dieser Konstruktion siehe unten S. 180.

50) Zu diesem Werk siehe ausführlich unten S. 328.

51) Annales S. Pantaleonis S. 540 Z. 13, Z. 23 f., Z. 38 f. u. ö.

52) Annales S. Pantaleonis S. 540 Z. 37 f., S. 541 Z. 23.

53) Annales S. Pantaleonis S. 540 Z. 39, S. 541 Z. 4; eine Zusammenstellung aller Textstellung der Annales S. Pantaleonis zu Friedrich II. bietet LÜCKERATH, Puerulo fidem S. 145–157, hier S. 155 zur Zählung der Herrscherären in der Chronik. Eine Analyse der verwendeten Herrschertitel bleibt leider aus.

54) Annales S. Pantaleonis S. 542 Z. 11, Z. 27, Z. 29, S. 543 Z. 3, Z. 27 f., S. 545 Z. 4 u. ö.

55) Siehe unten S. 355 f.

56) Kroniek S. 354 Z. 14–356 Z. 13.

Übel der Welt, weil seine Seele Gott gefallen habe (Sap. 4,11–14)[57]. Die Wahl Wilhelms wird in Menkos Version einmütig und von allen Fürsten getroffen. Wilhelm heißt *rex* bzw. *Willelmus rex Romanorum*[58], Friedrich nach 1245 *quondam Romanorum imperator*[59], und Friedrichs Sohn Konrad hat gar keinen eigenen Titel, sondern wird nur als *filius Frederici quondam imperatoris*[60] bezeichnet. Menko datiert sogar den Tod Friedrichs nach dessen Absetzung, *anno depositionis sue ab imperio VI*[61] und konterkariert somit die übliche Zählung der Amtsjahre[62].

Ebenso wie der Autor in St. Pantaleon zeigt sich in diesem Umgang mit den Titeln die Einstellung des Chronisten zur Herrschaft Heinrich Raspes und Wilhelms, die beide ohne Einschränkung als rechtmäßige Nachfolger Friedrichs auf dem Königsthron betrachtet werden. Während jedoch die Annalen von St. Pantaleon sehr deutlich der kölnischen Linie verpflichtet sind[63], lässt sich Menko eher als ein nüchterner Berichterstatter charakterisieren und keineswegs als leidenschaftlicher Anhänger Wilhelms. Als Friese sah er zum Beispiel dessen Umgang mit seinen Landsleuten vor Aachen kritisch[64]. Umso aussagekräftiger ist es, dass er sich augenscheinlich sehr bemüht, Friedrich, Konrad, Heinrich Raspe und Wilhelm korrekt zu bezeichnen.

Sogar Matthaeus Parisiensis nennt nach 1245 nur den Namen Friedrichs und vermeidet jeden Titel. Als er zum Jahr 1246 dessen Rechtfertigungsschreiben an die englischen Bischöfe und Adligen überliefert, fügt er noch einmal ein, dass es verboten sei, diesen als Kaiser zu bezeichnen: *Frethericus quem nominare imperatorem prohibet ecclesia*[65]. Der Geschichtsschreiber wählt eine auffällige Formulierung, durch die er sich äußerlich als gehorsamer Sohn der römischen Kirche präsentieren kann. Dennoch klingt hier ein Vorbehalt durch: Den Titel mag man Friedrich nun verweigern müssen, ein Kaiser bleibt er dennoch, zumindest in den Augen des Matthaeus Parisiensis. Seiner Wertschätzung kann der Chronist auf anderen Wegen Ausdruck verleihen. Anlässlich des Todes Friedrichs prägt er den viel zitierten Aus-

57) Kroniek S. 358 Z. 13–22.
58) Kroniek S. 390 Z. 16.
59) Kroniek S. 370 Z. 3.
60) Kroniek S. 388 Z. 16.
61) Kroniek S. 384 Z. 14 f.
62) Vgl. SOMMERLECHNER, Stupor mundi S. 195.
63) Siehe unten S. 329 f.
64) Kroniek S. XXXII–XXXVI.
65) Matthaeus Parisiensis, Chronica Majora 4 S. 538.

druck *principum mundi maximus* [...], *stupor quoque mundi et immutator mirabilis*[66].

Friedrichs Gegenspieler aber werden in der Chronica Majora wenig subtil deklassiert, nicht nur durch ungünstige Berichterstattung, sondern bereits bei der umständlichen Vermeidung des Königstitels. Heinrich Raspe bleibt bis zu seinem Tod der Landgraf – *Andegravius Duringiae*[67] –, den der Papst zum König habe machen lassen und der eines unrühmlichen Todes gestorben sei[68]. Auch Wilhelm firmiert bei Matthaeus immer als Graf von Holland, sein Status als König wird nachgeschoben und durch im Verlauf der Chronik immer ausführlicher werdende Erklärungen relativiert: *comes Holandiae Wilelmus, in regem Alemanniae nuper electus*[69]; *Willelmus de Holonda, qui juvante domino Papa ad dignitatem regnis Alemanniae ascenderat*[70]; *Willelmus de Holandia, quem dominus Papa creaverat et in tantum sublimaverat, ut jam adeptus fuisset regnum Alemanniae*[71]. Matthaeus achtet nicht weniger als andere Historiographen auf den Gebrauch der Titel, setzt diese aber ein, um seine grundsätzliche Ablehnung Heinrich Raspes und Wilhelms erkennen zu lassen. Beide Königsherrschaften, die nach der Absetzung Friedrichs durch Papst Innozenz und dessen Einflussnahme auf die Wahl im Reich zustande gekommen waren, konnten rechtlich nicht bestritten werden. Indem Matthaeus bei jeder Gelegenheit auf diese Zusammenhänge hinweist, vermittelt er seine Überzeugung, wer nach wie vor der wahre Herrscher sei: derjenige, der nicht mehr Kaiser genannt werden durfte. Wie nachhaltig dieser Sprachgebrauch letztlich ist, zeigt sich in der bis heute andauernden Verwendung des Zusatzes „von Holland“ für König Wilhelm.

Im Gegensatz zu Matthaeus Parisiensis macht der niederbayerische Geschichtsschreiber Hermann von Niederaltaich keinen Hehl aus seiner Meinung: Auch er erwähnt die Entscheidung des Konzils von Lyon, nennt Friedrich jedoch ungebrochen bis zu dessen Tod *imperator*. Konrad IV. ist für ihn König[72]. Im Falle Wilhelms verhält sich Hermann weniger konsequent. Auch diesem gesteht er den Königstitel zu, manchmal mit dem Zu-

---

66) Matthaeus Parisiensis, Chronica Majora 5 S. 190; zur Beschreibung des Todes Friedrichs bei Matthaeus Parisiensis vgl. SOMMERLECHNER, Stupor mundi S. 462 f.

67) Matthaeus Parisiensis, Chronica Majora 4 S. 544.

68) Matthaeus Parisiensis, Chronica Majora 4 S. 610–612.

69) Matthaeus Parisiensis, Chronica Majora 4 S. 653.

70) Matthaeus Parisiensis, Chronica Majora 5 S. 90.

71) Matthaeus Parisiensis, Chronica Majora 5 S. 549.

72) Hermanni Altahensis annales S. 394 f.

satz über dessen holländische Herkunft[73]. Gerade an diesem Beispiel lässt sich das Dilemma zweier Könige im Reich ablesen. Denn obwohl Hermann die bayerische Seite vertritt und als ein Anhänger der Staufer gelten kann, scheint auch er die Wahl Wilhelms als rechtmäßigen Akt anerkennen zu müssen. Die Verständlichkeit seines Werkes leidet etwas darunter – über mehrere Seiten hinweg gibt es zwei Personen, die als König bezeichnet werden und nur durch den Textzusammenhang identifiziert werden können[74].

Während sich in der Historiographie also unterschiedliche Modelle finden, wie mit der Frage der Legitimität der verschiedenen gleichzeitigen Herrscher in Regnum und Imperium umzugehen ist, suggerieren die Urkunden Gewissheit. Natürlich bezeichnet sich König Wilhelm vom ersten ausgefertigten Diplom an als *dei gratia Romanorum rex semper augustus*[75] oder, bis zu seiner Krönung, als *dei gratia Romanorum in regem electus semper augustus*[76]. Eine theoretische Aussage über herrscherliche Aufgaben, die mit dem Proöm der Konstitutionen von Melfi vergleichbar wäre, gibt es von Wilhelm oder aus seinem Umfeld allerdings nicht. Doch die von Friedrich II. vertretenen Ansichten dürften, trotz des exzeptionellen Charakters der gesetzgeberischen Tätigkeit des Kaisers in Sizilien und des unzweifelhaft überlegenen intellektuellen Ranges von dessen Kanzlei, bis zu einem gewissen Grad auch im Reich im 13. Jahrhundert Allgemeingut gewesen sein[77].

Die Meinung Wilhelms über den Charakter und die metaphysische Grundierung seiner Herrschaft bleibt uns also weitestgehend verborgen. Doch die Quellen ermöglichen den Blick auf die Herrschaftspraxis des Königs, die durchaus mit dem Vorgehen Friedrichs im Reich ab 1212 verglichen werden kann. In den folgenden Kapiteln wird die „Chiffre" des „allein handelnden und entscheidenden"[78] Königs Wilhelm entziffert: zunächst in einer detaillierten Analyse vor allem der Urkunden bis zum Frühjahr 1249, um das unterstützende und beratende Umfeld des Königs sowie Entwicklungen und erste Konstanten seiner Herrschaft zu identifizieren.

---

73) Hermanni Altahensis annales S. 394 Z. 21, S. 395 Z. 30f., Z. 40f., S. 397 Z. 16, Z. 27.

74) Zur Darstellung der Absetzung Friedrichs und der Wahl der beiden Könige im Reich auch in der italienischen Geschichtsschreibung vgl. SOMMERLECHNER, Stupor mundi S. 197–202.

75) D Wilh 1 S. 27 Z. 28.

76) D Wilh 2 S. 29 Z. 14.

77) Zu den Quellen des Proöms (Bibel und Codex Iustinianius) vgl. STÜRNER, Rerum necessitas S. 63–73.

78) GÖRICH, Friedrich II. und das Reich S. 474f.

Dann wird der Blick auf zwei entscheidende Ereignisse in Wilhelms Regierungszeit gelenkt – auf dessen Politik im Konflikt zwischen Holland und Flandern und auf die Interaktion mit den Reichsfürsten im Osten.

Schließlich wird bei einer genauen Untersuchung der historiographischen Überlieferung erneut das Problem von Legitimität und Autorität des Herrschers erörtert, das bereits beim Blick auf dessen unterschiedliche Betitelung bei einzelnen Geschichtsschreibern aufgefallen ist. Die Wahrnehmung des Königs bis zum Ende des Mittelalters unterlag – wenig verwunderlich – den jeweiligen politischen Bedürfnissen der Zeit. Zuletzt muss als Konsequenz einer neuen Sichtweise auf das Königtum Wilhelms der Sinn des Konstruktes „Interregnum" auf den Prüfstand gestellt werden.

## 3 Forschungsstand

In der Reihe der römischen Könige scheint Wilhelm, vormals Graf von Holland, in mancher Beziehung eine Sonderstellung einzunehmen. Mit ihm begann das „Jahrhundert der Grafen-Könige"[79]; kein Herrscher vor ihm hatte sich von einer vergleichbar geringen familiären Machtbasis aus zur Spitze des Reiches emporgeschwungen[80]. Er war jedenfalls der einzige ranghohe Herrscher aus der Familie der Gerulfinger[81], nie zuvor hatte es einen König aus dem äußersten Nordwesten des Reiches gegeben[82]. Wilhelm war jung, als er die Herrschaft antrat[83], doch nicht so jung wie manche seiner Vorgänger[84]. Besonders sein Tod muss als außergewöhnlich bezeichnet werden, fällt er doch in der Schlacht oder zumindest bei Kampfhandlungen

---

79) MORAW, Von offener Verfassung S. 206.

80) Vgl. STÜRNER, Dreizehntes Jahrhundert S. 282 f.; GRUNDMANN, Wahlkönigtum § 144 S. 467.

81) Zu Gerulf, dem namengebenden Spitzenahn der Familie, der 889 von König Arnulf Güter in seiner Grafschaft übertragen bekam (D Arn 57; vgl. OHZ 1 Nr. 21), vgl. CORDFUNKE, Graven van Holland S. 16 f.; DERS., Familierelaties en dynastieke belangen S. 21–24.

82) MEERMAN, Geschichte des Grafen Wilhelm von Holland 2 S. 278, zieht eine Parallele zu Karl V., der als zweiter „Niederländer" die römische Krone tragen sollte; diese Verbindung wird in den Quellen des 16. Jh. jedoch nicht gesehen.

83) HINTZE, Königtum Wilhelms S. 9 f.

84) Friedrich II. etwa zählte bei seiner Wahl am 5. Dez. 1212 in Frankfurt noch keine 18 Jahre, vgl. HOUBEN, Kaiser Friedrich II. S. 34; STÜRNER, Friedrich II. 1 S. 154 f.

während eines Feldzugs, ein Schicksal, das römischen Königen des Mittelalters eher selten zuteil wurde[85].

Der Forschung ist Wilhelm bis heute meist nur eine Randnotiz wert. Er zählt definitiv zu den weniger beachteten Herrschern. Abhängig vom Wohlwollen der Fürsten und vom Geld des Papstes, nur mäßig erfolgreich in den Auseinandersetzungen mit seinem staufischen Gegenspieler Konrad IV., allenfalls ab 1252 mit einer einigermaßen sicheren Stellung in Deutschland, verstrickt in lokale Konflikte der Grafschaft Holland, ungeschickt im Umgang mit dem Rheinischen Bund[86] – so wird gerade in den Überblicksdarstellungen meist die Herrschaft Wilhelms gezeichnet. Dabei ist es merkwürdig, dass den Jahren um die Mitte des 13. Jahrhunderts, die gerne als eine Wendemarke der Reichsgeschichte, als Epochenumbruch zum Spätmittelalter gesehen werden, keine größere Beachtung geschenkt wird[87].

An dieser Stelle können nur Vermutungen angestellt werden, woher die Unlust der Mittelalterforschung, sich mit dem Königtum Wilhelms zu beschäftigen, rühren mag. Zum einen dürfte es eine Rolle gespielt haben, dass die Urkunden dieses Herrschers bisher nicht ediert waren. Dieser Mangel ist nunmehr seit einigen Jahren durch die Diplomata-Edition der MGH behoben, die von Dieter Hägermann und Jaap G. Kruisheer besorgt wurde[88]. Durch den entsprechenden Band der Regesta Imperii besteht jedoch schon seit geraumer Zeit eine Möglichkeit, sich einen guten Überblick über die Urkundentätigkeit Wilhelms zu verschaffen[89]. Zum andern könnte die Vernachlässigung dieser Zeit und der Person dieses Königs auch inhaltliche Gründe haben: Die ältere Forschung bevorzugte die vermeintlich „starken“ Herrscher und konzentrierte sich auf das staufische Königtum und die Hausmachts-Bestrebungen vor allem der Luxemburger und Habsburger im

---

85) HINTZE, Königtum Wilhelms S. 213 f. Nur drei römisch-deutsche Könige starben bei oder infolge von Kampfhandlungen, König Rudolf 1080, König Adolf 1298 und Wilhelm, vgl. PRIETZEL, Der Schlachtentod mittelalterlicher Könige S. 129–131.

86) STÜRNER, 13. Jahrhundert S. 282–296, bietet den aktuellsten Überblick über die Ereignisgeschichte der fraglichen Jahre.

87) Vgl. die Literatur für den akademischen Unterricht, hier stellvertretend HEIMANN, Einführung S. 26. Im Oldenbourg Geschichte Lehrbuch Mittelalter wird die Herrschaft Wilhelms nicht angesprochen, das epochal entsprechende Kapitel geht nahtlos von der Absetzung Friedrichs 1245 zur Doppelwahl von 1257 über, ebd. S. 60 f.; MÜLLER, Mittelalter (Akademische Studienbücher Geschichte) S. 108 f., schreibt die Legende von der Verschleuderung des Reichsgutes im Interregnum fort.

88) MGH DD HRas/DD Wilh, erschienen in zwei Teilbänden 1989 und 2006.

89) Reg. Imp. V in drei Teilbänden, erschienen 1881–1901, der unter dem Titel „Jüngere Staufer“ den Zeitraum von 1198 bis 1272 umfasst.

Spätmittelalter. Der Zeit nach 1250 fehlte angeblich „jeder große Zug“[90], sie war in den Augen der Historiker geprägt von den Partikularinteressen der Fürsten, die aus dem „verderblichen Streit zwischen Imperium und Sacerdotium“[91] ihren Vorteil zogen. Die neuere Mediävistik, die sich mit dem 13. Jahrhundert beschäftigt, fokussiert weniger auf König und Reich, sondern nimmt entweder einzelne Reichsfürsten und deren Zusammenwirken oder europäische Zusammenhänge in den Blick[92].

Den Anfangspunkt der biographischen Auseinandersetzung mit dem Herrscher setzte Johan Meermans „Geschichte des Grafen Wilhelm von Holland“, in den Jahren 1783 und 1784 zunächst auf Niederländisch[93], dann 1787/1788 bereits in deutscher Übersetzung[94] in zwei Bänden erschienen. Der 1753 geborene Meerman, Herr von Dalem und Vuren, hatte bereits in sehr jungen Jahren in Leipzig und Göttingen studiert, schließlich in Leiden 1774 einen juristischen Abschluss erlangt. Als Orangist, also Anhän-

---

90) HALLER, Epochen der deutschen Geschichte S. 95, und ebd. S. 96: „Die Geschichte der Könige ist nur ein Teil und nicht immer der wichtigste Teil des Ganzen. Daneben läuft die Landesgeschichte in zahllosen Fäden einher, die sich kreuzen und verknüpfen und nicht selten zum gordischen Knoten verwirren.“ Haller ist dennoch ein Fürsprecher der Erforschung des 13. bis 15. Jh.: „Für die späteren Zeiten der Nation bis heute sind diese Jahrhunderte sogar von viel größerer Bedeutung als die heroischen Zeiten des Kaisertums. Sie hat ihre bleibenden Staatsformen erst damals gefunden [...]. Wir hätten demnach allen Grund, gerade die Geschichte ihrer [Rudolfs von Habsburg und Karls IV., Anm. d. Verf.] Zeit uns recht gegenständlich klarzumachen,“ ebd. S. 96 f.

91) BAETHGEN, Europa im Spätmittelalter S. 9 f., Zitat S. 10; vgl. den Überblick von Ranke bis Grundmann bei SCHNEIDMÜLLER, Konsens, Territorialisierung, Eigennutz S. 228–236.

92) Um nur die neuesten Arbeiten zu nennen: KAUFHOLD, Deutsches Interregnum, der „die Entscheidungsstrukturen in der europäischen Geschichte, der Kirchengeschichte, der Reichs- und der Landesgeschichte“ thematisiert, ebd. S. 25. PELTZER, Der Rang der Pfalzgrafen bei Rhein, der ebd. S. 436 selbst konstatiert, „dass eine strikte Scheidung von reichs- und landesgeschichtlicher Blickrichtung für das Verständnis von politisch-sozialen Ordnungen, ja wohl generell für die mittelalterliche Geschichte nicht weiterführend ist.“ GRAMSCH, Das Reich als Netzwerk der Fürsten S. 14, richtet sein „Hauptaugenmerk auf die horizontalen Querstreben zwischen lokalen Akteuren“. Den Aspekt der Autorität im 13. Jh. untersucht der 2013 erschienene Band „Autorität und Akzeptanz“ und versammelt dabei sehr unterschiedliche Beiträge auch über das Königtum, unter der Prämisse, „dass Autorität nicht a priori besteht, sondern erst unter aktiver Anteilnahme aller Akteure ausgestaltet werden muss,“ KEUPP, Autorität S. 26.

93) MEERMAN, Geschiedenis, erschienen 1783/84. 1797 veröffentlichte Meerman einen dritten und vierten Band des Gesamtwerks, die eine historisch-topographische Beschreibung des Reiches während der Regierungszeit Wilhelms, Nachträge und einen Urkundenanhang enthielten. Diese wurden nicht ins Deutsche übersetzt.

94) MEERMAN, Geschichte 1–2, erschienen 1787/88.

ger Wilhelms V. von Oranien, Statthalter der Niederlande, konnte er in der „Patriottentijd“ zu Beginn der 1780er Jahre zunächst keine politische Karriere machen[95] und nutzte die ihm zur Verfügung stehende Zeit dazu, sich mit der mittelalterlichen Geschichte seines Heimatlandes zu beschäftigen. „Bei der Betrachtung unsrer Grafen, die also allein noch unbeschrieben sind, bestimmte ich mich sogleich für Wilhelm den Zweiten. [...] Doch vorzüglich macht die Herschaft [sic] über Deutschland das Leben dieses Grafen merkwürdig, und auch ausser unsern Vaterlande wichtig“[96].

Meermans eigene adlige Abstammung und seine politische Orientierung gaben bei seiner Themenwahl vermutlich den Ausschlag. Er ist voll des Lobes für Wilhelms Charakter und dessen Leistungen auf militärischem und administrativem Gebiet, für dessen Klugheit und Frömmigkeit; doch zugleich stellt er das Akzeptieren der Wahl zum römischen König als Akt des Übermuts, als Treulosigkeit gegenüber dem eigentlichen Reichsoberhaupt dar, und besonders das Verhältnis des Königs zum Papst verurteilt er vehement: „Wie ein so ehrsüchtiger und stolzer Geist von sich erlangen konte [sic], sich unaufhörlich vor dem Pabst bis zum Kriechen zu bücken, gehört beinahe zu dem Räzelhaften, nicht in Wilhelms Karakter allein, sondern selbst in der Geschichte des Menschen“[97]. Meermans Anschauung enthält bereits eine der Grundstimmungen, die das Bild Wilhelms in den folgenden Jahrzehnten prägen sollte: die Abhängigkeit von der Kirche, die besonders protestantischen Gelehrten unerklärlich, wenn nicht gar monströs erschien.

Nach Meermans Beschäftigung mit Wilhelm vergingen etwa einhundert Jahre, bis sich erneut Interesse an dessen Person und Herrschaft regte, allerdings unter völlig veränderten politischen Umständen. Im Jahr 1882 erschien der zweite Teil des Regesta-Imperii-Bandes V,1: Jüngere Staufer, der die „staufische[n] epigonen, gegenkönige und könige des zwischenreichs“[98] mit abdeckte, also auch einen verbesserten Zugriff auf die Urkunden Wilhelms zumindest in Regestenform ermöglichte. Im selben Jahr wurden bereits zwei Dissertationen über dessen Königtum geschrieben, zum einen in Göttingen von Adolf Ulrich über „Die Geschichte des römischen Königs Wilhelm von Holland“, zum andern von Theodor Hasse, der in Straßburg mit einer Arbeit zu „König Wilhelm von Holland, 1247-1256“ promoviert wurde[99]. Beide Untersuchungen sind im Umfang wesentlich knapper als

95) VAN DER BURG, Art. Meerman.

96) MEERMAN, Geschichte 1 S. VIf.

97) MEERMAN, Geschichte 2 S. 285–197, Zitat S. 194.

98) Reg. Imp. V,1 [Inhaltsverzeichnis, ohne Seitenzahl].

99) ULRICH, Geschichte Wilhelms von Holland, erschienen 1882; HASSE, König Wilhelm, erschienen 1885. Beide Arbeiten zitieren jedoch die Urkunden noch nach dem alten Regestenband, BÖHMER, Regesta chronologico-diplomatica von 1831. Über den

Meermans Werk. Ulrich, der die gesamte Regierungszeit Wilhelms überblickt, sieht immerhin in den letzten Regierungsjahren eine gewisse Emanzipation des Königs von den kirchlichen Einflüssen, die jener dann aber dazu verwendete, ein „dem Interesse des Reiches fern liegendes Ziel", nämlich den Krieg mit Flandern zu verwirklichen[100]. Hasse hatte offenbar ebenfalls eine längere Studie zu Wilhelm geplant, die aus gesundheitlichen Gründen nicht zustande kam. Sein Buch, das erst 1885 im Druck vorlag, beschäftigt sich lediglich mit dem ersten Regierungsjahr 1247/48[101].

Ebenfalls 1885 wurde dann die bis heute maßgebliche Berliner Dissertation Otto Hintzes publiziert. Ein besonderer Akzent dieser Untersuchung liegt auf dem Verhältnis Wilhelms zum Rheinischen Bund und insgesamt auf dessen Städtepolitik, die gar als „Systemwechsel" weg von den „feudalen Gewalten" gekennzeichnet wurde[102]. Hintzes Arbeit zeichnet, gestützt auf die erzählenden Quellen und die Urkunden, ein in weiten Teilen unvoreingenommenes und an manchen Stellen sogar positives Bild der Herrschaft Wilhelms. Der Verfasser betrachtet dessen Tod als „verhängnisvoll für das Reich. Man war im frischesten Fortschreiten gewesen. Vieles Gute war bereits erreicht"[103]. Doch auch für Hintze, der sich später als Spezialist für die preußische Verfassungs- und Verwaltungsgeschichte des 18. und 19. Jahrhunderts einen Namen machen sollte und als einer der bedeutendsten frühen Sozialhistoriker gilt[104], blieb die Beschäftigung mit der Reichsgeschichte des 13. Jahrhunderts Episode. Er legte keine weiteren Arbeiten zu diesem Themengebiet vor.

Die Untersuchungen der 1880er Jahre wurden aus einer nationalstaatlichen Perspektive heraus geschrieben. In diesem Kontext musste das sog. Interregnum, die Phase nach dem vermeintlich starken staufischen Kaisertum, als Niedergang, Zersplitterung und insgesamt Schwächung der Zentralgewalt betrachtet werden[105]. Nach der Reichsgründung und vor dem Hintergrund des erstarkten nationalen Bewusstseins im letzten Viertel des 19. Jahrhunderts konnte ein König, der einerseits durch die Machenschaften des Papstes auf den Thron gelangt war und andererseits lange Zeit nicht für

---

weiteren Werdegang Hasses lässt sich nichts eruieren; Ulrich wurde Archivar, zunächst als Volontär im Kölner Stadtarchiv, später im Staatsarchiv und dann im Stadtarchiv seiner Heimatstadt Hannover; er verstarb bereits 1889, vgl. LEESCH, Die deutschen Archivare S. 628.

100) ULRICH, Geschichte Wilhelms von Holland S. 120.

101) HASSE, König Wilhelm S. III f.

102) HINTZE, Königtum Wilhelms S. 2; vgl. KIRK, Interregnum S. 287 f.

103) HINTZE, Königtum Wilhelms S. 215.

104) OESTREICH, Art. Hintze S. 194 f.

105) KIRK, Interregnum S. 347–349.

die Gesamtheit, die Einheit des mittelalterlichen Reiches stand, das Interesse der Geschichtswissenschaft nicht dauerhaft binden[106].

Diese Sichtweise erwies sich als überaus langlebig. Bis zur heutigen Zeit wurde nur eine weitere Spezialstudie zu Wilhelm vorgelegt, die Habilitationsschrift von Dieter Hägermann, die sich mit der Kanzlei und der Urkundentätigkeit des Königs befasst[107]. Sie bildet als überaus gründliche diplomatische Untersuchung die Vorarbeit zur Diplomata-Edition der gesamten Urkunden Heinrich Raspes und Wilhelms in den MGH, die der Autor einige Jahre später zusammen mit Jaap G. Kruisheer erarbeitet hat[108]. Hägermann weist nach, dass Wilhelms Urkundenwesen in mancher Beziehung in der Tradition der Staufer steht, etwa bezüglich des Kanzleipersonals, dass an vielen Stellen jedoch auch Elemente der päpstlichen Urkundenpraxis übernommen wurden[109]. Ebenfalls zur Diplomatik leistete Jaap G. Kruisheer bereits 1971 mit seiner Arbeit zu den Urkunden und zur Kanzlei der Grafen von Holland bis 1299 einen wichtigen Beitrag[110].

Für die niederländische Geschichtswissenschaft scheint Wilhelm als Einzelperson nicht von besonderem Interesse zu sein, er wird in den Publikationen allenfalls in der Reihe der holländischen Grafen mitbetrachtet[111]. Zuletzt erschien 2013 ein schmaler Band, zusammengestellt von Erich H. P. Cordfunke, der neben kürzeren historischen Überblicksartikeln zu Wilhelm, seiner Familie und der Abtei Middelburg vor allem einen archäologischen und anthropologischen Schwerpunkt hat. Bereits Ende des 19. Jahrhunderts war im nördlichen Langhaus der Abteikirche in Middelburg ein vermauertes Nischengrab entdeckt worden, das ein Skelett enthielt. Ab den 1980er Jahren wurden daran mehrere Untersuchungen vorgenommen, die schließlich mit einiger Sicherheit als die sterblichen Überreste Wilhelms identifiziert werden konnten[112].

Das Bild Wilhelms in der heutigen Geschichtswissenschaft wird bestimmt durch die Sichtweise verschiedener Überblicksdarstellungen. Mag man den Werken des 19. Jahrhunderts ihre Parteilichkeit und Voreingenommenheit noch nachsehen[113], so ist es umso erstaunlicher, dass selbst in der aktuellen wissenschaftlichen Literatur alte Urteile unhinterfragt fortle-

106) SCHNEIDMÜLLER, Konsens, Territorialisierung, Eigennutz S. 225 f., S. 230–232.

107) HÄGERMANN, Urkundenwesen, erschienen 1977.

108) Siehe oben Anm. 88.

109) Vgl. auch ZIMMERMANN, Rezension Hägermann S. 287 f.

110) KRUISHEER, De oorkonden.

111) So bei CORDFUNKE, Graven van Holland S. 79–83.

112) CORDFUNKE, Willem II, erschienen 2013, hier v. a. S. 88 f.

113) Vgl. dazu die ausführlichen Bemerkungen bei KIRK, Interregnum S. 283–289, 489–493.

ben[114]. Betrachtet man die großen Zusammenfassungen aus dem 20. und frühen 21. Jahrhundert, so kann man als Ausgangspunkt Herbert Grundmanns kurze Ausführungen über Wilhelm in der neunten Auflage des „Gebhardt" von 1970 wählen. Der König wird zwar als „ritterlich-tapfere[r] Krieger ohne viel eigene Macht" eingeführt, doch die Einschätzung seiner Herrschaft ist insgesamt ausgewogen. Auch hier spielt die Interaktion mit dem Rheinischen Bund eine wichtige Rolle und die Territorialpolitik in Holland und Flandern wird im Kontext der Reichspolitik begriffen[115]. Deutlich negativer fällt die Beurteilung bei Peter Moraw in der 1985 erschienenen Propyläen Geschichte Deutschlands aus, der Wilhelm in der Reihe der „Grafen-Könige" sieht und selbst den Bund als Symptom einer schweren Krise des Reiches betrachtet[116]. Noch 2007 in der zehnten Auflage des „Gebhardt", dem Band von Wolfgang Stürner über das 13. Jahrhundert, setzt sich die traditionelle Betonung des Rheinischen Bundes fort, und ebenso die Meinung, dass Wilhelm „mit seinem Einsatz gegen Flandern vor allem seine Interessen als Graf von Holland und allenfalls sehr indirekt diejenigen des Reiches" vertrat[117].

Eine besonders dezidierte Abwertung König Wilhelms nimmt Stefan Weinfurter in seinem Abriss über „Das Reich im Mittelalter" vor. Er fasst dessen Herrschaft aufgrund des insgesamt beschränkten Raumes in nur einem Absatz zusammen, der wiederum zum größten Teil dem Rheinischen Bund gewidmet ist[118]. Doch bereits vorher, als er die durch Friedrich Barbarossa eingeführte Bezeichnung des Reiches als *sacrum Romanum imperium* erörtert, kommt der Autor auf Wilhelm zu sprechen und bezeichnet ihn als einen „der schwächsten Herrscher des Mittelalters", unter dem dieser Name des Reiches allgemein gebräuchlich geworden sei. Er habe „sich und dem Reich die pompöse Bezeichnung zu[gelegt], um damit wenigstens die Hülle der alten Autorität zu bewahren: ein Titel ohne Macht"[119]. Es ist auf-

114) Zur Charakterisierung des 13. Jh. durch das „Paradigma einer fortschreitenden politischen und gesellschaftlichen Dekadenz am epochalen Scheideweg vom Hoch- zum Spätmittelalter" in der Forschung bis in die zweite Hälfte des 20. Jh. vgl. KEUPP, Autorität und Akzeptanz S. 20 f.

115) GRUNDMANN, Wahlkönigtum, Territorialpolitik und Ostbewegung S. 467–470.

116) MORAW, Von offener Verfassung S. 206–209.

117) STÜRNER, Dreizehntes Jahrhundert S. 286–296, davon S. 291–296 über den Bund.

118) WEINFURTER, Das Reich im Mittelalter S. 182.

119) WEINFURTER, Das Reich im Mittelalter S. 128; Weinfurter scheint sich auf PETERSOHN, Rom und der Reichstitel S. 80–83, zu beziehen, wobei Petersohn insgesamt deutlich macht, dass der Titel nicht in der Kanzlei des Reiches entstanden ist, ebd. S. 100 f., sondern in Rom, und sich dieser als offizielle Bezeichnung des Reiches unter Wilhelm noch keineswegs durchgesetzt hatte, S. 83. Dem ist hinzuzufügen, dass von den

fallend, mit welcher Selbstverständlichkeit hier mit den Kategorien der Schwäche bzw. Stärke von Herrschaft argumentiert und der König en passant der Lächerlichkeit preisgegeben wird.

Man kann verstehen, dass in dem für den breiten Markt verfassten Werk Weinfurters Verkürzungen vorgenommen werden mussten und pointierte Formulierungen im Dienste der besseren Lesbarkeit bevorzugt wurden. Doch selbst bei Len Scales, der 2012 über „The Shaping of German Identity" schrieb, schlagen sich noch die alten Vorurteile nieder, wenn er sowohl Heinrich Raspe als auch Wilhelm nicht mit dem Königstitel, sondern als Landgraf von Thüringen bzw. als Graf von Holland einführt, obwohl er jeweils in Klammern deren Herrschaftsjahre als Reichsoberhaupt hinzufügt[120]. Problematisch sind derartige Ungenauigkeiten, weil sie Stereotype nationalstaatlicher Geschichtsbilder unreflektiert weitertransportieren[121].

## 4 Aufbau der Arbeit

Alle genannten Autoren berufen sich auf das Quellenmaterial, das im Wesentlichen auch die Grundlage der vorliegenden Studie bildet. Hintzes Dissertation wird, was die Ereignisgeschichte angeht, vermutlich kaum zu ergänzen und selten zu widerlegen sein. Auf sie stützt sich die Überblicksliteratur, so sie sich überhaupt intensiver mit dem Herrscher auseinandersetzt. Vielfach wird in jüngerer Zeit die „Brückenfunktion"[122] von Wilhelms Königtum in verschiedenen Bereichen betont, seine Regierungszeit am Übergang von einer Epoche zur anderen gesehen, seine Herrschaft als Bemühen um Ausgleich zwischen Konzepten älterer Prägung und neuen Ideen[123].

über 400 im Wortlaut erhaltenen Urkunden Wilhelms nur 16 Dokumente diese Formulierung enthalten: DD Wilh 134, 297, 301, 333, 336, 354, 373, 374, 379, 380, 388, 390, 392, 393, 394, 396, die sämtlich von dem Kanzleimitarbeiter WF, vielleicht dem Protonotar Arnold, verfasst wurden, zu diesem HÄGERMANN, Urkundenwesen S. 34–37, 136–141.

120) „Landgrave Henry Raspe of Thuringia (1246–7) and Count William of Holland (1247–56)", SCALES, The Shaping of German Identity S. 53; hier auch die Bezeichnung als „dwarf-kings", allerdings im Blick auf die Grabplatte Siegfrieds III. von Mainz.

121) KAUFHOLD, Konrad IV. S. 19 und 23, bemerkt, Wilhelm sei als König nicht ins Reich gekommen, „sondern [habe] die Entscheidung über die Krone des Reiches außerhalb Deutschlands herbeizuführen" versucht. Er habe „im Familienbesitz außerhalb Deutschlands" eine Grundlage für seine Herrschaft schaffen wollen. Diese Behauptungen sind schlicht falsch.

122) HÄGERMANN, Urkundenwesen S. 5.

123) So etwa REESE, Die Niederlande S. 298 f., der Wilhelms „rheinische Reichspolitik" würdigt, seine Zusammenarbeit mit dem Rheinischen Bund als Versuch wertet, „die

Eine solche Betrachtungsweise führt jedoch meistens dazu, dass der König selbst nicht so sehr einen agierenden, sondern eher einen reagierenden Part übernimmt. Selbst Dokumente, die ihn ausdrücklich als handelnde Person zeigen, so die in seinem Namen ausgefertigten Urkunden, werden oft als Ergebnisse äußerer Einflüsse oder gar der Ausübung von Zwang von Seiten der Empfänger betrachtet[124].

Dabei bietet eine Auseinandersetzung mit König Wilhelm als Akteur seiner eigenen Herrschaft die Möglichkeit, Königtum und Reich im 13. Jahrhundert unter neuen Gesichtspunkten zu betrachten. Wilhelms Regierungszeit liegt am Übergang vom hochmittelalterlichen, salisch-staufischen Reich mit seiner „königsstaatlichen Einheit"[125], geprägt von der Reichslandpolitik Friedrich Barbarossas und Heinrichs VI.[126], zu einer späteren Phase, in der zunächst jeder gewählte König – Rudolf, Heinrich VII., Ludwig IV. – eigene, zum Teil außergewöhnliche Akzente setzte und schließlich unter Karl IV. das hegemoniale Königtum erprobt wurde[127]. Fast zwangsläufig stellt sich hier die Frage, welche älteren Elemente in die Herrschaftspraxis Wilhelms eingegangen sind, wie stark sein Handeln und Auftreten überkommenen Traditionen folgt, und ob sich bereits neuere Ansätze finden lassen, vielleicht sogar zum ersten Mal während seines Königtums. Hier kann ein analytischer Beitrag zur Erforschung königlicher Herrschaft im 13. Jahrhundert geleistet werden, unter Berücksichtigung der verschiedenen Akteure im Reich, ohne a priori von einem Niedergang königlicher Macht oder einer Schwäche des Reichsoberhauptes auszugehen.

Grundsätzlich erweisen sich die Kategorien „stark" und „schwach" als nicht sinnvoll bei der Betrachtung von Wilhelms Königtum und zur Ein-

---

Gestalt des Reiches in wesentlichen Zügen neu zu formen", insgesamt zu dem Schluss kommt: „Man kann die Reichspolitik Wilhelms von Holland nicht auf eine Formel bringen. Zwischen den Zeiten stehend, war sie vieles und nichts, einte das Widerspruchsvolle in sich und scheiterte doch, weil sie unvollendet blieb." Überaus problematisch ist Reeses Darstellung, wenn er von den „Aufgaben des deutschen Kampfes um die Westgrenze" spricht, ebd. S. 298, wie insgesamt sein 1941 erschienenes Werk an vielen Stellen den Geist der Zeit atmet; vgl. KIRK, Interregnum S. 493.

124) So etwa HASSE, König Wilhelm S. 99–103, im Blick die ersten Urkunden Wilhelms für Otto von Geldern und die Stadt Köln; zu diesen ausführlicher unten S. 56–66.

125) BOSL, Staat, Gesellschaft, Wirtschaft S. 781.

126) BOSL, Staat, Gesellschaft, Wirtschaft S. 792–798; SCHULZE, Grundstrukturen 4 S. 205–208.

127) MENZEL, Die Zeit der Entwürfe S. 285 f. Zu dieser Epochenschwelle bzw. den verfassungsgeschichtlichen Charakteristika des hoch- und spätmittelalterlichen Reiches vgl. KELLER, Zwischen regionaler Begrenzung S. 18–53; MORAW, Von offener Verfassung S. 21–27, hier der Begriff des „hegemonialen Königtums" für die Herrschaft Karls IV., S. 240; dazu auch HESSE, Synthese und Aufbruch S. 50 f.

schätzung politischer Wirksamkeit überhaupt. Es ist davon auszugehen, dass herrscherliches Handeln – wie jedes Handeln, egal in welchem sozialen Feld – an Regelstrukturen gebunden und somit abhängig von unterschiedlichsten Faktoren ist[128]. Eine Kennzeichnung der Regierungstätigkeit eines Herrschers durch ein Adjektiv, das lediglich dessen persönliche Disposition abbildet, wird somit der komplexen Situation nicht ansatzweise gerecht.

Versucht man, das Gefüge des Reiches um die Mitte des 13. Jahrhunderts treffender zu beschreiben, so bietet sich zunächst die Möglichkeit, konkrete Ereignisse und das Zusammenspiel der verschiedenen Akteure in einem jeweils begrenzten Rahmen zu untersuchen. Dies geschieht hier zunächst für die ersten anderthalb Jahre von Wilhelms Herrschaft, unter dem Aspekt, welche Personen und Personengruppen in dieser Zeit in das Handeln des Königs eingebunden waren. Daran anschließend sollen das Umfeld, der Hof des Herrschers und eventuelle Einflussmöglichkeiten in den Blick genommen werden. Die beiden thematischen Komplexe der „holländischen" Politik und des Wirkens Wilhelms im Osten des Reiches beschließen den ersten Hauptteil der Arbeit, zeigen den König als Protagonisten in jeweils unterschiedlichen Kontexten und belegen somit die Existenz einer effektiven königlichen Herrschaftsgewalt in den betreffenden Jahren.

Die Geschichtsschreibung zu Wilhelm liefert einen zweiten Ansatzpunkt. Während die zeitgenössische Historiographie zum größten Teil ausgewogen über seine Herrschaft urteilte, setzt ab dem späten 13. Jahrhundert im Reich eine retrospektive Entwertung seines Königtums ein, die sich bis in die Gegenwart verfolgen lässt. Ziel einer neuen Arbeit über Wilhelm muss es daher sein, diesem memorialen Kontext größere Aufmerksamkeit zu schenken. Dabei sind die verschiedenen Stränge der Überlieferung zu betrachten, und es ist nach der jeweiligen rhetorischen Funktion der Darstellung dieses Königs zu fragen. Wer profitierte von einem negativen Wilhelm-Bild, wessen Vorstellungen entsprach eine Eliminierung dieses Herrschers aus der Traditionslinie des Reiches? Und in welchen Situationen und für wen konnte im Gegensatz dazu seine Memoria eine wichtige Rolle für die Legitimierung von Herrschaft spielen?

So sollte sich in jedem Fall ein differenziertes Tableau ergeben, das schließlich im größeren Zusammenhang der Reichsgeschichte des 13. Jahrhunderts verortet werden kann. Verabschiedet man sich, wie oben angeregt, von den vereinfachenden Kategorien der Stärke und Schwäche eines Königs, so muss auch überlegt werden, wie das sog. Interregnum als „Kurzepoche"[129] neu definiert werden könnte. Es stellt sich die Frage, ob die

---

128) RECKWITZ, Struktur S. 145–167.

129) HÄGERMANN, Art. Interregnum Sp. 468.

Markierung des nachstaufischen Königtums in seiner wie auch immer gearteten Besonderheit aufrechterhalten werden kann.

Verschiedene Komplexe, die man in einem Buch über das Königtum Wilhelms erwarten könnte, fehlen ganz bewusst. Erstens ein Kapitel zum Rheinischen Bund: An verschiedenen Stellen wird das Verhältnis Wilhelms bzw. eher dessen Nicht-Verhältnis zu diesem Bündnis kurz angesprochen werden, doch ein eigener Abschnitt ist dem Thema nicht gewidmet. Die Beziehungen zwischen Wilhelm und dem Bund wurden zuletzt von Claudia Garnier untersucht[130], und die jüngste ausführliche Darstellung des „politischen Gesamtkonzeptes" des Zusammenschlusses liefert Martin Kaufhold unter Heranziehung der maßgeblichen Quellen und älteren Literatur[131]. Zweitens werden die Einflussnahme des Papstes auf die Reichspolitik in der zweiten Hälfte des 13. Jahrhunderts, das Zusammenwirken kurialer Maßnahmen mit dem Vorgehen des Reichsepiskopats, die päpstlichen Geldleistungen und die Versuche der Einbindung der weltlichen Fürsten durch das Kirchenoberhaupt hier jeweils nur an konkreten Punkten untersucht. Eine übergreifende aktuelle Darstellung dieser Zusammenhänge liegt nicht vor und kann in diesem Rahmen auch nicht geleistet werden. Und drittens werden auch die Problematik der Königswahl und die Entwicklung des Kurfürstenkollegs nur gestreift. Die sog. Braunschweiger Nachwahl spielt dafür unbenommen eine wichtige Rolle, kann in diesem Kontext aber nur in ihrer engeren Bedeutung für die Herrschaft Wilhelms betrachtet werden.

Noch einige letzte Vorbemerkungen: Manchmal wird der Begriff „Niederlande" im folgenden Text verwendet, um den gesamten nordwestlichen Raum des Reiches, also Holland, Zeeland, Friesland, Brabant, Hennegau und Reichsflandern, zu umschreiben. Auch wenn die Niederlande erst unter der burgundischen Herrschaft als Einheit zusammengefügt wurden[132], geschieht dies aus praktischen Gründen und folgt dem Gebrauch der heutigen niederländischen Literatur[133]. Die niederländischen Orts- und Landesnamen werden in der heutigen Schreibweise wiedergegeben, Namen mittelal-

---

130) GARNIER, Amicus amicis S. 52–54. Von den älteren Autoren sei lediglich erwähnt BUSCHMANN, Der Rheinische Bund S. 199, der den Bund als die Erneuerung des Mainzer Reichslandfriedens sieht.

131) KAUFHOLD, Deutsches Interregnum S. 168–215, Zitat ebd. S. 169 Anm. 1.

132) KÖBLER, Historisches Lexikon der deutschen Länder S. 467 f.; LADEMACHER, Geschichte der Niederlande S. 1–6; VON SEGGERN, Geschichte der burgundischen Niederlande S. 17–26.

133) So etwa Algemene Geschiedenis der Nederlanden, hg. von D. P. BLOK/W. PREVENIER u. a., Bd. 2/3: Middeleeuwen, Haarlem 1982, in der die genannten Gebiete ebenfalls zusammengefasst werden.

terlicher Personen, also Adliger und Autoren, werden eingedeutscht: „von Amstel“ statt „van Amstel“, „Jakob von Maerlant“ statt „Jacob van Maerlant“ etc. Die Hauptperson der Untersuchung, König Wilhelm, wird durchgängig ohne die Beifügung „von Holland“ genannt. Dieser Beiname wurde zuerst von Matthaeus Parisiensis eingeführt[134] und hatte für den Geschichtsschreiber die Funktion, den König herabzusetzen und dauerhaft an dessen territoriale Herkunft zu erinnern. Sie diente als stilistische Abwertung einer Herrschaft, die formal nicht in Zweifel gezogen werden konnte[135]. Da es im Mittelalter keinen weiteren römisch-deutschen König oder Kaiser mit dem Namen Wilhelm gab, erfüllt das regionale Epitheton nicht den Zweck, eine Unterscheidbarkeit von anderen Herrschern herzustellen. Es kann im Folgenden entfallen.

134) *Wilelmus de Holonda*, Matthaeus Parisiensis, Chronica Majora 5 S. 90; *Willelmu*[s] *de Holande, regem videlicet Alamanniae*, ebd. S. 433.

135) Siehe ausführlich oben S. 11 f.

# II Aspekte der Herrschaft König Wilhelms

Im Verlauf der folgenden vier Kapitel soll die Herrschaft Wilhelms vor allem auf der Grundlage der erhaltenen und von Hägermann und Kruisheer edierten Diplomata untersucht werden. In einem ersten Zugriff werden die Urkunden als Gesamtheit auf „klassische" Weise befragt, um Auskunft über das Herrscheritinerar und den Kreis der Adressaten der königlichen Zuwendungen zu erhalten. Eine genauere Auseinandersetzung mit den Dokumenten aus der ersten Phase des Königtums bis zum Frühjahr 1249 soll erste Ergebnisse zur Akzeptanz und Reichweite des herrscherlichen Handelns Wilhelms erbringen. Auch die Frage nach der Vorgehensweise des Königs bei der Gewinnung neuer Anhänger muss in diesem Zusammenhang gestellt werden. Die Ehe zwischen Margarete, der Schwester Wilhelms, und Graf Hermann von Henneberg, die im Frühsommer 1249 geschlossen wurde, markiert den Endpunkt des Betrachtungszeitraumes. Diese Verbindung zeigt, dass spätestens von dieser Zeit an die reichsfürstlichen Kreise im Osten offen waren für eine Verständigung mit dem König. Sie leitete eine neue Phase in der Herrschaft Wilhelms ein, auf die an späterer Stelle eingegangen wird.

Ein zweiter größerer Abschnitt ist dem engeren Umfeld des Herrschers gewidmet, den Prälaten, aber auch den „Funktionsträgern" wie dem Kanzler Heinrich von Speyer und dem Justitiar Adolf von Waldeck sowie der engeren königlichen Familie, Königin Elisabeth und Florens, Wilhelms Bruder. Lassen die Quellen Aussagen darüber zu, ob und welchen Einfluss diese Personen auf den Herrscher ausübten? Welchen Konjunkturen war das Verhältnis Wilhelms vor allem zu den geistlichen Würdenträgern unterworfen?

In den beiden nachfolgenden Kapiteln werden zwei Schwerpunkte der königlichen Politik betrachtet, das Vorgehen in den Niederlanden sowie der Ausgriff in den Osten des Reiches mit den langen Aufenthalten in Braunschweig und im mitteldeutschen Raum 1252 und 1253/54. Das Engagement Wilhelms in der Zeelandfrage und im Konflikt mit Margarete von Flandern hat die historische Forschung bislang gern als Fehlverhalten interpretiert[1], als Abwendung von den Belangen des Reiches, während die Rolle des Königs im Gefüge der Fürsten um den welfischen Herzog Otto von Braunschweig, also die Interaktion mit Herzog Albrecht von Sachsen, den Markgrafen Johann und Otto von Brandenburg, Heinrich von Meißen sowie den anhaltischen Askaniern bislang noch kaum intensiver thematisiert

1) So noch STÜRNER, Dreizehntes Jahrhundert S. 294.

worden ist. Wie kam der Kontakt Wilhelms zu dieser für die Herrschaft im Reich so bedeutenden Gruppe zustande? Welche Vorteile hatten der König auf der einen und die Fürsten auf der anderen Seite von diesen Kooperationen?

Diese exemplarische Vorgehensweise öffnet eine neue Perspektive auf die Regierung Wilhelms. Wäre es denkbar, dass auch die holländische Politik des Königs als Reichspolitik betrachtet wurde, nicht nur vom Herrscher selbst, sondern auch von den Zeitgenossen? Und welche Rolle spielte vor allem gegenüber den weltlichen Reichsfürsten das Auftreten des jungen Königs, der in kritischen Situationen durchaus in der Lage war, sein herrscherliches Selbstverständnis öffentlich zu kommunizieren?

## 1 Das Königtum bis 1249 im Spiegel der Urkunden

Herrscherurkunden stellen nicht nur die wichtigste Quelle für die Regierungstätigkeit eines mittelalterlichen Königs dar, sie sind auch ein Indikator für die Akzeptanz und Wahrnehmung seiner Herrschaft. Grundlage des königlichen Selbstverständnisses ist die Betitelung. Im ersten Jahr seines Königtums wird Wilhelm meist als Elekt bezeichnet, also *Romanorum in regem electus semper augustus*[2]. Nach der Einnahme Aachens am 18. Oktober 1248, also noch vor der Krönung am 1. November, finden wir in den Diplomen den Königstitel: *Willelmus divina favente clementia Romanorum rex et semper augustus*[3].

Wilhelm sah sich in einer Reihe mit seinen staufischen Vorgängern und bestätigte mehrfach Urkunden Friedrichs I.[4], Heinrichs VI. und Fried-

---

2) So D Wilh 2 S. 29 Z. 14.

3) D Wilh 45. Vorurkunde Friedrichs II. vom 29. Juli 1215, hier auch deutliche Bezugnahme auf die Absetzung Friedrichs: Bestätigung der Aachener Privilegien, *que avus et pater domini Friderici quondam imperatoris [Fridericus] et Henricus serenissimi Romanorum imperatores aliique predecessores nostri et idem Fridericus ante depositionem ipsius contulerunt*, S. 79 Z. 32–34; KRAMMER, Kurfürstenkolleg S. 99, setzt den Titelwechsel erst mit der Krönung an. Zur Betitelung Wilhelms, die auf Kontinuität des Reiches trotz des dynastischen Wechsels verweist, vgl. auch SCHWARZ, Herrscher- und Reichstitel S. 237–240; ebd. S. 238 allerdings auch Einstufung der durchgängigen Verwendung des Begriffs *sacrum imperium* in der Kanzlei Wilhelms als „Kompensationsmaßnahme […], ein Streben nach Ausgleich von Minderwertigkeitsgefühlen des in seinen Machtverhältnissen äußerst begrenzten wilhelminischen Königtums."

4) Z. B. D Wilh 391, 1255 Okt. 26, Zülpich, für Stift Kaltenborn: *Ad imitationem igitur divorum imperatorum Lotharii et Frederici predecessorum nostrorum*, S. 456 Z. 5.

richs II.[5], Heinrichs (VII.)[6] und sogar Konrads IV.[7] Etwas überraschender erscheint auf den ersten Blick, dass sowohl Alfons von Kastilien[8] als auch Rudolf von Habsburg[9] ihrerseits in Wilhelm einen *predecessor* sahen. Noch Heinrich VII. nutzte eines von dessen Diplomen als Vorurkunde und nannte diesen ausdrücklich seinen Amtsvorgänger[10]. Auf rechtlicher Ebene konnten die nachfolgenden Herrscher die existierenden Diplome und somit die Regierungstätigkeit Wilhelms nicht leugnen, und selbst Rudolf musste ihn in der Reihe der legitimen Herrscher des Reiches bestätigen, so sehr er auch in anderen Belangen bestrebt war, sich selbst als direkten Epigonen der Staufer zu stilisieren[11].

Im Folgenden sollen zunächst die formalen Details betrachtet werden. Welchen geographischen Raum erreichten Wilhelms Urkunden? An welchen Orten hielt er sich auf, an welche Personen richteten sich seine Urkunden, wer befand sich in seinem Umfeld[12]? Anschließend werden die in den Diplomen festgehaltenen herrscherlichen Akte des Königs vor allem in den ersten beiden Jahren seiner Regierung näher untersucht. Ist es möglich, in

---

5) Bspw. D Wilh 305, 1254 März 17, Den Haag, für das Dortmunder Katharinenkloster: *cum felicis recordationis Henricus sextus et postmodum Fredericus secundus, tunc in devotione Romane ecclesie matris nostre persistens, Romanorum imperatores predecessores nostri*, S. 365 Z. 6–8.

6) Z. B. D Wilh 41, 1248 Sept., vor Aachen, für die Lazariten in Gfenn: *clare memorie Henricus quondam Romanorum rex, predecessor noster*, S. 74 Z. 35 f.

7) D Wilh 349, 1255 März 1, Weißenburg, für die Stadt Hagenau: *Insuper ad maiorem ipsis gratiam impendendam habere promittimus ratas et firmas omnes donationes, feuda et officia militibus et civibus predicte civitatis a quondam Conrado rege Ierosolimitano, nato quondam domini Friderici Romanorum imperatoris, concessa*, S. 417 Z. 29–35 (A[1]).

8) DD Alf 20–21, 1257 Sept. 21–22, Burgos, zwei Bestätigungen von Verpfändungen und Schenkungen für Heinrich von Speyer: *per regem Guillelmum, nostrum predecessorem*, S. 44 Z. 15 f., bzw. *per inclite memorie regem Heinricum et Guillelmum nostros predecessores*, S. 45 Z. 25 f.

9) Reg. Imp. VI,1 713, 1277 März 4, Wien, für das Kloster Thron; vgl. D Wilh 440: *inclite recordationis quondam Willehelmus et Richardus reges, nostri predecessores*, S. 487 Z. 16 f.

10) Reg. Imp. VI,4 625–626, 1310 Sept. 5, Speyer: Schenkung der Kirche in Oberehnheim, Diözese Straßburg, an die Mainzer Kirche. Die entsprechende Urkunde Wilhelms ist nicht erhalten.

11) Dazu ausführlicher unten S. 365–367.

12) Zu den Möglichkeiten, die eine Untersuchung der Urkundenempfänger am Beispiel Friedrichs II. bietet, vgl. HUMPERT, Statistische Auswertung S. 433, die etwas lapidar feststellt, dass man aus den Empfängerlisten „gute Schlußfolgerungen auf die Politik des Herrschers im Wandel der Jahre und auf dessen sich veränderndes Verhältnis zu den Empfängergruppen ziehen kann".

seinem Handeln eine gewisse Stringenz festzustellen, gab es erkennbare, sich wiederholende Muster bei der Urkundenausstellung? Lässt sich vielleicht sogar eine Planmäßigkeit hinter seiner Vorgehensweise vermuten?

## 1.1 Itinerar

Aufgrund der Diplome Wilhelms können die Aufenthaltsorte des Königs während seiner Regierungszeit vom 3. Oktober 1247[13] bis zum 28. Januar 1256[14] fast durchgängig nachvollzogen werden[15]. Der Ort, den Wilhelm am häufigsten, nämlich nachweislich zehnmal aufsuchte, war Mainz, erstmals am 4. Februar 1249 und zuletzt im November 1255[16]. Der längste ununterbrochene Besuch des Königs – zumindest nach dem Zeugnis der Urkunden – fand in Braunschweig vom 26. Januar bis zum 3. April 1252 statt[17]. Überblickt man die gesamte Dauer seiner Herrschaft, so hielt er sich etwa 40 % der Zeit im Nordwesten des Reiches auf, also in Holland, Zeeland, Brabant, Hennegau und Flandern[18]. Während letzterer Umstand nicht überraschend sein mag, weisen die beiden Schwerpunkte Mainz und Braunschweig bereits

13) Menko gibt den 29. Sept., *in festo Michaelis*, als Wahltag an, Kroniek S. 366 Z. 5. Matthaeus Parisiensis, Chronica Majora 4 S. 639 nennt den 30. Sept., *crastino vero Sancti Michaelis*, hingegen Albert von Stade, Annales Stadenses S. 371 Z. 25, die *feria quinta post Mychahelis*, also den 3. Okt. Dieses Datum (*V nonas Octobris*) wird bestätigt durch einen Brief Papst Innozenz' IV. an Raniero Capocci, den Kardinaldiakon von S. Maria in Cosmedin, der allerdings nur bei Johannes de Beka, Chronographia Cap. 70d S. 189 Z. 21–41, Zitat Z. 24, überliefert ist. In der zeitgenössischen Geschichtsschreibung, etwa bei Hermann von Altaich, in der Kölner Königschronik bzw. den Annalen von St. Pantaleon, in den Gesta Treverorum oder den Erfurter Predigerannalen, wird ansonsten kein genaues Datum aufgeführt. Vgl. Reg. Imp. V,1 4885e, 4886; HINTZE, Königtum Wilhelms S. 11 f.

14) Dieses Datum wird in den zeitgenössischen Quellen nicht erwähnt, es findet sich erst bei Melis Stoke, Rijmkroniek v 4415–4420 (C) S. 160 f.: *Die coninc bleef doet sonder zaghe / Op sinte Agnieten achte daghe, / Alsmen screef Ons Heren jare / XXII$^{c}$ ende daer nare / L ende vive mede, / Bi Hoechoutwoude op ene stede*; übereinstimmend Johannes de Beka, Chronographia, Cap. 72i S. 215 Z. 4: *V kalendas februarii*; vgl. Reg. Imp. V,2 5286b.

15) Das vollständige Itinerar S. 38–42.

16) DD Wilh 77, 87–89, 93–95, 132–133, 224–225, 236, 244–245, 251–252, 335–336, 393–396.

17) DD Wilh 171–183, 185.

18) In absoluten Zahlen: Herrschaftszeit insgesamt 3040 Tage, Aufenthalte in den genannten Regionen 1194 Tage, also 39,276 %. Als „Hauptresidenz“ in Holland lässt sich Den Haag namhaft machen, DD Wilh 19, 277, 280, 305, 322, 324–326, in Zeeland entfal-

darauf hin, dass Wilhelms Politik keineswegs einseitig auf eine bestimmte Region des Reiches konzentriert war.

Betrachtet man das Itinerar etwas detaillierter, so bietet es ein gutes Gerüst, um einen kurzen Abriss der Herrschaft Wilhelms zu geben. Nach der Wahl in Worringen begab sich der König nach Neuss[19], in eine Stadt des Kölner Erzbischofs[20], begann mit der Belagerung der strategisch wichtigen Pfalz Kaiserswerth[21] und kehrte schließlich über Weihnachten und bis ins Frühjahr 1248 nach Holland zurück. Zwischen den in diesem Zeitraum hauptsächlich für zeeländische Empfänger ausgestellten Urkunden sticht ein Dokument für das Zisterzienserkloster Kappel bei Zürich heraus[22]. Die Verleihung dieses Schutzprivilegs könnte ein erstes Beispiel für das enge Ineinandergreifen päpstlicher und königlicher Politik darstellen: Offenbar hatte der päpstliche Legat Petrus Capocci vermittels des Ortsbischofs Geldforderungen an die Zisterzienser der Konstanzer Diözese gestellt, zu der Kappel gehörte. Dieses Verhalten trug ihm einen Tadel durch Papst Innozenz IV. ein, datiert auf den 15. Februar 1248[23]. Wenn sich die Kappeler Mönche etwa zur selben Zeit mit ihrer Schutzbitte an den König wandten, so ist diese vermutlich auch eine Reaktion auf die ungerechtfertigten Ansprüche des Legaten. Die Urkunde belegt immerhin, dass bereits im März 1248 in bestimmten Kreisen genug Vertrauen in die königliche Autorität Wilhelms bestand, um vom Zürichgau aus den Weg an die holländische Nordseeküste zu suchen. Ab Ende April 1248 befand sich Wilhelm wieder in den Heerlagern vor Aachen und Kaiserswerth. Im weiteren Verlauf dieses Jahres wurden beide Orte eingenommen und in Aachen die Krönung voll-

---

len die häufigsten Stationen auf Zierikzee, DD Wilh 10, 13, 35, 104, 109, 323, 371 und Middelburg, DD Wilh 16–17, 125bis, 137–140, 279, 299, 303.

19) DD Wilh 1–4.

20) Zum Verhältnis zwischen Konrad von Hochstaden und der Stadt Neuss vgl. WISPLINGHOFF, Geschichte der Stadt Neuss S. 71–74.

21) DD Wilh 5–8. Zur wirtschaftlichen und militärischen Bedeutung Kaiserswerths in der Mitte des 13. Jh. vgl. LORENZ, Kaiserswerth im Mittelalter S. 74–99.

22) D Wilh 18, 1248 März 25, ’s-Gravenzande.

23) Reg. Imp. V,2 7946; vgl. auch GATZ / BRODKORB, Art. Heinrich von Tanne S. 289 f. Zur Geschichte der Zisterze Kappel vgl. auch BLESS-GRABHER, Kappel S. 246–262, ebd. S. 246 Erwähnung der Urkunde Wilhelms, aber keine näheren Angaben über das Verhältnis des Klosters zum Reichsoberhaupt; BÖHMER/NIEDERHÄUSER, Zwischen klösterlichem Ideal und adligen Bedürfnissen S. 3 f., gehen zwar auf die Gründungsfamilie der Freiherren von Eschenbach-Schnabelburg ein, streifen die Ereignisse des 13. Jh. aber nur; die Urkunde Wilhelms bleibt unerwähnt.

zogen. Bis auf wenige Ausnahmen wurden in oder vor den genannten Orten auch die königlichen Diplome ausgestellt[24].

Im Januar 1249 verlagerte sich der Fokus von Wilhelms Interesse in die Rhein-Main-Gegend[25]. Bis Oktober 1249 war der König hier mehrfach in militärische Auseinandersetzungen mit seinen Gegnern verwickelt, die aus unterschiedlichen Gründen einen staufischen Herrscher bevorzugten[26]. Für die Durchsetzung von Wilhelms Regierung war es von vitalem Interesse, die ober- und mittelrheinischen Gebiete in die Hand zu bekommen, handelte es sich doch hierbei um den „Leistungskernraum für das Königtum", „das Reich schlechthin"[27]. Es fällt auf, dass er in dieser Phase relativ selten für Empfänger vor Ort urkundet. Von den insgesamt 24 überlieferten Stücken richten sich nur vier an Personen oder Institutionen aus der mehr oder weniger unmittelbaren Umgebung. Wildgraf Emich erhielt eine Eventualbelehnung von Wilhelm[28], Graf Diether von Katzenelnbogen wurden 700 Mark für geleistete und künftige Unterstützung gewährt[29]. Die Abtei Eberbach befreite Wilhelm während seines Aufenthalts im Kloster von den Reichszöllen am Rhein[30], und für die Zisterzienserinnen in Thron ließ er eine Urkunde ausfertigen, in der er sie von Abgaben befreite und ihren Besitz bestätigte[31]. Andere Diplome waren für Männer aus dem Umfeld des Königs bestimmt[32] oder richteten sich an weit entfernte Empfänger wie Opizzo, Alberto, Niccolò und Tedisio Fieschi, Grafen von Lavagna[33]. Auch wurden wichtige Weichenstellungen für den weiteren Ausgriff ins Reich vorgenommen[34]. Man gewinnt jedoch anhand der Urkunden vorerst den Eindruck,

24) DD Wilh 23–31, 33–34, 38, 40, 45–51, 52–58, 60–67, 69; vgl. HINTZE, Königtum Wilhelms S. 20–25.

25) Andernach, D Wilh 76; Mainz, DD Wilh 77, 87–89, 93–95; Ingelheim (*in castris*), DD Wilh 78–83; Eberbach, D Wilh 85; Nassau, D Wilh 90; Koblenz, DD Wilh 91, 96, 98–99; Trechtingshausen (*in castris*), D Wilh 97.

26) HINTZE, Königtum Wilhelms S. 29–34; für die Parteinahme in der Auseinandersetzung um das Königtum waren oftmals lokale und familiäre Interessen ausschlaggebend, vgl. etwa das Beispiel der Familie Bolanden bzw. Falkenstein, siehe unten S. 107–109.

27) SCHUBERT, König und Reich S. 70 f.

28) D Wilh 80, 1249 Febr. 25, Ingelheim *in castris*.

29) D Wilh 83, 1249 März 13, Ingelheim *in castris*.

30) D Wilh 85, 1249 April 3, Eberbach.

31) D Wilh 90, 1249 Mai 9, Nassau.

32) D Wilh 76 für Heinrich Buffel, DD Wilh 87–89 für Graf Johann von Avesnes bzw. dessen Frau Adelheid, die Schwester Wilhelms.

33) D Wilh 96, 1249 Sept. 4, Koblenz; vgl. D Wilh 98.

34) Erkennbar in der Anwesenheit Graf Hermanns von Henneberg bereits 1249 April 27 in Mainz, D Wilh 88, und dessen Verheiratung mit Margarete, der Schwester Wilhelms, 1249 Juli 4 in Mainz, D Wilh 93.

dass die Fernwirkung von Wilhelms Königtum in diesen Monaten stärker ist als seine Akzeptanz vor Ort.

Den Winter 1249/50 verbrachte der König in Holland[35], von wo aus er im Mai nach Brüssel reiste. Dort fanden Verhandlungen mit Gräfin Margarete von Flandern statt, in denen die leidige Frage nach dem lehnrechtlichen Status Zeelands geklärt werden sollte[36]. Der Sommer und Herbst 1250 vergingen zum größten Teil mit kriegerischen Handlungen am Rhein. Boppard[37], Oppenheim[38] und Bechtolsheim[39] wurden mit wechselndem Erfolg belagert[40]. Im Oktober zog das Heer nach Gelnhausen[41], Ende 1250 kehrte Wilhelm schließlich wieder in den Nordwesten zurück, zunächst zu seinem Schwager Johann von Avesnes nach Mons im Hennegau[42], und dann wiederum nach Zeeland und Holland[43].

Im Frühjahr 1251 begab sich Wilhelm zu Papst Innozenz IV. nach Lyon. Allzu lang dauerte der Besuch nicht, am 17. März 1251 weilte der König noch in Utrecht[44], am 16. und 17. April urkundete er in Lyon[45], und bereits am 22. April hielt er sich in Salins bei Graf Johann von Chalon auf[46]. Immerhin verbrachte Wilhelm Ostern mit dem Papst, der von ihm Urkunden für seinen Bruder Niccolò Fieschi, den Grafen von Lavagna[47], und für die Stadt Perugia[48] erbat. Welche Absprachen zwischen König und Papst bei diesem Aufenthalt über das weitere Vorgehen im Reich und vielleicht sogar in Vorbereitung der Kaiserkrönung Wilhelms getroffen wurden, ist nicht überliefert[49].

---

35) DD Wilh 101–110.

36) DD Wilh 117–124; vgl. HINTZE, Königtum Wilhelms S. 102–105, und unten S. 230–234.

37) DD Wilh 127–128, 1250 Juni 24 – Juli 1.

38) DD Wilh 129–130, 1250 Juli 21.

39) D Wilh 131, 1250 Juli 27.

40) HINTZE, Königtum Wilhelms S. 39–41.

41) D Wilh 134, 1250 Okt. 2; zu den Kampfhandlungen in dieser Gegend vgl. ausführlich DEMANDT, Der Endkampf S. 151–156.

42) D Wilh 136, 1250 Nov. 27; zur Verwandtschaft zwischen Wilhelm und Johann von Avesnes siehe die Stammtafel S. 380.

43) DD Wilh 137–141.

44) D Wilh 142.

45) DD Wilh 143–145.

46) D Wilh 146.

47) D Wilh 143.

48) DD Wilh 144–145. Weiteres über den Besuch bei HINTZE, Königtum Wilhelms S. 43–45.

49) HINTZE, Königtum Wilhelms S. 43 f.

Von größerem Interesse ist an dieser Stelle der Kontakt mit Johann von Chalon, der durch die Salzgewinnung über große Einnahmen verfügte und dessen Sohn Hugo aufgrund seiner Ehe mit Adelheid, einer Schwester Herzog Ottos VIII. von Andechs-Meranien, nach dem Aussterben dieser Familie die Pfalzgrafschaft Burgund erhalten hatte[50]. Der König verpfändete Johann während seines Aufenthalts für 10 000 Mark Silber verschiedene Reichsrechte in Besançon und Lausanne[51], der Graf erhielt außerdem die Erlaubnis, in Salins Pfennige von verändertem Wert und Gewicht zu schlagen[52]. Neben diesen finanziellen Vereinbarungen wollte sich Johann von Chalon die Unterstützung Wilhelms in den Auseinandersetzungen um die Pfalzgrafschaft sichern, die ihm schließlich im Sommer 1255 urkundlich gewährt wurde[53]. In der Zusammenarbeit der beiden zeigt sich, dass der König die Reichsrechte in Burgund wahrnahm und dass seine Zustimmung zumindest formal Gewicht besaß, wenn es um strittige Herrschaftsfragen ging – er fungierte als Legitimationsspender[54].

Nach einer kurzen Station in Straßburg im Mai und Juni 1251[55] wandte sich Wilhelm zunächst nach Neuss und Köln[56] und dann wieder dem Schauplatz der militärischen Ereignisse zu. Boppard wurde erneut belagert und diesmal eingenommen[57], ebenso Pleizenhausen im Hunsrück und Erbenheim bei Frankfurt[58]. Über Weihnachten war der König in Köln und versammelte dort ganz offensichtlich diejenigen um sich, die ihn nach Braunschweig zu seiner Eheschließung mit Elisabeth, der Tochter Herzog Ottos, begleiten sollten[59]. Eine ausführliche Würdigung dieser Reise Wilhelms in den Osten muss an späterer Stelle erfolgen. Hier sollen lediglich

---

50) SCHÜTZ, Das Geschlecht der Andechs-Meranier S. 102.

51) D Wilh 147.

52) D Wilh 146.

53) DD Wilh 377–380, 1255 Juli 21–27, Aalbertsberg.

54) Johann versuchte, seine Nachkommen aus der zweiten Ehe mit Isabelle von Courtenay in Burgund in Stellung zu bringen und überwarf sich deshalb mit seinem Sohn aus erster Ehe, Hugo, vgl. RICHARD, Art. Chalon Sp. 1659.

55) DD Wilh 148–149, 1251 Mai 12 bzw. Juni 3.

56) DD Wilh 150–152, 1251 Juni 17 bzw. Juni 19 bzw. Juni 20.

57) DEMANDT, Der Endkampf S. 158 f., bezeichnet die Eroberung Boppards als das „Menetekel“, das Konrad IV. dazu veranlasste, nach Italien zu ziehen.

58) DD Wilh 156–160, 1251 Aug. 21, Pleizenhausen *in castris*; DD Wilh 161–162, 1251 Aug. 27–28, Boppard *in castris*; D Wilh 164, 1251 Nov. 6, Erbenheim *in castris*.

59) D Wilh 166, 1251 Dez. 1251, für den Erzbischof Heinrich von Embrun, der in Braunschweig am Palmsonntag 1252 den neuen Mainzer Erzbischof Gerhard von Dhaun weihte, Annales Erphordenses S. 111 Z. 1–4. In der Zeugenliste findet sich etwa Propst Eberhard von Hünfeld, der ebenfalls in Braunschweig nachzuweisen ist, unten S. 86 f.

die Stationen kurz genannt werden: zunächst das unter dem Schutz des Kölners stehende Helmarshausen[60], dann der lange Aufenthalt in Braunschweig mit den Hochzeitsfeierlichkeiten, der Annäherung an die Askanier und andere Große dieser Region und der Nachwahl in der Karwoche[61]. Im April brach der königliche Tross zu einer Rundtour auf und besuchte dabei nach Ausweis der Urkunden Goslar[62], Halle[63] und Wolmirstedt[64], bevor er wieder in Braunschweig eintraf[65]. Allein die Aufzählung der Orte verweist auf die Symbolkraft und das integrative Potential dieser Reise – in Goslar demonstrierte Wilhelm seinen Anspruch auf das Reich, Halle besuchte er als Gast des erst seit kurzem zu seinen Unterstützern gehörenden Magdeburger Erzbischofs[66]. Von Halle aus erfolgte der nur chronikalisch überlieferte kurze Abstecher nach Merseburg, wo sich Markgraf Heinrich der Erlauchte von Meißen dem König anschloss[67]. Wolmirstedt gehörte zum Einflussbereich der askanischen Markgrafen von Brandenburg, mit denen der König ebenfalls in Braunschweig zu einem Ausgleich gekommen war[68].

Für wenige Wochen hielt sich Wilhelm danach in Brabant und Utrecht[69] auf, um dann wieder in der Mittelrheingegend aktiv zu werden. Bei Frankfurt hielt er einen Hoftag ab und urkundete hauptsächlich für seinen Schwager Johann von Avesnes und dessen Forderungen gegenüber Margarete von Flandern[70]. Der restliche Sommer war wieder Kriegshandlungen gewidmet, diesmal in Lorchhausen[71] und Kaub[72] am Rhein. Im Herbst wurde kurz

60) D Wilh 169, 1252 [nicht 1251!] Jan. 23; zum Verhältnis zu Köln vgl. KÖBLER, Historisches Lexikon der deutschen Länder S. 265.

61) DD Wilh 171–183, 185, 1252 Jan. 26–April 3; einen Überblick über die Ereignisse dieser Zeit bei HINTZE, Königtum Wilhelms S. 47–49.

62) D Wilh 186, 1252 April 6.

63) DD Wilh 187–188, 1252 April 7–16; von hier aus der Ausgriff nach Merseburg in der Woche *post albas*, also zwischen dem 8. und dem 13. April, Annales Erphordenses S. 111 Z. 23–27.

64) D Wilh 189, 1252 April 20.

65) D Wilh 190, 1252 April 24.

66) Zu Halle als Besitz des Magdeburger Erzbischofs und der Problematik der Ortsbezeichnung Halle bzw. Giebichenstein vgl. FREITAG, Halle 806 bis 1806 S. 20–26.

67) Siehe unten S. 309–313.

68) SCHWINEKÖPER, Art. Wolmirstedt S. 515.

69) DD Wilh 198–211, 1252 Mai 22, Maastricht; DD Wilh 213–216, 1252 Juni 11–12, Antwerpen; DD Wilh 217–220, Juni 17–18, Utrecht; vgl. HINTZE, Königtum Wilhelms S. 57 f.

70) DD Wilh 227–228, 231, 1252 Juli 11 bzw. 12.

71) DD Wilh 237–238, 1252 Juli 21–23.

72) DD Wilh 239–241, 1252 Aug. 4–31.

Frankfurt belagert[73], und noch bevor der Winter einbrach, machte sich Wilhelm wieder auf den Weg in Richtung Osten, diesmal von Mainz aus[74] zunächst nach Stadtlengsfeld[75] und weiter nach Eisenach[76]. Auch wenn der kurze Besuch des Königs in der thüringisch-landgräflichen Stadt keine tiefergehenden Spuren hinterlassen hat, so weist doch dieser Aufenthaltsort zurück auf die Ereigniss in Merseburg im vorherigen Frühjahr – erst die Unterwerfung Markgraf Heinrichs, der zugleich die Landgrafschaft Thüringen verwaltete, ermöglichte, dass Wilhelm in Eisenach Station machte[77]. Weihnachten 1252 verbrachte der König mit seinem Gefolge im Harzraum[78] und blieb dann bis Februar bei den Verwandten seiner Frau in Braunschweig bzw. Lüneburg[79].

Den größten Teil des Jahres 1253 und die erste Jahreshälfte 1254 führte Wilhelm Krieg mit Flandern um die Anerkennung der Ansprüche seines Schwagers Johann von Avesnes auf das Erbe Gräfin Margaretes und zur Durchsetzung seiner eigenen territorialen Bestrebungen in Zeeland bewesten Schelde[80]. Von Anfang April 1253 bis Dezember 1254 hielt er sich in Holland, Zeeland und Brabant auf, unterbrochen nur durch zwei Besuche in Nimwegen Ende März und Anfang Juni 1254[81]. Doch obwohl die Anwesenheit des Königs im Nordwesten erforderlich war, waren die meisten Urkunden dieser Monate an Empfänger außerhalb der Region gerichtet. Das Verhältnis hatte sich nahezu umgekehrt: Hatte Wilhelm im Winter 1247/48 noch hauptsächlich seine Landsleute begünstigt, ist nun ein ausgedehntes

73) DD Wilh 246–274, 1252 Okt. 5–10; vgl. auch HINTZE, Königtum Wilhelms S. 58–62; DEMANDT, Der Endkampf S. 160 f.

74) DD Wilh 251–252, 1252 Nov. 21–27.

75) D Wilh 253, 1252 Dez. 11.

76) D Wilh 254, 1252 Dez. 13.

77) Dazu siehe ausführlich unten S. 285.

78) D Wilh 255, 1252 Dez. 19, Osterode; D Wilh 258, 1253 Jan. 7, Goslar; Die beiden dazwischen liegenden Urkunden DD Wilh 256–257 wurden vermutlich am 27. Dez. 1252 in *Pilrinburch* bzw. *Peregrimburg* ausgestellt; laut STAAB, Fulda S. 570 f., handelt es sich hierbei um Pilgerzell bei Fulda. Er argumentiert, dass der König von Eisenach aus nach Fulda kam, zusammen mit dem fuldischen Abt – ein königlicher Aufenthalt in Fulda wird in verschiedenen erzählenden Quellen erwähnt, vgl. ebd., allerdings ohne genaue Datierung. Am 7. Jan. hätte Wilhelm dann in Goslar sein können. Doch die recht sicher auf den 19. Dez. zu datierende Urkunde in Osterode lässt eine solche Rekonstruktion des Reisewegs nicht zu; Reg. Imp. V,1 5137 vermutet hinter der rätselhaften Ortsangabe einen Hüttenort Pilgrim bzw. den Pilgrimberg bei Stadtoldendorf.

79) DD Wilh 259–269, 1253 Jan. 13 – Febr. 15; vgl. HINTZE, Königtum Wilhelms S. 63.

80) HINTZE, Königtum Wilhelms S. 117–133; siehe unten S. 258–267.

81) DD Wilh 306, 311.

Netz von Beziehungen zu erkennen, das sich weit in den Süden und Osten des Reiches erstreckte[82].

Spätestens im Januar 1255 reiste Wilhelm über Kaiserswerth den Rhein entlang nach Süden zu einem Hoftag nach Worms, auf dem in den ersten Februartagen dieses Jahres die Kontaktaufnahme mit dem Rheinischen Bund stattfand[83]. Und noch weiter rheinaufwärts begab sich der König nach Speyer[84] und nach Hagenau, wo er als Schutzherr des Bundes urkundete[85]. Durch die Annäherung an das Landfriedensbündnis, oder vielmehr dessen Vereinnahmung durch den Herrscher, der seinen Justitiar Adolf von Waldeck als Verbindungsmann installieren konnte, gewann Wilhelm Zugang zu einer Organisationsstruktur, die den Anspruch erhob, das Reich zu repräsentieren[86].

Von April bis Oktober 1255 beschäftigten den König einmal mehr die Angelegenheiten in den Niederlanden: Im Mai befand er sich in hochrangiger Gesellschaft – Herzog Heinrichs III. von Brabant und der Bischöfe Nicolas von Cambrai und Heinrich von Lüttich – in Antwerpen[87], vielleicht zu erneuten Verhandlungen mit Margarete von Flandern[88]. Danach verbrachte er die meiste Zeit in Holland und errang einige militärische Erfolge gegen die aufständischen Westfriesen[89]. Wieder zeigt der Blick auf die Empfänger der königlichen Diplome den mittlerweile annähernd das gesamte Reich umspannenden Einfluss Wilhelms[90].

Über Zülpich und Wesel kehrte der König im Herbst 1255 an den Mittelrhein zurück, urkundete im November vor allem in Mainz und

82) Etwa nach Konstanz, D Wilh 317, 1254 Juli 30, Leiden, oder zur Äbtissin von Quedlinburg, D Wilh 329, 1254 Nov. 2, Egmond.

83) DD Wilh 337–339, 1255 Febr. 2–9. D Wilh 338 nennt umständlich die Boten des Rheinischen Bundes als Anwesende: *presentibus* […] *sollempnibus nuntiis omnium civitatum pacis federe coniunctarum de Basilea inferius et pacem coummuniter generalem iurantibus*.

84) DD Wilh 341–348, 1255 Febr. 13–25.

85) D Wilh 352, 1255 März 10; vgl. HINTZE, Königtum Wilhelms S. 178–182.

86) Zum Verhältnis Wilhelms zum Rheinischen Bund GARNIER, Amicus amicis S. 53 f.; ANGERMEIER, Königtum und Landfriede S. 46 f.; die Mitglieder des Bundes bei VOLTMER, Chronologisches Mitgliederverzeichnis S. 14–19.

87) D Wilh 374, 1255 Mai 27.

88) So HINTZE, Königtum Wilhelms S. 211.

89) Darauf lässt ein Schreiben Papst Alexanders IV. vom 20. Sept. 1255 schließen, in dem er Wilhelm zu bestimmten Bedingungen die Erhebung des Zehnten gestattet: *homines de partibus Frisie, quos diu contumaces habueras et rebelles, se ut tenentur tuo dominio submittentes*, Epp. saec. XIII 3 S. 371 Z. 19–21; vgl. Reg. Imp. V,2 9016.

90) Auffallend etwa sein erneutes Engagement für Graf Johann von Chalon, DD Wilh 377–380, 1255 Juli 21–27, Aalbertsberg.

Oppenheim. Am 10. November verkündete er im Kontext des Rheinischen Bundes einen allgemeinen Landfrieden, dessen Arenga die Ruhe und den Frieden preist, die sich seit dem Herrschaftsantritt Wilhelms im Reich ausbreiteten[91]. Nur wenige Wochen später, im Januar 1256, unternahm er einen Winterfeldzug nach Friesland. Bei Kampfhandlungen brach der König mit seinem Pferd im Eis ein und wurde von seinen Feinden getötet[92].

In der Zusammenschau lässt das Itinerar erkennen, dass Wilhelm trotz seiner Verbundenheit mit seiner Herkunftsregion von Anfang an und über die gesamte Dauer seines Königtums hinweg beständig bemüht war, den Kontakt in alle Teile des nordalpinen Reiches und darüber hinaus zur päpstlichen Kurie aufrecht zu erhalten. Die meiste Zeit bewegte sich der König am Rhein entlang, ein Umstand, der schon aufgrund der Bedeutung des Flusses als Verkehrsader nicht verwunderlich ist[93]. Die Rhein-Main-Gegend bildete den Brennpunkt der Herrschaft Wilhelms, sowohl aufgrund der vor allem dort stattfindenden militärischen Auseinandersetzungen als auch als Sitz seiner bedeutenden fürstlichen Unterstützer, des Kölner und Mainzer Erzbischofes sowie des Bischofs von Speyer.

Umso interessanter sind die Phasen, in denen Wilhelm sich vom Rhein weg bewegte, wie etwa die Reise nach Lyon und zu Graf Johann von Chalon oder die beiden Ausgriffe in den Osten des Reiches nach Braunschweig und Thüringen. Gerade bei letzteren Gelegenheiten wurde die königliche Präsenz auch durch die Wahl der Aufenthaltsorte demonstriert, in Goslar, Halle, Wolmirstedt und Eisenach. Sicherlich spielten bei der Planung des Reiseweges praktische Erwägungen eine wichtige Rolle; dennoch entsteht der Eindruck, dass bewusst Städte neuer Bundesgenossen aufgesucht wurden zur Stärkung der Verbindung, vielleicht sogar als Andeutung eines Herrschaftsanspruches. In den wenigen Jahren seines Königtums war Wilhelm vergleichsweise erfolgreich bei der Erfassung des Reiches auf seinen

---

91) *Gratias agimus domino deo nostro, gratiarum omnium largitor, pro eo, quod* […] *tranquillitatem et pacem, que iam dudum exilium passa est, largiflua sue pietatis gratia per ministerium et labores humilium maxime hiis diebus, quibus Romani regni gubernacula feliciter obtinemus, miraculose et potenter induxit et contulit toti mundo ad laudem et gloriam sui nominis ac salutem et commodum totius populi christiani*, D Wilh 398 S. 465 Z. 2–9.

92) Eine Erläuterung der Hintergründe dieser Ermordung, die holländisch-friesischen Auseinandersetzungen des 12. und 13. Jh., liefert APPELMANS, Rooms-Koning Willem II S. 143–157. Ausführlichere zeitgenössische Berichte bei Menko von Wittewierum, Kroniek S. 390 Z. 16–392 Z. 2; Matthaeus Parisienis, Chronica Majora 5 S. 549–551; vgl. HINTZE, Königtum Wilhelms S. 213 f.

93) Zu den Wasserwegen im Mittelalter und dem Forschungsfeld der Binnenschifffahrtsgeschichte vgl. BÜTOW, Straßen im Fluss S. 23–39.

Reisen[94]. Doch erst in Kombination mit den Personengruppen, die er erreichte, lässt sich ein vollständigeres Bild von der Akzeptanz seiner Herrschaft gewinnen.

Itinerar König Wilhelms, 1247–1256

| Datum | Ort | |
|---|---|---|
| 1247 Okt. 8–10 | Neuss | DD Wilh 1–4 |
| 1247 Dez. 21–1248 Jan. 26 | Kaiserswerth (*in castris*) | DD Wilh 5–8 |
| 1248 Febr. 6 | Löwen | D Wilh 9 |
| 1248 Febr. 20 | Zierikzee | D Wilh 10 |
| 1248 März 1 | Rijnsburg | D Wilh 11 |
| 1248 März 5 | Zierikzee | D Wilh 13 |
| 1248 (vor März 25) | Middelburg | DD Wilh 16–17 |
| 1248 März 25 | ’s-Gravenzande | D Wilh 18 |
| 1248 März 26 | ’s-Gravenhage | D Wilh 19 |
| 1248 April 3–13 | Utrecht | DD Wilh 20–21 |
| 1248 April 20 – Mai 1 | Kaiserswerth (*in castris*) | DD Wilh 23–31 |
| 1248 Mai 4 | Herzogenrath | D Wilh 32 |
| 1248 Mai 7 – Juni 15 | Aachen (*in obsidione, in castris*) | DD Wilh 33–34 |
| 1248 Juni | Duvenee, Zierikzee | D Wilh 35 |
| 1248 Juli 8–13 | Brügge | D Wilh 36 |
| 1248 Aug. 18 – Sept. 3 | Aachen (*in castris*) | DD Wilh 38–40 |
| 1248 Okt. 18 – Nov. 5 | Aachen | DD Wilh 45–51 |
| 1248 Nov. 10 – Dez. 11 | Kaiserswerth (*in castris*) | DD Wilh 52–58, 60–65 |
| 1248 Dez. 14 – Dez. 23 | Kaiserswerth | DD Wilh 65$^{bis}$–67 |
| 1248 Dez. 26 | Nimwegen | D Wilh 68 |
| 1248 Dez. 30 | Kaiserswerth | D Wilh 69 |
| 1249 Jan. 7–9 | Köln | DD Wilh 71–75 |
| 1249 Jan. 16 | Andernach | D Wilh 76 |
| 1249 Febr. 4 | Mainz | D Wilh 77 |

94) Grundlegend zu den Erkenntnismöglichkeiten der Itinerarforschung OPLL, Herrschaft durch Präsenz S. 13 f., und speziell im Blick auf das Spätmittelalter vgl. SCHUBERT, König und Reich S. 66–68.

| | | |
|---|---|---|
| 1249 Febr. 19 – März 13 | Ingelheim (*in castris*) | DD Wilh 78–83 |
| 1249 April 3 | Eberbach | D Wilh 85 |
| 1249 April 27 | Mainz | DD Wilh 87–89 |
| 1249 Mai 9 | Nassau | D Wilh 90 |
| 1249 Juni 19 | Koblenz | D Wilh 91 |
| 1249 Juli 4 – 16 | Mainz | DD Wilh 93–95 |
| 1249 Sept. 4 | Koblenz | D Wilh 96 |
| 1249 Sept. 20 | Trechtingshausen (*in castris*) | D Wilh 97 |
| 1249 Okt. 2 | Koblenz | DD Wilh 98–99 |
| 1249 Dez. 5 | Kaiserswerth | D Wilh 100 |
| 1249 Dez. 31 | ’s-Gravenzande | DD Wilh 101–103 |
| 1250 Jan. | Middelburg | D Wilh 443 |
| 1250 Febr. 2 | Zierikzee | D Wilh 104 |
| 1250 Febr. 17 | Dordrecht | D Wilh 106 |
| 1250 März 15 | Antwerpen | D Wilh 107–108 |
| 1250 März 31 | Zierikzee | D Wilh 109 |
| 1250 April 27 | Diest | D Wilh 110 |
| 1250 Mai 4 | Lüttich | D Wilh 112 |
| 1250 Mai 9–19 | Brüssel | DD Wilh 113–125 |
| 1250 Mai 28 | Middelburg | D Wilh $125^{bis}$ |
| 1250 Juni 9 | Aachen | D Wilh 126 |
| 1250 Juni 24 – Juli 1 | Boppard (*in castris*) | DD Wilh 127–128 |
| 1250 Juli 21 | Oppenheim (*in castris*) | DD Wilh 129–130 |
| 1250 Juli 27 | Bechtolsheim (*in castris*) | D Wilh 131 |
| 1250 Aug. 3–5 | Mainz | DD Wilh 132–133 |
| 1250 Okt. 2 | Gelnhausen (*in castris*) | D Wilh 134 |
| 1250 Okt. 31 | Aachen | D Wilh 135 |
| 1250 Nov. 27 | Mons | D Wilh 136 |
| 1251 Jan. 16 – Febr. 20 | Middelburg | DD Wilh 137–140 |
| 1251 [März 16] | Arnheim | D Wilh 141[95] |
| 1251 März 17 | Utrecht | D Wilh 142 |
| 1251 April 16–17 | Lyon | DD Wilh 143–145 |
| 1251 April 22–23 | Salins-les-Bains | DD Wilh 146–147 |

95) Zur Datierungsproblematik vgl. den kritischen Apparat der Urkunde D Wilh 141 S. 188 Z. 19–25.

| | | |
|---|---|---|
| 1251 Mai 12 – Juni 3 | Straßburg | DD Wilh 148–149 |
| 1251 Juni 17–19 | Neuss | DD Wilh 150–151 |
| 1251 Juni 20 | Köln | D Wilh 152 |
| 1251 Juni 24 | Ehrenbreitstein | D Wilh 153 |
| 1251 Juli 21 | Bingen | D Wilh 154 |
| 1251 Juli 31 | Ehrenbreitstein | D Wilh 155 |
| 1251 Aug. 21 | Pleizenhausen (*in castris*) | DD Wilh 156–160 |
| 1251 Aug. 27–28 | Boppard (*in castris*) | DD Wilh 161–162 |
| 1251 Nov. 6 | Erbenheim (*in castris*) | D Wilh 164 |
| 1251 Nov. 15 | Scharfenstein | D Wilh 165 |
| 1251 Dez. 15–1252 Jan. 9 | Köln | DD Wilh 166–167 |
| 1252 Jan. 23 | Helmarshausen | D Wilh 169 |
| 1252 Jan. 26 – April 3 | Braunschweig | DD Wilh 171–183, 185 |
| 1252 April 6 | Goslar | D Wilh 186 |
| 1252 April 7–16 | Halle | DD Wilh 187–188 |
| 1252 April 20 | Wolmirstedt | D Wilh 189 |
| 1252 April 24 – Mai 2 | Braunschweig | DD Wilh 190–195 |
| 1252 Mai 7 | Gandersheim | D Wilh 196 |
| 1252 Mai 9 | Waldeck | D Wilh 197 |
| 1252 Mai 22 | Maastricht | DD Wilh 198–211 |
| 1252 Juni 11–12 | Antwerpen | D Wilh 213–216 |
| 1252 Juni 17–18 | Utrecht | DD Wilh 217–220 |
| 1252 Juni 23 | Köln | DD Wilh 221, 444 |
| 1252 Juni 26 | Koblenz | DD Wilh 222–223 |
| 1252 Juli 1–3 | Mainz | DD Wilh 224–225 |
| 1252 Juli 11–13 | Frankfurt (*in castris*) | DD Wilh 227–234 |
| 1252 Juli 15 | Mainz | D Wilh 236 |
| 1252 Juli 21–23 | Lorchhausen (*in castris*) | DD Wilh 237–238 |
| 1252 Aug. 4–31 | Kaub (*in castris*) | DD Wilh 239–241 |
| 1252 Sept. 17 | Friedberg | D Wilh 242 |
| 1252 Sept. 20 | Nied | D Wilh 243 |
| 1252 Sept. 20 | Mainz | DD Wilh 244–245 |
| 1252 Okt. 5–10 | Frankfurt (*in castris*) | DD Wilh 246–247 |
| 1252 Okt. 25 – Nov. 2 | Köln | DD Wilh 248–250 |

| | | |
|---|---|---|
| 1252 Nov. 21–27 | Mainz | DD Wilh 251–252 |
| 1252 Dez. 11 | Stadtlengsfeld | D Wilh 253 |
| 1252 Dez. 13 | Eisenach | D Wilh 254 |
| 1252 Dez. 19 | Osterode | D Wilh 255 |
| 1253 Jan. 7 | Goslar | D Wilh 258 |
| 1253 Jan. 13–22 | Braunschweig | DD Wilh 259–262 |
| 1253 Jan. 27 – Febr. 3 | Lüneburg | DD Wilh 263–264 |
| 1253 Febr. 6 – Febr. 15 | Braunschweig | DD Wilh 265–269 |
| 1253 März 5–6 | Köln | DD Wilh 270–271 |
| 1253 März 9 | Kaiserswerth | D Wilh 272 |
| 1253 März 23 | Köln | D Wilh 273 |
| 1253 April 3 | Utrecht | D Wilh 274 |
| 1253 April 9 | Leiden | D Wilh 275 |
| 1253 April 26 | Antwerpen | D Wilh 276 |
| 1253 Mai 25 | Den Haag[96] | D Wilh 277 |
| 1253 Juni 17 | Middelburg | D Wilh 279 |
| 1253 Juni 22 | Den Haag | D Wilh 280 |
| 1253 Aug. 12–13 | Utrecht | DD Wilh 281–286 |
| 1253 Aug. 21–22 | Leiden | DD Wilh 288–290 |
| 1253 Sept. 21 | Aalbertsberg | D Wilh 291 |
| 1253 Nov. 11 | Neuss | D Wilh 445 |
| 1253 Nov. 18 | Leiden | D Wilh 292 |
| 1253 Dez. 16 | Renesse | D Wilh 293 |
| 1253 Dez. 26–1254 Jan. 8 | Antwerpen | DD Wilh 294–297 |
| 1254 Jan. 9 | Reimerswaal | D Wilh 298 |
| 1254 Febr. 7/9 | Middelburg | D Wilh 299 |
| 1254 Febr. 12–14 | Mechelen | DD Wilh 300–302 |
| 1254 Febr. 25 | Middelburg | D Wilh 303 |
| 1254 März 11 | Dordrecht | D Wilh 304 |
| 1254 März 17 | Den Haag | D Wilh 305 |
| 1254 März 27 | Nimwegen | D Wilh 306 |
| 1254 April 5 | Mechelen | D Wilh 307 |

96) […] *apud Hagam*, D Wilh 277 S. 330 Z. 24. Die MGH-Edition von Hägermann/Kruisheer wechselt zwischen Den Haag und 's-Gravenhage ab; bei der Zitation der Urkunden wird immer die Bezeichnung der Edition übernommen.

| | | |
|---|---|---|
| 1254 Mai 18–21 | Vronen (*in castris in depopulatione Westfrisie*) | DD Wilh 308–310 |
| 1254 Juni 1 | Nimwegen | D Wilh 311 |
| 1254 Juni 11 | Leiden | D Wilh 312 |
| 1254 Juni 19 | Strijpen (*in castris*) | D Wilh 313 |
| 1254 Juli 2 | Brüssel (*in castris*) | D Wilh 315 |
| 1254 Juli 26 | Le Quesnoy | D Wilh 316 |
| 1254 Juli 30 – Aug. 11 | Leiden | DD Wilh 317–321 |
| 1254 Sept. 12 | Den Haag | D Wilh 322 |
| 1254 Okt. 10 | Zierikzee | D Wilh 323 |
| 1254 Okt. 13–14 | Den Haag | DD Wilh 324–326 |
| 1254 Okt. 29 – Nov. 2 | Egmond | DD Wilh 327–330 |
| 1254 Nov. 4 | Aalbertsberg | D Wilh 331 |
| 1254 Dez. 22 | Arnheim | D Wilh 332 |
| 1255 Jan. 3–10 | Kaiserswerth | DD Wilh 333–334 |
| 1255 Jan. 31 | Mainz | DD Wilh 335–336 |
| 1255 Febr. 2–9 | Worms | DD Wilh 337–339 |
| 1255 Febr. 13–25 | Speyer | DD Wilh 341–348 |
| 1255 März 1–2 | Weißenburg | DD Wilh 349–350 |
| 1255 März 5–10 | Hagenau | DD Wilh 351–354 |
| 1255 März 12 | Speyer | D Wilh 355 |
| 1255 März (13/14) | Worms | D Wilh 357[97] |
| 1255 März 16 | Frankfurt | D Wilh 358 |
| 1255 März 18–20 | Gelnhausen | DD Wilh 360–361 |
| 1255 März 20 | Friedberg | D Wilh 362 |
| 1255 März 21 | Wetzlar | DD Wilh 363–364 |
| 1255 März 23 | Boppard | DD Wilh 365–368 |
| 1255 März 25 | Hammerstein | D Wilh 369 |
| 1255 März 27 | Köln | D Wilh 370 |
| 1255 April 29 | Zierikzee | D Wilh 371 |
| 1255 Mai 17 | Aalbertsberg | D Wilh 372 |
| 1255 Mai 23–27 | Antwerpen | DD Wilh 373–374 |
| 1255 Juni 21–27 | Aalbertsberg | DD Wilh 375–380 |
| 1255 Juli 27 | Egmond | D Wilh 381 |
| 1255 Aug. 28 | Dordrecht | D Wilh 382 |

97) Wahrscheinlichste Datierung auf den 13. oder 14. März, D Wilh 357 S. 425 Z. 14 f.

| | | |
|---|---|---|
| 1255 Sept. 10 | Kaiserswerth | D Wilh 384 |
| 1255 Sept. 22 | Egmond | DD Wilh 385–386 |
| 1255 Sept. 30 | Leiden | D Wilh 387 |
| 1255 Okt. 3 | Abtei Berne | D Wilh 388 |
| 1255 Okt. 11 | Leiden | D Wilh 389 |
| 1255 Okt. 26 | Zülpich | D Wilh 390 |
| 1255 Nov. 3 | Wesel | D Wilh 391 |
| 1255 Nov. 4 | Boppard | D Wilh 392 |
| 1255 Nov. 5–7 | Mainz | DD Wilh 393–396 |
| 1255 Nov. 9–10 | Oppenheim | DD Wilh 397–399 |
| 1255 Nov. 17 | Maastricht | D Wilh 400 |
| 1255 Dez. 13 | Köln | D Wilh 401 |

## 1.2 Urkundenempfänger

Angesichts von 404[98] erhaltenen Urkunden König Wilhelms und 25 mit einiger Sicherheit zu erschließenden Diplomen ist eine flächendeckende Untersuchung aller Empfänger und ihrer Verbindung zum Herrscher kaum zu leisten. Allein der tabellarische Überblick (ab S. 47) gewährt einen guten Eindruck davon, wen Wilhelms Herrschaft vor allem im römisch-deutschen Reich, aber auch in Italien und Burgund erreichte. Es ist anzunehmen, dass denjenigen Personen und Institutionen, die mehrfach die Gunst des Königs erlangen konnten, eine besondere Stellung zukam[99].

An der Spitze der Begünstigten steht mit insgesamt 15 Urkunden der Deutsche Orden, wobei hier sowohl der Orden als Ganzes als auch einzelne Niederlassungen berücksichtigt sind[100]. Indem Wilhelm den Ritterorden unterstützte, folgte er nicht nur einer Tradition seiner Vorgänger auf dem

98) 401 Diplomata in laufender Zählung mit den Dopplungen D Wilh 65$^{bis}$ und D Wilh 125bis, dazu nachgetragen D Wilh 112a; vgl. auch die Bemerkungen zum Urkundenbestand bei HÄGERMANN, Kanzleigeschichtliche Einleitung (MGH DD Wilh) S. XX–XXX.

99) Einen Gesamtüberblick bietet die Aufstellung unten ab S. 47; vgl. auch die Liste DD Wilh S. 529–533.

100) Deutscher Orden gesamt: DD Wilh 8, 64, 65, 86, 236, 244, 245, 248, 282, 295, 296; Deutscher Orden von Livland: D Wilh 167; Deutschordenshaus Koblenz: D Wilh 387; Deutschordenshaus Utrecht: D Wilh 397.

Königsthron[101], sondern auch dem Beispiel seines Vaters. So formuliert es jedenfalls das Diplom vom 26. Januar 1248: Nachdem bereits viele Kaiser dem Orden Freiheiten zugestanden hätten, wolle ihm nun auch Wilhelm, *vestigiis nobilis viri Florentii comitis Hollandie, genitoris nostri karissimi clare memorie, inherentes*, seinen besonderen Schutz zukommen lassen, und gesteht ihm Zollfreiheit für Waren eines bestimmten Werts in Ammers und Niemandsvriend zu[102]. Auch an den Zollpunkten in Kaiserswerth[103], Oppenheim, Wesel und Boppard[104] mussten die Brüder keine Abgaben leisten. Eine spezielle Zollbefreiung erhielt das Deutschordenshaus in Koblenz, das seinen Wein völlig unbehelligt rheinauf- und rheinabwärts transportieren durfte[105]. An verschiedenen Orten bestätigte der König Schenkungen an den Orden, in Mühlhausen etwa die Übertragung der Kirche Divi Blasii und des dazugehörigen Patronatsrechtes, die von König Heinrich (VII.) vorgenommen worden war[106]. In Ingelheim befreite er die Deutschordensritter von allen Abgaben[107], und in Utrecht gewährte er den Mitgliedern des Ordens die gleichen Freiheiten und den gleichen Schutz wie den Stadtbürgern[108].

In zwei gleichzeitig im Dezember 1248 bei Kaiserswerth ausgestellten Diplomen werden eine allgemeine Bestätigung aller Freiheiten, Rechte und Besitzungen des Ordens vorgenommen[109] sowie Schutz und Geleit gewährt[110]. In beiden ist der Komtur bzw. Deutschmeister Albert von Hallenberg als Petent genannt[111]. Aufgrund einer Urkunde vom 5. Januar 1250, in der Albert eine Mühle neben der Kirche St. Kilian in Mühlhausen über-

---

101) Auch unter Friedrich II. gehörte der Deutsche Orden zu den bevorzugten Urkundenempfängern, v. a. während dessen ersten Aufenthalts im Reich, vgl. HUMPERT, Statistische Auswertung S. 344–365, 445.

102) D Wilh 8, 1248 Jan. 26, Kaiserswerth; Zitat S. 35 Z. 30 f.; Erweiterung dieses Privilegs in D Wilh 248, 1252 Okt. 25, Köln.

103) D Wilh 282, 1253 Aug. 13, Utrecht.

104) D Wilh 295, 1253 Dez. 26, Antwerpen.

105) D Wilh 387, 1255 Sept. 30, Leiden; zu den mit den Zollfragen verbundenen Streitigkeiten mit dem Erzbischof von Trier siehe unten S. 141–143.

106) D Wilh 236, 1252 Juli 15, Mainz. Weitere Schenkungsbestätigungen D Wilh 86, 1249 April 16, Mainz (Burg Beuggen, übertragen durch Ulrich von Liebenberg); DD Wilh 244–245, 1252 Sept. 20, Mainz (Kirche in Eckenheim mit Patronatsrecht, auf Bitten Bruder Heinrichs); D Wilh 296, 1253 Dez. 26, Antwerpen (Schenkung des Ritters Friedrich von Kaiserswerth, Bruder Gernands d. J.).

107) D Wilh 307, 1254 April 5, Mechelen.

108) D Wilh 397, 1255 Nov. 9, Oppenheim.

109) D Wilh 64, 1248 Dez. 11, Kaiserswerth *in castris*.

110) D Wilh 65.

111) [...] *precibus fratris Alberti de Halleberg, commendatoris ipsorum, fidelis nostri et*

trug, ist seine Amtszeit etwas genauer zu bestimmen[112]. Er gehörte vermutlich der Familie der Herren von Hallenberg[113] an und stand somit in enger Beziehung zu den Grafen von Henneberg. Über die Henneberger wiederum lässt sich eine Verbindungslinie zu den ludowingischen Landgrafen von Thüringen knüpfen, da die beiden Familien verschwägert waren[114]. Albert von Hallenberg gehört also zu der Gruppe von Niederadligen und Ministerialen aus dem thüringischen Raum, die früh Karriere im Deutschen Orden machten[115]. Sein in den Urkunden festgehaltene Bitte an den König bereits im Dezember 1248 verweist somit nicht nur auf das gute Einvernehmen zwischen Herrscher und Deutschem Orden, sondern steht vielleicht für einen ersten Kontakt zu den östlich gelegenen Gebiete des Reiches und zum Umfeld der Henneberger, der sich nur etwas später konkretisieren und von größerer Bedeutung werden sollte[116]. Und nicht zuletzt könnten aus dieser personellen Verflechtung auch die späteren Begünstigungen des Ordens durch Wilhelm resultieren.

Am 22. Mai 1252 stellte der König in Maastricht 13 Urkunden aus, die entweder unmittelbar an Thomas von Savoyen gingen oder der Durchset-

---

*devoti*, D Wilh 64 S. 100 Z. 27 f.; [...] *fratrem Albertum commendatorem domus Teuthonice, dictum de Hallinberg*, D Wilh 65 S. 101 Z. 2 f.

112) UB Mühlhausen Nr. 107 S. 33 f.; vgl. DOBENECKER, Regesta 3 Nr. 1779 S. 284. VOIGT, Geschichte des deutschen Ritterordens 1 S. 647, kennt nur die Belege zu 1248; diesen kann außerdem noch eine Urkunde Alberts von 1248 [nach Nov. 11] hinzugefügt werden, in der er den Verkauf der Einkünfte des Ordens im Dorf *Smetze* – Wüstung bei Podelwitz n. Leipzig – bestätigte, DOBENECKER, Regesta 3 Nr. 1635 S. 263; zur Lokalisierung des Ortes ebd. Nr. 1634 S. 262 f.

113) Reginhald von Hallenberg, erwähnt 1228, vgl. DOBENECKER, Regesta 3 Nr. 27 S. 6; Reinhard von Hallenberg, erwähnt 1232 Mai 19, ebd. Nr. 265 S. 51; VOIGT, Geschichte des deutschen Ritterordens 1 S. 647, hält ihn allerdings für einen Westfalen, nach der Stadt Hallenberg. WOJTECKI, Studien zur Personengeschichte des Deutschen Ordens im 13. Jahrhundert S. 12 und S. 44 Anm. 229, sieht in Albert „von Hallburg" einen Franken aus einer Ministerialenfamilie der Grafen von Castell, bemerkt jedoch auch sein häufiges Auftreten in thüringischen und sächsischen Angelegenheiten.

114) Jutta, eine Schwester der beiden letzten Landgrafen Ludwig IV. und Heinrich Raspe, war mit Graf Poppo VII. von Henneberg verheiratet, vgl. die Stammtafel bei WERNER, Thüringen und die Thüringer S. 25.

115) WITTMANN, Netzwerke und Karrieren, hier v. a. S. 60–64 zu den Gründen für diese thüringische Besonderheit, die nicht nur der ludowingischen Förderung des Ordens zugeschrieben werden kann, sondern auch den spezifischen Beziehungen der anderen Adelsfamilien im Land.

116) Siehe unten S. 118 f.

zung von dessen Herrschaft dienen sollten[117]. Somit rangiert der Graf an zweiter Stelle nach dem Deutschen Orden in der Liste der Urkundenempfänger. Sein Verhältnis zu Wilhelm ist freilich nicht von großem Vertrauen und enger Zusammenarbeit geprägt: Während der Ritterorden konstant über die gesamte Regierungszeit hinweg im Austausch mit dem Herrscher stand, kann die Interaktion zwischen dem Savoyer und dem König nur anhand dieser einzigen Gelegenheit nachgewiesen werden, bei der dann allerdings eine umfassende Privilegierung des Grafen stattfand. In dieser Form (Ausstellung aller Diplome für einen Empfänger an nur einem Tag) ist dies außergewöhnlich, doch kann ein ähnlich punktueller Kontakt auch bei anderen Adressaten festgestellt werden, etwa bei dem Kloster Duissern und der Reichsstadt Duisburg[118] oder den Markgrafen von Brandenburg[119]. Die Klöster Egmond und Middelburg, Graf Otto von Geldern sowie etliche weitere Begünstigte suchten zu unterschiedlichen Zeitpunkten im Verlauf von Wilhelms Herrschaft dessen Nähe.

Einen Sonderfall in vielfacher Hinsicht stellt das Verhältnis Margaretes von Flandern zum König dar, das immerhin in zehn Urkunden zugunsten Margaretes Niederschlag findet[120]. Über die Hälfte der Dokumente datiert auf den 19. Mai 1250, als in Brüssel zwischen den beiden Parteien ein Vertrag über die Lehnsverhältnisse in Zeeland ausgehandelt worden war[121]. Danach erhielt die Gräfin keine Diplome mehr aus der Hand des Königs, was angesichts der militärischen Eskalation der Auseinandersetzung[122] nicht verwundert. Die Menge der Urkunden für Margarete, die sich aus der Aufstellung der Empfänger ablesen lässt, kann in diesem Fall also nicht als Indiz für eine besondere Nähe zu Wilhelm gedeutet werden, sondern weist im Gegenteil auf das dauerhafte Konfliktpotenzial in dieser Beziehung hin.

Überblickt man die gesamte Reihe der 176 verschiedenen Personen und Institutionen, an die sich Urkunden des Königs unmittelbar oder mittelbar richteten, so fällt zunächst die geographische Spannweite dieses Kreises ins

---

117) DD Wilh 198–210; zu Thomas von Savoyen, dem Ehemann der 1252 bereits verstorbenen Gräfin Johanna von Flandern, siehe auch HELLMANN, Grafen von Savoyen S. 141 f., ebd. S. 212–220 zu den oberitalienischen Auseinandersetzungen, in denen Thomas die Unterstützung des Königs suchte.

118) DD Wilh 24–26, 52–56 (Duissern), 24, 30, 32, 52–53 (Duisburg). Alle Urkunden werden entweder Ende April, Anfang Mai 1248 oder am 10. und 15. Nov. 1248 ausgestellt.

119) DD Wilh 179, 181, 182 (1252 März 25–27) und DD Wilh 267–269 (1253 Febr. 15).

120) DD Wilh 36, 37, 42, 43, 117–122.

121) DD Wilh 117–122.

122) Siehe unten S. 258–267.

Auge. Er umfasst die Städte Genua[123] und Turin[124] ebenso wie den Erzbischof von Besançon[125], Rimini[126] und den Bischof von Seckau[127], Kloster Lehnin[128], das Magdeburger Domkapitel[129] und den Bischof von Schwerin[130]. Etwa ein Drittel aller Diplome ging an Empfänger in Holland, Zeeland, Brabant und im Hennegau – kein unbeträchtlicher Anteil, der dennoch deutlich macht, dass die Hauptmasse der Schriftstücke, durch die Wilhelm seine Tätigkeit als Herrscher verrichtete, auf das Reich zielte, und eben auch auf eher abgelegene Regionen desselben. Der Urkundendichte im Nordwesten steht ein Vakuum in den wittelsbachischen Gebieten gegenüber, wie überhaupt eine sehr selektive Beschäftigung mit dem Südosten[131]. Aufgrund der fast bedingungslosen Staufertreue des bayerischen Herzogs Otto II. und seiner Söhne Ludwig II. und Heinrich XIII.[132] und der schwierigen Lage in Österreich nach dem Tod des letzten männlichen Babenbergers Friedrich II. 1246[133] ist dies nicht verwunderlich.

Empfänger, Begünstigte, Beteiligte der Urkunden Wilhelms[134]

15 Urkunden:
  Deutscher Orden (DD Wilh 8, 64, 65, 86, 167, 236, 244, 245, 248, 282, 295, 296, 307, 387, 397)

13 Urkunden:
  Thomas II., Graf von Savoyen (DD Wilh 198–210)

10 Urkunden:
  Margarete, Gräfin von Flandern (DD Wilh 36 [Vertrag], 37 [Vertrag], 42 [Vertrag], 43, 117 [Vertrag], 118, 119, 120, 121, 122)

123) D Wilh 419.

124) DD Wilh 199, 201.

125) DD Wilh 112, 276, 342, 343, 394–396.

126) DD Wilh 115, 280.

127) DD Wilh 150, 152.

128) D Wilh 184.

129) D Wilh 260.

130) D Wilh 226.

131) Als Ausnahme ist D Wilh 84 zu nennen, ausgefertigt zwischen März 1249 und Juni 1251, für den Salzburger Elekten Philipp und seinen Bruder Ulrich, Söhne Herzog Bernhards II. von Kärnten, vgl. den kritischen Apparat ebd. und unten S. 114–117.

132) SPINDLER/KRAUS, Auseinandersetzungen S. 41 f., 48–52; DIES., Grundzüge S. 76–83.

133) LECHNER, Babenberger S. 297–306.

134) Urkunden, die Anweisungen an Amtsträger in Holland, Zeeland und Friesland enthalten, wurden nicht berücksichtigt.

9 Urkunden:
- Middelburg, Prämonstratenserstift St. Marien (DD Wilh 6, 7, 16, 17, 105, 138, 140, 212, 278)

8 Urkunden:
- Duissern, Zisterzienserinnenkloster (DD Wilh 24, 25, 26, 52, 53, 54, 55, 56)
- Egmond, Benediktinerkloster (DD Wilh 57, 59, 139, 310, 328, 322, 356 [Brief], 385)
- Johann von Avesnes, Graf von Hennegau (DD Wilh 87, 88, 89, 227, 228, 229, 231, 302)

7 Urkunden:
- Besançon, Erzbischof, Erzbistum (DD Wilh 112, 276, 342, 343, 394, 395, 396)
- Heinrich Buffel (DD Wilh 23, 49, 70, 75, 76, 424, 432)
- Himmerod, Zisterzienserkloster (DD Wilh 72, 73, 74, 237, 238, 359, 435)
- Johann, Graf von Chalon-sur-Saône (DD Wilh 146, 147, 276, 377, 378, 379, 380)
- Otto II., Graf von Geldern (DD Wilh 1, 34, 62, 141, 311, 313, 446 [Konsens])

6 Urkunden:
- Brandenburg, Markgrafen, Mark (DD Wilh 179, 181, 182, 267, 268, 269)
- Braunschweig, Herzöge (DD Wilh 172, 176, 190, 196, 290, 293)

5 Urkunden:
- Duisburg (DD Wilh 24, 30, 32, 52, 53)
- Hermann I., Graf von Henneberg (DD Wilh 93, 188, 189, 234, 261)
- Sint-Truiden, Benediktinerkloster (DD Wilh 107, 125, 126, 249, 250)
- Speyer, Bischof, Elekt, Kirche (DD Wilh 178, 195, 252, 359, 368)

1–4 Urkunden:
- Aachen:
  - Marienstift (D Wilh 82)
  - Stadt, Bürger (DD Wilh 45, 116)
- Aalburg (D Wilh 108)
- Adelheid von Rijswijk (D Wilh 103)
- Adelheid von Holland, Schwester Wilhelms (D Wilh 87)
- Adolf, Graf von Waldeck (DD Wilh 363, 364, 367)
- Adolf von Blankenheim (DD Wilh 383, 384)
- Affligem, Benediktinerabtei (D Wilh 113)
- Alberico da Romano (DD Wilh 134, 333)
- Albert von Hallenberg, Deutschordenskomtur (DD Wilh 64, 65)
- Albrecht, Herzog von Sachsen(-Wittenberg) (DD Wilh 267, 308)
- Alkmaar (D Wilh 312)

Allard von Duvenee (D Wilh 429)
Altenberg, Prämonstratenserinnenstift (D Wilh 347)
Altenberg, Zisterzienserkloster (DD Wilh 251, 420)
Altenkamp, Zisterzienserkloster (D Wilh 151)
Anhalt:
    Bernhard I., Fürst (D Wilh 187)
    Heinrich II., Fürst (DD Wilh 187, 287)
Arnold Kints (D Wilh 442)
Arnold von Duivenvoorde (D Wilh 60)
Arnold von Heemskerk, Burggraf von Torenburg (D Wilh 322)
Arnsburg, Zisterzienserkloster (D Wilh 242)
Aulne-sur-Sambre, Zisterzienserkloster (D Wilh 110)
Battant, Zisterzienserinnenkloster (D Wilh 180)
Bebenhausen, Zisterzienserkloster (D Wilh 369)
Bedburg, Prämonstratenserstift (D Wilh 388)
Berg:
    Adolf IV., Graf von Berg (D Wilh 28)
    Grafschaft (D Wilh 27)
Bern (D Wilh 330)
Berne, Prämonstratenserstift (D Wilh 20)
Berthold, Bischof von Passau (D Wilh 128)
Berthold von Non (D Wilh 207)
Bertram von Hoym (D Wilh 187)
Betlehem, Zisterzienserinnenkloster (D Wilh 13)
Bredelar, Zisterzienserkloster (D Wilh 197)
Bremen (DD Wilh 163, 216)
Cambrai, Kirche (DD Wilh 33)
Canavese (D Wilh 200)
Casaloldo (D Wilh 374)
Colmar (D Wilh 354)
Deutscher Orden von Livland (D Wilh 167)
Deventer, St. Marienstift (D Wilh 218)
Dieric Brecaes (D Wilh 431)
Diether V., Graf von Katzenelnbogen (D Wilh 83)
Dietrich, Graf von Isenburg (D Wilh 191)
Dietrich IV./VI., Graf von Kleve (DD Wilh 351, 445 [Konsens])
Dietrich von Bartenhausen (D Wilh 170)
Dietrich von Daun (D Wilh 384)
Dinant, Bürger (D Wilh 382)
Dordrecht:
    Franziskanerkloster (D Wilh 10)

Stadt, Bürger (DD Wilh 106, 173)
Dortmund:
Prämonstratenserinnenkloster St. Katharina (D Wilh 305)
Stadt (D Wilh 66)
Eberbach, Zisterzienserkloster (DD Wilh 85, 247, 399)
Elias von Xanten (D Wilh 271)
Emich IV., Graf von Leiningen (DD Wilh 246, 365, 367)
Evelin vor dem Münster, Speyerer Bürger (D Wilh 357)
Fischbeck, Stift (D Wilh 51)
Flandern (D Wilh 231)
Florenz (D Wilh 137)
Frankfurt (DD Wilh 318, 319)
Frauental, Zisterzienserinnenkloster (D Wilh 241)
Freiburg, Franziskanerkloster (D Wilh 428)
Friedberg (D Wilh 243)
Friedrich III., Burggraf von Nürnberg (D Wilh 81)
Friedrich von Rannenberg (D Wilh 132)
Friedrich von Treffurt (D Wilh 303)
Friesen (D Wilh 48)
Fulda, Benediktinerkloster (D Wilh 254)
Geertruidenberg (D Wilh 433)
Gelnhausen (DD Wilh 320, 321)
Genua (D Wilh 419)
Gerhard (Bertold) von Akersloot (D Wilh 309)
Gerhard, Burggraf von Landskron (DD Wilh 382, 384)
Gerhard, Graf von Wernigerode (D Wilh 293)
Gerhard von Batenburg (D Wilh 306)
Gerhard von Poelgeest (D Wilh 224)
Gernand d. Ä., Burggraf von Kaiserswerth (DD Wilh 71, 77)
Gernand d. J., Burggraf von Kaiserswerth (DD Wilh 221, 282)
Gfenn, Lazaritenkloster (D Wilh 41)
Gilles de Sorcy, Elekt von Toul (D Wilh 291)
Gooiland (D Wilh 434)
Goslar:
Augustinerchorherrenstift St. Georgenberg (D Wilh 196)
Magdalenerinnenkloster Frankenberg (D Wilh 175)
Stadt, Bürger (DD Wilh 185, 186, 196)
Stift St. Peter (DD Wilh 193, 194)
Stift St. Simon und Juda (DD Wilh 192, 258)
Gottfried von Eppstein (D Wilh 298)
Gottfried von Sulzbürg (D Wilh 355)

Hagenau (D Wilh 349)
Haina, Zisterzienserkloster (DD Wilh 129, 130, 225)
Hardehausen, Zisterzienserkloster (D Wilh 169)
Hartmann I., Graf von Grüningen (D Wilh 233)
Hedwig Wint (D Wilh 58)
Heilsbronn, Zisterzienserkloster (D Wilh 370)
Heinrich von Stahleck, Bischof von Straßburg (DD Wilh 348, 400)
Heinrich von Susa, Erzbischof von Embrun (D Wilh 166)
Heinrich I., Graf von Honstein (D Wilh 183)
Heinrich III., Herzog von Brabant (DD Wilh 20, 123)
Heinrich V., Graf von Luxemburg (DD Wilh 300, 376)
Heinrich von Rannenberg (D Wilh 132)
Heinrich von Voorne (D Wilh 434, Konsens)
Heisterbach, Zisterzienserkloster (D Wilh 92)
Helmarshausen, Benediktinerkloster (D Wilh 270)
Hemiksem, Zisterzienserkloster Sint-Bernard (DD Wilh 125$^{bis}$, 213)
Herkenrode, Zisterzienserinnenkloster (D Wilh 9)
Hermann I., Bischof von Würzburg (D Wilh 298)
Hermann von Poelgeest (D Wilh 224)
Hersfeld, Stadt (DD Wilh 100, 253)
Hildesheim (D Wilh 174)
Hohenburg (Odilienberg), Benediktinerinnenkloster (D Wilh 95)
Hoier von Hoek/van den Hoek (DD Wilh 214, 215)
Hugo, Amtmann (D Wilh 12)
Hugo von Naaldwijk (D Wilh 371)
Hugo von Rietwijk (D Wilh 31)
Humbert, Bischof von Sisteron (DD Wilh 156, 157)
Ilfeld, Prämonstratenserstift (D Wilh 183)
Innozenz IV. (DD Wilh 78 [Eid], 124, 418)
Isenhagen, Zisterzienserinnen (D Wilh 265)
Ivrea (DD Wilh 202, 203)
Jakob von Lothringen, Bischof von Metz (DD Wilh 22, 111)
Jakob von Pernis (D Wilh 443 [Konsens])
Johann von Ertal (D Wilh 170)
Johannes (D Wilh 436)
Kaltenborn, Augustiner-Chorherrenstift (D Wilh 390)
Kappel, Zisterzienserkloster, bei Zürich (D Wilh 18)
Kerpen, Stift (D Wilh 444, Konsens)
Kleinfrankenthal, Augustiner-Chorfrauenstift (D Wilh 340)
Koblenz, Deutscher Orden (D Wilh 387)

Köln:
  Erzbischof (DD Wilh 67, 272?)
  Stadt, Bürger (DD Wilh 2, 3, 346)
  Stift St. Aposteln (D Wilh 446, Konsens)
Konrad I., Graf von Freiburg (D Wilh 148)
Konrad Judemann von Zürich (D Wilh 421)
Konrad von Eppstein (D Wilh 189)
Konrad von Müllenark (D Wilh 445, Konsens)
Konrad von Schöneck (D Wilh 127)
Konstanz:
  Bischof, Kirche (DD Wilh 40, 149)
  Stadt, Bürger (DD Wilh 94, 317, 392, 393)
La Cambre, Zisterzienserinnenkloster (D Wilh 114)
Lanzo (D Wilh 205)
Lavagna:
  Grafen von (DD Wilh 96, 98)
  Graf Niccolò Fieschi (D Wilh 143)
Laurens (D Wilh 437)
Lehnin, Zisterzienserkloster (D Wilh 184)
Livland, Erzbischof (D Wilh 226)
Loccum, Zisterzienserkloster (D Wilh 222)
Loosduinen, Zisterzienserinnenkloster (DD Wilh 102, 277)
Lübeck (D Wilh 179)
Ludingakerke, Regularkanonikerstift (DD Wilh 423, 438)
Luthard von Meinersen (D Wilh 293)
Lüttich:
  Elekt, Kirche (DD Wilh 162, 284, 286, 292, 301)
  Stadt, Bürger (DD Wilh 168, 297)
Maastricht:
  Stadt, Bürger (D Wilh 211)
  Stift St. Servatius (D Wilh 211)
Magdeburg, Domkapitel (D Wilh 260)
Mailand (DD Wilh 39, 208, 209)
Mainz:
  Erzbischof Gerhard Wildgraf, Kirche (DD Wilh 239, 358, 401)
  Stadt, Bürger (D Wilh 133)
Margarete, Gräfin von Geldern (D Wilh 68)
Marienberg, Augustiner-Chorfrauenstift (D Wilh 177)
Mariental, Zisterzienserkloster (DD Wilh 171, 172)
Marienweerd, Prämonstratenserstift (DD Wilh 12, 101)
Maulbronn, Zisterzienserkloster (DD Wilh 337, 344, 368)

Medingen, Zisterzienserinnenkloster (D Wilh 264)
Meißen, Bischof (DD Wilh 426, 427)
Middelburg:
    Beginenhaus (D Wilh 299)
    Stadt, Bürger (D Wilh 304)
Minden, Bischof Wedekind, Kirche (DD Wilh 266, 308)
Moncalieri (D Wilh 204)
Mordrecht (D Wilh 332)
Mühlhausen:
    Deutscher Orden (D Wilh 236)
    Stadt, Bürger (D Wilh 303)
Murten (D Wilh 391)
Namur:
    Grafschaft (DD Wilh 88, 89)
    Stadt (DD Wilh 88, 89, 376)
Nassau:
    Graf Walram II. (D Wilh 164)
    Graf Otto I. (D Wilh 164)
Nierstein (D Wilh 327)
Nikolaus, Bischof von Cambrai (D Wilh 229)
Nikolaus von Zierikzee (DD Wilh 104, 109)
Nimwegen (D Wilh 4)
Nordhausen (D Wilh 287)
Oberwesel (D Wilh 439)
Oetenbach (Zürich), Dominikanerinnenkloster (D Wilh 154)
Oppenheim (DD Wilh 325, 326, 361, 362)
Osterode, Zisterzienserinnenkloster St. Jacobi (D Wilh 255)
Otto, Bischof von Münster (D Wilh 273)
Perugia (DD Wilh 144, 145)
Petershausen, Benediktinerkloster (D Wilh 339)
Petrus Capocci (D Wilh 422)
Philipp, Elekt von Salzburg (D Wilh 84)
Piossasco (D Wilh 206)
Pöhlde, Prämonstratenserstift (D Wilh 176)
Porta Coeli (Hemelpoort), Benediktinerinnenkloster, Priorin (D Wilh 91)
Quedlinburg, Stift, Äbtissin (DD Wilh 187, 329)
Raimund, Bischof von Grasse (DD Wilh 158, 159, 160)
Ratzeburg, Bischof (D Wilh 226)
Regensburg, Bistum (D Wilh 262)
Reinbold Liebenzeller (D Wilh 400)

Valkenburg (D Wilh 61)
Val-St-Lambert, Zisterzienserkloster (D Wilh 373)
Verdun, Elekt (D Wilh 112a)
Villers-la-Ville, Zisterzienserkloster (D Wilh 294)
Vrouwenpark (Parc-les-Dames/Parcum Dominarum), Zisterzienserinnenkloster (D Wilh 97)
Walkenried, Zisterzienserkloster (D Wilh 259)
Walram, Graf von Jülich (D Wilh 54)
Walram III., Graf von Monschau (D Wilh 273)
Walram V., Herzog von Limburg (D Wilh 29)
Walter von Egmond (D Wilh 44)
Werner, Graf von Bolanden (D Wilh 367)
Wienhausen, Zisterzienserinnenkloster (D Wilh 190)
Wildgrafen:
 Emich (D Wilh 80)
 Konrad (D Wilh 366)
Wilhelm von Brederode (DD Wilh 69, 131, 430)
Wimmenum, Ministerialen (D Wilh 328)
Wimpfen, Hl.-Geist-Spital (D Wilh 350)
Worms:
 Magdalenerinnenkloster (D Wilh 345)
 Stadt, Bürger (DD Wilh 324, 334, 335, 336)
Wörschweiler, Zisterzienserkloster (D Wilh 353)
Zennewijnen, Prämonstratenserinnenkloster (D Wilh 281)
Zerbst (D Wilh 268)
Zierikzee:
 Beginenhaus (D Wilh 441)
 Stadt, Bürger (DD Wilh 14, 35)
Zürich, Grossmünsterstift (D Wilh 386)

## 1.3 Die ersten Urkunden

Nach seiner Wahl in Worringen am 3. Oktober begab sich König Wilhelm in die wenige Kilometer rheinabwärts gelegene erzbischöflich-kölnische Stadt Neuss[135]. Dort könnte, wie es auch Johannes de Beka beschreibt, ein Hoftag stattgefunden haben[136], zumindest wurden hier zwischen dem

135) WISPLINGHOFF, Geschichte der Stadt Neuss S. 71–74.

136) [...] *triduanam iam explevisset curiam*, Johannes de Beka, Chronographia Cap. 70e S. 191 Z. 1 f.; der Chronist verortet diesen Hoftag allerdings in oder bei Worringen. Vgl. auch HASSE, König Wilhelm von Holland S. 95.

8. und dem 10. Oktober 1247 die ersten vier überlieferten Königsurkunden Wilhelms ausgestellt[137]. In der älteren Forschung wurde die Schenkungspraxis gerade der sog. Interregnums-Könige als verantwortungsloser Umgang mit dem Reichsgut gekennzeichnet, der zur Erosion der Herrschaftsgrundlage geführt habe[138]. Ernst Schubert hat jedoch darauf hingewiesen, dass die größten Verluste erst in den nachfolgenden Jahren zu verzeichnen sind und sich Beschwerden über die Geringfügigkeit des Reichsgutes sogar erst in den Quellen des 15. Jahrhunderts häufen[139]. Der materielle Aspekt wird im Folgenden also keine größere Rolle bei der Betrachtung der Urkunden spielen.

### Nimwegen für Graf Otto von Geldern

Zunächst erhielt Graf Otto von Geldern für die Zahlung von 10 000 Mark Silber die Pfalz Nimwegen als Pfandlehen, überdies wurden ihm die Einnahmen des Rheinzolls bei Lobith (nördlich Kleve) bestätigt. Er erhielt auch die Zusicherung, dass seine Reichslehen im Falle seines söhnelosen Todes auch einer Tochter verliehen werden würden[140]. Otto von Geldern muss sicherlich als eine der wichtigsten Persönlichkeiten im Nordwesten des Reiches betrachtet werden, war zudem ein Cousin Wilhelms (siehe Stammtafel Abb. 1) und selbst offenbar ein Kandidat für die Nachfolge Heinrich Raspes[141]. Er hatte freilich an der Wahl Wilhelms teilgenommen, doch wodurch genau er sich eine derartige Auszeichnung verdient hatte, wie sie das Neusser Diplom darstellt, kann nicht nachvollzogen werden. In der Arenga ist davon die Rede, dass die königliche Erhabenheit ihre Gunst denen zuwenden müsse, die wohlwollend und gehorsam seien, und es wird speziell die „dauerhafte Ergebenheit und treue Beständigkeit" des Grafen angesprochen[142]. Die Urkunde stellt die Belohnung für eine bestimmte

137) DD Wilh 1–4.

138) Kritisch hierzu bereits HINTZE, Königtum Wilhelms S. 18–20, mit Verweisen auf die ältere Literatur.

139) SCHUBERT, König und Reich S. 151–153.

140) D Wilh 1 S. 27 Z. 34–28 Z. 8. Im Nordwesten des Reiches scheint sich für diese Gepflogenheit der Begriff des Ius Brabantinum durchgesetzt zu haben, so KUPPER, Mathilde de Boulogne S. 241, mit Verweis auf OHZ 1 Nr. 244 S. 410 Z. 22 f. Hier ist allerdings nicht ausdrücklich von einer weiblichen Erbfolge, sondern davon die Rede, dass kein Erbe enterbt werden dürfe, *quod nullus heres inde exheredabitur*.

141) So zumindest Matthaeus Parisiensis, Chronica Majora 5 S. 201.

142) [...] *ita decet ipsam circa benivolos et obsequiosos graciam favorabilem exercere.* [...] *considerantes constantem devocionem ac devotam constanciam*, D Wilh 1 S. 27 Z. 30–32.

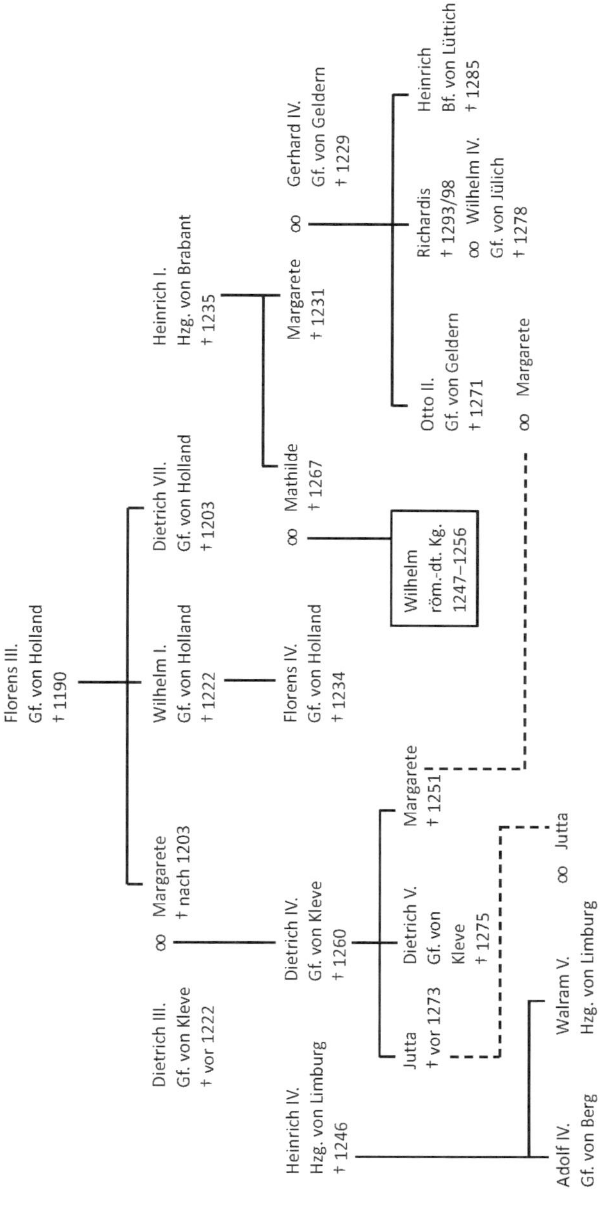


Abb. 1:
Die Verwandtschaft der Grafen von Holland mit den Herzögen von Brabant und den Grafen von Geldern, von Kleve, von Jülich und von Berg

„fromme Tat“[143] Ottos dar, ohne auf diese näher einzugehen – ob damit lediglich seine Anwesenheit in Worringen gemeint ist oder eine noch größere Leistung, ist unklar[144]. Allein die Existenz der Neusser Urkunde weist jedoch darauf hin, dass der Anteil Ottos von Geldern an der Erhebung Wilhelms zum römischen König größer gewesen sein dürfte, als in der Literatur bislang vermutet. Durch den Charakter der Vergabe als Pfandlehen, also durch die Schaffung einer lehensrechtlichen Bindung zwischen dem König und dem Pfandnehmer, konnte sich Wilhelm darüber hinaus auch in Zukunft der Treue seines Cousins gewiss sein[145].

Die hohe Bedeutung des Pfandobjekts sowohl für das Reich als auch für den geldrischen Grafen liefert einen weiteren Hinweis dafür, dass mit dieser Urkunde bewusst eine deutliche Auszeichnung Ottos verbunden war. Die *villa* Nimwegen, im Jahr 777 erstmals als Aufenthaltsort Karls des Großen in den Reichsannalen erwähnt[146] und bis ins 11. Jahrhundert hinein häufig von den Herrschern aufgesucht[147], brannte 1047 ab und wurde vermutlich erst durch Kaiser Friedrich Barbarossa wieder aufgebaut[148]. Auch wenn die Staufer nicht allzu oft in Nimwegen weilten, dürfte diesem Ort doch ein besonderer symbolischer Wert beigemessen worden sein: Rahewin betont ausdrücklich, dass diese Pfalz von Karl dem Großen erbaut und von Friedrich, der bei dieser Gelegenheit die außergewöhnliche Größe seines Geistes unter Beweis stellen konnte, äußerst geschmackvoll erneuert worden sei[149]. In einer Inschrift stellte sich der Kaiser 1155 in eine Reihe mit Julius Caesar, dem „mythischen“ Gründer der in der Tat römischen Siedlung Noviomagus[150]. Der Geschichtsschreiber Gottfried von Viterbo, Mitglied der Hofkapelle

143) [...] *sui pii facti*, D Wilh 1 S. 27 Z. 34.

144) HINTZE, Königtum Wilhelms S. 18, vermutet, dass die bereits stattgefundene Einnahme Nimwegens selbst damit gemeint ist und verwendet das Dokument als terminus ante quem für dieses Ereignis. Allerdings ist es durchaus denkbar, dass die Pfalz sich zum Zeitpunkt der Belehnung noch gar nicht in der Hand des Königs befand und ihre Eroberung noch ausstand.

145) THISSEN, Nimwegen zwischen Reichs- und Territorialgewalt S. 44 f.

146) *Et celebravit* [...] *pascha in villa quae dicitur Niumaga*, Annales regni Francorum S. 48; vgl. THISSEN, Königspfalz Nimwegen S. 53.

147) THISSEN, Königspfalz Nimwegen S. 70–75, hier v. a. die Tabellen S. 71–73.

148) Vgl. auch BÖCK/GEUENICH, Geldern und das Reich S. 102.

149) *Palatia siquidem a Karolo Magno quondam pulcherrima fabricata et regias clarissimo opere decoratas aput Noviomagum* [...], *opera quidem fortissima, sed iam tam neglectu quam vetustate fessa, decentissime reparavit et in eis maximam innatam sibi animi magnitudinem demonstravit*, Ottonis et Rahewini Gesta Friderici S. 344 Z. 24–345 Z. 2.

150) Zur antik-römischen Vorgeschichte Nimwegens vgl. THISSEN, Königspfalz Nimwegen S. 63 f.; zur Inschrift THISSEN, Nimwegen zwischen Reichs- und Territorialgewalt S. 36 f.; LEMMENS, De burcht van Barbarossa S. 65–67 und Abb. 11 S. 68.

unter Konrad III., Friedrich I. und Heinrich VI.[151], hob die antike Vergangenheit des Ortes ebenfalls hervor und rühmte Nimwegen mit den Worten: *Pulcrior aspectus non creditur orbe repertus*[152]. Nimwegen kann also in zweifacher Hinsicht mit Bezugspunkten staufischer Herrschaftsideale in Verbindung gesetzt werden, nämlich mit dem von Friedrich I. geförderten Karlskult[153] und dem besonders durch Friedrich II. vorgenommenen Rückgriff auf antik-kaiserliche Traditionen[154]. Wenn Wilhelm nun als erste Amtshandlung diese Stauferpfalz verpfändete, darf dahinter auch ein deutlicher Abgrenzungsgestus gegenüber seinen Vorgängern vermutet werden.

Im Gegenzug erlangte der Graf von Geldern mit Nimwegen ein „Glanzstück"[155], die Stadt, die in kürzester Zeit zum wichtigsten Vorort seiner Herrschaft werden sollte[156]. Zwar bestand weiterhin eine Lücke zwischen seinem im Norden gelegenen Allod um Zutphen und dem südlichen Schwerpunkt um die Stadt Geldern[157], doch hatten sich die beiden Besitzkomplexe durch den Erwerb Nimwegens und des dazugehörigen Reichsguts deutlich einander angenähert[158]. Mithin verwundert es nicht, dass sich Graf Otto von seinem König in den folgenden Jahren noch weitere Urkunden bezüglich Nimwegens erbat – am 15. Juni 1248, während der Belagerung Aachens, und nochmals nach der Königskrönung Wilhelms im November/Dezember 1248, wurde die Verpfändung und die Möglichkeit der weiblichen Nachfolge bestätigt und die Pfandsumme auf 16 000 Mark erhöht[159]. Am 1. Juni 1254 fügte der König dem Betrag weitere 5000 Mark Silber hinzu, als Entlohnung für den militärischen Beistand Ottos gegen

151) BAAKEN, Art. Gottfried von Viterbo Sp. 1607 f.

152) Gotifredi Viterbiensis Pantheon S. 159 Z. 52–56, Zitat ebd. Z. 52; vgl. THISSEN, Königspfalz Nimwegen S. 103 mit Anm. 174.

153) SAURMA-JELTSCH, Rom und Aachen S. 281–306.

154) ESCH, Friedrich II. und die Antike S. 201–234; zur Prägung von Augustalen, die den Herrscher in antiker Tracht abbilden, vgl. STÜRNER, Augustalen S. 182; DERS., Friedrich II. 2 S. 342. Ob Nimwegen im 13. Jh. außerdem als Geburtsort Heinrichs VI. in der allgemeinen Wahrnehmung verankert war, lässt sich nicht mehr nachvollziehen.

155) JANSSEN, Geschichte Gelderns S. 16.

156) THISSEN, Nimwegen zwischen Reichs- und Territorialgewalt S. 56–65, hier v. a. die Tabellen zu den Aufenthaltsorten der Grafen S. 57 und 59.

157) Siehe die Karten bei FRANKEWITZ, Burgen der Grafen von Geldern Abb. 7, 9, 10 S. 346–349.

158) JANSSEN, Geschichte Gelderns S. 16.

159) DD Wilh 34, 62. Die Pfandsumme wurde dem König nicht ausgezahlt, sondern war Bestandteil des Lehens: *immo ad maiorem cautionem concessimus sibi et suis heredibus dictam pecuniam in feodum a nobis et a successoribus nostris habendam*, D Wilh 34 S. 66 Z. 10 f.; vgl. auch THISSEN, Nimwegen zwischen Reichs- und Territorialgewalt S. 45 f.

Karl von Anjou[160], und einige Tage später, am 19. Juni, belehnte er den Grafen mit der Burg Ooij, die ebenfalls Teil des Nimwegener Reichsgutes war und die zuvor ein *Bertoldus, vir nobilis*, innegehabt hatte[161]. Ergänzt wurde die komfortable Position des Gelderners in diesem Raum durch den überaus einträglichen Zoll bei Lobith, der bereits 1224 von Arnheim dorthin verlegt und an Graf Gerhard IV., Ottos Vater, ausgegeben worden war[162]. Im Gegenzug unterstützte der Graf von Geldern Wilhelm offenbar in allen diplomatischen und militärischen Angelegenheiten in den Niederlanden und am Mittelrhein[163].

Die Verpfändung Nimwegens am 8. Oktober 1247 wurde begleitet von einem zwei Tage später ausgestellten Mandat Wilhelms an die Vasallen und Ministerialen sowie die Burgbesatzung vor Ort[164]. In diesem Schreiben erteilte der König schlicht die Anweisung, die Pfalz an den Grafen von Geldern zu übergeben und diesem ab sofort gehorsam zu sein. Thissen schließt daraus, dass in Nimwegen zunächst Widerstand gegen den Besitzerwechsel geleistet wurde, zumal der dort zuständige Burggraf Gernand der Sohn des Verteidigers der Pfalz Kaiserswerth war, die sich Wilhelm noch über ein Jahr widersetzen sollte. In der Tat liefert eine Urkunde des Kölner Erzbischofes vom 14. November 1249 den Beleg, dass Otto von Geldern die Burg erobert hat[165]. Allerdings lässt sich nicht feststellen, wann diese Einnahme stattgefunden hat. Da der Graf von Geldern vermutlich in den folgenden Monaten dauerhaft an der Seite Wilhelms vor Aachen und Kaiserswerth stand und sich Nimwegen an Weihnachten 1248 nachweislich in seiner Hand befand[166], dürfte er die Pfalz schon vor der Wahl Wilhelms besetzt haben. Vielleicht war dies das *pium factum*, von dem in der Verpfän-

160) D Wilh 311; vgl. HINTZE, Königtum Wilhelms S. 131, und unten S. 263–265.

161) D Wilh 313, Zitat S. 381 Z. 27; vgl. THISSEN, Nimwegen zwischen Reichs- und Territorialgewalt S. 47 f.

162) BÖCK/GEUENICH, Geldern und das Reich S. 103; JAPPE ALBERTS, Rheinzoll Lobith S. 13, eine Photographie der Urkunde Friedrichs II. auf S. 104 Abb. 6; ebd. S. 15 über die Höhe der Zolleinnahmen in Lobith, die im 14. Jh. fast die Hälfte der Gesamteinnahmen der Grafschaft/des Herzogtums (ab 1339) Geldern ausmachten.

163) So z. B. bei den Verhandlungen mit Margarete von Flandern in Brüssel im Mai 1250, D Wilh 122; als Zeuge wird er in mehreren in Pleizenhausen im Hunsrück ausgestellten Urkunden genannt, DD Wilh 156–160, 1251 Aug. 21. Am 27. Mai 1255 ist er in Antwerpen das letzte Mal bei Wilhelm nachzuweisen, D Wilh 374.

164) […] *universis vassallis, ministerialibus, castellanis et ceteris hominibus de Novimagio*, D Wilh 4 S. 31 Z. 26 f.

165) KNIPPING, Regesten Köln 3,1 Nr. 1532 S. 213; vgl. THISSEN, Nimwegen zwischen Reichs- und Territorialgewalt S. 46.

166) D Wilh 68, 1248 Dez. 26: *Acta sunt hec in castro Nouimagii*, S. 105 Z. 4, also in der Burg Nimwegen, dazu auch unten S. 96.

dungsurkunde die Rede ist[167]. Angesichts dieser Zusammenhänge darf das Mandat vom 10. November nicht überbewertet werden. Vermutlich wurden solche Schreiben häufiger versandt, wenn Reichsgut den Inhaber wechselte, blieben jedoch aufgrund ihrer begrenzten Gültigkeit wesentlich seltener erhalten[168].

### Privilegien für die Stadt Köln

Nach der Verpfändung Nimwegens an Otto von Geldern wurden in Neuss auch Urkunden für die Stadt Köln ausgestellt. Wie die Annalen von St. Pantaleon berichten, ließ die Stadt den König friedlich einziehen, nachdem sie zuvor ihre Stadttore verschlossen gehalten und dem Stauferkaiser angehangen hatte. Aus diesem Grund habe die Wahl in Worringen stattfinden müssen[169]. Nun nahm Wilhelm jedoch die *civitas* in seinen Schutz auf und bestätigte sie *in omni iure* […], *libertate et bona consuetudine*[170]. Zu den gewährten Vorrechten der Kölner gehörte die Zollbefreiung in Boppard und Kaiserswerth sowie die Aufhebung aller ungerechten Zölle. Der König versprach, die Stadt nicht mit Bewaffneten zu betreten, nur in Begleitung seiner Leibwache, kein Heer in die Stadt zu bringen und keinen Hoftag dort abzuhalten. Er verzichtete auch darauf, die Kölner durch die Exkommunikation oder andere Strafen zur Heerfolge oder zu anderen Leistungen zu zwingen und gestand ihnen das *ius de non evocando* zu. Schließlich gelobte er, *in terminis archiepiscopi et ecclesie Coloniensis*[171] keine Befestigungen oder Burgen zu errichten und dies auch keinem anderen zu gestatten[172]. In einem weiteren Schreiben sicherte Wilhelm zu, das Evokationsverbot für die Kölner auch beim Papst und im Bezug auf päpstliche Briefe und Richter zu erwirken sowie im Falle eines Kriegszuges im Umfeld der Stadt deren Höfe und Güter zu schonen[173].

---

167) D Wilh 1 S. 27 Z. 34; vgl. HINTZE, Königtum Wilhelms S. 18.

168) Allgemein dazu BRESSLAU, Handbuch 1 S. 53 f. Anm. 6; VOGTHERR, Urkundenlehre S. 11.

169) Annales S. Pantaleonis S. 542 Z. 8–11; vgl. Chronica regia Coloniensis S. 291. Im Folgenden wird nur noch nach der jüngeren Edition der Annales S. Pantaleonis zitiert, zu den Gründen siehe unten S. 328.

170) D Wilh 2 S. 29 Z. 19.

171) D Wilh 2 S. 29 Z. 30 f.

172) Vgl. Reg. Imp. V,1 4890; GROTEN, Köln im 13. Jahrhundert S. 117; ENGEL, Königtum und Städtebürgertum S. 66; STEHKÄMPER, Rechtliche Absicherung der Stadt Köln S. 357.

173) D Wilh 3; vgl. GROTEN, Köln im 13. Jahrhundert S. 117 f.; ENGEL, Königtum und Städtebürgertum S. 66.

Anstatt die aufgeführten Privilegien vorschnell und pauschalisierend als erniedrigend für Wilhelm einzustufen[174], sollte zunächst ein Blick darauf geworfen werden, welche der Vorrechte den Kölnern bereits früher eingeräumt worden waren. Schon 1207 hatte Philipp von Schwaben den Zoll in Kaiserswerth aufgehoben, den in Boppard darauf beschränkt *quale ipsi ab antiquo illic persoluere consueuerunt*[175], und ungerechte Zölle gänzlich durch königlichen Befehl verboten[176]. Der Bau von Burgen *in fundis ecclesiarum* war 1220 durch die sog. Confoederatio cum principibus ecclesiasticis Friedrichs II. allgemein untersagt worden[177], und im Jahr 1242 bestätigte der Kaiser eine Urkunde Konrads von Hochstaden, in der dieser den Bürgern das *ius de non evocando* zugesagt hatte[178]. Die im Neusser Diplom erwähnten Privilegien waren Köln zum größeren Teil also bereits von den staufischen Vorgängern Wilhelms zugestanden worden und wurden von diesem lediglich konfirmiert bzw. in einem Punkt, der Zollfreiheit in Boppard nämlich, erweitert[179].

Neu in der Urkunde Wilhelms sind die Bestimmungen über das direkte Verhältnis von Empfänger und Aussteller: Die Kölner wollten kein königliches Heer und keinen Hoftag in ihrer Stadt sehen, der König selbst war ihnen willkommen, allerdings nur im engsten Kreis seiner Leibwache. Und

174) „Um den preis so demüthigender bedingungen erkaufte Wilhelm die erlaubniss zum eintritt in die stadt," Reg. Imp. V,1 4890; STEHKÄMPER, Rechtliche Absicherung der Stadt Köln S. 357, spricht von „entwürdigenden Zugeständnissen", und noch GROTEN, Köln im 13. Jahrhundert S. 117, schließt sich dieser Meinung an, wenn er die einzelnen Punkte des Diploms als „geradezu demütigende Privilegien" bezeichnet. Ausgewogener bereits HINTZE, Königtum Wilhelms S. 18 f., der bemerkt, dass Wilhelm „eben Verhältnisse vor[fand], die bis auf einen gewissen Grad bereits fertig waren."

175) Urkundenbuch Niederrhein 2 Nr. 17 S. 11; Heinrich VI. und Friedrich II. bestätigten dies, letzterer 1216 durch ein Transsumpt der Urkunde seines Vaters, DF II. 357, die ensprechende Passage S. 369 Z. 7 f.

176) ENGEL, Königtum und Städtebürgertum S. 68, betrachtet gerade die Zollbefreiung als besonderes Bindeglied zwischen dem König und den Städten, deren Führungsschicht im 13. Jh. hauptsächlich kaufmännisch war.

177) MGH Const. 2 Nr. 73 S. 90 Z. 22–25. Zur verfassungsgeschichtlichen Bedeutung der Confoederatio als Bestätigung von „Gewohnheiten und Zugeständnisse der vergangenen Jahrzehnte" und Beleg für „das Kräfteverhältnis zwischen Königtum und Fürsten, so wie es 1220 bestand" vgl. STÜRNER, Dreizehntes Jahrhundert S. 208–210, Zitat ebd. S. 210, mit einem Überblick über die wichtigste Literatur.

178) [...] *quod nullus civium Coloniensium pro delicto sive crimine infra Coloniam et terminos ipsius civitatis qui dicuntur Burchban commisso vel quod dicitur commissum, extra Coloniam a nobis vel successoribus nostris in jus vocetur nec ab aliquo conveniatur*, HUILLARD-BRÉHOLLES, Historia diplomatica VI,1 S. 45–47, hier S. 46.

179) Vgl. hierzu auch die Argumentation bei HINTZE, Königtum Wilhelms S. 18–20.

gegen ihren Willen durfte ihnen keine Unterstützung finanzieller oder militärischer Art abgezwungen werden. Kurz gesagt, es geht um Gastung, Heerfolge und Steuern, also Leistungen, die dem Stadtherrn zukamen[180]. Im Falle Kölns war dieser immer noch der Erzbischof, und die Rolle Konrads von Hochstaden darf im Blick auf das Zusammenspiel der Stadt mit dem König auf keinen Fall unterschätzt werden. Ohne an dieser Stelle genauer auf die schwierigen Verhältnisse um die Mitte des 13. Jahrhunderts eingehen zu können[181], seien nur kurz die Grundkonstellationen angedeutet: Erzbischof Konrad befand sich seit Mai 1239 auf der Seite des Papsttums, während die Stadt grundsätzlich staufisch gesinnt war und in dieser Haltung auch mehrfach die Unterstützung Konrads IV. und Friedrichs II. zugesichert bekam. Als Garant des kaiserlichen Schutzes wurde u. a. 1240 der Graf von Geldern eingesetzt[182]. Der große Konflikt zwischen Kaiser und Papst spaltete zudem die kölnische Bürgerschaft, innerhalb derer es durchaus Anhänger des Erzbischofes gab[183].

Bis zum Herbst 1247 hatte sich die Lage für das staufische Köln eher ungünstig entwickelt. Graf Otto von Geldern fiel als Sachwalter des Kaisers aus, seit er 1245 auf die päpstliche Seite gewechselt war[184], und er trat prominent im Gefolge seines nunmehr zum König gekrönten Cousins Wilhelm auf. Andere rheinische Große wie die Grafen von Berg und von Jülich, die noch wenige Jahre zuvor Feinde des Erzbischofes gewesen waren und somit die Interessen der Stadt begünstigt hatten[185], standen nun ebenfalls gegen sie oder waren zumindest im Begriff, die Seiten zu wechseln[186]. Für die

---

180) BRÜHL, Art. Gastung Sp. 1137 f.

181) STEHKÄMPER, Rechtliche Absicherung der Stadt Köln S. 352–367; GROTEN, Köln im 13. Jahrhundert S. 112–123; kurz angedeutet bei ENNEN, Bischof und mittelalterliche Stadt S. 40, hier Grundlegendes zum Verhältnis der bischöflichen Stadtherrn zu den Städten.

182) HUILLARD-BRÉHOLLES, Historia diplomatica V,2 S. 1193 f.; vgl. Reg. Imp. V,1 4424, und GROTEN, Köln im 13. Jahrhundert S. 114.

183) So die Familie von der Mühlengassen, GROTEN, Köln im 13. Jahrhundert S. 115–117.

184) BÖCK/GEUENICH, Geldern und das Reich S. 103.

185) GROTEN, Köln im 13. Jahrhundert S. 114 f.

186) Sowohl die Grafen von Berg als auch die von Jülich sind spätestens im April/Mai 1248 auf Wilhelms Seite nachweisbar, vgl. DD Wilh 27–30. Aufgrund der verwandtschaftlichen Beziehungen der Familien untereinander, mit den Grafen von Geldern und den Grafen von Holland, Stammtafel Abb. 1, nach S. 42, ist es durchaus denkbar, dass sie bereits vor der Wahl Wilhelms zu seinen Anhängern zählten; für HINTZE, Königtum Wilhelms S.65, ist Wilhelm von Jülich „der bis dahin unruhigste staufische Parteigänger in den niederen Landen", er vermutet seinen Parteiwechsel unmittelbar nach der Wahl Wilhelms.

Kölner Bürger war es also durchaus opportun, wenn nicht sogar zwingend, sich ebenfalls Wilhelm anzuschließen, und sie taten es zu einem hohen Preis. Den zahlte allerdings nicht der König, sondern der Erzbischof, denn hauptsächlich gegen ihn und seine Autorität als Stadtherrn richteten sich die zusätzlichen Forderungen, die in der Urkunde festgehalten wurden.

Das Diplom wurde von den Erzbischöfen von Mainz und Köln, vom Lütticher Elekten und vom Grafen von Geldern bestätigt und mitbesiegelt[187]. Hägermann wertet diese Vorgehensweise als Zeichen für die „wenig gefestigte Autorität des neuen Königs", weshalb die Kölner eine zusätzliche Absicherung für nötig erachteten[188]. Dies ist grundsätzlich nicht völlig von der Hand zu weisen, doch gerade im Falle dieses Diploms dürften sicherlich noch andere Gesichtspunkte eine Rolle gespielt haben; handelte es sich doch bei Konrad von Hochstaden als einem der Mitbesiegler um denjenigen, der als eigentlicher Adressat der kölnischen Übergabebedingungen anzusehen ist. Otto von Geldern und sein Bruder Heinrich, Elekt von Lüttich, könnten die Unterhändler gewesen sein, die diesen Ausgleich zustande gebracht haben: Zumindest ersterer kann als Vertrauensmann der Kölner Bürgerschaft angesprochen werden, der bereits unter anderen Vorzeichen 1240 als Schützer der Stadt aufgetreten war. Heinrich verdankte maßgeblich Konrad von Hochstaden die Nachfolge auf dem Lütticher Stuhl[189]. Beide zusammen waren hervorragend geeignet, als Vermittler zwischen der Stadt, Wilhelm und dem Kölner Erzbischof aufzutreten. Die Mitbesiegelung des Mainzer Erzbischofs Siegfried III. hingegen mag am ehesten die von Hägermann vermutete Funktion einer „zusätzlichen Garantieerklärung"[190] erfüllen.

Das Zustandekommen der Urkunde für die Stadt Köln kann also nicht als einfache Gewinn- und Verlustrechnung zwischen zwei Parteien abgebucht werden – Wilhelm, der zu „entwürdigenden Zugeständnissen"[191] gezwungen wurde, auf der einen Seite, die triumphierenden Kölner auf der anderen. Es ergibt sich eher das Bild eines Zusammenspiels von verschiede-

---

187) […] *litterarum fidelium et carorum nostrorum Maguntini et Colonien(sis) archiepiscoporum, Leodien(sis) electi et Gelrens(sis) comitis testimonio ipsos super premissis omnibus feliciter munientes*, D Wilh 2 S. 29 Z. 36–38.

188) D Wilh 2 S. 29 Z. 9–12; HÄGERMANN, Studien zum Urkundenwesen S. 340.

189) MINKE, Art. Heinrich von Geldern S. 369.

190) HÄGERMANN, Studien zum Urkundenwesen S. 340; vgl. auch DERS., Kanzleigeschichtliche Einleitung (MGH DD Wilh) S. LXIf. Betonung des Konsenses als „klassische" Funktion der Mitbesiegelung bei BRESSLAU, Urkundenlehre 1 S. 715, 2 S. 47; KRUISHEER, De oorkonden en de kanserlarij 1 S. 165.

191) STEHKÄMPER, Rechtliche Absicherung der Stadt Köln S. 357; vgl. auch GARNIER, Amicus amicis S. 43.

nen Akteuren und damit verknüpft die Frage, welche Rolle der König eigentlich in diesem Gefüge spielte. Zum einen muss die Ausstellung einer Königsurkunde für Köln nicht mehr unbedingt als Zeichen der Schwäche Wilhelms, sondern kann im Gegenteil als Anerkennung von Wilhelms Funktion als Legitimationsspender gedeutet werden. Ein Ausgleich der Bürger mit dem Erzbischof hätte sich vermutlich auch einfacher gestalten lassen. Durch die Einbeziehung des Herrschers wurde die Rechtebestätigung zum programmatischen Parteiwechsel der wichtigsten Stadt im Reich.

Zum andern ist zu berücksichtigen, welche Vorteile der König seinerseits aus dieser Privilegierung zog. Bereits Stehkämper zeigt sich „verwundert [...], daß dem Gegenkönig soviel an der Stadt gelegen war“, angesichts der kaum zu erwartenden Hilfe von Seiten Kölns[192]. Dieser Umstand dürfte bereits für Wilhelm und sein Umfeld klar zutage getreten sein und spielte in ihren Überlegungen vermutlich auch eine Rolle: Es ging vielleicht gar nicht so sehr darum, Köln für den König zu gewinnen, sondern lediglich um den Ausgleich mit dem Erzbischof. Auf diese Weise wurde für diesen ein Konfliktherd zumindest vorübergehend ausgeschaltet, und er konnte sich zusammen mit Wilhelm anderen, dringenderen Zielen zuwenden – der Eroberung der königlichen Pfalz Kaiserswerth, bei der für die Autorität des Neugewählten wesentlich mehr auf dem Spiel stand[193], und der Einnahme des Krönungsortes Aachen, die für den weiteren Erfolg der Herrschaft Wilhelms auch in symbolischer Hinsicht entscheidend war[194].

Zusammengenommen bilden die vier ersten, in Neuss ausgestellten Urkunden Wilhelms einen kleinen Komplex für sich. Durch sie wurden nicht zwangsläufig die Weichen gestellt für einen schwachen, wenig lukrativen und verantwortungslosen Umgang des Herrschers mit Reichsgut und Reichsrechten. Sie bereiteten vielmehr grundlegend das weitere Voranschreiten des Königs vor: Durch die Vergabe Nimwegens wurde der Graf von Geldern für schon Geleistetes belohnt und hinsichtlich zu erwartender militärischer Auseinandersetzungen eng an Wilhelm gebunden. Die Privile-

---

192) STEHKÄMPER, Rechtliche Absicherung der Stadt Köln S. 357.

193) Über die hohe Bedeutung Kaiserswerths in finanzieller und v. a. auch militärischer Hinsicht vgl. LORENZ, Kaiserswerth S. 92–97.

194) Ob Wilhelm von seinem nunmehr erworbenen Recht, sich in der Stadt Köln aufzuhalten, intensiven Gebrauch machte, ist nicht zu klären. Die Annales S. Pantaleonis Coloniensis S. 542 Z. 8–11, erwähnen im Zusammenhang mit dem Übergang der Stadt von der kaiserlichen Seite zu der Wilhelms auch einen kurzen Besuch des Königs: *Post modicum tempus electus rex una cum legato Coloniam ingreditur, pacifice a civibus admissus* [...]. Diese Formulierung könnte lediglich einen Einzug meinen oder auch ein längeres Verweilen. Urkunden stellt Wilhelm in Köln nicht aus, nach den ersten vier Diplomen folgt D Wilh 5 erst am 21. Dez. mit dem Ausstellungsort Kaiserswerth.

gierung Kölns verschaffte Konrad von Hochstaden Freiraum für ein noch intensiveres Engagement im Dienst des Königs[195].

### 1.4 Auswertung der Zeugenlisten

In 43 Urkunden Wilhelms werden Zeugen zur Beglaubigung des Rechtsaktes angeführt[196]. Wenn auch die konkrete Funktion der Zeugenlisten für jeden Einzelfall gesondert zu untersuchen ist[197], stehen die aufgeführten Personen doch in jedem Fall in Kontakt zum König. Sie liefern für die Untersuchung eine zusätzliche „Anreicherung" des personellen Umfelds des Herrschers und geben Hinweise auf existierende oder sich neu etablierende Kommunikationskanäle.

In den folgenden Kapiteln wird die frühe Phase der Herrschaft Wilhelms bis zum Frühjahr 1249 systematisch betrachtet. Anhand der Zeugenlisten kann beobachtet werden, wie sich der Kreis der Anwesenden um den König stetig verändert und erweitert.

Das personelle Umfeld des Königs bis zur Krönung (1. November 1248)
— Bis Frühjahr 1248: Holländischer, zeeländischer und brabantischer Niederadel

Aus den Urkunden erschließt sich zunächst ein kleiner Kreis von hauptsächlich holländischen und zeeländischen Niederadligen und Ministerialen, Vasallen des Grafen Wilhelm, die ihren Herrn zur Wahl nach Worringen begleitet hatten und ihm in die ersten militärischen Auseinandersetzungen gefolgt waren. Die erste erhaltene Zeugenliste in einer Urkunde König Wilhelms vom 21. Dezember 1247 nennt an vorderster Stelle einen *comes A. de Altomonte*[198], danach Graf Johann von Avesnes und dann mehrere Perso-

---

195) GARNIER, Amicus amicis S. 53, spricht davon, dass Wilhelms Herrschaft in den ersten Jahren „vergleichsweise traditionell" ablief, unter Zugestehung von Privilegien und der Gewinnung von Anhängern auch durch gewaltsame Maßnahmen. Zu den Ereignissen zwischen Wahl und Krönung vgl. im Überblick HINTZE, Königtum Wilhelms S. 20–27.

196) HÄGERMANN, Kanzleigeschichtliche Einleitung (MGH DD Wilh) S. LXIII.

197) HÄGERMANN, Kanzleigeschichtliche Einleitung (MGH DD Wilh) S. LXIIIf., nennt Zeugenlisten zum einen als Bestandteil feierlicher bzw. großer Privilegierungen, zum andern betrachtet er kurz die Zusammenhänge zwischen den jeweiligen Personen und dem Rechtsinhalt der Urkunden; vgl. auch DERS., Studien zum Urkundenwesen S. 325–330.

198) D Wilh 6 S. 33 Z. 23f. Die Benennung könnte sich auf Hautmont sw. Valenciennes, niederländisch Hogeberg beziehen. Allerdings lässt sich kein Graf von Hautmont

nen, die zum Teil auch räumlich aus dem engsten Umfeld der Grafenfamilie stammten, nämlich aus der unmittelbaren Nachbarschaft zu Den Haag[199]: Egidius von Voorschoten[200], aus den zeeländischen Herrschaftsgebieten Wilhelms Arnold von Goes[201] und Simon von Soeburg[202]. Johann von Baarle hingegen ist im holländisch-brabantischen Grenzgebiet zu verorten[203]. Auch Wilhelm von Grimbergen[204] ist in dieser ersten Zeugenreihe an relativ prominenter Stelle vertreten[205]. Er nahm an der Belagerung von Kaiserswerth teil[206], wickelte im Juni 1248 im Auftrag Wilhelms ein Kaufgeschäft in Zeeland ab[207], zog mit dem König in die eroberte Stadt Aachen ein[208] und begleitete diesen schließlich an Weihnachten 1248 nach Nimwegen[209]. Danach finden wir ihn nicht mehr in den Urkunden Wilhelms.

Etwas später, ebenfalls vor Kaiserswerth, lassen sich weitere Mitglieder dieser Gruppe fassen, so Philipp von Diuvenvoorde[210] und Hoier von Hoek[211]. Ein *Dietricus pincerna de Rats* gehörte als Mundschenk offenbar

---

nachweisen, der gemäß der Reihenfolge der Zeugenliste im Rang über Johann von Avesnes stehen müsste. Im Prozess um die Legitimität Johanns und Balduins von Avesnes als Söhne Margaretes von Flandern trat im Sept. 1249 ein *miles* Aegidius von Hautmont, *Egidiu*[s] *de Homont*, als Zeuge für die Avesnes auf, DUVIVIER, La querelle des d'Avesnes et des Dampierre 1 S. 191 f.; 2 Nr. 138–140 S. 223–225; seine ausführliche Zeugenaussage ebd. Nr. 144 S. 244–246. Da D Wilh 6 nur in einer Einzelabschrift des 15. Jh. überliefert ist, könnte es durchaus sein, dass ein Abschreibefehler vorliegt (Graf Johann von Avesnes an erster Stelle, dann Aegidius von Hautmont als sein Gefolgsmann unter den *milites*).

199) Statt der Bezeichnung 's-Gravenhage, die erst im 17. Jh. gebräuchlich wurde, wird die moderne Bezeichnung des Ortes verwendet, die auch dem mittelalterlichen Sprachgebrauch entspricht, so etwa D Wilh 19 S. 50 Z. 33: *apud Hagen*.

200) D Wilh 6 S. 33 Z. 25.

201) D Wilh 6 S. 33 Z. 25; D Wilh 26 S. 57 Z. 2.

202) D Wilh 6 S. 33 Z. 24; später Zeuge des Vertrages Wilhelms mit Margarete von Flandern über die Lehnrührigkeit Zeelands, 1250 Mai 19, D Wilh 117 S. 161 Z. 28.

203) D Wilh 6 S. 33 Z. 25.

204) Zu den Herren von Grimbergen (bei Brüssel) vgl. AVONDS, Art. Grimbergen Sp. 1715 f.; BONENFANT/DESPY, Noblesse en Brabant S. 63, führen für die Jahre 1227 bis 1251 mehrere Belege für Wilhelm von Grimbergen an.

205) D Wilh 6 S. 33 Z. 24, direkt hinter Johann von Avesnes, dem Schwager Wilhelms.

206) D Wilh 26 S. 57 Z. 1; D Wilh 30 S. 62 Z. 18 f.

207) D Wilh 35 S. 67 Z. 28 f.

208) D Wilh 45 S. 80 Z. 15 f.

209) D Wilh 68 S. 105 Z. 1 f.

210) D Wilh 26 S. 57 Z. 1.

211) D Wilh 26 S. 57 Z. 1. In späteren Urkunden geht es mehrfach um Besitz Hoiers, so in DD Wilh 102, 214, 215, er stand also weiterhin in Kontakt mit dem König.

dem gräflichen Hof an[212]. Einige dieser Männer sind bereits im gräflichen Kontext belegt: Philipp von Duivenvoorde, auch von Wassenaar genannt, bezeugte schon im Juni 1223 eine Urkunde der Gräfinwitwe Maria[213], und 1225/26 bestätigte ihm sein Bruder Dietrich von Wassenaar seine Lehen[214]. Hoier von Hoek bzw. Otger van den Hoek befand sich bereits am 23. August 1244 und am 27. Juli 1245 im Gefolge Graf Wilhelms[215]. Jedoch nur Arnold von Goes[216] und der *pincerna* Dietrich[217] treten noch zu späteren Zeitpunkten in Urkunden des Königs auf. Der Schluss liegt nahe, dass sie alle zu Wilhelms Heer gehörten und spätestens nach der Einnahme von Kaiserswerth nach Holland zurückkehrten.

In einer Urkunde Wilhelms für seine Tante Richardis, die bereits am 1. März 1248 ausgestellt wurde, finden wir mit Dietrich von Wassenaar und Nikolaus von Putten[218] weitere Mitglieder des holländischen Adels. Über den Rang und die Aufgaben des ebenfalls genannten Dietrich, *castellanus de Leyden*[219], können zusätzliche Aussagen getroffen werden: Als einzige Stadt in der Grafschaft Holland wurde Leiden von einem Burggrafen verwaltet[220]. In Dietrich von Cuyk, dem Inhaber dieser herausgehobenen Position, darf also ein vertrauenswürdiger Gefolgsmann Wilhelms vermutet werden[221]. Auch Simon von Haarlem[222], den der König in einer späteren

212) D Wilh 26 S. 57 Z. 2; Name und Herkunft dieses Ministerialen werden weder in MGH DD Wilh noch in OHZ 2 Nr. 749 S. 400 bzw. Index S. 70 aufgelöst. Weitere Personen mit dieser Benennung, also eventuelle Familienmitglieder, sind nicht zu finden. Aufgrund der Stellung Dietrichs in der Zeugenliste an vorletzter Stelle ist auszuschließen, dass er das Amt des Reichsschenken innehatte; als solcher taucht erstmals 1249 Febr. 19 Werner d. J. von Bolanden auf, D Wilh 78 S. 114 Z. 34, als *pincerna imperii* ausdrücklich 1255 Febr. 13, D Wilh 341 S. 408 Z. 8 f.

213) OHZ 2 Nr. 432; es handelt sich um Maria von Brabant, die Witwe Kaiser Ottos IV., die in zweiter Ehe Graf Wilhelm I. von Holland († 1222) geheiratet hatte, vgl. VAN EICKELS, Art. Wilhelm I. Sp. 147.

214) OHZ 2 Nr. 466.

215) OHZ 2 Nr. 645, 665.

216) DD Wilh 26, 56, April bzw. Nov. 1248.

217) D Wilh 56.

218) D Wilh 11 S. 38 Z. 21.

219) D Wilh 11 S. 38 Z. 20 f.

220) VAN KAN, Élite and government in medieval Leiden S. 53.

221) Zur Burggrafschaft Leiden insgesamt MONNA, Bezittingen van het Leidse burggraafschap S. 65–99, und die Stammtafel S. 119; die wichtigsten Befugnisse des Burggrafen umfassten verschiedene Rechte auf dem Rhein, ebd. S. 91–93.

222) D Wilh 11 S. 38 Z. 22.

Urkunde *ballivo suo per Zelandiam*[223], Verwalter Zeelands nennt, ist dieser Funktionselite der Grafschaft zuzurechnen. Da das Diplom allerdings in Rijnsburg (nördlich von Den Haag) ausgestellt wurde[224], ist nicht zu klären, ob die vier genannten Personen sich dauerhaft im Gefolge des Königs befanden oder – dies ist wahrscheinlicher – nur vorübergehend während dessen Aufenthalts in Holland am Hof zugegen waren. Sie alle begegnen bereits in gräflichen Urkunden Wilhelms[225] und treten nur im holländischen Kontext auf.

Heinrich von Voorne hingegen, der Burggraf von Zeeland[226], der in der Urkunde als Ranghöchster der holländischen Zeugen aufgeführt wird[227], testierte auch zwei Monate später bei Kaiserswerth[228] – er folgte seinem Herrn also zumindest bis zur Belagerung dieser Stadt ins Reich. Ebenso kann Nikolaus *Parsiin*[229] bzw. *Persim*, der gleichermaßen als Zeuge in Rijnsburg und bei Kaiserswerth auftritt, wohl als ein Begleiter des Königs in den ersten Monaten dessen Herrschaft gelten[230].

223) D Wilh 105 S. 147 Z. 17 (1250 Febr.); vgl. auch LENSELINK, Het burggraafschap van Zeeland S. 35–37.

224) Zur problematischen Überlieferung des Textes vgl. HÄGERMANN/KRUISHEER im kritischen Apparat zu D Wilh 11 S. 37 Z. 32 f., 38 Z. 6–11; vgl. ausführlicher OHZ 2 Nr. 735 S. 369 Z. 17–30.

225) Dietrich von Wassenaar 1241 (OHZ 2 Nr. 608), 1243 (OHZ 2 Nr. 632), bereits 1205 erstmals in einer Urkunde Graf Wilhelms I. (OHZ 2 Nr. 273); Nikolaus von Putten 1243 (OHZ 2 Nr. 632), 1247 (OHZ 2 Nr. 711), bereits 1228/29 (OHZ 2 Nr. 495) und mehrfach selbst als Aussteller von Urkunden dokumentiert; Dietrich, Burggraf von Leyden: 1245 (OHZ 2 Nr. 672–673), bereits 1243 als Burggraf zu fassen (OHZ 2 Nr. 636); Simon von Haarlem: 1245 (OHZ 2 Nr. 672–673).

226) Heinrich wird erstmals 1220 als Erstgeborener seines Vaters Dietrich genannt, OHZ 2 Nr. 404 S. 589 Z. 35; 1240 besiegelte er die erste erhaltene Urkunde Wilhelms als Graf, OHZ 2 Nr. 600 S. 199 Z. 8f: *Et quia sigillum proprium non habemus, sigillis* [...] *Heinrici domini de Voern in hac parte usi sumus*; vgl. KRUISHEER, De oorkonden en de kanselarij 2 Nr. 153 S. 269. Zu den Burggrafen von Zeeland, die mit den Grafen von Holland versippt waren, vgl. VAN OOSTROM, Maerlants wereld S. 94, und LENSELINK, Het burggraafschap van Zeeland S. 39–41 und Stammtafel S. 117; hier S. 19–21 auch über die Entstehung der Burggrafschaft, die wohl in die zweite Hälfte des 12. Jh. zu datieren ist.

227) D Wilh 11 S. 38 Z. 19 f.

228) D Wilh 30 S. 62 Z. 19.

229) D Wilh 11 S. 38 Z. 22.

230) Zusammen mit Hoier von Hoek wird er ausdrücklich zur Gruppe der *fideles et familiares* Wilhelms gezählt, D Wilh 30 S. 62 Z. 19 f.; er ist aufgrund der holländischen Urkunden näher zu bestimmen als Nikolaas (Claas) Persijn van Haarlem, Ritter und Herr von Waterland, als solcher bereits in einer Urkunde Florens' IV. 1224 zu finden, OHZ 2 Nr. 439, und am 5. Juni 1241 erstmals in einer Urkunde Wilhelms, OHZ 2

Etwas ausdauernder in seiner Teilnahme an Wilhelms Unternehmungen im Reich ist Gieselbert (Gijsbrecht) III., Herr von Amstel[231], der zusammen mit Heinrich von Voorne die Rijnsburger Urkunde bezeugte[232] und auch vor Kaiserswerth nachweisbar ist[233]. Er hielt sich zudem noch am 9. Juni 1250 zusammen mit seinem Bruder Gerhard beim König in Aachen auf[234]. Danach verschwindet auch er aus dem Umfeld des Herrschers[235].

Mit den Herren von Teylingen-Brederode lässt sich in den frühen Diplomen Wilhelms eine ganze Familie mit engen Verbindungen zum Grafen und späteren König fassen. Laut einer spätmittelalterlichen Tradition sind die Herren von Teylingen Nachkommen Siegfrieds, eines Sohnes Graf Arnulfs von Holland, und somit Verwandte der Gerulfinger[236]. Zu Beginn des 13. Jahrhunderts spaltete sich das Geschlecht unter den Brüdern Wilhelm (von Teylingen)[237] und Dietrich (von Brederode)[238] in zwei Linien auf, die beide weiterhin in den Urkunden der Grafen von Holland genannt werden[239]. Dietrich, der Sohn Wilhelms von Teylingen, tritt in der Zeugenliste der Rijnsburger Urkunde vom 1. März 1248 auf[240]. Ein Dietrich von Brederode ist zusammen mit seinem gleichnamigen Cousin Zeuge in einem Diplom Wilhelms, das am 3. Februar 1251 in Middelburg ausgestellt wurde[241]. Am häufigsten tritt jedoch Wilhelm I. von Brederode[242], der Bruder Diet-

---

Nr. 608, danach noch mehrfach in holländischen Belangen; vgl. CORDFUNKE, Macht en aanzien S. 57–59.

231) Zu den Herren von Amstel, die v. a. im Utrechter Niederstift eine herausragende Rolle spielten, vgl. VAN AMSTEL, De heren van Amstel, hier v. a. S. 79 f. Zu Gieselbert III., der in zweiter Ehe mit einer Tochter Albrechts von Cuijk verheiratet war, und zum Konflikt mit Heinrich von Vianden vgl. ebd. S. 83–85; Stammtafel S. 238 f.

232) D Wilh 11 S. 38 Z. 20.

233) D Wilh 30 S. 62 Z. 19.

234) D Wilh 126 S. 171 Z. 39.

235) Einen Hinweis auf die Vertrauensstellung, die er genoss, liefert auch seine Zeugenschaft im Vertrag mit Margarete von Flandern in den zeeländischen Lehnsstreitigkeiten, D Wilh 117 S. 161 Z. 27.

236) OBREEN, Heeren van Teylingen Sp. 195; er beruft sich dabei auf das Chronicon universale des Dirk Paulszoon, entstanden um 1480.

237) OBREEN, Heeren van Teylingen Sp. 204 f.

238) OBREEN, Heeren van Teylingen Sp. 234.

239) Dietrich von Teylingen 1245 (OHZ 2 Nr. 672–673); Wilhelm von Brederode 1244 Aug. 6 (OHZ 2 Nr. 644).

240) *Theodericus de Tylinghen*, D Wilh 11 S. 38 Z. 22; vgl. OBREEN, Heeren van Teylingen, Sp. 205, der als ersten Beleg für diesen Familienvertreter allerdings eine Quelle von 1251 (vermutlich D Wilh 138) nennt.

241) D Wilh 138 S. 186 Z. 3; vgl. OBREEN, Heeren van Teylingen Sp. 235.

242) OBREEN, Heeren van Teylingen Sp. 234 f.

richs, als Anhänger Wilhelms von Holland in Erscheinung. Er befand sich mit dem König vor Kaiserswerth[243], begleitete ihn nach Rijnsburg[244] und beteiligte sich an der Belagerung Aachens[245]. Auch nach der Einnahme der Stadt und der Krönung bleibt er bei Wilhelm und wird von diesem in einer Urkunde, die nach der Eroberung Kaiserswerths ausgestellt wurde, ausdrücklich als Verwandter bezeichnet[246]. Im Juni 1250 war er zusammen mit dem König in Aachen[247], und im Juli darauf ist er im Heer Wilhelms bei Bechtolsheim anzutreffen[248]. Nachweislich noch zwei weitere Male hielt er sich beim König auf, 1252 in Utrecht[249] und 1255 in Zierikzee[250].

Interessant ist seine Position innerhalb der Zeugenreihen, zumal als *consanguineus*: Zunächst, im Dezember 1247, steht er am Schluss, nach all den holländischen Adligen, die Wilhelm bei der Einnahme Kaiserswerths unterstützten. In Rijnsburg, etwa ein Vierteljahr später, ist er an die dritte Stelle vorgerückt und wird unmittelbar nach Heinrich von Voorne[251] genannt, mit dessen Tochter Hildegund er verheiratet war[252]. Im September 1248 nimmt er den Platz direkt hinter Wilhelms Bruder Florens ein, noch vor Dietrich von Voorne, einem Bruder seines Schwiegervaters[253]. Im Diplom des Königs für Utrecht vom 18. Juni 1252 allerdings liegt er abgeschlagen an drittletzter Stelle, weit hinter Heinrich von Voorne[254]. Ein Vergleich zwischen den Positionen der Brederodes und der ihres Cousins aus dem Hause Teylingen in den Zeugenlisten fördert ebenfalls eine Auffälligkeit zutage: Wilhelm und Dietrich von Brederode stehen jedes Mal vor Dietrich von Teylingen[255], letzterer wird immer aus der Reihe der *milites* herausgenommen, aber wenigstens einmal als *fidelis* bezeichnet[256].

243) D Wilh 6 S. 33 Z. 25 f.

244) D Wilh 11 S. 38 Z. 20.

245) D Wilh 41 S. 75 Z. 13.

246) D Wilh 69 S. 105 Z. 34: *dilecti consaguinei nostri, nobilis viri Willelmi de Breitenroede.*

247) D Wilh 126 S. 171 Z. 38 f.

248) D Wilh 131 S. 176 Z. 25.

249) D Wilh 219 S. 272 Z. 27.

250) D Wilh 371 S. 437 Z. 27; zu Wilhelm von Brederode auch CORDFUNKE, Macht en aanzien S. 111–114.

251) Siehe oben S. 69.

252) OBREEN, Heeren von Teylingen Sp. 234 f. Der Zeitpunkt der Eheschließung ist allerdings nicht zu verifizieren.

253) Dietrich von Voorne ist ansonsten nur in zwei Urkunden seines Bruders belegt: OHZ 2 Nr. 662 (1245 April 20) und Nr. 837 (1250 Jan.).

254) D Wilh 219 S. 272 Z. 26 f.

255) D Wilh 11 S. 38 Z. 20–22; D Wilh 138 S. 186 Z. 3 f.; D Wilh 219 S. 272 Z. 27.

256) D Wilh 138 S. 186 Z. 3 f.

Der Status Dietrichs von Teylingen erschließt sich durch einen Blick auf die Ausstellungsorte der drei Urkunden, in denen er erwähnt wird: Rijnsburg[257], Middelburg[258] und Utrecht[259] – Dietrich hat also Holland und Zeeland nicht verlassen, zumindest soweit die Zeugenlisten es belegen. Er war, im Gegensatz zu seinen Cousins, eben kein *miles* im Heer Wilhelms.

Seine Absonderung aus dieser Gruppe lenkt allerdings die Aufmerksamkeit auf die Kategorie der *milites* insgesamt in den Urkunden Wilhelms. Sie findet, neben den drei obengenannten Urkunden, außerdem in dem ebenfalls bereits erwähnten D Wilh 117 Anwendung, in dem Vertrag zwischen dem König und Margarete von Flandern vom 19. Mai 1250. Die hier aufgeführten *milites* stammen allesamt aus dem Umfeld Wilhelms oder aus Flandern bzw. dem Hennegau[260]. Es handelt sich bei den Angehörigen der Gruppe der „Ritter" in den Diplomata Wilhelms immer nur um Personen, die in dieser nordwestlichen Region beheimatet waren. Zugleich gehörten sie edelfreien Familien an, wie das Beispiel der Herren von Brederode zeigt. Mit ihnen wird also ein Kreis fassbar, der aufgrund seines adligen Standes von den Rittern im Reich zu unterscheiden ist, da diese im 13. Jahrhundert bereits überwiegend ministerialischer Herkunft waren[261]. Die *milites* Wilhelms werden aber auch deutlich von den höheren Adligen abgegrenzt, den *nobiles viri* Johann von Avesnes sowie Guido und Johann von Dampierre[262]. Sie dürften zum größten Teil Vasallen der holländischen Grafen gewesen sein, vermutlich gehörten sie allesamt dem (militärischen) Gefolge an, das seinen Herrn vielleicht bereits zur Königswahl nach Worringen begleitet hatte. Einige von ihnen hielten noch etliche Monate beim König aus, doch spätestens 1252 hatte sich dessen personelles Umfeld fast vollständig gewandelt.

Dies gilt jedoch nicht für Arnold von Diest[263]. Er war ein Lehensmann des Kölner Erzbischofs, der zugleich über enge Kontakte zu den Brabanter Herzögen verfügte[264]. Durch seine Ehe mit Bertha, die in der älteren Lite-

---

257) D Wilh 11 S. 38 Z. 18.

258) D Wilh 138 S. 186 Z. 7.

259) D Wilh 219 S. 272 Z. 28.

260) D Wilh 117 S. 161 Z. 27–32.

261) ARNOLD, German Knighthood S. 26. Über die Problematik des Begriffes *miles* im Reich vgl. ebd. S. 31, 250.

262) D Wilh 117 S. 161 Z. 25 f. Auf die soziale Zugehörigkeit der *milites* und die diesbezüglichen regionalen Unterschiede geht auch JOHRENDT, ‚Milites' und ‚Militia' S. 136–185, ein; zu den Gegebenheiten im Nordwesten des Reiches v. a. S. 144–152.

263) Ca. 50 km östlich von Antwerpen.

264) KÖHN, Kreuzzüge gegen die Stedinger S. 189; Abfolge der Herren von Diest seit den 1130er Jahren bei BONENFANT/DESPY, Noblesse en Brabant S. 63.

ratur als *filia heredis* eines Burggrafen von Antwerpen bezeichnet wurde[265], konnte wohl spätestens die auf ihn folgende Generation der Herren von Diest dieses Amt in Anspruch nehmen[266]. Arnold jedenfalls kann als einer der ausdauerndsten Begleiter Wilhelms bezeichnet werden: Er unterstützte diesen spätestens ab April 1248 vor Kaiserswerth[267] und bei der Einnahme Aachens[268], und im Gegensatz zur Mehrzahl der holländischen Adligen folgte er dem König auch ins Mittelrheingebiet[269]. Er bezeugte den Vertrag Wilhelms mit Margarete von Flandern, der am 19. Mai 1250 in Brüssel geschlossen wurde[270] und lässt sich anschließend bis Februar 1255 im Gefolge des Herrschers in Aachen, Mons, Köln, vor Kaub, in Mainz und Speyer finden[271]. Zuletzt ist er am 27. Mai 1255 in einer Urkunde Wilhelms nachweisbar[272]. Er hielt sich also über die gesamte Dauer des Königtums hinweg immer wieder in dessen Umfeld auf, stellte mithin gewissermaßen eine personelle Konstante in dessen Herrschaft dar[273]. Sein besonders enger Kontakt zum König zeigt sich darin, dass Wilhelm sich zumindest einmal in Diest,

265) MIRAEUS, Opera diplomatica 1 S. 297; danach KREMER, Geschichte der Herren von Heinsberg S. 27. Im Jahr 1238 wird erstmals ein Antwerpener Burggraf fassbar, nämlich Hendrik van Herentals, AVONDS, Von der Gemeinschaft zur Plutokratie S. 61. Kurz zu den Grafen von Diest auch der Eintrag zu Everhard, Bischof von Münster 1275–1301, bei KOHL, Bistum Münster S. 340 f.

266) Vgl. auch VON DIEST, Geschichte S. 42–44.

267) D Wilh 26 S. 57 Z. 1; D Wilh 30 S. 62 Z. 18. In Grafenurkunden Wilhelms oder seiner Vorgänger tritt Arnold von Diest nicht auf.

268) D Wilh 45 S. 80 Z. 15.

269) Als Petent einer in Andernach am 16. Jan. 1249 ausgestellten Urkunde, D Wilh 76 S. 112 Z. 1 f. Schwieriger einzuordnen sowohl in zeitlicher als auch in geographischer Hinsicht ist D Wilh 84, in dem Arnold als Zeuge genannt wird, S. 123 Z. 41 f. HÄGERMANN, Kritischer Apparat zu D Wilh 84 S. 123, ordnet die Urkunde u. a. wegen des Auftretens Arnolds von Diest in der Zeugenliste an dieser Stelle ein und geht von einer Ausstellung im März/April 1249 im Mittelrheingebiet aus.

270) D Wilh 117 S. 161 Z. 27.

271) Aus einem Schriftstück im Zusammenhang des Streites zwischen Wilhelm und Margarete von Flandern geht hervor, dass Arnold als Geisel gestellt wurde, um den Vertrag von Brüssel im Mai 1250 zu garantieren, OHZ 2 Nr. 849–850, Bijlage 2 S. 510 Z. 22–27; vgl. HINTZE, Königtum Wilhelms S. 107. Lange dauerte sein erzwungener Aufenthalt in Brüssel jedoch nicht, bereits Anfang Juni 1250 war er wieder beim König, D Wilh 126 S. 171 Z. 38 (Aachen); weitere Nennungen in den Zeugenlisten: D Wilh 136 S. 183 Z. 33 (Mons); D Wilh 167 S. 221 Z. 26, und D Wilh 221 S. 274 Z. 35 (Köln); D Wilh 239 S. 292 Z. 19 (Kaub); D Wilh 336 S. 402 Z. 26 (Mainz); D Wilh 341 S. 408 Z. 8 (Speyer).

272) D Wilh 374 S. 440 Z. 32.

273) Vgl. auch KOHL, Bistum Münster S. 341 mit Anm. 4.

auf dem namengebenden Stammsitz der Familie, aufgehalten haben könnte[274]. Dennoch ist eine auffällige zeitliche Lücke zwischen dem 4. August 1252[275] und dem 31. Januar 1255[276] zu konstatieren, also von etwa zweieinhalb Jahren, in denen der Herr von Diest nicht in den Zeugenlisten genannt wird. Eine Entfremdung zwischen dem Ritter und seinem Herrn ist allerdings nicht anzunehmen. Sein Rang veränderte sich trotz der längeren Abwesenheit nicht, er firmierte bis auf eine Ausnahme[277] an erster Stelle des nichtgräflichen Adels.

Zusammen mit Wilhelm von Grimbergen gehörte Arnold von Diest dem brabantischen Adel an, und zugleich war er, wie bereits erwähnt, Kölner Vasall. Während einerseits die Unterstützung Konrads von Hochstaden in dieser frühen Phase von Wilhelms Herrschaft nicht in Zweifel zu ziehen ist, fällt andererseits die Zurückhaltung Herzog Heinrichs von Brabant in der Sache des Königs auf. Die Anwesenheit Arnolds von Diest und Wilhelms von Grimbergen im Heer und im Gefolge Wilhelms könnte einen Hinweis dafür liefern, dass der Brabanter den Neffen in Gestalt seiner Getreuen unterstützte und durch diese direkte Informationen aus dem Umfeld des Königs erhielt, auch wenn die Quellen nichts über ein unmittelbares Engagement des Herzogs verlauten lassen.

Neben den beiden Brabantern stechen zwei weitere Namen in den ersten Zeugenlisten heraus: die Wirichs von Daun[278] und Graf Volkwins von Schwalenberg (bei Paderborn)[279]. Letzterer lässt sich nur ein einziges Mal in einer Urkunde Wilhelms nachweisen, und es ist nicht zu ermitteln, ob sein Aufenthalt im Heerlager vor Kaiserswerth länger andauerte[280]. Er stirbt be-

---

274) D Wilh 110, 1250 April 27; allerdings ist die handschriftliche Überlieferung des Stückes verloren.

275) D Wilh 239.

276) D Wilh 336.

277) D Wilh 45 S. 80 Z. 15. Hier werden Gerhard von Wassenberg und Gerhard von Randerath vor ihm aufgezählt, zu diesen siehe unten S. 92 f.

278) D Wilh 11 S. 38 Z. 19.

279) D Wilh 26 S. 56 Z. 41.

280) Über die Gründe, weshalb der Schwalenberger in Kaiserswerth die Nähe Wilhelms und sicherlich auch des Kölner Erzbischofs suchte, kann nur spekuliert werden: Die Grafen befanden sich in einer territorialen Konkurrenzsituation sowohl zum Kölner als auch zu Bischof Simon von Paderborn, der aus der Familie der Edelherren zur Lippe stammte (HENGST, Art. Simon S. 540 f.) – diese wiederum waren ebenfalls regionale Konkurrenten der Schwalenberger; es wäre denkbar, dass Volkwin in diesen Zusammenhängen auf die Unterstützung des Königtums hoffte. Vgl. HOCK, Die westfälischen Zisterzienserinnenklöster S. 31; SCHOPPMEYER, Entstehung der Landstände S. 260, 267–278; zur Genealogie der Schwalenberger und speziell zu Volkwin IV. und seinem Bruder

reits um 1250[281]. Besser zu fassen ist sein Bruder Adolf von Waldeck, der zwar erst im November 1250 in einem königlichen Diplom als Zeuge genannt wird, im Umfeld Wilhelms jedoch als Justitiar eine bedeutende Position erlangen sollte[282]. Vorerst kann der Schwalenberger als Beispiel dafür dienen, dass sich die Anhängerschaft des Königs bereits in den ersten Monaten nicht nur auf den Nordwesten des Reiches und dessen unmittelbares Familienumfeld beschränkte. Dies belegt allerdings auch das Auftreten Wirichs von Daun, eines aus der Eifel stammenden Reichsministerialen, der jedoch im Gegensatz zu Volkwin eine größere Ausdauer im Einsatz für den König beweisen sollte[283].

Kurz zusammengefasst bestand Wilhelms Entourage in den ersten Monaten seiner Herrschaft hauptsächlich aus holländischen und zeeländischen Edelfreien. Doch diese Gruppe ist nur in einem sehr kurzen Zeitraum zu fassen, manche treten sogar nur einmal als Zeugen auf, und die meisten sind spätestens mit dem Ende des Jahres 1248 nicht mehr in der Nähe des Königs anzutreffen[284]. Einige von ihnen scheinen ihre Heimat nie verlassen zu haben, sondern gehörten wohl der gräflichen Verwaltung in Holland bzw. Zeeland an. Nach der Einnahme von Kaiserswerth und Aachen kehrte die Mehrzahl der gräflichen Vasallen offenbar nach Hause zurück; ihre Positionen wurden von Adligen aus dem Reich eingenommen.

— April/Mai 1248: Neue hochadlige Unterstützer

Während Otto von Geldern bereits als Begünstigter der ersten Urkunde seines Cousins und neugewählten Königs zu fassen ist, lassen sich andere Mitglieder des hochadligen Verwandtschaftskreises Wilhelms erst relativ spät, eben am 29. April bzw. 1. Mai 1248, in den Urkunden nachweisen. Die beiden anzusprechenden Diplome gehören einer Reihe von Dokumenten an, die das erst wenige Jahre zuvor gegründete Zisterzienserinnenkloster Duissern[285] und die Reichsstadt Duisburg betreffen und alle kurz nach dem

---

Adolf von Waldeck auch FORWICK, Die staatsrechtliche Stellung S. 9–12 und Stammtafel I, nach S. 112.

281) DEMANDT, Geschichte des Landes Hessen, Stammtafel nach S. 528; bei ZUNKER, Adel in Westfalen, Anhang nach S. 446, wird in der Stammtafel das Sterbejahr 1248 angegeben.

282) Siehe unten S. 184–192.

283) Siehe unten S. 111–113.

284) Eher lückenhaft ist die Aufzählung der „kleineren Herren […] in der Maasgegend“, die Wilhelm unterstützten, bei HINTZE, Königtum Wilhelms S. 68.

285) 1235; zu den Gründungsumständen vgl. VON RODEN, Zisterzienserinnenklöster Saarn, Duissern, Sterkrade S. 92–94.

Osterfest am 19. April 1248 ausgestellt worden sind[286]. Zunächst bekräftigte Wilhelm die Schenkung eines Bürgers an das Kloster[287], nahm die Nonnen in seinen Schutz auf[288] und wiederholte eine Besitzübertragung Friedrichs II. und Gernands von Kaiserswerth[289]. Dann wandte er seine Aufmerksamkeit der Stadt Duisburg zu: Er verpfändete sie an Walram von Limburg[290], stellte den Bürgern, *qui nobis et nostris multiplex obsequium gratum post nostram electionem fideliter impenderunt*, eine Bestätigung ihrer Rechte und Freiheiten aus[291] und anerkannte schließlich das Gewohnheitsrecht der Duisburger Schöffen, einen Nachfolger für ein verstorbenes Mitglied des Kollegiums präsentieren zu dürfen[292]. Insgesamt regelte der Herrscher also die rechtlichen Verhältnisse in und um die Reichsstadt, bevor er sie seinem Verwandten und Gefolgsmann Walram[293] anvertraute.

---

286) DD Wilh 24–26, 29, 30, 32.

287) Die Besitzbestätigung ist als Mandat an den Duisburger Schultheißen formuliert, der dazu aufgefordert wird, dem Kloster das betreffende Areal *ad plenum* zu überlassen, D Wilh 24 S. 54 Z. 24.

288) D Wilh 25.

289) Gernand hatte mit einer Urkunde vom 11. Sept. 1243 *auctoritate imperiali* das Kloster verlegt, an einen Ort, der *fons beate marie* [...] *in iurisdictionem imperii prope Ruram* genannt wird; und er übertrug den Nonnen eine wüstliegende Hufe. Genau diese Schenkung bestätigte Wilhelm, D Wilh 26 S. 56 Z. 28 f. Allerdings befand sich der Konvent zu diesem Zeitpunkt schon wieder am ursprünglichen Platz, heute „im Winkel zwischen Hansa- und Oranienstraße“ gelegen, also nur etwa 1 km von der Pfalz entfernt, da sich das von Gernand zugewiesene Areal als ungeeignet für eine dauerhafte Ansiedlung erwiesen hatte, so von Roden, Zisterzienserinnenklöster Saarn, Duissern, Sterkrade S. 92 f.; vgl. Reg. Imp. V,2 11416. Einen weiteren Urkundenkomplex für Duissern stellen DD Wilh 52–56 dar, die am 10. bzw. 15. Nov. 1248, also kurz nach der Krönung Wilhelms ausgefertigt wurden und in den die Besitzbestätigungen von D Wilh 24 und D Wilh 26 noch einmal miteinbezogen sind.

290) Auch hier handelte es sich um ein Pfandlehen – *in elemosinam et feodum* [...] *obligasse*, D Wilh 29 S. 59 Z. 31; siehe oben die Ausführungen zur Verpfändung Nimwegens an den Grafen von Geldern S. 56–61. Im Regest der Urkunde wird Walram als Graf bezeichnet, ebd. S. 59 Z. 5, im Kontext Z. 28 findet sich kein Titel. In der Zeugenliste von D Wilh 30 S. 62 Z. 17, wird er als *Walrauen dux Limburgen(sis)* aufgeführt, allerdings unter den Grafen. Die Kanzlei Wilhelms bezeichnet ihn durchgängig als Herzog. Über die Problematik des limburgischen Herzogstitels vgl. insgesamt Erkens, Verfassungsrechtliche Stellung, zu Walram (hier mit der Ordnungszahl IV, bei Schwennicke, Europäische Stammtafeln N. F. I/2 Tafel 230 mit der Ordnungszahl VI) v. a. S. 187–189, 193 f.

291) D Wilh 30 S. 61 Z. 17 f.

292) D Wilh 32.

293) D Wilh 29 S. 59 Z. 27.

Die Abfolge der Urkunden für Duissern und Duisburg wird unterbrochen durch ein Mandat, in dem Wilhelm verspricht, die Grafschaft Berg nicht anzutasten, *quod comitatum de Monte* [...] *nullatenus molestabimus ipsius ius mutando vel consuetudine infringendo*[294]. Das Diplom stellt nur einen scheinbaren Bruch dar, handelt es sich doch bei Herzog Walram von Limburg um den jüngeren Bruder Graf Adolfs IV. von Berg[295]. Letzterer wird an demselben Tag, an dem der Limburger Duisburg als Pfand erhält, ebenfalls von Wilhelm bedacht, nämlich durch die Verpfändung von Königsgut und Abgaben in Mettmann, Rath und Remagen[296]. Weitere Mitglieder aus dem einflussreichen Familienverband der Grafen von Berg und Altena treten mit Adolf von der Mark und seinen Söhnen als Zeugen in der Urkunde für Walram auf[297].

Die verschiedenen rechtlichen Vereinbarungen, die innerhalb weniger Tage, zwischen dem 23. April und dem 4. Mai 1248, während der Belagerung von Kaiserswerth getroffen wurden, vermitteln ein Bild davon, wie der König Zugang zu verschiedenen Personenkreisen erhielt: Die Urkunden für Duisburg und Duissern dienten, wie bereits erwähnt, der Ordnung und Sicherung des Reichsbesitzes. Die Übergabe der Stadt als Pfand an Walram von Limburg und die gleichzeitigen Zuwendungen an Adolf von Berg stellen die erste Kontaktaufnahme zu hochadligen Kreisen in diesem Raum dar. Erleichtert wurde dieses Vorgehen vermutlich durch Konrad von Hochstaden, dessen treuer Gefolgsmann und Schwager der Graf von Berg war[298].

---

294) D Wilh 27 S. 57 Z. 22–25.

295) SCHWENNICKE, Europäische Stammtafeln N. F. I/2 Tafel 230. Beider Vater war Heinrich IV. von Limburg, verheiratet mit Irmgard von Berg, der einzigen überlebenden Tochter Graf Adolfs III. von Berg.

296) D Wilh 28.

297) D Wilh 30 S. 62 Z. 17 f. Vermutlich handelt es sich bei den Söhnen um Otto und Engelbert I., vgl. SCHWENNICKE, Europäische Stammtafeln N. F. XVIII Tafel 16. Zu den Verwandtschaftsverhältnissen der Grafen von Berg, Altena und Mark vgl. ILGEN, Die ältesten Grafen von Berg, hier v. a. die Stammtafeln S. 48 f., 52. Eine vereinfachte Stammtafel bietet auch FINGER, Die Erzbischöfe von Köln und die Grafschaft Berg S. 216.

298) Er war mit der Schwester Konrads von Hochstaden, Margarete, verheiratet, vgl. FINGER, Die Erzbischöfe von Köln und die Grafschaft Berg S. 208 f. Das Verhältnis des Kölners zu Walram von Limburg scheint allerdings etwas getrübt gewesen zu sein, in kölnischen Urkunden wurde Walram offenbar konsequent der Herzogsrang verweigert, was ERKENS, Verfassungsrechtliche Stellung S. 187 f. auch auf die territorialpolitische Rivalität zurückführen lässt, die zwischen den beiden Parteien bestand.

Die Pfandurkunden für beide Brüder wurden auch durch den Kölner mitbesiegelt[299].

Duisburg wiederum dürfte die Verpfändung an den Herzog nicht allzu schwer getroffen haben, da dieser vermutlich bereits die Vogtei über die Reichsstadt innehatte und die Entwicklung der städtischen Selbstverwaltung nicht ins Stocken geriet[300]. Das Kloster Duissern seinerseits stand als Gründung des Duisburger Bürgers Alexander Casselmann in engem Zusammenhang mit der Stadt[301]. Es muss von dichten personellen Verflechtungen zwischen dem Konvent und der Bürgerschaft ausgegangen werden.

Im Heerlager vor Kaiserswerth waren also verschiedene interessierte Parteien anwesend, und die überlieferten Diplome sind als Ergebnis von Vereinbarungen zu erkennen, bei denen ein für alle Seiten tragbares Bündnis zustande kam. Wilhelm war dabei ein Akteur neben anderen, doch immerhin derjenige, der durch die Beurkundung als Garant des ausgehandelten Ergebnisses in Erscheinung trat. Er gewann neben dem finanziellen Freiraum durch die Pfandsummen wieder neue Gefolgsleute, die ihm lehnrechtlich verbunden waren. Sowohl Adolf von Berg als auch Walram von Limburg sind mehrfach als Zeugen in Königsurkunden anzutreffen[302], und auch die Kontaktaufnahme zu den Grafen von der Mark trug dauerhafte Früchte: Immerhin einer der genannten Söhne Graf Adolfs, Engelbert, trat im März 1253 noch ein zweites Mal als Zeuge in einer Königsurkunde auf[303]. Auch wenn sich die Grafen von Berg oder der Mark sowie der Herzog von Limburg vermutlich nicht mit oder für Wilhelm aus ihrem angestammten Raum um Köln wegbewegten, so hatte der Herrscher doch vor Ort wichtige, miteinander vernetzte Verbündete auf seine Seite gezogen[304].

---

299) D Wilh 28 S. 58 Z. 38–40; D Wilh 29 S. 60 Z. 4–7. Zu den Urkunden für Adolf von Berg und Walram von Limburg kurz auch GARNIER, Amicus amicis S. 44 f., die das Bündnis des Königs mit den beiden vor allem im Blick auf die Einnahme Kaiserswerths versteht.

300) MILZ, Geschichte der Stadt Duisburg S. 114.

301) VON RODEN, Zisterzienserinnenklöster Saarn, Duissern, Sterkrade S. 94 f.

302) Beide sind bei der Einnahme Aachens anwesend, D Wilh 45 S. 80 Z. 12, und Walram begleitete Wilhelm an Weihnachten 1248 nach Nimwegen, D Wilh 68 S. 104 Z. 43–105 Z. 1. Zusammen befinden sie sich wieder im Sommer 1252 bzw. im Frühjahr 1253 beim König, D Wilh 221 S. 274 Z. 33 f., und D Wilh 273 S. 326 Z. 1–3, und zusammen mit ihm besiegeln sie im Nov. 1253 eine Urkunde Graf Dietrichs von Kleve, D Wilh 445 S. 490 Z. 7.

303) D Wilh 273 S. 326 Z. 2.

304) Vgl. auch HINTZE, Königtum Wilhelms S. 68 f.; KRAUS, Aachen S. 128, der allerdings den negativen Aspekt der Verpfändung von Reichsgut in den Vordergrund stellt. Nur wenige Tage nach der Verpfändung Duisburgs weilte der König offenbar sogar als

Und auch zu dieser Grafengruppe hatte der König verwandtschaftliche Beziehungen, wenn auch denkbar weitläufige. Als Verbindungsglied kann die Ehe Walrams von Limburg mit Jutta ins Feld geführt werden, einer Tochter Graf Dietrichs von Kleve[305] und somit Wilhelms Cousine zweiten Grades (Abb. 1 S. 57). Walram war ebenfalls bei der Verpfändung Duisburgs anwesend und wird sogar als erster der weltlichen Zeugen in der Urkunde genannt, noch vor dem Grafen von Geldern[306]. Dietrich hielt sich vielleicht sogar bis März 1255[307] immer wieder im Umfeld des Königs auf. Allerdings beschränkte sich auch sein Aktionsradius im Wesentlichen auf das Niederrheingebiet[308]. Es müssen also nicht zwingend die Beziehungen des Kölner Erzbischofs gewesen sein, die für die Annäherung zwischen Wilhelm und dem Herzog von Limburg sowie dessen Familie sorgten. Die persönliche Anwesenheit des Klevers könnte darauf hindeuten, dass bei den Absprachen Ende April, Anfang Mai 1248 auch Verwandtschaftsbeziehun-

---

Gast des Limburgers auf Burg Rode (Herzogenrath), wie die Datierung von D Wilh 32 S. 64 Z. 17, nahelegt.

305) SCHWENNICKE, Europäische Stammtafeln N. F. I/2 Tafel 230; LIEVEN, Adel, Herrschaft und Memoria S. 237. KASTNER, Territorialpolitik S. 12–15 nennt zwar Walram mehrmals, scheint von der familiären Bindung jedoch nichts zu wissen.

306) D Wilh 29 S. 60 Z. 4.

307) In D Wilh 351 bestätigte Wilhelm in Hagenau einen Spruch des Hofgerichts, der in Saarbrücken auf Anfrage Dietrichs hin ergangen war. Ob Dietrich bei der Ausstellung der Urkunde in Hagenau anwesend war, lässt sich nicht mehr zweifellos feststellen, ist aber wahrscheinlich.

308) Neben den beiden in Kaiserswerth ausgestellten Urkunden D Wilh 29 und 30 (S. 62 Z. 16) tritt Dietrich in Nimwegen, D Wilh 68 S. 104 Z. 43, und Köln als Zeuge auf, D Wilh 270 S. 323 Z. 9 f., und D Wilh 273 S. 326 Z. 1; eine von ihm in Neuss am 11. Nov. 1253 ausgestellte Urkunde wird von Wilhelm mitbesiegelt, D Wilh 445. Obwohl er in D Wilh 122, ausgestellt in Brüssel am 19. Mai 1250, Erwähnung findet, in dem Wilhelm zwischen Margarete von Flandern und seinen Verwandten vermittelt, kann seine Anwesenheit vor Ort nicht belegt werden; im Gegensatz zu den anderen genannten Adligen ist von Dietrich keine entsprechende Erklärung erhalten, vgl. im kritischen Apparat zu D Wilh 122 S. 166 Z. 14–16. Zum Engagement des Klever Grafen im Dienste Wilhelms vgl. insgesamt KASTNER, Territorialpolitik S. 12–18; die Verstimmung zwischen Wilhelm und Dietrich, von der KNAPP, Regenten- und Volksgeschichte S. 288 f., spricht und die auf die Verpfändung Nimwegens an Otto von Geldern zurückgehen soll, lässt sich in den Quellen nicht belegen, dazu vgl. auch KASTNER, Territorialpolitik S. 28 f. Für den Hinweis auf die ältere Literatur danke ich Kathrin von Basse, Halle.

gen und altbewährte politische Zusammenschlüsse[309] nutzbar gemacht wurden[310].

Durch das Auftreten Graf Wilhelms von Jülich verdichtet sich das Gefüge, das in der Duisburger Pfandurkunde greifbar wird. Dieser war zwar ebenfalls nur entfernt mit Wilhelm selbst verwandt, dafür umso enger mit Otto von Geldern und Walram von Limburg: Er war mit einer Schwester Ottos verheiratet[311], und seine Mutter Mathilde war eine Tochter Walrams IV. von Limburg und somit eine Tante des Pfandnehmers[312]. Noch 1241 hatte Wilhelm von Jülich mit der Stadt Aachen vereinbart, ihr gegen Aggressoren beizustehen und den Staufern die Treue zu halten[313]. Nun wechselte er offensichtlich die Seiten, und zusammen mit seinem Bruder Walram ist er mehrfach als Zeuge in Wilhelms Diplomen nachweisbar[314]. Durch eine der Urkunden, die kurz nach der Krönung zur nochmaligen Bestätigung des Besitzstandes für den Konvent in Duissern ausgestellt wurden, ergibt sich außerdem eine weitere Querverbindung. Am 10. November 1248 wandte sich der König an Walram von Jülich und bat ihn speziell, das Kloster und die Nonnen zu beschützen[315]. Hier bestätigt sich der Eindruck von

309) Bereits unter dem Kölner Erzbischof Engelbert (1216–1225) hatten sich die Familien in einer gemeinsamen Opposition gegen diesen verbunden, noch unter Walrams gleichnamigem Vater, vgl. LIEVEN, Adel, Herrschaft und Memoria S. 117 f.

310) HINTZE, Königtum Wilhelms S. 65, vermutet, dass sich die Klever Grafen bereits von Anfang an zu Wilhelm bekannt hatten; Belege gibt es dafür allerdings nicht; zu den Verwandtschaftsbeziehungen und zur Frühgeschichte der Grafen von Kleve vgl. KRAUS, Studien zur Frühgeschichte, hier v. a. die Stammtafeln S. 5 und S. 20.

311) SCHWENNICKE, Europäische Stammtafeln N. F. XVIII Tafel 28. Mit Margarete von Geldern existierte eine Heiratsabsprache, ob die Ehe geschlossen wurde, ist aus den Quellen nicht ersichtlich; ab 1251/52 ist eine andere Schwester des Grafen von Geldern mit Namen Richarda als Gemahlin Wilhelms nachzuweisen, vgl. KRAUS, Jülich, Aachen und das Reich S. 29 f.; JAHN, Genealogie S. 33; LIEVEN, Adel, Herrschaft und Memoria S. 235; KLUCKE, Außenbeziehungen Jülich S. 46 f. und Stammtafel nach S. 380.

312) SCHWENNICKE, Europäische Stammtafeln N. F. I/2 Tafel 229, 230. Zu dieser Generation der Grafen von Jülich vgl. auch KRAUS, Jülich, Aachen und das Reich S. 27–30.

313) Urkundenbuch Niederrhein 2 Nr. 260 S. 134, vom 1. Dez. 1241; vgl. KLUCKE, Außenbeziehungen Jülich S. 69.

314) Beide Brüder waren bei der Einnahme Aachens zugegen, D Wilh 45 S. 80 Z. 13, und sind im Nov. 1253 unter den Mitbesieglern der Urkunde Graf Dietrichs von Kleve, D Wilh 445 S. 490 Z. 7 f. Wilhelm allein ist an Weihnachten 1248 mit in Nimwegen, D Wilh 68 S. 105 Z. 1, dann wieder im Frühjahr 1253 beim König in Köln, D Wilh 273 S. 326 Z. 1, und zuletzt im Mai 1255 in Antwerpen, D Wilh 374 S. 440 Z. 31.

315) D Wilh 54.

einer vielschichtigen Interessengemeinschaft, die vor Kaiserswerth zusammentraf.

Durch das Zusammengehen mit Jülich erhielt auch die Personengruppe im Umfeld Wilhelms Zuwachs, die nicht unbedingt Konrad von Hochstaden nahestand. Die Jülicher Grafen hatten sich vielmehr nur wenige Jahre zuvor erbitterte Kämpfe mit dem Kölner geliefert, und das Verhältnis zwischen den ehemaligen Kriegsparteien blieb dauerhaft gestört[316]. Wilhelm und Walram von Jülich scheinen nicht oder kaum von der Unterstützung des Königs 1248 profitiert zu haben[317], und offenbar rückten sie bis zu ihrem erneuten Auftreten 1252 wieder in den Hintergrund[318]. Doch durch den adligen Kreis, in dem der Herzog von Limburg und die Grafen von Berg, der Mark sowie Kleve sich mit Wilhelm zusammenschlossen, wurden auch die Jülicher bereits sehr früh[319] an dessen Königtum herangeführt und bildeten durchaus „ein gewisses Widerlager zu der dominierenden Figur Erzbischof Konrads von Köln“[320].

Im Urkundenkomplex von April/Mai 1248 begegnet nun also eine neue Personengruppe im Gefolge des Herrschers, die zu den Niederadligen aus dessen Heimatregion hinzukommt. Sie besteht aus mehr oder weniger nahen, der gräflichen Schicht entstammenden Verwandten Wilhelms. Erst über ein halbes Jahr nach der Wahl in Worringen sind sie im Umkreis Wilhelms nachzuweisen, was den Verdacht erweckt, dass die Adligen zunächst abwarteten, bevor sie sich endgültig für eine Seite entschieden. In der Tat könnten zwei Ereignisse ihre Entscheidung beeinflusst haben: Zum einen hatte Konrad IV. im März oder April eine Niederlage im Kampf gegen eine Allianz südwestdeutscher Adliger erlitten[321], befand sich also momentan auf dem Rückzug. Zum anderen waren fast alle aufgeführten Grafen und

316) KLUCKE, Außenbeziehungen S. 81–92; vgl. HINTZE, Königtum Wilhelms S. 65 f. Anlass der Auseinandersetzungen war zunächst die staufertreue Haltung der Jülicher; neben dem Verhältnis beider Parteien zur Stadt Köln spielten hauptsächlich territoriale Interessen der beiden Parteien eine Rolle, vgl. KRAUS, Jülich, Aachen und das Reich S. 94–107.

317) Der Schutzauftrag für Duissern an Walram könnte mit einem materiellen Ausgleich verbunden gewesen sein, dies ist allerdings in den Quellen nicht zu belegen.

318) KLUCKE, Außenbeziehungen Jülich S. 91 f., bringt diese „Entfremdung“ mit einer Außeinandersetzung zwischen den Jülichern und Konrad von Hochstaden um das Judenregal in der Kölner Diözese bzw. in der Grafschaft Jülich in Verbindung.

319) Sowohl HINTZE, Königtum Wilhelms S. 65, als auch KLUCKE, Außenbeziehungen S. 88 Anm. 298, halten den Jülicher für einen Anhänger Wilhelms der ersten Stunde, wofür jedoch die Quellen fehlen.

320) KLUCKE, Außenbeziehungen S. 89; zum Verhältnis zwischen Köln und Jülich auch KAUFHOLD, Deutsches Interregnum S. 272–276.

321) Reg. Imp. V,1 4520c; Menkos Nachricht über den Sieg des Abtes von St. Gallen

der Herzog von Limburg am 24./25. März 1248 in Schmerlecke (ö. Soest) Zeugen des Vertrags zwischen Bischof Engelbert von Osnabrück und Konrad von Hochstaden, in dem sich die beiden Prälaten gegenseitigen Beistand zusicherten[322]. Das konfliktreiche Miteinander in der Region hatte also einen einigermaßen ausgeglichenen Zustand erreicht, der es jemandem wie Wilhelm von Jülich ermöglichte, zumindest vorübergehend mit dem Kölner zu kooperieren. Und vielleicht wurden gelegentlich der Verständigung von Schmerlecke schon erste Vorgespräche geführt.

Trotz der offensichtlichen Rolle, die Erzbischof Konrad bei der Formierung von Wilhelms Umfeld spielte, darf der Verwandtschaftsfaktor keinesfalls aus den Augen gelassen werden. Den Anknüpfungspunkt an den ausgedehnten bergischen Familienverband stellte Dietrich von Kleve dar, und durch Otto von Geldern existierte eine Verbindung zu Wilhelm von Jülich. Es ist nicht unwahrscheinlich, dass der König diese Beziehungen bewusst nutzte, um weitere Verbündete an sich zu binden.

— September/Oktober 1248: Aachen

Die Einnahme der Krönungsstadt Aachen erwies sich für Wilhelm als eine Herausforderung, die er nur mit Hilfe friesischer Truppen meistern konnte. Abt Menko von Bloemhof, Augenzeuge der Ereignisse, berichtet, dass die Stadt den ganzen Sommer über vergeblich belagert worden war, bis sie im Herbst erst durch die Friesen vollständig eingeschlossen werden konnte[323]. Die Neuhinzugekommenen besetzten offenbar die gefährlichste Stelle auf der Nord- und Nordwestseite Aachens und zeichneten sich durch besondere Tapferkeit aus – *Aquenses cives tribus vicibus irrumpentes de civitate viriliter represserunt, pre omnibus aliis nationibus specialem consecuti sunt gloriam*. Als Belohnung für diese herausragende Leistung erhielten die Friesen vom König nach dessen Krönung eine feierliche Bestätigung ihrer Rechte und Freiheiten[324]. Durch den Bau eines Dammes im Osten der Stadt wurde

und des Bischofs von Straßburg über Konrad könnte sich auf dieses Ereignis beziehen, Kroniek S. 370 Z. 9f.

322) Nur Dietrich von Kleve fehlt, KNIPPING, Regesten Köln 3,1 Nr. 1380, 1381 S. 195.

323) Ausführlich dazu auch die Annales S. Pantaleonis S. 543 Z. 3–24. Hier werden verschiedene Kampfhandlungen geschildert, die allesamt für das königliche Heer ungünstig ausgingen. Den Ausschlag gaben schließlich, so der Chronist, Kreuzfahrer *de Brabantia, de Flandria et de Picardia*, ebd. Z. 17f., und zuletzt die Friesen, die durch Minoritenprediger aufgerufen worden waren, sich Wilhelm anzuschließen.

324) D Wilh 48.

schließlich eine Überschwemmung in Aachen herbeigeführt und die Bevölkerung zur Kapitulation gezwungen[325].

Neben den Friesen zählt Menko noch die Namen weiterer Unterstützer auf, die zum Sieg Wilhelms beitrugen und somit seine Krönung ermöglichten: Kardinal Petrus Capocci, der Erzbischof von Köln[326], der Bischof von Lüttich, der Graf von Geldern, Johann von Avesnes als Graf von Hennegau, und viele andere Adlige aus Brabant, Holland, Zeeland und Friesland[327]. Damit nennt der Geschichtsschreiber einerseits die prominentesten Persönlichkeiten im königlichen Heer und gibt andererseits ein Zeugnis seiner Vertrauenswürdigkeit, da die Anwesenheit aller Genannten durch Urkunden zu bestätigen ist und die abschließende summierende Bemerkung Menkos weiter ausdifferenziert werden kann[328]. Durch die Zeugenreihen zweier Diplome, die kurz vor und nach der Einnahme Aachens ausgefertigt wurden[329], lässt sich die Liste des Abtes von Bloemhof zusätzlich um einige Namen erweitern.

Die erste Urkunde, von der hier die Rede sein soll, stellte der König im September 1248 für ein Lazaritenhaus in der heutigen Schweiz aus, vermutlich für Gfenn (Dübendorf bei Zürich)[330]. Er bestätigte sowie erweiterte eine Übertragung Heinrichs (VII.)[331], Auffällig sind zunächst die tief im Südwesten des Reiches angesiedelten Empfänger der Urkunde, deren Auftreten sich jedoch durch einen Blick auf das weitere Umfeld erklären lässt: Zum einen richtete Wilhelm etwa zur selben Zeit ein Schreiben an den Konstanzer Klerus, in dem er die Verleihung der Regalien an deren erwählten

---

325) Am 18. Okt. 1248, dem Fest des hl. Lukas, Kroniek S. 386 Z. 1–24, Zitat Z. 22–24. Die Formulierung Menkos: *Acta sunt hec die dominico in festo Luce evangeliste*, legt nahe, dass ihm eine Urkunde vorlag, der er dieses Datum entnehmen konnte. Falls dies so war, handelte es sich nicht um D Wilh 45, das ebenfalls auf den 18. Okt. datiert wird, dessen Datierungszeile jedoch lautet: *Datum Aquis, XV° kl. octobris, anno domini M°CC°XL°VIII°*, S. 80 Z. 17; vgl. auch im kritischen Apparat S. 78 Z. 38–79 Z. 4. Vgl. auch KRAUS, Aachen S. 130. Zur sagenhaften Ausformung der Einnahme Aachens bei Melis Stoke (Rijmkroniek v 3685–3748 S. 133–138) vgl. auch HINTZE, Königtum Wilhelms S. 24 und unten S. 404 f.

326) Zu diesem schreiben die Annalen von St. Pantaleon: [...] *qui potens et precipuus erat in exercitu; quo mediante se regi dedentes* [die Aachener, Anm. d. Verf.], Annales S. Pantaleonis S. 543 Z. 25 f.

327) Kroniek S. 366 Z. 20–23.

328) Siehe unten S. 150–153.

329) DD Wilh 41, 45.

330) Der genaue Name der Gründung wird weder im Diplom Heinrichs (VII.) noch in dem Wilhelms erwähnt, aus späteren Besitzurkunden lässt sich Gfenn jedoch als Adressat der Schenkung ableiten, vgl. DEGLER-SPENGLER, Gfenn S. 889 f.

331) D Wilh 41.

Bischof ankündigt und den Gehorsam diesem gegenüber einfordert[332]. Zum anderen stellte auch der Legat Petrus Capocci am 29. September 1248 ein Dokument aus, in dem er seinerseits *magistro et fratribus domus leprosorum sancti Lazari, Constantiensis diocesis* – also wohl wiederum Gfenn – die durch Heinrich (VII.) getätigte und von Wilhelm wiederholte Schenkung konfirmierte[333]. Darüber hinaus erhielt der Konstanzer Bischof Eberhard von Waldburg[334] am 7. Oktober 1248 ebenfalls eine Urkunde des Legaten, durch die der Status des Züricher Klerus während des Interdikts geregelt wurde[335].

Es existiert also ein ganzes Bündel von Schriftstücken, das im September und Oktober 1248 vom Aachener Heerlager aus in die Diözese Konstanz ging, und es liegt nahe, ein ähnliches Vorgehen wie im Falle von Duisburg und Duissern wenige Monate zuvor zu rekonstruieren: Beim König versammelte sich eine Interessengemeinschaft, diesmal Konstanz, Zürich und die Lazariten betreffend. Das Ergebnis der zu vermutenden Verhandlungen zeitigte zwar keine so unmittelbare Auswirkung wie die Kontaktaufnahme zu den Grafen von Berg, Kleve und Jülich. Doch es zeigt sich, dass Wilhelms Aufmerksamkeit sehr früh auf den Südwesten des Reiches und seine sehr speziellen Bedingungen gelenkt wurde: Der schwäbische Adel stand in unmittelbarer territorialer Konkurrenz zu den Staufern, kann mithin als deren „natürlicher Feind“ bezeichnet werden. Zugleich gab es in dieser Region einflussreiche und traditionell staufertreue Ministerialenfamilien – aus diesem Milieu stammten sowohl der frühere Inhaber des Konstanzer Bischofsstuhls, Heinrich von Tanne, als auch der aktuelle Bischof Eberhard von Waldburg. Der päpstliche Einfluss hatte schon einige Jahre vorher dazu geführt, dass der Konstanzer sich von Friedrich II. und Konrad IV. abwandte[336]. Die Urkunden belegen nun, dass vor Aachen nun Vertreter dieser südwestdeutschen antistaufische Kreise an den König herantraten[337].

332) D Wilh 40.

333) Urkundenbuch Zürich 2 Nr. 745 S. 219, Zitat ebd.

334) GATZ, Art. Eberhard von Waldburg S. 290.

335) Urkundenbuch Zürich 2 Nr. 746 S. 219 f.

336) DEGLER-SPENGLER, Das Bistum vom 13. bis zum 15. Jahrhundert S. 93; GATZ, Art. Heinrich von Tanne S. 289 f.

337) Dazu könnte auch Rudolf I./IV. von Rapperswil gezählt haben, der in einer spätmittelalterlichen Überlieferung als Gründer des Lazaritenhauses in Gfenn genannt wird, DEGLER-SPENGLER, Gfenn S. 888. Die politische Standortbestimmung der Herren bzw. Grafen von Rapperswil um die Mitte des 13. Jh. ist überaus schwierig: Es wäre denkbar, dass ihnen in den 1230er Jahren durch Friedrich II. bzw. Heinrich (VII.) der Grafentitel förmlich zuerkannt wurde – die oben erwähnte Schenkung Heinrichs an Gfenn bzw. die Lazariten könnte in diesem Kontext eine Rolle spielen; eine Grafenerhebung spräche

Über diesen Befund hinaus liefert die Zeugenliste von D Wilh 41 zwei weitere neue Namen. Zum ersten Mal tritt Florens, der jüngere Bruder Wilhelms, in einer Königsurkunde auf[338]. Sein Engagement für Gfenn darf wohl als Gelegenheitsprodukt betrachtet werden. Drei weitere vor Aachen ausgefertigte oder vorformulierte Diplome zeigen, dass er sich in „dienstlichen“ Angelegenheiten beim König aufhielt. Nicht lange nach der Wahl hatte Wilhelm die Verwaltung der Grafschaft Holland an Florens übertragen[339], und vermutlich standen die Brüder permanent in engem Austausch über deren herrschaftliche Belange. Hier lässt sich dies nachweisen: Florens und Wilhelm berieten offenbar über das andauernde und längst nicht gelöste Problem der Lehnsabhängigkeit Zeelands bewesten Schelde von Flandern. Der jüngere Bruder hatte die Oberhoheit der Gräfin Margarete über diesen nicht unbeträchtlichen Teil des holländischen Herrschaftsgebietes anerkannt. Der König bestätigte bei dem Treffen im Aachener Heerlager diese Vereinbarungen[340] und betonte erneut das prinzipielle Recht Flanderns auf eine Huldigung durch die Grafen von Holland[341]. Außerdem verständigten sich die Brüder noch über einen Güterverkauf, den sie gemeinsam durchführten und der von Florens vor Ort abgewickelt wurde[342].

---

wiederum nicht unbedingt gegen einen Parteiwechsel der Familie Ende der 1240er. In den Urkunden Wilhelms treten die Rapperswiler aber weder als Zeugen noch als Begünstigte auf; vgl. SABLONIER, Grafen von Rapperswil S. 9 (Stammtafel), S. 14–16.

338) D Wilh 41 S. 75 Z. 12.

339) In einer Urkunde vom 3. Febr. 1248 bestätigte Florens dies gegenüber den Städten Lübeck und Hamburg: *Cum memoratus dominus meus et frater meus, rex Alemanie, michi tocius comitatus Hollandie dominium conmiserit et potestatem*, OHZ 2 Nr. 730 S. 364 Z. 34 f.

340) D Wilh 42. Wilhelm nennt sich hier nach wie vor selbst *comes Hollandiae*, seinen Bruder aber lediglich *nobilis vir Florentius*, ebd. S. 76 Z. 1 f.

341) D Wilh 43.

342) D Wilh 44. HÄGERMANN/KRUISHEER ebd. S. 78 Z. 6–11 vermuten, dass die Datierung der Urkunde auf den 16. Okt. 1248 den Zeitpunkt des Verkaufs in Holland nennt und eine Besiegelung durch Wilhelm später stattfand. Wäre es denkbar, dass das Dokument bereits im Sept., während der nachweislichen Anwesenheit Florens' vor Aachen vorausgefertigt wurde, als Blankett? QUELLER, Diplomatic Blanks S. 476–491, führt mehrere Belege für den Gebrauch von Blanketten im westeuropäischen Raum (u. a. Flandern) im 13. Jh. auf; auch wenn seine Beispiele dem diplomatischen Bereich (im Sinne des Gesandtenaustauschs) entnommen sind, erscheint es denkbar, dass auch Wilhelm zum Zwecke der Verwaltung Hollands vermittels seines Bruder Florens die Form des Blanketts anwendete.

Ein weiterer Zeuge, der erstmals in einer Urkunde Wilhelms genannt wird, ist Propst Eberhard (Everhard)[343] von Hünfeld[344]. Es handelt sich bei ihm um ein Mitglied der brabantischen Familie der Edelfreien von Diest, genauer um einen Bruder Arnolds von Diest[345]. Er taucht in den folgenden Monaten und Jahren immer wieder im Umfeld des Königs auf und fungierte auch als dessen Notar[346]. In späteren Jahren bekleidete er das Bischofsamt in Münster[347]. Seine Karriere im Gefolge Wilhelms ist keineswegs ungewöhnlich – interessant ist jedoch seine Verbindung zu Hünfeld. Dieses Kollegiatsstift wurde ursprünglich als Mönchszelle spätestens Anfang des 9. Jahrhundert vom Kloster Fulda aus gegründet und jedenfalls vor 1128 in ein Stift umgewandelt. Seine Pröpste hatten oftmals hohe Ämter im fuldischen Konvent inne[348], Eberhard selbst ist in einer Urkunde Wilhelms mit einer entsprechenden Herkunftsbezeichnung versehen[349]. Die Abtei Fulda wiederum stand gerade in diesen Jahren in engem Kontakt zu den Welfen in Braunschweig: Nach dem Tod Heinrich Raspes hatte sich Herzog Otto I. in den Besitz fuldischer Kirchenlehen setzen können, die von großer Bedeutung im Kampf um die Vorherrschaft im mitteldeutschen Raum waren[350]. Mag diese Verbindungslinie zunächst dünn und konstruiert erscheinen, so erhält sie doch Substanz durch die nachweisliche Teilnahme Eberhards am Zug des Königs nach Braunschweig und später weiter an die Saale in der ersten Jahreshälfte 1252: Eberhard war am 15. Dezember 1251 bei Wilhelm

343) In den königlichen Urkunden überwiegt die Schreibung mit b; KOHL, Bistum Münster S. 340 führt als gebräuchliche Namensform *Everhardus* an.

344) D Wilh 41 S. 75 Z. 13 f.

345) Siehe oben S. 72–74. Ein weiterer Bruder aus dieser Familie ist Johann von Diest, franziskanischer Kreuzzugsprediger gegen Friedrich II., ab 1251 Bischof von Samland und ab 1254 Bischof von Lübeck, als solcher in D Wilh 341, 1255 Febr. 13, S. 408 Z. 6, in einer Urkunde Wilhelms als Zeuge genannt, zusammen mit Arnold von Diest, ebd. Z. 8; vgl. HINTZE, Königtum Wilhelms S. 68; REH, Kardinal Peter Capocci S. 127 f.; GLAUERT/PRANGE, Art. Johann von Diest S. 352.

346) D Wilh 48, 1248 Nov. 3, S. 84 Z. 12: *per manum Eberhardi prepositi, notarii nostri*; D Wilh 166, 1251 Dez. 15, S. 220 Z. 35: *Eberhardus prepositus Fuldensis, notarius noster*; D Wilh 173, 1252 Jan. 28, S. 228 Z. 24 f.: *E. prepositus de Huniuelt, notarius noster*; D Wilh 178, 1252 März 20, S. 233 Z. 17: *E. prepositus Foldensis*; D Wilh 242, 1252 Sept. 17, S. 295 Z. 12: *Euerardus prepositus de Vniuelt, notarius noster*. Vgl. auch HÄGERMANN, Studien zum Urkundenwesen S. 37–39.

347) KOHL, Bistum Münster S. 340–344.

348) BURKARDT, Art. Hünfeld S. 653–655.

349) D Wilh 166.

350) WERNER, Neugestaltung S. 18 f.; KÄLBLE, Heinrich der Erlauchte S. 259 f.; TEBRUCK, Pacem confirmare S. 254; ZILLMANN, Welfische Territorialpolitik S. 272–276, 279–281; ausführlicher zur Lage im mitteldeutschen Raum siehe unten S. 301–306.

in Köln[351]. Am 28. Januar 1252, nur drei Tage nach der königlichen Hochzeit in Braunschweig mit Elisabeth, der Tochter Herzog Ottos, wird er in einem Herrscherdiplom genannt[352], und im März 1252 tritt er ein weiteres Mal in einer Zeugenreihe auf[353].

Aufgrund der Urkunden lassen sich die Aufenthalte des Hünfelder Propstes am Hof auf zwei Ereignisse eingrenzen, nämlich zum einen auf die Einnahme Aachens und zum andern auf die Reise Wilhelms nach Osten. Danach ist Eberhard nur noch einmal beim König, im September 1252 in seinem heimischen Umfeld[354]. Die Vermutung liegt nahe, dass er durch die Vermittlung seines Bruders Arnold, der sich bereits vorher im Gefolge Wilhelms befand, als „Spezialist" herangezogen wurde, als ein Kenner der machtpolitischen Verhältnisse in den östlichen Regionen des Reiches. Deshalb begleitete er den Hof im Jahr 1252 nach Braunschweig, und aus demselben Grund ist er später nicht mehr für den König tätig – seine Dienste waren nach der Eheschließung mit Elisabeth nicht mehr vonnöten. Erstaunlich ist abermals der frühe Zeitpunkt, an dem diese Zusammenhänge erstmals erkennbar werden. Bereits im Herbst 1248, noch vor Wilhelms Krönung, richtete sich der herrscherliche Blick über die unmittelbar bevorstehenden Erfordernisse hinaus.

Am 18. Oktober 1248 kapitulierte die Stadt Aachen, und der Stadtvogt[355] sowie zwölf Bürger leisteten einen Eid auf König Wilhelm. Die Urkunde der Übergabe ist nicht erhalten, doch Abt Menko gibt einen detaillierten Bericht von diesem Akt. Die Aachener schworen, dem Papst, der Kirche und dem König die Treue zu halten, wie sie es anderen Kaisern gegenüber getan hatten. Wilhelm hingegen verpflichtete sich, die Vereinbarungen der Kapitulation einzuhalten und die Stadt in ihren Rechten zu stärken, solange sie ihm treu bliebe. Menkos Schilderung endet mit einer Datierung: *Acta*

---

351) D Wilh 166; auffällig ist, dass Eberhards Bruder Arnold in D Wilh 167 auftritt, S. 221 Z. 26, ausgestellt am 9. Jan. 1252, also vielleicht auch mit nach Braunschweig reiste.

352) D Wilh 173.

353) D Wilh 178.

354) In Friedberg, D Wilh 242. Alle weiteren urkundlichen Belege Eberhards in den Jahren von Wilhelms Königtum stammen aus dem Mainzer oder Fuldaer Umfeld, vgl. HÄGERMANN, Studien zum Urkundenwesen S. 38 f.

355) In späteren Urkunden Wilhelms tritt mehrmals ein Aachener Vogt auf, D Wilh 116, 1250 Mai 14, S. 158 Z. 2 f.; D Wilh 173, 1252 Jan. 28, S. 228 Z. 25, hier zusammen mit Eberhard von Hünfeld; D Wilh 336, 1255 Jan. 31, S. 402 Z. 26 f.; D Wilh 341, 1255 Febr. 13, S. 408 Z. 9, in den letzten beiden Urkunden unter dem Namen Wilhelm. HINTZE, Königtum Wilhelms S. 25, geht davon aus, dass es sich jedesmal um dieselbe Person handelte, einen Beleg dafür gibt es jedoch nicht.

*sunt hec die dominico in festo Luce evangeliste*[356]. Diese erscheint jedoch überflüssig, da der Abschnitt bereits mit den Worten *In festo igitur beati Luce evangeliste* eingeleitet wurde. Die vermutlich versehentliche Dopplung der Tagesangabe, vor allem die fast wörtliche Wiederholung, lässt darauf schließen, dass dem Geschichtsschreiber eine Urkunde vorgelegen hat, aus der er die Informationen über die Ereignisse in Aachen ziehen konnte[357].

Die bereits erwähnte Privilegienbestätigung für die Stadt erfolgte am selben Tag und folgt dem Wortlaut eines Diploms Friedrichs II. vom 29. Juli 1215[358]. Der Rechtsinhalt der Urkunde ist unspektakulär, die Zeugenliste gewährt keine überraschenden, jedoch durchaus aufschlussreiche Einblicke. An zweiter Stelle nach dem päpstlichen Gesandten Petrus Capocci wird Wilhelm von Sabina genannt, Legat a latere für Norwegen und Schweden, der sich nach einer ausgedehnten Reise durch die ihm anvertrauten Länder auf dem Rückweg nach Lyon befand[359]. Es ist durchaus möglich, dass seine Anwesenheit bei Wilhelms Krönung kein Zufall war, doch seine Rolle während der Zeremonie bleibt im Dunkel[360]. Zweifelsohne verlieh er dem Geschehen zusätzlichen Glanz und vermittelte herrscherliche Würde, hatte er selbst doch am 29. Juli 1247 in Bergen Haakon IV. zum norwegischen König gekrönt[361].

Unter den geistlichen Zeugen der Urkunde sind zudem nach Konrad von Hochstaden der Lütticher Elekt Heinrich von Geldern[362], ein Bruder Graf Ottos, und Bischof Otto von Münster[363] zu finden. Letzterer stammte aus der Familie der Grafen von Lippe und war ebenso wie der König selbst ein

356) Kroniek S. 368 Z. 7–15, Zitat Z. 14 f.

357) Vgl. HINTZE, Königtum Wilhelms S. 24 f.

358) D Wilh 45. Zum Inhalt des Dokuments und der Vorurkunde vgl. auch KRAUS, Aachen S. 131.

359) D Wilh 45 S. 80 Z. 8 f. PARAVICINI BAGLIANI, Cardinali di curia S. 194.

360) Allerdings nennt Jean de Hocsem ihn als Coronator, Chronique S. 7 Z. 2–4: [...] *et tunc ad hoc misso Guillermo Sancte Sabine pontifice cardinali Ecclesie Romane legatus electus in regem Alamanie consecratur*. Dem widersprechen die Chronik von St. Pantaleon und Matthaeus Parisiensis, die der Tradition gemäß den Kölner als den Ausführenden der Krönung bezeichnen, vgl. HINTZE, Königtum Wilhelms S. 26 f., hier auch zu den Krönungsfeierlichkeiten allgemein.

361) SIGURÐSSON, Art. Hákon Hákonarson S. 258; zum Angebot der Kaiserkrone, das Wilhelm von Sabina Haakon gemacht haben soll, vgl. Matthaeus Parisiensi, Chronica Majora 5 S. 201; dazu KAUFHOLD, Europas Norden S. 145 f., und DERS., Norwegen und Europa S. 325 f.; vgl. DONNER, Kardinal Wilhelm S. 355 f.

362) D Wilh 45 S. 80 Z. 9 f.; MINKE, Art. Heinrich von Geldern S. 369.

363) D Wilh 45 S. 80 Z. 10. SCHRÖER, Art. Otto, Graf zur Lippe S. 466 f. KOHL, Bistum Münster S. 313–323.

Neffe des gleichnamigen Bischofs von Utrecht[364], der bei der Vorbereitung der Wahl Wilhelms eine nicht unbedeutende Rolle gespielt hatte[365]. Die Teilnahme beider Prälaten an der Krönung in Aachen mag einerseits ihrer Stellung als Suffragane des Kölners und Mitglieder des papsttreuen Reichsepiskopats geschuldet gewesen sein. Andererseits erkennen wir in ihnen enge Verwandte des Königs, die dem Ehrentag ihres Cousins beiwohnten und durch deren Anwesenheit sich das familiäre Geflecht um den Herrscher weiter verdichtete.

Nach den Bischöfen befinden sich unter den Zeugen Geistliche aus dem Aachener Umfeld oder dem Gefolge des Kölner Erzbischofs wie etwa der Abt von Prüm, Joffried von Neuerburg[366], und Albert von Hardenberg, Abt von Inden (Kornelimünster)[367], deren Bedeutung für die Durchsetzung der Herrschaft Wilhelms über den symbolischen Wert hinaus kaum eingeschätzt werden kann. Immerhin konnte der König sich auf karolingische Traditionen berufen, wenn er Kontakt zum Aachener Kapitel und zu den alten Reichsabteien Prüm und Inden knüpfte[368]. Die schillerndste Gestalt der Liste dürfte aber Otto von Everstein gewesen sein, der als *prepositus Aquensis* aufgeführt wird[369]. Seine große Bedeutung für das Marienstift lässt sich bereits aus seiner außerordentlich langen Amtszeit ableiten[370]. Hier sollen lediglich seine verwandtschaftlichen Bindungen kurz angespro-

---

364) KOHL, Bistum Münster S. 313.

365) Siehe S. 220 f.

366) THEISSEN, Benediktiner-Abtei Prüm S. 10, hier die Belege zu Joffrieds Abbatiat von 1246 bis 1275; vgl. auch NEU, Die Abtei Prüm S. 260, hier die Information, dass Joffried (Gottfried) ein Verwandter Konrad von Hochstaden war.

367) KÜHN, Reichsabtei Kornelimünster S. 31; CRECELIUS, Herrn von Hardenberg S. 195.

368) Prüm begegnet kein zweites Mal in den Urkunden Wilhelms, Inden im Zusammenhang eines Kaufgeschäftes mit den Zisterzienserinnen von Parc-les-Dames in Wezemaal in Brabant im Sept. 1249, D Wilh 97. Aus dem Kölner Umfeld wird in der Zeugenliste der Dompropst erwähnt, *maior prepositus*, D Wilh 45 S. 80 Z. 11, zu dieser Zeit Heinrich von Vianden; zu diesem vgl. HÖROLDT, Studien zur politischen Stellung des Kölner Domkapitels S. 593 f. und die Liste S. 385. Aus dem Aachener Kapitel ist des Weiteren der Dekan Garsilius zu nennen, der zumindest noch eine Urkunde für das Marienstift erhielt, D Wilh 82, 1249 März 6, Ingelheim (ohne Namensnennung) und zudem Erwähnung in der Schenkung des Legaten Petrus Capocci findet, siehe unten S. 170.

369) D Wilh 45 S. 80 Z. 11.

370) 1218–1270, unterbrochen nur in den Jahren 1238–1242, die MEUTHEN, Aachener Pröpste S. 75, als das „recht unglückliche Lütticher Zwischenspiel" bezeichnet, die Zeit nämlich, in der Otto vergeblich versucht, sich als Bischof in Lüttich durchzusetzen; vgl. insgesamt MEUTHEN ebd. S. 60–84.

chen werden. Er war ein *consanguineus* der Staufer[371], da er und Konstanze von Aragon, die erste Gemahlin Friedrichs II., eine gemeinsame Großmutter, nämlich die polnische Königstochter Richeza, hatten, und seine Urgroßmutter Agnes zugleich die Ururgroßmutter des Kaisers gewesen war[372]. Durch seine Mutter, die Wittelsbacherin Agnes, war Otto zugleich ein Vetter zweiten Grades Graf Gerhards III. von Geldern, des Vaters des bereits mehrfach genannten Grafen Otto von Geldern[373]. Dies wiederum rückt ihn in den weiteren familiären Umkreis König Wilhelms. 1238 sollte der Eversteiner als Kandidat Konrads von Hochstaden den Lütticher Bischofsstuhl besteigen. Er hatte sich bereits von Friedrich II. im Heerlager vor Brescia die Regalien verleihen lassen, als sich die politische Lage grundlegend wandelte, der Kölner einen Kurswechsel vollzog und fortan den päpstlichen Aspiranten unterstützte. Otto versuchte bis 1246 seinen Anspruch auf Lüttich durchzusetzen und scheint erst dann eine Abkehr von seinen staufischen Verwandten vollzogen zu haben[374]. Er blieb allerdings Mitglied des Lütticher Domkapitels und stand in enger Verbindung zu den Grafen von Geldern[375]. Und eine weitere, für Wilhelm später bedeutsame Kontaktmöglichkeit eröffnete sich durch den Eversteiner, dessen Mutter in ihrer ersten Ehe mit dem Wildgrafen Gerhard I. verheiratet gewesen war: Wildgraf Konrad war mithin der ältere Halbbruder Ottos[376].

In der Person des Propstes des Marienstiftes lässt sich exemplarisch die Vermischung unterschiedlicher familiärer und politischer Interessen beobachten, die nicht nur die jeweils situationsbezogene Ausrichtung einer einzelnen Person bestimmen konnte, sondern auch einen größeren Kreis von

371) So u. a. Heinrich (VII.) in einer Urkunde vom 1. Aug. 1232, Aachener Urkunden Nr. 107 S. 331 Z. 4.

372) Stammtafel bei MEUTHEN, Aachener Pröpste S. 62; zur Herkunft und zu den Eheverbindungen der Eversteiner vgl. auch ZUNKE, Adel in Westfalen S. 28–34.

373) MEUTHEN, Aachener Pröpste S. 64.

374) THORAU, Lütticher Schisma S. 531–536.

375) MEUTHEN, Aachener Pröpste S. 78–80.

376) SCHWENNICKE, Europäische Stammtafeln N. F. IV Tafel 113; vgl. MEUTHEN, Aachener Pröpste S. 65. Otto von Everstein ist im weiteren Verauf der Herrschaft Wilhelms nur noch bei einer weiteren Gelegenheit im Umfeld des Königs nachzuweisen, nämlich bei der Ausstellung einer Reihe von Urkunden im Heerlager vor Pleizenhausen am 21. Aug. 1251 für die Kirchen von Sisteron und Grasse. In allen diesbezüglichen Zeugenlisten tauchen ebenfalls sowohl Otto von Geldern als auch Wildgraf Konrad und sein Sohn Emich auf, DD Wilh 156–160 S. 201–212. Die vermittelnde Position des Eversteiners zwischen den verschiedenen politischen und regionalen Gruppen im Reich sollte auch später bei der Wahl von Richard von Cornwall noch einmal zum Einsatz kommen, vgl. GROTEN, Konrad von Hochstaden und die Wahl Richards von Cornwall S. 502 f.

Verwandten und Vertrauten mit beeinflusste. Der Wechsel Ottos von Everstein auf die Seite Wilhelms dürfte nicht unmaßgeblich auf den Rat seiner geldrischen Vettern zustande gekommen sein, mit denen er nachweislich noch vor seinem eigenen Auftreten im königlichen Umfeld in Kontakt stand[377]. Der Autorität des Propstes wiederum wird man es zugutehalten müssen, dass das Aachener Kapitel sich dem König anschloss und die belagerte Stadt verließ[378]. Seine Verwandtschaftsbeziehungen zu den Wildgrafen schließlich könnten mit dafür verantwortlich sein, dass diese nur wenige Monate später ebenfalls die Nähe Wilhelms suchten. Wenn auch die politische und militärische Lage im Aachener Raum in den Jahren 1247/48 die Hauptrolle für Ottos taktisches Verhalten gespielt haben mag, so darf der Faktor Verwandtschaft und seine Auswirkung auf persönliche Entscheidungen keinesfalls unterschätzt werden.

Die weltlichen Zeugen in D Wilh 45 sind zum Teil bereits bekannt: an der Spitze Herzog Walram von Limburg und sein Bruder, Graf Adolf von Berg, nach ihnen die Grafen von Geldern und von Jülich. Ebenfalls im Grafenrang werden genannt *Theodericus comes de Tikkelenborch* und ein namentlich nicht bezeichneter *comes de Cesselen*[379]. Ein Dietrich von Tecklenburg fungierte bereits als Zeuge in zwei Urkunden Heinrichs (VII.) vom 9. bzw. 10. Juli 1234, die in Altenburg für die Klöster Bürgel und Buch ausgestellt wurden[380]. Es dürfte sich um ein und dieselbe Person handeln, die allerdings in der Tecklenburger Überlieferung und in den Urkunden König Wilhelms keine weitere Erwähnung findet. Andere Vertreter der Familie treten nicht im königlichen Umfeld auf. Betrachtet man die regionalen Beziehungen der Tecklenburger, die sich trotz einer Heiratsverbindung zu den Grafen von Geldern und von Berg eher auf die Schaumburger und Lipper hin orientierten, verwundert dies nicht[381]. Letztere sind ebenfalls nicht als Unterstützer Wilhelms nachzuweisen und scheinen eine bestenfalls gleichgültige Haltung gegenüber dessen Königtum eingenommen zu haben. Die Rolle Dietrichs von Tecklenburg und seine politische Ausrichtung sind kaum einzuschätzen[382], doch nahm er immerhin an den Krönungsfeierlich-

---

377) MEUTHEN, Aachener Pröpste S. 80 erwähnt eine Urkunde vom 22. Aug. 1248, in der Propst Otto als Bürge des Elekten Heinrich von Lüttich, des Bruders Graf Ottos von Geldern, auftritt.

378) MEUTHEN, Aachener Pröpste S. 79.

379) D Wilh 45 S. 80 Z. 13 f.

380) Reg. Imp. V,4 570; Reg. Imp. V,1 4335.

381) So ZUNKER, Adel in Westfalen S. 200–202.

382) ZUNKER, Adel in Westfalen S. 239, sieht die beiden Urkunden Heinrichs (VII.) und den daraus ihrer Meinung nach hervorgehenden Anschluss Dietrichs an Otto II. von Ravensberg als Hinweis auf eine „Politik, einen entfernt Erbberechtigten zu unter-

keiten in Aachen teil, in Gesellschaft seiner niederrheinischen und westfälischen Standesgenossen, und man darf vermuten, dass er zuvor an der Seite des Königs gekämpft hatte.

Ähnliches ist über den Grafen von Kessel – vermutlich Wilhelm[383] – zu sagen: Auch er wird nur in dieser einen Urkunde Wilhelms erwähnt[384], kein weiteres Familienmitglied taucht im Umfeld des Herrschers auf. Die Familie stand traditionell in enger Verbindung zu den Jülicher Grafen und vor allem zum Kölner Erzbischofsstuhl[385]. Beide, der Tecklenburger und der Kesseler, beteiligten sich an der Einnahme Aachens und zählten, wenn auch nur für kurze Zeit, zum Gefolge Wilhelms. Über ihre Motive für den Einsatz im Dienste des Königtums lässt sich nur spekulieren, vermutlich fühlten sie sich hauptsächlich dem Kölner verpflichtet. Sie waren eingebunden in das weitverzweigte Geflecht des regionalen Adels, doch im Gegensatz zu anderen blieb ihr Auftritt im Umkreis des Königs Episode.

Die Grafen Gerhard von Neuenahr und Gerhard IV. von Wassenberg können dem Kölner Umfeld zugeordnet werden und gehörten zugleich dem verwandtschaftlichen Kreis der Gelderner und Klever an. Gerhard von Neuenahr sollte auch das kommende Weihnachtsfest zusammen mit dem König in Nimwegen verbringen[386], und er befand sich ein weiteres Mal im Sommer 1251 in einem Heerlager Wilhelms vor Pleizenhausen, wiederum in der Gesellschaft Ottos von Geldern und des Aachener Propstes Otto von Everstein[387]. Die familiären Beziehungen des Grafen von Wassenberg

---

stützen, um den *senior* einer Familie unter Druck zu setzen.“ Einen weiteren Beleg für derartige Bestrebungen Dietrichs gibt es jedoch nicht, zumal vollkommen unklar ist, an welcher Stelle des Tecklenburgischen Stammbaums er einzuordnen ist. Er könnte ein Bruder oder Sohn Ottos II. von Tecklenburg sein, vgl. Stammtafel bei ZUNKER, Adel in Westfalen, Anhang nach S. 446, und SCHWENNICKE, Europäische Stammtafeln N. F. XXIX Tafel 170.

383) SCHWENNICKE, Europäische Stammtafeln N. F. XVIII Tafel 60b.

384) Im Juni 1251 bezeugte er allerdings in Neuss eine Urkunde des Kölners für den Grafen von Geldern, Reg. Imp. V,1 5041. Der König hielt sich zu dieser Zeit ebenfalls in Neuss auf, es ist jedoch anzunehmen, dass der Kesseler der Entourage Konrads von Hochstaden angehörte.

385) Die Grafen von Kessel kämpften z. B. 1214 auf der Seite der Jülicher gegen Friedrich II. Reg. Imp. V,1 747a; Engelbert von Köln bezeichnete eine Gräfin von Kessel als seine Blutsverwandte, Reg. Imp. V,1 3876. Zwei Brüder Wilhelms von Kessel, Hermann und Adolf, waren im geistlichen Stand, ersterer als Abt von St. Pantaleon in Köln, letzterer als Kanoniker in St. Aposteln, vgl. SCHWENNICKE, Europäische Stammtafeln N. F. XVIII Tafel 60b.

386) D Wilh 68 S. 105 Z. 1; dazu auch unten S. 96–100.

387) D Wilh 157 S. 206 Z. 44; D Wilh 158 S. 207 Z. 28; vgl. auch ALTMANN, Art. Neuenahr S. 106.

knüpfen auf der einen Seite fast unmittelbar an den König an, denn Gerhard IV. war seit November 1246 in zweiter Ehe mit Elisabeth, einer Tante Wilhelms mütterlicherseits verheiratet[388]. Diese war zuvor mit einem Mitglied des Klever Grafenhauses vermählt gewesen[389] – hier zeigt sich einmal mehr, wie eng die Verflechtungen dieses Verwandtschaftskreises waren. Und auch er wird 1251 vor Pleizenhausen wieder im Gefolge des Königs sein[390].

Gerhard von Randerath schließlich, der in der Zeugenliste des Diploms direkt auf den Wassenberger folgt, ist ebenfalls Teil des familiären Gefüges, da die erste Frau Gerhards von Wassenberg, Beatrix von Randerath, die Schwester des Genannten war[391]. Im Gegensatz zu den anderen tritt Gerhard von Randerath jedoch nur dieses eine Mal im Umfeld Wilhelms auf. Der Grund dafür könnte sein, dass er nur wenig später in den Konflikt um die Besetzung des Utrechter Bischofsstuhls hineingezogen wurde. Nach dem Tod Bischof Ottos 1249 entspann sich dort ein Streit bezüglich des Wahlrechts, und ein Teil des Utrechter Klerus bestimmte Gozewijn von Randerath, den Bruder Gerhards[392], zum Nachfolger. Gleichzeitig hatte jedoch Papst Innozenz IV. den Kölner Dompropst Heinrich von Vianden für das Amt vorgesehen, und dieser konnte sich letztlich behaupten[393]. Diese Auseinandersetzung könnte bewirkt haben, dass sich die Herren von Randerath im Folgenden von Wilhelm fernhielten, da dieser sich ebenfalls Heinrich von Vianden zuwandte[394].

Am Allerheiligenfest des Jahres 1248 wurde König Wilhelm schließlich gekrönt und auf den Thron Karls des Großen gesetzt, in Anwesenheit der beiden Kardinäle Wilhelm von Sabina und Petrus Capocci, des Kölner Erzbischofes und fast aller deutschen Bischöfe, wie Menko betont[395]. Der Bericht des Abtes von Bloemhof, der als Augenzeuge die Eroberung Aachens und die folgenden Feierlichkeiten erlebte, ist eine unschätzbare Quelle, deren Informationen durch die Hinzuziehung der erhaltenen Urkunden an Tiefe gewinnen. Die Zeugenlisten erweitern nicht nur unsere Kenntnis vom personellen Umfeld des Königs, sondern gewähren auch Einblick in dessen Herrschaftshandeln, das an dieser Stelle vielleicht sogar als vorausschauend bezeichnet werden kann. Die Einbeziehung von Persönlichkeiten wie Otto

388) SCHWENNICKE, Europäische Stammtafeln N. F. I/2 Tafeln 229 und 237.

389) Dietrich primogenitus, genannt von Dinslaken, vgl. SCHWENNICKE, Europäische Stammtafeln N. F. XVIII Tafel 22.

390) D Wilh 158 S. 207 Z. 29.

391) SCHWENNICKE, Europäische Stammtafeln N. F. I/2 Tafel 229.

392) SCHWENNICKE, Europäische Stammtafeln N. F. XXIX Tafel 134.

393) VAN HEERWARDEN, Art. Gozewijn S. 825 f.

394) Siehe unten S. 221–228.

395) Kroniek S. 368 Z. 25–370 Z. 2.

von Everstein oder Eberhard von Hünfeld in die Urkundentätigkeit Wilhelms vor und in Aachen mag auf den ersten Blick unauffällig oder vielleicht etwas kurios erscheinen, doch sie bereitet die nur etwas spätere Anbindung weiterer Kreise vor und mag durchaus auf eine längerfristige Planung im Umfeld des Reichsoberhauptes hindeuten.

Die Krönung stellte für den König auch in ideeller Hinsicht einen bedeutenden Meilenstein seiner Herrschaft dar. Es eröffnete sich ihm die Möglichkeit, an die in Aachen beheimatete Karlstradition anzuknüpfen. Menko spricht dies nur kurz in seinem Verweis auf den Thron Karls des Großen an[396], doch es gibt weitere Indizien, dass die Verbindung zur mythisch überhöhten und heilig gesprochenen Figur des ersten abendländischen Kaisers des Mittelalters auch für das Selbstbild Wilhelms von Bedeutung war. Zwei Tage nach der Königskrönung, am 3. November 1248, ließ er auf Fürsprache Abt Menkos und des Adligen Thitard Dodinga[397] eine Urkunde für die Friesen ausfertigen. Wilhelm erneuerte alle Rechte, Freiheiten und Privilegien, die diesen *a Karolo magno imperatore, antecessore nostro sancte memorie* zugestanden worden waren[398]. Erst die Aachener Krönung ermöglichte Wilhelm vollumfänglich die Selbstbezeichnung als Nachfolger Karls des Großen[399], und auch inhaltlich evozierte er durch dieses Dokument ein äußerst bedeutsames Ereignis, leitete sich doch die Friesische Freiheit von besonderen Privilegien in Folge der karolingischen Eroberung her[400]. Die ausdrückliche Betonung der Karlsnachfolge findet sich in den Urkunden Wilhelms nur dieses eine Mal, als Ort und Inhalt den Bezug zwingend herstellten. Von einer überdurchschnittlichen Ausprägung der Karls-Komponente im Herrscherbild Wilhelms kann also nicht die Rede sein. Dennoch ist davon auszugehen, dass ihn die Thronsetzung in Aachen in den Augen der Zeitgenossen fest in die Herrscherreihe einschrieb und ihm Legitimität verlieh[401].

---

396) Kroniek S. 368 Z. 26.

397) Zumindest dürfte dies gemeint sein, wenn Menko berichtet, er selbst und Thitard hätten den König dazu bewegt, die Friesen *cum multa honestate ac gratiarum* [...] *actione* zu entlassen, Kroniek S. 368 Z. 16–24, Zitat Z. 20.

398) D Wilh 48 S. 84 Z. 7 f.

399) Bereits in der Rechtebestätigung für die Stadt Aachen vom 18. Okt. 1247 findet sich die Formulierung *gloriosus predecessor noster Karolus magnus Romanorum imperator augustus*, D Wilh 45 S. 79 Z. 31 f., jedoch handelt es sich hierbei um die Wiederholung einer Urkunde Friedrichs II.

400) VAN LENGEN, Art. Friesische Freiheit Sp. 977.

401) Zur symbolischen Bedeutung des Karlsthrones vgl. CORSEPIUS, Aachener Karlsthron S. 359–375; zur Rolle der Karlstradition in der späteren holländischen Geschichts-

— Zusammenfassung: Personeller Wandel zwischen Wahl und Krönung

Betrachtet man nun das erste Jahr der Herrschaft Wilhelms, von seiner Wahl am 3. Oktober 1247 bis zu seiner Krönung in Aachen am 1. November 1248, im Spiegel der erhaltenen Urkunden, vor allem unter Berücksichtigung seines Itinerars, der Empfänger und der Zeugenlisten, so erhält man einen guten Einblick in das personelle Umfeld des Königs und einen ersten Eindruck von seiner Regierungstätigkeit. Wilhelm stützte sich auf die Ressourcen seiner Grafschaft, er hielt sich hier mehrere Monate im Winter und Frühjahr auf. Er nutzte intensiv seine verwandtschaftliche Verbindung mit nahezu allen fürstlichen und gräflichen Familien im Nordwesten des Reiches. Sein erstes Diplom als König richtet sich an den Grafen von Geldern, auf dessen Hilfe er für die gesamte Dauer seiner Herrschaft zählen konnte. In den folgenden Urkunden wurden hauptsächlich holländische und zeeländische Angelegenheiten geregelt[402], und die ersten Zeugenlisten weisen zum größten Teil Namen „einheimischer" Adliger auf. Doch bereits sehr früh richtete sich die Aufmerksamkeit des Königs auf ferner liegende Aufgaben und Institutionen, wie etwa auf das Zisterzienserkloster Kappel bei Zürich[403], und schon im Januar 1248 urkundete er erstmals für den Deutschen Orden[404] und begründete damit eine Beziehung, die über seine ganze Herrschaft hinweg andauern sollte.

Nach kurzer Zeit, spätestens im Frühjahr 1248, wandelte sich der Personenkreis, der den König umgab. Zu den holländischen und zeeländischen Rittern, die in seinem Heer standen[405], treten Adlige aus dem Reich. Bei den Belagerungen von Kaiserswerth und Aachen lassen sich erstmals die Grafen von Berg und von Jülich mitsamt ihrem familiären Umfeld nachweisen. Oftmals sind es genau diese verwandtschaftlichen Verbindungen, die eine bestimmte Personengruppe gemeinsam bei Wilhelm fassbar werden lassen und somit insgesamt dessen Umfeld und Reichweite ausdehnen. Von besonderem Interesse sind dabei die Linien, die über den „üblichen" Rah-

---

schreibung bzw. speziell bei Jakob von Maerlant vgl. VAN OOSTROM, Maerlants wereld S. 323 f.

402) DD Wilh 5–17, 19.

403) D Wilh 18.

404) D Wilh 8.

405) Für die Zusammensetzung dieses Heeres ist auch die Nachricht in den Annalen von St. Pantaleon interessant, dass viele nach der Wahl von Worringen das Kreuz gegen den abgesetzten Kaiser nahmen, vgl. Annales S. Pantaleonis S. 542 Z. 7 f. Es kann vermutet werden, dass in dieser frühen Phase noch viele holländische und zeeländische Vasallen Wilhelms für ihn kämpften, die ihm durch ihren Lehnseid verpflichtet waren. Die Erwähnung der Kreuznahme legt hingegen den Akzent auf das kirchliche Wirken bis in den militärischen Bereich hinein.

men hinausweisen, wie etwa der Kontakt Eberhards von Hünfeld zu den Braunschweigern.

Freilich ist an vielen Stellen auch in der Urkundentätigkeit des Königs das Einwirken kirchlicher Amtsträger zu beobachten. Das Nutzen von Familienbeziehungen jedoch ist ein Vorgehen, das vom Individuum Wilhelm abhing, also ein wesentlich persönlicheres Band herstellte und gerade dadurch die Akzeptanz seiner Politik deutlich steigern konnte. Im weiteren Verlauf erlangte seine Herrschaft so breitere Wirksamkeit und Unabhängigkeit vor allem von der Einflussnahme Konrads von Hochstaden. Die Anfänge dieser „Verwandtschaftspolitik" lassen sich schon in der Frühphase von Wilhelms Königtum nachweisen.

### Rückversicherung bei der Familie: Weihnachten 1248/49

Nach der Einnahme Aachens konnte der König seine gesamten Bemühungen auf die Belagerung von Kaiserswerth konzentrieren, und es dauerte nicht mehr lange, bis die Pfalz kapitulieren musste[406]. Jedenfalls war es Wilhelm möglich, an Weihnachten 1248 nach Nimwegen zu reisen. Dort stellte er am 26. Dezember eine Urkunde für Gräfin Margarete von Geldern aus[407] und verlieh dieser 1000 Kölner Mark pro Jahr als Leibgedinge. Das Geld sollte aus dem Rheinzoll zu Lobith erbracht werden, den Margaretes Ehemann Otto von Geldern als Lehen innehatte[408]. Als Petent trat der Bruder

406) LORENZ, Kaiserswerth S. 92 f., vermutet, dass die Kapitulation Ende des Jahres 1248 stattfand, und verweist als Beleg auf die Kölner Königschronik und die Ausstellungsorte der Urkunden, ebd. Anm. 419. Erstere ist sehr vage: *Post hec* [nach der Krönung, Anm. d. Verf.] *legatus ad curiam pape revertitur, rex vero in castro Werden, quod diu prius ei redditum fuerat, recipitur*, Annales S. Pantaleonis S. 543 Z. 28 f. Die Ausstellungsorte der Urkunden wechseln von *in castris aput Werdam*, D Wilh 64, 11. Dez. 1248, zu *apud Werden*, D Wilh 65, 14. Dez. 1248. Nimmt man diese Änderung der Formulierung ernst, so lässt sich die Einnahme Kaiserwerths relativ genau auf den Zeitraum zwischen 11. und 14. Dez. 1248 datieren. Allerdings kehrte Wilhelm am 30. Dez. 1248 noch einmal nach Kaiserwerth zurück, vgl. D Wilh 69, und ihren urkundlichen Abschluss fanden die Verhandlungen erst am 7. Jan. bzw. 4. Febr. 1249, DD Wilh 71 und 77, als der Kaiserswerther Burggraf Gernand in seinem Amt bestätigt und für die Kosten der Belagerung und Eroberung entschädigt wurde; vgl. hierzu auch LORENZ, Kaiserswerth S. 92–94.

407) Irreführend ist die Angabe des Ausstellungsortes in der MGH-Edition der Urkunden Wilhelms mit „Nijmegen, im Lager". Es dürfte sich um eine Fehlinterpretation der Datierung der Urkunde handeln: *Actum sunt hec in castro Nouimagii*, D Wilh 68 S. 105 Z. 4 (Hervorhebung d. Verf.), zu übersetzen mit: „Geschehen ist dies auf der Burg Nimwegen", während ein Actum im Heerlager im Lateinischen mit *in castris* (Pl.!) wiedergegeben wäre, vgl. etwa D Wilh 63 S. 100 Z. 4: *in castris apud Warden*.

408) Siehe oben S. 56.

Ottos, Elekt Heinrich von Lüttich, auf. Die beiden letzteren können zu diesem Zeitpunkt bereits als altgediente Getreue des Königs bezeichnet werden. Margarete wird in der Urkunde *consanguinea*[409] des Königs genannt, als Schwester Dietrichs V. von Kleve war sie Wilhelms Cousine zweiten Grades[410].

Doch damit sind noch längst nicht alle in Nimwegen anwesenden Familienmitglieder aufgezählt. Die Zeugenliste der Urkunde nennt weitere, bereits zuvor im Umfeld des Königs zu findende Verwandte, so etwa die Grafen von Kleve, also Vater und Bruder der Urkundenempfängerin[411]. Herzog Walram von Limburg und Graf Wilhelm von Jülich[412] sind durch Heirat dem Klever bzw. dem geldrischen Familienzweig verbunden. Gerhard von Neuenahr befand sich offenbar seit der Einnahme Aachens im Gefolge Wilhelms[413], und Wilhelm von Grimbergen gehörte seit der Wahl zu den ständigen Begleitern des Königs[414].

An erster Stelle der Zeugenliste steht Heinrich III., Herzog von Brabant, der Sohn des im Februar 1248 verstorbenen Heinrich II. und somit Wilhelms Vetter ersten Grades[415]. Er ist hier erstmals beim König nachweisbar, zusammen mit zwei weiteren Mitgliedern der Brabanter Familie, Gottfried von Löwen *patruus ipsius*[416] und Gottfried von Perwez, einem Cousin Herzog Heinrichs II.[417] Während letztere nur bei dieser Gelegenheit Kontakt zu Wilhelm hatten, erscheint Heinrich III. noch einige Male bis 1252 in den Urkunden[418]. Doch gerade dieses gemeinsame Auftreten des brabantischen Familienzweiges in Nimwegen bestärkt den Eindruck, dass dort an Weih-

409) D Wilh 68 S. 104 Z. 32.

410) Siehe Stammtafel Abb. 1 S. 57. Zu den Verwandtschaftsverbindungen vgl. auch die Stammtafel bei LIEVEN, Adel, Herrschaft und Memoria S. 235.

411) *Th. comes Cliuensis et Th. filius eius*, D Wilh 68 S. 104 Z. 43.

412) D Wilh 68 S. 104 Z. 43–105 Z. 1.

413) D Wilh 68 S. 105 Z. 2.

414) D Wilh 68 S. 105 Z. 1–2.

415) D Wilh 68 S. 104 Z. 43.

416) D Wilh 68 S. 104 Z. 43 f. Es muss sich um Gottfried, den Begründer der brabantischen Linie der Herren von Gaasbeek handeln.

417) D Wilh 68 S. 105 Z. 1; vgl. SCHWENNICKE, Europäische Stammtafeln N. F. I/2 Tafel 237.

418) Als Empfänger bereits in D Wilh 20, 1248 April 3; außerdem abermals als Empfänger D Wilh 123, 1250 Mai 19; Zeuge in D Wilh 136, 1250 Nov. 27; D Wilh 228, 1252 Juli 11, und D Wilh 234, 1252 Juli 13, beide auf dem Frankfurter Hoftag ausgestellt; vgl. HINTZE, Königtum Wilhelms S. 65, der Heinrich als „lau“ bezeichnet.

nachten 1248 eine familiäre Zusammenkunft stattfand[419], deren Beleg die Urkunde für Margarete darstellt.

Doch welchen Zweck verfolgte dieses Treffen? Allein die Festlegung eines Leibgedinges für die Tante dürfte kaum die Anwesenheit des Königs und so vieler hochrangiger Verwandter gerechtfertigt haben. Einen Fingerzeig vermag die Arenga der Urkunde zu geben, die den hohen ideellen und politischen Stellenwert belegt, der verwandtschaftlicher Treue und deren Entlohnung beigemessen wurde: *Consuevit liberalitas nostri culminis, ut nobiles imperii et magnates et specialius eos, quos consanguinitatis linea nobis iungit, debeamus in suis peticionibus favorabiliter exaudire, ut ad obsequendum nobis et imperio promptius animentur*[420]. Die Gunst des Königs bestand in diesem Fall in der großzügigen Ausstattung Margaretes, die jedoch die Kassen des Reiches nicht unmittelbar belastete, da der Rheinzoll in Lobith ohnehin an Graf Otto verliehen war. Die Ausrichtung des Leibgedinges war de facto eine Umverteilung zwischen den Eheleuten, zu der Wilhelms Zustimmung als Lehnsherr notwendig war. Und dennoch wurde demonstrativ auf das gegenseitige Verwandtschaftsverhältnis verwiesen und darüber hinaus ein weiteres Familienmitglied, nämlich Heinrich von Lüttich, an besonderer Stelle als Fürsprecher der Gräfin miteinbezogen. Die Urkunde diente der Dokumentation engster Verbundenheit.

Ort und Zeitpunkt dieses symbolträchtigen Zusammentreffens könnten nicht besser gewählt sein. Nimwegen, die karolingische und von den Staufern erneuerte Kaiserpfalz, befand sich seit Oktober 1247 als Pfandlehen in der Hand Ottos von Geldern[421]. Es bildete zum einen den passenden feierlichen Rahmen für ein Weihnachtsfest mit herzoglicher und königlicher Beteiligung. Zum andern war es vielleicht mit besonderem Bedacht als Treffpunkt nur wenige Wochen nach Wilhelms Krönung ausgewählt worden. Keine andere Burg oder Stadt in diesem Raum, mit Ausnahme des von der Belagerung gezeichneten Aachen, konnte besser verdeutlichen, dass der holländische Graf die Spitze des Reiches, *apicem imperii*[422], erklommen hatte. Mit ihm war seine Verwandtschaft aufgestiegen – und auch dafür stand das verpfändete Nimwegen.

Für eine absichtsvolle Auswahl des Ortes spricht auch, dass er sich nicht harmonisch in das königliche Itinerar einfügte. Noch am 23. Dezember 1248 urkundete Wilhelm in Kaiserswerth[423], dann begab er sich nach Nim-

---

419) KEMPF, Geschichte Interregnum S. 67, nennt das Treffen eine „förmliche Familienversammlung".

420) D Wilh 68 S. 104 Z. 25–28.

421) Siehe oben S. 56–61.

422) So die Formulierung Menkos, Kroniek S. 366 Z. 8.

423) DD Wilh 66, 67.

wegen, nur um bereits am 30. Dezember wieder in Kaiserswerth zu sein[424]. Selbst wenn die etwa hundert Kilometer rheinabwärts zu Schiff sogar für mittelalterliche Verhältnisse relativ leicht und rasch zu bewältigen waren[425], stellt diese Reise doch eine Anstrengung dar. Dem König muss seine Anwesenheit in Nimwegen wichtig gewesen sein, was wiederum die Bedeutung des Anlasses unterstreicht.

Die Rolle Wilhelms im verwandtschaftlichen Gefüge und vor allem bei dem Weihnachtstreffen 1248 lässt sich jedoch nicht genau benennen. Es ist einerseits denkbar, dass er als Herrscher seine Familie nach Nimwegen gerufen hatte, um ein Zeichen seines durch die Krönung bestätigten Königtums zu setzen. Andererseits war Otto von Geldern der amtierende Hausherr in der verpfändeten Pfalz, und er hatte erst kurz zuvor noch während der Belagerung von Kaiserswerth eine Bestätigung und Erweiterung genau dieses Pfandgeschäftes erhalten, unter Erhöhung der Pfandsumme um 6000 Mark[426]. Vermutlich machten sich Otto und Wilhelm sogar gemeinsam vom Heerlager aus auf den Weg nach Nimwegen. Der Graf jedenfalls sah seine Aufgabe an der Seite des Königs vorerst für beendet an, denn er scheint zumindest nach Ausweis der Urkunden in den folgenden Monaten nicht dessen Gefolge angehört zu haben[427]. Erst im August 1251 wird er wieder in einer Zeugenliste aufgeführt, abermals während einer militärischen Operation bei Pleizenhausen im Hunsrück[428]. Es könnte also der Eindruck entstehen, als sei Wilhelm nicht völlig freiwillig nach Nimwegen gekommen, als habe Otto von Geldern seine Teilnahme gewissermaßen erkauft und ihn zu Zugeständnissen gedrängt. Doch im Gegenzug gewann auch der König, denn er versicherte sich der Treue des Grafen sowie anderer Verwandter und feierte in herrscherlicher Pracht Weihnachten an einem bedeutungsvollen Ort des Reiches. Vor diesem Hintergrund sollte die Interaktion des erweiterten holländisch-geldrisch-brabantischen Verwandtschaftskreises eher als Symbiose denn als Erpressung Wilhelms durch seine Familie betrachtet werden.

Kann die Krönung Wilhelms in Aachen als Zielpunkt einer ersten Etappe seines Königtums betrachtet werden, in der sich bereits die Grundkonstanten seiner Herrschertätigkeit andeuten, so zeigt sich in Nimwegen anlässlich des Weihnachtsfestes 1248 noch einmal mit großer Klarheit, auf welcher Ba-

424) D Wilh 69.

425) Zu den Reisegeschwindigkeiten (bis zu 150 km/Tag flussabwärts, ca. 25 km/Tag flussaufwärts) vgl. OHLER, Art. Reisen Sp. 674.

426) D Wilh 62, vgl. D Wilh 1.

427) Im Febr. 1251 erhielt Otto zwar eine Urkunde Wilhelms, D Wilh 141, doch diese ist in Arnheim ausgestellt, also in unmittelbarer Nachbarschaft Nimwegens.

428) D Wilh 156, 1251 Aug. 21.

sis diese Herrschaft vorerst ruhte: auf dem engen Zusammenwirken des familiären Geflechts um Wilhelm im Nordwesten des Reiches, das durch die Aktivierung weiterer Personenkreise ergänzt wurde.

### Wilhelms Eid auf Innozenz IV. am 19. Februar 1249

Innerhalb eines guten Jahres hatte sich der König in den niederrheinischen Gebieten etablieren können. In den folgenden Monaten konzentrierte er seine Kräfte auf das Rhein-Main-Gebiet, und auch in den hier ausgestellten Urkunden lässt sich eine stetige Erweiterung seines personellen Umfelds und die Aufnahme neuer Beziehungen mit dem lokalen Adel konstatieren[429]. Zumindest teilweise eröffnete sich Wilhelm dieser Kreis, als er am 19. Februar 1249 bei Ingelheim den Schutzeid für die römische Kirche ablegte[430]. Man verwendete den Eid Friedrichs II. von 1219 als Vorlage und veränderte nur das Eschatokoll mit der Zeugenliste[431].

An erster Stelle der Zeugenliste steht der Mainzer Erzbischof Siegfried III. von Eppstein, einer der wichtigsten Akteure der Reichspolitik in den 30er und 40er Jahren des 13. Jahrhunderts und seit Anfang des Jahres 1249 nach der Abberufung des Petrus Capocci zusätzlich päpstlicher Legat[432]. Für die weitere Herrschaft Wilhelms sollte sein Einfluss jedoch relativ gering bleiben, er starb bereits etwa zwei Wochen später[433]. Als zweiter Zeuge trat Heinrich, der Elekt von Speyer und *regalis aule cancellarius*[434] auf. Er stammte aus der Familie der „neuen“ Grafen von Leiningen, die

429) Hierzu auch sehr kurz GARNIER, Amicus amicis S. 45 f.

430) D Wilh 78.

431) D Wilh 78 S. 113 Z. 35–39 (kritischer Apparat); vgl. D F II. 554. Friedrich II. leistete den Eid an Honorius III. 1219 im Zusammenhang von intensiven Verhandlungen mit der Kurie über seine Kaiserkrönung und kurz vor der sog. Confoederatio cum principibus ecclesiasticis, vgl. STÜRNER, Friedrich II. 1 S. 231–239. Letztlich schließt der Schutzeid an die sog. Goldbulle von Eger an, von Friedrich II. am 12. Juli 1213 in drei Fassungen ausgestellt, D F II. 204/205; vgl. dazu ENGELS, Art. Eger, Goldbulle v. Sp. 1606. Diese wiederum nimmt Bezug auf die Eide Ottos IV. 1198 bzw. 1201, MGH Const. 2 Nr. 16 S. 20 f., und Nr. 23 S. 27 f. Während der Eid Wilhelms sich hauptsächlich auf die Wiedererlangung und Wahrung päpstlichen Besitzes in Italien bezieht, waren die in der Goldbulle von Eger vorgesehenen Leistungen des Königs wesentlich umfangreicher.

432) JÜRGENSMEIER, Art. Siegfried III. S. 399–401. Über seine Ernennung zum Legaten berichten die Annales Erphordenses S. 105 Z. 29–106 Z. 1; sie muss vor dem 26. Jan. 1249 geschehen sein, denn zu diesem Zeitpunkt wird der Mainzer bereits als *apostolice sedis legat*[us] bezeichnet, MGH Epp. saec. XIII 2 Nr. 642 S. 458 Z. 31; vgl. Reg. Imp. V,2 8084 und HINTZE, Königtum Wilhelms S. 29.

433) Vgl. auch JÜRGENSMEIER, Pro und Contra S. 346; siehe auch unten S. 129–133.

434) D Wilh 78 S. 114 Z. 31.

durch einen Bruder Simons III. von Saarbrücken nach dem Aussterben der alten Leininger Linie begründet worden war[435]. Seine Rolle als Leiter der Kanzlei und somit auf Dauer einer der engsten Vertrauten des Königs wird an späterer Stelle zu betrachten sein[436].

Die Reihe der weltlichen Zeugen wird eröffnet von Graf Adalbert IV. von Dillingen (an der Donau), der in dieser Urkunde das erste und einzige Mal im Umfeld Wilhelms nachzuweisen ist. Die Dillinger Grafen waren mehrfach in Kämpfe mit Konrad IV. verstrickt, der 1246, 1247 und 1249 ihr Gebiet brandschatzte und ihr Hauskloster Neresheim niederbrennen ließ[437]. Obwohl eine recht enge verwandtschaftliche Beziehung zu den Wittelsbachern bestand – Adalbert IV. war ein Enkel Heilikas, einer Tochter Herzog Ottos I.[438] –, sind die Dillinger aufgrund der territorialen Gemengelage im ostschwäbischen Raum als vehemente Gegner der bayerischen Herzöge und der Staufer namhaft zu machen[439]. Wenn oben bemerkt wurde, dass Bayern in den Urkunden Wilhelms keine Rolle spielte, so muss dies hier relativiert werden: Freilich lassen sich die Wittelsbacher nicht mit dem aus ihrer Sicht usurpatorischen „Gegenkönig“ ein, dieser jedoch stand in Verbindung zu lokalen Gegenspielern der bayerischen Herzöge und versuchte sehr wohl, Einfluss in Bayern oder wenigstens an dessen Rändern zu gewinnen.

---

435) AMMERICH/FLACHENECKER, Art. Heinrich, Graf von Leiningen S. 744 f. S. 744; TOUSSAINT, Leiningen S. 38–42, und GEHRLEIN, Grafen zu Leiningen-Westerburg S. 11, behandeln den Übergang der Grafschaft Leiningen an die Saarbrücker, der durch die Ehe Lucardes, der jüngsten Schwester Graf Friedrichs I. von Leiningen, mit Simon II. von Saarbrücken zustande kam. Lucarde war die einzig überlebende Erbtochter der alten Grafenfamilie, wodurch in Leiningen ihr jüngerer Sohn Friedrich II. (= Bruder Simons III.) zum Zuge kam. Dessen Söhne wiederum waren Friedrich III., Emich IV. und Heinrich von Speyer; vgl. SCHWENNICKE, Europäische Stammtafeln N. F. IV Tafel 23 und 24; N. F. XVIII, Tafel 147.

436) Siehe unten S. 179–184.

437) LAYER, Grafen von Dillingen S. 84 f.

438) LAYER, Grafen von Dillingen S. 72 (Stammtafel); BURLET, Prestigeträchtige Ehen S. 79 (Stammtafel), hier keine Nennung des Namens der Tochter Ottos I.; vgl. auch SPINDLER/KRAUS, Auseinandersetzungen S. 15 Anm. 11.

439) LAYER, Schwaben B, I, Politische Entwicklung S. 851. Die Grafschaft Dillingen grenzte unmittelbar an schwäbisches und bayerisches herzogliches Gebiet, durch den Anfall des sog. Konradinischen Erbes 1268 gingen benachbarte Städte an der Donau wie Lauingen und Höchstädt in wittelsbachische Hand über, Dillingen selbst kam Ende des 13. Jh. in den Besitz des Augsburger Bischofs, vgl. IMMLER, Art. Territorialentwicklung; WEITLAUFF, Art. Augsburg. Ebenfalls territoriale Konkurrenten der Dillinger waren die Grafen von Oettingen, denen in dieser Zeit der Zugriff auf das staufische Königsgut im Ries gelang, vgl. KUDORFER, Art. Oettingen, Grafschaft; DERS., Art. Oettingen, Grafen.

Dem Dillinger folgt in der Zeugenliste *Vlricus comes de Werthenberg*[440], Graf Ulrich I. von Württemberg. Diesem hatte bereits Heinrich Raspe Reichslehen zugestanden[441], nachdem er offenbar auf spektakuläre Weise während der Schlacht bei Frankfurt am 5. August 1246 das Heer Konrads IV. verlassen und sich auf die Seite des Ludowingers geschlagen hatte[442]. Der Dillinger und der Württemberger müssen vermutlich in Verbindung miteinander betrachtet werden: Sie waren verwandt[443], wenn auch die Genealogie der frühen Grafen von Württemberg nur schwer zu rekonstruieren ist[444], und sie gehörten zum Kreis der schwäbischen Adligen, die gegen die Staufer opponierten. Diese Gruppe, zu der ebenfalls der Bischof von

---

440) D Wilh 78 S. 114 Z. 31 f.

441) D HRas 406, 1246 Aug.; nur aufgrund einer Urkunde König Richards zu erschließen, ebenfalls Erwähnung Wilhelms. Die Formulierung lässt nicht erkennen, ob sich die zugestandenen Lehen auf ein und dasselbe Objekt beziehen: *feoda, quecumque clare memorie rex Henricus quondam Turingie lantgravius et etiam rex Willelmus predecessores nostri eidem liberaliter contulerunt*, S. 471 Z. 15 f. Falls ja, könnte es sich bei der Verpfändung der Denkendorfer Vogtei um ein Pfandlehen gehandelt haben. Aus dem Text der Denkendorf-Urkunde geht dies jedoch nicht hervor.

442) [...] *per proditionem duorum comitum Suessorum, de Citobergo videlicet et de Croheling* [...], *et hora belli ibidem dimisso, de exercitu recederent sine bello repente proditione sicut pepigerant, in primo belli congressu depressis vexillis et vadato flumine cum duobus milibus militum et balistariorum fugiendo, de exercitu recesserunt*, Matthaeus Parisiensis, Chronica Majora 4 S. 576; vgl. Reg. Imp. V,1 4510b. Der Verrat der schwäbischen Grafen wird in einem Brief Walters von Ocre, des kaiserlichen Diplomaten und „Englandspezialisten", an König Heinrich III. von England erwähnt, den nur Matthaeus Parisiensis überliefert. Zu Walter vgl. STÜRNER, Friedrich II. 2 S. 534; SCHALLER, Kanzlei Friedrichs II. 1 Nr. 13 S. 262; vgl. auch DEMANDT, Der Endkampf S. 134. Über die Bestechungssumme von 10 000 Mark, die insgesamt eingesetzt wurde, um schwäbische Adlige und Ritter auf die Seite Heinrich Raspes zu ziehen, vgl. WERNER, Reichsfürst zwischen Mainz und Meißen S. 254 mit Anm. 547. Einen Einblick in die „Geldfrage", also die Beschaffung von Finanzmitteln zur Unterstützung der päpstlichen Partei, gibt WERNER, Prälatenschulden und hohe Politik, hier v. a. S. 558–562; die Summen des Papstes für Heinrich Raspe und Wilhelm zusammengestellt bei STEHKÄMPER, Geld bei deutschen Königswahlen S. 206–210.

443) LAYER, Grafen von Dillingen S. 72 (Stammtafel): Eine Schwester Hartmanns IV. von Dillingen, also Adalberts Tante, war mit einem Ludwig von Württemberg verheiratet. Hartmann IV. selbst ehelichte eine Willibirg, dieser Name tritt bei den Württembergern auf (und bei den Truhendingern), vgl. ebd. S. 82. Vgl. SCHWENNICKE, Europäische Stammtafeln N. F. I,2 Tafel 255.

444) DECKER-HAUFF, Die Anfänge des Hauses Wirtemberg S. 69, sieht keine Verbindung zu den Dillingern; MERTENS, Ulrich I. (Haus Württemberg) S. 20, hingegen bemerkt: „Ulrich I. wird 1255 von Graf Albert IV. von Dillingen als sein Verwandter von Vatersseite (patruus) bezeichnet. In der Tat nahm Ulrich unter den Erben Hartmanns IV.

Konstanz[445] zählte, stand im Austausch mit der Kurie[446], und es ist wahrscheinlich, dass die Anwesenheit der beiden Grafen in Ingelheim, gerade anlässlich der Eidesleistung Wilhelms auf den Papst, auf die Vermittlung kirchlicher Kreise zurückzuführen ist[447]. Allerdings könnte auch hier bereits Heinrich von Speyer am Werk gewesen sein, der bereits im Juli 1246 mit dem Württemberger zusammen eine Urkunde besiegelte[448], also nachweislich mit dem Grafen in Kontakt stand und vielleicht auf dessen Reise zum König hingewirkt hatte.

Die Position der beiden Hochadligen aus dem Süden an der Spitze der Zeugenliste dokumentiert die Wertschätzung, die man ihnen von königlicher Seite entgegenbrachte. Wenigstens einmal engagierte sich Ulrich von Württemberg wohl auch militärisch für Wilhelm, im Juli 1252 bei der Belagerung Frankfurts, wo dem Grafen die Vogtei des Stiftes Denkendorf, einer Niederlassung der Brüder vom Heiligen Grabe, verpfändet wurde[449]. Und bei dieser späteren Gelegenheit stand ein weiterer Staufer-Opponent aus dem schwäbischen Raum an seiner Seite: Hartmann von Grüningen, sein Vetter und Komplize beim Parteiwechsel vor Frankfurt 1246[450].

---

(† 1258), des Vaters Alberts IV. († 1257), der seinen Sohn überlebte, eine hervorragende Stelle ein. Auch ist der Name Ulrich bei den Dillingern zuhause."

445) Siehe oben S. 83 f.

446) Zu erschließen aus verschiedenen Schreiben Innozenz' IV., Reg. Imp. V,2 7796, 7872, 7944, 7961, 8085, 8255, 8273, 8369, 8370, 8373.

447) Diesem adligen Netz gehörte auch Graf Konrad von Freiburg an, dem Wilhelm am 12. Mai 1251 in Straßburg die Rückgabe der Stadt Neuenburg und anderer Besitzungen bestätigte, D Wilh 148, bereits von Heinrich Raspe 1246 zugesagt, D HRas 404; vgl. BUTZ, Adlige Herrschaft, Regesten Nr. 113 und Nr. 138. Auffällig ist die Bezeichnung Konrads als *dilectus fidelis et consanguineus noster*, S. 195 Z. 3; BUTZ, ebd. S. 96–103, behandelt ausführlich die Politik der Grafen von Freiburg um die Mitte des 13. Jh., hier auch S. 101 f. zur Urkunde Wilhelms über Neuenburg, klärt jedoch nicht diese auffällige Bezeichnung Konrads durch die königliche Kanzlei. Auch die Stammtafel, ebd. S. 290, gibt keinen Aufschluss dazu. Graf Konrad stand ebenfalls mehrfach in Kontakt mit der Kurie, u. a. erhielt er bereits 1248 von Innozenz die Zusage, Neuenburg und andere Orte zurückzubekommen, Reg. Imp. V,2 8026; weitere Belege für die Interaktion des Freiburgers mit der Kurie in dieser Zeit bei BUTZ, ebd., Regesten Nr. 107–109, 114–123, 127, 130–135, 137.

448) MALOTTKI, Heinrich von Leiningen, Regest 8 S. 174.

449) D Wilh 232, 1252 Juli 12.

450) Der genaue Verwandtschaftsgrad ist nicht ganz klar, vgl. DECKER-HAUFF, Die Anfänge des Hauses Wirtemberg S. 38–43, und MEREB, Studien zur Besitzgeschichte S. 13 f., 70 und Stammtafel nach S. 81a; auch Hartmann erhielt vor Frankfurt eine Urkunde aus der Hand Wilhelms, D Wilh 233, 1252 Juli 12, die Belehnung mit den Gütern, die vormals Heinrich von Wemding (heute Landkreis Donau-Ries) innegehabt hatte; die

Die folgenden Namen in der Reihe der Zeugen eröffnen einen ganzen Verwandtschaftszirkel, der hier erstmals im Umfeld Wilhelms nachzuweisen ist: zunächst Wildgraf Konrad II., den vermutlich der Elekt von Speyer zum König gebracht hatte. Konrad war mit Heinrichs Tante vermählt, Gisela von Saarbrücken[451]. Obwohl traditionell eng an die Mainzer Erzbischöfe gebunden[452], hatte Wildgraf Konrad sich lange auf staufischer Seite befunden[453]. In seinem Fall ist keine päpstliche „Vorarbeit" zu beobachten, sein Auftreten als Zeuge des Treueids ist die erste Gelegenheit, die ihn als Unterstützer des Königs sichtbar macht. Vielmehr lief die Parteibildung umgekehrt ab, erst fand der Anschluss an Wilhelm statt, dann folgte ein päpstlicher Gnadenerweis: Auf Bitten Wilhelms hob Innozenz IV. am 8. Mai 1249 ein früheres Urteil des Mainzer Erzbischofs auf und sprach Gerhard, dem Sohn des Wildgrafen, wieder sein Amt als Kölner Domkantor zu, sowie die Berechtigung, weitere kirchliche Benefizien zu erhalten[454]. Emich, ebenfalls ein Sohn Konrads, erhielt bereits am 25. Februar 1249 vom König eine Eventualbelehnung mit den Reichslehen des Grafen von Werd im Elsass[455].

---

Vergabe der Reichsstadt Grüningen (heute Marktgröningen) an Hartmann, die ebenfalls 1252 stattgefunden haben soll, ist als neuzeitliche Fälschung zu bezeichnen, vgl. DD Wilh [ohne Nummer] S. 503 f. Vgl. dazu auch MEREB, Studien zur Besitzgeschichte S. 33–35, und LORENZ, Grafen von Grüningen-Landau S. 47, 50 f. Die Bezeichnung Hartmanns als Bannerträger des Reiches, *sacri imperii signifer*, wird in der Kanzlei Wilhelms nicht verwendet, sie findet sich als Selbstbezeichnung des Grüningers in einer Urkunde vom 4. März 1257, Wirtembergisches UB 5 Nr. 1434 S. 198 f.

451) DOTZAUER, Geschichte des Nahe-Hunsrück-Raumes S. 125.

452) DOTZAUER, Geschichte des Nahe-Hunsrück-Raumes S. 137.

453) Urkunde Konrads IV. für den Wildgrafen vom 21. Febr. 1245, Reg. Imp. V,1 4495.

454) MGH epp. saec. XIII 2 Nr. 715 S. 529; vgl. Reg. Imp. V,2 8164. In einem weiteren päpstlichen Schreiben vom 1. April 1251 wurde diese Indulgenz wiederholt und die Umstände der „Vergehen" Gerhards näher erläutert: Dieser hatte offenbar zeitweise sogar auf Seiten Konrads IV. gekämpft, vgl. MGH epp. saec. XIII 3 Nr. 103 S. 82 Z. 25–28: [...] *et tu, fili G., quandoque in eiusdem Corradi fuisti exercitu et arma sumpsisti contra bone memorie ... archiepiscopum Maguntinum et alios, qui pro devotis ecclesie se gerebant et dicebant se prosequie negotium ecclesie generalis*; vgl. Reg. Imp. V,2 8372. Genau zu dieser Zeit, also in der ersten Aprilhälfte 1251, hielt sich der König beim Papst in Lyon auf, DD Wilh 143–145, und dürfte wohl auch in diesem Fall Fürsprache gehalten haben, obwohl dies nicht im Schreiben erwähnt wird. Wenig später, im Aug. 1251, folgte Gerhard Christian von Weisenau als Erzbischof von Mainz nach, vgl. auch JÜRGENSMEIER, Art. Gerhard Wildgraf S. 401 f.

455) D Wilh 80; vgl. auch DOTZAUER, Geschichte des Nahe-Hunsrück-Raumes S. 128.

Die gesamte Familie ist in der Folgezeit häufig im Gefolge Wilhelms nachzuweisen, allerdings hauptsächlich im Rhein-Main-Gebiet[456].

Die Familie des Grafen Gerhard III. von Diez – der nächste Name in der Liste – könnte ebenso wie die Wildgrafen mit den Leiningern versippt gewesen sein[457]. Gerhard, dessen Grafschaft sich auch auf die westliche Wetterau erstreckte, war bereits 1242 ein Parteigänger des Mainzer Erzbischofes und später dann Heinrich Raspes[458]. Ebenso wie der Wildgraf trat er konstant über die folgenden Jahre hinweg immer wieder im Umkreis Wilhelms auf[459]. Auffällig ist, dass auch der Diezer offenbar nicht in Kontakt zur Kurie stand, weder im Vorfeld der Ingelheimer Urkunde noch später. Auch er schloss sich also eher dem König als der päpstlichen Seite an.

---

456) Wildgraf Konrad: D Wilh 156–160a, 1251 Aug. 21, Pleitzenhausen; D Wilh 239, 1252 Aug. 4, Kaub; D Wilh 242, 1252 Sept. 17, Friedberg; D Wilh 252, 1252 Nov. 27, Mainz; D Wilh 341, 1255 Febr. 13, Speyer; D Wilh 366, 1255 März 23, Boppard; Wildgraf Emich: D Wilh 88, 1249 April 27, Mainz; D Wilh 160, 1251 Aug. 21, Pleitzenhausen (als *Merco* S. 495 Z. 27); D Wilh 166, 1251 Dez. 15, Köln; D Wilh 336, 1255 Jan. 31, Mainz; D Wilh 341, 1255 Febr. 13, Speyer; D Wilh 352, 1255 März 10, Hagenau. Zu den verwandtschaftlichen Beziehungen zu Otto von Everstein siehe oben S. 89 f.

457) GENSICKE, Landesgeschichte des Westerwaldes S. 241 f.; DEMANDT, Geschichte des Landes Hessen S. 405 f.; zu den Grafen allgemein SCHWIND, Art. Diez Sp. 1039 f. Allerdings lassen sich die genauen Verwandtschaftsverhältnisse nicht fassen, die Verbindung der Diezer zu den Leininger bleibt somit ungewiss. Für diese Information danke ich Herrn Matthias Kühlwein, Gießen.

458) WERNER, Reichsfürst zwischen Mainz und Meißen S. 233 Anm. 453; SIMON, Zisterzienserinnenkloster Thron S. 5–7, bezeichnet Gerhard als Oberbefehlshaber im Heer Wilhelms; HECK, Grafen von Diez S. 42 f. nennt den Grafen Heinrich I. von Weilnau als königlichen Marschall und Gerhard von Diez als Fahnenträger, leider ohne Quellenangaben. Den Marschallstitel führte Heinrich von Weilnau in seinen eigenen Urkunden, Urkundenbuch Eberbach 2,1 Nr. 271 S. 26. Der Diezer als Fahnenträger Wilhelms mag eine Fehlübersetzung von D Wilh 353 sein, wo von einer Übergabe von Fahnenlehen an das Kloster Werschweiler die Rede ist, *que a nobis vexillorum sollempnitate solent concedi*, S. 422 Z. 8 f. Weder der Graf von Weilnau – genannt in DD Wilh 80, 156, 157, 159, 160a, 166, 228 – noch der Diezer tragen jemals in Urkunden Wilhelms die genannten Titel. Die wiederholte Begünstigung des Klosters Thron in Wehrheim im Taunus, also nah an Frankfurt gelegen, erfolgte vermutlich durch die Fürsprache des Gründers Gerhard von Diez und bot dem König eine Möglichkeit, in diesem Raum Fuß zu fassen, DD Wilh 90 (hier ausdrücklich Erwähnung des Diezers), 360, 440. DEMANDT, Geschichte des Landes Hessen S. 406, erwähnt einen Ehedispens, den Gerhard III. durch den Parteiwechsel erlangen wollte.

459) D Wilh 80, 1249 Febr. 25, Ingelheim; D Wilh 90, 1249 Mai 9, Nassau; D Wilh 136, 1250 Nov. 27, Mons; D Wilh 242, 1252 Sept. 17, Friedberg; D Wilh 353, 1255 März 10, Hagenau.

An letzter Stelle der Grafen steht in der Zeugenliste *Enko comes de Linengen*[460], Emich IV., der Bruder des Speyerer Elekten. Der ältere Bruder der beiden, Friedrich III., wird zwar in dieser Urkunde nicht genannt, stellt jedoch durch seine schon Anfang der 1240er Jahre geschlossene Ehe mit Adelheid von Kyburg[461] eine Verbindung zu den Adelsfamilien im Südwesten her. Die Kyburger waren eine Nebenlinie der Dillinger[462], und man kann hier neben dem starken kirchlichen Einfluss, der wohl zur Anwesenheit Adalberts IV. von Dillingen vor Ingelheim führte, auch eine verwandtschaftliche Brücke erkennen. Emich selbst erhielt drei Urkunden aus der Hand Wilhelms[463] und trat mehrfach als Zeuge auf[464], was angesichts der Stellung seines Bruders Heinrich am königlichen Hof nicht verwundert.

Zusammen mit Siegfried IV. von Runkel, der unter den *viri nobiles* dieser Zeugenreihe genannt wird[465], ergeben all diese Adligen ein Verwandtschaftsgeflecht, das auch in seinem Rang durchaus demjenigen der Grafen von Geldern, Kleve, Jülich und der Herzöge von Brabant vergleichbar ist. Der entscheidende Unterschied ist jedoch, dass Wilhelm selbst diesem Familienkreis nicht angehörte. Diese Gruppe eröffnete ihm vielmehr die Person des Elekten von Speyer, der sich spätestens bei der Belagerung von Aachen 1248 das Vertrauen des Königs erworben hatte. Denn in diesen Zeitraum datiert eine Urkunde für die Stadt Mailand, in der Wilhelm seine Absicht kundtut, nach Italien zu kommen und seinen Kanzler Heinrich von Speyer vorauszuschicken, *[c]uius presentiam utilem instanti promovendo negotio nobiscum retinentes ad tempus*[466]. Spätestens im Februar 1249 hatte Heinrich seine Nützlichkeit bewiesen und dem König die Unterstützung seines umfassenden Verwandtschaftskreises vermittelt[467].

---

460) D Wilh 78 S. 114 Z. 32 f.

461) GEHRLEIN, Grafen zu Leiningen-Westerburg S. 11 f., 78 f.

462) LAYER, Grafen von Dillingen S. 72 (Stammtafel): Ulrich von Kyburg war ein Bruder Adalberts III. von Dillingen, des Großvaters Adalberts IV., vgl. BURLET, Prestigeträchtige Ehen S. 68–72, 78 f. (Stammtafeln). Hier ist allerdings nur eine Adelheid von Kyburg erwähnt, eine verwitwete Gräfin von Dollnstein und spätere Nonne.

463) DD Wilh 246, 365, 367.

464) D HRas 3; DD Wilh 80, 84, 88, 166, 252, 341, 351.

465) D Wilh 78 S. 114 Z. 35 f. Er ist der Sohn Siegfrieds III. und einer Tochter Gerhards I. von Diez, folglich ein Vetter Gerhards III. von Diez, vgl. GEHRLEIN, Grafen zu Leiningen-Westerburg S. 19–21, 94 f.; Siegfried von Runkel als ein Verwandter der Leininger und Grafen von Diez auch bei GENSICKE, Zur Deutung der Urkunde Siegfrieds von Runkel S. 28–30.

466) D Wilh 39 S. 72 Z. 11 f.; aufgrund der abschriftlichen Überlieferung nicht genauer zu datieren.

467) Heinrich von Speyer war zudem bei der Wahl Heinrich Raspes in Veitshöchheim

Neben den wildgräflich-leiningischen Familienbanden sind in der Zeugenliste von D Wilh 78 noch weitere interessante Personen vertreten, zunächst Anselm von Justingen (auf der Schwäbischen Alb), der den Titel eines *marscalcus* trägt[468]. Unter diesem Namen ist ein schwäbischer Adliger bekannt, der 1211 im Auftrag der Fürsten Friedrich II. nach Deutschland brachte[469], dann staufischer Marschall wurde, schließlich jedoch Heinrich (VII.) unterstützte und mit diesem zusammen zu Fall kam. Bis 1244 ist er noch in Urkunden des österreichischen Herzogs nachzuweisen[470]. Sein gleichnamiger Sohn trat erstmals 1242 in einer Urkunde des Kaisers auf[471], muss also im Gegensatz zum Vater den Sturz Heinrichs (VII.) überstanden haben. Welcher von beiden sich von Februar bis April 1249[472] bei Wilhelm aufhielt, ist nicht eindeutig zu belegen. Für den älteren Justinger könnte zum einen der Marschallstitel, zum andern seine nachweisliche Opposition gegen Friedrich II. sprechen[473]. In jedem Fall stellt er eine Verstärkung des süd- bzw. südwestdeutschen Elements in dieser Urkunde dar, ebenso wie die weiter unten genannten Konrad von Schmiedelfeld[474] und Krafto von Boxberg[475]. Keiner der drei hängt jedoch mit dem Grafen von Württemberg oder dem Dillinger zusammen, und auch eine Verbindung zur Kurie ist vor der Ingelheimer Urkunde nicht erkennbar.

Auch die weiteren Hofämter werden unter den Zeugen aufgezählt: der Truchsess Werner von Bolanden, als Mundschenk dessen gleichnamiger

---

anwesend, vgl. D HRas 3, 1246 Mai 23; vgl. auch MALOTTKI, Heinrich von Leiningen S. 46–56.

468) D Wilh 78 S. 114 Z. 33.

469) Burchard von Ursberg, Chronicon S. 99 Z. 12–16.

470) SCHALLER, Art. Justingen S. 709 f.; STÜRNER, Friedrich II. 1 S. 138, 2 S. 302–306; vgl. auch BOSL, Reichsministerialität S. 410.

471) Reg. Imp. V,1 3294.

472) DD Wilh 78, 80, 84, 88; die Zeugenschaft des Justingers in D Wilh 84 kann zudem als weiteres Argument für die zeitliche Einordnung dieses Diploms gelten, vgl. HÄGERMANN/KRUISHEER, Krit. Apparat zu D Wilh 78 S. 123 Z. 12–14.

473) SCHILLING, Reichsherrschaft Justingen S. 11–16.

474) *Conradus de Smedeuelt*, D Wilh 78 S. 114 Z. 34 f. Schmiedelfeld bei Sulzbach-Laufen, staufische Reichsministeriale, vgl. BOSL, Reichsministerialität S. 365 f., 392, in D Wilh 78 unter den *viri nobiles*. Ende April/Anfang Mai 1249 war Konrad von Schmiedefeld als Bote Wilhelms an der Kurie in Lyon, Reg. Imp. V,2 8150, 8162.

475) *Crafto de Bochberg*, D Wilh 78 S. 114 Z. 36. Boxberg in Baden, bei Bad Mergentheim; Krafto ist mehrfach im Wirtembergischen UB nachweisbar, besonders aufschlussreich ebd. 4 Nr. 1041 S. 94 f., die Gottfried von Hohenlohe, den Schwager Kraftos, als Erben im Falle des söhnelosen Todes des Ausstellers vorsieht.

Sohn und Ulrich von Münzenberg als Kämmerer[476]. Diese Personen bzw. die beiden Familien gehören ebenfalls zur staufischen Reichsministerialität, die im rheinhessischen Raum aufs Engste miteinander verzahnt und verschwägert sind[477]. Ein Bruder Werners IV. von Bolanden (*dapifer*), Philipp von Falkenstein, war mit Isengard, einer Tochter Ulrichs von Münzenberg verheiratet[478]. Sie gehörten zugleich zum großen, einflussreichen Verwandtschaftsnetzwerk um die Eppsteiner, in dessen Zentrum der Mainzer Erzbischof Siegfried III. stand[479]. Während jedoch die Bolanden – Werner IV. und Werner V. – die „Affäre Heinrich (VII.)" unbeschadet überstanden[480], unterstützte Ulrich I. von Münzenberg, der Vater des im Diplom Wilhelms erwähnten Ulrich II., den älteren Kaisersohn und blieb auch nach 1235 ein Gegner Friedrichs II. und Konrads IV.[481] Betrachtet man die Familien in ihrem Verhältnis zum König, so ist hier die Rolle des Mainzers als Vermittler zu betonen.

Doch das Auftreten der beiden Bolandener und Ulrichs von Münzenberg in Ingelheim war keineswegs ein klares Bekenntnis aller Familienmitglieder zu Wilhelm. Philipp von Falkenstein, der Bruder Werners IV., war 1250 noch bei Konrad IV., als dieser den bolandischen Ort Mauchenheim zerstören ließ[482], und wird erst im Februar 1255 als Zeuge in einer Urkunde Wilhelms fassbar[483]. Auch Philipp von Hohenfels, aus einer Seitenlinie der Bolanden, ist bei den Auseinandersetzungen 1250 auf staufischer bzw. pfalz-

---

476) *Wernerus de Bolandia dapifer, Wernerus filius eius pincerna, Vlricus de Mincenberg camerarius*, D Wilh 78 S. 114 Z. 33 f.

477) Ausführlich BOSL, Reichsministerialität S. 260–274, 290–297.

478) DOLL, Art. Werner (III.) von Bolanden S. 429; KEUNECKE, Die Münzenberger, Stammtafel II S. 386 f. KEUPP, Dienst und Verdienst S. 125 (Stammtafel).

479) Die genauen Verhältnisse bei GRAMSCH, Das Reich als Netzwerk der Fürsten S. 297–299 und Farbtafel 22, allerdings ohne Berücksichtigung Philipps von Falkenstein und der Münzenberger.

480) Werner IV. hält sich zuletzt 1236 bei Friedrich II. in Augsburg auf, Reg. Imp. V,1 2182, und ist im Jan. 1242 Gegenstand einer Urkunde Konrads IV., Reg. Imp. V,1 4449.

481) RÜBSAMEN, Art. Münzenberg S. 551 f. Allerdings ist Kuno III. von Münzenberg, Ulrichs Sohn, noch einmal im Dez. 1237 in Lodi bei Friedrich II. zu belegen, Reg. Imp. V,1 2298; vgl. KEUNECKE, Die Münzenberger Nr. 295 S. 181.

482) Reg. Imp. V,1 4528g. Die Annales Wormatienses S. 52 Z. 48–53 Z. 2 (Spalte A), berichten, dass Philipp von Falkenstein versuchte, bei Konrad IV. Fürsprache für seinen Bruder zu halten und die Verwüstung bolandischer Besitzungen zu verhindern; der Staufer ließ sich daraufhin von den Ortschaften Werners von Bolanden Geld geben, brannte jedoch Mauchenheim nieder.

483) D Wilh 341; zu Philipp von Falkenstein auch KAUFHOLD, Deutsches Interregnum S. 338–340, der diesen Beleg jedoch nicht zu kennen scheint.

gräflich-wittelsbachischer Seite zu finden[484], seine Unterwerfung lässt sich nur aufgrund der Einnahme des Trifels durch den König 1255 erschließen[485]. Die Münzenberger waren ebenfalls eine in sich gespaltene Familie, Ulrich I. und Ulrich II. in der Opposition zum Kaiser, Kuno III., der älteste Sohn bzw. Bruder, dessen Anhänger[486]. Und obwohl sie sich in unterschiedlichen Lagern befanden, bestand weiterhin Kontakt zwischen den einzelnen Familienmitgliedern: Der „päpstliche" Ulrich II. von Münzenberg übertrug 1252 seinem staufertreuen Schwager Philipp von Falkenstein die Burg Königstein, als Zeuge fungierte dabei Philipp von Hohenfels[487].

Letztlich ist die Frage, wem die eigentliche Loyalität der einzelnen Personen galt, nicht umfassend zu beantworten, und von Fall zu Fall dürfte die Entscheidung jeweils unterschiedlich ausgefallen sein. Aufgrund der königlichen Urkunden lässt sich jedoch feststellen, dass die beiden Herren von Bolanden nur noch zwei weitere Male gemeinsam beim König weilten[488], der Vater außerdem noch eindeutig Anfang August 1252[489], im Mai 1254[490] und im März 1255[491]. Der Sohn begleitete Wilhelm im Frühjahr 1252 nach Braunschweig und Halle[492] und könnte auch im März 1255 noch einmal bei

484) Annales Wormatienses S. 52 Z. 1–4 (Spalte A): Verwüstung der Besitzungen Philipps von Hohenfels durch das Heer Wilhelms, Verschonung der Ortschaften, die zu Geldzahlungen bereit waren.

485) D Wilh 356; vgl. auch KEUPP, Dienst und Verdienst S. 306 f., zu den Verwandtschaftsverhältnissen ebd. S. 125 (Stammtafel). Zum Interesse der wittelsbachischen Pfalzgrafen am Trifels vgl. auch PELTZER, Der Rang der Pfalzgrafen S. 74–76.

486) Die Zugehörigkeit Ulrichs II. zur päpstlichen Partei ist belegt durch ein Schreiben Innozenz IV. vom 12. April 1247, in dem der Münzenberger als *nobis et ecclesie Romane devot*[us] bezeichnet wird, MGH Epp. saec. XIII 2 Nr. 316 S. 239 Z. 12 f.; vgl. KEUNECKE, Die Münzenberger Nr. 320 S. 189; vgl. auch DEMANDT, Geschichte des Landes Hessen S. 445 f.; DERS., Der Endkampf S. 116 f.; SCHWIND, Die Landvogtei in der Wetterau S. 46 f.; KEUNECKE ebd. Nr. 303 S. 183 f., gibt in einem Regest einen Vertrag Kunos mit seinem Vater vom Juni 1239 wieder, die ihren Streit durch einen Schiedsspruch von Verwandten, darunter Philipp von Falkenstein, beigelegt hätten. Zum Status der Münzenberger v. a. im 12. Jh. vgl. auch KEUPP, Dienst und Verdienst S. 151–176.

487) KEUNECKE, Die Münzenberger Nr. 346 S. 197.

488) D Wilh 89, 1249 April 27, Mainz; D Wilh 341, 1255 Febr. 13, Speyer.

489) D Wilh 239.

490) D Wilh 308.

491) D Wilh 355.

492) Eindeutig belegt D Wilh 188 als *W. iuvenis de Bollandia*, S. 242 Z. 32. Eine klare Unterscheidung von Vater und Sohn ist aufgrund der Gleichnamigkeit nicht möglich. Im Register, DD Wilh S. 575, werden verschiedene Belege dem Vater zugeordnet, die m. E. den Sohn betreffen könnten, nämlich diejenigen zu D Wilh 166, 1251 Dez. 15, Köln; D Wilh 185, 1252 April 3, Braunschweig; D Wilh 228, 1252 Juli 11, vor Frankfurt;

ihm gewesen sein[493]. Auch der Münzenberger taucht noch dreimal in den Zeugenlisten auf[494]. Insgesamt scheinen diese mit den Hofämtern ausgezeichneten Adligen relativ selten ihre zeremoniellen Aufgaben wahrgenommen zu haben. Umso auffälliger ist ihre ausdrückliche Nennung in diesem Diplom Wilhelms: Der Eid an den Papst wurde in aller Förmlichkeit, unter Aufbietung aller zeremoniellen Möglichkeiten des königlichen Hofes beurkundet[495].

Aus der Zeugenreihe von D Wilh 78 wurden bislang vier Personen noch nicht betrachtet, nämlich Friedrich von Rannenberg, Gottfried von Biegen, Vogt Wilhelm III. von Aachen und Wirich von Daun[496]. Die beiden Ersteren sind Adlige aus der Mainzer Einflusssphäre, die nur in und um Mainz in der Nähe Wilhelms zu finden sind[497]. Der Aachener Vogt Wilhelm oder sein gleichnamiger Sohn lassen sich indes zu weiteren Anlässen im königlichen Umfeld nachweisen[498], eine familiäre oder anderweitige, über den Aachener Kontext hinausweisende Bindung an einen der angesprochenen Kreise ist nicht nachzuvollziehen[499].

---

D Wilh 367, 1255 März 23, Boppard. Es ist denkbar, dass nur der Sohn die Reise nach Braunschweig und an die Saale zusammen mit dem König antrat.

493) D Wilh 367.

494) DD Wilh 88, 228, 242.

495) Die Nennung der Hofämter findet sich nicht in der unmittelbaren Vorlage des Eides, in der Urkunde Friedrichs II. von 1219, D F II. 554, die Zeugenliste S. 260 Z. 6–10; in der Goldbulle von Eger aber, in der die umfangreichen Zugeständnisse an Innozenz III. festgehalten wurden, werden immerhin der Marschall Heinrich von Kalden und der Mundschenk Walter von Schüpf, D F II. 204 S. 77 Z. 7 f., bzw. D F II. 205 S. 80 Z. 17 f.

496) *Fridericus de Randenberg, Godefridus de Bigen* […], *Willelmus advocatus Aquensis, Wiricus de Duna*, D Wilh 78 S. 114 Z. 35–37.

497) Friedrich von Rannenberg noch ein weiteres Mal zusammen mit seinem Bruder Heinrich im Aug. 1250, als sie von Wilhelm Geldzahlungen bzw. ein kleines Pfandlehen erhalten, D Wilh 132; Gottfried von Biegen ist als Zeuge in D Wilh 88, 1249 April 27 aufgeführt. Zu den Rannenbergern, die Vitzthume in Aschaffenburg waren, scheinen keine umfassenden Untersuchungen vorzuliegen; allgemein zum Vizedominat vgl. BÜNZ, Art. Aschaffenburg S. 20, und CHRIST, Art. Aschaffenburg S. 65 f. Gottfried von Biegen wird als Marschall des Mainzer Erzbischofes erwähnt, vgl. SCHÄFER, Die Herren von Eppstein S. 168 Anm. 926.

498) D Wilh 80, 1249 Febr. 25, Ingelheim; D Wilh 336, 1255 Jan. 31, Mainz; D Wilh 341, 1255 Febr. 13, Speyer.

499) Vielleicht fungierte bereits zu dieser Zeit der Graf von Jülich als Aachener Vogt, und der genannte Wilhelm übte das Amt in dessen Auftrag aus. Somit hätte zumindest mittelbar eine Verbindung an den Hof Wilhelms bestanden, vgl. KRAUS, Aachen S. 136 f.; FLACH, Untersuchungen S. 257 f. mit Anm. 861, geht davon aus, dass alle späte-

Wirich von Daun hingegen muss intensiver untersucht werden. Einen ersten Hinweis auf seine Anwesenheit im Gefolge Wilhelms liefert bereits eine Urkunde für Richardis, die Tante des Königs, vom 1. März 1248[500]. Dort wird er an erster Stelle der Zeugen genannt, noch vor dem Herrn von Voorne und Wilhelm von Brederode. Die Überlieferung dieses Stückes ist jedoch nicht ganz gesichert[501]. Sein Aufenthalt im Ingelheimer Feldlager ist jedoch sicher zu belegen, auch durch ein zweites Diplom[502]. Im November 1250 zog er mit dem König nach Mons[503], im November 1252 und im Januar 1255 weilte er in Mainz im königlichen Gefolge[504]. Aus einer Klageschrift Margaretes von Flandern geht hervor, dass er zusammen mit Arnold von Diest und weiteren Rittern als Garant des zwischen der Gräfin und Wilhelm sowie seinem Bruder Florens im Mai 1250 geschlossenen Vertrages[505] in Brüssel bleiben sollte, *nisi recederent de ipsius voluntate*[506]. Diese Vereinbarung deutet auf die Vertrauensstellung hin, die Wirich beim König genoss. Während er in D Wilh 78 eindeutig nicht mehr zu den *viri nobiles*, sondern offenbar zu den Ministerialen zählt[507], spricht bereits die Urkunde für Richardis für einen höheren Rang, und auch später wird er unter den Edelfreien aufgeführt. Allerdings sind alle Belege, die ihn als adligen Herrn einstufen, nur abschriftlich überliefert[508]. In der einzigen erhaltenen Ausfertigung einer Urkunde steht er ohne nähere Bezeichnung am Ende der Reihe[509].

In der Tat war Wirich als Sohn Heinrichs von Daun ein Mitglied der Reichsministerialität in der Eifel. Noch Anfang März 1235 befand er sich bei Heinrich (VII.), wenige Monate vor dessen Sturz[510], in den Jahren 1241

---

ren Erwähnungen eines Aachener Vogts Wilhelm in königlichen Urkunden den Sohn Wilhelm (IV.) betreffen; ebd. S. 317–319 zum Schutz des Jülichers für Aachen 1246, noch im Dienste Konrads IV.

500) D Wilh 11, 1248 März 1, Rijnsburg.

501) Als Deperditum bezeichnet, nur als Notiz des Deutschordensarchivs in Utrecht erhalten, vgl. HÄGERMANN/ KRUISHEER, Kritischer Apparat zu D Wilh 11 S. 37 Z. 32 f.

502) D Wilh 80.

503) D Wilh 136.

504) DD Wilh 252, 336.

505) D Wilh 117.

506) OHZ 2 Nr. 849–850, Bijlage 2 S. 510 Z. 22–27; vgl. HINTZE, Königtum Wilhelms S. 107.

507) D Wilh 78 S. 114 Z. 36 f.

508) D Wilh 136 S. 183 Z. 33, Abschrift des 15. Jh., hier sogar vor Arnold von Diest; D Wilh 252 S. 304 Z. 18, Abschrift des 13. Jh.

509) D Wilh 336 S. 402 Z. 24–27, keine auf den Stand bezogenen Unterteilung der Zeugenliste, Wirich an vorletzter Position vor dem Vogt von Aachen.

510) Reg. Imp. V,1 4375.

und 1242 ist er jedoch im Heer des Kaisers in Italien zu finden[511]. Gesteht man dem Beleg von 1248 Authentizität zu, so war Wirich der erste der staufischen Ministerialen aus dem erweiterten Rhein-Main-Gebiet, der sich Wilhelm annäherte. Sein Seitenwechsel hängt vermutlich mit den Geschicken seines Bruders Richard und dem Schisma auf dem Wormser Stuhl zusammen: Anfang Oktober 1247 war Konrad von Dürkheim in Neuss durch Petrus Capocci zum Bischof von Worms geweiht worden, vermutlich in Anwesenheit Wilhelms. Doch bereits auf dem Weg in seine Bischofsstadt verstarb er[512], und das Kapitel wählte gegen das ausdrückliche Verbot des Legaten einen Nachfolger. Diesem wiederum wurde Richard von Daun als Kandidat von der Gnade Kardinal Capoccis gegenübergestellt[513]. Dies lässt darauf schließen, dass die Familie bereits Ende des Jahres 1247 das Vertrauen der Kurie genoss, und der frühe Beleg vom März 1248 für Wirich von Daun im Umfeld Wilhelms gewinnt deutlich an Plausibilität. Im Wormser Bistumsstreit konnte sich Richard letztlich durchsetzen, auch dank der Fürsprache seines Bruders beim Papst. Wirich erwirkte am 18. März 1248 ein Schreiben Innozenz' IV., durch das Richard bis zur endgültigen Klärung der Angelegehenheit die bischöflichen Einkünfte zugesprochen wurden[514].

Durch seine Verbindungen sowohl zum König als auch zur Kurie könnte es Wirich gewesen sein, der den Kontakt Wilhelms zur staufischen Reichsministerialität zustande brachte. Er war zusammen mit Anselm von Justingen 1242 in Capua am Hof Friedrichs II.[515], zumindest ein schwacher Hinweis, um die Anwesenheit der ehemaligen Stauferanhänger aus dem Südwesten des Reiches bei Wilhelm vor Ingelheim zu erklären. Und noch in einer zweiten Hinsicht stellt Wirich ein Bindeglied dar – er war verheiratet mit Guda von Bolanden, einer Tochter Philipps III. und Cousine Werners IV.[516]

---

511) Reg. Imp. V,1 3193 als „Ulr. v. Dune"; Reg. Imp. V,1 3294; vgl. SCHUMACHER, Wirich von Daun S. 83.

512) KEILMANN, Art. Konrad von Dürckheim S. 865.

513) KEILMANN, Art. Richard von Daun S. 865.

514) MGH Epp. saec. XIII 2 Nr. 674 S. 481 f.; vgl. Reg. Imp. V,2 8109; vgl. Annales Wormatienses S. 52 Z. 26–47 (Spalte 2) und S. 53 Z. 37–54 Z. 18. Offenbar befand sich Wirich zu dieser Zeit an der Kurie, vgl. Konrad von Schmiedelfeld als Bote Wilhelms oben S. 107. Die Bezeichnung Wirichs als *regalis curie marescalc*[us], S. 482 Z. 11, ist problematisch, da im gleichen Zeitraum Anselm von Justingen als Marschall genannt wird. Aufgrund der Konstellation in Lyon muss jedoch davon ausgegangen werden, dass Wirich sich selbst mit dem Titel bezeichnete. In der königlichen Kanzlei wird diese Betitelung nicht verwendet. Zum Parteiwechsel Wirichs vgl. auch SCHUMACHER, Wirich von Daun S. 86 f.

515) Reg. Imp. V,1 3294.

516) WILD, Das familiäre Umfeld S. 37, 41 (Stammtafel); ANDERMANN, Bolanden S. 78 (Stammtafel).

Diese Eheverbindung ist einerseits ein weiterer Fingerzeig, um den Status des Dauners einschätzen zu können – er hatte in eine einflussreiche Familie eingeheiratet, die zwar ebenfalls aus der Ministerialität stammte, deren männliche Vertreter aber bereits seit dem 12. Jahrhundert als *domini* bezeichnet wurden[517]. Andererseits wird hier einmal mehr die Vielfalt der Beziehungen und das Ineinandergreifen von verschiedenen Faktoren sichtbar, durch die sich das Umfeld des Königs generierte, stetig erweiterte und veränderte.

Die Zusammensetzung der Zeugenliste von D Wilh 78, in der sich unterschiedliche Personenkreise finden, sollte schließlich auch in Kombination mit dem Ausstellungsort der Urkunde betrachtet werden. Die Belagerung Ingelheims wird in den erzählenden Quellen nur kurz erwähnt, die Einnahme erfolgte am 28. März 1249[518]. Sie muss als großer Erfolg Wilhelms betrachtet werden, da die Pfalz stark befestigt war und das sie umgebende Reichsterritorium nicht unbeträchtliche Einkünfte erbrachte[519]. Ähnlich wie im Falle Nimwegens haftete an Ingelheim staufische Herrschermemoria[520]. Zudem ermöglichte seine strategische Lage im Zentrum des Reiches und in der Nähe von Mainz dem König den weiteren Ausgriff nach Süden und Osten. Mit Ingelheim fiel eine weitere der großen geschichtsträchtigen Pfalzen am Rhein in die Hand Wilhelms, und der Erfurter Predigerannalist nennt wohl nicht zufällig das genaue Datum der Eroberung und des Einritts des Königs in dieser *regalis curia*, den Palmsonntag[521]. Die Parallele zum Einzug Christi in der königlichen Stadt Jerusalem dürfte beabsichtigt gewesen sein – auch an späterer Stelle sollte Wilhelm ein Gespür für derartige symbolische Details beweisen[522]. Im Bericht des Geschichtsschreibers wurde Ingelheim, so unwichtig es in den folgenden Jahren für Wilhelm auch gewesen sein mag[523], zu einem Zeichen für die regionale Ausweitung und den qualitativen Ausbau des Königtums.

---

517) Zu den Bolanden im 12. Jh. vgl. KEUPP, Dienst und Verdienst S. 106–151, zum Status Werners II. als *nobilis vir* bzw. *dominus* vgl. ebd. S. 106.

518) Annales Erphordenses S. 106 Z. 5–10, im Kontext des Todes Siegfrieds III.; Annales S. Pantaleonis S. 545 Z. 6 f.; vgl. auch HINTZE, Königtum Wilhelms S. 30.

519) SCHMITZ, Pfalz Ingelheim S. 48 f.

520) Friedrich Barbarossa hatte Ingelheim baulich erneuern lassen und ein Turnier im Rahmen des Mainzer Hoftages von 1184 dort geplant, Friedrich II. und Heinrich (VII.) hielten sich 1214, 1217 und 1225 dort auf, vgl. RAUCH, Geschichte der Ingelheimer Pfalz S. 17.

521) Annales Erphordenses S. 106 Z. 9 f.

522) Siehe unten S. 289–291.

523) Nach März 1249 sind keine Aufenthalte Wilhelms mehr zu belegen (zuletzt am 13. März 1249, D Wilh 83). Wilhelm vergab Ingelheimer Reichsrechte an Eberbach,

Ostern 1249

Wilhelm blieb bis Ende April in der Mainzer Gegend bzw. in der Stadt selbst. Das Osterfest könnte er in Kloster Eberbach verbracht haben, hier urkundete er am 3. April, dem Karsamstag des Jahres 1249[524]. In diesen Zeitraum fallen zwei weitere Diplome, die nicht nur aufgrund der Zeugenlisten einen Einblick in die Herrschaftspraxis des Königs erlauben.

An erster Stelle ist die Urkunde für den Salzburger Elekten Philipp von Spanheim zu betrachten[525]. Diesem wurde zusammen mit seinem Bruder Ulrich eine Anwartschaft auf das Herzogtum Kärnten, die Herrschaft seines Vaters Bernhard II., zugestanden, obwohl er als Geistlicher eigentlich aus der Erbfolge hätte ausscheiden müssen[526]. Die Einzigartigkeit dieses Vorgehens hat mehrfach Zweifel an der Echtheit der Urkunde aufkommen lassen, die jedoch von den Herausgebern der Diplomata Wilhelms entkräftet werden konnten[527]. Das königliche Handeln lässt sich vor dem Hintergrund der Situation in Kärnten, Österreich und Bayern Ende der 1240er Jahre erklären: Herzog Bernhard war bereits seit 1202 im Amt, sein ältester Sohn Ulrich mit Agnes, einer Tochter Herzog Ottos VII. von Andechs und Witwe Friedrichs des Streitbaren von Österreich, verheiratet und bislang kinderlos[528]. Für diese Eheschließung hatte der Spanheimer bereits im November 1248 eine Dispens des Papstes erhalten, im Gegenzug für eine Beistandserklärung gegen den gebannten Kaiser[529]. Philipp war zwar 1246/47 zunächst gegen den päpstlichen Kandidaten vom Salzburger Klerus gewählt worden, nach dem frühen Tod seines Gegenspielers wurde er jedoch im Oktober 1247 vom Papst als Prokurator der Diözese bestätigt[530]. Im Frühjahr 1248 ließ er österreichische und steirische Anhänger des Kaisers in Kärnten gefangennehmen und demonstrierte so seine Zugehörigkeit zur

---

D Wilh 247, 1252 Okt. 10, und an den Deutschen Orden, D Wilh 307, 1254 April 5.

524) D Wilh 85.

525) D Wilh 84, datiert auf den 21. März 1249, jedoch mit der Ortsangabe Neuss; zur Erläuterung dieser widersprüchlichen Informationen vgl. HÄGERMANN/KRUISHEER, Kritischer Apparat zu D Wilh 84 S. 121 Z. 18–33.

526) Zur prinzipiellen Lehnsunfähigkeit Geistlicher vgl. SPIESS, Das Lehnswesen S. 28.

527) OGRIS, Der Kampf König Ottokars S. 94–111; DERS., Die Beziehungen König Ottokars S. 73 f.; vgl. HÄGERMANN/KRUISHEER, Kritischer Apparat zu D Wilh 84 S. 121–123.

528) KIRMEIER/BROCKHOFF (Hgg.), Herzöge und Heilige, Stammtafel nach S. 271. Bei HÄGERMANN/KRUISHEER, Kritischer Apparat zu D Wilh 84 S. 121 Z. 3 f., wird Agnes fälschlich als Babenbergerin bezeichnet.

529) Reg. Imp. V,2 8052.

530) Reg. Imp. V,2 7882; vgl. ORTNER, Art. Philipp von Spanheim S. 664.

päpstlichen Seite[531]. Beide Brüder standen also in Kontakt mit der Kurie und waren für Wilhelm vertrauenswürdige Personen, die er angesichts des drohenden Aussterbens ihrer Familie durch eine außergewöhnliche Maßnahme zu unterstützen suchte, mit dem nicht unwillkommenen Nebeneffekt, dass der König auf diese Weise zumindest punktuell auch den Südosten des Reiches in seine Politik miteinbeziehen konnte – zumal der wichtigste Akteur in diesem Raum in den folgenden Jahrzehnten, Ottokar II. von Böhmen, bereits in den Kulissen stand und auf seinen Auftritt wartete[532].

Die Spanheimer waren aufgrund ihrer Verwandtschaftsbeziehungen – Bernhard von Kärnten war mit einer Tochter Ottokars I. von Böhmen, Ulrich wie bereits erwähnt mit der Witwe des letzten Babenbergers verheiratet [533] – nicht nur in die Auseinandersetzungen um die Nachfolge im Herzogtum Österreich involviert[534]. Für Wilhelm dürften sie darüber hinaus wichtige Verbündete gegen die Wittelsbacher gewesen sein, und dies als Erben der Andechs-Meranier. Denn auch diese Familie war mit dem kinderlosen Tod Herzog Ottos VIII. 1248 im Mannesstamme erloschen, und dessen Schwester Agnes hatte bereits bei ihrer Ehe mit dem Babenberger mehrere Besitzungen, darunter Krain, als Mitgift erhalten, die zum Teil bei der Eheschließung an Ulrich III. übergingen. Das Kerngebiet der Andechser, die Grafschaften Andechs und Wolfratshausen, wurde jedoch vom wittelsbachischen Herzog Otto II. von Bayern usurpiert[535]. Das Interesse Wilhelms an der Regelung der Andechser Erbfrage lässt sich auch daran ablesen, dass der König nur wenige Wochen vorher einem anderen Konkurrenten der Wittelsbacher, nämlich dem Burggrafen von Nürnberg, die Reichslehen des verstorbenen meranischen Herzogs zuerkannt hatte[536], vermutlich mit der Absicht, sie dem Zugriff der Bayern zu entziehen. Die Förderung der Spanheimer diente nun ebenfalls dem Zweck, die Pläne der bayerischen Herzöge zu durchkreuzen. Darüber hinaus war der Salzburger Elekt die geistliche Autorität für Bayern, allerdings ohne große Durchsetzungskraft. Auf der Synode von Mühldorf zu Beginn des Jahres 1249 hatte er sich vergeblich be-

---

531) WAGNER, Vom Interregnum bis Pilgrim von Puchheim S. 437 f.

532) FRÄSS-EHRFELD, Geschichte Kärntens S. 315–330; vgl. auch HÄGERMANN/KRUISHEER, Krit. Apparat S. 120 Z. 33 121 Z. 17.

533) DOPSCH, Die Gründer kamen vom Rhein S. 60 (Stammtafel).

534) Zu den Ereignissen und Konstellationen in Österreich nach dem Tod Herzog Friedrichs 1246 vgl. ZEHETMAYER, Das sogenannte „österreichische Interregnum" S. 46–55; FRÄSS-EHRFELD, Geschichte Kärntens S. 315–318, hier jedoch leider keine Berücksichtigung Wilhelms.

535) SCHÜTZ, Das Geschlecht der Andechs-Meranier S. 99–104.

536) D Wilh 81, 1249 März 1.

müht, Otto von Bayern und den Bischof von Passau auf die Seite des Königs zu ziehen[537].

Auf den kärntnisch-bayerischen oder vielmehr anti-wittelsbachischen Subtext der Urkunde verweisen auch zwei Namen in der Zeugenliste. Nach dem Kölner Erzbischof und dem Elekten von Lüttich wird als dritter von den *principibus nostris* Bischof Ulrich von Seckau genannt[538]. Über seine Herkunft lässt sich keine Aussage treffen, vielleicht stammte er aus einer nichtadligen Familie. Er gehörte der Kanzlei Herzog Friedrichs des Streitbaren von Österreich an[539] und verfügte über gute Verbindungen zur Kurie. Ulrich könnte bereits 1245 Teilnehmer des Konzils von Lyon gewesen sein[540], und noch im Januar 1249 erging ein Schreiben des Papstes an ihn, dass er den Herzog von Kärnten zur Rückgabe von Freisinger Kirchenlehen ermahnen solle[541]. Doch lässt er sich nicht vor der Ausstellung von D Wilh 84 im Umfeld des Königs nachweisen. Ob es also der Seckauer war, der den Kontakt der Spanheimer zu Wilhelm vermittelte, kann nicht belegt werden[542]. Vielmehr ist denkbar, dass er als Salzburger Suffragan an der Mühldorfer Synode teilgenommen hatte[543] und dann zusammen mit dem Elekten Philipp zum König reiste. Allerdings ist er im Gegensatz zu dem Salzburger noch einmal als Zeuge einer königlichen Urkunde belegt, und zwar im Juni 1251 in Köln[544].

Unter den adligen Zeugen der Urkunde wird vor Emich von Leiningen ein *Chunrad*[us] *de Wazzerburch* genannt, Graf Konrad von Wasserburg am Inn. Obwohl er ein naher Verwandter Herzog Ottos von Bayern war[545], lässt er sich als früher Unterstützer des Papstes und Gegner der

537) Eine genaue Datierung der Mühldorfer Synode scheint nicht möglich zu sein. Ein Schreiben Innozenz' IV. vom 6. Febr. 1249 kann jedoch als Reaktion auf die Weigerung Herzog Ottos gesehen werden, sich in Mühldorf zu rechtfertigen, Concilia Salisburgensia S. 101; vgl. Reg. Imp. V,2 8092; HÜBNER, Provinzialsynoden S. 206 f.; ORTNER, Art. Philipp von Spanheim S. 664. FRÄSS-EHRFELD, Geschichte Kärntens S. 316 f., 321, zu den militärischen Qualitäten Philipps, für den die kirchliche Laufbahn eher sekundär war; vgl. auch DOPSCH, Die Gründer kamen vom Rhein S. 62.

538) D Wilh 84 S. 123 Z. 40.

539) ORTNER/KRONTHALER, Art. Ulrich S. 664.

540) Reg. Imp. V,2 7544b.

541) Reg. Imp. V,2 8083.

542) D Wilh 84 S. 121 Z. 14 f.

543) ORTNER/KRONTHALER, Art. Ulrich S. 665.

544) D Wilh 152; bei dieser Gelegenheit könnte er D Wilh 84 für den Salzburger Elekten in Empfang genommen haben, vgl. D Wilh 84 S. 121 Z. 29–33 (Krit. Apparat).

545) Eine eingehende Würdigung Konrads von Wasserburg in der neueren Forschung bei BURKARD, Landgerichte Wasserburg und Kling S. 84–89; vgl. SPINDLER/KRAUS, Auseinandersetzungen S. 45.

Wittelsbacher fassen. Albert Behaim schreibt über ihn: *donec ultimo anno dominus C. comes de Wazzerburch ad castra sua fortia me recepit, cum solus essem in tota Alamannia negocia catholice fidei procurans*[546]. Albert, ein enger Vertrauter Innozenz' IV., betrieb seit 1239 unermüdlich und trotz heftigsten Widerstands in Bayern Propaganda gegen die Staufer und hielt sich mehrfach in Wasserburg auf. Im Sommer und Herbst 1247 wurde er mit Graf Konrad dort von einem bayerischen Heer eingeschlossen, doch sie konnten zusammen noch vor der Einnahme der Burg fliehen[547]. Albert Behaim stand auch in Kontakt mit dem Bischof von Seckau[548], war Kaplan des päpstlichen Legaten Petrus Capocci und befand sich im Sommer 1248 bei Aachen, als die Stadt gerade von Wilhelm belagert wurde[549]. Es ist davon auszugehen, dass der bayerische Kleriker mit dafür sorgte, dass die Feinde der Wittelsbacher aus der Region den Weg zum König fanden, auch wenn er selbst nicht in dessen Umfeld nachzuweisen ist.

Einmal mehr zeigt sich an dieser Stelle die große Spannweite des Beziehungsgefüges, in das Wilhelm durch den Kontakt mit verschiedenen Personenkreisen eingebunden war und das er zu beeinflussen versuchte. Wie bereits die Beispiele der Grafen von Dillingen und Württemberg belegen konnten, beschränkte sich das Interesse des Königs keineswegs auf den Nordwesten des Reiches. In der Interaktion mit den Spanheimern und der aufgrund der Anwesenheit des Grafen von Wasserburg zu vermutenden Verbindung zu den oppositionellen Kreisen in Bayern lässt sich das Bestreben ablesen, politisch aktiv das gesamte nordalpine Reich zu erfassen.

Doch nicht nur die Kontaktaufnahme mit den Staufer- und Wittelsbacher-Gegnern im bayerisch-österreichischen Raum beschäftigte den König Ende April 1249. Er musste auch zugunsten seines Schwagers Johann von Avesnes tätig werden, dem er die Lehenshoheit in der Grafschaft Namur bestätigte[550]. Der Akt an sich ist den „flandrischen Angelegenheiten“[551] zuzuordnen und wird weiter unten behandelt[552]. Hier soll ein letztes Mal systematisch die Zeugenliste betrachtet werden, in der zum einen das mittelrhei-

---

546) Brief- und Memorialbuch des Albert Behaim Nr. 133 S. 477 Z. 5–7.

547) Vgl. FRENZ/HERDE, Brief- und Memorialbuch des Albert Behaim S. 15–21 (Einleitung).

548) FRENZ/HERDE, Brief- und Memorialbuch des Albert Behaim S. 19 f. (Einleitung).

549) FRENZ/HERDE, Brief- und Memorialbuch des Albert Behaim S. 22 f. (Einleitung); PARAVICINI BAGLIANI, Cardinali di Curia S. 307 f.

550) D Wilh 88, 1249 April 27, Mainz.

551) HINTZE, Königtum Wilhelms S. 133.

552) Siehe S. 244–248.

nische Personengeflecht verdichtet und erweitert auftritt und zum andern ein wichtiger, in die Zukunft weisender „Neuzugang" zu verzeichnen ist.

Die Reihe der Geistlichen wird vom Trierer Erzbischof Arnold von Isenburg angeführt, es ist sein erstes und einziges Auftreten in einem Diplom Wilhelms. Da sein politisches Engagement für den König ansonsten eher punktuell stattfand[553], könnte er vor allem aufgrund seiner familiären Verbindungen in diese Zeugenliste geraten sein. Er war ein Vetter des kurz zuvor verstorbenen Siegfried III. von Mainz[554], und etwas weiter unten in derselben Urkunde wird unter den *nobiles viri* mit Gottfried von Eppstein[555] ein Bruder oder Neffe Siegfrieds aufgeführt[556]. Eppsteiner, Isenburger, Bolanden und die Wildgrafen – *Emicho comes Silvester* [...], *Wernherus dapifer de Bonlandia, Wernherus pincerna filius eius*[557] – waren durch mehrfache Eheschließungen sehr eng miteinander verknüpft[558].

Ergänzt wird dieses Verwandtschaftsnetzwerk nun noch durch *Conrardus comes Irsutus*[559], den Raugrafen. Dieser entstammte einer Seitenlinie der Wildgrafen und war zudem mit Benedikta, einer Schwester Wildgraf Emichs, verheiratet[560]. Auch Raugraf Konrad ist nur bei einer weiteren Gelegenheit im Umfeld des Königs anzutreffen, als dieser am 27. Mai 1252 in Mainz für die Speyerer Kirche urkundete[561]. Genau wie Erzbischof Arnold dürfte er hauptsächlich aufgrund seiner Familienzugehörigkeit den Weg zu Wilhelm genommen haben[562].

Der hochrangigste unter den weltlichen Zeugen ist Graf Hermann I. von Henneberg. Er stellt aus verschiedenen Gründen für Wilhelm einen wichtigen Zugewinn dar: Zunächst war der Henneberger ein Neffe und Wähler

553) Siehe S. 139–141.

554) SEIBRICH, Art. Arnold von Isenburg S. 794.

555) *Gotefridus de Eppenstein*, D Wilh 88 S. 128 Z. 26.

556) Gottfried II. oder Gottfried III., beide sind zudem mit einer Isenburgerin verheiratet, SCHÄFER, Die Herren von Eppstein, Stammtafel S. [572].

557) D Wilh 88 S. 128 Z. 25, 27 f.

558) SCHÄFER, Die Herren von Eppstein S. 22 f.

559) D Wilh 88 S. 128 Z. 25.

560) SCHWENNICKE, Europäische Stammtafeln N. F. IV Tafel 113; SCHNEPP, Die Raugrafen S. 151–153 und Stammtafel nach S. 206.

561) D Wilh 252.

562) Ein weiteres Mitglied dieses Verwandtschaftskreises ist Reinhard von Hanau, *Reinhardus de Hagenowe*, D Wilh 88 S. 128 Z. 26, ein Vetter Werner von Eppsteins, verheiratet mit Adelheid, der Schwester Ulrichs von Münzenberg, letzterer ebenfalls Zeuge in der Urkunde, ebd. S. 128 Z. 28; noch zweimal bei Wilhelm, D Wilh 242, 1252 Sept. 17, Friedberg; D Wilh 367, 1255 März 23, Boppard; vgl. SCHWIND, Zu den Anfängen von Herrschaft und Stadt Hanau S. 329–333; KEUNECKE, Die Münzenberger S. 387 (Stammtafel).

Heinrich Raspes[563]. In Gerhard von Diez, Emich von Leiningen, Ulrich von Württemberg und Hartmann von Grüningen sind bereits adlige, nichtgeistliche Anhänger des Ludowingers aufgetreten, die auch im Gefolge Wilhelms nachzuweisen sind, allerdings keiner aus dem thüringisch-fränkischen Raum[564]. Welch hohe Bedeutung der König der Verbindung mit dem Henneberger zuschrieb, lässt sich daran ablesen, dass er ihn sogar durch eine Heirat an sich zog. Denn nur wenig später, Ende Mai oder Anfang Juni 1249, wurde Hermann mit Margarete, der Schwester Wilhelms, verheiratet[565].

Durch diese Ehe schuf der König nicht nur eine verwandtschaftliche Verbindung zu den Hennebergern und den Ludowingern (siehe Stammtafel Abb. 2), sondern darüber hinaus zu einem einflussreichen Reichsfürsten, der bislang im Kontext mit Wilhelm noch keine Rolle gespielt hatte, nämlich zu Markgraf Heinrich von Meißen. Dieser war ein Halbbruder Hermanns von Henneberg aus der ersten Ehe der Ludowingerin Jutta mit Markgraf Dietrich dem Bedrängten[566]. Die direkte Interaktion zwischen König und Markgraf wird sich erst etwa drei Jahre später entfalten[567]. Doch gerade diese Heiratsverbindung, die im Frühjahr 1249 geknüpft wurde, stellt ein starkes Indiz für ein vorausschauendes, vielleicht sogar planmäßiges Handeln des Königs dar. Die Eheschließung eines Familienmitglieds, zumal der leiblichen Schwester, lässt eine besondere Involviertheit Wilhelms, vielleicht sogar seine Inititative vermuten. Der Heiratskandidat wurde vermutlich von anderen vorgeschlagen, doch muss der Zweck dieser Verbindung dem König klar und erstrebenswert erschienen sein.

### Zusammenfassung: Wilhelms Griff nach der Reichsherrschaft 1247–1249

Eine Zeugenliste als Bestandteil einer Urkunde ist ein Charakteristikum des römisch-deutschen Herrscherdiploms[568]. Die Zeugenschaft der Reichsfürsten, der Adligen und Ministerialen war ein Instrument, „die Mitwirkung bei oder die Zustimmung zu der vom König vollzogenen Handlung zum Ausdruck zu bringen und dadurch die Autorität der königlichen Verfügung zu

563) D HRas 3 S. 7 Z. 7–10.

564) FÜSSLEIN, Hermann I. S. 296, sieht in Hermann von Henneberg denjenigen, der „das niederrheinische Gegenkönigtum mit seinem Vorgänger, dem thüringischen, verbindet“.

565) D Wilh 93, 1249 Juli 4, Mainz, enthält Regelungen über die 4000 Kölner Mark Mitgift; vgl. FÜSSLEIN, Hermann I. S. 296 f.

566) WINKEL, Herrschaft und Memoria S. 323 (Stammtafel).

567) Siehe S. 309–313.

568) HÄGERMANN, Studien zum Urkundenwesen S. 277.

verstärken“[569]. Die Zeugen in den Urkunden Wilhelms unterstützten dessen Politik, setzten ihr Vertrauen in ihn und waren beim Beurkundungsvorgang anwesend[570]. Die Zeugenreihen liefern also eine gute Grundlage, um das personelle Umfeld des Königs und die Reichweite seiner Herrschaft zu untersuchen.

In den vorausgehenden Kapiteln wurden auf dieser Basis knapp anderthalb Jahre, der Beginn von Wilhelms Königtum von der Wahl am 2. Oktober 1247 bis zum Mainzer Hoftag Ende April 1249, systematisch betrachtet. Ursprünglich sind beim König vor allem niederadlige Ritter aus seiner Heimatregion anzutreffen, ein Umstand, der nicht verwunderlich ist. In den ersten Wochen und Monaten umgab sich Wilhelm mit denselben Männern, die ihm bereits zu seiner Zeit als Graf zur Seite gestanden hatten. Manche von diesen befanden sich in seinem Heer und begleiteten ihn bei den militärischen Aktionen gegen Kaiserswerth und Aachen, andere waren offenbar mit der Verwaltung der Grafschaft betraut und traten mit dem König in Kontakt, wenn dieser sich in Holland aufhielt. Bemerkenwert ist die gesonderte Bezeichnung dieses Personenkreises in den Zeugenlisten als *milites*, die von den übrigen Adligen und Ministerialen unterschieden werden. Zwei Personen stechen bereits in dieser sehr frühen Phase von Wilhelms Herrschaft heraus, nämlich Arnold von Diest, der seinen Herrn offenbar während dessen gesamter Regierungszeit im Reich unterstützte und ihm wichtige Kontakte in den Osten des Reiches vermittelte; und Wirich von Daun, ein Reichsministeriale, der wohl schon Anfang 1248 mit dem König nach Holland zog und vielleicht als Bindeglied zu seinen Standesgenossen fungierte.

Nach der Einnahme von Aachen und Kaiserswerth bzw. nach der Königskrönung Wilhelms fand eine grundlegende Veränderung im Personengefüge um den Herrscher statt. Die holländischen, zeeländischen und brabantischen Adligen verschwinden fast ganz aus den Zeugenlisten und machen anderen Platz. Dies bedeutet vermutlich nicht zwangsläufig, dass sie in ihre Heimat zurückkehrten; doch für die Beglaubigung der Urkunden standen nun andere, hochrangigere und in das beurkundete Rechtsgeschäft involvierte Personen zur Verfügung. Noch bei der Belagerung Kaiserswerths traten zum ersten Mal die Herzöge von Limburg und die mit ihnen eng verwandten Grafen von Berg und von der Mark an Wilhelm heran, im Zusammenhang mit Privilegierungen für Duisburg und Duissern. Diese Verbindung wurde wohl auch durch den Kölner Erzbischof Konrad von Hochsta-

569) BRESSLAU, Handbuch der Urkundenlehre 2,1 S. 216.

570) Zur Unterscheidung von Handlungs- und Beurkundungszeugen vgl. BRESSLAU, Handbuch der Urkundenlehre 2,1 S. 217–223.

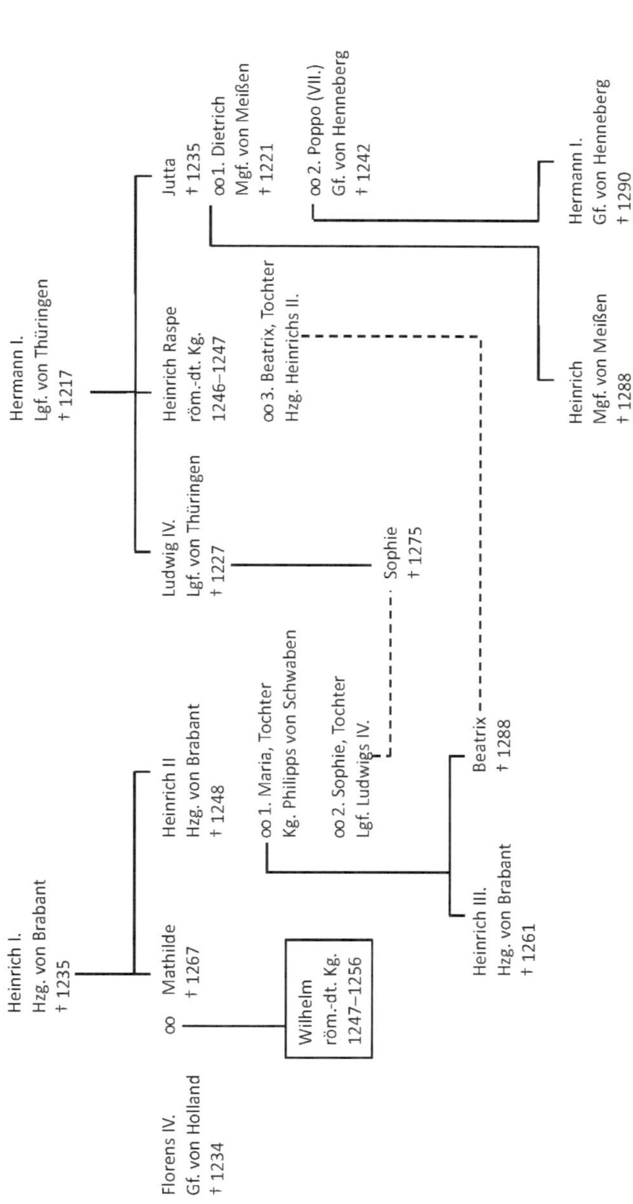


Abb. 2:
Die Verwandtschaft der Grafen von Holland mit den Herzögen von Brabant und den Landgrafen von Thüringen

den mit zustande gebracht, doch ein weiteres wichtiges und verstärkendes Element dieser Beziehung dürfte die Verwandtschaft der Limburger und der Grafenfamilien mit dem König gewesen sein. Bei den Grafen von Jülich, die ebenfalls zu dieser Zeit bei Wilhelm nachzuweisen sind, müssen sogar vorrangig familiäre Gründe für ihr Engagement ins Feld geführt werden, da sie dezidierte Gegner des Kölners waren.

Im Heerlager vor Aachen richtete sich der Blick des Herrschers auch in den Südwesten, als er mehrere Urkunden für Konstanz und das Lazaritenkloster in Gfenn ausstellte. Indem Wilhelm dem Konstanzer Bischof Eberhard von Waldburg Rückhalt gab, unterstütze er auch die antistaufische Opposition in diesem Raum. Eine wichtige Persönlichkeit, die in diesem Zusammenhang zum ersten Mal auftritt, ist Eberhard von Hünfeld, der Bruder Arnolds von Diest, der vermutlich später an den Verhandlungen mit den Herzögen von Braunschweig im Vorfeld der Eheschließung Wilhelms mit Elisabeth mitwirkte.

Im Umfeld der Aachener Krönung fand sich schließlich der Klerus der Kaiserpfalz und der Umgebung beim König ein. Hier ist besonders Otto von Everstein noch einmal zu nennen, der als Verwandter der Staufer und langjähriger Propst des Marienstifts nun ebenfalls ein Anhänger Wilhelms geworden ist. Sein Parteiwechsel mag pragmatische Gründe gehabt haben, doch könnte auch in diesem Fall die familiäre Zugehörigkeit eine Rolle gespielt haben – Otto hatte verwandtschaftliche Verbindungen zu den Grafen von Geldern. Er steht also fast sinnbildlich für die komplizierte Situation und die schwankenden politischen Zusammenschlüsse im Reich in diesen Monaten.

In den ersten Monaten des Jahres 1249, bei der Belagerung von Ingelheim und während des Aufenthalts in Mainz, veränderte sich der Kreis von Personen um den König erneut. Die Grafen von Dillingen und Württemberg waren Zeugen, als Wilhelm den Eid auf den Papst leistete, und ihre Anwesenheit liefert einen weiteren Hinweis darauf, wie der Herrscher versuchte, Einfluss im staufischen Schwaben und staufertreuen Bayern zu gewinnen. In denselben Zeitraum fällt die Urkunde, durch die dem Salzburger Elekten Philipp von Spanheim eine Nachfolge im Kärntner Herzogtum seines Vaters ermöglicht werden sollte – auch diese Maßnahme richtete sich gegen die Staufer und Wittelsbacher, zumal der Graf von Wasserburg dabei anwesend war, ein Förderer des vehement antistaufischen Predigers Albert Behaim.

Am Mittelrhein schlossen sich zum einen die Wildgrafen und Leininger Grafen Wilhelm an, vermutlich vermittelt durch dessen Kanzler Heinrich von Leiningen. In ihnen gewann der König dauerhafte Anhänger. Zum andern sind ab diesem Zeitpunkt auch Reichsministerialen in den Zeugenlisten vertreten, so etwa Anselm von Justingen, die Bolanden und Ulrich von

Münzenberg, wobei vielleicht Wirich von Daun als Kontaktmann zu benennen ist. Durch den Grafen von Henneberg schließlich erweitert sich der in den Urkunden erkennbare Horizont der königlichen Herrschaft und bezieht den Osten des Reiches mit ein, da durch diesen eine Verbindungslinie zu Markgraf Heinrich von Meißen gezogen werden kann.

Mehrfach wird in den geschilderten Zusammenhängen eine bestimmte Konstellation erkennbar: Durch eine Person, die relativ früh im Umfeld Wilhelms nachzuweisen ist, wird kurz darauf eine durch Verwandtschaft verbundene Gruppe an den König gezogen. Dies geschieht zu häufig, als dass es nur auf Zufall beruhen könnte. Leider ist in den meisten Fällen nicht zu erkennen, auf wessen Initiative diese Kontaktherstellung geschieht. Manchmal lässt sich die Kurie als Vermittlerin erschließen, in jedem Fall profitiert jedoch der Herrscher von der Erweiterung seines personellen Umkreises. Das Argument der Verwandtschaft wurde von Wilhelm selbst ganz gezielt eingesetzt, um Gefolgschaft zu generieren, zunächst erfolgreich auf seine eigene Familie bezogen, in einer zweiten Phase dann durch die Rekrutierung von ihm nahestehenden Personen. Der König erwies sich nicht nur als Nutznießer kirchlicher Netzwerke und päpstlicher Zuwendungen, sondern leistete selbst einen nennenswerten Beitrag zum Ausbau seiner Anhängerschaft und führt umgekehrt auch Adlige an die Kurie heran, wie das Beispiel der Wildgrafen und der Diezer Grafen belegt.

Im Blick auf die nicht genuin Wilhelm-affinen Regionen des Reiches, also konkret den gesamten Süden, wird ein weiteres Handlungsmodell des Königs erkennbar. Mit König Konrad IV., der zugleich schwäbischer Herzog war, und Otto von Bayern war eine Versöhnung ausgeschlossen; hier musste die Entscheidung auf militärischem Gebiet fallen. Doch es war möglich, die Gegner des bayerischen Herzogs anzusprechen und zu stärken, und hier ist das Ineinandergreifen von päpstlichen und königlichen Maßnahmen besonders gut zu beobachten. Diese hatten jedoch zumindest bis 1256 keinen über den Moment hinausgehenden Erfolg, die Grafen aus dem Süden konnten sich offenbar nicht dauerhaft zu einer aktiven Teilhabe am Königtum Wilhelms entschließen. Gerade anhand der bayerischen Beispiele ist jedoch zu erkennen, wie divers der Unterstützerkreis des Herrschers war und wie unterschiedlich die Motive seiner Anhänger sein konnten. Um Wilhelm vereinigten sich verschiedene oppositionelle Kreise, wie etwa ehemalige Parteigänger Heinrichs (VII.) aus der Reichsministerialität, die thüringischen Gefolgsleute Heinrich Raspes und eben der regionale Adel, der sich gegen die Wittelsbacher zur Wehr setzen musste.

Ein Großteil der Zeugen in den Urkunden traten nur einmal oder bei sehr wenigen Anlässen im Umfeld des Königs auf, und dies nur in einem beschränkten geographischen Radius. Dies muss jedoch nicht zwangsläufig auf eine schwächere Bindung an Wilhelm hinweisen: Otto von Geldern etwa ist zweifellos eine wichtige Stütze der Herrschaft seines Cousins, doch er und sein Bruder Heinrich von Lüttich sind hauptsächlich in der Rheingegend und nur ein einziges Mal in Frankfurt am Main, nämlich bei der Belehnung Johanns von Avesnes mit den Reichslehen Margaretes von Flandern am 11. Juli 1252[571], bei Wilhelm urkundlich nachzuweisen. Für eine Teilnahme an der königlichen Hochzeit in Braunschweig fehlt indes jeglicher Beleg.

Andererseits gibt es auch diejenigen Personen, die sich über die gesamte Zeitspanne der Herrschaft Wilhelms hinweg engagierten. Letztere, wie etwa Arnold von Diest, gehörten vermutlich zum festen Gefolge des Königs und begleiteten ihn auch über ihren engeren regionalen Umkreis hinaus. Ihr Auftreten als Urkundenzeugen in unterschiedlichen Kontexten macht sie als Mitglieder von Wilhelms Hof wahrscheinlich, der im folgenden Kapitel näher zu betrachten sein wird.

Eine abschließende Einschätzung der Urkundentätigkeit des Königs nicht nur in den ersten Monaten seiner Herrschaft und der praktischen Reichweite seines Einflusses lässt sich am besten durch einen Vergleich vornehmen. In erster Linie bietet sich hierfür Wilhelms unmittelbarer Gegenspieler an, der Staufer Konrad IV. Dieser stellte in der Zeit von Oktober 1247 bis zu seiner Abreise nach Italien Ende 1251 41 Urkunden aus[572], bewegt sich in dieser Zeit nur im Süden und Südwesten des Reiches auf staufischem Territorium oder im Umfeld seiner wittelsbachischen Schwäger[573]. Das Herzogtum Bayern bleibt bis 1256 in der Tat die einzige Region des Reiches, in der sich König Wilhelm nur wenig Einfluss verschaffen kann[574]. In jeder anderen Hinsicht jedoch übertrifft er seinen Konkurrenten deutlich: Die Diplomata Wilhelms zählen bis zum Oktober 1251 bereits 163 Urkunden. Es bestand eine größere Nachfrage nach seiner legitimierenden Funktion und somit eine höhere Akzeptanz seiner Herrschaft. Wilhelms Itinerar erfasste Ende 1251 bereits die gesamte Rheinschiene inklusive seiner Reise zum Papst nach Lyon[575], und sein Unterstützerkreis reichte weit über die holländische und niederrheinische Verwandtschaft und die geistlichen Reichsfürsten hinaus. Auch ohne eine Entscheidungsschlacht im Reich war noch vor dem Zug Konrads nach Italien klar erkennbar, welcher der beiden Könige die umfassendere Herschaft ausübte.

571) D Wilh 228 S. 282 Z. 21–23.

572) Reg. Imp.V,1 4521–4528, 4530–4548, 4550–4563.

573) Vgl. auch KAUFHOLD, Konrad IV. S. 19.

574) SPINDLER/KRAUS, Auseinandersetzungen S. 39–42; DIES., Behauptung S. 76–83.

575) Siehe die Tabelle S. 38–43.

Noch besser lässt sich Wilhelms herrscherliche Leistung an seinem Vorgänger Friedrich II. messen, an dessen Handeln und Auftreten während des ersten Aufenthalts im Reich 1212 bis 1220[576]. Zum einen sind die jeweiligen Zeiträume fast identisch: Friedrich war etwa acht Jahre nördlich der Alpen präsent, und Wilhelm herrschte insgesamt etwas mehr als acht Jahre, von Oktober 1247 bis Januar 1256. Zum anderen weisen die Urkundenstatistiken für beide Herrscher in den genannten Jahren große Ähnlichkeiten auf, hinsichtlich Überlieferungszahl (Friedrich 489 bzw. 462 im Wortlaut erhaltene Urkunden, Wilhelm 442 bzw. 406) und Anzahl der Schreiber in der Kanzlei (Friedrich 10, Wilhelm 9). Lediglich der Anteil der in der Kanzlei ausgefertigten oder zumindest von der Kanzlei maßgeblich formulierten Diplome liegt bei Wilhelm mit etwa 88 % wesentlich höher als bei Friedrich, dessen Kanzlei nur etwa 48 % der Dokumente verfasste und schrieb[577]. Nimmt man diese statistischen Werte als Indikatoren dafür, wie sehr es einem König gelang, zu den Adressaten seiner Herrschaft durchzudringen, so waren beide Herrscher in dieser Hinsicht gleichermaßen erfolgreich, wobei die wesentlich höhere Anzahl an Kanzleiausfertigungen bei Wilhelm auf einen von Anfang an besser ausgebildeten Verwaltungsapparat hindeuten könnte[578].

Beide Könige befanden sich in vergleichbaren Situationen. Sie waren die vom Papst unterstützten Kandidaten, die sich erst gegen einen bereits etablierten Konkurrenten auf dem Thron durchsetzen mussten: Friedrich II. gegen den 1198 gewählten und 1208 zum Kaiser gekrönten Otto IV.[579], Wilhelm gegen Konrad IV., der immerhin bereits seit 1237 römisch-deutscher König war[580]. Allerdings war die Ausgangssituation für den jungen Friedrich ungleich günstiger. Er trug bereits die Krone des Königreiches Si-

---

576) Eine detaillierte Aufschlüsselung der Urkundenempfänger Friedrichs in diesen Jahren bei HUMPERT, Statistische Auswertung S. 62–95.

577) Ausführlich zu den Herrscherurkunden in der ersten Hälfte des 13. Jh. im Vergleich vgl. HÄGERMANN, Urkundenwesen S. 221–224. Die Zahlen zum Urkundenausstoß Wilhelms wurden anhand der Diplomata-Edition aktualisiert. Kritik an Hägermanns Einordnung in Kanzlei- und Empfängerausfertigungen übt KRUISHEER, Kanzleianfertigung S. 280–293, der von einer Überschätzung der Kanzlei durch Hägermann ausgeht. Zur Kanzlei Friedrichs II. in den Jahren 1212–1220 vgl. MGH DD F II. S. XXIII–XLV, zu den Empfängerausfertigungen S. XXXII; vgl. auch KOCH, Art. Empfängerausfertigung Sp. 1890 f., der von einem Anteil von zwei Drittel der Empfängerausfertigungen an der Gesamtzahl der Urkunden ausgeht, die Friedrich II. 1212–1220 ausstellte.

578) KOCH, Art. Empfängerausfertigung Sp. 1891.

579) STÜRNER, Dreizehntes Jahrhundert S. 156–190.

580) Zur Wahl Konrads in Wien im Febr. 1237 vgl. STÜRNER, Friedrich II. 2 S. 333 f.

zilien[581], und als Erbe der Staufer verfügte er über das Herzogtum Schwaben und über die ausgedehnten Besitzungen der Familie im Südwesten des Reiches. Er hatte zudem das Glück, dass mit dem Tod Bertholds V. von Zähringen 1218 einer der wichtigsten Gegenspieler in dieser Region wegfiel[582]. Wilhelm hingegen verwaltete mit Holland und Zeeland ein verhältnismäßig kleines, an der Peripherie gelegenes Territorium, dessen Wohlstand und Bedeutung im Wesentlichen von den Handelsbeziehungen über die Nordsee und den Zolleinnahmen an der Rheinmündung abhing[583]. Sein Status als reichsunmittelbarer Graf wurde außerdem durch das Problem der flandrischen Lehnshoheit über Zeeland bewesten Schelde in Frage gestellt[584].

Betrachtet man aber die Schwierigkeiten, auf die Friedrich in den ersten Monaten seines Aufenthalts in Deutschland stieß, und seine Lösungsansätze, so ergeben sich erstaunliche Parallelen zum Handeln Wilhelms 35 Jahre später. Der Staufer musste im Sommer 1212 einen relativ ungünstigen Weg über die Alpen wählen, durch das Etschtal, den Reschenpass und den Septimer nach Chur, weil ihm der bayerische Herzog Ludwig und der Andechser Otto die bequemere Route über den Brenner versperrt hatten. Unterstützt wurde er dabei von den geistlichen Reichsfürsten, den Bischöfen von Trient und Chur und dem Abt von Sankt Gallen. Sein Einzug in Konstanz fand buchstäblich in letzter Sekunde statt, kurz bevor sich sein Gegner Otto IV. der Stadt bemächtigen konnte[585]. Auf dem Weg über Basel den Rhein entlang nach Norden fanden sich nach und nach die Adligen aus der Umgebung, etwa Graf Ulrich von Kyburg, Graf Rudolf von Habsburg und die Grafen von Frohburg, beim König ein. Nachweisbar sind sie vor allem durch die Zeugenlisten der von Friedrich ausgestellten Urkunden[586]. In Hagenau stieß der königliche Tross auf welfischen Widerstand und musste die Pfalz erobern, bevor nach der erneuten Wahl in Frankfurt am 9. Dezember

581) RÖSCH/RÖSCH, Friedrich II. und Sizilien S. 56 f.; STÜRNER, Friedrich II. 1 S. 134–137.

582) MAURER, Das Herzogtum Schwaben S. 91–96; SCHWARZMAIER, Ausgang der Stauferzeit S. 548, 562 f.

583) VAN EICKELS, Holland und das Reich S. 66–76; DERS., Grafen von Holland S. 472–474.

584) Siehe unten S. 233 f.; VAN EICKELS, Holland und das Reich S. 76–82; DERS., Grafen von Holland S. 477–479.

585) Burchard von Ursberg, Chronicon S. 108 f.; vgl. STÜRNER, Friedrich II. 1 S. 151–154.

586) Alle zusammen als Zeugen in der Urkunde für Ottokar I., 1212 Sept. 26, D F II. 171 S. 5 Z. 10 f.; außerdem D F II. 172 S. 7 Z. 30–32; D F II. 173 S. 10 Z. 16–18.

1212 in Mainz die Königskrönung durch die Hand Erzbischof Siegfrieds II. vollzogen werden konnte[587].

Die Fürsten band der König durch großzügige Übertragungen und Ehrbezeigungen an sich. Er bestätigte Ottokar I. mit imperialem Selbstbewusstsein die Erhebung Böhmens zu einem Königtum, die bereits Philipp von Schwaben vorgenommen hatte – im Wortlaut der Sizilischen Goldenen Bulle: *cum decor et potestas imperii nostrum precesserit statum, ut non solum ceterorum principum dignitates, verum etiam sceptra regalie a nostra conferantur maiestate*[588]. Seine Dankbarkeit gegenüber Innozenz III. bewies Friedrich in der sog. Goldbulle von Eger, durch die er seine Treue gegenüber der Kirche zum Ausdruck brachte[589]. Dem Herzog von Oberlothringen versprach er 4000 Mark Silber als Gegenleistung für dessen Ausgaben bei den zu erwartenden Kämpfen und verpfändete ihm dafür die Stadt Rosheim im Elsass[590]. Von König Philipp August von Frankreich, mit dem er sich gegen den Welfen und König Johann von England verbündete, erhielt Friedrich 20 000 Mark, die er freigebig an seine Anhänger verteilen ließ. Auch die Herzöge von Zähringen und Österreich ließen sich so überzeugen, Otto zu verlassen, wie der Chronist auf dem Erfurter Petersberg berichtet: *Audita itaque munifica regis liberalitate omnium clamor in favorem ipsius attollitur*[591].

Wie die ausführliche Analyse der Urkundenaustellung König Wilhelms in den ersten anderthalb Jahren seiner Herrschaft belegen konnte, gleichen seine Maßnahmen denjenigen, die Friedrich ergriffen hat: Auch er hatte zunächst eine geistliche Anhängerschaft, die sich nach und nach erweiterte, und manifestierte seine Bindung an den Papst durch einen Eid, den er 1249 bei Ingelheim leistete[592]. Er bewegte sich zielstrebig auf Aachen, den Ort seiner Krönung zu, und zog auf dem Weg dorthin den lokalen gräflichen Adel an sich. Um seine Unterstützer an sich zu binden, vergab er Reichsrechte und verpfändete Reichsbesitz. Wilhelm zog den Rhein entlang nach Süden, sein Geld kam vom Papst, nicht vom König von Frankreich, und sein Fortschritt ging langsamer vonstatten, da er es mit stärkerer Gegenwehr vor allem der Städte zu tun hatte. Doch in den wesentlichen Punkten

587) STÜRNER, Friedrich II. 1 S. 154.

588) D F II. 171 S. 4 Z. 26–28.

589) D F II. 204; zum Charakter der Goldbulle von Eger als politisches, weniger als rechtlich anwendbares Instrument vgl. LAUFS, Politik und Recht bei Innozenz III. S. 289–307.

590) Richeri Gesta Cap. 20 S. 298 Z. 7–19.

591) Cronica S. Petri S. 212 Z. 18 f.; vgl. STÜRNER, Friedrich II. 1 S. 155–158.

592) D Wilh 78, siehe oben S. 100–113.

unterschied sich sein herrscherliches Handeln nicht von dem Friedrichs, dessen Großzügigkeit von den Zeitgenossen allseits gelobt wurde.

Trotz kleinerer Bedenken bezüglich der Nachhaltigkeit dieser Maßnahmen, die ganz in der Tradition der staufischen Politik des 12. Jahrhunderts zu sehen sind, kommt noch Wolfgang Stürner mit Blick auf Friedrich II. zu dem Schluss, dass es „angesichts der Schwäche seiner [Friedrichs] Ausgangsposition wohl keine Alternative zu seinem Vorgehen“ gegeben habe[593]. Dies kann auch für Wilhelm angenommen werden. Die Maßnahmen in den ersten Monaten seines Königtums galten der Herrschaftssicherung, dem Erwerb von Anhängern, der Anbindung von Getreuen, dem Ausbau von Herrschaftspositionen und der symbolischen Stärkung des Königs. An dessen Erfolg war freilich auch dem Papst und der antistaufischen Opposition im Reich gelegen, doch in erster Linie handelte Wilhelm in seinem ureigensten Interesse. Ob und in welchem Ausmaß er in seiner politischen Tätigkeit von seinem beratenden Umfeld gelenkt und beeinflusst wurde, wird im nächsten Kapitel zu behandeln sein.

## 2 Der innere Kreis: Einflüsse auf die Herrschaft König Wilhelms

Im Blick auf das Königtum Heinrichs (VII.) wurde erst kürzlich konstatiert, dass in den 1230er Jahren „das Wechselspiel von König und Fürsten [...] noch sehr lebendig“ war, in den folgenden Jahren dieses System jedoch gestört wurde und die Wahlen Heinrich Raspes und Wilhelms als ein „ernstzunehmender ‚Hilferuf‘“ der Fürsten nach einem zentralen Reichsoberhaupt nördlich der Alpen zu verstehen seien[594]. Es stellt sich die Frage, inwiefern der Hilferuf des Reiches in Wilhelm eine adäquate Antwort erhielt. Nachdem bereits die räumliche Erfassung des Reichsgebiets, die Erschließung verschiedener personeller Konstellationen für den König und erste politische Vorgehensweisen angesprochen wurden, soll nunmehr ein genauerer Blick auf das Funktionieren der Herrschaft Wilhelms geworfen werden. Eine wichtige Rolle spielten dabei die Helfer und Ratgeber des Königs, der innere Kreis, der vermutlich viele herrscherliche Entscheidungen begleitete, vielleicht beeinflusste und besondere Aufgaben übernahm.

593) STÜRNER, Friedrich II. 1 S. 158; zum Stellenwert Deutschlands und Italiens in Friedrichs Herrschaftskozept und den Maßnahmen 1212–1220 vgl. STÜRNER, Deutschland und Italien S. 158–161.

594) GRAMSCH, Das Reich als Netzwerk der Fürsten S. 372 f.

## 2.1 Die Mainzer Erzbischöfe

Als Vorsteher der Hofkapelle und der Kanzlei, *Germanie archicancellarius*[595], nahm der Mainzer Erzbischof traditionell die höchste Position im Umfeld des römischen Königs ein[596]. Während der Regierungszeit Wilhelms hatte zunächst noch Siegfried III. den Mainzer Stuhl inne. Ihm folgte im Frühjahr 1249 Christian von Weisenau, der wiederum nach seiner Resignation spätestens im August 1251 durch Gerhard aus der Familie der Wildgrafen ersetzt wurde. Die Rolle der Mainzer Erzbischöfe für die praktische Urkundentätigkeit des Königs war denkbar gering, das Alltagsgeschäft übten Heinrich von Leiningen als Kanzler bzw. der Protonotar als der faktische Leiter der Kanzlei aus. Kaum eine Urkunde Wilhelms enthält eine Rekognitionszeile, in der eine Nennung des Mainzers notwendig wäre[597]. Die Erzbischöfe übten jedoch sehr wohl Einfluss auf die Reichspolitik aus, wenn auch in unterschiedlicher Ausprägung.

### Erzbischof Siegfried III. von Eppstein

Die Grabplatte Erzbischof Siegfrieds III. von Eppstein im Mainzer Dom (Abb. 3) suggeriert noch dem heutigen Betrachter, dass der hier beigesetzte Prälat von herausragender Bedeutung für die Reichspolitik des 13. Jahrhunderts gewesen sein muss[598]. Siegfried wird als Koronator zweier Könige, Heinrich Raspes und Wilhelms, dargestellt. Auch wenn er de facto keinen der beiden gekrönt hat, ist sein Einfluss vor allem auf die Wahl und die Herrschaft des Ludowingers nicht zu leugnen[599]. Während jedoch der wechselseitige Austausch zwischen dem Mainzer und dem Landgrafen seit jeher intensiv war, trat Siegfried mit dem ehemaligen Grafen von Holland erst anlässlich von dessen Wahl zum König in Kontakt. Zumindest fehlt ein

595) D Wilh 78 S. 114 Z. 30, bezogen auf Siegfried III.

596) HEHL, Die Mainzer Kirche in ottonisch-salischer Zeit S. 202 f.

597) Zur Kanzlei Wilhelms vgl. HÄGERMANN, Studien zum Urkundenwesen S. 29–40, zu den Erzkanzlern ebd. S. 29–31, 34; Rekognitionszeilen enthalten lediglich DD Wilh 156, 159, 166; vgl. HÄGERMANN ebd. S. 355 f. Zum Protonotar Wilhelms, Magister *Arnold de Hollandia*, vgl. auch GROTEN, Ein Quellenfund S. 607–611.

598) ECKER, Grabplatte des Mainzer Erzbischofs Siegfried III. S. 618; zur Amtsführung Siegfrieds als Erzbischof vgl. den Überblick bei JÜRGENSMEIER, Pro und Contra S. 342–346, mit den Verweisen auf die ältere Literatur.

599) Eine aktuelle ikonographische Einordnung der Grabplatte bei BRUSH, The Tomb Slab of Archibishop Siegfried III S. 33–50, die vor allem den Wirkungszusammenhang des Monuments für die Zeitgenossen untersucht; zu den Hintergründen des Parteiwechsels Heinrich Raspes und der Omnipräsenz des Mainzers in diesen Zusammenhängen vgl. WERNER, Reichsfürst zwischen Mainz und Meißen S. 220–235.

Abb. 3:
Grabplatte Erzbischof Siegfrieds III. von Mainz, † 1249 (Bischöfliches Dom- und Diözesanmuseum Mainz, Foto: Bernd Schermuly)

Beleg für jegliche Interaktion zwischen den beiden vor dem 3. Oktober 1247.

Siegfrieds Anwesenheit in Worringen ist nicht zu bezweifeln. Er wird von Menko an erster Stelle der Wähler genannt: *Erant autem principales in electione sua cum legato domni pape Maguntinus, Treverensis, Coloniensis archiepiscopi* [...][600]. Der Mainzer garantierte die umfangreiche Privilegierung der Stadt Köln, die Wilhelm am 9. Oktober 1247 in Neuss vornahm, und besiegelte die zweite für Köln an diesem Tag ausgestellte Urkunde mit[601]. Danach ist er zunächst nicht mehr beim König anzutreffen. Bereits am 6. November 1247 urkundete Siegfried selbst wieder in Mainz[602], im Frühjahr 1248 hielt er sich in Erfurt auf[603]. Im Juni 1248 muss er zumindest vorübergehend an der Belagerung Aachens teilgenommen haben[604], seine Teilnahme an den Krönungsfeierlichkeiten am Allerheiligentag ist jedoch eher unwahrscheinlich. Keiner der zeitgenössischen historiographischen Berichte über dieses Ereignis erwähnt den Mainzer dort, und Siegfried ist seinerseits am 10. November in Aschaffenburg zu belegen[605]. Erst am 7. Januar 1249 beteiligte er sich wieder nachweislich an Reichsgeschäften, als Wilhelm Gernand von Kaiserswerth in seinem Amt als Burggraf der erst kürzlich eroberten Pfalz bestätigte und ihn für die Kosten der Belagerung entschädigte. Siegfried wird als Mitbesiegler der Urkunde genannt[606].

In der Zwischenzeit war er aber keineswegs untätig für die Sache des Königs, hatte er doch am 23. August 1248 in Würzburg persönlich das Kreuz *super sancte fidei invasores* gepredigt und dabei die Schreckenstaten Kaiser Friedrichs angeprangert, der in der Lombardei einen Bischof quälen und erhängen und die Minderbrüder, die sich um dessen Leichnam kümmern wollten, lebendig begraben hatte lassen[607]. Im Oktober desselben Jahres un-

600) Menko, Kroniek S. 366 Z. 9–11.

601) DD Wilh 2–3; zu diesem Vorgang siehe auch oben S. 64.

602) BÖHMER/WILL, Regesten Mainz 2 Nr. 615 S. 296.

603) BÖHMER/WILL, Regesten Mainz 2 Nr. 629–630 S. 299.

604) BÖHMER/WILL, Regesten Mainz 2 Nr. 631 S. 300.

605) BÖHMER/WILL, Regesten Mainz 2 Nr. 639 S. 301; vgl. auch JÜRGENSMEIER, Art. Siegfried III. S. 400.

606) D Wilh 71.

607) [...] *quendam religiosum pontificem tam ignominiose atque crudeliter caude caballi alligari preceperit, ut eiusdem iumenti stercora ipsius ori inciderent vel incidere potuissent sicque miserabiliter distractum suspendio interire mandavit. Cuius corpus dum quidam Minorum ordinis fratres sepulture, sicut dicitur, tradidissent, eosdem tyrannus ille confestim vivos sepeliri demandavit*, Annales Erphordenses S. 104 Z. 8–15; vgl. BÖHMER/WILL, Regesten Mainz 2 Nr. 634 S. 300.

ternahm Siegfried einen militärischen Vorstoß gegen Konrad IV. im Ries[608], und diese Kampagne ist besonders im Blick auf die Überlieferung im Kloster Neresheim von Interesse. Die Ende des 11. Jahrhunderts von den Grafen von Dillingen gegründete Reichsabtei auf dem Härtsfeld, unweit Nördlingen gelegen[609], wurde nach dem Zeugnis der Annales Neresheimenses bereits 1247 von Konrad belagert und die Umgebung geplündert. Zu 1248 vermeldet der Geschichtsschreiber den Kriegszug des Mainzers ohne weitere Ortsangabe, und für das Jahr 1249 den dritten Angriff des Staufers auf Neresheim[610]. Der Berichtshorizont des Neresheimer Annalisten umfasst auch die Ereignisse in der Stifterfamilie. So berichtet er zu 1248 über die Wahl Hartmanns von Dillingen zum Augsburger Bischof[611] und zu 1249 von den Aufrüstungsmaßnahmen Graf Adalberts IV. von Dillingen: [...] *castrum in claustro sancti Andree statuit contra frequentes insultus inimicorum ecclesie*[612]. Auch wenn hier kein eindeutiger Beleg vorliegt, so darf doch davon ausgegangen werden, dass Siegfried von Mainz im Sommer 1248 gemeinsam mit dem Dillinger in und um Neresheim gegen Stauferanhänger kämpfte. Die bereits angesprochene Anwesenheit des Grafen bei Ingelheim könnte eine Gegenleistung für die militärische Unterstützung im Ries gewesen sein. Die Verbindungen blieben aktiv, und Adalbert, der dringend Verbündete gegen die Wittelsbacher benötigte, hoffte vermutlich auf die Fürsprache des Mainzers beim König[613].

In seinen letzten Lebensmonaten ist der Erzbischof wieder mehrfach bei Wilhelm nachzuweisen. Er traf den König im Januar 1249 in Köln[614], begleitete ihn dann nach Mainz[615] und in das Heerlager vor Ingelheim[616]. Diese Phase gesteigerter Anwesenheit Siegfrieds am Königshof ist wohl darauf zurückzuführen, dass der Mainzer spätestens im Januar 1249 von Inno-

---

608) BÖHMER/WILL, Regesten Mainz 2 Nr. 637 S. 300; vgl. auch Reg. Imp. V,1 4521a.

609) KÖBLER, Historisches Lexikon der deutschen Länder S. 458 f.

610) *1247. [...] Cunradus in Nernisheim castra posuit et adiacentia circumquaque succendit. 1248. [...] Sifridus episcopus Mogentinus Cunradum aggreditur. 1249. Cunradus tertia vice Nernisheim invasit*, Annales Neresheimenses S. 24 Z. 3–7; die Problematik um die Lokalisierung des Kriegszugs Siegfrieds III. im Nördlinger Raum, die in den Regesten (wie oben Anm. 608) erwähnt wird, erscheint somit gelöst.

611) Annales Neresheimenses S. 24 Z. 5; über die Verhältnisse in Augsburg, wo Hartmann sich gegen die staufertreue Stadtbevölkerung durchsetzen musste, vgl. auch BEYER/BORCHARDT, Kreuzpredigt S. 524–526, und Nr. 4 S. 534 f.

612) Annales Neresheimenses S. 24 Z. 11 f.

613) Siehe oben S. 101.

614) DD Wilh 71, 74.

615) Wilhelm urkundete am 4. Febr. in Mainz, D Wilh 77, hier allerdings keine Beteiligung Siegfrieds.

616) DD Wilh 78, 80.

zenz IV. zum apostolischen Legaten im Reich ernannt worden war[617]. Das Amt ging fast nahtlos von Petrus Capocci auf Siegfried über, der Papst wollte den König offenbar nicht längere Zeit ohne einen von der Kurie bevollmächtigten und vertrauenswürdigen Berater lassen. Lange konnte der Mainzer sich dieser hohen Auszeichnung allerdings nicht mehr erfreuen, er verstarb bereits am 9. März 1249 in Bingen[618].

Gerade die Konstellation im Januar/Februar 1249 zeigt, welche Aufgabe Siegfried III. zugedacht war. Er sollte neben, vielleicht sogar vor Konrad von Hochstaden der mächtigste Unterstützer Wilhelms sein und zugleich die enge Anbindung des Herrschers an die Kurie sicherstellen. Seit 1241 hatte er im Reich die Position der Kirche gegen die Staufer vertreten[619], seine Loyalität stand außer Frage. Doch für die Durchsetzung von Wilhelms Herrschaft war noch ein weiterer Aspekt von Interesse, der bereits mehrfach angeklungen ist: Siegfried von Eppstein war Teil eines ausgedehnten Verwandtschaftsnetzwerkes, das auch die Herren von Bolanden, die Grafen von Leiningen und von Isenburg-Wied, somit den Trierer Erzbischof Arnold umfasste[620].

### Erzbischof Christian von Weisenau

Die Wahl des neuen Erzbischofs, der demselben Verwandtschaftskreis wie Siegfried angehörte[621], verzögerte sich bis in den Mai 1249[622]. Offenbar hatte das Mainzer Domkapitel zunächst Konrad von Hochstaden zum Nachfolger bestimmt, für diese Entscheidung jedoch nicht die Zustimmung des Papstes erhalten[623]. Innozenz IV. favorisierte Heinrich von Leiningen, den Speyerer Elekten, für das Amt[624]. Ob der König ebenfalls bestimmte Vorstellungen hatte, wer der nächste Mainzer Erzbischof und somit Erz-

617) Abberufung Petrus Capoccis spätestens Mitte Dez. 1248, Reg. Imp. V,2 8068; erste Bezeichnung des Mainzers als Legat in einem Schreiben des Papstes am 26. Jan. 1249, Reg. Imp. V,2 8084.

618) BÖHMER/WILL, Regesten Mainz Nr. 672 S. 304–306; relativ ausführlich dazu die Annales Erphordenses S. 105 Z. 29 – 106, Z. 7. Das hier erwähnte Privileg der Einbehaltung von Propsteien und „besseren“ Pfarreien für zwei Jahre wurde jedoch bereits am 19. Dez. 1247 durch den Papst verliehen, vgl. Reg. Imp V,2 7919.

619) JÜRGENSMEIER, Art. Siegfried III. S. 400.

620) SCHÄFER, Herren von Eppstein S. 309–314.

621) HEINIG, Die Mainzer Kirche am Ende des Hochmittelalters S. 348.

622) BÖHMER/WILL, Regesten Mainz 2 Nr. 1 S. 307.

623) Annales S. Pantaleonis S. 545 Z. 8–18. Die Ablehnung Innozenz' IV. am 4. Mai 1249, Reg. Imp. V,2 8158. Keine andere zeitgenössische historiographische Quelle berichtet von dieser Wahl des Kölners auf den Mainzer Erzstuhl, in den Annales Erphordenses S. 106 Z. 8, wird etwa lediglich die Nachfolge Christians kurz erwähnt.

624) Reg. Imp. V,2 8159.

kanzler des Reiches sein sollte, lässt sich nicht nachvollziehen, doch es ist auffällig, dass Wilhelm gerade in dieser Phase der Vakanz des Mainzer Stuhles an den Papst die Bitte richtete, den Kanoniker Gerhard wieder als Domkantor einzusetzen und ihm die Fähigkeit zu kirchlichen Benefizien zu restituieren[625]. 1251 ersetzte eben dieser Gerhard, ein Sohn Wildgraf Konrads, Christian als Erzbischof – vielleicht hatte Wilhelm ihn bereits 1249 als Nachfolger Siegfrieds im Sinn.

Am 29. Juni erhielt Christian, *qui a cunabulis fuerat in ipsa ecclesia enutritus*, vom König die Regalien[626]. In dessen Urkunden ist er nur einmal zu fassen, als Mitbesiegler eines Diploms für den Grafen von Henneberg, das die Mitgift von Wilhelms Schwester Margarete regelte[627]. Dennoch lassen sich durchaus Kontakte zum Umfeld des Königs und ein Engagement für dessen Angelegenheiten erschließen, vor allem in den militärischen Auseinandersetzungen im Rhein-Main-Gebiet[628].

Allerdings ist es schwer, die Rolle Christians für die Herrschaft Wilhelms in den ungefähr zwei Jahren seines Pontifikats einzuschätzen, da sein Bild in den Quellen durch die Amtsenthebung im Juli 1251 überschattet wird. Der Erfurter Predigerannalist betont, dass der Erzbischof den Papst mehrfach gebeten hatte, ihm den Rücktritt zu gestatten, *cessionem a papa noviter petentem*[629]. In der Peterschronik ist ebenfalls von einer freiwilligen Resignation Christians die Rede, *Cristanus episcopus Mogontinus episcopatum sponte resignavit*[630]. Nach seinem Ausscheiden aus dem Amt ging er nach Paris und verstarb dort bei den Johannitern im Jahr 1253[631].

Ein weniger konsensuales Bild zeichnet der sog. Liber de calamitate ecclesiae Moguntinae, der einen überaus düsteren Abriss der Mainzer Kirchengeschichte seit der Mitte des 12. Jahrhunderts bietet. Der Verfasser der Schrift ist jedenfalls ein Anhänger Christians von Weisenau[632] und beschreibt zunächst die Freude anlässlich von dessen Erhebung: *sperantes*

625) Reg. Imp. V,2 8164.

626) Christiani liber de calamitate S. 248 Z. 16–20, Zitat Z. 17 f.

627) D Wilh 93, 1249 Juli 4, Mainz.

628) HEINIG, Die Mainzer Kirche am Ende des Hochmittelalters S. 350.

629) Annales Erphordenses S. 109 Z. 16.

630) Cronica S. Petri S. 244 Z. 1 f.

631) Annales Erphordenses S. 115 Z. 26–28; vgl. JÜRGENSMEIER, Art. Christian von Weisenau S. 401. Wie der Kontakt nach Paris hergestellt wurde, ist unklar und wird in den Quellen und in der Literatur nicht thematisiert. Es wäre denkbar, dass entweder der päpstliche Legat Hugo von Saint-Cher, der in Paris studiert hatte, oder Heinrich von Susa, Erzbischof von Embrun, der ebenfalls Verbindungen zur Pariser Universität pflegte, seinen Aufenthalt dort vermittelten, zu letzterem siehe unten S. 136–138.

632) WATTENBACH/SCHMALE, Deutschlands Geschichtsquellen S. 138–140.

*pacem rebus dari, maxime quia idem bellicis rebus non fuerat assuetus*[633]. Doch schon nach kurzer Zeit sei er beim Papst verklagt worden wegen seines mangelnden Nutzens für die Kirche. Er sei dem König nur unwillig auf seinen Feldzügen gefolgt, weil er die Verwüstungen ablehnte und er ein solches Vorgehen eines Priesters für unwürdig erachtete. Das geistliche Schwert, das Wort Gottes, habe er für seine Waffe gehalten, und als er ermahnt wurde, dem Vorbild seines Vorgängers zu folgen, habe er geantwortet: *Scriptum est: Mitte gladium in vaginam*[634]. Dadurch habe er sich den Hass des Königs und vieler Laien zugezogen, was schließlich zu seiner Absetzung durch den Papst geführt habe.

Für die angebliche Verstimmung zwischen Wilhelm und dem Mainzer Erzbischof gibt es keine weitere Quelle. Heinig vermutet, dass Christian ohne Rücksprache mit dem König Friedensverhandlungen mit Konrad IV. oder seinem Verwandten Philipp von Hohenfels aufgenommen „oder sich sonstwie als unzuverlässig erwiesen“ hatte, was ihm Wilhelm übel genommen haben soll[635]. Wie bislang gezeigt werden konnte, bestand die Politik des Königs aber gerade darin, solche familiären Verbindungen ins „feindliche“ Lager, wie sie Christian von Weisenau besaß, für seine Zwecke nutzbar zu machen. Es erscheint also eher unlogisch, dass Wilhelm negativ auf Vermittlungsbemühungen des Mainzers reagiert haben soll. Sucht man nach einer undramatischen Erklärung für das Abtreten des Erzbischofs, so kann dessen hohes Alter in Betracht gezogen werden[636], ohne dass man ihm eine friedfertige Gesinnung deshalb grundsätzlich absprechen muss[637].

Der Liber de calamitate bietet eine einzigartige Sicht auf die Ereignisse und die handelnden Personen. Wenn er auch nicht vehement für die Staufer eintritt[638], so positioniert er sich doch dezidiert gegen den Papst und vor allem gegen Siegfried III. Dieser habe sich des Hochmuts schuldig gemacht und sich gegen den Kaiser erhoben. *Hic vultum et animum leonis induens, leo factus est* [...]. *Hic Sifridus episcopus malum opus operatus est*[639]. Eine vergleichbare buchstäbliche Abwertung Wilhelms unterlässt der Verfasser; doch aus der Haltung des Königs gegenüber Christian ergibt sich dessen

633) Christiani liber de calamitate S. 248 Z. 23 f.

634) Christiani liber de calamitate S. 248 Z. 30 f.

635) HEINIG, Die Mainzer Kirche am Ende des Hochmittelalters S. 350.

636) Christian ist um 1180 geboren, war zum Zeitpunkt seiner Wahl also etwa 70 Jahre alt, vgl. JÜRGENSMEIER, Art. Christian von Weisenau S. 401.

637) Auch SASSEN, Hugo von St. Cher S. 34–36, geht eher von einer friedlichen Demission Christians aus, die keineswegs ehrenrührig war.

638) Über den Verfasser des Liber de calamitate vgl. auch SASSEN, Hugo von St. Cher S. 31–33, der die Quelle als „staufisch gesinnt“ einstuft.

639) Christiani liber de calamitate S. 247 Z. 43–47.

implizite Verurteilung. Dennoch scheint die Absicht des Liber de calamitate eher in der allgemeinen Abwehr der Verweltlichung der Kirche zu bestehen. Das Schicksal Christians von Weisenau dient dem Verfasser als Argument in diesem größeren Zusammenhang. Seine Darstellung der Abläufe nach dem Tod Siegfrieds III. mag durchaus präzise sein, doch die Charakterisierungen des Liber de calamitate funktionieren in einem Kontext, der nicht ausgeblendet werden darf.

Erzbischof Gerhard

Im Gegensatz zu seinem Vorgänger war der Sohn Wildgraf Konrads noch sehr jung[640], als ihn der päpstliche Legat Hugo von Saint-Cher im Juli 1251 als Ersatz Christians wählen ließ[641]. Gerhard gehörte demselben Verwandtschaftsnetzwerk wie seine Vorgänger an, verfügte über familiäre Bindungen zu den Grafen von Leiningen und zu den Bolanden und gestaltete auf dieser Grundlage in den folgenden Jahren die Politik des Erzstifts und des Reiches. Er spielte eine wichtige Rolle im Zusammenhang der Braunschweiger Hochzeit 1252 und der Verhandlungen mit den weltlichen Reichsfürsten im Osten und auch bei der Interaktion mit dem Rheinischen Bund[642].

Erstmals hielt sich Gerhard im August 1251 beim König auf, als er mehrere Urkunden im Heerlager von Pleizenhausen im Hunsrück bezeugte[643]. Diese besonders feierlichen Diplome, zusammen mit einem etwas später in Köln ausgefertigten, aber vermutlich ebenfalls bereits in diesem Zeitraum geschriebenen Stück[644], legen den Blick auf eine außergewöhnliche Persönlichkeit frei, die im Sommer 1251 eine nur bruchstückhaft zu rekonstruierende Rolle im Umfeld Wilhelms und bei der Neubesetzung des Mainzer Stuhls spielte: Heinrich von Susa, genannt Hostiensis, einer der bedeutendsten Kanonisten des 13. Jahrhunderts, zugleich seit 1250 Erzbischof von Embrun[645]. Er war päpstlicher Kaplan und Begleiter des Legaten, und in seinem Gefolge könnten sich auch Humbert von Sisteron und Raimund III.

640) *Substitutus est autem ab eodem legato adolescens subdiaconus Gerhardus nomine*, Christiani liber de calamitate S. 248 Z. 34; vgl. JÜRGENSMEIER, Art. Gerhard Wildgraf S. 401; HEINIG, Die Mainzer Kirche am Ende des Hochmittelalters S. 352.

641) [...] *subrogando nichilominus ipsi Gerhardum Silvestris comitis filium*, Annales Erphordenses S. 109 Z. 18 f.

642) Vgl. insgesamt HEINIG, Die Mainzer Kirche am Ende des Hochmittelalters S. 351–359.

643) DD Wilh 156–160a.

644) D Wilh 166, 1251 Dez. 15; diese Stücke enthalten als einzige Urkunden aus Wilhelms Kanzlei Rekognitionszeilen, vgl. HÄGERMANN, Studien zum Urkundenwesen S. 355 f.

645) PENNINGTON, Art. Enrico da Susa; FISCHER, Personelle Verflechtungen S. 24 f.,

von Grasse, die Empfänger der genannten Pleizenhausener Urkunden, befunden haben, beide gewissermaßen Nachfolger Heinrichs. Denn dieser hatte im Verlauf seiner Karriere sowohl das Bistum Sisteron als auch die Propstei Grasse innegehabt, die erst seit 1244 Bischofssitz war[646].

Wieder ist es der bereits zitierte Liber de calamitate, der besondere Informationen und Anschuldigungen gegen Heinrich von Susa liefert: Dieser habe den Legaten dazu überredet, Gerhard zum Mainzer Erzbischof zu machen, und von dem Kandidaten dafür 200 Mark als Bestechungsgeld erhalten. *Nihil opertum quod non reveletur*. Die Aufbringung dieser Summe sei zu Lasten der Mainzer Kirche gegangen[647]. Es gibt keine weiteren Quellen, die über diesen Vorgang berichten, doch die umfangreichen Privilegienbestätigungen durch König Wilhelm für die provenzalischen Bistümer und das in Köln ausgefertigte Diplom für den Erzbischof von Embrun selbst könnten ebenfalls als Belohnung für die positive Einflussnahme auf den Ausgang der Neubesetzung des Mainzer Stuhls betrachtet werden. Vieles deutet darauf hin, dass die Urkunden von Heinrich von Susa für die königliche Kanzlei vorformuliert wurden[648]. Es war außerdem der Erzbischof von Embrun, der am 24. März 1252 die feierliche Weihe Gerhards in Braunschweig vornahm[649].

Es scheint sich herauszukristallisieren, dass das Verhältnis zwischen Heinrich von Susa und Gerhard von Mainz recht eng war, während der Legat Hugo von Saint-Cher von Anfang an im Konflikt zum Mainzer stand: Er tadelte den Erzbischof, weil dieser den Bann gegen Heinrich den Erlauchten und Sophie von Brabant erneuert hatte[650], und belegte ihn seinerseits im Mai 1252 mit dem Kirchenbann[651]. Nach seiner Loslösung im April 1253[652] wurde Gerhard bereits im darauffolgenden Herbst abermals ex-

über das freundschaftliche Verhältnis zwischen Heinrich von Susa und Hugo von Saint-Cher.

646) PENNINGTON, Art. Enrico da Susa; EUBEL, Hierarchia S. 267 Anm. 1.

647) Christiani liber de calamitate S. 248 Z. 35–40, Zitat Z. 39.

648) HÄGERMANN/KRUISHEER, Krit. Apparat zu D Wilh 156 S. 202 Z. 5–10.

649) Annales Erphordenses S. 111 Z. 1–4; vgl. auch SASSEN, Hugo von St. Cher S. 35 f.; zu den Urkunden auch ZEUMER, Ein Reichsweisthum S. 406. Matthaeus Parisiensis, Chronica Majora 4 S. 285 f., berichtet von einer ähnlichen Geschichte in England, in die Heinrich von Susa verstrickt war: In Zusammenhang der Neubesetzung des Bistums Winchester soll er sich mit einer nicht unbeträchtlichen Geldsumme, die ihm König Heinrich III. anvertraut hatte, abgesetzt haben; auch in diesem Fall fehlen weitere Belege, doch PENNINGTON, Art. Enrico da Susa, kommentiert: „Tuttavia è anche vero che E. non fu indifferente al denaro.“

650) Annales Erphordenses S. 110 Z. 22–27.

651) BÖHMER/WILL, Regesten Mainz 2 Nr. 26 S. 317.

652) BÖHMER/WILL, Regesten Mainz 2 Nr. 51.

kommuniziert und erhielt dann am 8. April 1254 die Absolution[653]. Zu diesem Zeitpunkt war Hugo bereits nicht mehr mit dem Amt des Legaten betraut[654]. Die Entscheidungen des Mainzers, die den Widerspruch der Kurie fanden, stellten aber nicht zwangsläufig einen Gegensatz zum König dar. Auffällig ist, dass der Erzbischof auch als Exkommunizierter noch Zeuge und Mitbesiegler königlicher Urkunden war[655], im November 1252 hielt sich Wilhelm sogar in Mainz auf[656]. Im Februar/März 1253 vermittelte Gerhard zwischen Philipp von Hohenfels auf der einen und der Stadt Mainz bzw. den Bolanden und Philipp von Falkenstein auf der anderen Seite in einem Streit über die Herrschaft Weisenau[657]. Wieder stellt sich die Frage, ob dieser Kontakt vom König als Zeichen für die Unzuverlässigkeit des Mainzers aufgefasst oder vielmehr als ein Versuch der Verständigung unter Ausnutzung der Familienverbindungen anerkannt wurde. Danach klafft in der Tat eine große Lücke, und bis Januar 1255[658] spielt Gerhard keine Rolle mehr in den Urkunden des Königs. Doch der Blick auf Wilhelms Itinerar[659] zeigt, dass dieser den Großteil der Jahre 1253 und 1254 in seinen Stammlanden und mit den Kämpfen gegen Flandern beschäftigt war. Erst im Januar 1255 kehrte er an den Mittelrhein zurück, und in diesem Moment kam auch der Mainzer wieder zum Zuge[660].

---

653) Reg. Imp. V,2 8709.

654) PARAVICINI BAGLIANI, Cardinali di Curia S. 262 f.; HEINIG, Die Mainzer Kirche am Ende des Hochmittelalters S. 357 f., der von Gerhards Unzufriedenheit mit der „Bevormundung durch die reichische Nebenregierung des Papstes und dessen Legaten" spricht.

655) DD Wilh 228, 234, 239, 252, ausgestellt zwischen 1252 Juli 11 und 1252 Nov. 27.

656) D Wilh 252.

657) BÖHMER/WILL, Regesten Mainz 2 Nr. 43–44, 50 S. 319 f.

658) D Wilh 336.

659) Siehe oben S. 38–43.

660) DD Wilh 338, 341, 1255 Febr. 6 bzw. 13. Auf ein tiefes Zerwürfnis zwischen dem Mainzer und dem König scheinen allerdings die beiden Schreiben Innozenz' IV. vom 23. bzw. 26. Juli 1254 hinzuweisen, Reg. Imp. V,2 8769, 8771, in denen er beide mit eindringlichen Worten zur Versöhnung auffordert. Besonders der Brief an Wilhelm lässt auf schwerwiegende Vergehen seitens des Mainzers und einen gewissen Unwillen, diese zu verzeihen, beim König schließen: *Sane iam pridem accepimus, quod Venerabili fratri nostro Archiepiscopo Maguntino, circa quem tua deberet proficere, ac vigere sinceritatis affectio, adeo tue gratie, ultra quam expediat, ostium obserasti, quod ad recuperandam ipsam, vix speret posse sibi, nisi per nostram instantiam, aditum reserari*, GUDENUS, Codex diplomaticus 1 Nr. 270 S. 643. Es liegt nahe, das Engagement Gerhards im Rheinischen Bund als Anlass der Entfremdung zu vermuten.

Alle drei amtierenden Mainzer Erzbischöfe während der Herrschaft Wilhelms gehörten einem Verwandtschaftskreis an, der sich am Ende des Pontifikats Siegfrieds III. erstmals im Umfeld des Königs konstituierte und gemeinsam dessen Eid an Innozenz IV. bezeugte[661]. Ebenso wie die weltlichen Mitglieder nehmen sie immer wieder am Regierungshandeln Wilhelms teil, begleiten ihn durch das Reich, leiten als Fürsten eigenständige Unternehmungen, um das Königtum zu unterstützen – Siegfried führte einen Feldzug gegen die Staufer im Ries, Christian bemühte sich um Ausgleich, Gerhard suchte den Anschluss an den Rheinischen Bund. Jeder von ihnen verfolgte auch seine eigenen Interessen und die des Erzstifts[662], und die Kurie mag ab und an die Loyalität gerade des Wildgrafen in Zweifel gezogen haben. Wirklich schlüssige Hinweise darauf, dass sich das Verhältnis der Mainzer Erzbischöfe zum König dauerhaft eingetrübt hat, gibt es aber nicht. In allen Zusammenhängen wird erkennbar, dass Wilhelm in dem Geflecht von Familienbanden, kurialen Kontakten, regionalen Konflikten, fürstlicher Interaktion eine eigenständige Position vertrat. Aus Mainzer Sicht rückte das Reich zwar phasenweise in den Hintergrund, wurde jedoch immer mit bedacht.

### 2.2 Arnold von Isenburg, Erzbischof von Trier

Arnold, der sowohl mit den Eppsteinern als auch mit Konrad von Hochstaden verwandt war, hatte die Nachfolge Theoderichs von Wied 1242 auf dem Trierer Stuhl nicht unangefochten angetreten. Es dauerte über ein Jahr, bis er sich als Kandidat des Domkapitels gegen seinen Konkurrenten Rudolf, der von Konrad IV. unterstützt wurde, durchgesetzt hatte. Seine somit fast vorgegebene Position auf der Seite der Staufergegner festigte Innozenz IV., indem er Arnold durch Siegfried III. von Mainz und den Kölner Erzbischof das Pallium überbringen ließ[663].

Die Mitwirkung des Trierers an der Wahl in Worringen Anfang Oktober 1247 belegen nicht nur die Gesta Treverorum[664], sondern auch seine Beteili-

661) D Wilh 78, siehe S. 100–113.

662) Zum Schwerpunkt der Amtsführung Christians auf den geistlichen Entscheidungen vgl. HEINIG, Die Mainzer Kirche am Ende des Hochmittelalters S. 348 f., zur Regionalpolitik Gerhards ebd. S. 354–358.

663) SEIBRICH, Art. Arnold von Isenburg S. 794.

664) Gesta Treverorum S. 411 Z. 19–27 (Spalte 2); zum Abschnitt der Gesta, der über Arnold berichtet und wohl nach 1261 kompiliert wurde, vgl. WATTENBACH/SCHMALE, Geschichtsquellen S. 351 f.

gung an der Verleihung einer Indulgenz für St. Kunibert in Köln[665]. Im Folgenden trat er nur einmal als Zeuge einer Urkunde Wilhelms auf, anlässlich des Mainzer Hoftags 1249[666]. Doch schon die Einnahme der Burg Thurant im September 1248 kann auch als militärische Aktion zugunsten Wilhelms verstanden werden, zumindest als Nebeneffekt. An der Mosel bei Alken nahe Koblenz gelegen, gehörte die Burg den wittelsbachischen Pfalzgrafen, die von hier aus eine aggressive Erwerbspolitik im Moselraum betrieben. Bereits im April 1247 belagerte Arnold Thurant[667], offenbar jedoch erfolglos. Die Eroberung gelang erst in Zusammenarbeit mit Konrad von Hochstaden, und die Burg wurde zwischen den beiden Erzbischöfen geteilt[668]. In erster Linie ging es in den Auseinandersetzungen um Thurant freilich um territoriale Streitigkeiten der rheinischen Reichsfürsten. In der Konstellation der 1240er Jahre profitierte jedoch auch Wilhelm, wenn der Wittelsbacher eine Niederlage hinnehmen musste.

Bis 1252 war das Verhältnis Arnolds zum König wohl recht eng. Von Juni bis Oktober 1249 hielt sich Wilhelm mit Unterbrechungen in Koblenz und auf der direkt gegenüber auf der rechten Rheinseite gelegenen erzbischöflichen Burg Ehrenbreitstein auf[669]. Dies dürfte hauptsächlich der rein räumlichen Verlagerung von Wilhelms Aktionsraum an den Mittelrhein geschuldet gewesen sein[670]. Der Trierer nahm im Juli 1250 an den Kämpfen um Boppard teil[671] und begleitete den König 1251 nach Lyon. Die Gesta Treverorum schildern diese Reise als eine überaus ehrenvolle Begebenheit für Arnold: Der Erzbischof hatte 60 Reiter bei sich, erhielt vom Papst zur Begrüßung den Friedenskuss, durfte am Karfreitag während dessen Predigt neben dem Pontifex stehen und für den anwesenden König und die Deutschen übersetzen. Innozenz dankte dem Trierer für die Unterstützung, die

---

665) GOERZ, Regesten Trier S. 45; vgl. KNIPPING, Regesten Köln 3,1 Nr. 1336.

666) D Wilh 88, 1249 April 27.

667) GOERZ, Regesten Trier S. 45.

668) Annales S. Pantaleonis S. 544 Z. 1–11; PRÖSSLER, Das Erzstift Köln S. 45 f.

669) DD Wilh 91, 96, 98, 99; [...] *eumque cum magna multitudine suorum et advenientium in suis expensis per octo ebdomadas apud Erbretstein, Montabor et aliis suis locis retinuit, omnia necessaria sibi largiter ministrando*, Gesta Treverorum S. 411 Z. 29–34 (Spalte 2).

670) HOLBACH, Arnold (II.) von Isenburg S. 13, vermutet, dass sowohl der König als auch Arnold die Absicht hatten, ein „Gegengewicht zum übergroßen Einfluss Konrads von Hochstaden“ zu schaffen. Dies ist nicht auszuschließen, kann für diesen Zeitpunkt aber nicht belegt werden.

671) Annales Wormatienses S. 52 Z. 7–10; GOERZ, Regesten Trier S. 46, führt auch eine Urkunde Arnolds auf, die *in obsidione Bopardie* ausgestellt wurde.

er Wilhelm hatte angedeihen lassen, für seine Treue gegen die Kirche und die Wohltaten, die er dem Papst und seinen Abgesandten erwiesen hatte[672].

Der Aufenthalt in Lyon dürfte den Höhepunkt der Beziehungen zwischen Wilhelm und Erzbischof Arnold dargestellt haben[673]. Es ist anzunehmen, dass Arnold zusammen mit dem König auch in Salins bei Johann von Chalons weilte, also an der Burgundpolitik Wilhelms mitwirkte[674]. Im Juni/ Juli 1251 kam der König noch einmal nach Ehrenbreitstein[675], und im Juni 1252 weilte er ein weiteres Mal in Koblenz[676]. Dann ist bis zum Ende von Wilhelms Herrschaft kein gemeinsames Auftreten oder Handeln mit dem Trierer mehr festzustellen. Erst im Januar 1257, anlässlich der Frankfurter Doppelwahl Richards von Cornwall und Alfons' von Kastilien, engagierte sich Arnold wieder in Reichsangelegenheiten[677].

Sein Rückzug ist gerade angesichts der Ereignisse in Lyon etwas verwunderlich. Die Gesta Treverorum bieten folgende Erklärung: Der König sei auf einer seiner Fahrten auf dem Rhein – *comitantibus ipsum navibus cruce signatis et aliis quos secum adduxerat ad partes superiores* – vom Koblenzer Schultheißen in Abwesenheit des Erzbischofs nicht erkannt, angehalten und aufgefordert worden, Zoll zu entrichten. Über die Unterbrechung sei Wilhelm sehr ungehalten gewesen, und er habe seine Begleiter zum Kampf aufgerufen. Seine mehr als 600 Bewaffneten seien von den 30 erzbischöflichen Männern in die Flucht geschlagen worden. Der König selbst habe keinen Schaden genommen, doch einige seiner Soldaten seien ertrunken, erschlagen und verletzt worden. Der Erzbischof habe sich bei der Nachricht von dem Zwischenfall untröstlich gezeigt und sei dennoch als der Verantwortliche vom Legaten Hugo von Saint-Cher nach Köln gerufen worden. Wilhelm habe mit aller Vehemenz die Absetzung Arnolds verlangt, *oblitus beneficii accepti*, und sei nur durch die Bemühungen der Kölner Bürger, Konrads von Hochstaden und des Legaten von seiner Forderung abgebracht worden. *Rex tandem de necessitate virtutem faciens*, schließlich habe er einer Versöhnung mit dem Trierer zugestimmt[678].

672) Gesta Treverorum S. 412 Z. 21–31; der Verfasser wählt den Begriff *donativa* für die Leistungen des Trierers an den Papst, ebd. Z. 31, es dürfte sich um Geldzahlungen gehandelt haben.

673) So auch HOLBACH, Arnold (II.) von Isenburg S. 13–15.

674) Zumindest lässt sich belegen, dass Arnold nicht anderswo urkundete, vgl. GOERZ, Regesten Trier S. 46.

675) DD Wilh 153, 155.

676) DD Wilh 222, 223.

677) GOERZ, Regesten Trier S. 48 f.

678) Gesta Treverorum S. 412 Z. 1–19, Zitate Z. 3 f., 13, 17.

Bestätigt wird diese Geschichte durch zwei Schreiben des Papstes vom 12. Dezember 1252, in denen Innozenz die Vorladung Arnolds befielt und, für den Fall, dass dieser sich widerständig zeigen sollte, dem Legaten erlaubt, in Trier einen neuen Erzbischof wählen zu lassen. Der Vorfall in Koblenz sei, so Innozenz, *ad venerabilis fratris nostri .. archiepiscopi Treverensis* [...] *instinctum* geschehen[679]. Die so undankbar und unversöhnlich erscheinende Reaktion des Königs wird dadurch relativiert: Eine Absetzung Arnolds war auch für den Papst keineswegs undenkbar, und man hielt offenbar auch an der Kurie den Trierer für den Anstifter des Koblenzer Zwischenfall. Das Ereignis, dessen Zeitpunkt in den Gesta Treverorum nicht genannt wird, lässt sich aufgrund der Briefe in Kombination mit dem Itinerar Wilhelms zumindest ungefähr datieren. Der König reiste rheinaufwärts, *ad partes superiores*[680], und dies tat er im Jahr 1252 zweimal, im Juni und Anfang November. Am 26. Juni machte er in Koblenz Station und stellte zwei Urkunden aus[681], eine Handlung, die er bei Spannungen und besonders nach einem Überfall durch den Koblenzer Schultheißen vermutlich unterlassen hätte. Somit bleibt nur der zweite Termin in der ersten Novemberhälfte[682], der auch durch die Reaktion des Papstes im Dezember plausibel wird. Die Einbestellung Arnolds nach Köln kann frühestens Anfang März 1253 stattgefunden haben, da Wilhelm den Winter in Thüringen und in Braunschweig verbrachte[683].

Somit lassen sich auch die Hintergründe der Affäre etwas besser beleuchten. Irgendetwas muss zwischen Juni, als Wilhelm noch unbehelligt Koblenz aufgesucht hatte, und November 1252 vorgefallen sein, das den Angriff auf den König und sein Gefolge durch Trierer Amtsträger, vielleicht sogar vom Erzbischof selbst befohlen, provoziert hat. Ein Blick auf die Urkunden, die in diesen Monaten von Wilhelm ausgestellt wurden, lässt eigentlich nur einen möglichen Anlass erkennen: die Errichtung des Rheinzolls bei Braubach und dessen Verleihung an Hermann von Henneberg[684]. Nur wenige Kilometer südlich von Koblenz hatte der König eine konkurrierende Zollstelle geschaffen[685] und damit offenbar einen Nerv des Trierers getrof-

679) Epp. saec. XIII 3 Nr. 175 S. 147 f., Zitat S. 148 Z. 12 f.

680) Gesta Treverorum S. 412 Z. 4.

681) DD Wilh 222–223.

682) Der König urkundete noch am 2. Nov. in Köln, D Wilh 250, und dann am 21. Nov. in Mainz, D Wilh 251.

683) DD Wilh 253–269; Reg. Imp. V,1 5127a–b legen das Ereignis in den Okt. 1252.

684) D Wilh 234, 1252 Juli 13, vor Frankfurt.

685) PFEIFFER, Rheinische Transitzölle S. 300; zur Zollpolitik am Rhein allgemein und zur Konkurrenz um die Zollstellen vgl. DIRLMEIER, Mittelalterliche Zoll- und Stapelrechte S. 39–42.

fen. Der neue, klar strukturierte und in seinem Wert festgeschriebene Zoll[686] wurde mit der Zustimmung der Fürsten eingerichtet, die auf dem Frankfurter Hoftag 1252 anwesend waren, zu Beginn der Zeugenliste finden sich die Namen der Erzbischöfe von Mainz und Köln, die sicherlich um die Verhältnisse an diesem Rheinabschnitt wussten. Hinzu kommt, dass die Regelung der Zölle und der Widerstand gegen ungerechte Zölle in diesen Jahren ein Reizthema der Politik war, das auch eine große Rolle bei der Gründung des Rheinischen Bundes spielen sollte.

Der Koblenzer Zoll hatte noch 1247 dem Trierer Stift St. Simeon als Bestandteil von dessen Gründungsausstattung gehört[687]. In den Folgejahren ging er offenbar in die Hand des Erzbischofs über, wobei die Geschichte in den Gesta Treverorum einen ersten Beleg für diesen Inhaberwechsel liefert[688]. Nun mag Arnold durch den neuen Braubacher Zoll um seine gerade erst erworbenen Einkünfte in Koblenz gefürchtet haben. Dass der Trierer eine aggressive Erwerbspolitik betrieb und seine Interessen auch mit rabiaten Methoden durchzusetzen pflegte, belegt eine Klage seines eigenen Klerus aus dem Jahr 1257. Hier ist unter anderem davon die Rede, dass Leute des Erzbischofs Kanoniker, Priester und andere Geistliche gefangen genommen und angegriffen hätten, dass die besagten Männer sich auch am Besitz der Kleriker vergangen hätten und Arnold seine Versprechungen, dafür Genugtuung zu leisten, noch nicht eingelöst habe[689]. Auch die Kanoniker von St. Simeon gehörten zu den Leidtragenden, vielleicht war ihnen der Koblenzer Zoll sogar unrechtmäßig abgenommen worden[690].

---

686) [...] *de centena salis duo solidi Coloniensis monete solventur; de centena annone XII denarii; de vase vini duas carratas continente VI denarii Coloniensis monete; et secundum predictam estimacionem de aliis accipietur, que telonii solucionem requirunt*, D Wilh 234 S. 287 Z. 33–36. Es handelt sich um eines der ersten Zeugnisse für einen mengenabhängigen Zolltarif am Rhein, PFEIFFER, Rheinische Transitzölle S. 172 f.

687) 1247 Aug. 25, Propst, Dekan und Kapitel von St. Simeon verleihen *Friderico nunc thelonario nostro* einen Wingert in Koblenz, Urkundenbuch mittelrheinische Territorien 3 Nr. 911 S. 680 f.; vgl. HEYEN, St. Simeon S. 605; PFEIFFER, Rheinische Transitzölle S. 144 f.

688) Vgl. HOLBACH, Arnold (II.) von Isenburg S. 50 f.

689) *Item cum per vestros officiatos et castrenses canonici, sacerdotes et clerici civitatis et diocesis Trevirensis captivati fuerint graviter et offensi, et bona ecclesiarum et personarum privatarum, canonicorum, sacerdotum et clericorum officiati vestri et castrenses, dei tempore postposito, invaserint, super quibus dictarum personarum damna, gravamina, iniurias et offensas in scriptis sepius recipistis, que omnia pluries emendare promisistis, vos monemus, ut infra dominicam Oculi supradicta restituti faciatis, et offensas et iniurias emendare*, Urkundenbuch mittelrheinische Territorien 3 Nr. 1388 S. 1002 f., Zitat S. 1003; vgl. auch HOLBACH, Arnold (II.) von Isenburg S. 54 f.

690) HOLBACH, Arnold (II.) von Isenburg S. 50 f.

Bezieht man diese Informationen in die Betrachtung mit ein, zeigt sich der Überfall auf Wilhelm in etwas anderem Licht. Das Verhalten des Erzbischofs gegenüber dem König gleicht sehr den Vorwürfen, die gegen ihn von seinem Klerus erhoben werden: Der eigentlich Handelnde ist einer seiner Amtsträger, er selbst steht im Hintergrund und bedauert nachträglich das Geschehene. Die Einrichtung des Rheinzolls in Braubach mit Zustimmung des Mainzers und des Kölners könnte durch den König als eine Maßnahme gegen die vermutlich nicht ganz rechtmäßige Erweiterung des Trierer Einflusses gedacht gewesen sein; zumindest wird Erzbischof Arnold sie so verstanden haben, und deshalb fand der Übergriff auf Wilhelm gerade an der Zollstelle in Koblenz statt. Durch seinen Widerstand vor Ort und sein späteres Beharren auf einer Bestrafung des Erzbischofs löste der König einen Eklat aus, der nicht mehr gänzlich ausgeräumt werden konnte. Arnold von Isenburg arbeitete fortan zwar nicht gegen Wilhelm, doch er scheint bis zu dessen Tod die aktive Mitwirkung auf Reichsebene verweigert zu haben.

### 2.3 Konrad von Hochstaden, Erzbischof von Köln

Bereits in der Koblenzer Affäre agierte Konrad von Hochstaden an maßgeblicher Stelle als Vermittler zwischen Wilhelm und Arnold von Isenburg: Er brachte den Ausgleich zwischen den streitenden Parteien zustande und konnte den König zum Einlenken bewegen[691]. Sein Einfluss auf den Herrscher war bis zu einem bestimmten Zeitpunkt enorm, als Ratgeber ebenso wie als politische und militärische Kraft im Reich[692]. Das Verhältnis zwischen dem König und dem Kölner kann an drei Punkten besonders gut beobachtet werden: erstens am geographischen und thematischen Radius Konrads, der sich aus den Diplomen ablesen lässt, zweitens bei den Vorgängen um die Wahl Wilhelms. Drittens müssen die Ereignisse der Jahre 1254/55 und die angeblichen Bemühungen um ein Königtum Ottokars II. gesondert betrachtet werden.

#### Konrad von Hochstaden in den Urkunden Wilhelms

Im ersten Jahr der Herrschaft Wilhelms spielte der Kölner Erzbischof eine entscheidende Rolle im Umfeld des jungen Königs. Er organisierte die Wahl in Worringen und trat wenige Tage später in Neuss als Garant und Mitbe-

691) Siehe oben S. 141. Über die Position des Vermittlers und dessen einflussreiche Position im mittelalterlichen Reich vgl. ALTHOFF, Das hochmittelalterliche Königtum S. 88.

692) Zur Stellung der Kölner Erzbischöfe vgl. allgemein KAUFHOLD, Deutsches Interregnum S. 247–252, unter Bezug auf die maßgebliche Literatur.

siegler der Urkunden für die Stadt Köln auf[693]. Über Weihnachten begab sich Wilhelm nach Holland, während Konrad in seiner Bischofsstadt weilte[694]. Im April trafen beide bei der Belagerung von Kaiserswerth wieder zusammen, abermals besiegelte der Erzbischof ein Diplom für den Grafen von Berg auf Bitten des Königs und bezeugte zwei weitere Urkunden, die Reichsstadt Duisburg betreffend[695]. Auch vor Aachen betätigte sich Konrad von Hochstaden als Zeuge[696]. Die Aachener wandten sich an ihn als Ansprechpartner, als sie über ihre Kapitulation verhandeln wollten, vermutlich weil er der zuständige Ortsbischof war. Die Annales S. Pantaleonis führen jedoch auch die Stellung Konrads im Heer als Argument an – *qui potens et precipuus erat in exercitu*[697]. Die Krönung Wilhelms durch die Hand des Kölners kann als erfolgreicher Abschluss der gemeinsamen Unternehmungen dieses ersten Regierungsjahres betrachtet werden[698].

Bis zum Sommer 1249 war Konrad von Hochstaden immer wieder an der Urkundenausstellung Wilhelms beteiligt oder sogar der unmittelbar Begünstigte, wie am 23. Dezember 1248, als ihm die Reichsstadt Dortmund verpfändet wurde[699]. Im Januar 1249 war der König in Köln zu Gast[700], bevor er rheinaufwärts zog, um Ingelheim einzunehmen. Und auch am Mittelrhein befand sich der Kölner Erzbischof im Umfeld Wilhelms[701]. Nach dem Tod des Mainzer Erzbischofs Siegfried erhielt Konrad die Würde eines apostolischen Legaten in Deutschland[702], und diese Rangerhöhung dürfte eine kurze Phase – bis Anfang 1250[703] – engster Übereinstimmung von Kurie, Reichsepiskopat und König markieren. Dennoch verschwindet der Kölner nach dem Mainzer Hoftag zunächst aus den Diplomen. Aus dem Itinerar Wilhelms ist zu erschließen, dass der königliche Tross im Oktober/Novem-

693) DD Wilh 2–3, 1247 Okt. 9, Neuss.

694) KNIPPING, Regesten Köln 3,1 Nr. 1355 (1247 Dez. 5); Nr. 1372 (1248 Jan. 19).

695) DD Wilh 28–30, siehe oben S. 75–80.

696) D Wilh 41, 1248 Sept. (für Gfenn); D Wilh 45, 1248 [Okt. 18].

697) Annales S. Pantaleonis S. 543 Z. 24 f.

698) Annales S. Pantaleonis S. 543 Z. 26–28.

699) D Wilh 67.

700) DD Wilh 71, 1249 Jan. 7, und 74, 1249 Jan. 8, der Kölner als Mitbesiegler einer Urkunde für Gernand von Kaiserswerth bzw. als Intervenient für das Kloster Himmerod.

701) D Wilh 84, vermutlich im Frühjahr 1249 vor Ingelheim ausgestellt, Konrad als Zeuge der Urkunde für den Salzburger Elekten Philipp von Spanheim; D Wilh 93, 1249 Juli 4, Mainz, Verpfändung des Zolls in Geervliet an Hermann von Henneberg, ebenfalls Zeugenschaft des Kölners.

702) Reg. Imp. V,2 8112. Die erste Urkunde als Legat stellte Konrad am 30. April 1249 aus, KNIPPING, Regesten Köln 3,1 Nr. 1468, die letzte im April 1250, ebd. Nr. 1578.

703) Entsendung des Petrus von Collemezzo Anfang 1250, vgl. Reg. Imp. V,2 8209.

ber 1249 an Köln vorbeigezogen sein muss, ohne dass es zu einer gemeinsamen Urkundenausstellung kam[704]. Im Juni 1251 machte der Hof in Neuss und in Köln Station[705]. Bei diesen Gelegenheiten dürfte sicherlich ein Kontakt zwischen dem König und Konrad stattgefunden haben. Doch es lässt sich kein militärisches Engagement des Erzbischofs während der anhaltenden Kämpfe und Belagerungen im Rhein-Main-Gebiet in den Sommermonaten der Jahre 1250 und 1251 belegen. Und obwohl Wilhelm von Köln aus im Winter 1251/52[706] nach Braunschweig zu seinen Hochzeitsfeierlichkeiten, zur Bestätigung seiner Herrschaft durch die Markgrafen von Brandenburg und den Herzog von Sachsen aufbrach, wurde er dabei von Konrad von Hochstaden offenbar nicht begleitet.

Erst nach der Rückkehr des Herrschers an den Rhein, im Sommer 1252, trat der Kölner wieder als Zeuge in einer Urkunde Wilhelms auf[707]. Auf dem Hoftag bei der Belagerung Frankfurts im Juli 1252 nahm er maßgeblichen Anteil an der Entscheidungsfindung im Lehnsstreit um Flandern[708]. Ende Oktober 1252 hielt sich der König noch einmal in Köln auf[709] und verbrachte dann den Winter in Thüringen, im Harzraum und in Braunschweig; im März 1253, bevor er für längere Zeit im holländisch-flandrischen Raum durch die Querelen mit Margarete von Flandern gebunden war, stellte er noch Diplome in Köln und Kaiserswerth aus, eines davon mit einem allgemeinen Beistandsversprechen, das vermutlich an den Kölner gerichtet war[710]. Schließlich besiegelten König und Erzbischof gemeinsam im November 1253 eine Urkunde des Grafen Dietrich von Kleve[711]. In den Jahren 1254 und 1255 ist keine Zusammenarbeit Konrads von Hochstaden mit dem König mehr nachzuweisen[712].

---

704) D Wilh 99, 1249 Okt. 2, Koblenz, D Wilh 100, 1249 Dez. 5, Kaiserswerth.

705) DD Wilh 150–152, 1251 Juni 17–19 bzw. Juni 20.

706) DD Wilh 166–167, 1251 Dez. 15 bzw. 1252 Jan. 9.

707) D Wilh 221, 1252 Juni 23, Köln, für Gernand von Kaiserswerth. In diesem Zeitraum fällt wohl auch die gemeinsame Besiegelung einer Urkunde des Stifts Kerpen durch den Erzbischof und den König, D Wilh 444.

708) DD Wilh 227–228, 1252 Juli 11; in einer weiteren Urkunde tritt der Kölner als Zeuge auf, D Wilh 234, 1252 Juli 13, für Hermann von Henneberg, Einrichtung des Zolls bei Braubach.

709) DD Wilh 248–250, 1251 Okt. 25–Nov. 2.

710) D Wilh 272, 1253 März 9, Kaiserswerth; vgl. auch GARNIER, Amicus amicis S. 46 f. Der Kölner trat außerdem als Zeuge bzw. Intervenient auf in D Wilh 270 für Kloster Helmarshausen, 1253 März 5, Köln, und D Wilh 273, 1253 März 23, Köln, für Bischof Otto von Münster, der mit der Grafschaft Friesland belehnt wird.

711) D Wilh 445, 1253 Nov. 11, Neuss.

712) Weitere Aufenthalte Wilhelms in Köln: 1255 März 27, D Wilh 370, und 1255 Dez. 13, D Wilh 401; Konrad von Hochstaden urkundete am 23. März 1255 in Neuss,

Der Bewegungsradius des Erzbischofs ist, soweit er aus den Diplomen Wilhelms abgelesen werden kann, insgesamt recht gering. Mit den Aufenthalten in Mainz und Ingelheim im Frühjahr 1249 und der Teilnahme am Frankfurter Hoftag 1252 entfernte er sich schon die weiteste Strecke von seinem Bischofssitz. Verglichen mit Gerhard von Mainz und Arnold von Isenburg, der Wilhelm immerhin nach Lyon begleitete, begab er sich für den König nicht außerhalb seines unmittelbaren Einflussgebietes. Vor Ort, also gerade am Niederrhein, unterstützte er Wilhelms Herrschaft, wobei gerade in diesem Raum der König aufgrund seiner eigenen Verwandtschaftsbeziehungen durchaus auch selbständige Akzente setzen konnte. Wie bei den anderen rheinischen Erzbischöfen bereits beobachtet, lockerte sich nach 1252 das Verhältnis zum König, was sich auch in den Urkunden niederschlug.

### Die Wahl Wilhelms unter der Regie des Kölners?

Der Umstand, dass Papst Innozenz IV. und die rheinischen Erzbischöfe, vor allem Konrad von Hochstaden und Siegfried III. von Eppstein, die Königserhebungen nach der Absetzung des Kaisers maßgeblich vorbereitet haben, scheint außer Frage zu stehen. Für die Veitshöchheimer Wahl Heinrich Raspes wurde der kirchliche Einfluss zuletzt von Ulrich Reuling minutiös nachgezeichnet und das intensive päpstliche Einwirken hervorgehoben[713]. Der Ludowinger verfügte als Reichsfürst, Bruder Landgraf Ludwigs IV. und des Deutschordenshochmeisters Konrad, ehemaliger Reichsverweser und Haupt der Fürstenopposition über einen hohen Bekanntheitsgrad, auch an der Kurie[714]. Innozenz selbst lud die Fürsten am 21. April 1246 zur Wahl ein und präsentierte Heinrich als Kandidaten: *quod cum dilectus filius nobilis vir lantgravius Thuringie ad honorem dei et ecclesie ac Christiane religionis presidium imperii predicti negotium assumere sit paratus* [...][715]. Und bereits im Sommer 1245 hatte der damalige päpstliche Legat im Reich, Philipp von Ferrara, den thüringischen Landgrafenhof aufgesucht und offenbar mit dem künftigen König Verhandlungen aufgenommen[716].

---

am 3. April in Köln, KNIPPING, Regesten Köln 3,1 Nr. 1837–1838; auch im Dez. 1255 dürfte er sich in Köln befunden haben, vgl. ebd. Nr. 1874.

713) REULING, Von Lyon nach Veitshöchheim, hier v. a. S. 296 f.

714) Spätestens im Kontext der Kanonisation Elisabeths dürfte Heinrich Raspe für Papst Gregor IX. und Kardinal Sinibaldo Fieschi, dem späteren Innozenz IV., ein bekannter Name geworden sein, vgl. dazu auch WERNER, Reichsfürst zwischen Mainz und Meißen S. 168–173.

715) MGH Epp. saec. XIII 2 Nr. 159 S. 120 Z. 33–35; vgl. REULING, Von Lyon nach Veitshöchheim S. 296 f., und WERNER, Reichsfürst zwischen Mainz und Meißen S. 238.

716) REULING, Von Lyon nach Veitshöchheim S. 290 f.

Bei Wilhelm standen die Dinge anders: In der Korrespondenz des Papstes taucht dieser erst am 14. Oktober 1247 auf, also bereits als König elf Tage nach der erfolgten Wahl[717]. Der Tod des Ludowingers war überraschend gekommen, und es gab offenbar niemanden, der den Vertretern der Kirche auf Anhieb als Nachfolger geeignet erschien. Erst Anfang September ist in den päpstlichen Schreiben überhaupt wieder davon die Rede, dass demnächst ein römischer König zu erheben sein würde[718]. Es ist denkbar, dass Wilhelm tatsächlich erst unmittelbar vor der Zusammenkunft in Worringen oder gar erst dort als Königskandidat auftrat[719]. Zumindest an der Kurie dürfte er im Gegensatz zu Heinrich Raspe vorher nicht als Thronanwärter gehandelt worden sein. Der Graf von Holland wird in der päpstlichen Korrespondenz vor 1247 nur einmal genannt, als am 25. Oktober 1246 durch eine Dispens die Ehe zwischen Johann von Avesnes und Adelheid, der Schwester *nobilis viri comitis de Orlandia*, genehmigt wurde[720]. Nicht einmal Wilhelms Name fällt in diesem Kontext. Es gibt auch keine Hinweise darauf, dass der Legat Petrus Capocci vor der Wahlversammlung Kontakt zu ihm aufgenommen hätte[721].

Umso größer müsste die Rolle gewesen sein, die Mitglieder des Reichsepiskopats für Wilhelms Königserhebung spielten, allen voran Konrad von Hochstaden. Doch ein direktes Zusammentreffen des Kölners mit dem Grafen von Holland vor der Wahl in Worringen lässt sich nicht nachweisen. Mit Nachdruck stellt sich hier die Frage, warum Konrad einen Kandidaten unterstützen sollte, den er vielleicht noch gar nicht persönlich kannte, und zu ihrer Beantwortung können nur Mutmaßungen herangezogen werden. Das Verhältnis des Erzbischofs zu seinen territorialen Nachbarn im Nordwesten des Reiches muss kurz gesagt als hochgradig problematisch betrachtet werden. Unmittelbar nach Beginn seines Pontifikats hatte er sich in langandauernde militärische Auseinandersetzungen mit den Grafen von Jülich und von Berg sowie mit den Herzögen von Limburg und Brabant ge-

717) MGH Epp. saec. XIII 2 Nr. 443 S. 319 f.

718) […] *illum, quem in regem contigerit dante Domino promoveri*, MGH Epp. saec. XIII 2 Nr. 428 S. 311 Z. 19.

719) HASSE, König Wilhelm S. 81 f., vermutet aufgrund des Itinerars des Legaten, dass Wilhelm sich Anfang Sept. (Neuss als Aufenthaltsort von Petrus Capocci am 7. Sept.) bereit erklärt hatte, das Königsamt zu übernehmen.

720) OHZ 2 Nr. 698 S. 327 f., Zitat S. 327 Z. 26.

721) Vgl. auch HASSE, König Wilhelm von Holland S. 76 f.; BRABÄNDER, Einflußnahme auswärtiger Mächte S. 26 f., sieht den Papst dennoch als den entscheidenden, wenn auch verdeckt agierenden Drahtzieher der Wahl Wilhelms.

stürzt[722], letzterer wurde unterstützt von seinem Neffen, Graf Otto von Geldern[723]. Erst 1244 kam es zu einem Ausgleich, als Heinrich von Brabant offenbar zusammen mit seinem Schwiegersohn Heinrich Raspe zur päpstlichen Partei wechselte[724]. In all diesen Streitigkeiten trat Wilhelm kein einziges Mal in Erscheinung, trotz seiner engen Verwandtschaft mit den Protagonisten (Stammtafel Abb. 1 S. 57). Konrad von Hochstaden brachte vielleicht trotz der offiziellen Aussöhnung weder dem Herzog von Brabant noch dem Grafen von Geldern genug Vertrauen entgegen, um einen von beiden als König sehen zu wollen. Der Graf von Holland hingegen könnte für ihn einen unbelasteten Kandidaten dargestellt haben.

Eine klare Positionierung Wilhelms im Streit zwischen der Kurie und den Staufern lässt sich in den Quellen nicht unbedingt erkennen. Seine familiären Bindungen lassen darauf schließen, dass er der antistaufischen Opposition angehörte. Von den 33 Urkunden, die aus der Zeit seiner selbständigen Herrschaft in Holland zwischen 1240 und 1247 erhalten sind, begünstigen immerhin 17 geistliche Empfänger[725]. Doch in keinem Dokument exponierte er sich als eindeutiger und vehementer Verfechter der päpstlichen Sache. Erst in Worringen scheint er sich als idealer Aspirant auf den Königsthron erwiesen zu haben.

Es fehlen mithin die Belege, um dem Kölner die „Entdeckung“ Wilhelms zuzuschreiben. Und versucht man, die Rolle Konrads von Hochstaden bei der Wahl selbst zu rekonstruieren, so stößt man ebenfalls auf Unstimmig-

---

722) JANSSEN, Art. Konrad von Hochstaden S. 272; PRÖSSLER, Das Erzstift Köln S. 23–25, 42 f.; Anlass der Streitigkeiten war u. a. die Besetzung des Bischofsstuhls in Lüttich 1238: Konrad von Hochstaden unterstützte zunächst zusammen mit dem Brabanter den staufischen Kandidaten Otto von Everstein, wechselte dann jedoch im Frühjahr 1239 auf die päpstliche Seite, vermutlich um selbst von Gregor IX. in seinem Amt als Erzbischof bestätigt zu werden, vgl. THORAU, Lütticher Schisma S. 533 f.

723) KNIPPING, Regesten Köln 3,1 Nr. 990.

724) WERNER, Reichsfürst zwischen Mainz und Meißen S. 234; am 24. Febr. dieses Jahres gelobt zunächst der Brabanter, dem Kölner gegen den Grafen von Jülich beizustehen, KNIPPING, Regesten Köln 3,1 Nr. 1126; Urkundenbuch Niederrhein 2 Nr. 282 S. 147; am 20. Juli vermittelte u. a. der Graf von Geldern einen Waffenstillstand zwischen dem Kölner und dem Jülicher, KNIPPING, Regesten Köln 3,1 Nr. 1155.

725) OHZ 2 Nr. 608 S. 206 (Deutscher Orden); Nr. 611 S. 208 f. (Berne); Nr. 612 S. 209 f. (Ter Kameren); Nr. 616 S. 213 (Middelburg); Nr. 618 S. 215 (Mariënweerd); Nr. 623 S. 218 f. (Ter Doest); Nr. 635 S. 229 f. (Rijnsburg); Nr. 640 S. 235 (Ten Duinen); Nr. 641 S. 236 (Ten Duinen); Nr. 658 S. 249 f. (Ten Duinen); Nr. 665 S. 255 f. (Heisterbach); Nr. 698 S. 318 f. (Ten Duinen); Nr. 693 S. 321 f. (Affligem); Nr. 697 S. 326 f. (Rijnsburg); Nr. 711 S. 336 f. (St. Michael in Antwerpen); Nr. 716 S. 342 f. (Middelburg); Nr. 719 S. 345 (Ter Doest).

keiten. In jedem Fall stellte er den Wahlort zur Verfügung, das Feld bei Worringen lag auf seinem Territorium[726]. Die Berichte über die Wahl bei den zeitgenössischen Geschichtsschreibern sind meist knapp. Die Annalen von St. Pantaleon erwähnen die Versammlung des Legaten Petrus Capocci, vieler Bischöfe, des Herzogs von Brabant und vieler Grafen, die Wilhelm zum König kürte, *admodum iuvenem, cuius animum intellexerant ad consequendam tanti honoris celsitudinem optabiliter preparatum*[727]. Der Kreis der Wähler wird bestätigt und ergänzt durch eine Littera Papst Innozenz IV., die offenbar gleichlautend an die Erzbischöfe von Mainz, Köln, Trier und Bremen, an deren Suffragane, die Bischöfe von Würzburg, Straßburg und Münster, den Elekten von Speyer sowie die Grafen von Geldern und Loon gesandt wurde. In ihr dankte der Pontifex den Adressaten für *studium et sollicitudinem*, die sie bezüglich der Wahl Wilhelms an den Tag gelegt hätten, und bat um weitere Unterstützung für den neuen König[728].

Besonders aufschlussreich ist jedoch die Version des Wahlgeschehens, die Menko überliefert. Der Abt des Prämonstratenserklosters Bloemhof in Wittewierum schreibt in nur sehr kurzem zeitlichen Abstand über das Ereignis[729]. Zum Michaelstag[730] habe der päpstliche Legat Petrus Capocci die Bischöfe und Fürsten aus ganz Deutschland nach Köln geladen, und alle seien dem Aufruf gefolgt oder hätten sich durch Boten und Briefe entschuldigen lassen. Der Wahl Wilhelms hätten alle zugestimmt, und die Erstwähler – *principales in electione sua*[731] – seien, zusammen mit dem Legaten, die Erz-

726) STEHKÄMPER, Konrad von Hochstaden S. 102.

727) Annales S. Pantaleonis Coloniensis S. 542 Z. 6 f.; noch kürzer die Annales Erphordenses S. 102 Z. 1–3: *Hoc etiam anno Willehelmus dux* [sic!] *Hollandie in regem electus est, vir utique pacificus ac modestia et continentia, ut dicitur insignitus.*

728) MGH Epp. saec. XIII 2 Nr. 464 S. 331 f.; HUILLARD-BRÉHOLLES, Historia diplomatica VI,2 S. 575 f. Vgl. POTTHAST, Regesta 2 Nr. 12759; HINTZE, Königtum Wilhelms S. 12 f.; BÜTTNER, Weg zur Krone S. 172; ERKENS, Kurfürsten und Königswahl S. 73 f.

729) Der entsprechende Teil der Chronik des Klosters Bloemhof entstand ab 1249, vgl. Kroniek S. XXXIII.

730) Eigentlich wohl der 3. Okt. Zu den verschiedenen Daten in den Quellen siehe oben S. 29. REULING, Von Lyon nach Veitshöchheim S. 301 stellt auch im Falle der Wahl Heinrich Raspes eine Verzögerung der Wahl fest, vom vermutlich ursprünglich vorgesehenen Himmelfahrtstag 1246 (17. Mai) auf den darauffolgenden Dienstag, den 22. Mai, und bemerkt in diesem Zusammenhang, dass „derartige Erhebungsakte [in der Regel] an Sonn- und Festtagen vollzogen“ wurden. Somit könnte auch der Michaelstag als wichtiges Heiligenfest der eigentlich anvisierte Wahltag Wilhelms gewesen sein.

731) Kroniek S. 366 Z. 10.

bischöfe von Mainz, Trier und Köln sowie viele Bischöfe gewesen. Die anderen wahlberechtigten Fürsten seien dabei oder entschuldigt gewesen[732].

Menko verfasste diesen Bericht, nachdem er auf seinem Rückweg vom Generalkapitel der Prämonstratenser[733] vermutlich selbst Zeuge der Krönung Wilhelms am Allerheiligentag 1248 geworden war. Gemäß seinen eigenen Worten trat er mit dem König und dem Legaten sogar in persönlichen Kontakt, denn er setzte sich für eine ehrenhafte Entlassung seiner friesischen Landsleute ein, die sich bei der Eroberung Aachens hervorgetan hatten: *pre omnibus aliis nationibus specialem consecuti sunt gloriam*[734]. Die Darstellung in Menkos Chronik dürfte also auf Nachrichten beruhen, die er bei dieser Gelegenheit erhalten hatte, und die Quelle seiner Informationen könnten durchaus die Hauptfiguren in Worringen gewesen sein, Wilhelm selbst, Konrad von Hochstaden und Petrus Capocci. Es liegt also nahe, dass hier eine „offizielle Version" des Wahlgeschehens wiedergegeben wird, eine Variante, deren Aussagen auch den Vorstellungen des Königs entsprochen haben mag.

So wird etwa an zwei Stellen innerhalb der kurzen Passage betont, dass sich die Wähler, die nicht erschienen waren, entschuldigt und ihre Stimmen schriftlich abgegeben hatten[735]. Menko hatte offenbar das Bedürfnis zu betonen, dass die Wahl umfassend und einmütig, *omnibus assentientibus*[736], stattgefunden hatte. Eine solche Akzentuierung war wahrscheinlich ganz und gar im Sinne des Königs und spiegelt auch die Anschauung des Papstes wider. Dieser verlieh seiner Freude über die Wahl Wilhelms noch im Oktober 1247 in einem Schreiben an Kardinal Raniero Capocci Ausdruck, den Rektor von S. Maria in Cosmedin und päpstlichen Legaten sowie Heerführer in Italien[737], und legte ebenfalls großen Wert darauf, dass diese Königs-

---

732) Kroniek S. 366 Z. 4–12.

733) Kroniek. S. 368 Z. 18. Menkos Vorgänger als Abt und Chronist, Emo, überliefert in der Chronik den Ablauf eines Generalkapitels, ebd. S. 54 Z. 21–58 Z. 21. Vgl. CYGLER, Generalkapitel S. 153 f.; ebd. S. 158 f. über die Reise der Äbte zum und vom Generalkapitel, bei der jeder bis zu drei Begleiter und mehrere Bewaffnete bei sich haben durfte.

734) Kroniek S. 368 Z. 16–24, Zitat Z. 23 f.

735) *Qui omnes unanimiter convenerunt, nec deerat aliquis, quin vel per se venisset, vel per certum nuncium vel per litteras se excusasset et ratihabitionem misisset*, Kroniek S. 366 Z. 5–7; […] *aliis principibus, ad quos pertinet electio, sicut dictum vel presentibus vel se per litteram excusantibus*, ebd. Z. 11 f.

736) Kroniek S. 366 Z. 7 f.

737) Capocci war im April 1246 zusammen mit dem Kardinalpriester Stephan von S. Maria in Trastevere zum Legaten ernannt worden *per patrimonium beati Petri in Tuscia, ducatum Spoleti, marchiam Anconitanam et per totum regnum Sycilie*, MGH Epp. saec. XIII 2 Nr. 170 S. 128 f., Zitat S. 129 Z. 7 f. Zu Raniero Capocci, den keinerlei Ver-

erhebung *communi voto principum, qui in electione cesaris ius habere noscuntur,* [...] *applaudentibus ceteris principibus* geschehen sei[738]. Auch hier wird versichert, dass nicht nur geistliche, sondern auch weltliche Fürsten an der Wahl teilgenommen hätten und von den Abwesenden *ex causa necessaria vel honesta* Vertreter geschickt worden waren[739].

Die Erwähnung der illustren Verwandten des Gewählten, Graf Ottos von Geldern und Herzog Heinrichs von Brabant, müsste folglich ebenfalls darauf zurückzuführen zu sein, dass Menko in Aachen bei Wilhelm selbst oder bei seinem engsten Umfeld Erkundigungen eingeholt hatte. Die Hochrangigkeit der familiären und freundschaftlichen Beziehungen, in die der neue König eingebunden war, wird auch von Innozenz IV. im soeben zitierten Brief thematisiert: In seinem Lob auf den gerade gewählten Herrscher hebt er unter anderem hervor, dass dieser *multorum principum consanguinitate et affinitate connexus* sei[740]. Es wäre denkbar, dass die Kandidatur des jungen holländischen Grafen, der selbst im Reich noch nicht in Erscheinung getreten war, durch die ausdrückliche Bekräftigung seiner verwandtschaftlichen Nähe zu einem mächtigen Reichsfürsten und anderen namhaften Adligen gerechtfertigt werden sollte[741]. Vielleicht liegt hier ein Element der durch den König und die Kirche favorisierten Version von den Wahlereignissen vor.

Ein dritter Punkt im Bericht Menkos ermöglicht einen kurzen Blick auf den Ablauf der Wahl: Als *principales in electione sua cum legato domni*

---

wandtschaft mit dem Legaten Petrus Capocci verband und der einer der glühendsten Gegner der Staufer innerhalb des Kardinalskollegiums war, vgl. KAMP, Art. Capocci, Raniero S. 608–616; zu seiner Tätigkeit in Italien vgl. THUMSER, Kardinal Rainer von Viterbo S. 187–198; WESTENHOLZ, Kardinal Rainer von Viterbo S. 138–165; MALECZEK, Papst und Kardinalskolleg S. 184–189.

738) MGH Const. 2 Nr. 352 S. 459–461, Zitat S. 460 Z. 13–15. Vgl. LINTZEL, Entstehung des Kurfürstenkollegs S. 17 f.

739) MGH Const. 2 Nr. 352 S. 460 Z. 28–32, Zitat Z. 29 f.; vgl. auch KRAMMER, Kurfürstenkolleg S. 97 f.; WERMKE, Die päpstlichen Legaten S. 39, führt diese Sichtweise des Papstes auf den geschönten Bericht des Legaten Petrus Capocci zurück.

740) MGH Const. 2 Nr. 352 S. 460 Z. 20 f. Auch Matthaus Parisiensis streicht die Verwandtschaft Wilhelms mehrfach heraus, Chronica Majora 4 S. 624, 654.

741) Ob Wilhelm durch die Verwandtschaft mit dem Brabanter zusätzlich als Mitglied eines „ottonischen Tochterstammes“ und mithin als königsfähig gekennzeichnet werden sollte, sei dahingestellt; laut WOLF, Herzöge von Brabant S. 213–216, waren sich die Brabanter ihrer Abstammung von König Heinrich I. bewusst und spielten auch mehrfach als potentielle Kandidaten für das Königtum eine Rolle; zu Herzog Heinrich II. vgl. ebd. S. 219. Eine Zusammenfassung und Kritik der Theorie Wolfs von den Tochterstämmen liefert ERKENS, Kurfürsten und Königswahl S. 7–11.

*pape*[742] bezeichnet er die Erzbischöfe von Mainz, Trier und Köln. Petrus Capocci wird somit nicht nur als Königswähler, sondern sogar als einer der Erstwähler genannt. Die von Menko verwendete Formulierung verdeutlicht einerseits die Bedeutung des Legaten, der zuvor auch als die treibende Kraft hinter dem Zustandekommen der Wahlversammlung geschildert wird[743]. Andererseits bleibt unklar, in welcher Reihenfolge genau die Stimmabgabe erfolgte – dem Mainzer kam traditionell das Recht der *prima vox* zu[744], und ein Bruch mit dieser Konstante hätte einen Schatten auf die Legitimität der Wahl geworfen. So entschied sich der Abt von Bloemhof vielleicht bewusst für eine unscharfe Ausdrucksweise, um sowohl der Person Petrus Capoccis als auch dem Anspruch auf einen einwandfreien Ablauf der Königswahl Genüge zu tun[745]. Dennoch führte gerade der Bericht Menkos dazu, dass die Bedeutung des Legaten und somit des Papstes für die Anfänge von Wilhelms Herrschaft in der älteren Literatur stark betont wurde[746].

Menko schildert die Wahl in Worringen als *electio idonea*[747] nach den Vorstellungen des Königs und der Kirche. Sie war einmütig von einer geeigneten Gruppe vollzogen worden[748], der Kandidat war hervorragend für die Königswürde geeignet, und man hatte sich an die überkommenen Verfahrensweisen gehalten[749]. Wer jedoch definitiv keinen herausragenden Part bei

742) Kroniek S. 366 Z. 10.

743) Kroniek S. 366 Z. 2–5.

744) REULING, Entwicklung der Wahlformen S. 262–266.

745) Die Reihenfolge der Erzbischöfe bei Menko, *Maguntinus, Treverensis, Coloniensis archiepiscopi* (Kroniek S. 366 Z. 10 f.), entspricht dem Königswahlparagraphen im Landrecht des Sachsenspiegels, vgl. ERKENS, Kurfürsten und Königswahl S. 117.

746) REH, Kardinal Peter Capocci S. 33 f., über den Einfluss des Legaten auf die Wahl. Die organisatorische Hauptrolle schreibt er jedoch dem Mainzer zu; WERMKE, Die päpstlichen Legaten S. 146–148, zusammenfassend zum Einfluss der Legaten auf die Wahlen von Veitshöchheim und Worringen, die in seinen Augen „aufs deutlichste den Tiefstand des deutschen Nationalempfindens in jener Zeit" aufzeigen, ebd. S. 147. Die quellenkritische Problematik, dass nur Berichte aus dem kurialen Blickwinkel über die Wahl Wilhelms erhalten sind, bleibt dabei unberücksichtigt.

747) Der Begriff bei Beumann im Bezug auf den Bericht Wipos von der Wahl Konrads II., BEUMANN, Imperium und Regna S. 180; vgl. REULING, Entwicklung der Wahlformen S. 233 und BOSHOF, Königtum S. 67.

748) MITTEIS, Königswahl S. 188 f. Wenn auch die Studie von Mitteis an vielen Stellen kritisch zu hinterfragen ist, so ist doch seinen Ausführungen über die Wahl Wilhelms, ebd. S. 185–194, nach wie vor im Wesentlichen zu folgen.

749) Zum politischen, nicht rechtsförmlichen Charakter der Königswahl im 13. Jh. vgl. REULING, Von Lyon nach Veitshöchheim S. 304, hier im Blick auf die Wahl Heinrich Raspes.

den Abläufen übernommen hatte, war der Kölner Erzbischof[750]. Das einzige besonders kölnische Element im gesamten Wahlgeschehen war der Wahlort. Ansonsten tat sich Konrad von Hochstaden an keiner Stelle hervor: Für ihn war Wilhelm vor der Wahl vermutlich ein Unbekannter, er kann nicht als Organisator der Wahlversammlung namhaft gemacht werden, und bei der Stimmabgabe kam dem Mainzer Erzbischof der Vorrang zu. Dass Wilhelm König wurde, hing nicht in erster Linie von Konrad von Hochstaden ab[751].

### Die Entfremdung 1254/1255

In den Jahren 1254/55 trat Konrad von Hochstaden nicht mehr in den königlichen Urkunden auf. Es scheint, dass sich sein Verhältnis zum König verschlechtert hatte. Dieser Eindruck wird vertieft durch drei Ereignisse bzw. Handlungszusammenhänge, die im Folgenden einzeln betrachtet werden sollen.

#### — Der Anschlag von Neuss 1254/55

In den Stader Annalen wird zu 1254 in dürren Worten ein spektakuläres Ereignis geschildert: In Neuss sei zwischen dem König und Konrad von Hochstaden ein derartiger Streit entstanden, dass der Kölner das Haus, in dem Wilhelm und der Legat wohnten, in Brand gesteckt habe, um beide zu ermorden. Der Herrscher und der Kardinal seien nur knapp mit dem Leben davongekommen – *vix evaserunt*[752]. Diese Geschichte passt recht gut zu der oben erwähnten angenommenen Verschlechterung des Verhältnisses zwischen Erzbischof und König. Doch wirft sie auch etliche Probleme auf, zunächst bezüglich der Datierung. Denn ausgerechnet im Jahr 1254 hielt sich der König kein einziges Mal nachweislich in Neuss auf[753]. Im November 1253 besiegelte er dort gemeinsam mit dem Kölner eine Urkunde Diet-

---

750) Anders BLOCH, Die staufischen Kaiserwahlen S. 213 f., und KRAMMER, Kurfürstenkolleg S. 97.

751) Zur Wahl Wilhelms vgl. auch HINTZE, Königtum Wilhelms S. 10–17; HASSE, König Wilhelm S. 78–94; BÜTTNER, Weg zur Krone S. 171 f. Eine zusammenfassende Diskussion verschiedener Theorien über die Königswahl bietet ERKENS, Kurfürsten, hier v. a. S. 95–98.

752) Annales Stadenses S. 373 Z. 38–40; vgl. auch kurz KAUFHOLD, Deutsches Interregnum S. 200.

753) Der kritische Apparat der Annales Stadenses S. 373 Z. 52 Anm. 6, vermutet als Zeitpunkt Ende März. Dies ist aufgrund des Itinerars Wilhelms ausgeschlossen, der König bewegte sich in diesen Tagen zwischen Den Haag, Nimwegen und Mechelen, DD Wilh 305–307.

richs von Kleve[754], und es erscheint eher unwahrscheinlich, dass sich diesem Konsensakt ein Mordanschlag anschloss. Das gesamte Jahr 1254 war Wilhelm mit kriegerischen Aktivitäten in Holland und Flandern beschäftigt, erst im Januar 1255 ist er zunächst in Kaiserswerth, dann in Mainz zu belegen[755]. Zwischen diesen beiden Stationen könnte er in Neuss Halt gemacht haben. Zu diesem Zeitpunkt waren auch der Legat Petrus Capocci[756] und Konrad von Hochstaden vor Ort, und mit ihnen Graf Otto von Geldern. Dieser erneuerte mit dem Erzbischof am 7. Januar 1255 in Neuss eine rechtliche Übereinkunft, die das Verhältnis geldrischer und Kölner *homines* regelte[757]. Falls also das in den Stader Annalen Geschilderte sich im Januar 1255 ereignet haben sollte, so wäre auch einer der treuesten Anhänger Wilhelms, sein Vetter Otto von Geldern, Zeuge geworden.

Als Anlass des Streits nennen die Hamburger Annalen, die sich auf das Werk Alberts von Stade stützen[758], die Gefangennahme Bischof Simons von Paderborn[759]. Dieser hatte sich durch Befestigungsanlagen am Hellweg der nach Osten gerichteten expansiven Territorialpolitik des Kölners in den Weg gestellt, sich jedoch gleichermaßen durch den Ausbau seines eigenen Hochstiftsgebietes beim westfälischen Adel unbeliebt gemacht. Am 24. Oktober 1254 wurde Simon nach einem Scharmützel bei Dortmund von seinen adligen Gegnern gefangen genommen und in den herzoglichen Gewahrsam, also in die Obhut des Kölners verbracht[760]. Welche Position der König in dieser Gemengelage von Interessen und Auseinandersetzungen einnahm, ist schwer zu bestimmen. 1248 hatte er den Bemühungen Konrads von Hoch-

754) D Wilh 445.

755) DD Wilh 333–336.

756) Reg. Imp. V,2 10483 (1255 Jan. 5).

757) Urkundenbuch Niederrhein 2 Nr. 407 S. 219 f.

758) Sie gehen vermutlich auf die verlorene „reichere Fassung der Chronik Alberts [von Stade]“ zurück, WATTENBACH/SCHMALE, Geschichtsquellen S. 426.

759) *Rex cum Petro legato laborabat, ut Coloniensis episcopum Symonem absolutum dimitteret. Archiepiscopo contradicente, tantus rancor surrexit, quod Coloniensis applicato igne ad domum, in qua legatus erat cum rege, voluit ambos incendio suffocare*, Annales Hamburgenses S. 383 Z. 42–44; vgl. KNIPPING, Regesten Köln 3,1 Nr. 1818; vgl. PRÖSSLER, Das Erzstift Köln S. 44; zu den Hamburger Annalen, die sich hauptsächlich auf die Stader Annalen stützen, jedoch ab 1200 auch eigenständige Zusätze liefern, vgl. WATTENBACH/SCHMALE, Geschichtsquellen S. 426 f. Interessant die Darstellung bei WISPLINGHOFF, Geschichte der Stadt Neuss S. 73, der zwar auf den Konflikt zwischen Konrad von Hochstaden und Simon von Paderborn eingeht, aber weder König Wilhelm noch den Anschlag in Neuss mit einem Wort erwähnt.

760) Zu den Auseinandersetzungen insgesamt vgl. ausführlich KETTERING, Territorialpolitik S. 39–46, und Karte 7, ebd. nach S. 84; vgl. BRANDT/HENGST, Geschichte des Erzbistums Paderborn S. 101.

staden Vorschub geleistet, indem er ihm die Reichsstadt Dortmund verpfändet hatte[761]. Simon von Paderborn hingegen ist nur einmal im Umfeld Wilhelms nachzuweisen, im März 1253 in Köln[762]. Ein besonderes Engagement des Königs für den Bischof ist an keiner Stelle erkennbar, und man wird davon ausgehen dürfen, dass er den westfälischen Händeln keine größere Beachtung schenkte[763].

Papst Alexander IV. beauftragte am 7. Oktober 1255 den Kantor von Osnabrück mit dem Schutz der Güter Bischof Simons[764] und erklärte im Nachhinein, im März 1257, die durch die Gefangenschaft erpressten Vereinbarungen des Kölners mit der Kirche von Paderborn für nichtig, da Konrads Handeln gegen den Bischof *in offensam ordinis clericalis et pontificalis dignitatis obprobrium ausu sacrilego* geschehen sei[765]. Doch eine Exkommunikation oder anderweitige Bestrafung des Kölners ist hier nicht festzustellen. Petrus Capocci setzte sich offenbar nicht für die Interessen Bischof Simons ein, zumindest existieren keine schriftlichen Belege dafür. Es gibt weder vor dem angeblichen Brandanschlag in Neuss noch im Nachgang Briefe, in denen der Legat die Paderborner Angelegenheit erwähnte.

Erst in einem Schreiben Papst Urbans IV. an Richard von Cornwall aus dem Jahr 1263 scheint die frevlerische Tat Konrads von Hochstaden, die auf das Leben des Königs und des Kardinals gezielt hatte, und der Streit mit dem Paderborner Niederschlag zu finden: *Coloniesis archiepiscopus pro eo, quod in bone memorie Petri Sancti Georgii ad Velum aureum diaconum cardinalem, tunc legatum in Alamannie partibus manus iniecerat ac venerabilem fratrem nostrum Padeburnensem episcopum presumebat detinere captivum, propter quod per eundem etiam legatum excommunicatus extitit* [...][766]. Und noch später, im Januar 1267, dienten die Angriffe des Kölners auf Petrus Capocci Papst Clemens IV. als Argumente für eine Verurtei-

761) D Wilh 67, 1248 Dez. 23, Kaiserswerth; vgl. dazu auch Westfälisches Urkundenbuch 7 Nr. 674 S. 297 f.

762) D Wilh 273; siehe auch oben S. 74 f. zu Volkwin von Schwalenberg, der vielleicht die Nähe des Königs und dessen Unterstützung gegen den Paderborner suchte.

763) KETTERING, Territorialpolitik S. 44, erwähnt allerdings ein Engagement Simons von Paderborn und Herzog Albrechts von Braunschweig auf der Seite Wilhelms im Flandernkrieg 1254, das einen Versuch darstellen sollte, sich aus der kölnischen Umklammerung zu befreien. Belege werden dafür jedoch nicht angeführt, und eine Reaktion Wilhelms auf die gemutmaßte Unterstützung ist ebenfalls nicht überliefert.

764) Reg. Imp. V,2 9019.

765) MGH Epp. saec. XIII 3 Nr. 452 S. 417 Z. 3 f.; vgl. Reg. Imp. V,2 9098.

766) MGH Const. 2 Nr. 405 S. 528 Z. 26–30.

lung[767]. Diese beiden päpstlichen Dokumente entstanden nach dem Tod Konrads von Hochstaden und waren als Erläuterung der Zustände im Reich für die „auswärtigen" Könige Richard und Alfons von Kastilien gedacht, sie konnten also keinen Widerspruch von Seiten des Kölners mehr hervorrufen. Auffällig ist zudem, dass Wilhelm hier nicht mehr genannt wird.

Des Weiteren ist die Ereigniskette in den Hamburger Annalen nicht ganz stimmig – an erster Stelle steht der Angriff auf den Legaten, dann wird erwähnt, dass der Erzbischof den Paderborner gefangen genommen habe, und dafür sei er von Petrus Capocci gebannt worden. Die Vorwürfe insgesamt sind vage, eine konkrete Anschuldigung wird nicht erhoben.

Die Meldung der beiden Geschichtsschreiber aus Stade und Hamburg über die Brandstiftung in Neuss bleibt rätselhaft, besonders wegen des Schweigens aller anderen Quellen im unmittelbaren zeitlichen und räumlichen Umfeld. Es lässt sich belegen, dass alle Protagonisten, also der Kölner, Petrus Capocci und der König, Anfang Januar 1255 in Neuss waren oder zumindest sein konnten. Kurz zuvor war Simon von Paderborn in einer territorialen Auseinandersetzung gefangen genommen worden, allerdings nicht von Konrad von Hochstaden selbst, sondern von westfälischen Adligen, die ihn an den Kölner ausgeliefert hatten. Ein Zusammenhang zwischen den beiden Ereignissen lässt sich aber, abgesehen von der kurzen historiographischen Notiz, nicht herstellen, zumal weder der König noch Papst und Legat sich unmittelbar zu dem Konflikt zwischen Köln und Paderborn äußerten. Vor allem in den beiden päpstlichen Schreiben der 1260er Jahre wird jedoch deutlich erkennbar, dass zwischen Konrad von Hochstaden und Petrus Capocci schwerwiegende Differenzen bestanden.

Falls es den vom Erzbischof angezettelten Anschlag in Neuss in der überlieferten Form gegeben haben sollte, so galt er wohl eher dem Legaten als dem König. Das gestörte Verhältnis der beiden könnte auch der Grund für die Abwesenheit des Kölners in den königlichen Urkunden sein – er verschwindet quasi in dem Moment, in dem die zweite Legation des Kardinaldiakons beginnt[768]. Vor diesem Hintergrund verschiebt sich auch die Wahrnehmung der Beziehung zwischen Wilhelm und dem Erzbischof, dessen Distanz vielleicht gar nicht dem Herrscher galt, sondern dem päpstlichen Abgesandten[769].

767) MGH Const. 2 Nr. 397 S. 501 Z. 19–24, hier keine Erwähnung Simons von Paderborn.

768) Am 13. April 1254, Reg. Imp. V,2 8713; letztes gemeinsames urkundliches Handeln Konrads und des Königs in D Wilh 445, 1253 Nov. 11.

769) Zum Anschlag in Neuss und den Hintergründen auch kurz REH, Kardinal Peter Capocci S. 139–141; WERMKE, Die päpstlichen Legaten S. 121 f., streift das Ereignis nur und geht nicht auf etwaige Hintergründe ein.

— Das Bündnis mit Margarete von Flandern

Im August 1254 schloss Konrad von Hochstaden mit der Gräfin von Flandern, ihrem Sohn Guido von Dampierre und Karl von Anjou einen gegenseitigen militärischen Unterstützungsvertrag. Der Kölner versprach Hilfe in Flandern und im Hennegau, falls die Brüder Johann und Balduin von Avesnes angreifen sollten. Umgekehrt erwartete er den Beistand Margaretes und Karls für den Fall, dass die Avesnes in sein Territorium vordringen würden. Wenn die Brüder durch die Truppen Konrads gefangen genommen werden sollten, so konnte ihre Freilassung nur mit der Zustimmung der Gräfin und des Grafen, also Karls von Anjou, geschehen. Dieses Mitspracherecht verlangte der Erzbischof seinerseits bezüglich einer eventuellen Ergreifung des Grafen von Jülich und dessen Bruders Walram[770].

Zum Zeitpunkt dieser Einigung waren die Kämpfe König Wilhelms im Hennegau bereits beigelegt. In Le Quesnoy war am 26. Juli 1254 ein Friedensvertrag zwischen dem König und seinen Gegnern geschlossen worden, unter maßgeblicher Mitwirkung des wieder ins Reich entsandten Legaten Petrus Capocci[771]. Formal verbündete sich der Kölner also nicht mit einem Feind des Herrschers. Von Wilhelm ist im Vertragstext auch keine Rede, letztlich kann das Dokument als eine Vereinbarung zwischen verschiedenen Angehörigen des Reiches betrachtet werden. Für den Erzbischof standen vermutlich territoriale Interessen im Vordergrund, darauf lässt zumindest die ausdrückliche Erwähnung der Grafen von Jülich schließen. Diese beanspruchten nach wie vor das Hochstadener Erbe[772] und stellten eine dauernde Gefahr für die Kölner Rechte und Besitzungen dar.

Wie realistisch die Befürchtungen des Kölners waren, zeigte sich bereits im September 1254, als Wilhelm von Jülich die linksrheinischen Gebiete des Hochstifts angriff[773]. Konrad von Hochstaden blieb in diesem Konflikt siegreich und konnte die Jülicher Forderungen zurückweisen[774]. Ob er dafür die Hilfe seiner neuen Bundesgenossen benötigte, ist nicht überliefert.

Betrachtet man den Vertrag mit Margarete von Flandern in diesem Licht, so erscheint auch der Gegensatz zum König nicht mehr in so heftiger Schärfe. Der Kölner suchte Verbündete gegen Jülich. Dies tat er bereits im Sommer 1254, als er sich die Lehnstreue seines Verwandten Johann von Nür-

770) DUVIVIER, La querelle des d'Avesnes et des Dampierre 2 Nr. 226 S. 383–387; vgl. KNIPPING, Regesten Köln 3,1 Nr. 1795.

771) D Wilh 316; siehe ausführlich unten S. 167–171.

772) Die Besitzung der von Are-Hochstaden waren nach dem Tod von Konrads Neffen Dietrich an das Kölner Hochstift gegangen, unter Ausschluss der Ansprüche anderer Verwandter, darunter die Grafen von Jülich, vgl. PRÖSSLER, Das Erzstift Köln S. 25–27.

773) PRÖSSLER, Das Erzstift Köln S. 42 f.

774) Vgl. auch KETTERING, Territorialpolitik S. 25–29.

burg sicherte[775]. Von Wilhelm, zu dem die Jülicher Grafen bereits früh Kontakt aufgenommen hatten[776], konnte er keine aktive Unterstützung erwarten. Die im Vertragstext zugestandene Hilfe gegen die Avesnes stellte das Gleichgewicht zwischen den Partnern her und musste letztlich nicht eingelöst werden. Dennoch bleibt implizit der Eindruck bestehen, dass sich Konrad von Hochstaden durch das Bündnis mit der Gräfin von Flandern gegen den König gewandt hat[777].

— Ottokar II. als potentieller König anstelle von Wilhelm

Fast zwei Jahre, vom April 1253 bis zum Dezember 1254, war Wilhelms Aufmerksamkeit hauptsächlich auf die Auseinandersetzungen mit Margarete von Flandern gerichtet. Diese lange Phase kann als Abwesenheit des Königs vom Reich gedeutet werden[778]. Insofern hätten wohl verschiedene Fürsten den Plan hegen können, einen anderen König an Wilhelms Stelle zu setzen. Als Kandidat wäre sicherlich Ottokar II. von Böhmen in Frage gekommen, die Drahtzieher hätten Konrad von Hochstaden, Bischof Heinrich von Bamberg[779] und die Herzöge von Bayern sein können. Der Papst hingegen hätte solch einem Vorhaben vermutlich ablehnend gegenübergestanden.

Für dieses hypothetische Szenario gibt es in der Tat Quellen, allerdings nur Musterbriefe, die als Anhang zu einer in München aufbewahrten Handschrift – clm 22294 – der Summa dictamini des Ludolf von Hildesheim und im Baumgartenberger[780] Formelbuch erhalten sind. Der Münchener Codex verweist auf einen Bamberger Entstehungskontext[781], die handschriftlichen Belege beider Sammlungen stammen jeweils vom Beginn des 14. Jahrhunderts[782]. Hintze deklarierte diese Texte als „Auszüge aus wirklichen

775) KNIPPING, Regesten Köln 3,1 Nr. 1784. Auch dieses Bündnis wird aufgrund des Vertragstextes als königsfeindlich betrachtet, vgl. HINTZE, Königtum Wilhelms S. 150 f. Zur Grafschaft Nürburg und zu Johann vgl. WEIDENBACH, Die Grafen von Are S. 82–88.

776) Siehe oben S. 80–82.

777) SCHEFFER-BOICHORST, Kleinere Forschungen VI S. 574 f.

778) HINTZE, Königtum Wilhelms S. 151; SCHEFFER-BOICHORST, Kleinere Forschungen VI S. 573 f.

779) FLACHENECKER, Art. Heinrich von Bilversheim S. 40.

780) Stift Baumgartenberg bei Amstetten an der Donau.

781) HINTZE, Königtum Wilhelms S. 143 Anm. 1; SCHEFFER-BOICHORST, Kleinere Forschungen VI S. 570.

782) Zu Ludolf vgl. WORSTBROCK, Art. Ludolf Sp. 962–964, die Hss. ebd. Sp. 963; die Briefe der Münchener Hs., die ursprünglich aus Kloster Windberg stammen, ed. BUSSON, Über einen Plan S. 133–138; ebenso SCHEFFER-BOICHORST, Kleinere Forschungen VI S. 560–562, der einen weiteren Brief hinzufügt. Baumgartenberger Formelbuch

Briefen“[783] und rekonstruierte aus ihnen, in Kombination mit den oben bereits vorgestellten Quellen zu dem Brandanschlag in Neuss und dem Bündnis des Kölners mit Margarete, ein sich bereits seit dem Frühjahr 1254 anbahnendes Komplott, das die Abdankung Wilhelms und das Königtum Ottokars erreichen sollte[784]. Konrad von Hochstaden bezeichnete er als die „Seele der Bewegung“[785].

Diese Version der Ereignisse und vor allem die Betrachtung der Briefe als im Kern authentisch traf auf den heftigen Widerspruch von Paul Scheffer-Boichorst, der im Gegenteil die Stücke aus clm 22294 im Rückgriff auf den Editor Busson für reine Erfindungen eines Bamberger Schreibers hielt, die jedoch die Zeitstimmung in den 1250er Jahren treffend widerspiegelten[786]. Die Aktionen des Kölner Erzbischofes sah er getrennt von den Bemühungen im Umfeld Bischof Heinrichs von Bamberg, zwar nicht im Blick auf die Person des neu zu wählenden Königs, aber bezüglich der Methoden. Im Westen habe man sich für den kriegerischen Weg entschieden, im Südosten seien Verhandlungen bevorzugt worden. Das Zentrum der Opposition gegen Wilhelm war in Scheffer-Boichorsts Augen Bamberg, der Plan sei gescheitert, weil sich Wilhelm die Unterstützung des Rheinischen Bundes habe sichern können und der Papst Widerstand geleistet habe[787].

Letztlich überzeugen zumindest die textkritischen Anmerkungen Scheffer-Boichorsts, wenn auch seine Vermutungen über die Umsturzpläne 1254/55 noch einmal zu hinterfragen sind[788]. Die neun[789] Briefe der Münchener Handschrift sind fingiert, und weder in der Geschichtsschreibung noch in päpstlichen Registern oder anderen Urkunden ist ein Hinweis auf eine geplante Absetzung Wilhelms und eine Wahl Ottokars zu finden. Ein derartiger Plan ist ins Reich der Phantasie zu verweisen[790]. Dennoch lohnt

---

S. XI–XIII, zur handschriftlichen Überlieferung, die Edition folgt der Handschrift Wien, Österreichische Nationalbibliothek, Cod. 409.

783) HINTZE, Königtum Wilhelms S. 144.

784) HINTZE, Königtum Wilhelms S. 150–152.

785) HINTZE, Königtum Wilhelms S. 147.

786) SCHEFFER-BOICHORST, Kleinere Forschungen VI S. 565–570.

787) SCHEFFER-BOICHORST, Kleinere Forschungen VI S. 574–582.

788) Vgl. auch HÄGERMANN, Studien zum Urkundenwesen S. 205 f.

789) Im Folgenden wird der Abdruck bei SCHEFFER-BOICHORST, Kleinere Forschungen VI S. 560–562, herangezogen.

790) Vgl. auch SCHUBERT, Königsabsetzung im deutschen Mittelalter S. 248–250, der die Briefe für „belangvoll […] für die Geschichte der öffentlichen Meinung im 13. Jh., also für die politische Geschichte im weiteren Sinne“ hält. Er sieht sie als „Zeugnisse einer großen Meinungsvielfalt, von der nur kümmerliche Reste erhalten sind. […] Es gibt ansonsten nicht das geringste Indiz, das für eine weitere Verbreitung des Absetzungsgedankens herhalten könnte.“ Anders BRABÄNDER, Einflußnahme auswärtiger Mächte

es sich, die angeblichen Briefschreiber und ihre Positionen noch einmal im Entstehungskontext dieser Fiktion zu betrachten. Die Schreiben aus dem Baumgartenberger Formelbuch müssen dabei gesondert behandelt werden, da sie einem anderen Überlieferungszusammenhang angehören.

Zunächst ein inhaltlicher Abriss der Briefe: Im ersten Stück teilt der Bischof von Bamberg seinem Kapitel mit, dass der König von Böhmen sich das *regnum Alamanie* aneignen wolle und den Bischof gebeten habe, ihn nach Nürnberg zu begleiten. Das Domkapitel solle in der Zwischenzeit zu Gott beten, dass der Papst nach dem Rücktritt des alten Herrschers dem neuen seine Zustimmung erteilen werde, *cum potens esse perhibeatur et tam opere quam sermone nemo sibi valeat comparari*[791]. Der letzte Nebensatz muss sich auf den König von Böhmen beziehen.

Unter der zweiten Nummer wird ein *scriptum regis ad regem* mitgeteilt, ein Brief des böhmischen an den römischen König. Die Fürsten hätten den Briefschreiber gebeten, sich zum Oberhaupt des Reiches wählen zu lassen, da es niemanden gäbe, der mächtiger sei als er; *vos autem invalidum asserebant ad terram pacificandam ceteraque, cum incumberent, facienda.* Der König von Böhmen wolle aber nur dann dieser Bitte entsprechen, wenn er, der römische König, freiwillig von seinem Amt zurücktrete, da er ihm ja Gefolgschaft gelobt habe[792]. Es folgt, drittens, die Antwort auf diesen Vorschlag: Der Verfasser, also der römische König, habe das Königtum auf Befehl des Papstes angetreten und wolle es nicht länger behalten, da ihm überall Widerstand entgegenschlage und ihn kaum jemand als Herrscher anerkenne. Da er sich weder aus eigenem Bemühen noch durch die Anstrengungen des Papstes habe durchsetzen können, sei er bereit, die Herrschaft an den Böhmen zu übergeben, zumal dieser offenbar Frieden und eine stabile Ordnung garantieren könne – dies alles unter der Bedingung, dass man ihm eine finanzielle Aufwandsentschädigung zukommen lasse[793].

Im vierten Schreiben wendet sich die Gräfin von Flandern an den König von Böhmen. Sie habe gehört, dass er aufgrund seiner Vorzüglichkeit von den Adligen zum König gemacht werden solle. Sie werde sich diesem Plan nicht in den Weg stellen, denn der jetzige Herrscher habe drei Städte als Lehen von ihr, wie bereits seine Vorgänger von ihren Vorgängern. Sie bemühe sich beständig, dass er dieses Lehnsverhältnis anerkenne, doch er weigere sich und kümmere sich nicht um die anderen Gebiete des Reiches. Der Adressat solle also das *regnum Romanorum* annehmen, wenn es ihm die

S. 31–34, der die Authentizität der Briefe und die Absetzungspläne seitens Konrads von Hochstaden für bewiesen ansieht.

791) SCHEFFER-BOICHORST, Kleinere Forschungen VI Nr. 1 S. 560.

792) Ebd. Nr. 2 S. 560.

793) Ebd. Nr. 3 S. 560.

Fürsten antrügen[794]. Seine Antwort im fünften Brief eröffnet der König von Böhmen mit der Bemerkung, dass man nicht auf eine feindselige Stimme hören solle, und vorsichtig, wie er sei, habe er das Schreiben der Gräfin dem König kundgetan, um auch dessen Meinung dazu zu erfahren. Im Anschluss wolle er die Fürsten befragen und zuletzt die ganze Angelegenheit dem Papst vortragen, damit dieser entscheide[795].

Dann wendet sich der König von Böhmen an sechster Stelle an die Reichsfürsten: Er habe kürzlich gehört, dass sie ihn zum römischen König wählen wollten, wegen der Unfähigkeit König Wilhelms – hier fällt in der Tat das einzige Mal der „echte" Name des Betroffenen. Deshalb wolle er nach Nürnberg kommen, um mit den Fürsten zu beraten, und zwar innerhalb von zwei Wochen nach dem Jakobustag (25. Juli). Vorher könne er es nicht einrichten, aus Rücksicht auf die Armen und die Missernten, da durch seine Reise ein höherer Aufwand entstehe. Er schließt mit der Hoffnung, dass er in der Zwischenzeit durch Boten auf dem Laufenden gehalten werde[796]. In ihrer Antwort – Nummer sieben – bitten die Reichsfürsten noch einmal inständig, dass sich der Böhme zum Königtum bereit erkläre, angesichts des schrecklichen Zustands des Reiches und der Klagen der Bevölkerung, und sie zeigen sich zuversichtlich, dass auch der Papst seine Zustimmung geben werde[797].

Die beiden letzten Briefe werden zwischen dem amtierenden König und den Fürsten getauscht. Ersterer macht seinen *ministris* Vorwürfe, dass sie seine Absetzung planten, was weder seiner Amtsführung noch ihrer Ehre gerecht werde. Bald werde er einen Hoftag abhalten und das ganze Reich seinem Befehl unterwerfen. *Quodsi neglectum fuerit, si nostram ex tunc vilipenderitis maiestatem, dignum non ducimus ammiracioni* [798]. Die Fürsten wiegeln im Gegenzug ab, der König solle den Gerüchten keinen Glauben schenken. Auf der angekündigten Versammlung würden sie sich ihm zu Füßen werfen und ihm bereitwillig in allem Folge leisten[799].

Abgesehen vom ersten Schreiben, dem des Bamberger Bischofs an sein Domkapitel, werden vier Briefwechsel konstruiert. In dreien tritt der König von Böhmen auf, und sie dienen dazu, diesen ins denkbar beste Licht zu rücken. Von Anfang an wird betont, dass alle – selbst der amtierende römi-

794) Ebd. Nr. 4 S. 560 f.
795) SCHEFFER-BOICHORST, Kleinere Forschungen VI Nr. 5 S. 561.
796) Ebd. Nr. 6 S. 561.
797) Ebd. Nr. 7 S. 561 f.
798) Ebd. Nr. 8 S. 562.
799) Ebd. Nr. 9 S. 562.

sche König – ihn für den mächtigsten Mann im Reich halten[800]. Er präsentiert sich jedoch demütig, friedliebend und klug, da er nicht voreilig auf die Einflüsterungen der Gräfin von Flandern eingeht. Seine Rücksichtnahme auf die Armen, deren Not er nicht durch die Reise nach Nürnberg verschlimmern will, zeigt ihn als mildtätig. Insgesamt vereint er also die wichtigsten Herrschertugenden auf sich. Im Gegensatz zu ihm erscheint der römische König schwach, geldgierig, pflichtvergessen, herablassend gegenüber den Fürsten. Diese wiederum erniedrigen sich selbst in ihren Bitten an den Böhmen und wirken in ihrer Reaktion auf das vorletzte Schreiben des Königs kriecherisch und wankelmütig. Die Gräfin von Flandern schließlich erweist sich als falsch und illoyal dem Reichsoberhaupt gegenüber.

Die Rollen sind klar verteilt in diesem Tableau. Der König von Böhmen, in dem man unschwer Ottokar II. erkennen kann, ist die eigentliche Hauptfigur der fingierten Schriftstücke, und nimmt man deren Entstehungssituation hinzu, so lässt sich diese Bewertung gut erklären. Die Briefe stammen aus dem Umfeld Bischof Heinrichs von Bamberg, und dieser stand mehrfach in Kontakt mit Ottokar. Im Frühjahr 1253 war er bei König Wenzel und dem jungen Markgrafen von Mähren in Prag, im November 1254 war er in Krems Zeuge in einer Urkunde des nunmehr böhmischen Königs Ottokar[801]. Auch zu den Wittelsbachern pflegte der Bamberger gute Beziehungen, er übertrug Herzog Otto Lehen aus der Bogener und Andechser Erbschaft[802], nahm an Gerichtssitzungen von dessen Söhnen teil[803] und stimmte dem Straubinger Landfrieden von 1255 zu[804].

Die Berührungspunkte von Heinrich mit König Wilhelm hingegen sind rar und eher konfliktträchtig. Der Bischof von Bamberg war der Kanzler Heinrich Raspes gewesen, zumindest behauptete er es dem Papst gegenüber, und er erhoffte sich, auch unter Wilhelm dieses Amt innezuhaben[805]. Doch

800) […] *cum non esset qui nostre resisteret potencie*, SCHEFFER-BOICHORST, Kleinere Forschungen VI Nr. 2 S. 560; […] *presertim ex quo manu forti pacis intendere poteritis tranquillitati et vestris mandatis nobis recalcitrantes parere cogantur*, so der römische König an den böhmischen, ebd. Nr. 3 S. 560.

801) KRENZER, Regesten Heinrich I. Nr. 131–132 S. 32; Nr. 141 S. 33.

802) KRENZER, Regesten Heinrich I. Nr. 125 S. 30.

803) Ebd. Nr. 137 S. 33.

804) Ebd. Nr. 155 S. 38.

805) Einen urkundlichen Beleg für die Ausübung dieses Amtes durch den Bamberger gibt es nicht, er wird einmal in einem Diplom Heinrich Raspes genannt, D HRas 12, 1246 Dez. 15, Forchheim, hier lediglich als *princeps noster Henricus Babinbergensis episcopus venerabilis imperio devotus*. In einem Brief weist jedoch Innozenz IV., der vom Bamberger informiert wurde, den Legaten Petrus Capocci am 4. Sept. 1247 an, dass der noch zu bestimmende Nachfolger Heinrich Raspes den Bischof in seinem Amt belassen

dazu kam es nicht, die Gründe für den Wechsel zu Heinrich von Leiningen als Leiter der Kanzlei sind nicht überliefert. Außerdem befand sich der Bamberger in einem Konflikt um die Einkünfte in Chiemsee mit dem Salzburger Elekten Philipp[806], der sich wiederum der Unterstützung des Königs erfreute[807]. Kurzum, es ist nicht verwunderlich, dass bei einem Bamberger Schreiber, einem Anhänger des Bischofs, Wilhelm nicht allzuhoch im Kurs stand, zumal in den Jahren 1254 und 1255, als der König sich größtenteils in seinen Stammlanden aufhielt. Im Gegensatz zu diesem weit entfernten, scheinbar uninteressierten Reichsoberhaupt, das sich in Händel mit der Gräfin von Flandern verstrickt hatte, stellte man sich das Königtum Ottokars, der ja nicht nur über das ererbte Böhmen herrschte, sondern auch im Herzogtum Österreich, und somit die wichtigen Machtpositionen im Südosten auf sich vereinigte[808], als die Lösung aller Probleme vor.

Doch Konrad von Hochstaden spielte in diesem Szenario überhaupt keine Rolle. Der eigentliche Anlass für Hintze, in ihm eine der Hauptfiguren in dem auf die Königswahl Ottokars zielenden Komplott zu sehen, ist das Zeugnis des Baumgartenberger Formelbuchs, das ohne Zögern mit den Texten aus clm 22294 zusammengespannt wird[809]. Dies ist jedoch irreführend, da die Ars dictandi aus Baumgartenberg später entstanden ist, nämlich in der ersten Hälfte des 14. Jahrhunderts[810], sich zwar auf Ludolfs Ars dictamini stützt, aber keinen engeren Bezug zu deren Bamberger Entstehungsumfeld erkennen lässt. In der umfangreichen Mustersammlung ist eine Reihe päpstlicher Briefe enthalten, zwei davon werden Alexander IV. zugeschrieben und auf den 28. August 1255 datiert[811]. Der erste richtet sich an den Bischof [sic!] von Köln, *episcopo Coloniensi*, und thematisiert eine geplante Königswahl im Reich. Man habe gehört, dass einige Fürsten, vor al-

---

solle, MGH Epp. saec. XIII Nr. 428 S. 311; vgl. HÄGERMANN, Studien zum Urkundenwesen König Heinrich Raspes S. 497 f.; KRENZER, Regesten Heinrich I. Nr. 73 S. 18.

806) KRENZER, Regesten Heinrich I. Nr. 77, 78, 83 S. 18 f.

807) Siehe oben S. 114–117. Vgl. insgesamt auch FLACHENECKER, Art. Heinrich von Bilversheim S. 40 f.

808) Ein knapper Überblick unter Hinzuziehung der älteren Literatur bei ROHR, Přemysl Otakar II. – ein Wegbereiter der Habsburger S. 25–37; zur gemeinsamen Verwaltung Böhmens und Österreichs vgl. kurz PAUK, Nobiles Bohemie S. 122 f.

809) HINTZE, Königtum Wilhelms S. 142 f.

810) WORSTBROCK, Art. Baumgartenberger Formularius Sp. 645 f.; zur Handschrift in Prag, Archiv Pražského Hradu, K XXXIII, aus dem 14. Jh. vgl. POLAK, Letter Treatises Eastern Europe S. 41 f.; Oxford, Bodleian Library, Lat. misc. d. 68, ebenfalls aus dem 14. Jh., DERS., Letter Treatises Western Europe S. 376–378.

811) Baumgartenberger Formelbuch Nr. 44 S. 186 f.; Nr. 46 S. 189–191; die Datierungen gehen auf den Herausgeber zurück, die Texte selbst enthalten keine Tages- und Ortsangabe. Vgl. auch Reg. Imp. V,2 9008, 9009.

lem geistliche, zur neuerlichen Beunruhigung des Reiches und Mühsal des Herrschers sich anschickten, den König abzusetzen, *quem Deus elegit, in cuius personam vota eorum quorum intererat convenerunt, quem apostolicus favor prosequitur et cum quo manum esse Domini felicium successuum prosperitas attestatur*. An seiner Stelle solle einer der Fürsten König werden – doch der Papst geht davon aus, dass keiner eine solche Freveltat ernsthaft erwägen könnte. Falls dies dennoch der Fall sei, wisse der Kölner darüber sicher Bescheid und könne mit aller Kraft dagegen vorgehen. Er solle sich auf keinen Fall an solchen Machenschaften beteiligen, sondern sich ihnen entgegenstellen. Es sei geplant, den König demnächst zum Kaiser zu krönen, und die Anwesenheit des Erzbischofs bei diesem Ereignis werde dringend gewünscht. Falls irgendwelche Schwierigkeiten und Verwirrungen für den König und die Kirche entstünden, würde der Pontifex den Kölner zur Verantwortung ziehen, alle Beteiligten bestrafen und der Exkommunikation unterwerfen[812]. Ein zweiter Brief, fast identischen Inhalts, ging an die Städte Deutschlands, *civitatibus Alemanie*. Hier wird besonders die rechtmäßige Wahl des Königs durch die Fürsten betont und Gehorsam eingefordert: *eidem regi debitum condigne obedicionis exsolveritis reverenter* [...] *incrementum*[813].

Stellt man die gesamte Problematik der Überlieferung, der Zuschreibung und Datierung dieser Stücke hintan, so liegt in diesen beiden Musterbriefen am ehesten ein Hinweis auf die geplante Wahl eines Ersatzkönigs im Reich in den Jahren 1254/55 vor. Allerdings fehlt nun wiederum eine Angabe über die Person dieses Ersatzkandidaten, und auch die Rolle des Kölners in der ganzen Angelegenheit ist keineswegs zweifelsfrei festzustellen. Alexander IV. wandte sich nach seiner eigenen Aussage an denjenigen, der vielleicht von Umsturzplänen wissen und sie am wirksamsten bekämpfen konnte. Mit dem zweiten Adressaten, den Städten, könnte der Rheinische Bund gemeint sein, der sich zu diesem Zeitpunkt auf dem Höhepunkt seiner Gestaltungsmöglichkeiten befand und somit ebenfalls imstande gewesen wäre, wirksame Unterstützung für den König zu gewährleisten. Aufgrund der Quellen kann Konrad von Hochstaden jedenfalls nicht eindeutig mit dem Plan in Verbindung gebracht werden, Ottokar II. zum römischen König zu wählen, falls dieser nicht nur das Produkt der Phantasie eines Bamberger Schreibers war. Auch die Frage, ob der Erzbischof vielleicht einen

812) Baumgartenberger Formelbuch Nr. 44 S. 186 f., Zitat S. 186.
813) Baumgartenberger Formelbuch Nr. 46 S. 189–191, Zitat S. 191.

anderen Kandidaten für den Aachener Thron anstelle von Wilhelm vorgesehen hatte, ist nicht zu beantworten[814].

Drei Anhaltspunkte gibt es, um von einer Entfremdung zwischen dem Kölner und dem König in den Jahren 1254/55 auszugehen: den Brand in Neuss, das Bündnis Konrads mit Margarete von Flandern und die Briefe zu einer geplanten Neuwahl. In ihrer Kombination erscheinen sie als starke Verdachtsmomente, nimmt man sie jedoch auseinander, lassen sie zuviel Spielraum, um abschließende Aussagen zu treffen. Es kann konstatiert werden, dass der Erzbischof vermutlich kein Freund des Legaten Petrus Capocci war; dass er mit Eifer seine eigenen Ziele in der niederrheinischen Territorialpolitik verfolgte und diesen vielleicht sogar Priorität vor dem Reich einräumte; dass er einen Machtfaktor darstellte, den die Kurie unbedingt auf ihrer Seite wissen wollte.

In der Zusammenschau präsentiert sich das reichspolitische Engagement der rheinischen Erzbischöfe, auf deren Schulter auch das Königtum Wilhelms ruhte, als ein durchaus wechselhafter Faktor. Ausschlaggebend für die Anwesenheit dieser geistlichen Fürsten und ihre Beteiligung an der Herrschaft waren, neben ihrem Verhältnis zum König selbst, oftmals ihre Beziehungen zu den päpstlichen Legaten. Die Interessen des Reichsepiskopats mussten nicht zwangsläufig mit denen der Kurie übereinstimmen, und die daraus resultierenden Konflikte spielten sich in Wilhelms Umfeld ab und wirkten auf dessen politisches Handeln.

### 2.4 Die päpstlichen Legaten

Durch die Legaten a latere hatte der Papst die Möglichkeit, eine vom Episkopat unabhängige Instanz in das politische Gefüge des Reiches einzubringen und auf direkterem Weg seinen Einfluss geltend zu machen[815]. Insofern mussten die betreffenden Kardinäle, die in Stellvertreterschaft des Pontifex dessen *plenitudo potestatis* ausübten, in besonderem Maße dessen Vertrauen besitzen[816]. Umgekehrt waren die Legaten auch der Kurie gegenüber die

814) Zu den Neuwahlplänen sehr kurz auch KAUFHOLD, Deutsches Interregnum S. 102 f., der sie allerdings unhinterfragt für ein Faktum nimmt.

815) GIRGENSOHN, Art. Legat, päpstlicher Sp. 1795; ZEY, Vervielfältigung päpstlicher Präsenz S. 271.

816) Alexander IV. ernannte keinen Legaten für das Reich, die zweite Amtszeit Petrus Capoccis reichte jedoch in dessen Pontifikat hinein. Zu den Legaten als Stellvertretern vgl. SCHIEFFER, Reichweite päpstlicher Entscheidungen S. 17 f., zur Funktion der Kardinäle für die Kirchenleitung und der *membra capitis* vgl. PARAVICINI BAGLIANI, Hat

Repräsentanten der Regionen, in die sie entsandt waren, und es entstand eine Art Spezialisierung oder Identifizierung einzelner Kardinäle mit bestimmten Ländern[817]. Dies trifft sicherlich für Petrus Capocci zu, der in besonderem Maße mit dem Reich verbunden war. Die Leistungen der Legaten für die Kurie und die kirchlichen Instanzen sollen hier nicht im Vordergrund stehen, vielmehr wird ihre Interaktion mit König Wilhelm in den Blick genommen.

Petrus Capocci, Kardinaldiakon von S. Giorgio in Velabro

Aus einer angesehenen römischen Adelsfamilie stammend, tritt Petrus Capocci erstmals 1222 als Kanoniker an der Peterskirche ins Licht der Überlieferung. Durch seine Verwandtschaft mit Honorius III. machte er schnell Karriere an der Kurie und wurde schließlich 1242 Kardinaldiakon von S. Giorgio in Velabro[818]. Diese Würde verdankte er Innozenz IV., der ihn offensichtlich auch persönlich sehr schätzte[819]. Als der Papst Petrus 1247 zum Legaten für das Reich ernannte, tat er dies nach eigener Auskunft aus einer besonderen Vorliebe heraus: *Quia vero ipsum inter alios fratres nostros specialis dilectionis brachiis amplexamur*[820].

Der päpstliche Abgesandte hatte zunächst die vordringliche Aufgabe, einen Nachfolger für den unerwartet verstorbenen König Heinrich Raspe zu finden[821]. Sein Anteil an der Wahl in Worringen wurde bereits gewürdigt[822], doch auch für ihn, ebenso wie für Konrad von Hochstaden, muss gelten, dass er Wilhelm zuvor wohl nicht persönlich getroffen hatte[823]. Allerdings erging ein spezielles Empfehlungsschreiben des Papstes für Petrus

---

das Papsttum seiner plenitudo potestatis Grenzen gesetzt? S. 30–33; MALECZEK, Kardinalat S. 65 f., 69–71.

817) JOHRENDT, Päpstliche Kapelle S. 262.

818) PARAVICINI BAGLIANI, Cardinali di curia S. 300–303.

819) Unter Gregor IX. war die Karriere des Petrus Capocci aus unbekannten Gründen ins Stocken geraten, vgl. PARAVICINI BAGLIANI, Cardinali di curia S. 303, und DERS., Art. Capocci.

820) MGH Epp. saec. XIII 2 Nr. 301 S. 225 Z. 7 f.; vgl. PARAVICINI BAGLIANI, Cardinali di curia S. 303 f.; vgl. auch WERMKE, Die päpstlichen Legaten S. 30 f.

821) Dies formuliert Innozenz ausdrücklich in einem Schreiben an die Mailänder, in denen er den Tod Heinrich Raspes und die Berufung des Legaten mitteilt, *quod dicto negotio de persona ydonea que tanto congruat oneri celeriter providebit*, HUILLARD-BRÉHOLLES, Historia diplomatica VI,1 S. 509–512, Zitat S. 511.

822) Siehe oben S. 152 f.

823) WERMKE, Die päpstlichen Legaten S. 36, vermutet allerdings, dass während eines Aufenthalts des Legaten in Siegburg – „in der klösterlichen Stille“ – im Juni 1247 Verhandlungen mit Wilhelm geführt und abgeschlossen wurden. Quellen dafür kann er jedoch nicht anführen.

Capocci, das an Graf Otto von Geldern gerichtet ist[824]. Dieses mag als zusätzlicher Beleg dafür zu werten sein, dass ursprünglich der Gelderner von päpstlicher Seite als König vorgesehen war[825]. Es könnte jedoch auch schlicht darauf hinweisen, dass der Legat Kontakt mit dem Grafen, vielleicht mit dessen Umfeld und somit eventuell sogar mit Wilhelm bereits vor der Wahl hatte. Kurz darauf, am 1. November 1247, bestätigte Petrus Capocci für Otto von Geldern zumindest die Übertragung des Zolls von Lobith[826], und er garantierte durch Mitbesiegelung die Verpfändung Nimwegens an den Grafen[827], was auf ein gutes Verhältnis der beiden schließen lässt[828].

Während seiner ersten Legation, die in der Königskrönung Wilhelms in Aachen gipfelte, hielt sich Petrus die meiste Zeit in der Nähe des Herrschers auf. Lediglich zwischen März und Mai lässt sich eine größere Entfernung feststellen, als der Legat in Koblenz[829], Straßburg[830] und Nancy[831] urkundete. Im Sommer jedoch nahm er an der Belagerung von Aachen teil, stellte dort selbst Urkunden aus und war Zeuge in Diplomen des Königs[832]. Aus den überlieferten Dokumenten können seine unterschiedlichen Tätigkeiten im Dienste des Papstes, aber auch Wilhelms erschlossen werden. Er versuchte, die durchaus nicht homogene Gruppe der Anhänger des Königs zu einen, indem er zwischen Siegfried von Mainz und dem Herzog von Brabant sowie zwischen Konrad von Hochstaden und Walram von Jülich vermittelte[833]. Er streckte seine Fühler bereits im März 1248 in den äußersten Südwesten des nordalpinen Reiches, nach Konstanz, aus, beauftragte den dortigen Kustos des Franziskanerklosters mit der Kreuzpredigt gegen den exkommunizierten Kaiser[834]. Dieses Schreiben dürfte im Kontext mit den Urkunden Wilhelms für die Konstanzer Kirche und Gfenn zu sehen sein, zumal der Legat selbst die Schenkungsbestätigung für die Lazariten bekräftigte[835].

---

824) MGH Epp. saec. XIII 2 Nr. 302 S. 225 f.; vgl. Reg. Imp. V,2 7752.

825) So der Bericht des Matthaeus Parisiensis, Chronica Majora 5 S. 201.

826) Reg. Imp. V,2 10200.

827) D Wilh 35, 1248 Juni 15, vor Aachen.

828) Vgl. auch REH, Kardinal Peter Capocci S. 30 f., 35.

829) Reg. Imp. V,2 10210, 1248 März 10.

830) Reg. Imp. V,2 10211, 1248 März 31.

831) Reg. Imp. V,2 10215, 1248 April 28.

832) Reg. Imp. V,2 10217–10222a; vgl. DD Wilh 43 und 45.

833) Reg. Imp. V,2 7898–7899; vgl. Reg. Imp. V,2 10202c; vgl. WERMKE, Die päpstlichen Legaten S. 45.

834) Reg. Imp. V,2 10211.

835) Reg. Imp. V,2 10221; vgl. D Wilh 41, siehe oben S. 83 f.

Auch bezüglich einer Eheschließung des Königs war Petrus Capocci tätig, er sollte auf die Babenbergerin Gertrud, die Nichte des 1246 verstorbenen Herzogs Friedrich, in dieser Sache einwirken[836]. Gleichzeitig, also im Januar 1248, aktivierte er den Deutschen Orden in Österreich, um der Tante Gertruds und Witwe Friedrichs, Margarete, zu ihrem Recht zu verhelfen[837]. Welche Erfolgsaussichten Petrus und die Kurie mit diesen Maßnahmen verbanden, ist jedoch nicht nachvollziehbar. Hier wie an anderen Stellen wirkt die Kommunikation der Legaten etwas erratisch, wie ein Ansprechen verschiedener potentieller Verbündeter ohne konkrete Anknüpfungspunkte.

Der Prälat setzte die ihm zu Gebote stehenden Mittel ein, um für Wilhelm zu wirken. Er gewährte Indulgenzen für Kleriker, die den König unterstützten[838], und, falls nötig, Ehedispense für dessen weltliche Anhänger[839]. Er ließ das Kreuz gegen die Staufer predigen und wandelte das bereits geleistete Kreuzzugsgelübde der Friesen dahingehend ab, dass sie zu dessen Erfüllung nicht ins Heilige Land ziehen mussten, sondern ihre Pflicht auch vor Aachen ableisten konnten[840]. Ein weiteres Instrument, durch das Petrus Capocci wichtige Personen an sich und damit auch an den König band, ist die Aufnahme in die geistliche *familia* des Kardinals, also die Verleihung einer Kaplanswürde. Die wenigen aus Deutschland stammenden Kardinalsfamiliaren um die Mitte des 13. Jahrhunderts finden sich fast ausschließlich im Umfeld Petrus Capoccis, unter ihnen ist auch Eberhard von Waldburg, der im September 1248 zum Bischof von Konstanz gewählt wurde[841] – nicht zufällig verfügte der Legat gerade zu dieser Zeit über gute Verbindungen in die betreffende Diözese[842]. Und auch Albert Behaim, der bayerische Agitator gegen die Staufer, könnte bereits in den Jahren 1247/48 zum Kaplan des Kardinals geworden sein und über diese Beziehung etwa den Grafen von Wasserburg zum König gebracht haben[843].

---

836) Reg. Imp. V,2 7923.

837) Reg. Imp. V,2 7929; vgl. REH, Kardinal Peter Capocci S. 64 f.

838) Reg. Imp. V,2 8127, 10218.

839) Reg. Imp. V,2 8035, 10220a.

840) Reg. Imp. V,2 7981, 10211a; vgl. REH, Kardinal Peter Capocci S. 67–72, zur Belagerung von Aachen S. 74–76.

841) PARAVICINI BAGLIANI, Cardinali di Curia S. 308 f.

842) REH, Kardinal Peter Capocci S. 52–54; zur Einflussnahme des Legaten insgesamt auf die Bischofserhebungen im Reich vgl. ebd. S. 37–57.

843) PARAVICINI BAGLIANI, Cardinali di Curia S. 307, legt den Zeitpunkt der Aufnahme Behaims in die „famiglia“ des Kardinals in die zweite Legation 1254/55; allerdings gibt es vor 1258 gar keinen Beleg für den Bayern als Kaplan Petrus Capoccis, siehe oben S. 116 f.

Die Gründe für die Abberufung Petrus Capoccis aus dem Reich sind nicht bekannt. Es wäre grundsätzlich denkbar, dass er aufgrund seiner Fähigkeiten und seines engen Vertrauensverhältnisses zu Innozenz IV. in Lyon benötigt wurde und andere Aufgaben auf ihn warteten, zumal der Kreis der Kardinäle in diesen Jahren sehr klein war[844]. Vermutlich hatte er aber mit der Krönung Wilhelms in Aachen das vorgesehene Etappenziel der päpstlichen Politik erreicht[845]. Seine letzte urkundliche Maßnahme im Reich war die Schenkung des *Mons Cardinalis*, heute Lousberg, an den Dekan[846] und das Kapitel des Aachener Marienstifts. Wie der Kardinal in der Urkunde schreibt, hieß die Anhöhe vorher *Mons Latronum* und wurde umbenannt, weil er selbst sich dort während der Belagerung niedergelassen hatte. Zunächst hatte der König den Berg an Petrus Capocci übertragen, der gab ihn nun weiter an die Aachener, *cum toto ambitu suo, pertinentiis et edificiis nostris et nostrorum*[847]. Hier zeigt sich einerseits die Wertschätzung, die Wilhelm dem Legaten entgegenbrachte, andererseits aber auch die Rolle des Marienstifts, dessen Unterstützung im symbolträchtigen Aachen sowohl für den König als auch den Kardinal von entscheidender Bedeutung war[848].

Nach seiner Rückkehr an die Kurie[849] entsandte Innozenz IV. Petrus Capocci im April 1249 nach Italien. Schließlich kehrte der Legat im Frühjahr 1254 im Auftrag des Papstes nach Deutschland zurück[850]. Es ist bezeichnend, dass gerade in diesen Monaten wieder ein Mann ins Reich geschickt wurde, der dem Pontifex besonders nahestand, der aber offenbar auch als enger Vertrauter des Königs galt. Darauf lässt zumindest ein Brief Margaretes von Flandern schließen, die sich im Nachhinein bei Innozenz' Nachfolger Alexander IV. über diese Legatur beklagte: Man habe damals mit Be-

---

844) Zu Beginn des Pontifikats Innozenz' IV. gab es lediglich 11 Kardinäle, der Papst kreierte während seiner Amtszeit 15 neue, vgl. MALECZEK, Kardinäle S. 67; zur „Rationierung" von Kardinälen, deren Anwesenheit auch an der Kurie benötigt wurde, vgl. ZEY, Legaten im 12. und 13. Jahrhundert S. 199.

845) REH, Kardinal Peter Capocci S. 77, 82 f.; PARAVICINI BAGLIANI, Art. Capocci, geht auch auf die Erfolge des Kardinals auf geistlichem Gebiet ein, etwa die Unterstützung der monastischen Disziplin und der Rechte der Domkapitel.

846) Garsilius, hier nicht namentlich genannt, siehe oben S. 89.

847) Aachener Urkunden Nr. 153 S. 390 f.; vgl. Urkundenbuch Niederrhein 2 Nr. 337 S. 176; vgl. Reg. Imp. V,2 10225; KRAUS, Aachen S. 134; REH, Kardinal Peter Capocci S. 75; WERMKE, Die päpstlichen Legaten S. 51.

848) Siehe oben S. 89–91.

849) PARAVICINI BAGLIANI, Cardinali di Curia S. 304 mit Anm. 7, geht davon aus, dass Petrus nach Lyon zu Innozenz reiste. Dies ist wahrscheinlich, doch die angeführten Belege (Reg. Imp. V,2 8068; POTTHAST, Regesta 2 Nr. 13226–13227) sind m. E. nicht eindeutig; vgl. auch Reg. Imp. V,2 10225.

850) PARAVICINI BAGLIANI, Cardinali di Curia S. 304 f.

dacht einen Mann gewählt, der ein Begünstiger aller Feinde der Gräfin sei, *specialem patronum, defensorem, amicum et creaturam regis Allemanie*[851]. Auch wenn Margarete im Dienste ihrer Sache vermutlich übertreibt, so ist ihre Aussage doch als Indiz für das gute Verhältnis zwischen Wilhelm und Petrus Capocci zu werten.

Trotz des Misstrauens, das dem Legaten von einer der beiden Parteien entgegengebracht wurde, kam der Friedensschluss Wilhelms mit Margarete im Juli 1254 zustande[852]. Des Weiteren wurde die Auseinandersetzung des Königs mit dem Rheinischen Bund von dem Kardinal begleitet[853]. In der zweiten Jahreshälfte 1254 hielten sich sowohl der Legat als auch Wilhelm hauptsächlich im Nordwesten des Reiches auf[854], und auch wenn keine exakten Übereinstimmungen der Itinerare festzustellen sind, wird man von häufigen Treffen der beiden ausgehen dürfen. Zu Beginn des Jahres 1255 reiste Petrus rheinaufwärts, hielt sich Ende März, Anfang April in Konstanz bei seinem Familiaren Eberhard von Waldburg auf[855] und kehrte über Feldkirch und Chur nach Italien zurück[856].

### Petrus von Collemezzo, Kardinalbischof von Albano

Zu Beginn des Jahres 1250 schickte Innozenz IV. wieder einen Legaten a latere ins Reich, nachdem in der Zwischenzeit Siegfried III. von Mainz – bis zu seinem Tod im März 1249 – und Konrad von Hochstaden die Vollmachten eines apostolischen Gesandten übernommen hatten[857]. Warum der Papst es gerade im Januar 1250 für besonders geraten hielt, einen gesonderten Legaten zu schicken, *aliquos de latere nostro ad partes Alamanniae pro negotio ipso dirigere*, ist nicht klar. Er begründete seine Maßnahme recht allgemein mit der Stärkung des kirchlichen Einflusses durch den Bischof von Albano, einen Mann von herausragenden Kenntnissen, ehrbarem Lebens-

851) DUVIVIER, La querelle 2 Nr. 235 S. 405.

852) Dazu erhielt er Anfang Mai 1254 in Assisi ausdrückliche Anweisungen des Papstes, Reg. Imp. V,2 8723; REH, Kardinal Peter Capocci S. 130–137. Die Verhandlungen mit Flandern fanden im Juli 1254 in Le Quesnoy statt, D Wilh 316; vgl. Reg. Imp. V,2 10444d; siehe unten S. 265–267.

853) Reg. Imp. V,2 10461; REH, Kardinal Peter Capocci S. 141–144.

854) Vgl. auch PARAVICINI BAGLIANI, Art. Capocci.

855) Reg. Imp. V,2 10490–10503.

856) Zu kirchenorganisatorischen Maßnahmen des Kardinals während der zweiten Legation vgl. REH, Kardinal Peter Capocci S. 145–153; ausführlich auch WERMKE, Die päpstlichen Legaten S. 115–127.

857) Siehe oben S. 132 f., 145.

wandel, reifer Entscheidungskraft, hohem Rang und *in sublimiorum negotiorum executione probatu*[s][858].

Petrus von Collemezzo entstammte einer Familie aus der römischen Campagna[859], die traditionell über gute Kontakte zur Kurie verfügte, wenn auch Petrus das einzige Mitglied im Kardinalsrang bleiben sollte[860]. Bereits 1218 ist er als Diplomat in päpstlichen Diensten zu fassen, zunächst als Mitglied einer Gesandtschaft nach England, dann in Paris als Kaplan Honorius' III. und schließlich als Repräsentant des Legaten Romano Bonaventura in Südfrankreich im Zusammenhang der Kämpfe gegen die Albigenser. Frankreich blieb sein hauptsächliches Betätigungsfeld, wo er zahlreiche Pfründen erhielt, in höchstem Ansehen stand und schließlich 1236 zum Erzbischof von Rouen gewählt wurde. Petrus von Collemezzo gehörte zu den Prälaten, die 1241 auf dem Weg zu einem geplanten Konzil in Rom in die Hände Friedrichs II. fielen und von diesem zwei Jahre lang gefangen gehalten wurden[861]. Vielleicht gerade aufgrund dieser Erfahrung schickte ihn Innozenz IV. kurz nach seiner Inthronisierung im Sommer 1243 als Unterhändler zum Kaiser, allerdings ohne Ergebnis. Es ist denkbar, dass er die Position als Kontaktmann zu Friedrich auch beibehielt, nachdem er am 28. Mai 1244 zum Kardinalbischof von Albano ernannt worden war; allerdings gibt es kaum Nachrichten über seinen Einfluss auf den Papst bzw. seine Mitgestaltung kurialer Reichspolitik. Nach der Legatur in Deutschland kehrte er mit Innozenz nach Italien zurück, war noch einmal als apostolischer Gesandter in Apulien tätig und verstarb in der ersten Jahreshälfte 1253[862].

Die wichtigste Aufgabe des Petrus von Collemezzo während seines Aufenthalts im Reich war die Vermittlung eines Ausgleichs zwischen Wilhelm und Margarete von Flandern, der in der Tat am 19. Mai 1250 in Brüssel zustande kam[863]. Abgesehen von Brüssel und Utrecht, wo er sich im Gefolge

858) Reg. Imp. V,2 8209; gedruckt in Concilia Germaniae 3 S. 435 f., allerdings fälschlich als Schreiben Urbans III. zum Jahr 1186 eingeordnet; WERMKE, Die päpstlichen Legaten S. 66, begründet die Entsendung Petrus' durch Innozenz mit den „bösen Erfahrungen, die er [der Papst, Anm. d. Verf.] mit Konrad von Hochstaden gemacht hatte". Zu den Problemen, die der Kölner im Reich verursacht hatte, ebd. S. 65–66.

859) Collemezzo bei Ceprano; zu den verschiedenen Mutmaßungen über die Herkunft des Kardinals vgl. PARAVICINI BAGLIANI, Cardinali di curia S. 168–170; WERMKE, Die päpstlichen Legaten S. 66, nennt Petrus „Franzose von Geburt".

860) PARAVICINI BAGLIANI, Cardinali di curia S. 171–173.

861) Zu den Zusammenhängen vgl. STÜRNER, Friedrich II. 2 S. 496–502.

862) PARAVICINI BAGLIANI, Cardinali die curia S. 173–181.

863) DD Wilh 117–124, Petrus von Collemezzo als Zeuge bzw. Vermittler ausdrücklich genannt in DD Wilh 117, 118, 121, 123, 124.

des Königs befand, bewegte sich der Legat nur auf der Strecke Lüttich – Floreffe – Mons – Valenciennes[864]. Er urkundete zusammen mit Gräfin Margarete und bestätigte einige ihrer Schenkungen und Übertragungen[865]. Offenbar verfügte Petrus, der Kanonikate in Amiens und Thérouanne sowie die Propstei in Saint-Omer innehatte, über ein gutes Beziehungsnetzwerk in der Region, das er für seine diplomatische Mission nutzbar machte. Er wurde als Nordfrankreich- und Flandern-Spezialist vom Papst entsandt, und so erklärt sich auch die kurze Dauer seiner Legation, die bereits im Herbst 1250 endete[866]: Im Frühjahr 1251 befand sich Wilhelm in Lyon beim Papst, und in den folgenden Monaten vor allem am Mittelrhein sowie in Braunschweig und in Mitteldeutschland. Hier konnten die Verbindungen des Kardinalbischofs von Albano nicht viel bewirken. Es bedurfte einer anderen Persönlichkeit.

### Hugo von Saint-Cher, Kardinalpriester von S. Sabina

Am 21. April 1251 urkundete Kardinal Hugo noch in Lyon erstmals als *apostolice sedis legatus*[867]. Er sollte bis in den Spätsommer 1253[868] als Gesandter im Reich tätig sein, seine Legation war somit die längste während der Regierungszeit Wilhelms. Auch er genoss, wie Petrus Capocci, in besonderer Weise das Vertrauen des Papstes. Zunächst Kanonist und Theologe an der Pariser Universität, trat Hugo 1226 in den Dominikanerorden ein und leitete zweimal die französische Ordensprovinz. 1244 machte ihn Innozenz IV. als erstes Mitglied eines Mendikantenordens zum Kardinal[869], und noch im gleichen Jahr folgte er dem Papst nach Lyon, wo er sich bis 1251 aufhielt[870]. Nach der Legation im Reich ging er nach Italien und wurde 1256 Leiter der päpstlichen Pönitentiarie. Dieses Amt hatte er vermutlich bis zu seinem Tod im Jahr 1263 in Orvieto inne[871].

---

864) Reg. Imp. V,2 10236–10249a; detaillierter dazu WERMKE, Die päpstlichen Legaten S. 69–76.

865) Reg. Imp. V,2 10240, 10243, 10244, 10249.

866) Die letzte datierte Urkunde als Legat stellt Petrus von Collemezzo am 27. Nov. 1250 in Mons aus, Reg. Imp. V,2 10249.

867) Monumenta Wittelbacensia 1 Nr. 46 S. 106–109; vgl. Reg. Imp. V,2 10252.

868) Am 5. Sept. 1253 nennt ihn Innozenz IV. *tunc legatus*, Reg. Imp. V,2 10428a.

869) MALECZEK, Kardinalat S. 68, zu der grundsätzlich sehr niedrigen Zahl von Ordensmännern im Kardinalsrang im 13. Jh.

870) In den ersten Jahren seines Kardinalats war Hugo v. a. mit religiösen Aufgaben befasst, eine politische Positionierung ist nicht zu ermitteln; vgl. auch SASSEN, Hugo von St. Cher S. 5–15.

871) PARAVICINI BAGLIANI, Cardinali di Curia S. 257–264.

Hugo von Saint-Cher war eigentlich mehr Theologe und Universitätsgelehrter als Diplomat. Insofern ist es einigermaßen erstaunlich, dass ihm die Position als Legat übertragen wurde. Seine Maßnahmen im Reich betrafen zwar auch den religiösen Bereich[872], doch auf politischem Gebiet kam es offenbar mehrfach zu Missverständnissen. Besonders gegenüber dem Mainzer Erzbischof Gerhard, den er selbst zusammen mit Heinrich von Susa installiert hatte, scheint Hugos Verhalten zu Irritationen geführt zu haben[873]. Matthaeus Parisiensis schreibt dem Kardinal eine Rede zu, die er zum Abschied des Papstes aus Lyon gehalten haben soll. Nachdem er die Bewohner der Stadt sehr elegant und angemessen über die Abreise des Pontifex informiert hatte, schloss er mit einer Bemerkung, die Matthaeus wörtlich wiedergibt, *propter satiricam reprehensionem*: Die Kurie habe sich sehr um Lyon verdient gemacht, denn bei ihrer Ankunft seien drei oder vier Bordelle vorgefunden worden. Jetzt aber sei nur eines übrig geblieben, das allerdings reiche vom östlichen Stadttor bis zum westlichen. Damit habe er die versammelte Stadtgemeinde, vor allem den weiblichen Teil, schwer beleidigt. *Haec autem ironia in ore multorum versabatur, quia cinice momordit universos.*[874] Ob Hugo diese Worte wirklich gesprochen hat oder nicht, ist zweitrangig[875]. Vielmehr liefert diese Anekdote einen Hinweis darauf, welchen Ruf der Kardinal genoss. Der angebliche oder tatsächlich stattgefundene Auftritt in Lyon zeugt nicht unbedingt davon, dass man ihm diplomatisches Geschick zutraute. Dafür scheinen Sittenstrenge und Sarkasmus zu seinen herausragenden Merkmalen gezählt zu haben, und diese Eigenschaften könnten durchaus zu Verstimmungen im Umgang vor allem mit dem Reichsepiskopat geführt haben.

Der neue Legat und sein Begleiter Heinrich von Susa, Erzbischof von Embrun, folgten dem König nach dessen Aufenthalt an der Kurie zu Beginn des Jahres 1251 sehr bald ins Reich. Spätestens in Straßburg stießen sie zu Wilhelms Tross[876] und blieben den Sommer über im Rhein-Main-Ge-

---

872) Besonders zu erwähnen ist an dieser Stelle die Einführung des Fronleichnamsfestes durch Hugo im gesamten Reich, am 29. Dez. 1252, Reg. Imp. V,2 10384; von Petrus Capocci am 30. Nov. 1254 bestätigt, Reg. Imp. V,2 10475; vgl. SASSEN, Hugo von St. Cher S. 40–46.

873) Siehe oben S. 137 f.

874) Matthaeus Parisiensis, Chronica Majora 5 S. 236 f.

875) SASSEN, Hugo von St. Cher S. 24 f., hält es für wahrscheinlich, dass Hugo mit der Abschiedsrede vom Papst betraut wurde und wertet dies als Zeichen für das Vertrauen, das der Kardinal in Lyon genoss; den rüden Schluss der Rede hat Sassens Meinung nach jedoch Matthaeus Parisiensis erfunden; WERMKE, Die päpstlichen Legaten S. 82 mit Anm. 5, bemerkt lediglich, dass diese Anekdote „ihre Wertung in sich selbst“ trage.

876) Reg. Imp. V,2 10253.

biet[877], wo in diesen Monaten die Kämpfe gegen die Anhänger der Staufer geführt wurden. Vor Pleizenhausen stellte Wilhelm mehrere Urkunden für die Bistümer Sisteron und Grasse aus, vermutlich auf Bitten Heinrichs von Susa hin. Hugo fungierte in ihnen als Zeuge[878]. Zur gleichen Zeit spielte sich der Wechsel auf dem Mainzer Erzbischofsstuhl ab: Sowohl der Legat als auch sein erzbischöflicher Begleiter hatten maßgeblichen Anteil daran, dass Christian von Weisenau durch den Wildgrafen Gerhard ersetzt wurde. Hier sieht man den Kardinal erstmals in reichspolitische Angelegenheiten verwickelt. Das Zeugnis des Mainzer Liber de calamitate hinterlässt allerdings einen zwiespältigen Eindruck von seinem Handeln.

Einen wichtigen Beitrag zur Herrschaft Wilhelms leistete Hugo fraglos, indem er den König im Winter 1251/52 von Köln nach Braunschweig begleitete[879]. Nicht nur dies, er knüpfte bereits im Vorfeld Kontakte zu kirchlichen Institutionen wie etwa dem Heilig-Geist-Spital im brandenburgischen Salzwedel[880] und könnte somit auch in Verbindung mit den askanischen Markgrafen gestanden haben[881]. Sein Verdienst bei der Eheanbahnung zwischen Wilhelm und Elisabeth, der Tochter Herzog Ottos von Braunschweig, sollte allerdings mit Vorsicht eingeschätzt werden. Zwar bemerkt der Erfurter Predigerannalist, dass die Hochzeit *consilio et auxilio legati, ut creditur*[882], stattfand. Doch wie bereits dargelegt, lassen sich schon vor der Legation Hugos Beziehungen zwischen dem Umfeld des Königs und den Braunschweiger Kreisen belegen[883]. Es ist also davon auszugehen, dass sowohl Wilhelm bzw. seine Anhänger als auch der Legat Beiträge zum

877) 1251 Juli 1–7 und 12–14 in Mainz, Reg. Imp. V,2 10257–10260, 10262, 10263; Juli 11 in Ingelheim, Reg. Imp. V,2 10261; Juli 17–21 in Bingen, Reg. Imp. V,2 10264–10266; Juli 29–30 in Koblenz, Reg. Imp. V,2 10267–10268; Aug. 7 in Rüdesheim, Reg. Imp. V,2 10269; Aug. 11 in Mainz, Reg. Imp. V,2 10270.

878) DD Wilh 157, 159, 160, 160a; weitere Erwähnungen in Urkunden Wilhelms: D Wilh 198, 1252 Mai 22, Maastricht, für Thomas von Savoyen; Hugo stand bereits in den 1220er Jahren in Verbindung mit dessen Bruder Wilhelm von Savoyen, vgl. PARAVICINI BAGLIANI, Cardinali di curia S. 259 f.; DD Wilh 249, 250, 1252 Okt. 29 bzw. Nov. 2, Köln, für Sint-Truiden; D Wilh 273, 1253 März 23, Köln, für Bischof Otto von Münster.

879) DD Wilh 166–195; vgl. Reg. Imp. V,2 10293–10296; vgl. auch WERMKE, Die päpstlichen Legaten S. 88–94.

880) Reg. Imp. V,2 10289. Das Spital wurde vermutlich in den 1240er Jahren von den Markgrafen Johann und Otto zusammen mit ihrer Mutter Mathilde gegründet, die ihren Witwensitz in Salzwedel hatte, vgl. DANNEIL, Kirchengeschichte Salzwedel S. 77–79.

881) So vermutet zumindest SASSEN, Hugo von St. Cher S. 50.

882) Annales Erphordenses S. 110 Z. 5 f.; vgl. SASSEN, Hugo von St. Cher S. 48.

883) Siehe oben S. 86 f.

Zustandekommen dieser Verbindung geleistet hatten, wenn sich auch die Anteile nicht mehr mit Bestimmtheit feststellen lassen.

Während der Herrscher offenbar bis Anfang April 1252 in Braunschweig verblieb, unternahm der Legat in diesen Monaten eigenständig Reisen, auf denen er Halberstadt[884], Magdeburg[885], Helmstedt[886] und Hildesheim[887] besuchte. Vermutlich entzündete sich im Februar 1252, als der Kardinal Ablässe zugunsten mehrerer Halberstädter Kirchen gewährte, der Streit um die Besetzung des dortigen Bischofsstuhls, in dem Hugo und der neue Mainzer Erzbischof abermals aneinandergerieten. Denn im Sommer dieses Jahres berief sich der Domkapitular Ludolf von Schladen auf eine angebliche Konsenserklärung des Legaten, mit der er den amtierenden Bischof Meinhard von Kranichfeld zum Rücktritt bewegen und sich selbst zum neuen Amtsinhaber wählen lassen konnte. Der König und der Mainzer erkannten diese Wahl an, Hugo hingegen annullierte sie und exkommunizierte Ludolf. Als Ersatz wurde von päpstlicher Seite Volrad von Kranichfeld, ein Neffe Meinhards, installiert, der sich letztlich durchsetzen konnte. Ludolf blieb Mitglied des Halberstädter Domkapitels und firmierte bis in die 1280er Jahre als *episcopus quondam Halberstadensis*[888]. Auch wenn in der Forschung Einigkeit besteht, dass die Erlaubnis zu einer Neuwahl im Sommer 1252 von Hugo niemals erteilt wurde, so sollte doch in Betracht gezogen werden, dass die Ansprüche Ludolfs nicht klar von der Hand zu weisen waren. Immerhin erfreute er sich der Unterstützung Wilhelms und Gerhards, nach der Affäre blieb er in Halberstadt, bezeugte Urkunden seines Konkurrenten Volrad und führte den Titel eines Ex-Bischofs. Abermals spielte der Legat eine nicht vollständig zu durchschauende und widersprüchliche Rolle in einer den Reichsepiskopat betreffenden Angelegenheit.

Auch bezüglich des Vorgehens gegen Heinrich den Erlauchten und Sophie von Brabant bestanden Differenzen zwischen dem Kardinal und dem Mainzer, die offenbar während des Aufenthalts Hugos in Magdeburg diskutiert werden mussten. Die Erfurter Predigerannalen überliefern als eine der ersten Amtshandlungen Erzbischof Gerhards, dass er sowohl den Markgrafen von Meißen als auch Sophie erneut exkommunizierte, weil sie sich nach

884) Reg. Imp. V,2 10297–10299, 1252 Febr. 8.

885) Reg. Imp. V,2 10300–10312, 1252 Febr. 12–21.

886) Reg. Imp. V,2 10313, 1252 Febr. 23.

887) Reg. Imp. V,2 10318–10326, 1252 März 4–14.

888) Urkundenbuch Hochstift Halberstadt 2 Nr. 1496 S. 338 Z. 40 f. (1268 Dez. 4); als Zeuge in einer Urkunde Volrads z. B. ebd. Nr. 1209 S. 345 Z. 34 (1269 Aug. 9), oder Nr. 1400 S. 455 Z. 35 f. (1282 Sept. 18). Vgl. ZÖLLNER, Art. Meinhard von Kranichfeld S. 221; DERS., Art. Ludolf von Schladen S. 221 f.; DERS., Art. Volrad von Kranichfeld S. 222 f.; vgl. SASSEN, Hugo von St. Cher S. 57–59.

dem Tod Heinrich Raspes unrechtmäßig Kirchenlehen angeeignet hatten, und über Hessen und Thüringen das Interdikt verhängte[889]. *Qui postea vocatus a legato Megdeburc pervenit*, fährt der Annalist fort[890]. Der Satzanschluss stellt keine eindeutige inhaltliche Verbindung der beiden Ereignisse her, doch es ist wahrscheinlich, dass gerade die Bannung Heinrichs des Erlauchten in diesem Moment nicht den Plänen Hugos entsprach. Denn offenbar bereitete der Legat in Magdeburg das Treffen zwischen Erzbischof Wilbrand von Magdeburg[891] und dem Markgrafen auf der einen sowie Wilhelm auf der anderen Seite vor, das im April in Merseburg stattfinden sollte[892]. Wenn auch die Anerkennung von Wilhelms Herrschaft durch den Wettiner bereits über andere Kanäle in die Wege geleitet worden war[893], so kam Hugo wohl die Aufgabe der Feinabstimmung vor allem der Abläufe in Halle und Merseburg zu[894]. Hugo selbst war Anfang April bereits wieder Richtung Westen abgereist. Zu welchem Ergebnis der Legat und der Mainzer Erzbischof bei ihrer mutmaßlichen Aussprache in Magdeburg gelangten, ist nicht zu ermitteln. Eine Verständigung zwischen den beiden war vermutlich, wenn überhaupt, nur vorübergehend möglich. Sie reisten nicht gemeinsam nach Braunschweig[895], die dortige Weihe Gerhards zum Erzbischof am Palmsonntag übernahm Heinrich von Susa[896].

Während der Legation Hugos brach auch der Krieg Wilhelms mit Flandern mit aller Heftigkeit aus. Im Juni 1252 fanden in Antwerpen vielleicht noch einmal Verhandlungen zwischen den gegnerischen Parteien statt[897], und im gleichen Zeitraum bewegte sich auch der Kardinal in dieser Region[898]. Er war nachweislich mit den problematischen Verhältnissen zwischen Flandern, Holland und dem Reich befasst, denn er transsumierte sowohl den Friedensvertrag, der von Wilhelm und seinem Bruder Florens mit Margarete am 19. Mai 1250 geschlossen worden war, als auch die am selben Tag ausgestellte Urkunde des Königs mit dem Versprechen, den Sohn der

889) Annales Erphordenses S. 110 Z. 22–27.

890) Annales Erphordenses S. 111 Z. 1.

891) SCHOLZ, Art. Wilbrand, Graf von Käfernburg S. 386.

892) Siehe unten S. 309–313.

893) Siehe oben S. 118 f.

894) Vgl. auch SASSEN, Hugo von St. Cher S. 59 f.

895) Hugo kehrte zwar von Magdeburg über Helmstedt nach Braunschweig zurück, traf dort spätestens am 27. Febr. 1252 ein, Reg. Imp. V,2 10315, begab sich dann aber noch einmal nach Hildesheim und kam erst wenige Tage vor dem Palmsonntag wieder in die welfische Residenz, Reg. Imp. V,2 10327.

896) Annales Erphordenses S. 111 Z. 2–4.

897) DUVIVIER, La querelle des d'Avesnes et des Dampierre 1 S. 208.

898) Reg. Imp. V,2 10338–10347.

Gräfin als Vasallen bezüglich Flanderns anzunehmen[899]. Doch Erfolg war der Mission Hugos wie auch den mutmaßlichen Gesprächen in Antwerpen insgesamt nicht vergönnt. Auf dem Hoftag bei Frankfurt wurden Margarete am 11. Juli 1252 die Reichslehen mit Zustimmung der anwesenden Fürsten entzogen und Johann von Avesnes übertragen[900]. Der Legat fehlt bei dieser Versammlung, bis Ende Oktober 1252 gingen er und der König getrennter Wege. Vielleicht hatte das Scheitern seiner diplomatischen Bemühungen in der Flandernfrage zu einer Verschlechterung der Beziehungen zwischen den beiden geführt. Auffällig ist jedenfalls, dass im Sommer 1253 die Gesandtschaft Hugos von Saint-Cher ihrem Ende zuging, während die Kampfhandlungen in Zeeland begannen und Florens für seinen Bruder Wilhelm in Westkapelle einen großen militärischen Triumph errang[901].

Über die Abberufung des Kardinals aus dem Reich fehlen eindeutige Quellenzeugnisse. Hugo dürfte bis Anfang Oktober die Aufgaben eines Legaten ausgefüllt haben, noch am 30. September nahm er kraft seines Amtes die Zusammenlegung der beiden Kapitel St. Johannes und St. Stephan in Besançon vor[902]. Im Frühjahr 1254 begann die zweite Legation des Petrus Capocci, unter dessen Ägide zumindest zeitweise ein Friede zwischen Flandern und dem König zustande kam.

Insgesamt konnte Hugo von Saint-Cher durchaus Erfolge verzeichnen, vor allem für die Interaktion Wilhelms mit dem Herzog von Braunschweig, den Markgrafen von Brandenburg, Heinrich dem Erlauchten und dem Magdeburger Erzbischof. Allerdings bestanden gerade hier bereits vorher Verbindungslinien zwischen dem König und Akteuren vor Ort. Das Auftreten des Legaten mit seiner übergeordneten, vom Papst autorisierten Position hatte vermutlich eine besondere legitimierende Kraft, wirkte aber offenbar nur dort optimal, wo die Vorarbeit bereits geleistet war. An anderen Stellen erscheint das Verhalten Hugos zweideutig und problematisch, vor allem gegenüber dem Mainzer Erzbischof und in Halberstadt. Letztlich scheint der gelehrte Theologe, der sich vor allem als Ordensspezialist an der Kurie einen Namen gemacht hatte, mit der Situation im Reich, den Emp-

---

899) DD Wilh 117, 119.

900) DD Wilh 227–229.

901) SASSEN, Hugo von St. Cher S. 102 f.; ebd. S. 83 f. vermutet Sassen einen weiteren Vermittlungsversuch Hugos mit Margarete, während eines Aufenthalts des Legaten in Löwen und Valenciennes im Sept. 1252. Belege für solche Verhandlungen fehlen jedoch; vgl. auch WERMKE, Die päpstlichen Legaten S. 96–102.

902) Reg. Imp. V,2 10439; vgl. SASSEN, Hugo von St. Cher S. 103–105.

findlichkeiten der Akteure und den ineinandergreifenden Interessen der Fürsten sowie des Königs etwas überfordert gewesen zu sein[903].

Die drei Legaten a latere, die vom Papst zur Unterstützung der Herrschaft Wilhelms gesandt worden waren, hatten gegenüber dem Episkopat, den Fürsten und auch dem König selbst den Vorteil, über den reichsinternen Querelen zu stehen und die universale Macht des Papstes zu repräsentieren[904]. Mit Petrus Capocci und Petrus von Collemezzo wurden kuriale „Spezialisten“ für das Reich respektive für Flandern und Nordfrankreich als Legaten eingesetzt, die den jeweiligen Aufgaben in der aktuellen politischen Situation durch ihr Hintergrundwissen gewachsen waren. Welche Beweggründe für die Wahl Hugos von Saint-Cher als Gesandten gesprochen haben mögen, ist nicht nachzuvollziehen. Er hatte vor seiner Legation keine Verbindung zum Reich und verfügt über keinerlei diplomatische Erfahrung. Doch auch in seinem Fall funktionierte das Konzept: Die Maßnahmen der Legaten stießen, soweit die Quellen ein Urteil darüber zulassen, selten auf Gegenwehr. Am ehesten mussten sie mit dem Unmut der Bischöfe, namentlich Gerhards von Mainz und Konrads von Hochstaden, zurechtkommen. Sie stellten auch eine nicht anzufechtende ideelle Untermauerung von Wilhelms Königtum dar und waren ein wichtiges Element für die Durchsetzung von dessen Herrschaft. Zugleich verfügte der Papst in ihnen über treue Beobachter und Berichterstatter über die Zustände im Reich – und über einer unmittelbare Mitsprachemöglichkeit.

### 2.5 Kanzler Bischof Heinrich von Speyer

Während die Beziehungen zwischen dem König und den rheinischen Erzbischöfen Konjunkturen unterworfen waren, scheint die Zusammenarbeit des Speyerer Elekten Heinrich mit Wilhelm ohne Zwistigkeiten vonstatten gegangen zu sein. Heinrich, der trotz seines Ansehens an der Kurie bis 1256

903) Anders das Urteil SASSENS, Hugo von St. Cher S. 161, der sämtliche Erfolge der Jahre 1251–1253 und darüber hinaus im Reich dem heilsamen Wirken Hugos zuschreibt: „Mit unbefangenem Blick überschaute er die Lage im Reiche. Mit großem Erfolg erledigte er seine politischen Aufgaben, indem er mit äußerster Geschicklichkeit in kurzer Zeit die fast allgemeine Anerkennung des Königs Wilhelms bewirkte.“ WERMKE, Die päpstlichen Legaten S. 114, fällt ein wesentlich zurückhaltenderes Urteil: „Hugos Legation, in ihrem ersten Teil so erfolgreich und vielversprechend, hatte schliesslich doch mit einem politischen Misserfolg geendet.“

904) ZEY, Vervielfältigung päpstlicher Präsenz S. 271.

keine Bischofsweihe empfing[905], gehörte dem Verwandtschaftsnetzwerk der Wildgrafen und Raugrafen, der Grafen von Freiburg, Sayn, Kyburg und Bolanden an[906]. Mehr noch, er war es vermutlich, der diesen Personenkreis, der erstmals im Februar 1249 im königlichen Heerlager vor Ingelheim zu fassen ist[907], an den Hof des Herrschers zog. Eine sehr enge Verbindung bestand zwischen Wilhelm und Heinrichs Bruder Emich von Leiningen, der zusammen mit dem Speyerer bereits an der Wahl Heinrich Raspes in Veitshöchheim teilgenommen hatte[908]. Der älteste Bruder Friedrich hingegen ist nicht in den Urkunden Wilhelms nachzuweisen, erhielt vielmehr am 9. März 1247 Lehen von Konrad IV.[909] und leistete vermutlich Anfang November 1249 zusammen mit dem Staufer eine Bürgschaft für die Stadt Worms[910]. Wie bei anderen Adelsgeschlechtern in diesem Raum ging die Grenze der „Parteizugehörigkeit" quer durch die Familie[911], und auch hier stellt sich die Frage, ob das Konzept zweier strikt getrennter Lager im Reich überhaupt als sinnvoll betrachtet werden kann[912]. Denn die Wormser Bürgschaft Konrads wurde auch von Emich mitbezeugt, der aufgrund der angeführten Belege zu den Anhängern Wilhelms zu zählen wäre. Es ist davon auszugehen, dass oftmals weniger die Maximen der großen Politik das Handeln der Adligen bestimmte als die momentanen Anforderungen vor Ort.

Umso deutlicher tritt die ausdauernde Unterstützung Heinrichs von Speyer für König Wilhelm hervor. Bereits 1247 nennt er sich selbst in einer Urkunde *imperialis aule cancellarius*[913], von der königlichen Kanzlei wird er erstmals in einem Diplom des Jahres 1248, ausgestellt bei der Belagerung

---

905) AMMERICH/FLACHENECKER, Art. Heinrich, Graf von Leiningen S. 744 f. Der Zeitpunkt seiner Weihe scheint insgesamt zweifelhaft zu sein; am 8. Dez. 1255 setzte Papst Alexander IV. dem Speyerer den folgenden Festtag des Hl. Michael, also den 29. Sept. 1256, als Termin, bis zu dem die Weihe vollzogen sein musste, Reg. Imp. V,2 9028. Die Annales Spirenses S. 85 Z. 9, bezeichnen ihn noch 1257 als Elekten.

906) MALOTTKI, Heinrich von Leiningen S. 27.

907) D Wilh 78, siehe oben S. 100–113.

908) D H Ras 3, 1246 Mai 23; vgl. MALOTTKI, Heinrich von Leiningen S. 40 f.; zum Auftreten Emichs als Schiedsrichter vgl. KAUFHOLD, Deutsches Interregnum S. 334–337.

909) Reg. Imp. V,2 4520.

910) Reg. Imp. V,2 4524.

911) MALOTTKI, Heinrich von Leiningen S. 25 f.

912) HINTZE, Das Königtum Wilhelms S. 64, bemerkt, dass „das Gewebe dieser Parteiverhältnisse für die Zeit, die wir betrachten, der natürliche Hintergrund" ist und bemüht sich auf den folgenden Seiten (bis S. 91), das Reich sorgfältig auseinander zu dividieren; vgl. auch HASSE, König Wilhelm von Holland S. 7–30, der vom „grosse[n] Parteikampf" spricht.

913) MALOTTKI, Heinrich von Leiningen, Regest Nr. 19 S. 177. Die Frage, ob Hein-

Aachens, mit seinem Amt erwähnt[914]. Da der Elekt bei der Wahl Wilhelms in Worringen gefehlt hatte[915], ist nicht ganz klar, wie er seinen Posten erlangen konnte. Vermutlich verdankte er ihn der Fürsprache des Mainzer Erzbischofs Siegfried III., der bereits zuvor als ein Förderer des Leininger Grafensohns agiert hatte[916]. Es gelang ihm jedenfalls sehr bald, das Vertrauen des Königs zu gewinnen, der im Sommer 1248 den Mailändern den Elekten als Gesandten ankündigte, da er selbst mit der Eroberung der Krönungsstadt Aachen beschäftigt sei und noch nicht nach Italien kommen könne. Doch auch in diesem Moment bedürfe der König weiterhin der Zuarbeit des Speyerers, *cuius presentiam utilem instanti promovendo negotio nobiscum retinentes ad tempus*[917]. In der Tat engagierte sich Heinrich in außergewöhnlichem Maße für die Einnahme Aachens, er verpfändete am 2. August 1248 sogar Privatbesitz, um Geld für diesen Zweck aufzutreiben[918]. Zu seinem Einsatz als Reichslegat in Italien ist es zwar nie gekommen, doch bereits seine Benennung als exklusiver Vertreter des Königs südlich der Alpen kann als Hinweis auf seine bevorzugte Stellung gewertet werden.

In diesem Zusammenhang ist auch die Verwendung der verschiedenen Epitheta für Heinrich in den königlichen Urkunden interessant. Meistens wird er schlicht als *imperialis* oder *regalis aule cancellarius* geführt[919], daneben jedoch ebenfalls als *cancellarius noster* und *dilectus princeps noster*[920]. Der deutlichste Ausdruck innerer Verbundenheit findet sich in einer Schenkungsurkunde, die Wilhelm Ende November 1252 in Mainz für die Spey-

---

rich bereits als Kanzler für Heinrich Raspe fungierte, kann nicht eindeutig beantwortet werden, vgl. ebd. S. 41, 47–49.

914) D Wilh 39; vgl. MALOTTKI, Heinrich von Leiningen S. 49, über die Unstimmigkeiten bezüglich des Gebrauchs des Kanzlertitels in den ersten Monaten von Heinrichs Amtszeit.

915) Dennoch wurde er in den Dank Innozenz' IV. für den Einsatz der Reichsfürsten bei der Wahl Wilhelms miteingeschlossen, MGH Epp. saec. XIII 2 Nr. 464 S. 332 Z. 6 f.

916) MALOTTKI, Heinrich von Leiningen S. 48.

917) D Wilh 39, Zitat S. 72 Z. 11 f.

918) MALOTTKI, Heinrich von Leiningen S. 51 f. über die Verpfändung von Einkünften in *Stetdewilre* und Deidesheim an Heinrichs Bruder Emich, vgl. auch ebd. Regest 34 S. 181. Auf S. 54 f. schreibt Malottki über die Belagerung Aachens, an der der Speyerer seiner Meinung nicht teilgenommen hat, ohne die beiden Ereignisse miteinander in Verbindung zu bringen. Der Zusammenhang zwischen der Verpfändung und der in D Wilh 39 erwähnten „Nützlichkeit" Heinrichs erscheint jedoch evident.

919) DD Wilh 39, 78, 80, 88, 187, 351.

920) DD Wilh 173, 228 (*cancellarius noster*); D Wilh 178 (*aule nostre cancellarius, dilectus princeps noster*); D Wilh 188 (*dilectus cancellarius noster*); DD Wilh 195, 355, 359 (*dilectus princeps et cancellarius noster*); D Wilh 308 (*princeps et cancellarius*).

erer Domkirche ausstellte. Er übertrug seine Rechte an der Burg Kislau[921], *ut beata dei genitrix, patrona eiusdem ecclesie in hoc, dicte quoque ecclesie electus, dilectus noster princeps et cancellarius suis nobis gratus meritis honorentur*[922]. Die gemeinsame Erwähnung mit der Gottesmutter, die doppelte Auszeichnung als *dilectus* und *gratus* und der Hinweis auf die Verdienste Heinrichs in dieser Passage gehen über das Formelhafte hinaus. Der Elekt besaß in besonderem Maße das Vertrauen und vielleicht auch die Zuneigung des Königs[923].

In der speziellen Situation der Urkunde vom November 1252 war ein nachdrücklicher Beweis dieses Vertrauens vielleicht auch nötig. Wenige Monate zuvor hatte Wilhelm dem Mainzer Erzbischof Stadt und Burg Oppenheim verpfändet und sich bei dieser Gelegenheit der dauerhaften Unterstützung Gerhards gegen alle Widersacher des Reiches *sive in Francia sive in Alemania* versichert[924]. Im Blick auf das geplante Vorgehen gegen Flandern und in der Nachbereitung des Frankfurter Hoftags war dieses Bündnis sehr nützlich, doch für Heinrich von Speyer hätte es einen Affront darstellen können. Denn dessen Verhältnis zum Mainzer war schlecht, und im Herbst und Winter 1252, während Wilhelms Aufenthalt am Mittelrhein, mied er den König und den Erzbischof[925]. Für die Spannungen zwischen den beiden Prälaten gab es mehrere Gründe: Bereits 1249, nach dem Tod Siegfrieds III., hatte sich Heinrich wohl Hoffnungen auf den Mainzer Erzstuhl gemacht, und auch für Papst Innozenz schien er ein geeigneter Kandidat zu sein, zumindest schrieb dieser in diesem Sinne am 4. Mai 1249 dem Bischof von Straßburg. Das Mainzer Domkapitel entschied sich jedoch für Christian von Weisenau[926]. Als innerhalb kurzer Zeit das Erzbistum 1251 wieder vakant wurde, wurde Heinrich vollkommen übergangen, und der Kardinallegat Hugo von Saint-Cher installierte Gerhard. Aufgrund des jugendlichen Alters des neuen Erzbischofs schwanden die Chancen des Speyerers im Hinblick auf Mainz fast vollständig. Hinzu kam, dass Gerhard sich lange Zeit in Opposition zu Erzbischof Siegfried befunden hatte, der wiederum ein Förderer Heinrichs gewesen war. Welchen Stellenwert zu guter Letzt die enge Verwandtschaft der beiden für ihr Verhältnis zueinander einnahm – sie waren Vettern ersten Grades –, kann nicht gesagt werden. Es ist jedoch nachvollziehbar, dass durch die Erhebung Gerhards zum Mainzer Erzbi-

921) Heute Gemeinde Bad Schönborn, südöstlich von Speyer.

922) D Wilh 252 S. 304 Z. 10–12.

923) Vgl. auch MALOTTKI, Heinrich von Leiningen S. 156, der allerdings skeptisch ist, ob dies verdientermaßen geschah.

924) D Wilh 239, 1252 Aug. 4, vor Kaub, Zitat S. 292 Z. 15.

925) MALOTTKI, Heinrich von Leiningen S. 127 f.

926) Reg. Imp. V,2 8159; MALOTTKI, Heinrich von Leiningen S. 57–62, 82–85.

schof eine Konkurrenzsituation entstanden war, in der Heinrich von Speyer als Suffragan von vornherein der Unterlegene sein musste[927]. Im Gegensatz zum Mainzer gelang es ihm jedoch, unverändert gute Beziehungen zum König wie zur Kurie zu unterhalten, die sich gemeinsam weiterhin bemühten, ihm ein „besseres" Bistum zu verschaffen[928].

An diesem grundlegenden Konsens änderte auch die Zurückhaltung Heinrichs gegenüber dem Rheinischen Bund nichts. Sein Bruder Emich von Leiningen war ein offener Gegner des Bündnisses, er selbst bezog nicht dezidiert Stellung. Da Gerhard von Mainz einer der Protagonisten des Bundes war, wird das mangelnde Engagement Heinrichs verständlicher. Heinrich von Speyer ging dem Mainzer und den Verbündeten ganz offensichtlich aus dem Weg, was besonders anlässlich des Wormser Hoftags Anfang Februar 1255 ersichtlich wird, auf dem Wilhelm erstmals in Kontakt mit dem Bund trat, *presentibus venerabilibus G. Maguntino archiepiscopo* [...] *necnon et sollempnibus nuntiis omnium civitatum pacis federe coniunctarum de Basilea inferius et pacem communiter generalem iurantibus*[929]. Anschließend begab sich der König in Begleitung Erzbischof Gerhards nach Speyer und urkundete dort bis zum 25. Februar 1255[930]. Für eine Anwesenheit Heinrichs in diesen Wochen beim König fehlt jeglicher Beleg[931]. Ein Mitglied des Rheinischen Bundes wurde er jedenfalls nicht[932].

Der Elekt von Speyer war als Vorsteher der königlichen Kanzlei fast automatisch in die Regierungshandlungen Wilhelms eingebunden. Er begleitete ihn nach Lyon[933], nach Braunschweig[934], nach Halle[935] und nach Westfriesland[936], und dennoch ist es schwierig, seiner Amtsführung auf die Spur zu kommen und das Ausmaß seines Einflusses auf den König zu fassen. Sicherlich ist ihm die Aktivierung des mittelrheinischen Grafennetzwerkes zugunsten Wilhelms zuzuschreiben, doch auf die Besetzung von Kanzlei-

927) MALOTTKI, Heinrich von Leiningen S. 105–107.

928) Zur allgemeinen Unterstützung Heinrichs durch Innozenz IV. vgl. MALOTTKI, Heinrich von Leiningen S. 136 f.; über die Nachfolge im Bistum Würzburg ebd. S. 138–150, und die endgültige Entscheidung Alexanders IV. gegen Heinrich ebd. S. 156–165.

929) D Wilh 338 S. 404 Z. 37–44 (A[1]).

930) DD Wilh 340–348; Beleg für die Anwesenheit des Mainzers ist eine Entscheidung des Erzbischofs in einer Streitsache des Speyerer Domkapitels, Reg. Imp. V,1 5226.

931) MALOTTKI, Heinrich von Leiningen S. 154 f.

932) Vgl. die Mitgliederliste der dritten Wormser Bundesversammlung im Okt. 1255, MGH Const. 2 Nr. 428 VI S. 584 f.

933) Annales Spirenses S. 84 Z. 42–44.

934) DD Wilh 173, 178, 194, 195.

935) DD Wilh 187, 188.

936) D Wilh 308.

posten oder den Vorgang der Urkundenausstellung hat er nicht eingewirkt[937], und er trat weder militärisch noch diplomatisch in besonderer Weise hervor. Er verfolgte freilich auch seine eigene Karriere und versuchte, sein Hochstift und seine Familie zu fördern. Doch zugleich war Heinrich von Speyer ein verlässlicher Begleiter des Königs, der nicht in größere Streitigkeiten verwickelt und bei der Kurie wohlgelitten war. Vielleicht war es gerade diese Anpassungsfähigkeit, die ihm die Gunst Wilhelms sicherte[938].

### 2.6 Justitiar Adolf von Waldeck

In der kurzen Urkunde vom 21. März 1255, durch die Wilhelm den Grafen Adolf von Waldeck zu seinem und des Reiches Justitiar ernannte, sprach er von diesem als seinem „allerliebsten Vertrauten und Getreuen": *A. comitem de Waldeke, carissimum familiarem et fidelem* [...] *generalem iustitiarium nostrum et rei publice duxerimus statuendum*[939]. Diese Bezeichnung kam nicht von ungefähr, war doch der Waldecker seit November 1250[940] fast durchgängig an der Seite des Königs. Auch wenn eine Verbindung des Grafen bereits zum Königtum Heinrich Raspes nicht nachzuweisen ist[941], so dürfte doch der Anschluss der Familie an Wilhelm mit den Auseinandersetzung um das Erbe der Ludowinger in Thüringen und Hessen in Zusammenhang zu bringen sein.

---

937) HÄGERMANN, Studien zum Urkundenwesen S. 31–33; vgl. MALOTTKI, Heinrich von Leiningen S. 49 f.

938) MALOTTKI, Heinrich von Leiningen S. 156, betrachtet das gute Verhältnis zwischen dem König und dem Speyerer eher mit Unverständnis: „Womit es sich Bischof Heinrich II. von Speyer verdient hatte, daß der König ihm in so herzlicher Freundschaft zugetan war, ist nicht ersichtlich. Ob es überhaupt verdient geschah, muß fraglich bleiben. [...] Heinrich von Leiningen dagegen zeigt sich immer wieder als ein typischer Vertreter der ausgehenden Stauferzeit. An das Reich dachte von den Kirchenfürsten dieser Zeit kaum noch einer. Alle waren sie nur auf sich und auf ihren persönlichen Vorteil bedacht; in ihnen tritt uns bereits der Typus des werdenden deutschen Landesherren entgegen."

939) D Wilh 363 S. 430 Z. 31–33.

940) D Wilh 136, 1250 Nov. 27, Mons.

941) Reg. Imp. V,1 4886, eine angebliche Urkunde Heinrich Raspes für das Kloster Corvey, in deren Zeugenliste u. a. Adolf von Waldeck und Widukind von Schwalenberg genannt werden, wurde von Hägermann endgültig als frühneuzeitliche Fälschung nachgewiesen, DD Wilh/HRas [ohne Nummer] S. 503; vgl. DOBENECKER, Regesta 3 Nr. 1312. Allerdings trat der Waldecker in den Jahren 1234/35 zweimal als Zeuge in landgräflichen Urkunden Heinrich Raspes und Konrads auf, DOBENECKER, Regesta 3 Nr. 470, 552.

Waldeck war in der zweiten Hälfte des 12. Jahrhunderts durch eine Eheschließung an die Grafen von Schwalenberg gefallen[942]. Erst die Brüder Volkwin von Schwalenberg und Adolf teilten die Herrschaft 1228/29 auf, und es entstanden die beiden getrennten Grafschaften Schwalenberg und Waldeck[943]. Letztere grenzte an die ludowingischen Besitzungen in Nordhessen[944]. Mehr noch, Burg Waldeck lag in unmittelbarer Nachbarschaft zu Fritzlar, dem mainzischen Stützpunkt in Hessen, und zum Landgericht Maden, dem Zentrum des eigentlichen *comitatus Hassiae*, über den der Mainzer die Lehnshoheit behauptete[945]. Gerade hier hatten die ludowingischen Landgrafen, nachdem ihnen 1122 durch eine Erbschaft Maden in die Hände gefallen war, ihren Einfluss auf Kosten des Erzbischofs sukzessive erweitert und diesen schließlich aus seiner politischen Vormachtstellung verdrängt[946]. Als eine der ersten Maßnahmen nach dem Tod Heinrich Raspes zog folglich Siegfried III. 1247 das Madener Landgericht als erledigtes Lehen ein und setzte sich auf ziemlich fragwürdige Weise in den Besitz der Burgen Wildungen und Keseburg[947].

Inmitten all dieser Vorgänge befand sich Adolf von Waldeck, zunächst rein geographisch betrachtet. Seit Januar 1236[948] trat er als Gefolgsmann des Mainzer Erzbischofs auf. Am 27. Februar 1247, also nur wenige Tage, nachdem der ludowingische König auf der Wartburg verstorben war, befand sich Siegfried bereits in Fritzlar, vermutlich um sich um seine heimgefallenen Kirchenlehen zu kümmern, und Adolf war bei ihm[949]. Der Graf ist auch Zeuge der ebenfalls in Fritzlar Ende März 1247 ausgestellten Urkunde, aus der sich der Zugriff des Mainzers auf Maden ableiten lässt[950]. Danach jedoch verschwindet er aus der Überlieferung und taucht erst Ende des Jahres

942) BOCKSHAMMER, Ältere Territorialgeschichte S. 84–96.

943) DEMANDT, Geschichte des Landes Hessen S. 522 f.; BOCKSHAMMER, Ältere Territorialgeschichte S. 277 (Stammtafel).

944) Vgl. die Karte in Elisabeth von Thüringen – Eine europäische Heilige, Katalog S. 64 f.

945) STANGE-METHFESSEL, Die fürstliche Herrschaft Herzogin Sophies von Brabant S. 231 f.; WERNER, Neugestaltung S. 23.

946) WERNER, Neugestaltung S. 24–27.

947) WERNER, Neugestaltung S. 28 f.; zu den Wildunger Besitzungen vgl. auch ILGEN/VOGEL, Geschichte des thüringisch-hessischen Erbfolgekrieges S. 252–256.

948) DOBENECKER, Regesta 3 Nr. 597, 598, über einen Gütertausch zwischen dem Waldecker und dem Mainzer, in den auch Volkwin von Schwalenberg, der Bruder Adolfs, involviert war; ebd. Nr. 1232, 1233, 1245 Juni 7, Adolf von Waldeck als Bürge in einem Kaufvertrag.

949) DOBENECKER, Regesta 3 Nr. 1485; vgl. ILGEN/VOGEL, Geschichte des thüringisch-hessischen Erbfolgekrieges S. 248 f.

950) DOBENECKER, Regesta 3 Nr. 1493; vgl. WERNER, Neugestaltung S. 28 Anm. 104.

1250 wieder auf, in einem Diplom König Wilhelms für das Kloster St. Ghislain im Hennegau[951]. In dem dazwischenliegenden Zeitraum von über drei Jahren lässt sich keine Aussage über den Verbleib Adolfs treffen, ausgerechnet in der Phase, in der wichtige Entscheidungen im Kampf um die Herrschaft in Hessen fielen.

Sophie, die älteste Tochter Landgraf Ludwigs IV. und seiner Frau Elisabeth, verheiratet mit Herzog Heinrich II. von Brabant, versuchte mit der Unterstützung ihres Mannes, die Nachfolge Heinrich Raspes vor allem in Hessen anzutreten und diese für ihren Sohn Heinrich zu sichern. In und um Marburg, dem Wirkungsort ihrer heiliggesprochenen Mutter Elisabeth, konnte sie schnell Erfolge verzeichnen. In Nordhessen standen ihre Chancen bis 1250 allerdings schlecht, nicht nur, weil der Mainzer mit Macht versuchte, seine Position zurückzuerlangen, sondern auch aufgrund der Ansprüche anderer Fürsten auf die ludowingische Erbmasse[952]. Das verwandtschaftliche Band zwischen Sophie und König Wilhelm führte offenbar keineswegs dazu, dass Siegfried seine Bemühungen um Restitution in Hessen ruhen ließ. Ebenso wenig schreckte es Herzog Otto von Braunschweig davon ab, mit militärischem Nachdruck seinen Anteil im Norden Hessens und Thüringens einzufordern. Zudem verfügte Sophie, die sich lediglich vage als *domina Hassie* bezeichnen konnte, über keinerlei Rechtstitel[953].

Erst im Februar 1250 verbesserte sich die Situation der mittlerweile verwitweten Herzogin von Brabant. Sie übertrug Heinrich dem Erlauchten, dem Markgrafen von Meißen, für zehn Jahre die Wartburg und das ganze Land Hessen und machte ihn zum Vormund ihres Sohnes, *sub nomine tutoris ipsius filii*[954]. Der Erfolg dieses Schrittes lässt sich am Landgericht Maden ablesen, das sich spätestens 1253 wieder in der Hand Sophies befand[955]. An dieser Stelle nun erscheint auch Adolf von Waldeck abermals im hessischen Kontext: Es handelt sich um eine Güterübertragung, die sowohl durch die von Heinrich dem Erlauchten eingesetzte „Regierungskommission" für Hessen als auch von Konrad von Hebel, dem Inhaber des Madener Ge-

951) D Wilh 136; bereits in dem vermutlich März/April 1249 ausgestellten D Wilh 84 für den Salzburger Elekten Philipp wird ein Heinrich von Waldeck unter den Zeugen genannt, an zweiter Stelle der Laien nach Johann von Avesnes, D Wilh 84 S. 123 Z. 40 f. Es könnte sich um Adolfs Sohn Heinrich († 1267) handeln, der jedoch kein zweites Mal in einer Urkunde Wilhelms Erwähnung findet.

952) Siehe dazu ausführlich unten S. 301–306.

953) WERNER, Neugestaltung S. 30–39.

954) Annales Erphordenses S. 108 Z. 2–5.

955) WERNER, Neugestaltung S. 39–43; STANGE-METHFESSEL, Die fürstliche Herrschaft Herzogin Sophies von Brabant S. 231 f.

richts, und eben von Graf Adolf bestätigt wurde[956]. Zu diesem Zeitpunkt dürfte der Waldecker bereits hoch in der Gunst des Königs gestanden haben.

Der Ausgangspunkt für seine Karriere am Hof Wilhelms war offensichtlich der Umschwung der Verhältnisse in Hessen, der durch die Übernahme der vormundschaftlichen Herrschaft Heinrichs des Erlauchten eingetreten und durch den Tod Siegfrieds III. begünstigt worden war. Ein Einsatz Adolfs von Waldeck für die hessischen Ambitionen des Mainzers lässt sich bereits nach dem März 1247 nicht mehr feststellen, vielleicht bewegte den Grafen die Wahl Wilhelms zur Zurückhaltung und zur Vermeidung einer zu offensichtlichen Positionierung gegen Sophie. Deren Stellung in Hessen festigte sich im Februar 1250, ab November desselben Jahres befand sich der Waldecker im Gefolge des Königs. In der Urkunde für St. Ghislain, ausgestellt in Mons, wird er an zweiter Stelle der weltlichen Zeugen genannt, direkt nach dem Herzog von Brabant[957]. Der nordhessische Graf befand sich also zusammen mit dem Stiefsohn Sophies, Heinrich III., im Hennegau. Dieses gemeinsame Auftreten darf wohl als Indiz für eine Annäherung, vielleicht sogar für Verhandlungen gewertet werden. Es ist zu vermuten, dass Adolf von diesem Zeitpunkt an auch die Herzoginwitwe bei der weiteren Durchsetzung ihrer Ansprüche im *comitatus Hassiae* unterstützte. Umgekehrt könnte Wilhelm mit der Förderung des Waldeckers durchaus indirekt Hilfe für Sophie beabsichtigt haben. Er hat jedoch nicht unmittelbar in die hessische Nachfolgefrage eingegriffen.

Wie bereits erwähnt, ist Adolf von Waldeck ab dem Winter 1250/51 an allen wichtigen militärischen und politischen Aktionen des Königs beteiligt. Seine Teilnahme an der Reise nach Lyon lässt sich nicht direkt nachweisen, ist jedoch denkbar[958]. Im Sommer 1251 befand er sich bei der Belagerung von Pleizenhausen und taucht in den Zeugenlisten der umfangreichen Privilegierungen der provenzalischen Bistümer Sisteron und Grasse auf[959]. Spä-

---

956) STANGE-METHFESSEL, Die fürstliche Herrschaft Herzogin Sophies von Brabant S. 232 mit Anm. 46; WERNER, Neugestaltung S. 43 Anm. 182.

957) D Wilh 136 S. 183 Z. 32.

958) Nach D Wilh 136 gibt es bis zum Sommer 1251 nur noch ein Diplom mit Zeugenliste, D Wilh 138, 1251 Febr. 3, Middelburg, das sich auf eine rein holländisch-zeeländische Angelegenheit bezieht und nur lokale Zeugen aufführt. Von den Niederlanden aus begab sich der König direkt nach Lyon, siehe oben das Itinerar S. 39. Der Waldecker könnte ihn durchaus den ganzen Winter über begleitet haben.

959) DD Wilh 156–160a, 1251 Aug. 21. In diesen Urkunden tritt auch Graf Siegfried von Wittgenstein als Zeuge auf, einer der stärksten Unterstützer Sophies von Brabant, vgl. WERNER, Neugestaltung S. 33 mit Anm. 133. Nach dem „Umschwung" in Hessen wäre es denkbar, dass er zusammen mit dem Waldecker beim König auftrat.

testens zum Jahreswechsel war er wieder im Gefolge Wilhelms, zog im Januar mit ihm zusammen von Köln nach Braunschweig und von dort im Frühjahr 1252 weiter nach Halle[960]. Er war folglich Gast bei der Hochzeit des Königs mit Elisabeth von Braunschweig, wurde Augenzeuge der Nachwahl durch den Herzog von Sachsen und die Markgrafen von Brandenburg und wohnte der Begegnung zwischen Wilhelm und Heinrich dem Erlauchten in Merseburg bei. Auf dem Rückweg Richtung Niederrhein machte der königliche Tross in Waldeck Station[961].

Im Sommer 1252 nahm Adolf am Hoftag von Frankfurt teil. Dort befand sich ebenfalls Graf Berthold von Ziegenhain[962], der von Anfang an die Ansprüche Sophies in Hessen befürwortet hatte[963], dann aber im Mai 1252 ein ausdrücklich gegen die Brabanterin und Heinrich von Meißen gerichtetes Schutzbündnis mit dem Mainzer Erzbischof eingegangen war[964]. Dieses Zusammentreffen der beiden nordhessischen Nachbarn im Umkreis des Königs kurz nach dem Seitenwechsel des Ziegenhainers dürfte kein Zufall gewesen sein, zumal dieselbe Konstellation wenige Monate später noch einmal in einer Urkunde zu fassen ist, am 17. September 1252 in Friedberg[965]. Auf dem Frankfurter Hoftag wurde Margarete von Flandern ihre Herrschaft aberkannt und Johann von Avesnes im Gegenzug mit beiden Grafschaften, Flandern und Hennegau, belehnt[966]. Doch der König urkundete auch in schwäbischen Angelegenheiten[967], und er wandte seine Aufmerksamkeit seinem Schwager Hermann von Henneberg[968] und der ursprünglich ludowingischen, nunmehr in der Hand Heinrichs des Erlauchten befindlichen Stadt Sangerhausen zu[969]. Es standen also kurz nach der Verständigung mit dem meißnischen Markgrafen im Frühjahr auch mitteldeutsche Themen auf der Tagesordnung, und die Anwesenheit Adolfs von Waldeck und Bertholds von Ziegenhain lässt darauf schließen, dass die Herrschafts-

960) D Wilh 167, 1252 Jan. 9, Köln; D Wilh 173, 1252 Jan. 28, Braunschweig; D Wilh 187, 1252 April 7, Halle.

961) D Wilh 197, 1252 Mai 9.

962) D Wilh 228, 1252 Juli 11 S. 282 Z. 24.

963) WERNER, Neugestaltung S. 33, 39.

964) BÖHMER/WILL, Regesten Mainz 2 Nr. 25 S. 317.

965) D Wilh 242 S. 295 Z. 9–11.

966) DD Wilh 227–229, 231.

967) DD Wilh 232, 233, für die Grafen Ulrich von Württemberg und Hartmann von Grüningen.

968) D Wilh 234.

969) D Wilh 230; MÜLLER, Landgräfliche Städte S. 125, attestiert den Wettinern „wenig politisches Interesse an Sangerhausen“, was durch diesen Beleg vielleicht zu konterkarieren ist.

verhältnisse in Hessen ebenfalls zur Sprache kamen. Welche Rolle dabei den beiden Grafen zufiel, ob sie vielleicht als Unterhändler fungierten, kann nicht abschließend geklärt werden[970].

Möglicherweise ging Adolf von Waldeck mit dem König sogar auf den Feldzug nach Flandern. Er war jedenfalls im März 1253 in Köln noch einmal am Hof Wilhelms[971] und am 18. Mai 1254 im königlichen Heerlager in Westfriesland[972]. Von Januar bis März 1255 kann er wieder als ständiger Begleiter des Herrschers nachgewiesen werden[973], bis schließlich am 21. März in Wetzlar seine förmliche Ernennung zum königlichen Justitiar erfolgte[974]. Das Amt eines Hofrichters hatte Friedrich II. 1235 in der Landfriedensverordnung von Mainz festgeschrieben. Es sollte einem Mann von erwiesener Treue und ehrbarem Ansehen übertragen werden, der anstatt des Königs zu Gericht sitzen würde – *virum probate fidei, opinionis honeste, prepositum iudiciis loco nostri volumus terminari*[975]. Der Hofrichter trat also in gerichtlichen Zusammenhängen als Stellvertreter des Königs, des obersten Richters im Reich, auf[976]. Für den Waldecker Grafen bedeutete es eine hohe Auszeichnung und eine große Erweiterung seiner Einflussmöglichkeiten am Hof, dass er mit einer solchen Aufgabe betraut wurde[977].

Doch die Funktion Adolfs von Waldeck ging offenbar noch über die Befugnisse hinaus, die Friedrich II. für den *iustitiarius curiae* vorgesehen hatte. Dies ist bereits aus Adolfs Berufungsurkunde zu erschließen: [...] *pro tranquillo statu nostrorum et imperii fidelium*, als friedensschaffende Maßnahme wurde die Ernennung vollzogen, und Wilhelm legte fest, dass alle Verpflich-

---

970) Ein weiterer (süd-)hessischer Graf ist in diesem Zusammenhang zu nennen, Heinrich von Solms. Auch er begleitete den König nach Braunschweig und Halle, war vielleicht beim Frankfurter Hoftag, jedenfalls in Friedberg. Immer, wenn er bei Wilhelm ist, ist auch der Waldecker anwesend: DD Wilh 167, 178, 185, 188, 242, 308; zu Heinrich von Solms, der sich innerhalb der hessischen Frage wohl dauerhaft auf Mainzer Seite hielt, vgl. UHLHORN, Geschichte der Grafen von Solms S. 58–66, 95 f.

971) DD Wilh 270, 273, 1253 März 5 bzw. 23.

972) D Wilh 308.

973) D Wilh 336, 1255 Jan. 31, Mainz; D Wilh 341, 1255 Febr. 13, Speyer; D Wilh 351, 1255 März 5, Hagenau; D Wilh 355, 1255 März 12, Speyer.

974) D Wilh 363.

975) MGH Const. 2 Nr. 196 S. 247 Z. 1 f.

976) BATTENBERG, Hofrichter S. 239, 241–243 über den Mainzer Landfrieden Friedrichs II. als Beginn der Hofgerichtsbarkeit als feste Institution.

977) Inwiefern die Einrichtung des Amtes und dessen Vergabe an den Waldecker auch eine bewusste Zurückstellung des Kölner Erzbischofs beabsichtigte, ist in den Quellen nicht nachzuvollziehen. Allerdings standen Waldeck und das Kölner Hochstift in territorialer Konkurrenz zueinander, vgl. BOCKSHAMMER, Ältere Territorialgeschichte S. 120 f.

tungen und Anordnungen, die unter dem Siegel des Justitiars verfügt wurden, gültig bleiben sollten bis zu ihrer Bestätigung durch das königliche Siegel[978]. In einem zweiten Diplom vom selben Tag unterrichtete der König alle seine Getreuen von der Einsetzung Adolfs und befahl, dass diesem derselbe Gehorsam wie dem Herrscher selbst zu leisten sei, *quatinus eidem tamquam nobis ad plenum intendere parere ac obedire curetis*. Außerdem war der Waldecker befugt, anstelle des Königs den Treueid entgegenzunehmen[979]. Auch die Bezeichnung des Amtes als *generalis iustitiarius* verweist auf ein erweitertes Aufgabenspektrum, das eher dem eines Reichsvikars entsprach[980].

Adolf von Waldeck trat als Justitiar besonders im Kontext des Rheinischen Bundes in Erscheinung, als sichtbares Zeichen der Vereinnahmung dieses Bündnisses durch den König[981]. Nur drei Urkunden sind erhalten, die er selbst kraft seines Amtes ausstellte, zwei davon betreffen Entscheidungen des Hofgerichts[982]. Das früheste überlieferte Schreiben, das er verschickte, ging an Graf Peter von Savoyen. Der Waldecker bezeichnete sich selbst als *sacri imperii procurator generalis per Germaniam constitutus* und beauftragte den Grafen, das *negocium domini regis* in den Städten Bern, Murten, Basel[983] und überall in Burgund wahrzunehmen, vor allem zum Schutz gegen Graf Hartmann V. von Kyburg[984]. Hier zeigt sich am deutlichsten das Spektrum dieser neuen Position, die eben nicht nur Gerichtshoheit umfasste, sondern als deren Inhaber der Waldecker im Namen des Königs Weisungen zum allgemeinen Schutz des Reiches erlassen konnte.

Doch aus welchen Erfahrungen heraus und mit welchen Zielen richtete Wilhelm die Stelle eines „Generalrichters" ein? Wie bereits dargelegt, kann der *iustitiarius generalis* als Fortsetzung des von Friedrich II. eingeführten Hofrichteramtes betrachtet werden. Für das Königreich Sizilien schuf der Stauferkaiser, in Fortsetzung der normannischen Verwaltungstradition, ein System von Generalvikaren für die größeren Regionen, vielleicht in Anleh-

---

978) D Wilh 363, Zitat S. 430 Z. 30 f.

979) D Wilh 364, Zitat S. 431 Z. 26 f.

980) BATTENBERG, Hofgerichtssiegel S. 27 f.; HINTZE, Königtum Wilhelms S. 184.

981) D Wilh 398, 1255 Nov. 10, Oppenheim; zur Interaktion des Bundes mit dem König und der damit verbundenen königlichen Landfriedenspolitik vgl. ANGERMEIER, Königtum und Landfriede S. 40–47, hier v. a. S. 46.

982) Reg. Imp. V,2 11714 (1255 Mai 23), 11722 (1255 Aug. 10); vgl. HINTZE, Königtum Wilhelms S. 185.

983) So HINTZE, Königtum Wilhelms S. 185.

984) Fontes rerum Bernensium 2 Nr. 372 S. 395; vgl. Reg. Imp. V,2 11712. Zur Besiegelung dieser im Auftrag des Reiches ausgestellten Urkunden mit dem Privatsiegel Adolfs vgl. BATTENBERG, Hofgerichtssiegel S. 35 f., 83–85, 123, Abbildung ebd. Tafel II.

nung an die spätantike römische Provinzialverwaltung. Allerdings unterschied sich deren Position grundlegend von der Adolfs von Waldeck, vor allem aufgrund der geographischen Begrenzung ihres Einflussbereichs[985]. Hintze verweist außerdem auf eine angebliche Praxis Graf Wilhelms I. von Holland, unter dem es „Beamte giebt, die den Titel ›justiciarius‹ führen und eine Art Vertretung des Landesherrn geübt haben müssen“[986]. Die Belegstellen, die er dafür angibt, beziehen sich jedoch beide auf Stadtrechtsverleihungen an Middelburg und Dordrecht, die erwähnten *iustitiarii* meinen die dortigen Stadtrichter[987]. Wenn auch die holländische Tradition keinen Anhaltspunkt bietet, so ist freilich die Idee von einem Stellvertreter des Herrschers Mitte des 13. Jahrhunderts nicht neu. In England etwa gab es seit der Zeit Wilhelms des Eroberers bis 1234 das Amt des obersten Justitiars[988]. Die Kompetenzen Adolfs von Waldeck könnten in etwa denen des englischen Justitiars entsprochen haben. Doch liefern die Quellen keinen Anhaltspunkt, dass sich Wilhelm bei der Einführung des Amtes eines *iustitiarius generalis* durch die englischen Verhältnisse hatte inspirieren lassen.

Der König richtete sich nach der Ernennung nur in zwei Urkunden an den Waldecker, aus denen sich nicht allzuviel über seine Vorstellungen vom Aufgabenspektrum des Justitiars ableiten lässt. Am 23. März 1255 beauftragte er diesen zusammen mit den Grafen von Leiningen und von Bolanden, einige seiner Anhänger im Rhein-Main-Gebiet durch die Verpfändung von Reichsgut zu entschädigen[989]. Der neue Titel Adolfs taucht in diesem Diplom nicht auf, obwohl die Bestallung erst zwei Tage zurücklag. Es muss offen bleiben, ob Wilhelm die Wiedergutmachungsmaßnahme überhaupt als einen „offiziellen“ Auftrag an seinen Justitiar betrachtete. Die beiden anderen Grafen waren anderweitig nicht in der Verwaltung des Reichsguts tätig, sie könnten allenfalls aufgrund ihrer territorialen Nähe zu einigen der Begünstigten hinzugezogen worden sein[990]. Im November 1255 hingegen wird der Waldecker mit seiner Amtsbezeichnung angesprochen, allerdings als *iustitiari*[us] *provinciali*[s]. Auch hier erhält nicht Adolf allein eine Anweisung, sondern mit ihm der Bischof von Straßburg, und wieder geht es um eine Entschädigungsleistung, diesmal für den Straßburger Ministerialen

985) HECKMANN, Stellvertreter S. 335–343; zur Fortführung des Justitiarsystems im Königreich Sizilien unter Karl I. vgl. MORELLI, I giustizieri S. 491–497.

986) HINTZE, Königtum Wilhelms S. 186.

987) Die Urkunden bei COX, Hebbende privilege van stede S. 545–551 (Middelburg 1217, vgl. OHZ 1 Nr. 386 S. 567–573) und S. 377–379 (Dordrecht 1220, vgl. OHZ 1 Nr. 406 S. 591–593).

988) SCHNITH, Art. Justitiar (England) Sp. 826.

989) D Wilh 367.

990) Zu dieser Urkunde auch kurz SCHWIND, Die Landvogtei in der Wetterau S. 89.

Reinbold Liebenzeller[991]. Auffällig ist die nur in dieser Urkunde vorgenommene Bezeichnung „Provinzialjustitiar“, wobei der Sprachgebrauch der Kanzlei aufgrund der wenigen Belege nicht analysiert werden kann[992]. Immerhin ging es um die Übertragung von Reichsgut an den Ministerialen, wenn auch in geringem Umfang[993], doch einen Hinweis, welche Anforderungen und Erwartungen der König an seinen Justitiar stellte, kann man aus dem kurzen Dokument nicht gewinnen[994].

Über die Motive Wilhelms bei der Einsetzung Adolfs von Waldeck kann nur spekuliert werden. Nach seiner langen Abwesenheit in Holland und Flandern und mit Blick auf einen geplanten Italienzug könnte Wilhelm die Notwendigkeit eines zuverlässigen Stellvertreters im Reich erkannt haben. Die Gemengelage von territorialen Auseinandersetzungen, Verpflichtungen gegenüber dem Reichsoberhaupt und Opposition gegen den Papst bzw. dessen Legaten machten die rheinischen Erzbischöfe zu unsicheren Bündnispartnern. Zudem trat mit dem Rheinischen Bund eine neue Größe auf den Plan, der gegenüber ein spezieller Bevollmächtigter hilfreich erscheinen konnte[995]. Die Karriere des Waldeckers seit 1250, die sich immer in engem Anschluss an den König vollzogen hatte, machten ihn zum perfekten Kandidaten und zu einer vertrauenswürdigen Person, die weniger einem der Fürsten verpflichtet war[996], dafür umso mehr Wilhelm zu verdanken hatte.

---

991) D Wilh 400, 1255 Nov. 17, Maastricht, Zitat S. 467 Z. 23.

992) HINTZE, Königtum Wilhelms S. 185, betrachtet den Titel als Selbstbezeichnung Adolfs von Waldeck und sieht ihn gleichrangig mit dem vollständigen Titel *regalis aule iusticiarius provincialis per Germaniam constitutus*, Reg. Imp. V,2 11722.

993) Tränheim, ca. 20 km westlich von Straßburg.

994) Dies ist wohl auch der Kürze seiner Amtsausführung geschuldet. SCHWIND, Die Landvogtei in der Wetterau S. 89, sieht den Waldecker als den maßgeblichen Träger einer „durch den frühzeitigen Tod Wilhelms zwar nur kurze[n], aber in Anbetracht der damaligen Verhältnisse wirkungsvolle[n] Periode königlicher Politik im Reiche“.

995) BATTENBERG, Hofgerichtssiegel S. 27f. Kurz auch KAUFHOLD, Deutsches Interregnum S. 102f., mit der sehr allgemeinen Bemerkung: „Dieser Richter und weitere königliche Amtsträger sollten durch eine Stärkung der königlichen Jurisdiktion die gewalttätige Austragung von Streitfragen eindämmen und die Rechtssicherheit erhöhen. Dies war allerdings ein weitgehend ungedeckter Anspruch.“

996) Bestimmendes Merkmal der waldeckischen Geschichte bis in die Neuzeit hinein war der Gegensatz zu Köln, BOCKSHAMMER, Ältere Territorialgeschichte S. 113–126; spätestens ab 1252 könnte sich Adolf von Waldeck in dieser Hinsicht die Unterstützung des Königs versprochen haben.

## 2.7 Die Familie

Die Bedeutung der familiären Herkunft eines Herrschers und der Einfluss der engsten Verwandten auf dessen Entscheidungen sind Faktoren, die immer mit bedacht werden müssen, jedoch in den mittelalterlichen Quellen nur rudimentär aufscheinen[997]. Im Familienkreis fanden vermutlich die häufigsten Beratungen statt, die jedoch so gut wie nie dokumentiert sind[998]. Im Falle Wilhelms wurde seine Zugehörigkeit zu einem illustren Verwandtenkreis bereits in den zeitgenössischen Quellen als Argument für seine Wahl aufgeführt. Seine Mutter Mathilde war eine Tochter Herzog Heinrichs I. von Brabant, Wilhelm somit nicht nur ein Neffe Heinrichs II. von Brabant, sondern auch Marias, der Gemahlin Kaiser Ottos IV. Durch die zweite Ehe der Kaiserwitwe mit Wilhelms Großvater Wilhelm I. bestand sogar eine doppelte Verbindung der Gerulfinger zum brabantischen Herzogshaus und, nicht zu vergessen, ein Anknüpfungspunkt an die Welfen[999]. Für die Königskandidatur dürfte jedoch auch von Bedeutung gewesen sein, dass Heiratsverbindungen zwischen den Brabantern und den Ludowingern bestanden: Heinrich II. von Brabant hatte bereits um 1240 Sophie, die Nichte Heinrich Raspes, geehelicht. Letzterer wiederum war seit 1241 mit Beatrix, einer Tochter Herzogs Heinrichs verheiratet (Stammtafel Abb. 2 S. 121)[1000]. Somit kann durchaus auch von einer Verwandtschaft Wilhelms mit seinem Vorgänger die Rede sein[1001].

Ebenfalls zweifach abgesichert war das Verwandtschaftsverhältnis Wilhelms zu den Grafen von Geldern: Eine weitere seiner Tanten, nämlich Margarete, war die Gemahlin Graf Gerhards von Geldern[1002], und dessen Schwester Adelheid wiederum war die erste Frau Graf Wilhelms I. von Holland gewesen[1003]. Über die Heirat von Graf Florens III. mit Adelheid (Ada), einer Enkelin König Davids I., bestand seit der zweiten Hälfte des 12. Jahrhunderts eine Verwandtschaftsbeziehung zum schottischen Königs-

997) Zur Quellenproblematik FÖSSEL, Die Königin im mittelalterlichen Reich S. 12; Elisabeth, die Gemahlin Wilhelms, findet bei ihr nur zweimal im Anmerkungsapparat Erwähnung, ebd. S. 30 und S. 87.

998) Zum Problem, Beratungsvorgänge im Umfeld des Herrschers in den Quellen zu fassen, vgl. ALTHOFF, Das hochmittelalterliche Königtum S. 94–97, hier jedoch hauptsächlich über die Beratung mit den Fürsten.

999) SCHWENNICKE, Europäische Stammtafeln N. F. I/2 Tafel 237.

1000) SCHWENNICKE, Europäische Stammtafeln N. F. I/2 Tafel 237.

1001) Vgl. auch VAN EICKELS, Grafen von Holland S. 463, der Wilhelm dem „engsten verwandtschaftlichen Umfeld seines Vorgängers im Königtum“ zuordnet.

1002) SCHWENNICKE, Europäische Stammtafeln N. F. I/2 Tafel 237.

1003) SCHWENNICKE, Europäische Stammtafeln N. F. XVIII Tafel 26.

haus[1004]. Aus dieser Linie leiten sich die Namen Wilhelm und Adelheid her, die vorher bei den holländischen Grafen nicht vorgekommen waren, und die Erinnerung an die Abstammung von König David führt noch Ende des 13. Jahrhunderts dazu, dass Wilhelms Sohn Florens V. sich Hoffnungen auf die Nachfolge auf dem schottischen Thron machte[1005].

Der familiäre Kontext, der einen Kaiser und einen schottischen König umfasste, spielte also bereits für den Beginn von Wilhelms Königtum eine wichtige Rolle, und die Nutzung von nahen, aber auch von zum Teil sehr weitläufigen verwandtschaftlichen Beziehungen durch den Herrscher für seine politischen Ziele wurde oben bereits dargelegt. Hier soll der Blick auf das allerengste Umfeld des Königs gelenkt werden, auf seine Frau und seinen Bruder.

### Königin Elisabeth

Die Eheschließung mit Elisabeth, der Tochter Herzog Ottos von Braunschweig, am 25. Januar 1252, ist als einer der großen Erfolge von Wilhelms Königtum zu werten. Auf die machtpolitischen Konsequenzen dieser Verbindung wird noch einzugehen sein. Dem Ansehen des jungen Herrschers war es wohl überaus zuträglich, dass er sich mit einer Urenkelin Heinrichs des Löwen und Großnichte Kaiser Ottos IV. verheiratete. Mütterlicherseits stammte Elisabeth in direkter Linie von Albrecht dem Bären ab, ihre Mutter Mechthild war eine Tochter Albrechts II. von Brandenburg und die Schwester der Markgrafen Johann und Otto. Auch zu den anderen askanischen Zweigen verfügte Wilhelm fortan über familiäre Beziehungen, denn die Schwestern seiner Gemahlin waren mit dem Grafen Heinrich II. von Anhalt bzw. mit Herzog Albrecht I. von Sachsen verehelicht (Stammtafel Abb. 4)[1006]. Der König hatte sich durch sein Konnubium nicht nur geographisch über das angestammte Umfeld seiner Familie hinausbewegt, sondern erhielt auch Zugang zu den exklusivsten adligen Kreisen des Reiches. Umgekehrt konnten die Welfen nun nach Kaiser Otto IV. ein zweites Reichsoberhaupt zu ihrer Verwandtschaft zählen und ihre Position im Norden stärken[1007].

Angesichts der hohen sozialen Herkunft Elisabeths und des Prestigegewinns, den sie ihrem Ehemann einbrachte, erscheint es umso erstaunlicher, dass sie in den Quellen so gut wie nicht zu fassen ist. In den Diplomata Wilhelms taucht sie an keiner Stelle auf, und es sind auch keine Urkunden er-

---

1004) Vgl. die Stammtafel bei STONES/SIMPSON, Edward I and the Throne of Scotland 1 S. 16 und S. 18 f.

1005) Siehe unten S. 390–394.

1006) SCHNEIDMÜLLER, Welfen S. 283–285.

1007) SCHNEIDMÜLLER, Landesherrschaft S. 89.

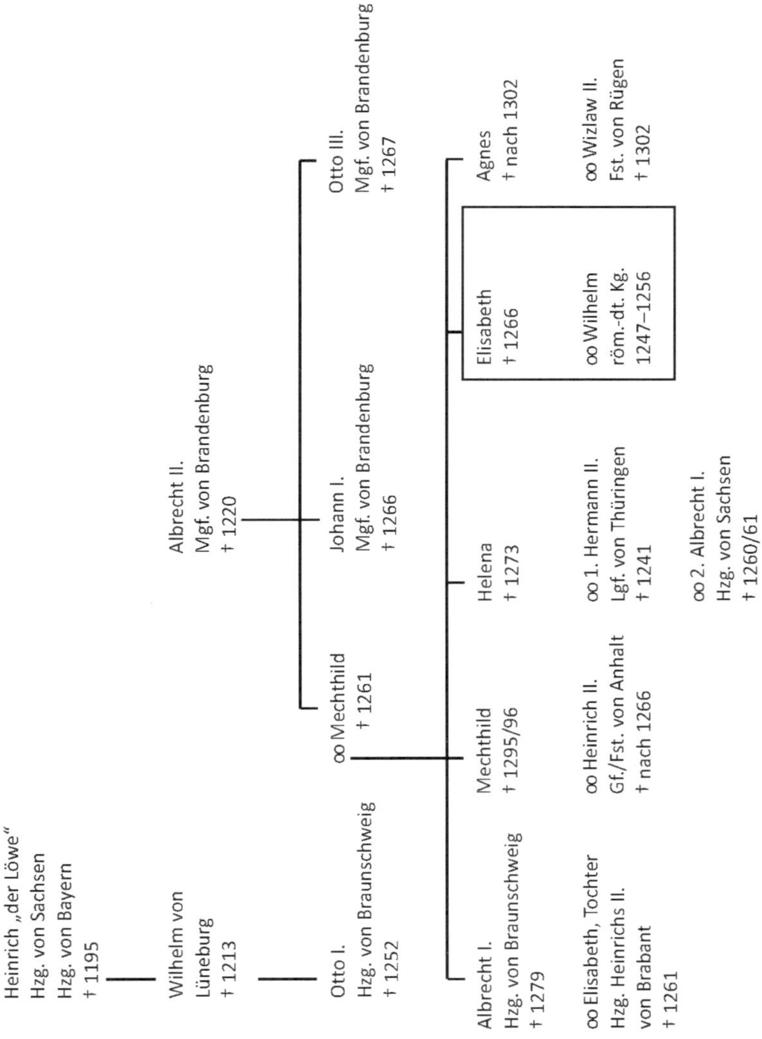


Abb. 4:
Die Familie Königin Elisabeths

halten, die sie selbst nach dem Tod ihres Mannes ausstellte[1008], im Gegensatz zu den beiden anderen Königinwitwen, die es um die Mitte des 13. Jahrhunderts im Reich gab: Die Wittelsbacherin Elisabeth, die mit Konrad IV. verheiratet gewesen war, trat im Mai 1256 als Wohltäterin für das Hospital in Kaufbeuren auf und nannte sich selbst *Jerusalem et Sycilie regina, ducissa Swewie*[1009]. Die Gemahlin Heinrich Raspes, Beatrix, veranlasste als *dei gratia quondam Romanorum regina semper augusta* 1247 Restitutionen für den verstorbenen König[1010]. Auch wenn es nicht viele Schreiben dieser Art gibt, so deutet sich doch an, dass die Frauen nach dem Tod der Herrscher durchaus aktiv werden konnten, gerade wenn es um die nachträgliche „Abwicklung" königlicher Handlungen ging – Beatrix leistete Wiedergutmachung für Kirchenbesitz, den Heinrich Raspe entfremdet hatte, die Wittelsbacherin tätigte eine Schenkung als Inhaberin eines Kirchenpatronats, das ihr von ihrem Mann verliehen worden war[1011].

Für Wilhelms Witwe Elisabeth lässt sich ein ähnliches Verhalten allenfalls erschließen. Sie führte ein Siegel, das sie als Königin auf dem Thron zeigt[1012], und wurde 1259/60 mehrfach in Urkunden ihrer Schwägerin

1008) Aus einer Urkunde Florens' V. vom 21. Sept. 1270, in der er einer ehemaligen Hofdame seiner Mutter Elisabeth eine Rente aussetzt, geht hervor, dass dieser Frau von Elisabeth eine Mitgift von 90 holländischen Pfund versprochen worden war, *prout in literis dicte matris nostre super hoc confectis vidimus conteneri*, OHZ 3 Nr. 1532 S. 596 Z. 28 f.; vgl. ebd. Nr. 1414. Das entsprechende Schreiben Elisabeths ist weder als Ausfertigung noch in einer Abschrift erhalten, lässt sich also nur aufgrund dieser Erwähnung erschließen. Damit wird jedoch wahrscheinlich, dass es noch weitere Urkunden der Königinwitwe gegeben hat.

1009) Reg. Imp. V,1 5566; auch nach ihrer Verheiratung mit Graf Meinhard II. von Görz und Tirol führte sie weiterhin den Titel einer Königin, Reg. Imp. V,2 4834, 1267 Aug. 22.

1010) D Beatrix 1 (DD HRas/Wilh S. 23 f.) S. 23 Z. 21; in D Beatrix 2 (ebd. S. 24) lautet die Selbstbezeichnung als Ausstellerin *Beatrix dei gratia relicta domini H. quondam Romanorum regis*, Z. 26.

1011) Auch von Elisabeths Mutter Mathilde, der Frau bzw. Witwe Herzog Ottos von Braunschweig, sind Urkunden erhalten, Urkundenbuch Braunschweig 1 Nr. 29, 1247 April 28; Nr. 44, 1257 Dez. 22; vgl. BUSCH, Beiträge zum Urkunden- und Kanzleiwesen S. 5.

1012) Dies geht zuerst aus einer Urkunde Abt Lubberts von Egmond vom 6. Juni 1257 hervor, bestätigt *sigillo* […] *illustris domine Elizabeth quondam Romanorum regine*, OHZ 3 Nr. 1158 S. 156 Z. 8 f. Vgl. OHZ 3 Nr. 1207, 1259 Febr. 24; Nr. 1208, 1259 März 17; Abbildung und Beschreibung des Siegels bei KRUISHEER, De oorkonden en de kanselarij 2 Nr. 41 S. 472 f.; vgl. auch FÖSSEL, Die Königin in mittelalterlichem Reich S. 87 Anm. 447.

Adelheid als Zeugin aufgeführt[1013]. Sie war eingebunden in die holländischen Verhältnisse, kooperierte mit der Abtei Egmond und hatte Kontakt zu den ehemaligen Gefolgsleuten Wilhelms[1014]. Aber sie spielte offensichtlich eine nachgeordnete Rolle. Die vormundschaftliche Regierung über die Grafschaft für ihren Sohn Florens V., der beim Tod des Vaters erst anderthalb Jahre alt war, übernahm der gleichnamige Bruder Wilhelms[1015]. Nach dessen unglücklichem Ende bei einem Turnier in Antwerpen 1258 blieb Elisabeth weiterhin im Hintergrund und überließ das Feld der jüngeren Schwester ihres verstorbenen Mannes, Adelheid, die als *tutrix Hollandie et Zelandie* bis 1263 die Regierung führte[1016].

Es ist verführerisch, die Zurückhaltung Elisabeths ihrer durch nichts zu belegenden schwachen physischen Konstitution zuzuschreiben[1017]. Doch es fällt auf, dass die Witwe in den Urkunden als *illustris domina E. Romanorum quondam regina*[1018], also nur mit dem Königinnentitel und nicht als Gräfin von Holland bezeichnet wird. Da Wilhelm selbst den Grafentitel nachweislich noch 1254[1019], also vermutlich zeit seines Lebens, führte, stün-

1013) OHZ 3 Nr. 1205, 1259 Febr. 22; Nr. 1206, 1259 Febr. 24; Nr. 1243, 1260 Okt. 13; als Intervenientin für einen Egmonder Ministerialen in OHZ 3 Nr. 1382, 1265 April 1.

1014) Dies geht v. a. aus OHZ 3 Nr. 1158, hervor, die auch Dietrich von Teylingen, Simon von Haarlem und Johannes Persijn (ein Verwandter des Nikolaas Persijn) mitbesiegeln; zu diesen siehe oben S. 68–70.

1015) Diese Regelung entsprach dem Landrecht des Sachsenspiegels, das möglichst den Vaterbruder als Vormund eines Kindes vorsah, vgl. ELPERS, Mütterliche Regentschaften S. 164.

1016) Die erste, im Wortlaut erhaltene Urkunde Adelheids als *tutrix* datiert auf den 11. Juli 1258, OHZ 3 Nr. 1187; vgl. VAN OOSTROM, Maerlants wereld S. 107 f.; DE BOER/CORDFUNKE, Graven van Holland S. 85. Über das weitere Schicksal einer Mathilde genannten Tochter aus der Ehe Wilhelms mit Elisabeth, geboren im Frühjahr 1255, ist nichts überliefert, vgl. CORDFUNKE, Willem II S. 19 f. Zu den Zusammenhängen von Vormundschaft und Regentschaft auf der Ebene der Fürstentümer und Grafschaften insgesamt ELPERS, Mütterliche Regentschaften, zum Phänomen weiblicher Vormundschaft besonders S. 164–166.

1017) VAN OOSTROM, Maerlants wereld S. 108, wertet es als Zeichen für die körperliche Schwachheit der Königin, dass nur ein Kind aus der vierjährigen Ehe mit Wilhelm überlebte. Allerdings gibt es keine sicheren Angaben, wie alt Elisabeth bei der Eheschließung war – es wäre durchaus denkbar, dass sie erst 15 Jahre alt war. Auch ihr Tod im Jahr 1266 bietet keinen Anhaltspunkt für ihre gesundheitliche Verfassung.

1018) OHZ 3 Nr. 1205 S. 207 Z. 16; vgl. ebd. Nr. 1158 S. 156 Z. 9; Nr. 1207 S. 210 Z. 30 f.; Nr. 1209 S. 212 Z. 24; Nr. 1383 S. 411 Z. 3 f.; Nr. 1243 S. 249 Z. 34 hat *domina Elizabeth veneranda regina*.

1019) D Wilh 304, 1254 März 11, Dordrecht: *Willem bi der gratien gods koning van*

de eigentlich seiner Frau in holländischen Kontexten die Anrede als *comitissa* oder *quondam comitissa* zu. Für Mathilde von Brabant, die Mutter Wilhelms, war diese Benennung in den Urkunden üblich[1020]. Elisabeth wurde in den Urkunden nach dem Tod ihres Mannes nicht als Gräfin wahrgenommen, und vielleicht konnte sie deshalb nicht die Vormundschaft für ihren eigenen Sohn, einen künftigen Grafen von Holland übernehmen.[1021]

Die Tochter Ottos von Braunschweig hatte also offenbar weder aktiv Anteil am herrscherlichen Handeln Wilhelms, noch verwaltete sie als Witwe den Nachlass ihres Mannes, wozu die Grafschaft Holland gezählt hätte. Sie unternahm keine messbaren Anstrengungen für die Memoria ihres verstorbenen Gemahls. Auch die erzählenden Quellen des 13. Jahrhunderts erwähnen Elisabeth nur am Rande, oft lediglich im Zusammenhang mit der Eheschließung 1252. Die in den 1260er oder -70er Jahren entstandenen Gesta abbatum Horti Sanctae Mariae, also des Prämonstratenserstifts Mariëngaarde in Westfriesland, berichten kurz, dass ein Gesandter zum Herzog von Braunschweig geschickt wurde mit der Aufforderung, eine Tochter als Ehefrau für den neuen König zur Verfügung zu stellen. Der Herzog freute sich, bat seine Tochter um Zustimmung und schickte sie mit einer königlichen Mitgift nach Holland, damit sie die Gemahlin Wilhelms werde[1022]. Auch die anderen niederländischen Geschichtsschreiber sind offenbar nur vage über die Königin und die Hochzeit informiert, in der Reimchronik des Melis Stoke etwa wird nur in allgemeinen Phrasen über die Ehefrau Wilhelms und Mutter Florens' V. gesprochen: *Jonc, scone ende wel gheboren, / Van Bruneswijc; als wi horen, / Was si des hertogen kint*[1023].

Vor allem die thüringischen Quellen hingegen enthalten eine Episode, in der Elisabeth durchaus als Protagonistin auftritt. Zur frühesten Überlieferungsschicht dürfte der Bericht des Erfurter Predigerannalisten gehören: In der Hochzeitsnacht, also in der Nacht vom 25. auf den 26. Januar 1252, fing der herzogliche Palast in Braunschweig Feuer durch eine Kerze im Brautgemach. Der König kam zusammen mit der Königin nur knapp – *quasi nudi* – und durch Gottes Hilfe mit dem Leben davon, während die Prunkgegenstände und der Ornat verbrannten. Der Verfasser verweist auf den direkt

*Rome ende altoes augustus ende grave van Holland*, S. 356 Z. 22f. (Verleihung von Stadtrechten an die Bürger von Middelburg).

1020) So etwa in OHZ 3 Nr. 1206, S. 207 Z. 16f. (*M. comitissa Hollandie*); zu Mathilde, die erst 1267 verstorben ist, vgl. KNETSCH, Haus Brabant 1 S. 24 und Tafel II.

1021) Zu Elisabeth als Königswitwe vgl. auch FOERSTER, Witwe S. 205–207.

1022) Gesta abbatum Horti Sanctae Mariae S. 602 Z. 33–38; zur Entstehungszeit der Gesta vgl. WEILAND, ebd. S. 573.

1023) Rijmkroniek v 3648–3650 (C) S. 132; entstanden Anfang 14. Jh., vgl. ebd. S. Xf.

darauf folgenden Sonntag Septuagesima[1024], dessen Introitus mit den Worten *Circumdederunt me gemitus mortis*[1025] beginnt, und verleiht dem Geschehen damit eine schicksalhafte, vorausdeutende Note[1026]. Sowohl die Peterschronik als auch die Ende des 14. Jahrhunderts verfasste Thüringische Fortsetzung der Sächsischen Weltchronik übernahmen diese Geschichte mit der präzisierenden Hinzufügung, dass das Unglück von unvorsichtigen Bediensteten ausgelöst worden war, *ex quadam ministrorum incuria*[1027]. Zur Heldin wird Elisabeth in der zeitgenössischen Version Alberts von Stade, die offenbar später von der Braunschweigischen Reimchronik aufgegriffen wurde. Denn es ist die Welfin, die bei der Rettung aus dem in Flammen stehenden Palast ihres Vaters die Führung übernimmt, *tanquam in domo esset notior*. Zudem kennt Albert noch einige weitere Details, nämlich dass die Krone des Königs zerstört worden sei und zwei Näherinnen im Feuer umgekommen seien.[1028].

Die Vorstellung von einer Braut, die das Leben ihres Gemahls und Königs in der Hochzeitsnacht rettet, dürfte für die Geschichtsschreiber des 13. Jahrhunderts und ihr Publikum überaus interessant, ja sensationell gewesen sein. Das Motiv findet sich auch in der mittelalterlichen Literatur[1029], und dennoch fühlte sich kein Chronist bemüßigt, eine weitere Ausgestaltung der Erzählung vorzunehmen. Ebenso bleibt eine Interpretation der Begebenheit als Vorzeichen für das weitere Schicksal des Brautpaares aus. Lediglich der Predigerannalist scheint in seiner versteckten Anspielung auf den Psalter über die berichteten Ereignisse hinaus deuten zu wollen, jedoch eher in einem positiven Sinn. Denn Psalm 17 handelt von der Errettung aus Todesnot und aus der Hand der Feinde durch Gott, sowie von der Reinheit und Unschuld des Flehenden. Er endet mit den Worten: *propterea confitebor tibi in nationibus Domine et psalmum dicam nomini tuo magnificans salutes regis eius et faciens misericordiam christo suo*[1030]. Der aus den Flam-

1024) […] *propter imminentem quarto die septuagesimam*, Annales Erphordenses S. 110 Z. 9 f.

1025) Ps. 17,5.

1026) Annales Erphordenses S. 110 Z. 7–13, Zitat ebd. Z. 13.

1027) Cronica S. Petri S. 247 Z. 1–8, Zitat Z. 4 f.; vgl. Chronici Saxonici continuatio Erfordensis S. 453 Z. 1–6; zur Entstehungszeit HOLDER-EGGER, ebd. S. 444 f.

1028) Annales Stadenses S. 373 Z. 21–26; zum Albert von Stade vgl. GÜNTHER, Art. Albert of Stade S. 25. Vgl. Braunschweigische Reimchronik S. 555 v 7758–7766; verfasst 1279–1292, CLASSEN, Art. Braunschweigische Reimchronik S. 209.

1029) So etwa bei Heinrich Kaufringer, Die unschuldige Mörderin, v 588–616, zu den Vorlagen des Märes ebd. S. 1286–1288; vgl. RUH, Kaufringers Erzählung S. 184, über den „narrativen Reiz eines Geschehens".

1030) Ps. 17, 50–51.

men gerettete Wilhelm ist der von Gott geheiligte König und sein Gesalbter. Auf die Person der Königin wird nicht näher eingegangen.

Noch ein zweites Mal befand sich Elisabeth im Zentrum des Geschehens, nämlich als Opfer einer Straftat. Die Annales Wormatienses berichten zu 1254, dass der König und seine Gemahlin sich oft in Worms aufgehalten hätten. Als die Königin im Dezember dieses Jahres in Begleitung Adolfs von Waldeck zum Trifels reisen wollte, wurde sie von Hermann von Riet bei Edesheim überfallen, beraubt und dann auf der Rietburg gefangen gesetzt, allerdings bald schon wieder freigelassen[1031]. Die Wormser Chronik des Hermann Zorn aus dem 16. Jahrhundert verlegt die Ereignisse in das Jahr 1255, ihr folgt auch Hintze in seiner Darstellung[1032]. Wilhelm hatte den Trifels erst im März 1255 eingenommen[1033], der Annalist wird sich vermutlich im Jahr geirrt haben. Ebenfalls laut Zorn rächten die Wormser zusammen mit verschiedenen Genossen des Rheinischen Bundes die Tat, der Entführer ergab sich und wurde in Worms eingekerkert. Eine Reaktion des Königs ist nicht überliefert[1034].

Abgesehen vom politischen Kontext und der Problematik des „Raubrittertums"[1035] gewährt dieser Zwischenfall im Blick auf Elisabeth einige wenige Informationen und Anhaltspunkte für ihr Agieren im Reich. Wilhelm befand sich im November und Dezember 1255 in Maastricht und in Köln[1036], die Königin bewegte sich also unabhängig von ihrem Mann im Oberrheingebiet. Sie war allerdings in der Gesellschaft des Justitiars Adolf von Waldeck, des offiziellen Stellvertreters des Königs, und auf dem Weg zum Trifels, dem symbolträchtigen Aufbewahrungsort der Reichsinsignien. Es stellt sich die Frage, ob Elisabeth hier nicht doch im Auftrag Wilhelms unterwegs war, es sich somit zumindest erahnen lässt, dass sie bei der Herrschaftsausübung eine Rolle spielte. Wie genau sich ihre Mitarbeit gestaltete, welche Aufgaben sie übernommen haben könnte, kann aufgrund des Fehlens weiterer Quellen nicht festgehalten werden.

Während des letzten Feldzuges Wilhelms gegen die Westfriesen blieb Elisabeth am Rhein. Die Wormser Annalen geben an, dass sie nach dem Tod des Königs von der Burg Spiegelberg[1037] nach Holland aufbrach und dort verstarb[1038]. Insgesamt ist es nicht möglich, die Schritte der Königin von

1031) Annales Wormatienses S. 58 Z. 12–16.
1032) Wormser Chronik S. 104; vgl. HINTZE, Königtum S. 205 f.
1033) D Wilh 356.
1034) HINTZE, Königtum Wilhelms S. 206 Anm. 2.
1035) HINTZE, Königtum Wilhelms S. 206.
1036) DD Wilh 400, 401; siehe oben Itinerar S. 38–43.
1037) Bei Hördt, südlich von Germersheim.
1038) Annales Wormatienses S. 59b Z. 34–36; vgl. auch CORDFUNKE, Willem II S. 26.

der Braunschweiger Hochzeit im Januar 1252 bis zum Winter 1255/56 genau nachzuzeichnen. Vermutlich hielt sie sich meist bei ihrem Gemahl auf, doch gerade die Edesheimer Entführung deutet darauf hin, dass sie auch allein handlungsfähig war. Gerade während der langen militärischen Aktionen gegen Flandern 1253/54 dürfte sie des Öfteren getrennt von Wilhelm agiert haben. Exakte Aussagen, vor allem über ihren möglichen Einfluss auf Entscheidungen des Königs, können aufgrund der Quellenlage nicht getroffen werden[1039].

### Florens, Wilhelms Bruder

Florens wird zum ersten Mal im Juni 1241 in den Quellen fassbar, als Zeuge in einer gräflichen Urkunde seines älteren Bruders[1040]. Danach erscheint er erst wieder Anfang Februar 1248, nachdem Wilhelm zum König gewählt worden war und ihn mit der Verwaltung Hollands beauftragt hatte, *cum memoratus dominus meus et frater meus, rex Alemanie, michi tocius comitatus Hollandie dominium conmiserit et potestatem* [...][1041]. Eine nähere Definition der Position, die Florens nach der Übernahme gräflicher Rechte und Aufgaben einnahm, findet jedoch nicht statt[1042]. Er selbst bezeichnete sich immer nur als Bruder des Königs, *domini W. regis Alemanie frater*[1043] bzw. *germanus*[1044] und sah seine Pflicht darin, den von Wilhelm eingeschlagenen Weg weiterzugehen: *Ut in causis utilibus et honestis domini ac fratris mei W., serenissimi Romanorum regis, vestigiis debeam inherere, serenitatis ipsius sublimatio me inducit; desidero namque ut per me sincerius honorentur qui sue benignitatis preminentia promoventur*[1045]. Die Leitlinien der holländischen Politik wurden also, zumindest nach der Aussage dieser Arenga, weiterhin vom älteren Bruder bestimmt, der den Grafentitel auch nicht abgab. Erst nach Wilhelms Tod konnte Florens eine rechtlich klarer umschriebene Stellung in Holland erlangen, als Vormund seines Neffen. Die späteren

---

1039) Es wäre z. B. denkbar, dass die beiden Urkunden, in denen Herzog Albrecht von Braunschweig, der Bruder Elisabeths, als Begünstigter genannt wird (D Wilh 190, 1253 Aug. 22, Leiden; D Wilh 193, 1253 Dez. 16, Renesse) und die sich beide auf die Reichslehen Gunzelins von Peine beziehen, auf Intervention der Königin entstanden sind.

1040) OHZ 2 Nr. 608 S. 206 Z. 35: *Florekinus frater noster.*

1041) OHZ 2 Nr. 730 S. 364 Z. 34 f.

1042) Auch in einem Schreiben des Papstes ist nur vage von dem „Überlassen" oder „Anvertrauen" der Grafschaft die Rede, OHZ 2 Nr. 908 S. 580 Z. 35: [...] *in comitatum Hollandie, tue prudentie a fratre tuo commissum.*

1043) OHZ 2 Nr. 730 S. 364 Z. 32.

1044) OHZ 2 Nr. 949 S. 627 Z. 1.

1045) OHZ 2 Nr. 789 S. 441 Z. 38–442 Z. 2.

Quellen nennen ihn deshalb *preses*[1046] oder *mombaer*[1047], also „Vogt“, seine Selbstbezeichnung bis zu seinem frühen Tod 1258 lautet *tutor Hollandie*[1048].

Die Tätigkeit, die er in Stellvertretung seines Bruders in Holland entfaltete, entsprach seiner oben zitierten Selbstbeschreibung. Stellt man die von ihm ausgestellten Urkunden denjenigen Wilhelms in holländischen Belangen gegenüber, so ist zu erkennen, dass Florens an vielen Stellen Entscheidungen des Königs bestätigte[1049]. Zuweilen wird seine Zustimmung oder Beteiligung an dem betreffenden Rechtsgeschäft bereits in das Diplom der königlichen Kanzlei eingeflochten[1050]. Belege für unabhängige Entscheidungen seinerseits sind hingegen selten. Er schlichtete Streitigkeiten, in die gräfliche Vasallen verwickelt waren[1051], und tätigte kleinere Schenkungen und Lehnsvergaben[1052]. In drei Dokumenten sind direkte Anweisungen Wilhelms an seinen Bruder erhalten: Am 9. Januar 1249 bekam Florens den Befehl, die Rechte des holländischen Getreuen Heinrich Buffel zu wahren[1053]; im Januar 1251 erhielt er den Auftrag, die Abtei Rijnsburg beim Deichbau in Oostkapelle zu unterstützen[1054]; und im November 1252 wurde er von seinem Bruder dazu aufgerufen, die Aussöhnung zwischen Sint-Truiden und dem Propst von St. Johannes in Utrecht voranzutreiben[1055]. Alle Urkunden des Königs, in denen Florens eine Rolle spielte, betrafen die

1046) Johannes de Beka, Chronographia Cap. 73a S. 217 Z. 2.

1047) Rijmkroniek v 4445 (A) S. 162.

1048) OHZ 3 Nr. 1086 S. 2 Z. 23.

1049) So in den Anfängen der Flandernproblematik und bei der Klärung der Rechte Margaretes in Zeeland, D Wilh 42, vgl. OHZ 2 Nr. 781; Bestätigung von Privilegierungen Egmonds, D Wilh 50, vgl. OHZ 2 Nr. 789 bzw. D Wilh 59, vgl. OHZ 2 Nr. 793; Bestätigung einer Privilegierung Ter Doests, D Wilh 63, vgl. OHZ 2 Nr. 796; Bestätigung der Privilegierung der Lübecker Bürger, OHZ 2 Nr. 831 – eine entsprechende Urkunde Wilhelms ist nicht erhalten, muss aber aufgrund des Wortlauts der Urkunde Florens' existiert haben; Rechteverleihung für Hemiksen bzw. Schenkung an Hemiksem, D Wilh 125$^{bis}$, vgl. OHZ 2 Nr. 887 und Nr. 949; Bestätigung der Privilegierung der Bremer Bürger, D Wilh 216, vgl. OHZ 2 Nr. 939; Bestätigung der Privilegierung Ludingakerkes, DD Wilh 423, 438, vgl. OHZ 2 Nr. 1040; Privilegierung Herkenrodes, D Wilh 9, vgl. OHZ 2 Nr. 1083 (nur erschlossen).

1050) DD Wilh 42, 44, 50, 61, 214, 215, 218, 248, 275 (Mitbesiegelung), 277 (Mitbesiegelung).

1051) OHZ 2 Nr. 890, 1251 Mai 6; Nr. 917, 1252 April 23; Nr. 986, 1253 Okt. 26.

1052) OHZ 2 Nr. 887; Nr. 898, 1251 Aug. 20; Nr. 940, 1252 Sept. 4, Middelburg; Nr. 1083.

1053) D Wilh 75.

1054) D Wilh 137.

1055) D Wilh 249.

Grafschaft Holland, bis auf eine, nämlich das im September 1248 vor Aachen ausgestellte Diplom für die Lazariten in Gfenn[1056]. Auch wenn es sich bei diesem um den ersten Beleg für ein gemeinsames Auftreten der Brüder nach der Königswahl handelt, dürfte es ein Zufallsprodukt gewesen sein. Denn in denselben Zeitraum fällt die erste Auseinandersetzung mit Margarete von Flandern um den Rechtsstatus Zeelands[1057], die den eigentlichen Anlass gegeben haben dürfte, dass Florens den König aufsuchte. Seine Interessen galten wohl ausschließlich der ihm anvertrauten Grafschaft, in Reichsinterna mischte er sich nicht ein. Dementsprechend ist er zwar in Aachen[1058], Kaiserswerth[1059] und Köln[1060] im Umfeld Wilhelms zu finden, ansonsten aber traf er seinen Bruder nur in Holland, Zeeland oder Brabant. Durch die Urkunden ist auch nicht zu belegen, dass er den König zu dessen Hochzeit nach Braunschweig begleitete[1061].

In den langwierigen Auseinandersetzungen mit Margarete von Flandern und ihren Verbündeten hingegen spielte Florens eine wichtige Rolle. Er verteidigte die Interessen der Grafschaft Holland in diesem Konflikt, der sich spätestens 1253 durch die Hinzuziehung Karls von Anjou zu einer „internationalen" Affäre auswuchs[1062]. Als Vertreter seines Bruders war Florens bereits 1248 einer der Vertragspartner, als es um den Status von Zeeland und den nötigen Lehnseid des holländischen Grafen an Flandern ging[1063]. Offenbar verstieß er gegen die Vereinbarungen und wurde von der flämischen Seite gefangen genommen, da im Mai 1250 in Brüssel über seine Freilassung im Gegenzug zur Stellung von Geiseln verhandelt wurde[1064]. Bei der Schlacht von Westkapelle im Sommer 1253 führte Florens das siegreiche holländisch-zeeländische Heer an: *Sconinx broeder, Florens de jonghe, / Wort ridder opden selven dach, / Doe hi de viande voer hem sach; / Ende*

---

1056) D Wilh 41.

1057) D Wilh 42.

1058) DD Wilh 41, 42, 50, letzteres am 5. Nov. 1248, was Florens' Teilnahmen an der Königskrönung wahrscheinlich macht.

1059) DD Wilh 59, 61, 63.

1060) DD Wilh 75, 248, 250, letztere im Okt./Nov. 1252; alle anderen Aufenthalte Florens' auf Reichsboden, soweit durch die Diplome zu belegen, fanden 1248 statt.

1061) Florens wird in keiner der Jan.–April 1252 ausgestellten Urkunden Wilhelms genannt und urkundet selbst am 23. April 1252 in Dordrecht, OHZ 2 Nr. 917.

1062) HINTZE, Königtum Wilhelms S. 122–124.

1063) DD Wilh 42, 43, 1248 Sept.

1064) [...] *nec tenebitur dicta comitissa Florentium fratrem nostrum liberare, donec decem obsides ipsi dederimus supradictos, et cum eos ipsi dederimus, fratrem nostrum predictum tenebitur liberare*, D Wilh 121 S. 165 Z. 14–16; vgl. HINTZE, Königtum Wilhelms S. 99–106.

*ghinc hem tieghen met stouten moede*[1065]. Umso erstaunlicher ist es, dass er bei den Friedensverhandlungen in Le Quesnoy im Juli 1254 keine Erwähnung fand[1066] – vielleicht weil die Zeelandfrage in Westkapelle vorerst geklärt worden war und das zweite Konfliktfeld, die Nachfolgefrage in Flandern und Hennegau, ein reichspolitisches war und Florens nicht direkt betraf.

An einer anderen Stelle deutet sich aber an, dass Wilhelms jüngerem Bruder durchaus eine Funktion innerhalb der Reichspolitik zugedacht war. Der König hatte bereits durch die Ehen seiner Schwestern Margarete und Adelheid mit Hermann von Henneberg bzw. Johann von Avesnes einflussreiche Verbündete gewonnen und maßgebliche Weichenstellungen vorgenommen[1067]. Für Florens wurde offenbar eine Verbindung mit der Babenbergerin Gertrud, der Nichte Friedrichs des Streitbaren, in Betracht gezogen. In einem Brief vom 18. Februar 1252 empfahl Papst Innozenz IV. der jungen Witwe Hermanns von Baden, den Bruder des Königs als Gemahl zu akzeptieren, *tuum fiat caput in Christo et in gubernatione rei domestice adiutorium salutare*[1068]. Die „heilsame Unterstützung in der Regelung häuslicher Angelegenheiten" meinte wohl ein Engagement in der österreichischen Nachfolgefrage, die zu dieser Zeit noch ungeklärt war[1069]. Die Heirat kam jedoch nicht zustande. Nach dem Tod Wilhelms verlobte sich Florens mit Margarete, einer Tochter Guidos von Dampierre, also seines ehemaligen Gegners bei Westkapelle, und besiegelte so den Ausgleich mit Flandern[1070]. Durch seinen Tod bei einen Turnier in Antwerpen 1258 wurde jedoch auch diese Eheverbindung nicht wirksam.

Insgesamt hätte Florens als jüngerer Bruder des Königs und, zumindest vor der Geburt Florens' V., rechtmäßiger Nachfolger in der Grafschaft Holland durchaus einen nicht unbedeutenden Faktor im herrscherlichen Handeln Wilhelms darstellen können. Gemessen daran scheint er sich jedoch sehr dezent verhalten zu haben. Er konzentrierte sich hauptsächlich auf die Verwaltung seines Herrschaftsgebietes und trat im Umfeld des Königs nur selten auf. Eine unmittelbare Einflussnahme auf dessen Entscheidungen lässt sich nicht feststellen.

---

1065) Rijmkroniek v 3892–3895 (A) S. 414.
1066) D Wilh 316.
1067) Siehe S. 119, 234.
1068) MGH Epp. sel. 3 Nr. 63 S. 51 Z. 4 f.
1069) Vgl. MULLER, Art. Florens S. 129 f.
1070) Rijmkroniek v 4453–4461 S. 162.

## 2.8 Zusammenfassung: Das Zusammenwirken an der Spitze des Reiches

Der innere Kreis um den König war für die Ausübung der Herrschaft im Reich essentiell. Aufgrund der Quellenlage wird es nicht möglich sein, die genaue Position der im vorangehenden Kapitel vorgestellten Personen zu bestimmen, doch lässt sich die Struktur dieser Gruppe besser erkennen. Einige Akteure standen untereinander in grundsätzlich gutem Einvernehmen: Hier sind an erster Stelle Konrad von Hochstaden und Siegfried III. von Mainz zu nennen, zumindest reichspolitisch betrachtet und bezüglich der kurzen Phase nach der Wahl Wilhelms bis zum Tod des Mainzers im Frühjahr 1249. Ebenfalls harmonisch im Blick auf die Zusammenarbeit am Hof stellt sich das Verhältnis des Trierer Erzbischofs Arnold von Isenburg mit dem Kölner dar. Sie eroberten 1248 gemeinsam die Burg Thurant[1071], und Erzbischof Konrad nahm Arnold in dessen Konflikt mit Wilhelm nach der Koblenzer Zoll-Affäre in Schutz und legte Widerspruch gegen dessen Bestrafung ein[1072]. Selbst in seiner ansonsten durchaus aggressiven Territorialpolitik hielt sich Konrad von Hochstaden gegenüber Trier, also an der südlichen Grenze des Kölner Hochstifts, im Zaum[1073]. Über die Haltung des Kölners gegenüber den beiden späteren Mainzer Erzbischöfen, also Christian von Weisenau und Gerhard, lässt sich im Kontext des königlichen Umfeldes wenig sagen. Bei der Ablösung Christians spielte Konrad offenbar keine herausgehobene Rolle. Der Liber de calamitate erwähnt zwar die ursprüngliche Wahl des Kölners auf den Mainzer Stuhl, die von der Kurie nicht akzeptiert wurde, und die Entschädigung Konrads mit dem Posten des Legaten[1074], doch bei der Ersetzung durch den Sohn des Wildgrafen waren nach Auskunft des Schreibers andere die treibenden Kräfte. Die Gruppe der rheinischen Erzbischöfe agierte untereinander, wenn es um das Königtum ging, also konfliktfrei, was wohl auch dadurch begünstigt wurde, dass alle demselben Verwandtschaftskreis angehörten.

Heinrich von Speyer und Gerhard von Mainz hingegen standen in Konkurrenz zueinander, trotz ihrer familiären Verbindungen[1075], und Spannungen bestanden auch zwischen den Legaten und den Erzbischöfen, wie die wiederholten Auseinandersetzungen Gerhards von Mainz mit Hugo von

1071) Siehe oben S. 140.

1072) *Sed archiepiscopus priores et cives Colonienses meliores pro sua parte habebat, qui regis conatui una cum legato et domno Cunrado ibidem archiepiscopo fortiter resistebant*, Gesta Treverorum S. 412 Z. 15–17.

1073) PRÖSSLER, Das Erzstift Köln S. 37 f., 64–66 zu Andernach als „Grenzort“.

1074) Christiani liber de calamitate S. 248 Z. 12–16.

1075) Aufgrund von Heinrichs Hoffnungen auf den Mainzer Stuhl, siehe oben S. 182 f.

Saint-Cher[1076] und der Anschlag Konrads von Hochstaden auf Petrus Capocci in Neuss zeigen konnten[1077]. Das Wohl der Gesamtkirche, das dem Papst und seinen direkten Vertretern im Reich am Herzen lag, und die jeweiligen reichs- und territorialpolitischen Interessen der einzelnen Prälaten konnten nicht immer miteinander in Einklang gebracht werden. Einen schwer zu ermessenden, aber nicht zu vernachlässigenden Faktor bildete das diplomatische Geschick des jeweiligen Legaten, das die Durchsetzung päpstlicher Standpunkte im Reich fördern oder, im ungünstigen Fall, behindern konnte.

Die kirchlichen Würdenträger um den König bildeten also keineswegs eine homogene Gemeinschaft, und ihre Einflussmöglichkeiten auf die Politik des Herrschers waren sehr unterschiedlich. Auffällig ist, dass zwischen 1253 und 1255 an verschiedenen Stellen eine Lockerung der Beziehungen der Prälaten zu Wilhelm zu beobachten ist, sowohl der Erzbischöfe als auch Hugos von Saint-Cher. Es ist die Phase nach der Hochzeit in Braunschweig und der sog. Nachwahl, und es sind die Jahre, die der König hauptsächlich mit dem Krieg gegen Flandern zubrachte. Beide Komplexe sind noch eingehender zu untersuchen.

In Heinrich von Speyer und Adolf von Waldeck wurden außerdem zwei Männer betrachtet, die in die praktische Regierungsarbeit eingebunden waren, der eine als Leiter der Kanzlei, der andere als Justitiar des Reiches. Sie zeichnen sich, soweit dies aus den Quellen zu erschließen ist, durch ein konstantes Vertrauensverhältnis zum König aus. Ihre Position am Hof war auf Wilhelm hin ausgerichtet, und zugleich stellten sie eine wichtige Kontaktmöglichkeit des Herrschers dar. Der Elekt von Speyer fungierte als Bindeglied zu seinem Verwandtschaftskreis, vor allem zu den Grafen von Leiningen und den Wildgrafen. Der Waldecker erschloss eine Verbindung nach Nordhessen und war somit möglicherweise ein Agent des Königs in den Auseinandersetzungen um das ludowingische Erbe in diesem Raum.

Einflüsse auf Entscheidungen Wilhelms könnten auch aus seinem engsten Familienumfeld gekommen sein, von seiner Ehefrau und seinem Bruder. Beide treten kaum in reichspolitischen Belangen hervor. Elisabeth stellte vermutlich ein Unterpfand des Bündnisses mit dem Herzog von Braunschweig und den Askaniern dar. Ob sie aktiv zur Umsetzung von Herrschaft durch Wilhelm beitrug, lässt sich nur schwer sagen. Es deutet sich an, dass sie im Reich blieb, während ihr Mann in militärische Aktionen

---

1076) In der Besetzung des Halberstädter Bischofsstuhls und im Blick auf die Exkommunikation Heinrichs des Erlauchten und Sophies von Brabant, siehe oben S. 176 f.

1077) Siehe oben S. 154–159.

im Nordwesten verstrickt war[1078]. Vielleicht übernahm sie herrscherliche Tätigkeiten in Vertretung des Königs, doch dafür fehlen die Quellen. Florens wiederum konzentrierte seine Bemühungen auf die ihm anvertraute Grafschaft Holland. Es ist zu vermuten, dass Wilhelm sich in allen Dingen, den Konflikt mit Flandern und die Auseinandersetzungen mit den Friesen betreffend, mit ihm beriet. Aber auch hier mangelt es an unmittelbarer Überlieferung.

Inmitten dieses personellen Geflechts befand sich der König und handelte in Abstimmung mit wechselnden Partnern. Einen dauerhaften Einfluss über die gesamte Herrschaftszeit hinweg stellt allenfalls Heinrich von Speyer dar. Andere Einwirkungen unterlagen Konjunkturen, selbst die Interessenvertretung der Kurie war abhängig vom jeweiligen Legaten. Misst man herrscherliches Handeln anhand der Urkundenausstellung, so bleibt als einzige wirkliche Konstante der Aussteller selbst übrig, in dessen Namen alle Diplome ausgefertigt wurden: König Wilhelm selbst.

## 3 König Wilhelms holländische Politik

Wilhelms Augenmerk galt in besonderer Weise Angelegenheiten, die sich im Umfeld seiner Heimat abspielten. Er war als Graf von Holland auch nach seiner Wahl zum römischen König in die Verwaltung seines Territoriums und die damit zusammenhängenden Auseinandersetzungen eingebunden. Bereits der Blick auf sein Itinerar zeigt, dass er sich immer wieder und für längere Zeitabschnitte in Holland aufhielt. Dieses Verhalten eines Herrschers ist keineswegs ungewöhnlich, lag doch der Schwerpunkt des Reiches auch in früheren Zeiten auf der Herkunftsregion des Reichsoberhauptes[1079]. Es ist jedoch interessant, dass gerade im Falle Wilhelms von der älteren Forschung ein Gegensatz zwischen den „deutschen Angelegenheiten" und den Ereignissen in Holland gesehen wurde und die in den „Erblanden entstandenen Wirren" als Ablenkung des Königs begriffen wurden[1080]. Es

---

1078) Darauf deutet evtl. ihre gemeinsame Reise mit Adolf von Waldeck zum Trifels hin, siehe oben S. 200.

1079) Zu Sachsen als königlicher Zentrallandschaft unter den Ottonen vgl. etwa EHLERS, Sachsen S. 37–57; ENGELS, Überlegungen zur ottonischen Herrschaftsstruktur S. 268 f., über die Randlage Bayerns und Schwabens bis zum späten 10. Jh.; zum Rhein-Main-Gebiet als Zentrum des salischen Reiches vgl. MÜLLER-MERTENS, Reich und Hauptorte der Salier S. 139–158; zu den regionalen Schwerpunkten der Staufer im Reich vgl. BURKHARDT, Anfänge der Staufer S. 74 f.; zur Mittelrheingegend als Innovationsregion des nordalpinen Reiches auch BÖNNEN, Rhein-Main-Necker-Region S. 104–111.

1080) HINTZE, Königtum Wilhelms S. 91.

scheint ein Kritikpunkt zu sein, dass Wilhelm seinen königlichen Einfluss „vor allem für seine Erblande fruchtbar zu machen“[1081] suchte, also eine Politik betrieb, die später von den Habsburgern und Luxemburgern erfolgreich zum Ausbau ihrer jeweiligen „Hausmacht“ eingesetzt wurde[1082]. Dabei wurde auch ausgeblendet, dass die Niederlande noch im Spätmittelalter trotz des stärker werdenden französischen Einflusses unangefochten Bestandteil des Reiches waren, mit enger Anbindung an das Mittelrheingebiet, den Kernraum des Königtums. Sie standen immer wieder im Zentrum des Interesses der Herrscher, auch der Wittelsbacher, Luxemburger und Habsburger[1083].

Im folgenden Kapitel wird der Versuch unternommen, Wilhelms herrscherliches Handeln im Nordwesten des Reiches, also in den Belangen seiner Grafschaft, aber auch in Konflikten mit verschiedenen Akteuren vor Ort, als Teil seines Regiments im Reich zu betrachten. Gerade der Konflikt mit Margarete von Flandern ist in diesem Licht neu zu bewerten.

### 3.1 Alltagsgeschäfte

Für die Erledigung der alltäglichen Angelegenheiten in Holland hatte Wilhelm seinen Bruder Florens zu seinem Stellvertreter ernannt[1084]. Die Verwaltungsstruktur der Grafschaft lässt sich zum Teil auch in den Diplomen Wilhelms ablesen, da sich der König mehrmals an sämtliche Amtleute in Holland und Zeeland wandte. Er nennt diese *decani*, *ballivi*[1085] und *sculteti*[1086]. Im Verlauf des 13. Jahrhunderts wurden die gräflichen Herrschaftsgebiete nach dem Vorbild Flanderns und Hennegaus in kleinere Verwaltungseinheiten aufgeteilt, niederländisch „baljuwschappen“, was mit Balleien oder Vogteien wiedergegeben werden kann. Die Baljuws übernahmen vor

1081) Ebd. S. 94.

1082) Instruktiv dazu nach wie vor SCHUBERT, König und Reich S. 91–100.

1083) SCHUBERT, König und Reich S. 72–77; siehe auch unten S. 417–437 zur Geschichtsschreibung unter den wittelsbachischen Grafen von Holland und der Einbindung Hollands in den habsburgischen Herrschaftsbereich.

1084) Siehe oben S. 201–204.

1085) […] *decanis et ballivis Hollandie*, D Wilh 139, 1251 Febr. 9, Middelburg.

1086) […] *universis sculteteis per Zelandiam*, D Wilh 299, 1254 Febr. 7 oder 9, Middelburg; […] *universis ballivis, sculteteis ac eorum subditis per Zelandiam et Hollandiam constitutis*, D Wilh 315, 1254 Juli 2, vor Brüssel.

allem richterliche Aufgaben, als Vorsitzende eines aus Niederadligen, „welgeboren mannen“, zusammengesetzten Richtergremiums[1087].

Hier begegnet uns wieder der Personenkreis, der vor allem zu Beginn der königlichen Herrschaft Wilhelms in dessen Gefolge nachzuweisen ist[1088]. Über die Anwesenheit im Heerlager oder am Hof hinaus lässt sich aus den Diplomen kaum etwas über die Amtsführung dieser Männer und ihre „offizielle“ Beziehung zum König aussagen, da nur wenige Urkunden erhalten sind, die holländische oder zeeländische Amtsgeschäfte betreffen. Arnold von Heemskerk, der Burggraf der Torenburg in Alkmaar und Amtmann in Kennemerland, wurde durch Wilhelm im September 1254 mit dem besonderen Schutz des Klosters Egmond beauftragt[1089]. Eine vergleichbare Stellung hatte Simon von Haarlem für die Provinz Zeeland inne, der im Februar 1250 speziell den Ritter Simon von Soeburg davon abhalten sollte, die Abtei Middelburg zu belästigen[1090]. Sowohl Arnold von Heemskerk als auch Simon von Haarlem tragen den Titel eines *ballivus*.

Mehrfach ist der Ritter Heinrich Buffel als Amtmann in Zeeland zu fassen. Im April 1248 wurde er mit dem Amt Schakerlo in Zuid-Beveland in Zeeland belehnt, unter der Bedingung, Männer und eine Kogge zur Landesverteidigung bereitzustellen[1091]. Der König wies auch seinen Bruder an, Heinrich zu unterstützen[1092], und verfügte außerdem, dass der Ritter seine Lehen nicht nur an einen Sohn, sondern auch in weiblicher Linie bis zum vierten Verwandtschaftsgrad vererben durfte[1093]. Allein aufgrund der geographischen Lage von Heinrichs Besitzungen ist davon auszugehen, dass dieser in den Auseinandersetzungen mit Flandern eine wichtige Rolle spielte. Sein Auftreten als Zeuge im Brüsseler Vertrag Wilhelms mit Gräfin Margarete im Mai 1250 belegt diese Vermutung[1094]. Heinrichs Amtsbereich wird jedoch als *officium* bezeichnet, erstreckte sich also auf eine untergeordnete Einheit. Weitere holländische und zeeländische Adlige treten aufgrund

1087) LENSELINK, Het burggraafschap van Zeeland S. 35–37; KOSSMANN-PUTTO, Bestuur en rechtspraak S. 32–35.

1088) Siehe oben S. 66–75; vgl. auch VAN WINTER, Adel, ministerialiteit en ridderschap S. 123–147.

1089) D Wilh 322; CORDFUNKE, Macht en aanzien S. 67–71.

1090) D Wilh 105.

1091) [...] *officium totum et iurisdictionem de Scahrl[.]*, D Wilh 23 S. 53 Z. 27; bestätigt nach der Königskrönung Wilhelms durch D Wilh 49, 1248 Nov. 4, Aachen.

1092) D Wilh 75, 1249 Jan. 9, Köln.

1093) D Wilh 76 1249 Jan. 16, Andernach; zu den Besitztiteln gehörte offenbar noch Vriezendijk bzw. ein Teil des Vriezendijkermoers in Tholen, ebenfalls Zuid-Beveland, die betreffenden Urkunden sind jedoch verloren, vgl. DD Wilh 424, 432.

1094) D Wilh 117 S. 161 Z. 28.

von Belehnungsakten[1095] und Verkäufen[1096] ins Licht der Überlieferung, wobei Wilhelm und Florens oft gemeinsam agierten. Auch die Gräfinwitwe Mechthild urkundete in Belangen der Grafschaft und bedurfte dabei der Zustimmung ihres Sohnes: Am 11. bzw. 12. Juni 1252 bestätigte Wilhelm ein nicht näher bezeichnetes Gütergeschäft seiner Mutter mit Hoier von Hoek[1097].

Betrachtet man die auf die Verwaltung der Grafschaft bezogene Kommunikation des Königs insgesamt, so erscheint sie recht dünn. Ein Zusammenwirken Wilhelms mit einem der wichtigsten Herren, Heinrich von Voorne, dem *castellanus Zelandie*[1098], kann etwa nur durch eine Urkunde des Burggrafen nachgewiesen werden, die in Anwesenheit des Königs ausgestellt wurde[1099]. Den Hauptteil machen Lehns- und Besitzfragen aus, die Aufträge an die Amtleute lauteten auf den Schutz hilfsbedürftiger Einrichtungen und betrafen die Landesverteidigung. Die geringe Überlieferungsdichte der Quellen kann zum einen darauf zurückgeführt werden, dass ephemeres Schriftgut nicht aufbewahrt wurde, viele Einzelfallentscheidungen Wilhelms also nicht erhalten sind. Zum andern ist nicht abzuschätzen, wie viele und welche Aufgaben Florens als Stellvertreter des Bruders übernommen hat.

---

1095) Allard von Duvenee mit Besitz u. a. in Vriezendijkermoers und Schakerlo, D Wilh 429; Arnold Kints mit einer Rente aus der Landpacht in De Lier in Holland, D Wilh 442; Arnold von Duivenvoorde mit einer Rente aus der Bede von Voorschoten in Holland, D Wilh 60, 1248 Nov. 22; Dieric Brecaes mit einem Haus und einer Rente von einem Hof in Haarlem, D Wilh 431; Gerhard gen. Berthold von Akersloot und seine Schwestern mit dem Lehen seines Vaters in Nordholland, D Wilh 309, 1254 Mai 21; die Brüder Theoderich, Hermann und Gerhard von Poelgeest in Haarlem, D Wilh 224, 1252 Juli 1; Theoderich von Poelgeest spzeziell mit bestimmten Vorrechten für diejenigen, die sich auf seinen Gütern niederlassen, D Wilh 240, 1252 Aug. 17; die Nachkommen Simons von Haarlem, D Wilh 235, 1252 Juli 15. Weitere Regelungen in holländischen Lehensangelegenheiten mit Gerhard von Batenburg, D Wilh 306, 1254 März 27; Hugo von Naaldwijk, D Wilh 371, 1255 April 29; Hugo von Rietwijk, D Wilh 31, 1248 Mai 1; Wilhelm von Brederode, D Wilh 69, 1248 Dez. 30, und D Wilh 131, 1250 Juli 27.

1096) Nikolaus von Zierikzee, DD Wilh 104, 109, 1250 Febr. 1 bzw. März 31; Simon von Haarlem und Walter von Egmond, D Wilh 44, 1248 Okt. 16.

1097) DD Wilh 214–215. Die entsprechende Urkunde Mechthilds ist nicht erhalten. Zugleich war die ehemalige Gräfin auch die Begünstigte bei Güterübertragungen, etwa wurde ihr das Erbe Adelheids von Rijswijk durch ihren Sohn zugesprochen, D Wilh 103, 1249 Dez. 31, 's-Gravenzande.

1098) Zur Stellung Zeelands und des Burggrafen von Voorne in der gräflichen Verwaltung vgl. KOSSMANN-PUTTO, Bestuur en rechtspraak S. 40–42.

1099) *[…] in presentia illustrissimi principis domini Willelmi regis Romanorum*, OHZ 2 Nr. 837 S. 487 Z. 31.

Zieht man zu den Diplomen für laikale Urkundenempfänger diejenigen hinzu, die Wilhelm für geistliche Gemeinschaften in Holland und Zeeland ausgestellt hat, so erweitert sich das Material beträchtlich. Die wichtigsten vom König unterstützten Klöster sind die Benediktinerabtei Egmond in Nordholland und das Prämonstratenserkloster Middelburg auf der zeeländischen Insel Walcheren. In den Zuwendungen an Egmond folgte Wilhelm einer langen Familientradition. Gegründet zu Beginn des 10. Jahrhunderts von Dietrich I., dem fast sagenhaften ersten holländischen Grafen[1100], war die Abtei das Hauskloster und die Grablege der meisten Gerulfinger[1101]. Wilhelm bedachte den Konvent mit Schenkungen und Privilegien[1102], tauschte mit ihm Ministerialen in der unmittelbaren Umgebung Egmonds[1103] und wies seine Amtleute an, die Rechte des Klosters zu schützen[1104]. Im Oktober/November 1254 und im Sommer 1255 hielt sich der König in Egmond auf[1105].

Besondere Beachtung verdient die Bezeichnung Abt Lubberts als Vizekanzler in einem königlichen Brief aus dem Jahr 1255, in dem Wilhelm von seinen Erfolgen in den *partes superiores Alemannie*, besonders aber über die Einnahme des Trifels mit den Reichskleinodien berichtet[1106]. Trotz der problematischen Überlieferung des Stücks hält Hägermann es für authentisch und stellt verschiedene Überlegungen über den bis zu diesem Zeitpunkt in der königlichen Kanzlei nicht verwendeten Vizekanzlertitel an. Er vermutet, dass Wilhelm den Rang neben den existierenden, aber fest vergebenen Ämtern der Erzkanzler und des Kanzlers kreiert hatte, um seine besondere Bindung an die Abtei zu demonstrieren und Lubbert eine Ehrenstellung

1100) DE BOER/CORDFUNKE, Graven van Holland S. 17–19.

1101) CORDFUNKE, Opgravingen in Egmond S. 19–28, hält es zwar für unwahrscheinlich, dass die Gründung Egmonds von Anfang an als Stiftung eines gerulfingischen Hausklosters gedacht war. Im Endeffekt wurde es jedoch dazu und stellte das kulturelle Zentrum der Grafschaft bis ins Spätmittelalter dar.

1102) D Wilh 57, 1248 Nov. 21: Kapelle von Hillegom südl. Haarlem, Befreiung vom Zwanzigsten, Bestätigung der Rechte; D Wilh 59, 1248 Nov. 21: Schenkung des Zehnts in Voorhout, Noordwijk und Sassenheim, ebenfalls zwischen Haarlem und Leiden gelegen.

1103) D Wilh 310, 1254 Mai 21; dazu D Wilh 328, 1254 Okt. 31, die Freilassung der eingetauschten Ministerialen in Wimmenum.

1104) D Wilh 139, 1251 Febr. 9: Einhaltung der päpstlichen Indulgenz für Egmond; D Wilh 322, 1254 Sept. 12: Unterstützung Arnolds von Heemskerk, Burggraf der Torenburg, vor allem bei der Durchsetzung des erwähnten Ministerialentauschs.

1105) DD Wilh 327–330, 381, 385–386.

1106) D Wilh 356, Zitat S. 424 Z. 32; vgl. Johannes de Beka, Chronographia Cap. 72g S. 211.

einzuräumen[1107]. Ohne dieses Problem hier einer Klärung näherbringen zu können, ist immerhin festzustellen, dass durch die Person des Abtes von Egmond, der unzweifelhaft als königlicher Kaplan erwähnt wird[1108], eine dauerhafte Verbindungslinie zwischen Wilhelm und dem Kloster bestand. Und es deutet sich an, dass Lubbert ein Vertrauter des Königs war, den dieser voller Stolz von der Anerkennung in Kenntnis setzt, die ihm in Oberdeutschland entgegengebracht worden war, und von der Erringung der Reichskrone: *Ut intellecta continentia status nostri in exultatione tuus respiret animus suscipiatque materiam gaudiorum* [...][1109].

Trotz des engen Verhältnisses zwischen Abt Lubbert und dem König wurde dem alten Hauskloster der holländischen Grafen von den Prämonstratensern in Middelburg zumindest unter Wilhelm und seinem Sohn Florens V. der Rang abgelaufen[1110]. Bereits 1123, also kurz nachdem Norbert von Xanten den neuen Orden in Prémontré gegründet hatte, holten Dietrich VI. und seine Mutter Petronilla einen Gründungskonvent der Reformkanoniker aus Antwerpen nach Walcheren, übertrugen ihnen einen beträchtlichen Teil des Burggeländes und demonstrierten so ihre Ansprüche auf Zeeland[1111]. Denn etwa zur gleichen Zeit wurde das später so konfliktreiche Lehnsverhältnis zwischen Flandern und Holland bezüglich Zeelands bewesten Schelde begründet[1112]. Zu Beginn des 13. Jahrhunderts ließen sich sowohl Ada von Schottland, die Gemahlin Graf Florens' III., als auch ihr Sohn Florens, Dompropst der Kirche von Utrecht, in Middelburg bestatten

1107) HÄGERMANN, Studien zum Urkundenwesen S. 33 f.; vgl. KRUISHEER, De oorkonden en de kanserlarij 1 S. 189.

1108) [...] *venerabilis Lubertus abbas monasterii Egmundensis, capellanus noster*, D Wilh 385 S. 451 Z. 3 f.; vgl. D Wilh 139 S. 186 Z. 37 f.

1109) D Wilh 356 S. 424 Z. 30 f.

1110) Vgl. auch CORDFUNKE, Willem II S. 51. Ob allerdings die Schenkungen Wilhelms, wie Cordfunke vermutet, bereits im Zusammenhang mit einem geplanten Ausbau der Kirche standen, der erst um 1266 nachzuweisen ist, kann aus den Urkunden nicht belegt werden.

1111) Eine Stiftungsurkunde o. ä. mit einer Aufstellung der Gründungsausstattung des Klosters ist nicht vorhanden, das älteste überhaupt noch im Original erhaltene Dokument aus Middelburg ist eine nicht genau zu datierende Urkunde des holländischen Grafen Dietrich VII. (1190–1203), in der dieser in der Funktion eines Vogtes des Klosters auftritt, OHZ 1 Nr. 237. Es darf wohl vermutet werden, dass die Vogtei von Anfang an in der Hand der Grafen war und sie somit auch als Stifter namhaft zu machen sind, selbst wenn die früheste Besitz- bzw. Rechteübertragung erst für Graf Florens III. zu belegen ist, OHZ 1 Nr. 214; vgl. auch HENDERIKX, De geschiedenis van de norbertijner abdij S. 27 f.; DERS., Landschap, bewoning, sociale structuren S. 99; DERS., Kerk en kerkelijke instellingen S. 153 f.

1112) Siehe unten S. 230–234.

und initiierten somit eine zusätzliche Memorialtradition für die Familie[1113]. Das Kloster war also in zweierlei Hinsicht ein Symbolort für Wilhelm: Es beherbergte die Grabstätten seiner Vorfahren und es stand für die Herrschaft der Grafen von Holland in Zeeland. Es nimmt also nicht wunder, dass er diesen Ort bevorzugte und mehrfach zu seinen Gunsten urkundete. Die Prämonstratenser wurden durch die Förderung der Grafenfamilie der wichtigste Herrschaftsträger auf Walcheren. Zu Beginn des 14. Jahrhunderts verfügten sie über großen Grundbesitz vor allem im Westen und Norden der Insel und über den Patronat in einer beträchtlichen Anzahl von Kirchen, auch auf Noord- und Zuid-Beveland[1114].

Schon das erste Diplom, das die Abtei vom gerade erst gewählten König erhielt, weist auf eine bevorzugte Verbindung hin: Bislang hatte Simon von Zanddijk im Auftrag des holländischen Grafen die Vogtei über das Kloster verwaltet. Nun jedoch, nach dem erbenlosen Tod seines Vasallen, versprach Wilhelm, diese Aufgabe nicht mehr aus der Hand zu geben, *nec, casu aliquo interveniente, alienari a nostro dominio paciemur ac eius defensioni contra quoslibet insultus pro viribus insistemus*[1115]. Diese Maßnahme entsprach zum einen den Bitten des Abtes und der Brüder, die ihren Schutz nicht einem Dritten anvertraut sehen wollten. Zum anderen zeigt sich hier vielleicht bereits ein vorausschauendes Interesse des Königs, der die Herrschaftsrechte auf der Insel Walcheren und somit in der unmittelbaren Kontaktzone zu Flandern unter Kontrolle behalten wollte. Erst kurz vorher, im August 1247, hatte sich Wilhelm überhaupt zum ersten Mal nachweislich mit Middelburg befasst, als er ein Gütergeschäft zugunsten der Abtei bestätigte[1116]. Die Nähe zwischen dem Herrscher und dem Kloster nahm erst mit der Königswahl ihren Anfang.

Nur kurz nach der Klärung der Vogteifrage übertrug Wilhelm Zehntrechte auf Walcheren an die Abtei und befreite einen Teil ihres Besitzes von landesherrlichen Abgaben[1117]. Im Frühjahr 1248 hielt er sich in Middelburg auf, was den Klerikern wiederum Abgabenbefreiungen und einen königlichen Befehl an die Bewohner des nur wenige Kilometer nördlich liegenden Ortes Serooskerke eintrug, die aus Middelburg geschickten Priester zu akzeptieren. Mehrfach beauftragte der König seine Amtleute, das Kloster zu

---

1113) CORDFUNKE, Willem II S. 33–37

1114) Zum Patronat vgl. HENDERIKX, De geschiedenis van de norbertijner abdij S. 35 f.; Aufstellung und Kartierung des Grundbesitzes der Abtei auf Walcheren ebd. S. 46 f.

1115) D Wilh 6, 1247 Dez. 21, vor Kaiserswerth, S. 33 Z. 18 f.; vgl. auch HENDERIKX, De geschiedenis van de norbertijner abdij S. 56.

1116) OHZ 2 Nr. 716.

1117) D Wilh 7, 1247 Dez. 29, vor Kaiserswerth.

schützen[1118], er bestätigte richterliche Entscheidungen zugunsten der Abtei[1119], kümmerte sich um die Begleichung der Schulden, die er bei ihr hatte[1120], und erlaubte den Mönchen, ihr Vieh in seinen Dünen weiden zu lassen[1121]. Die meisten dieser Rechtsgeschäfte hätten aufgrund der besonderen Verhältnisse in Zeeland bewesten Schelde eigentlich der Zustimmung der Gräfin von Flandern bedurft. Dass Wilhelm sich offenbar darüber hinwegsetzte, trug nicht unwesentlich zur Eskalation des Konfliktes mit Gräfin Margarete bei[1122]. Besuche in Middelburg waren fester Bestandteil fast aller königlichen Aufenthalte in Holland[1123], auch dies kann als demonstrative Geste gegen Flandern verstanden werden. Schließlich wurde Wilhelm 1282 in der Abteikirche beigesetzt, zur Seite seines Bruders Florens († 1258) und seiner Frau Elisabeth († 1266)[1124].

Obwohl auch eine gewisse familiäre Affinität zu den Prämonstratensern in Middelburg bestand, ist das Engagement des Königs außergewöhnlich. Dies zeigt der Blick auf die Urkunden, die andere Mitglieder des Grafenhauses für das Kloster ausstellten: Florens verteidigte im Juli 1248 als Stellvertreter seines Bruders die Rechte der Abtei gegen zwei seiner Getreuen[1125]. Florens V., Wilhelms Sohn, griff im Juli 1266 in einen Abgabenstreit zwischen dem Abt und Jan von Brigdamme ein[1126] und tauschte im September 1276 mit Middelburg seine Patronatsrechte in Monster mit dessen Patronatsrechten in Welle[1127] – für das Kloster ein eher ungünstiges Geschäft, da Monster bei Den Haag gelegen ist, während sich Welle auf Noord-Beveland, also in unmittelbarer Nähe Middelburgs befand. Im September 1277 bestätigte der Graf Abt und Konvent für gekauftes Land bei Oostkapelle dieselben Rechte, wie sie die Vorbesitzer innegehabt hatten[1128]. Von einem sehr engen Verhältnis oder einer rechtlichen Bevorzugung des Klosters durch den Inhaber der Grafenwürde kann zunächst nicht die Rede sein, obwohl sich dort die Grabstätten seiner nächsten Verwandten, seiner

1118) D Wilh 105, 1250 Febr., Zierikzee; D Wilh 278, 1253, Middelburg.

1119) D Wilh 138, 1251 Febr. 3, Middelburg.

1120) D Wilh 140, 1251 Febr. 21, Middelburg.

1121) D Wilh 212, 1252 Juni 8.

1122) Siehe unten S. 248–252.

1123) Durch Urkundenausstellungen belegte Aufenthalte in Middelburg: 1248, DD Wilh 16–17; 1250 Mai 28, D Wilh 125[bis]; 1251 Jan. 16 – Febr. 20, DD Wilh 137–140; 1253 Juni 17, D Wilh 279; 1254 Febr. 7/9, D Wilh 299; 1254 Febr. 25, D Wilh 303.

1124) CORDFUNKE, Willem II S. 41.

1125) OHZ 2 Nr. 762.

1126) OHZ 3 Nr. 1417.

1127) OHZ 3 Nr. 1753.

1128) OHZ 3 Nr. 1800.

Mutter und seines Onkels befanden. Erst mit der Einrichtung Middelburgs als Memorialort für seinen Vater rückte die Abtei wieder in Florens' Fokus, und es ist zu vermuten, dass die Wahl dieses Ortes seine strategische Entscheidung war[1129]. Da der Konflikt mit Flandern um Zeeland bewesten Schelde in den 1280er Jahren noch längst nicht vollständig beigelegt war, blieb auch Middelburg dauerhaft interessant[1130].

Die anderen geistlichen Institutionen in Holland und Zeeland erhielten vom König jeweils eine oder zwei Urkunden. Auffällig ist, dass es sich bei den Begünstigten bis auf das Franziskanerkloster in Dordrecht[1131] durchgängig um Frauenklöster handelte: die Zisterzienserinnenklöster Betlehem in Elkerzee auf Schouwen[1132] und Loosduinen bei Den Haag[1133], die Benediktinerinnen von Porta Coeli in Werendijke auf Walcheren[1134] und Rijnsburg bei Leiden[1135] sowie die Beginenhäuser in Middelburg[1136], 's-Gravenzande[1137] und Zierikzee[1138]. Eine besondere Vorliebe des Königs für einen bestimmten Orden lässt sich aus dieser Reihe nicht ableiten, wenn auch

1129) DHANENS, Het graf van Rooms-Koning Willem II S. 83, vermutet allerdings, dass Wilhelm Middelburg zu seiner Grablege bestimmt hatte; zum Grab Wilhelms siehe auch unten S. 394–399.

1130) Auch unter den Avesnes und Wittelsbachern blieb Middelburg ein häufiger Aufenthaltsort der Grafen, erst gegen Ende des 14. Jh. bildete sich zunehmend Den Haag als Residenz heraus, vgl. HENDERIKX, De geschiedenis van de norbertijner abdij S. 56–58.

1131) D Wilh 10, 1248 Febr. 20, Zierikzee. Der Franziskanerkonvent in Dordrecht ist nicht eigentlich der Empfänger dieses Diploms, sondern nur der Nutznießer: Wilhelm erteilte darin seinen Zöllnern in Niemandvriend den Befehl, den Franziskanern Bier zu geben: *cum fratres minores de Dordrech cerevisia indiguerint et ab ipsis requisiti fueritis, ex parte nostra in potu cerevisiae subveniatis eisdem, donec duximus revocandum*, S. 37 Z. 24–26.

1132) D Wilh 13, 1248 März 5, Zierikzee: Abgabenfreiheit; Betlehem war eine Tochterstiftung der Abtei Ten Duinen in Flandern, HENDERIKX, Kerk en kerklijke instellingen S. 162.

1133) D Wilh 102, 1249 Dez. 31, 's-Gravenzande: Schenkung des Zehnten aus dem Besitz des Hoier von Hoek; D Wilh 277, 1253 Mai 25, Den Haag: Erlass von Abgaben, Bestimmungen über die Freiheit des Klosters.

1134) D Wilh 91, 1249 Juni 19, Koblenz: Landschenkung, Abgabenbefreiung; diese Urkunde stellt offenbar die erste Erwähnung des Klosters dar, HENDERIKX, Kerk en kerklijke instellingen S. 162.

1135) D Wilh 137, 1251 Jan. 16, Middelburg: Schutz, Unterstützung beim Eindeichen bei Oostkapelle.

1136) D Wilh 299, 1254 Febr. 7/9, Middelburg: Schenkung des Grundstücks, auf dem das Beginenhaus steht.

1137) D Wilh 372, 1255 Mai 17, Aalbertsberg: Schenkung einer jährlichen Rente.

1138) D Wilh 441, ohne Datum und Ort: Rechte [zu erschließen aus einem Mandat Wilhelms III. von Holland von 1332]; durch dieses Dokument lässt sich die Entstehung

die Förderung der Beginen – der Beginenhof in Middelburg entstand auf einem von Wilhelm gestifteten Grundstück und unterstand dem Abt des Prämonstratenserklosters, das sich ganz besonders des Vertrauens des Königs erfreute[1139] – einen interessanten Hinweis auf die höhere Akzeptanz dieser Form weiblicher Frömmigkeit in den holländischen und flandrischen Städten darstellen könnte[1140].

Wenn man das Blickfeld erweitert und weitere Klöster im Nordwesten des Reiches, also in Reichsflandern, Geldern, Brabant und Friesland hinzuzieht, erhalten die Reformorden des 12. Jahrhunderts, also Zisterzienser und Prämonstratenser, ein stärkeres Gewicht in der Urkundenausstellung des Herrschers, was jedoch nicht außergewöhnlich ist[1141]. Wilhelm urkundete für die Zisterzen Hemiksem[1142], Ten Duinen[1143] und Ter Doest[1144] an der Nordseeküste Flanderns, für die Zisterzienserinnen in Roermond (Geldern)[1145] und in Rozendaal (Brabant)[1146], für die Prämonstratenser in Berne[1147], in Marienweerd[1148] und deren weiblichen Ableger Zennewijnen[1149] in Geldern sowie für das Regularkanonikerstift Ludingakerke in Fries-

des Beginenhofes in Zierikzee früher datieren, bei HENDERIKX, Kerk en kerkelijke instellingen S. 162 noch 1271 als terminus ante quem.

1139) HENDERIKX, Kerk en kerkelijke instellingen S. 162; DERS., De geschiedenis van de norbertijner abdij S. 40.

1140) Dazu nur sehr kurz VOIGT, Beginen im Spätmittelalter S. 84 f., allerdings nur im Blick auf das Bistum Lüttich; SIMONS, Cities of Ladies S. 104–109, über die Gründer bzw. Förderer der frühen Beginenhäuser in den Niederlanden und in Nordfrankreich, darunter Johanna und Margarete von Flandern und Ludwig IX. von Frankreich.

1141) Vgl. etwa das enge Verhältnis Friedrichs II. zu den Zisterziensern, STÜRNER, Friedrich II. 1 S. 177 f.

1142) D Wilh 125[bis], 1250 Mai 28, Middelburg: Zollfreiheit aller zum Eigenverbrauch bestimmter Güter; D Wilh 213, 1252 Juni 11, Antwerpen: Schoßfreiheit in der Pfarrei Schore.

1143) D Wilh 315, 1254 Juli 2, bei Brüssel: Schutz.

1144) D Wilh 19, 1248 März 26, 's-Gravenhage: Schutz, Festsetzung der Abgaben, Besitzbestätigung; D Wilh 63, 1248 Dez. 5, vor Kaiserswerth: Schutz, Bestimmungen über die Abgaben, Besitzbestätigung.

1145) D Wilh 155, 1251 Juli 31, Ehrenbreitstein: Schutz.

1146) D Wilh 38, 1248 Aug. 18, vor Aachen: Besitzbestätigung; vgl. auch Monasticon Belge 8,1 S. 140–142.

1147) D Wilh 20, 1248 April 3, Utrecht: Beauftragung des Herzogs von Brabant mit dem Schutz des Klosters.

1148) D Wilh 12, 1248 März 2: Schutz; D Wilh 101, 1249 Dez. 31, 's-Gravenzande: Bestätigung der Zollbefreiung.

1149) D Wilh 281, 1253 Aug. 12, Utrecht: Zollfreiheit.

land[1150]. Lediglich mit St. Paul in Utrecht erscheint ein Benediktinerkloster, das jedoch im Utrechter Kontext zu betrachten ist[1151].

Müssen auch die persönlichen spirituellen Neigungen Wilhelms im Dunkel bleiben, so lassen sich doch im Blick auf die Klöster wieder Grundzüge der königlichen Politik erahnen. Roermond etwa war die Gründung und Grablege Graf Gerhards von Geldern († 1229) und seiner Frau Margarete († 1231), einer Schwester von Wilhelms Mutter Mathilde[1152]. Die Schutzurkunde für die Zisterzienserabtei ist also auch ein Gunstbeweis an Cousin Otto von Geldern. Die Zisterze Hemiksem, zunächst 1237 in Vremde gegründet und wenige Jahre später an das Ufer der Schelde verlegt, verdankte ihr Bestehen Herzog Heinrich II. von Brabant[1153], ebenfalls ein Onkel Wilhelms mütterlicherseits, und die Unterstützung des Klosters kann wiederum als Familienpolitik, in diesem Fall für Heinrich III. von Brabant gewertet werden.

Die Diplome für die Klöster Ten Duinen und Ter Doest weisen auf einen strategischen Hintergrund hin. Beide Abteien lagen auf dem unmittelbaren Herrschaftsgebiet der Gräfin Margarete. Für Ten Duinen, das noch zu Lebzeiten und unter persönlicher Beteiligung des heiligen Bernhard als direkte Tochtergründung von Clairvaux entstanden war[1154], stellte die Gräfin im Dezember 1246 umfassende Rechts- und Besitzbestätigungen aus und nannte sich in diesen selbst *superior domina terre Zelandie*[1155]. Im August 1253 jedoch, also wenige Wochen nach der Schlacht bei Westkapelle, wandte sich der Abt des Klosters an Wilhelms Bruder Florens, damit dieser als Schiedsrichter in einem Streit der Abtei mit einem gewissen Wilhelm Berton fungierte[1156]. Im Juli 1254, ausgerechnet während über die Bedingungen eines Friedensvertrages mit Margarete und ihren Verbündeten verhandelt wurde[1157], stellte der König dann die Urkunde aus, mit der er die Besitzun-

---

1150) D Wilh 423, ohne Datum und Ort: Patronatsrecht der Kirche von Tessel [zu erschließen aus einer Urkunde Florens' V. von 1284]; D Wilh 438, ohne Datum und Ort: Schutz [zu erschließen aus einer Urkunde Florens' V. von 1272].

1151) D Wilh 21, 1248 April 13, Utrecht: Zollvergünstigungen; D Wilh 218, 1253 Juni 17 oder 20, Utrecht: zusammen mit anderen Kirchen in Utrecht und Deventer, Schutz und Annahme des Abtes als königlicher Kaplan; siehe auch unten S. 225 f.

1152) Siehe oben Stammtafel Abb. 1 S. 57. Zu Roermond als Grablege TUMMERS, Grabstätten S. 57 f.

1153) Monasticon Belge 8,1 S. 42–45.

1154) MILIS, De Kerk tussen de Gregoriaanse hervorming en Avignon S. 181 f.; vgl. MALFLIET, Het conflict om Zeeland-bewester-Schelde S. 23 f.

1155) OHZ 2 Nr. 699 und 700, Zitat Nr. 699 S. 329 Z. 7 f.

1156) OHZ 2 Nr. 984–986.

1157) Siehe unten S. 265–267.

gen von Ten Duinen *in Quatuor Officiis*[1158] seinem Schutz unterstellte, in den „Vier Ambachten“, also in dem Gebiet, das südlich an das umstrittene Zeeland bewesten Schelde anschloss. In dieser Phase der Auseinandersetzungen hielt die Abtei also den Grafen von Holland bzw. den als Statthalter agierenden Florens und den römischen König für die besseren Garantiemächte als ihre eigentliche Landesherrin Margarete[1159]. Umgekehrt sah Wilhelm wohl eine willkommene Gelegenheit, seinen Einfluss sogar über die zeeländischen Inseln hinaus zu erweitern.

Das Kloster Ter Doest, ein Tochterkloster der Abtei Ten Duinen[1160], verfügte, anders als sein Mutterkloster, auch über große Besitzungen im holländisch dominierten Zuid-Beveland[1161]. In den bereits am 26. März bzw. am 5. Dezember 1248 ausgestellten Urkunden König Wilhelms werden diese aufgezählt, zunächst Güter im Amt Kattendijke an der Nordküste der Insel[1162]. Das spätere Diplom ist genauer, es nennt *in dominio nostro per Hollandiam et Zelandiam* Krabbendijke, Monsterhoek, Bommenee[1163], Oosthoek[1164], Heiligenberg[1165] und Graauw in den Vier Ambachten, *in Quatuor Officiis Flandrie*[1166]. In dieses zweite Dokument flossen verschiedene Vorurkunden aus der Hand von Wilhelms Vater Florens IV. ein, aber auch eine Besitzbestätigung, die das Kloster 1246 von Margarete von Flandern erhalten hatte[1167]. Es wird klar unterschieden zwischen Gütern, die in Zeeland bewesten Schelde und in den Vier Ambachten liegen, und letztere werden deutlich als flandrisches Hoheitsgebiet gekennzeichnet. Nach der Schlacht von Westkapelle ließ die königliche Kanzlei nicht mehr so viel Sorgfalt bei der Zuordnung der Gebiete walten, wie die oben zitierte Urkunde für Ten Duinen belegt.

Kontakte zwischen Ter Doest und Wilhelm oder seinem Bruder Florens lassen sich bis 1256 nicht mehr nachweisen, und auch von Margarete von

---

1158) D Wilh 315 S. 383 Z. 23.

1159) Vgl. MALFLIET, Het conflict om Zeeland-bewester-Schelde S. 92–94.

1160) MALFLIET, Het conflict om Zeeland-bewester-Schelde S. 24.

1161) MALFLIET, Het conflict om Zeeland-bewester-Schelde S. 95 f.

1162) D Wilh 19 S. 50 Z. 20 f. Als weiterer Besitz der Zisterze wird Aalbrandswaard erwähnt, heute ein Stadtteil Rotterdams in Südholland.

1163) Auf Schouwen, untergegangen.

1164) Auf Voorne, untergegangen.

1165) Bei Zevenbergen, untergegangen.

1166) D Wilh 63 S. 99 Z. 38–41; zu diesem Diplom Wilhelms existiert eine am selben Tag ausgestellte Bestätigung aus der Hand von Florens, OHZ 2 Nr. 796.

1167) OHZ 2 Nr. 701, hier allerdings keine genaue Nennung der Besitzungen, lediglich *quecumque dicta ecclesia a comitibus Hollandie et nobilibus Zelandie vel ab aliis fidelibus in Zelandia iuste acquisierit*, S. 331 Z. 16 f.

Flandern erhielt die Abtei keine Urkunden in dieser Zeit[1168]. Doch kurz nach dem Tod des Königs nahm Florens, der nun für seinen gleichnamigen Neffen die Grafschaft verwaltete, Friedensverhandlungen auf, als deren Unterhändler der Abt von Ter Doest fungierte[1169]. Während der Abt von Ten Duinen sich in der Hochphase des Konfliktes eindeutig auf die Seite Hollands gestellt hatte, verhielt sich sein Amtsbruder in Ter Doest unauffällig. Gerade deshalb könnte er als ein geeigneter Vermittler zwischen den Kriegsparteien erschienen sein[1170].

Betrachtet man insgesamt die Urkundenausstellung Wilhelms für die Klöster im niederländischen Raum, so ist zu konstatieren, dass das Prämonstratenserstift in Middelburg im Zentrum des königlichen Interesses stand. Damit wandte er sich in diesem Punkt bewusst von Egmond, dem in Nordholland gelegenen traditionellen Hauskloster seiner Familie ab. Das alte Benediktinerkloster behielt jedoch eine wichtige Stellung, sein Abt Lubbert war ein enger Vertrauter des Königs und wird einmal auch als Vi-

---

1168) Allerdings ist unter OHZ 2 Nr. 849–850, unter Bijlage 3 S. 512, ein Briefentwurf abgedruckt, der über einen Bruch des Vertrages zwischen Flandern und Holland von 1250, siehe unten S. 248–252, berichtet. Der Kläger ist in diesem Fall der Abt von Ter Doest, der an die Gräfin in ihrer Residenz Male herantritt, deren Leute sich an Bewohnern Zeelands vergangen haben sollen. Er, der Abt, ist um Hilfe gebeten worden. Die Gräfin weist den Abt an, eine nähere Untersuchung vorzunehmen, da die Beschuldigten angegeben haben, dass die Zeeländer mit den Gewalttätigkeiten angefangen hätten. Das Briefkonzept, in dem diese Angelegenheit berichtet wird, ist undatiert, und auch Absender und Empfänger sind unbekannt; Kruisheer datiert es aufgrund ähnlicher Vorkommnisse, die zu belegen sind. Insgesamt handelt es sich um eine sehr unsichere Quelle.

1169) OHZ 3 Nr. 1088, 1090, der Friedensvertrag Nr. 1091–1092.

1170) MALFLIET, Het conflict om Zeeland-bewester-Schelde S. 96, betrachtet das lange Schweigen Margaretes als Zeichen, „dat ook hier de pro-Hollandse houding van de abdij als het ware bestraft wordt.“ Eine solche Parteinahme des Klosters lässt sich nur schwer erschließen. Im Aug. 1246, noch vor der oben zitierten ausführlicheren Besitzbestätigung (OHZ 2 Nr. 701), hatte Margarete Ter Doest die Erlaubnis erteilt, seine Besitzungen aus Zeeland nach Flandern zu befördern: *Preterea volumus quod bona que habent in Zelandia abbas et conventus ecclesie predicte, sustineatis adduci ad partes nostras et naves ire et redire pro huiusmodi exequendis*, OHZ 2 Nr. 694 S. 323 Z. 21 f. Ob diese Maßnahme bereits in der Vorahnung einer Eskalation des Konfliktes mit Holland getroffen wurden oder vielmehr als Kompensation von Landverlusten durch Sturmfluten in Zeeland gedacht waren, so MALFLIET, Het conflict om Zeeland-bewester-Schelde S. 94 f., ist unklar. Die Aussage der Urkunde kann sich nur auf bewegliche Habe beziehen, Tausch oder Verkauf von Land lässt sich auch anderweitig nicht nachweisen. Vielmehr erwarb die Abtei 1254 weiteren Landbesitz in Schoudeemoer in Zuid-Beveland durch Kauf von Heinrich Buffel, OHZ 2 Nr. 1017; auch Malfliets Argument scheint nicht restlos stimmig zu sein; vgl. auch MALFLIET, De domeinvorming S. 68–73.

zekanzler der Kanzlei bezeichnet. Die Verlagerung des religiösen Schwerpunktes nach Middelburg steht auch für die politische Konzentration Wilhelms auf die Auseinandersetzung um Zeeland mit Flandern. Innerhalb dieses Konfliktes kam dem Kloster und der Stadt auch eine strategische Bedeutung zu. Die entscheidende Schlacht von Westkapelle am 4. Juli 1253 fand nur wenige Kilometer westlich von Middelburg statt.

### 3.2 Bistum und Stadt Utrecht

Das Verhältnis Wilhelms zum Utrechter Bistum bzw. Bischof und zur Stadt Utrecht verdient eine gesonderte Betrachtung, nicht nur, weil Holland und Zeeland zum geistlichen Zuständigkeitsbereich des Utrechter Bischofs gehörten[1171]. Das Utrechter Hochstift, geteilt in Nieder- und Oberstift, gehörte aufgrund der umfangreichen königlichen Privilegierungen vor allem des 11. Jahrhunderts auch zu den schärfsten territorialen Konkurrenten der Grafen von Holland vor allem in Friesland, das im 12. Jahrhundert von König Lothar III. zunächst dem Grafenhaus, dann von Konrad III. wieder dem Utrechter zugeschlagen und schließlich von Friedrich I. als Kondominium beider Parteien definiert wurde[1172]. Die Lage in Friesland war also kompliziert: Die dortigen Kolonisten waren den holländischen Grafen die Heerfahrt schuldig, während die Bischöfe in ihrem Stiftsgebiet Einfluss durch Ministerialenfamilien ausübten, welche sich wiederum emanzipieren wollten[1173]. Nicht zuletzt diese Konstellation führte zu Wilhelms Kriegszug im Winter 1255/56 und seinem Tod.

Zugleich bemühten sich die Grafen von Holland und Geldern im 12. und 13. Jahrhundert immer wieder erfolgreich, den Utrechter Stuhl mit einem Kandidaten aus ihren Reihen zu besetzen[1174]. Als Wilhelm in Worringen zum König gewählt wurde, war sein Onkel und ehemaliger Vormund Otto Bischof von Utrecht anwesend[1175]. Er spielte vermutlich eine nicht unbedeutende, aber auch nicht vollständig zu klärende Rolle für die Königserhebung seines Neffen, wenn man denn die Nachricht Johannes' de Beka für voll nimmt, dass er zusammen mit dem Lütticher Bischof dem König bei

---

1171) Vgl. die Karte bei GATZ (Hg.), Bischöfe, nach S. 926.

1172) VAN EICKELS, Holland und das Reich S. 69–71; VAN VLIET, De stad van de Burgers S. 82–86.

1173) DE GRAAF, De kastelen van Floris V S. 182 f.

1174) VAN WINTER, Bistum Utrecht S. 113 f.; DE GRAAF, De kastelen von Floris V S. 182 f.; vgl. den Überblick bei KÖBLER, Historisches Lexikon der deutschen Länder S. 734 f.

1175) VAN HERWAARDEN, Art. Otto von Holland S. 825.

dessen Krönung in Aachen das Gewand eines Diakons anlegen durfte[1176]. Für ein gutes Verhältnis zwischen Onkel und Neffe spricht immerhin, dass der Utrechter zumindest einmal als Zeuge in einer gräflichen Urkunde Wilhelms auftrat[1177] und jener sich noch zu Lebzeiten Ottos für mehrere Tage in Utrecht aufhielt[1178].

Allerdings muss es schon sehr früh auch zu Spannungen zwischen dem König und der Utrechter Bevölkerung gekommen sein. Die Annalen von St. Pantaleon in Köln berichten, dass während des königlichen Besuchs in Utrecht im April 1248 der Legat das Kreuz gegen Aachen gepredigt habe. Dabei sei es zu Unruhen gekommen, *inter homines ipsorum* [des Königs und des Legaten, Anm. d. Verf.] *et cives quedam modica fuisset suborta seditio et ob hoc passim tumultuatio fieret a populo*. Wilhelm und Petrus Capocci hätten daraufhin überstürzt die Stadt verlassen müssen[1179]. Die Quelle legt nahe, dass die Kreuzpredigt der Anlass für den Streit war, ein Teil der Utrechter Bürger scheint also der staufischen Partei angehört zu haben. Hier deutet sich bereits an, dass Utrecht für den König noch einige Überraschungen bereithielt.

### Das Schisma 1249 und die Privilegierung der Stadt 1252

Nach dem Tod Bischof Ottos im Frühjahr 1249 wählte der Utrechter Klerus Gozewijn von Randerath zum Nachfolger, den Propst der Utrechter Kirche St. Johannes. Papst Innozenz IV. hatte jedoch den Kölner Dompropst Heinrich von Vianden, einen Vetter Konrads von Hochstaden, zum neuen Bischof ernannt[1180]. Dieses Schisma dauerte nur etwa ein Jahr, bis zum Rückzug Gozewijns im Juni 1250[1181], doch gibt es Anlass, die Position Wilhelms in diesem Streit und die weiteren Beziehungen des Königs zum Utrechter Amtsinhaber zu hinterfragen.

---

1176) Johannes de Beka, Chronographia Cap. 70e S. 191 Z. 24–26. Auch die für die Vormundschaft Ottos für den minderjährigen Wilhelm kann nur die Chronographia herangezogen werden, Cap. 69b S. 183 Z. 51–53.

1177) OHZ 2 Nr. 645, 1244 Aug. 23.

1178) DD Wilh 20–21, 1248 April 3–13; zur Rolle Ottos auch JANSEN, Holland, Zeeland en het Sticht 1100–1433 S. 294 f.

1179) Annales S. Pantaleonis S. 542 Z. 29–34, Zitat Z. 32 f.

1180) VAN HEERWARDEN, Art. Gozewijn von Randerath S. 825 f.; DERS., Art. Heinrich von Vianden S. 826; HÖROLDT, Studien zur politischen Stellung des Kölner Domkapitels S. 593 f.

1181) Dieses Datum bei VAN HEERWARDEN, Art. Gozewijn von Randerath S. 826. Der Elekt stellte offenbar nur eine Urkunde aus, OHZ 2 Nr. 832, 1249 Dez. 2, die als Terminus post quem für seine Resignation dienen kann.

Berichten die Kölner Annales S. Pantaleonis zumindest noch über die schismatische Wahl der Utrechter Geistlichkeit *accedente favore populi*, die Auslieferung der bischöflichen Burgen an Gozewijn und die Diskussionen an der Kurie über die Uneinigkeit[1182], so beruht die weitere Schilderung der Vorgänge auf der Chronographia des Johannes de Beka vom Anfang des 14. Jahrhunderts. Dieser erwähnt die Problematik der Wahl zunächst gar nicht, beschreibt Gozewijn aber als *vir* [...] *simplicitati deditus et de rebus ecclesie minus bene sollicitus*, der nicht einmal ein Jahr amtierte. Seine Unfähigkeit habe zu einem Verfall der Diözese geführt, und die Verantwortlichen hätten eine Synode einberufen, um über die Situation zu beraten. Zu dieser Versammlung seien König Wilhelm, der Legat Petrus Capocci und Erzbischof Konrad von Köln erschienen, in deren Gegenwart Gozewijn der Würde und Last des Episkopats entsagt und das Amt in die Hände des Königs und des Legaten gelegt habe. Letzterer habe dann auf die Bitten des Kölners hin befohlen, Heinrich von Vianden zu inthronisieren, und der König habe diesen investiert. Heinrich sei ein Verwandter des Erzbischofs gewesen, ein berühmter, standhafter und großherziger Mann, *pro quo totus episcopatus Traiectensis nimirum exultavit et cum graciarum actione deum celi devotissime benedixit*[1183].

Diese Version der Ereignisse birgt mehrere Unstimmigkeiten: Ließe sich auch die Anwesenheit des Königs in Utrecht in der ersten Jahreshälfte 1250 notfalls in dessen Itinerar einbauen, so fehlen dafür jedoch urkundliche Belege[1184]. Eine Teilnahme des Legaten Petrus Capocci an einer Synode in Utrecht zu dieser Zeit ist kaum möglich, da dieser bereits im Herbst 1248 aus dem Reich abberufen worden war und in der Folgezeit von April 1249 bis Oktober 1251 im Auftrag des Papstes in der Mark Ancona, in Spoleto und in Sizilien weilte[1185]. Johannes de Beka, der sein Werk dem Utrechter Bischof Johann von Arkel gewidmet hatte[1186], bemühte sich ganz offenkundig, keinen Schatten auf die Wähler, also den Klerus der Kathedralstadt zu werfen, indem er die zwiespältige bzw. nicht mit den Vorgaben des Papstes übereinstimmende Wahl verschweigt. Als Erklärung für die schnelle Resignation Gozewijns zieht er stattdessen eine Kirchenversammlung heran, die jeglicher Quellengrundlage entbehrt.

---

1182) Annales S. Pantaleonis S. 545 Z. 21–25, Zitat Z. 22 f.

1183) Johannes de Beka, Chronographia Cap. 71 S. 199 Z. 1–18, Zitate Z. 3 f. und Z. 16–18; zur Verwandtschaft mit Konrad von Hochstaden siehe auch HÖROLDT, Studien zur politischen Stellung des Kölner Domkapitels S. 593.

1184) Siehe oben S. 39.

1185) PARAVICINI BAGLIANI, Cardinali di curia S. 304 f.

1186) Johannes de Beka, Chronographia S. V (Einleitung).

Doch laut der Chronographia war die Angelegenheit damit noch nicht bereinigt. Neid und Entrüstung der Herren von Amstel und von Woerden, der Verwandten Gozewijns, hätten den neuen überaus fähigen Bischof dazu gezwungen, eine bewaffnete Fehde zu führen. Der Graf von Geldern habe sich mit den Aufrührern verbündet, während der Kölner Erzbischof Heinrich von Vianden zu Hilfe gekommen sei[1187]. Auch König Wilhelm sei nach Utrecht geeilt, als er von den Auseinandersetzungen erfuhr, *ut huiusmodi belli tumultum interciperet et pacis amiciciam utrobique faceret*. Doch in dem Moment, in dem er mit seinem Heer die Stadt durch das nördliche Tor betreten habe, sei der Utrechter Bischof mit seinen Soldaten durch das westliche Tor ausgezogen. Der Kölner Erzbischof, der mit dem Schutz der Stadtbewohner betraut worden war, habe daraufhin alle Tore fest verschließen und sich die Schlüssel übergeben lassen, in Unkenntnis über die Anwesenheit des königlichen Heeres innerhalb der Mauern. Als der König dem Bischof folgen wollte, habe er keinen Ausweg gefunden, außerdem niemanden, der ihm die Tore öffnen konnte, woraufhin er versucht habe, gewaltsam auszubrechen, um in dem bereits begonnenen Kampf zu schlichten. Der Kölner wiederum sei sehr ängstlich geworden, glaubte er doch, Wilhelm habe die Stadt erobert, und eilte zu diesem, um die Sache aufzuklären.

Johannes de Beka gestaltet das Zusammentreffen der beiden unfreiwilligen Kontrahenten mit Rede und Gegenrede: zunächst die durchaus nicht untertänigen Anschuldigungen des Erzbischofes, der König habe die Stadt gegen gültiges Recht okkupiert, damit ihn als seinen Kanzler (sic!) betrübt und seinem eigenen Ansehen geschadet, und schließlich die Ermahnung, Utrecht an den Kölner zu übergeben. Wilhelms Antwort fällt hingegen sehr beschwichtigend aus, er erklärt seine Beweggründe und den Ablauf der Ereignisse und versichert dann, dass er nichts gegen Heinrich von Vianden im Schilde führe, den er ja gerade erst auf Bitten Konrads von Hochstaden zum Bischof gemacht habe. Auch die Stadt, die sich dem König gegenüber immer treu verhalten habe, stünde unter seinem Schutz. Er restituiere Utrecht freiwillig an den Kölner, obwohl er die Stadt nun eigentlich in seinen Händen habe, und lasse seine Truppen zurückrufen, *quoniam in dolo tibi non loquimur et episcopo sive civitati non irascimur*[1188].

Weiter berichtet die Chronographia, dass der Utrechter Bischof in der Zwischenzeit, in Unkenntnis der Abläufe innerhalb der Stadt, seine Feinde geschlagen, viele getötet und die Herren von Amstel und von Woerden gefangen genommen habe. An sein Streitross gebunden habe er sie in die Stadt

1187) Johannes de Beka, Chronographia Cap. 72a S. 199–201.

1188) Johannes de Beka, Chronographia Cap. 72a S. 201–203, Zitate S. 201 Z. 32 f. und S. 203 Z. 79 f.

geführt, wo er vom Kölner und vom König ruhmvoll empfangen worden sei. Auf deren inständige Bitten hin habe er die Aufrührer begnadigt und aus dem Kerker entlassen, und im Morgenrot des nächsten Tages sei der König in dringenden Geschäften nach Holland geeilt[1189].

Erschien bereits die Darstellung des Utrechter Schismas bei Johannes de Beka als schwierig, so sind diese Kapitel noch problematischer[1190]. Aus dem Text selbst ergibt sich keine Datierung der Ereignisse, die Fehde zwischen dem Bischof und den Herren von Amstel zog sich noch bis 1257 hin[1191], liefert also ebenfalls keinen genauen Anhaltspunkt. Das Chronicon Tielense aus dem 15. Jahrhundert, in dem ebenfalls über die Kämpfe berichtet wird, setzt diese lediglich in die Amtszeit Heinrichs von Vianden und erwähnt überdies mit keinem Wort eine Beteiligung des Königs[1192]. Nimmt man der Chronographia aber ab, dass Wilhelm in irgendeiner Weise in die Sache involviert war, so lässt sich immerhin dessen Aufenthalt in Utrecht durch die Urkunden für den 17. und 18. Juni 1252 belegen[1193]. Die Anwesenheit Konrads von Hochstaden in der Stadt im selben Zeitraum ist aufgrund der Regesten möglich, wenn auch positive Belege fehlen[1194].

Aus den königlichen Diplomen lässt sich allerdings kein Rückschluss auf etwaige kriegerische Handlungen ableiten. Der Herrscher privilegierte die Bürgerschaft und gewährte ihr zunächst Wiedergutmachung für den Fall, dass einer seiner Vasallen aus Holland und Zeeland die Güter eines Utrechter Bürgers im Bistum Utrecht antasten sollte[1195]. In einer zweiten Urkunde regelte er die Gerichtshoheit, befreite die Utrechter davon, vor fremde Gerichte gezogen zu werden und unterstellte sie allein dem königlichen bzw. kaiserlichen Gericht, falls sie sich im Gegenzug bereit fänden, ihren Stadtherrn, den Bischof, oder dessen ernannten Richter als ihren Gerichtsstand zu akzeptieren[1196]. Schließlich erhielten die Bürger noch Schutz und Geleit des Königs in Holland und Zeeland sowie die Zusage, ihre Gewohn-

---

1189) Johannes de Beka, Chronographia Cap. 72b S. 203.

1190) OPPERMANN, Untersuchungen Utrecht 2 S. 198, bezeichnet den Bericht Johannes' de Beka als „verworrene und fabelhafte Erzählung", ohne sich intensiver mit ihr auseinander zu setzen.

1191) VAN HEERWARDEN, Art. Heinrich von Vianden S. 826.

1192) Auctoris incerti Chronicon Tielense S. 216 f.; dazu NOORDZIJ, Art. Chronicon Tielense S. 435 f.

1193) DD Wilh 217–220.

1194) Die Aufenthaltsorte des Erzbischofs sind nach dem 27. April 1252 – Köln – nicht mehr eindeutig zu belegen. Am 21. Juni 1252 befand er sich zusammen mit dem König ebenfalls wieder in Köln, KNIPPING, Regesten Köln Nr. 1672 und 1680–1683.

1195) D Wilh 217.

1196) D Wilh 219; vgl. STRUICK, De verhouding S. 88.

heiten und Rechte zu bewahren[1197]. In den beiden letzteren Dokumenten wird die Treue der Utrechter besonders hervorgehoben: *Hinc est quod nos fidem puram et dilectionem sinceram, quam dilecti fideles nostri cives Traiectenses erga nostram celsitudinem habuerunt hactenus et adhuc ferventi animo habere noscuntur, diligencius intuentes* [...][1198].

Die Utrechter nutzten die Gunst des Königs, um die stadtherrlichen Rechte des Bischofs aufzuweichen. Auf eine Störung des Verhältnisses zum Herrscher oder gar auf eine scheinbar unrechtmäßige Besetzung der Stadt durch Wilhelm, wie sie Johannes de Beka beschreibt, deutet hier nichts hin. Einzig die Zeugenliste von D Wilh 219 lässt einen Blick auf das Umfeld des Königs zu, und bei ihm sind hauptsächlich seine holländischen und zeeländischen Gefolgsleute, die ihn bei der Einnahme von Aachen und Kaiserswerth unterstützt haben, nämlich Heinrich von Voorne, Nikolaus Persijn, Philipp von Wassenaar, Wilhelm von Brederode und Dietrich von Teylingen[1199]. Die Anwesenheit dieser Männer mag man als Zeichen dafür deuten, dass der König in der Tat ein Heer nach Utrecht geführt hatte. Doch ebenso gut könnten diese Adligen sich ohne militärische Funktion im Gefolge ihres Herrn aufgehalten haben.

Ein Zusammenhang mit der strittigen Bischofswahl in Utrecht einige Jahre zuvor ist dennoch zu finden: Wilhelm ließ eine weitere Urkunde ausfertigen, die sich an die wichtigsten geistlichen Institutionen in der Stadt und im Hochstift wandte, diese in königlichen Schutz nahm und sie zu seinen und seines Bruders Lebzeiten von allen Abgaben in der Grafschaft Holland befreite. Darüber hinaus machte er die gesamten Kapitel und Dekane bzw. den Abt von Sankt Paul zu seinen Kaplänen[1200]. Neben dem Benediktinerkloster Sankt Paul betraf dies die Kathedrale, Sankt Salvator, Sankt Marien in Deventer im Utrechter Oberstift, Sankt Peter, Sankt Johannes und Sankt Marien in Utrecht[1201]. Gerade aus dem Klerus dieser Utrechter Kirchen setzte sich das Gremium zusammen, dem die Wahl eines neuen Bischofs oblag[1202], und es hatte 1249 mehrheitlich für Gozewijn gestimmt. Nun wurden die Institutionen vom König belohnt, wobei im Text des Diploms einmal mehr die Treue und die Zuneigung dieser Personengruppe

---

1197) D Wilh 220.

1198) D Wilh 219 S. 272 Z. 13–15; vgl. D Wilh 220 S. 273 Z. 23–25: *sincere dilectionis constantiam et fidei puritatem, quam dilecti fideles nostri cives Traiectenses erga nostram celsitudinem habent*.

1199) D Wilh 219 S. 272 Z. 26 f.

1200) D Wilh 218.

1201) Zur Lage der fünf städtischen Kapitel vgl. STRUICK, De verhouding S. 97.

1202) KOSSMANN-PUTTO, Bestuur en rechtspraak S. 19 f. OPPERMANN, Untersuchungen Utrecht 1 S. 233 f.

hervorgehoben wird, *erga Romanam ecclesiam, sanctissimam matrem nostram, et celsitudinem ac sublimationem nostram a nostre sublimationis exordio*[1203]. Es scheint, als habe Wilhelm die Wahl Gozewijns nicht als grundsätzlich widerrechtlich und im Gegensantz zu seinen Interessen stehend wahrgenommen[1204].

Dies könnte auch daran gelegen haben, dass Gozewijn dem eng miteinander verflochtenen Familienverband der Grafen von Kleve, Geldern, Wassenberg und letztlich der Gerulfinger angehörte[1205]. Gerhard von Randerath, Gozewijns Bruder, hatte an der Eroberung Aachens teilgenommen und war vielleicht sogar bei der Krönung anwesend. Die politische Wirksamkeit des verwandtschaftlichen Beziehungsnetzes um den König wurde in den ersten Jahren von Wilhelms Herrschaft mehrfach unter Beweis gestellt. Die Besetzung des Utrechter Stuhls, der so unmittelbar in geistlichen wie in weltlichen Dingen mit Holland zu tun hatte, mit einem Angehörigen dieser Verwandtschaftsgruppe dürfte für den König durchaus als eine lukrative Option erschienen sein. Von Gozewijn musste er zumindest keinen großen Widerstand erwarten. Im Gegensatz dazu war Heinrich von Vianden ein loyaler Anhänger des Kölner Erzbischofs, mit diesem verwandt und aufs Engste verbunden[1206]. Es ist nicht unwahrscheinlich, dass der Utrechter Bistumsstreit dem König eine Gelegenheit bot, zu Konrad von Hochstaden auf Distanz zu gehen – ein solches Verhalten lässt sich schon vorher beobachten, als Wilhelm ebenfalls mit Hilfe seiner Familienbeziehungen Kontakt zu den Grafen von Jülich hergestellt hatte[1207]. Im Falle Utrechts war er jedoch nicht erfolgreich, letztendlich setzte sich der Kandidat des Kölners durch.

Ob die Auseinandersetzungen von 1252 als „Nachwehen“ des Schismas von 1249 zu betrachten sind, wie es Johannes de Beka behauptet, sei dahingestellt. Die Protagonisten sind offenbar Heinrich von Vianden und der Kölner auf der einen und die Herren von Amstel und von Woerden sowie Otto von Geldern auf der anderen Seite. Die Frage nach der Position des Königs innerhalb dieser Konstellation lässt sich relativ schnell beantworten: Die Herren von Amstel waren ursprünglich Utrechter Ministerialen, doch Gijsbrecht III. und seinem Bruder Gerhard gelang es offenbar, in holländischen Diensten aufzusteigen. Bereits 1231 nannte sich Gijsbrecht *dominus*

---

1203) D Wilh 218 S. 270 Z. 5 f.

1204) Anders OPPERMANN, Untersuchungen Utrecht 2 S. 193; ENGEL, Königtum und Städtebürgertum S. 91.

1205) Siehe oben Stammtafel Abb. 1 S. 57.

1206) HÖROLDT, Studien zur politischen Stellung des Kölner Domkapitels S. 594.

1207) Siehe oben S. 80 f.

*de Amestelle*[1208], und er begegnet mehrfach als Zeuge in Königsurkunden Wilhelms[1209]. Hermann von Woerden wiederum war mit einer Schwester Gijsbrechts verheiratet[1210]. Stellte es vermutlich unter Bischof Otto von Utrecht, einem Onkel Wilhelms, keinen Konflikt dar, wenn Ministerialen aus dem Hochstift ihre Loyalität dem holländischen Grafenhaus zuwandten, so änderte sich dies grundlegend mit dem Episkopat Heinrichs von Vianden. Die von Johannes de Beka beschriebene Auseinandersetzung könnte durchaus auch mit dieser direkten Konkurrenz um Anhängerschaft zusammenhängen. Der dritte Verbündete schließlich, der Graf von Geldern, war Wilhelms Vetter und einer seiner wichtigsten Unterstützer – kurzum, in diesem Setting dürfte der König auf der Seite der Aufrührer zu finden sein[1211].

Unklar bleibt die Rolle des Kölner Erzbischofs in den Auseinandersetzungen. Als zuständiger Metropolit und Förderer seines Verwandten Heinrichs von Vianden war ihm an dessen Erfolg und der Durchsetzung der bischöflichen Oberherrschaft gegen die aufrührerischen Adligen gelegen. Die Anwesenheit Konrads von Hochstaden in Utrecht im Juni 1252 lässt sich nicht belegen, und doch spielt er in der Version des Johannes de Beka eine herausragende Rolle als Beschützer der Stadt gegen den vermeintlichen Übergriff des Herrschers, und auf den ersten Blick scheint auch die Beziehung zwischen dem Kölner und dem König „richtig" dargestellt zu sein: der ermahnende und fordernde Erzbischof, ein sofort einlenkender, nachsichtiger, schwacher Wilhelm. Aber im Sommer 1252, nach dem in mehrfacher Hinsicht überaus erfolgreichen Besuch des Königs in Braunschweig, hatten sich die Verhältnisse bereits verschoben, die Unterstützung der weltlichen Reichsfürsten im Osten ermöglichte dem Herrscher ein selbstbewusstes Auftreten den kirchlichen Würdenträgern gegenüber. In seinem Vorgehen gegen Flandern hatte er sich vom Legaten Hugo von Saint-Cher entfernt, Anfang Juni 1252 ließ er die mutmaßlichen Verhandlungen mit Margarete in Antwerpen ins Leere laufen[1212]. Nur wenige Tage danach führt offenbar die Fehde im Utrechter Hochstift zu einem Zusammenstoß mit Heinrich von Vianden und Konrad von Hochstaden. Wilhelm wollte hier eigene Politik betreiben, die Herren von Amstel und seinen Vetter Otto von Geldern unterstützen und so seinen Einfluss in diesem Raum ausdehnen. Er

---

1208) OHZ 2 Nr. 514 S. 117 Z. 31.

1209) Siehe oben S. 70. Zu den Kontakten zwischen Gijsbrecht III. und den holländischen Grafen vgl. auch VAN AMSTEL, De heren van Amstel S. 78–80.

1210) VAN AMSTEL, De heren van Amstel, Stammtafel S. 238 f.

1211) So bereits HINTZE, Das Königtum Wilhelms S. 57 f.; vgl. insgesamt OPPERMANN, Untersuchungen Utrecht 2 S. 198–200, hier v. a. eine Betonung der Rolle der Stadt.

1212) Siehe oben S. 177 f.

scheiterte, und die Utrechter nutzten die Niederlage, sich Privilegien von ihm ausstellen zu lassen. Der Bischof ließ den König um die Begnadigung Gijsbrechts und des Herren von Woerden bitten. Wenn Johannes de Beka die Einschließung des königlichen Heeres in der Stadt als ein großes Missverständnis hinstellt, das durch eine Aussprache sehr schnell geklärt werden konnte, so versucht er auf diese Weise, allen Protagonisten ein möglichst gutes Zeugnis auszustellen. Weder die Utrechter und deren Stadtherr dürfen in seiner Version der Dinge eines Fehlverhaltens schuldig sein, noch der König, da der Geschichtsschreiber sowohl Johann von Arkel als auch dem Nachfolger Wilhelms in der Grafschaft Holland, Wilhelm V., verpflichtet war[1213]. Er verschleiert dadurch, dass die Utrechter Affäre als ein sehr deutliches Zeichen für eine Emanzipation des Herrschers von Konrad von Hochstaden zu bewerten ist. Allerdings scheiterte Wilhelm, vielleicht gab er auch nach, weil er gerade im Blick auf den bereits bevorstehenden Krieg mit Flandern die Zustimmung des Kölners benötigte. Von Utrecht aus zog der König über Köln, Koblenz und Mainz nach Frankfurt, wo er mit den Reichsfürsten über genau dieses Problem, eben das Vorgehen gehen Gräfin Margarete und ihre Söhne aus zweiter Ehe, beraten wollte.

### Das Attentat von 1255

Johannes de Beka berichtet zu 1255 von einem weiteren Aufenthalt Wilhelms in Utrecht. Der König sei auf dem Weg zu den Friesen gewesen, die sich wie gewohnt im Aufstand befanden. Er habe in der Stadt Station gemacht und mit dem Klerus das Atrium der Kathedrale inspiziert, um den geeigneten Ort für eine Georgskapelle zu finden. Als er sich aber zusammen mit den Kirchenleuten zu einem Gespräch niedergelassen hatte, habe ein *turbator sancte pacis ac intentor nove litis* einen Stein nach ihm geworfen und ihn beinahe am Kopf verletzt. Die Kleriker seien außer sich geraten, der König aber habe den Stein aufgehoben, ihn untersucht und sich dann an seine Begleiter gewandt: „Verehrungswürdige Väter, seht, mit welcher Vergeltung die Utrechter uns drohen, wenn sie einen so großen Stein werfen und uns unverdientermaßen töten wollen – uns, die wir bis jetzt ihr getreuer Mitbürger gewesen sind und ihre äußeren Feinde auf eigene Kosten unterworfen haben. Aber ihr Herr und Märtyrer Georg lebt, und dieser Angriff wird nicht ungestraft bleiben, wenn das Leben uns bis zu diesem Jahr unversehrt gelassen hat." Dann habe Wilhelm die Stadt verlassen und einen Angriff vorbereitet, ohne weitere Verhandlungen mit den Bürgern zuzulassen, die versucht hätten, den Frieden *cum eodem tyranno* wiederherzustellen. Der König habe verlangt, dass man ihm seine Feinde ausliefere, andern-

1213) Dazu ausführlich unten S. 417 f.

falls wollte er die Stadt dem Erdboden gleich machen. Daraufhin hätten die Utrechter ein geheimes Tribunal veranstaltet, um den Täter zu finden, den König zu besänftigen und die unschuldigen Bürger zu schonen[1214].

Fast alles an dieser Geschichte erscheint überaus seltsam. Lediglich die allgemeinen Umstände sind nachvollziehbar: Ein Aufenthalt Wilhelms 1255 ist zwar nicht nachzuweisen, wäre aber möglich, da sich der König von April bis Oktober dieses Jahres in Holland und Brabant befand[1215]. Auch die Aufstandsgefahr durch die Friesen lässt sich bestätigen. Für alle weiteren Details gibt es keine befriedigende Erklärung. Vorerst bleibt festzuhalten, dass es offenbar zu einer Entzweiung Wilhelms mit der Stadt Utrecht gekommen sein muss, vielleicht in Fortsetzung der Ereignisse von 1248. Dies wird bestätigt durch einen Vertrag, der am 12. Juni 1257 zwischen Heinrich von Vianden und der Stadt Utrecht einerseits und Florens sowie Gijsbrecht von Amstel andererseits geschlossen wurde. In diesem ist zunächst die Rede von *discentiones quamplurime et guerre graves* [...] *ex quibus ambe partes ac terre earumdem iam magnam lesionem senserant atque dampnum*. Der Streit stamme schon aus der Zeit Wilhelms, die Herren von Amstel seien bereits damals zu einer Zahlung an den Utrechter in Höhe von 1000 Pfund verpflichtet worden, die jetzt zu entrichten seien. Besonders aufschlussreich ist jedoch der Paragraph über das Verhalten der Utrechter Bürger: Diese hätten Wilhelm und seinen Bruder nach deren eigenem Zeugnis schwer beleidigt und ihnen Schaden und Ehrverlust zugefügt, woraus wiederum gefährliche Kämpfe und tödliche Feindschaften entstanden seien. Zur Beilegung dieses Zwistes solle Florens 1500 Kölner Mark erhalten. Die Schulden Wilhelms und Florens' bei den Utrechtern hingegen seien verfallen, den Gläubigern werde ewiges Schweigen auferlegt[1216].

Der von Johannes de Beka geschilderte Angriff von 1255 stellt eine massive Beleidung des Königs dar. Es ist aus dessen Bericht jedoch nicht zu erkennen, wodurch sich Wilhelm den Zorn der Utrechter Bürgerschaft zugezogen haben könnte, nachdem er noch 1252 zugunsten der Stadtgemeinde geurkundet hatte. Aufgrund anderer Quellen lässt sich ein Wechsel in der Führung der Stadt nachweisen, und die neuen Eliten standen in gutem Einvernehmen mit Heinrich von Vianden[1217]. Zugleich waren Streitigkeiten zwischen den Bürgern und der Geistlichkeit entstanden, woraufhin alle gottesdienstlichen Handlungen durch die Kirchenobrigkeit eingestellt wurden. Ein Auftreten Wilhelms mit dem hohen Klerus könnte also durchaus den

1214) Johannes de Beka, Chronographia Cap. 72b S. 213, Zitate Z. 12, Z. 25 f.

1215) Siehe oben S. 42 f.

1216) OHZ 3 Nr. 1164, Zitat S. 160 Z. 24 f.

1217) Oppermann, Untersuchungen Utrecht 2 S. 201 f.

Unmut der Bevölkerung hervorgerufen haben[1218]. Schließlich passt der Bericht in der Chronographia recht gut zu den Nachrichten über einen Mordversuch am König durch Konrad von Hochstaden[1219]. Geht man von einem „wahren Kern" bei Johannes de Beka aus, so könnte der Angriff auch von der anderen Seite, also von einem Anhänger Heinrichs von Vianden und somit auch des Kölner Erzbischofes gekommen sein[1220]. Die Utrechter Ereignisse, so schwierig sie leider gerade aufgrund der Geschichtsschreibung nachzuvollziehen sind, sind insgesamt ein Beispiel dafür, dass Wilhelm keineswegs eine Marionette der geistlichen Reichsfürsten war, sondern bereits frühzeitig mit Unterstützung seines eigenen Beziehungsgeflechtes agierte und sich gefährliche Gegner schuf.

### 3.3 Grafschaft Flandern

Die Auseinandersetzungen mit Gräfin Margarete von Flandern sind ein bestimmendes Thema der Königsherrschaft Wilhelms. Sie banden dessen Kräfte über anderthalb Jahre, vom April 1253 bis zum Dezember 1254, in denen er fast ununterbrochen in Holland weilte und die militärischen Operationen gegen die Gräfin und ihre Verbündeten leitete. Die ältere Forschung hat den Flandernkonflikt im Gegensatz zur Reichspolitik des Königs gesehen, als Ablenkung von seinen „eigentlichen" Aufgaben als Reichsoberhaupt[1221]. Fraglos vermischten sich in diesem Streit die Interessen Wilhelms als Graf von Holland und als römischer König miteinander, zumal es im Wesentlichen um zwei unterschiedliche Konfliktfelder ging.

#### Vorgeschichte

Die Herrschaft in Zeeland bewesten Schelde, also auf den Inseln Noord- und Zuid-Beveland, Walcheren, Wolfaartsdijk, Borssele, und Baarland (siehe Karte Abb. 5)[1222] war dauerhaft ein Streitpunkt zwischen Holland und Flandern. Bei diesem Gebiet handelte es sich um ein Reichslehen der fland-

1218) OPPERMANN, Untersuchungen Utrecht 2 S. 202.

1219) Siehe oben S. 154–157.

1220) OPPERMANN, Untersuchungen Utrecht 2 S. 202 f.; ENGEL, Königtum und Städtebürgertum S. 91 f., sieht den Vorfall im Kontext der Vorbereitungen von Wilhelms Friesenfeldzug.

1221) So etwa HINTZE, Das Königtum Wilhelms S. 91 f.; noch STÜRNER, Dreizehntes Jahrhundert S. 290 und 294, sieht den Streit mit Flandern vor allem als holländisches Interesse und als Hemmnis für größere Erfolge Wilhelms auf Reichsebene.

1222) Zur Problematik des Landverlustes und der Veränderung der Küstenlinie vgl. BEEKMAN, Land en water, hier v. a. S. 207 f.

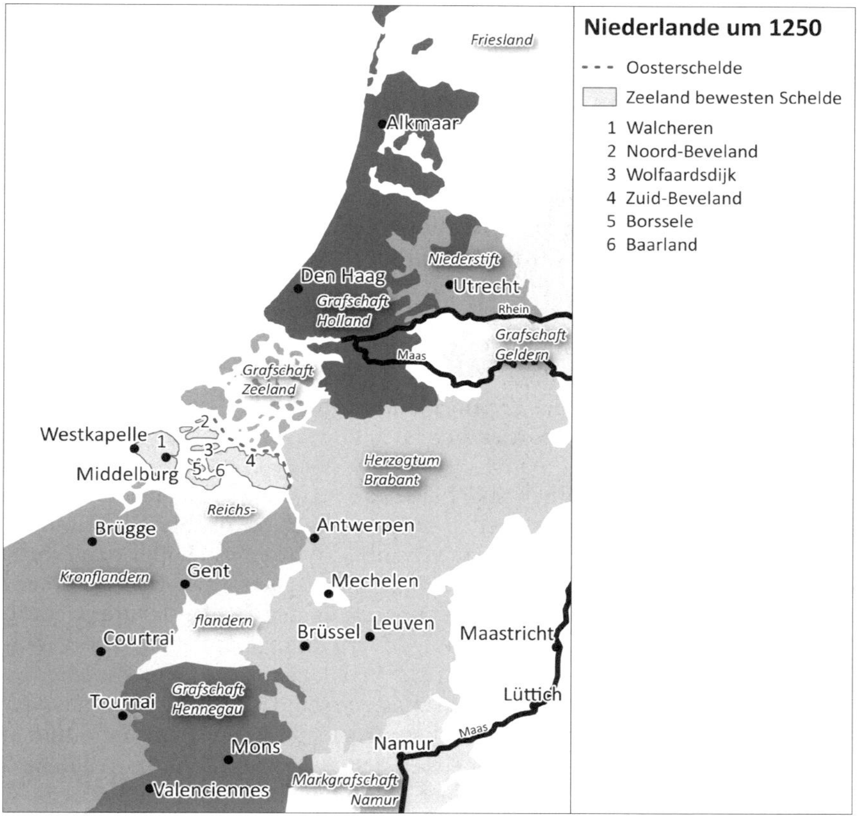


Abb. 5:
Karte der Niederlande um 1250

rischen Grafen, das an die holländischen Grafen weiterverlehnt war. Der genaue Zeitpunkt der Erstbelehnung ist unbekannt, doch vermutlich fand sie im Kontext der flandrischen Erbfolgeprobleme 1127/28 statt: Nach der Ermordung Karls des Guten 1127 war dessen Nachfolge in der Grafschaft Flandern umstritten. 1128 entschieden sich Dietrich VI. von Holland und seine Mutter Petronilla, eine Halbschwester des römischen Königs Lothar III., Dietrich von Elsass als neuen Grafen zu unterstützen. Als Belohnung könnte Dietrich Zeeland bewesten Schelde als Lehen erhalten haben, das für die holländischen Grafen große wirtschaftliche Vorteile mit sich brachte. Diese besaßen nunmehr beide Ufer der Oosterschelde und somit den Schifffahrtsweg von der Nordsee zu den Städten Flanderns und Brabants[1223]. Die Behauptung der Herrschaft auf Walcheren und den anderen Inseln stellte fortan ein wichtiges Ziel holländischer Politik dar und führte alsbald zu Konflikten.

1167 schlossen Philipp I. von Flandern und Florens III. von Holland einen Vertrag, nach längeren Kämpfen, die von Florens ausgegangen und schließlich so eskaliert waren, dass dem holländischen Grafen seine flandrischen Lehen aberkannt worden waren[1224]. Die Übereinkunft bezog sich vor allem auf Fragen des Handels und des Zolls, doch zur Bekräftigung wurde festgelegt, dass der Graf von Holland ihre Einhaltung auf heilige Reliquien schwören müsse, und dass auch seine Nachfolger dies tun müssten, wollten sie das Lehen behalten. Bei einem Bruch des Eides würde der Graf von Holland alle Lehen, die er von Flandern hatte, verlieren, und die holländischen Lehnsmannen würden dem Befehl des Grafen von Flandern unterstellt[1225].

Der Vertrag zeigt deutlich die Lehnsabhängigkeit Hollands von Flandern, auch wenn an manchen Stellen die gemeinsame Ausübung bestimmter Rechte in Zeeland bewesten Schelde vereinbart wurde[1226]. Unter den Nachfolgern Florens' III. wurden die in Brügge getroffenen Bestimmungen mehr oder weniger sorgfältig beachtet und stets zugunsten Hollands interpretiert. Deutliche Ansprüche auf eine alleinige Verwaltung Zeelands erhob Wilhelms Vater Florens IV., der etwa 1223 Privilegierungen Westkapelles[1227] und Domburgs[1228] vornahm, ohne das Einverständnis des Grafen bzw. der Gräfin von Flandern eingeholt zu haben. In einer Urkunde für Ten Duinen vom 28. November 1222 bezeichnete er sich als *comes Hollandie et Zelandie*[1229], eine Titulierung, die erst unter Wilhelm und später bei Florens V. wieder aufgenommen wurde. Allerdings musste auch Florens IV. letztlich 1226/27 die flandrische Oberhoheit über Zeeland bewesten Schelde aner-

---

1223) JANSEN, Holland, Zeeland en het Sticht S. 284.

1224) OHZ 1 Nr. 160, Brügge, 1167 März 7, S. 306 Z. 19–22. Es handelt sich um den Vertrag von Brügge, ein Chirograph, das in der älteren Literatur unter der Bezeichnung Vertrag von Hedensee firmiert und auf den 27. Febr. 1168 datiert wird, so etwa SATTLER, Die flandrisch-holländischen Verwicklungen S. 8; vgl. HINTZE, Das Königtum Wilhelms S. 92.

1225) OHZ 1 Nr. 160 S. 307 Z. 33 – S. 308 Z. 9.

1226) Vgl. VAN EICKELS, Holland und das Reich S. 76 f.

1227) OHZ 2 Nr. 430.

1228) OHZ 2 Nr. 435.

1229) OHZ 2 Nr. 428 S. 6 Z. 32; vgl. auch OHZ 2 Nr. 525, 1231.

kennen[1230]. Wenn Wilhelm sich nur im Sommer 1246[1231] ebenfalls Graf von Zeeland nennt und den Titel danach wieder fallen lässt, so bedeutet dies nicht, dass sich seine Position in dieser Frage gewandelt hätte. Wilhelm strebte nach einer Emanzipation von Flandern, und vor allem seine Schenkungen an Middelburg könnten darauf hindeuten, dass er sich schon früh auf eine militärische Austragung der Streitigkeiten einstellte[1232].

Es ist auf den ersten Blick erstaunlich, dass eine kleine Gruppe von Inseln in der Scheldemündung Anlass für einen so langwierigen und heftigen Konflikt gab. Der wichtigste Grund, weshalb die Grafen von Holland diesen Teil Zeelands in der Hand behalten wollten, dürfte in der wirtschaftlichen Entwicklung des Landes zu suchen sein. Wenn bereits vor 1167 Zollstreitigkeiten zu schweren Zerwürfnissen und schließlich dem Vertrag von Brügge führten, so waren Fragen des Handels im 13. Jahrhundert von noch größerem Belang: Inzwischen waren die flandrischen Städte, aber auch Dordrecht in Holland zu wichtigen Handelsstützpunkten aufgestiegen. Der Warenaustausch mit England und Schottland gewann zunehmend an Bedeutung[1233]. Die Beherrschung der schiffbaren Oosterschelde versprach also enorme Einnahmen für die holländischen Grafen[1234].

Zugleich war die Lehnrührigkeit Zeelands bewesten Schelde von Flandern ein reichsrechtliches Problem, bedeutete sie strenggenommen doch, dass die Grafen von Holland keine Reichsfürsten waren und im Rang unter den Grafen von Flandern standen[1235]. Bereits 1190 hatte sich Graf Dietrich VII. bemüht, *princeps* zu werden: Er bot Kaiser Heinrich VI. 5000 Mark Silber an, wenn er ihn aus dem Lehnsverband der Grafen von Flandern auslösen und ihm die ehemals flandrischen Lehen als Reichslehen zuerkennen würde[1236]. Das Ansinnen scheiterte, doch verdeutlicht das Vor-

---

1230) OHZ 2 Nr. 459, 460, 471.

1231) OHZ 2 Nr. 693, Affligem, 1247 Aug. 9.

1232) Siehe oben S. 212–215. Zum Verlauf der Auseinandersetzungen bis zu diesem Punkt vgl. v. a. die ausführliche Darstellung bei SATTLER, Die flandrisch-holländischen Verwicklungen S. 8–22; kürzer HINTZE, Das Königtum Wilhelms S. 91–93.

1233) JANSEN, Handel en nijverheid S. 184–186; HENDERIKX, Economische geschiedenis S. 135–145. Die Eheschließung zwischen Florens III. und Ada von Schottland diente auch der Verbesserung der Handelsbeziehungen zwischen den beiden Ländern, so ORAM, Domination and Lordship S. 123 f.

1234) VAN EICKELS, Die Grafen von Holland S. 473 f.

1235) Zur Problematik der Heerschildordnung und der praktischen Umsetzung dieser Theorie vgl. SCHULZE, Grundstrukturen 1 S. 87–90; SPIESS, Das Lehnswesen in Deutschland S. 42–44; zum konkreten Fall der Grafen von Holland vgl. VAN EICKELS, Die Grafen von Holland S. 474–480.

1236) La Chronique de Gislebert de Mons Kap. 179 S. 265 Z. 26–266 Z. 2; vgl. VAN EICKELS, Holland und das Reich S. 77.

haben Dietrichs, welcher Wert dem angestrebten Status zugemessen wurde. Es ist somit nicht verwunderlich, dass Wilhelm ebenfalls die Aufhebung der Lehnsabhängigkeit seines Herrschaftsgebiets von Flandern erlangen wollte und dafür alle ihm als König zu Gebote stehenden Maßnahmen ergriff.

Vertieft wurde der Gegensatz zu Gräfin Margarete noch durch einen familiären Faktor: Wilhelms Schwester Adelheid war seit August 1246 mit Johann von Avesnes, dem ältesten Sohn Margaretes, verheiratet[1237]. Diese Ehe stellt auch die Verbindung zum zweiten Konfliktfeld zwischen dem König und Flandern dar, zur Nachfolgefrage in den Grafschaften Margaretes. Unter deren Großeltern Balduin V. und Margarete I. waren Flandern und Hennegau vereint worden und gemeinsam an Margaretes Vater Balduin, den späteren lateinischen Kaiser von Konstantinopel, übergegangen. Nach dessen Tod auf einem Feldzug gegen die Bulgaren 1205 blieben als Erbinnen nur die beiden Töchter Johanna und Margarete übrig[1238]. Die vormundschaftliche Herrschaft übernahmen Philipp von Namur, der Bruder Kaiser Balduins, und Wilhelm von Saint-Sauve, dessen Onkel aus einer unehelichen Verbindung Balduins V.[1239] Schließlich stellte sich, zumindest für Johanna, bald die Frage einer Verheiratung, und an diesem Punkt schaltete sich König Philipp August von Frankreich ein, der durch seine Ehe mit Isabella, einer Schwester Kaiser Balduins, ein Onkel der beiden Mädchen war. Er holte diese mehr oder weniger gewaltsam nach Paris, wo im Januar 1212 die Eheschließung zwischen Johanna und Ferrand, einem Sohn König Sanchos I. von Portugal, stattfand. Der französische König belehnte Ferrand mit Flandern und Hennegau, und zusammen begab sich das junge Ehepaar in seine Herrschaftsländer[1240].

---

1237) OHZ 2 Nr. 695, 1246 Aug. 20, überliefert die Zusage eines Bündnisses zwischen Johann von Avesnes und seinem Bruder Balduin sowie Herzog Heinrich II. von Brabant, *occasione matrimonii inter me Iohannem ex una parte et sororem comitis Hollandie Aleidem, neptem ipsius ducis ex altera, perficiendi*, S. 324 Z. 4 f.

1238) Deren Geburtsjahre sind nicht zweifelsfrei überliefert. Johanna soll bei der Abreise ihres Vaters zum Kreuzzug im Jahr 1202 zwei Jahre alt gewesen sein, Margarete wurde angeblich erst nach dieser Abreise geboren. Dies bedeutet allerdings, dass Johanna zum Zeitpunkt ihrer Eheschließung keine 12 Jahre alt war, DUVIVIER, La querelle 1 S. 23–25. Zur Frühgeschichte des Hennegaus vgl. auch KÖBLER, Historisches Lexikon der deutschen Länder S. 268.

1239) DUVIVIER, La querelle 1 S. 18 f., 23, 25 f.

1240) DUVIVIER, La querelle 1 S. 28–37; vgl. auch NICHOLAS, Countesses as Rulers S. 129.

Noch im selben Jahr fand die Heirat der zu diesem Zeitpunkt etwa zehnjährigen[1241] Margarete mit Burchard von Avesnes statt. Dieser stammte aus einer sehr angesehenen hennegauischen Familie, die in den Generationen vor Burchard bereits mit den Grafen von Hennegau verschwägert war. Burchards Vater Jakob bezeichnete sich sogar als *princeps Advesnensis*[1242]. Als zweiter oder dritter Sohn war Burchard für die geistliche Laufbahn bestimmt, 1205 war er Kantor in Laon, und er erhielt die Weihe zum Subdiakon, also die erste der höheren Weihen. Doch schon kurz darauf muss er in den Laienstand zurückgekehrt sein, vermutlich aus familiären Gründen[1243]. Zu Beginn des Jahres 1212 ernannte Graf Ferrand Burchard zum Verwalter (*balivus*) im Hennegau, als solcher hatte dieser Zutritt zum Hof, an dem sich auch Margarete befand[1244]. Die Ehe zwischen beiden wurde in Le Quesnoy, einem Herrschaftssitz der Gräfin Johanna, einvernehmlich und öffentlich, in Anwesenheit von Zeugen und von einem Priester geschlossen sowie anschließend vollzogen. Weder die Schwester der Braut noch Ferrand erhoben zu diesem Zeitpunkt Einspruch gegen die Verbindung[1245]. Das Ehepaar hatte drei Söhne, von denen der älteste, Balduin, bereits 1219 verstarb. Der zweite Sohn Johann wurde vermutlich im April 1218, sein jüngerer Bruder Balduin, der den Namen des verstorbenen Erstgeborenen erhielt, im September 1219 geboren[1246].

Der Streit um die Rechtmäßigkeit der Ehe Margaretes – vor allem aufgrund des Klerikerstandes Burchards[1247] – und somit um die Legitimität ihrer Kinder war da bereits in vollem Gange. Die Auseinandersetzungen begannen im April 1214, als Burchard den Anteil seiner Frau am Erbe Kaiser Balduins einforderte[1248]. Bei der Schlacht von Bouvines wählten sowohl Ferrand als auch die Avesnes die falsche Seite und gerieten in französische

---

1241) Geht man davon aus, dass sie nach dem Aufbruch Balduins 1202 geboren ist; zur Problematik dieses jungen Alters und Präzedenzfällen, in denen die Kirche die Dispens für eine Heirat erteilt hatte, vgl. DUVIVIER, La querelle 1 S. 53–55.

1242) DUVIVIER, La querelle 1 S. 38–40.

1243) DUVIVIER, La querelle 1 S. 45–47.

1244) SATTLER, Die flandrisch-holländischen Verwicklungen S. 22 f., bezeichnet Burchard als den Erzieher Margaretes.

1245) DUVIVIER, La querelle 1 S. 55–62.

1246) DUVIVIER, La querelle 1 S. 75 f.

1247) Der Zölibat fand seit dem Zweiten Laterankonzil 1139 für Kleriker mit höheren Weihen strenge Beachtung, Decretum Gratiani C. 27 q. 1 c. 40 (Corpus iuris canonci 1 Sp. 1059 f.); vgl. FEINE, Kirchliche Rechtsgeschichte S. 346.

1248) DUVIVIER, La querelle 2 Nr. 11 S. 18 f.; vgl. DERS., La querelle 1 S. 62 f.; SATTLER, Die flandrisch-holländischen Verwicklungen S. 23, geht davon aus, dass von der Subdiakonsweihe Burchards zuvor in Flandern nichts bekannt war.

Gefangenschaft, aus der Burchard jedoch entkommen konnte. Johanna regierte Flandern nun selbständig, und ihr Schwager versuchte offenbar erneut, die Ansprüche Margaretes durchzusetzen, scheiterte jedoch und verließ mit seiner Gemahlin Flandern. Sie ließen sich auf der Burg Houffalize in den Ardennen nieder, die einem Verwandten der Avesnes gehörte[1249].

Ende 1214 wandte sich Johanna zum ersten Mal mit einer Klage über den Ehemann ihrer Schwester an Papst Innozenz III., woraufhin dieser in einer Bulle an den Bischof, den Archidiakon und den Propst von Arras Auskunft über die näheren Umstände der Ehe Margaretes verlangte, jedoch offenkundig nicht erhielt. Dennoch traf Burchard am 19. Januar 1216 der Kirchenbann, weil er als geweihter Kleriker seine Verwandte und Schutzbefohlene entführt, verführt und geheiratet hatte[1250]. Diese Exkommunikation widersprach den Regeln des Kirchenrechts, da der Beschuldigte nicht die Chance erhalten hatte, angehört zu werden, und keine Zeugen vorgeladen worden waren. Darüber hinaus war zwar bereits durch Innozenz III. im Jahr 1207 festgelegt worden, dass ein Subdiakon zum Bischof gewählt werden könne, die Subdiakonsweihe also zu den höheren Weihegraden gehöre. Doch allgemein gültiges Kirchenrecht wurde die Dekretale erst durch die Aufnahme in den 1234 promulgierten Liber Extra Gregors IX.[1251] Ob Burchard dem Klerikerstand angehört hatte, konnte somit durchaus in Frage gezogen werden.

Er jedenfalls reagierte nicht auf die Verhängung der Exkommunikation, Margarete blieb weiterhin bei ihm, woraufhin am 17. Juli 1217 eine zweite Bannbulle erging, diesmal von Papst Honorius III.[1252] Das Paar zeigte sich abermals unbeeindruckt, Margarete erklärte sogar öffentlich, dass sie nicht gedenke, Burchard zu verlassen und dass sie ihn als ihren rechtmäßigen Ehemann betrachte[1253]. Für die späteren Phasen des Konflikts war jedoch entscheidend, dass ihre Söhne Johann und Balduin erst nach den Exkommunikationen geboren worden waren und ihre Legitimität somit angezweifelt werden konnte[1254].

Die Situation änderte sich, als Burchard bei einem seiner Übergriffe auf hennegauisches Gebiet gefangen genommen und in den Gewahrsam Gräfin

---

1249) DUVIVIER, La querelle 1 S. 64–66; zur eigenständigen Regierung Johannas während der Gefangenschaft Ferrands und ihren Anstrengungen, sein Lösegeld aufzubringen, vgl. auch NICHOLAS, Countesses as Rulers S. 129–131.

1250) DUVIVIER, La querelle 2 Nr. 15 S. 23 f.

1251) X 1.14.9 (Corpus iuris canonici 2 Sp. 128 f.); vgl. FEINE, Kirchliche Rechtsgeschichte S. 345.

1252) DUVIVIER, La querelle 2 Nr. 16 S. 25 f.

1253) DUVIVIER, La querelle 1 S. 67–72.

1254) DUVIVIER, La querelle 1 S. 76–80.

Johannas nach Gent gebracht wurde[1255]. Seine Freilassung gelang erst 1221, nachdem sich Margarete den Bedingungen ihrer Schwester unterworfen hatte. Sie erklärte dem Papst gegenüber, dass sie sich von ihrem Mann getrennt habe, und erhielt vom Bischof von Cambrai, dessen Archidiakon und dem Abt von Saint-Jean in Valenciennes die Absolution[1256]. Burchard begab sich nach Rom, um vom Bann gelöst zu werden; über die Art der Buße, die ihm auferlegt wurde, herrscht in den Quellen Uneinigkeit[1257].

Margarete war in der Zwischenzeit an den Hof Johannas zurückgekehrt und bekam als Belohnung beträchtliche Ländereien übertragen[1258]. In der zweiten Jahreshälfte 1223 verheiratete sie sich, ohne die Rückkehr Burchards abzuwarten, mit Wilhelm von Dampierre, einem Adligen aus der Champagne. Doch auch diese Ehe stand unter keinem guten Stern: Am 15. November 1223 wandte sich Papst Honorius III. an die Äbte von Arivour und Moustier und wies sie an, gegen diese Verbindung wegen zu naher Verwandtschaft Einspruch zu erheben. Falls sie schon geschlossen worden sei, müsse sie aufgelöst werden, und etwaige Nachkommen seien als illegitim zu betrachten[1259]. Dieses Schreiben blieb jedoch ohne Konsequenzen, als Burchard im Frühjahr 1224 aus Italien zurückkehrte, hatten Margarete und Wilhelm bereits eine Tochter[1260].

Die politische Situation in Flandern und im Hennegau in den folgenden Jahren war nicht nur aufgrund dieser Ehedramen äußerst angespannt. Das Verhalten der beiden Schwestern fand wenig Anklang in der zeitgenössischen Geschichtsschreibung[1261]. 1225 trat ein „falscher Balduin" auf, ein vorgeblich aus dem Orient zurückgekehrter Kaiser Balduin, der in Flandern wieder die Herrschaft übernehmen wollte[1262]. Ihm schloss sich auch Burchard von Avesnes an, in der Hoffnung, wenigstens seine Söhne zurück zu

1255) DUVIVIER, La querelle 1 S. 74 f.

1256) DUVIVER, La querelle 2 Nr. 19–20 S. 31 f.; NICHOLAS, Countesses as Rulers S. 134, spekuliert über die Gründe für Margaretes Abwendung von Burchard: „Marguerite probably realized after she matured that she had been taken advantage of." Quellen für diese Vermutung gibt es nicht.

1257) DUVIVIER, La querelle 1 S. 84 f., diskutiert verschiedene Möglichkeit und gelangt zu dem Schluss, dass Burchard in Rom vermutlich nur die vorläufige Lösung vom Bann erreichte und die unsichere Erlaubnis erhielt, in den Laienstand zurückzukehren, „la levée provisoire de l'excommunication et l'autorisation précaire de rentrer dans la vie civile."

1258) Die Grafschaft Ostervant und die Pévèle im Südosten Flanderns bzw. im Grenzgebiet zum Hennegau, DUVIVIER, La querelle 1 S. 85 f.

1259) DUVIVIER, La querelle 2 Nr. 24 S. 35 f.

1260) DUVIVIER, La querelle 1 S. 87–90.

1261) DUVIVIER, La querelle 1 S. 89–91.

1262) MÖHRING, Der Weltkaiser der Endzeit S. 231 f.

bekommen. Der Umsturz scheiterte, der Hochstapler wurde 1226 in Lille hingerichtet, Johann und Balduin von Avesnes wurden wieder Wilhelm von Dampierre übergeben, der sie zu seinem ältesten Bruder schickte und dort gefangen halten ließ. Das Schicksal Burchards ist nicht eindeutig zu klären, vielleicht wurde er gezwungen, wieder in den Klerikerstand zu treten[1263].

Ebenfalls 1226, an Weihnachten, wurde Gräfin Johannas Mann Ferrand aus französischer Gefangenschaft entlassen, in der er sich seit Bouvines befunden hatte, gegen den Preis von 100 000 Livres, für die Lille, Douai und L'Ecluse verpfändet werden mussten[1264]. Gerade in diese frühen 1220er Jahre fallen die Versuche Graf Florens IV. von Holland, seine Herrschaftsrechte in Zeeland zu stärken und dieses dem flandrischen Einfluss zu entziehen[1265]. Er nutzte also die innenpolitischen Schwierigkeiten Gräfin Johannas aus, die ihrerseits in dem Moment, als der Ausgleich mit Frankreich hergestellt und die Freilassung Ferrands erreicht waren, ihren Zugriff auf Zeeland erneut intensivierte.

Aus der Ehe Margaretes mit Wilhelm von Dampierre, der 1231/32 verstarb, gingen insgesamt fünf Kinder hervor, darunter die Söhne Wilhelm, Guido und Johann. Auch Johanna hatte 1231 noch eine Tochter, Maria, zur Welt gebracht, bevor Ferrand 1233 gestorben war. In dieser Situation strebten Johann und Balduin von Avesnes zusammen mit ihrem Vater eine Regelung über das Erbe Margaretes an[1266]. Im Januar 1235 fand eine Beratung in Asnières-sur-Oise statt, in Anwesenheit aller Parteien, also Margaretes und der Avesnes, sowie Johannas und des Königs von Frankreich. Zunächst wurde festgestellt, dass Johann und Balduin volljährig waren. Des Weiteren wurde entschieden, dass Margarete über die Vererbung ihres Eigengutes und ihrer Apanage frei verfügen konnte, der Rest ihres Besitzes abzüglich der Morgengabe von ihrem zweiten Ehemann sollte in sieben gleiche Teile geteilt werden, zwei für die beiden Avesnes, fünf für die Kinder Wilhelms von Dampierre. Dieser Vertrag wurde von allen Beteiligten beschworen und von Johanna sowie dem französischen König beurkundet[1267].

Durch den Tod Marias, der Tochter Johannas, im Jahr 1236 wurde dieser Ausgleich bereits wieder in Frage gestellt. Denn nun war Margarete die Nachfolgerin ihrer Schwester, und nach ihr würde ihr erstgeborener Sohn die Herrschaft in Flandern und Hennegau antreten. Allerdings war weiterhin strittig, wer als dieser legitime Erstgeborene betrachtet werden musste –

1263) DUVIVIER, La querelle 1 S. 92–95.

1264) Die genauen Bedingungen DUVIVIER, La querelle 2 Nr. 27 S. 39–41 und Nr. 30 S. 43–45; vgl. DUVIVIER, La querelle 1 S. 96–98.

1265) Siehe oben S. 232 f.

1266) DUVIVIER, La querelle 1 S. 99–101, 105.

1267) DUVIVIER, La querelle 2 Nr. 37–39 S. 51–60; DERS., La querelle 1 S. 106–110.

Johann von Avesnes oder Wilhelm von Dampierre[1268]. Zwar schloss Johanna eine zweite Ehe mit Thomas von Savoyen, doch gingen aus dieser Verbindung keine Nachkommen hervor. Sie wandte sich außerdem an Papst Gregor IX., der im März 1237 die Nachkommen aus dem Konkubinat (*contubernium*) Burchards von Avesnes für illegitim erklärte[1269], im Mai 1239 das Eheverbot gegen Margarete und Wilhelm von Dampierre nachträglich aufhob und deren Kinder somit legitimierte[1270]. Johann und Balduin von Avesnes hingegen erhielten von Kaiser Friedrich II. im März 1242 eine Goldbulle, in der ihre rechtmäßige Geburt festgestellt wurde, *ut paternis et maternis bonis succedere valeant, tanquam legittimi et de thoro legittimo procreati*[1271].

Anfang der 1240er Jahre hatte sich der Streit zwischen den Kindern Margaretes von Flandern an die Strömungen der europäischen Konfliktlage angepasst. Die Dampierre-Nachkommen, Gräfin Johanna und Margarete selbst standen auf der päpstlichen Seite, die Avesnes auf der kaiserlichen. 1244, nach dem Tod Burchards von Avesnes[1272], wurde die von Friedrich II. bestätigte Legitimät Johanns und Balduins erstmals erfolgreich auf die Probe gestellt, als es um das väterliche Erbe der beiden ging. Ihre Ansprüche im Hennegau wurden von allen Beteiligten problemlos anerkannt[1273]. Inzwischen war auch Gregor IX. verstorben, und Johann von Avesnes versprach sich von Innozenz IV. eine Neubewertung der Eheangelegenheiten seiner Mutter. Er präsentierte dem Papst ein ausführliches Memorandum, in dem dargelegt wurde, dass Burchard und Margarete nicht zu nah verwandt waren, dass Burchard keine Subdiakonsweihe empfangen hatte, und dass die Ehe einvernehmlich und öffentlich vor Zeugen geschlossen worden war, dass außerdem der Exkommunikationsprozess gegen seinen Vater nicht regelkonform abgelaufen sei, und dass er und sein Bruder folglich als legitime Nachkommen behandelt werden müssten[1274]. Die Antwort des Papstes verzögerte sich, da dieser vor den Staufern aus Italien nach Lyon fliehen musste[1275].

---

1268) DUVIVIER, La querelle 1 S. 110 f.

1269) DUVIVIER, La querelle 2 Nr. 47 S. 71.

1270) DUVIVIER, La querelle 2 Nr. 57 S. 86 f.; vgl. DUVIVIER, La querelle 1 S. 111–113.

1271) DUVIVIER, La querelle 2 Nr. 63 S. 93 f.; zur rechtlichen Bedeutung dieser Urkunde und ihrer Reichweite ausführlich DUVIVIER, La querelle 1 S. 114–116.

1272) Über die verschiedenen, einander widersprechenden Aussagen über dessen Todeszeitpunkt bzw. seine angebliche Hinrichtung durch Johanna bei SATTLER, Die flandrisch-holländischen Verwicklungen S. 24.

1273) DUVIVIER, La querelle 1 S. 119–125.

1274) DUVIVIER, La querelle 2 Nr. 65 S. 96–103.

1275) DUVIVIER, La querelle 2 Nr. 75 S. 113–115; vgl. DERS., La querelle 1 S. 125–127.

Im Dezember 1244 verließ eine weitere Protagonistin die Bühne des Geschehens: Johanna starb in dem von ihr gegründeten Zisterzienserinnenkloster Marquette, in dem bereits ihr erster Mann und ihre Tochter bestattet worden waren. Thomas von Savoyen zog sich nach Italien zurück, und Margarete trat die Nachfolge ihrer Schwester in Flandern und im Hennegau an. Sowohl der französische König Ludwig IX. als auch Kaiser Friedrich bestätigten ihre Lehen[1276]. Und noch immer war der rechtliche Status der Kinder aus ihren beiden Ehen unsicher. Im Frühjahr 1245 eröffnete Papst Innozenz IV. von Lyon aus ein Verfahren, in dem diese Frage geklärt werden sollte. Nach längerem Vorlauf und dem Austausch verschiedener Schriften fand im Januar 1246 in Paris die Hauptverhandlung statt, in der Ludwig IX. und der Legat Odo von Châteauroux, Kardinalbischof von Tusculum, eine Entscheidung herbeiführten. Die Nachfolge in der Grafschaft Flandern wurde den Dampierre, die Grafschaft Hennegau den Avesnes zugesprochen. Das Legitimitätsproblem wurde nicht gelöst[1277].

Auch wenn er zusammen mit seinem Bruder Balduin dieses Urteil anerkennen musste, war Johann von Avesnes mit dem Ausgang des Verfahrens doch keineswegs zufrieden. Als ein Verbündeter in der Region drängte sich der Graf von Holland geradezu auf, der mit Flandern in Konkurrenz um die Herrschaftsrechte in Zeeland stand. Kurz nach der Eheschließung Johanns mit Wilhelms Schwester Adelheid im Sommer 1246 wurde außerdem ein Bündnis zwischen den Avesnes und Herzog Heinrich II. von Brabant ausgehandelt[1278]. Wohl nicht zufällig bezeichnete sich kurz vorher Wilhelm in einer Urkunde ausdrücklich als *comes Hollandie et Zelandie*[1279] – ein gemeinsames Vorgehen gegen Flandern dürfte zu dieser Zeit bereits geplant gewesen sein. Den ersten Schritt machten Johann und Balduin von Avesnes im Sommer 1247. Sie nahmen mit holländischer, brabantischer und geldrischer Hilfe das strategisch günstig an der Schelde südlich von Antwerpen gelegene Rupelmonde ein und konnten es sieben Monate gegen Margarete halten[1280]. Die Anstrengungen Johanns zielten offenbar darauf, sich Reichsflandern zu verschaffen, den Teil, der nicht als Lehen vom französischen

---

1276) DUVIVIER, La querelle 1 S. 127–131.

1277) Die abschließenden Urkunden bei DUVIVIER, La querelle 2 Nr. 81–83 S. 122–128; DERS., La querelle 1 S. 132–160, ausführlich über den Verlauf des Prozesses, die Hintergründe und Motivationen der Beteiligten; vgl. auch SATTLER, Die flandrisch-holländischen Verwicklungen S. 25 f.

1278) OHZ 2 Nr. 695; vgl. DUVIVIER, La querelle 2 Nr. 100 S. 170 f.

1279) OHZ 2 Nr. 693 S. 322 Z. 27.

1280) So Margarete selbst in ihrem Klageschreiben von 1249, DUVIVIER, La querelle 2 Nr. 187 S. 310; vgl. DUVIVIER, La querelle 1 S. 168 f.; ausführlicher SATTLER, Die flandrisch-holländischen Verwicklungen S. 27–29.

König vergeben werden konnte und zu dem auch Zeeland bewesten Schelde gehörte[1281]. Für Wilhelm hätte der Vorteil darin bestanden, dass er mit seinem Schwager als Lehnsherr vermutlich sehr schnell eine Einigung über das weitere lehnsrechtliche Schicksal der Inseln gefunden hätte[1282].

Gleichzeitig gelang es Margarete, ihren Sohn Wilhelm von Dampierre mit Beatrix, der Tochter Herzog Henrichs II. von Brabant, Witwe König Heinrich Raspes und Cousine Wilhelms zu verheiraten[1283]. Diese Verbindung, geschlossen in den Monaten zwischen dem Tod des Ludowingers und der Wahl Wilhelms, ist ein Indiz dafür, dass der Brabanter nicht unbedingt die treibende Kraft hinter der Königserhebung seines Neffen gewesen sein muss. Es zeigt sich im Gegenteil, dass Heinrich II. ebenso wie sein Sohn sehr zurückhaltend agierte und ein klares Engagement für die Sache Wilhelms vermissen ließ. Insgesamt werden hier noch einmal die Dimensionen dieses Konflikts erkennbar: Der Streit zwischen den Kindern Margaretes aus ihren Ehen mit Burchard von Avesnes und Wilhelm von Dampierre wurde nur auf den ersten Blick innerhalb der Grafschaften Flandern und Hennegau um die Nachfolgefrage in diesen Herrschaften ausgetragen. Er erfasste vielmehr die gesamte Region, tangierte die Interessen des Königtums Frankreich, war aufgrund der Situation im Reich in der Mitte der 1240er Jahre von großer Bedeutung für die Bündnissysteme um die Könige Heinrich Raspe und Wilhelm und führte zu Parteinahmen im Kampf zwischen Kaiser Friedrich und der Kurie.

### Wilhelm handelt: auf dem „Papier“

In den Auseinandersetzungen mit Flandern flossen Wilhelms Interessen als Graf von Holland und als König ineinander. Durch sein Handeln versuchte er zugleich, seine territoriale Vorherrschaft in Zeeland bewesten Schelde zu sichern, seinen Schwager bei der Durchsetzung seiner Erbansprüche zu unterstützen und die Anerkennung der königlichen Lehnshoheit sowie seiner persönlichen Autorität als Herrscher durchzusetzen. Letzteres ist in den Quellen am schwersten zu fassen und dürfte doch ein wichtiges Ziel von Wilhelms Flandernpolitik gewesen sein. Zugleich scheint hier eindeutiger als an anderen Stellen der eigene Wille des Königs erkennbar zu sein: Im Krieg gegen Margarete entfernte er sich von den Ratschlüssen des Legaten

---

1281) HINTZE, Das Königtum Wilhelms S. 94.

1282) Die Absichten Johanns im Jahr 1247 können jedoch nur aus seiner späteren Verzichtserklärung auf genau diese Gebiete erschlossen werden, DUVIVIER, La querelle 2 Nr. 125 S. 206–208; vgl. auch LUCAS, John of Avesnes S. 86 f.; ebd. S. 81–87 eine Zusammenfassung des Flandern-Konflikts seit dem Tod Balduins 1205.

1283) DUVIVIER, La querelle 2 Nr. 106 S. 183; Nr. 109 S. 185 f.; DERS., La querelle 1 S. 169 f.

Hugo von Saint-Cher[1284], und auch Konrad von Hochstaden ist nicht an seiner Seite zu finden[1285]. Doch noch vor allen militärischen Auseinandersetzungen lässt sich die Haltung Wilhelms in seinen Urkunden erkennen.

— Anfängliche Kompromissbereitschaft

Zunächst bestätigte der König den Vertrag, den sein Urgroßvater Florens III. 1167 mit Philipp von Flandern geschlossen hatte, nur modifiziert durch eine Zusatzvereinbarung über die zu stellenden Geiseln, getroffen von Wilhelms Vater mit Graf Ferrand[1286]. Diese Anerkennung des status quo in Zeeland bewesten Schelde geschah im Sommer 1248, als Wilhelm Aachen belagerte, um sich dort zum König krönen zu lassen. Florens hatte als Stellvertreter seines Bruders das Dokument in Brügge ausgehandelt und dort auch die Urkunde schreiben lassen[1287]. Der unmittelbare Anlass waren Streitigkeiten zwischen zeeländischen Adligen, von denen ein Teil auf der Seite Flanderns, ein anderer auf der Seite Hollands stand. Florens hatte versucht, aus diesen Händeln Vorteile zu ziehen, und Margarete drohte mit einem Angriff[1288]. In der noch unsicheren Situation zwischen Wahl und Krönung verhielten sich die Brüder zunächst zurückhaltend und signalisierten Margarete gegenüber die Bereitschaft, einzulenken[1289]. Etwas später, im September 1248, musste Wilhelm weitere detaillierte Vereinbarungen anerkennen, die Florens mit der Gräfin bezüglich Zeelands getroffen hatte: hauptsächlich die überfällige Zahlung von 6000 Pfund an Margarete selbst und 1200 Pfund an weitere Gläubiger, die sich wie es scheint an die Gräfin zur Eintreibung der Schulden gewandt hatten[1290]. Zugleich zeigt sich jedoch bereits ein gewisses Widerstreben gegen die Forderungen Margaretes, die offenbar von Wilhelm den Lehnseid für Zeeland eingefordert und ihm nur aufgrund der Bitten des Kardinallegaten Petrus Capocci Aufschub gewährt hatte. Diese Verweigerung des Eides lässt auf eine Verzögerungstaktik des Königs schließen. Nichtsdestotrotz musste er urkundlich versichern, dass die Huldigung damit keineswegs hinfällig sei, dass er wie alle seine

---

1284) Siehe oben S. 177 f.

1285) Siehe oben das Bündnis mit Margarete, S. 158 f.

1286) D Wilh 36, 1248 Juli 8–13, Brügge, bzw. D Wilh 37, 1248 Aug. 3. Offenbar existierten zwei unterschiedlich datierte, ansonsten textidentische Ausfertigungen.

1287) D Wilh 36 S. 68 Z. 13–15 (krit. Apparat).

1288) Hintze, Das Königtum Wilhelms S. 95; Sattler, Die flandrisch-holländischen Verwicklungen S. 30.

1289) Vgl. Duvivier, La querelle 1 S. 173 f., der von einem Wilhelm aufgezwungenen Frieden spricht.

1290) D Wilh 42.

Nachfolger in Holland sich zu dieser verpflichtete und die Rechte Flanderns in Zeeland nicht geschmälert würden[1291].

Mit dem Kompromisskurs des Königs sanken auch die Hoffnungen Johanns von Avesnes, in absehbarer Zeit selbst Lehnsmann des Reiches in Reichsflandern und Hennegau zu werden. Wilhelm bezeichnete Margarete in seinen Urkunden ausdrücklich als *Flandrie et Haynonie comitissa*[1292] und sprach ihr die Lehnshoheit prinzipiell zu. Somit suchten auch die Avesnes den Ausgleich mit ihrer Mutter, anerkannten das Urteil von 1246[1293] und verzichteten schließlich auf ihre Ansprüche in Reichsflandern[1294]. Diese Phase der Harmonie zwischen Margarete und ihren Söhnen dauerte bis 1251[1295].

— Das schottische Erbe für Adelheid und Johann von Avesnes

Bereits im Frühjahr 1249 ließ Wilhelm erkennen, dass er seinen Schwager nicht vergessen hatte. Nach der Einnahme Ingelheims und der Erweiterung seines Einflusses im Rhein-Main-Gebiet befand sich der König in einer ungleich günstigeren Position als im Vorjahr. Er nutzte den Mainzer Hoftag und die Anwesenheit der Fürsten am 27. April zunächst, um seiner Schwester Adelheid und ihrem Mann mit Zustimmung des Fürstenrates die Lehen und den Besitz, den die Grafen von Holland von den schottischen Königen bekommen hatten, als Aussteuer zu übertragen[1296]. Es handelte sich dabei wohl um die Güter, die als Mitgift Adas von Huntingdon, einer Enkelin König Davids I. von Schottland sowie Schwester Malcolms IV. und Wilhelms des Löwen, bei ihrer Heirat mit Graf Florens III. 1161 festgelegt worden waren[1297]. Laut Meerman war dies „Garviach" – Garioch – in Aberdeenshire[1298].

---

1291) D Wilh 43, 1248 Sept.; vgl. auch insgesamt SATTLER, Die flandrisch-holländischen Verwicklungen S. 29–33; ausführlich HINTZE, Das Königtum Wilhelms S. 96–99.

1292) D Wilh 43 S. 77 Z. 10.

1293) DUVIVIER, La querelle 2 Nr. 122 S. 203 f.

1294) DUVIVIER, La querelle 2 Nr. 125 S. 206–208; vgl. auch SATTLER, Die flandrisch-holländischen Verwicklungen S. 34; HINTZE, Das Königtum Wilhelms S. 99.

1295) DUVIVIER, La querelle 1 S. 175–184.

1296) D Wilh 87.

1297) ORAM, Domination and Lordship S. 123 f.

1298) MEERMAN, Geschiedenis 1 S. 343; vgl. Reg. Imp. V,1 4975. Als Quelle gibt Meerman einen Brief Davids, eines weiteren Bruders Adas, an, in dem dieser auf die Besitzrechte in eben diesem Gebiet verzichtete. Das Stück soll sich in der holländischen Lehnkammer befunden haben, das Versprechen einer Publikation im Anhang seiner Wilhelm-Biographie löste Meerman jedoch nicht ein; vielleicht nimmt er Bezug auf das Dokument, das STONES/SIMPSON, Edward I and the Throne of Scotland 2 S. 150 f. als

Erscheint dieses Geschenk Wilhelms an Adelheid auf den ersten Blick als nicht sehr prestigeträchtig, so darf keinesfalls der symbolische Gehalt dieser Geste missverstanden werden: Die Verbindung der Gerulfinger mit den Königen von Schottland stellt ein grundlegendes Element des gräflich-holländischen Selbstverständnisses dar. Florens III. zeigte seinen Stolz auf diese Verwandtschaftsbeziehung, indem er seine Urkunden nach seiner Hochzeit mit der Schwester des schottischen Königs datierte[1299]. Durch Ada wurde der Name Wilhelm in der Grafenfamilie gebräuchlich, vermutlich in Anlehnung an deren Bruder. Durch die Wahl ihrer Grablege in Middelburg war die Schottin auch in die Zeeland-Tradition eingebunden[1300]. Und nicht zuletzt waren die schottischen Reminiszenzen noch zu der Zeit von Wilhelms Sohn Florens V. so stark, dass dieser 1292 zumindest kurzzeitig ernsthaft als Nachfolger auf dem schottischen Thron in Betracht gezogen wurde[1301]. Vor diesem Hintergrund dürfte diese ausdrückliche Übertragung des schottischen Erbes an Adelheid und Johann im April 1249 einen besonderen Beweis des Vertrauens und ein Versprechen auf Unterstützung durch Wilhelm dargestellt haben, egal welchen Umfang und welchen praktischen Nutzen dieses Lehen und diese Besitzungen hatten.

— Namur – oder die Frage: Ist Johann von Avesnes der Graf von Hennegau?

In Paris war 1246 entschieden worden, dass Margaretes Erbe, also die beiden Grafschaften Flandern und Hennegau, nach ihrem Tode zwischen den Avesnes und den Dampierre aufzuteilen seien. Zu Lebzeiten blieb die Gräfin also Herrin beider Herrschaftsgebiete. Für Flandern leisteten Wilhelm und später Guido von Dampierre den präsumptiven Lehnseid an den französischen König und agierten mit Zustimmung ihrer Mutter als Grafen[1302]. Ob Margarete ein vergleichbares Arrangement für Hennegau mit Johann von Avesnes getroffen hatte, ist zweifelhaft. Doch aus verschiedenen Dokumenten geht hervor, dass Wilhelm seinen Schwager als den rechtmäßigen Grafen betrachtete. Auch Bischof Heinrich von Lüttich hatte Johann bereits

---

Nr. D.69.i anführen, eine Urkunde Davids von Huntingdon, des Bruders Adas, der zugunsten seiner Schwester auf das schottische Erbrecht verzichtet, im Tausch gegen Garioch, hier überliefert als *inspeximus* des Bischofs von Moray im Kontext des Great Cause. Das Stück gilt gemeinhin als Fälschung.

1299) So etwa OHZ 1 Nr. 151 S. 287 Z. 3–5: *anno primo* [...] *matrimonii nostri quo sororem regis Scotie Adam duxi uxorem*.

1300) Siehe oben S. 212 f.

1301) STONES/SIMPSON, Edward I and the Throne of Scotland 1 S. 16 (Stammtafel), 19; 2 S. 311–325; siehe unten S. 390–392.

1302) DUVIVIER, La querelle 1 S. 161 f. und 207.

im Oktober 1247, also unmittelbar nach der Königswahl in Worringen, mit Hennegau belehnt[1303].

Dennoch war scheinbar nicht endgültig geklärt, wem genau die Grafschaft unterstand. Dies zeigt sich in einer weiteren Urkunde, die Wilhelm in Mainz ausstellte. In ihr regelte er die Verleihung der Grafschaft Namur, die zu den Herrschaften gehört hatte, die Balduin V. von Hennegau und Margarete I. von Flandern durch ihre Ehe gemeinsam regiert hatten. Philipp, dem jüngeren Sohn des Paares, war Namur als hennegauisches Afterlehen zugefallen[1304]. Nach dem kinderlosen Tod Philipps im Jahr 1212 erhielten es dessen Schwester Jolante und ihr Ehemann Peter von Courtenay sowie nacheinander deren vier Kinder Philipp II. († 1226), Heinrich II. († 1229), schließlich Margarete, die mit Heinrich I. von Vianden verheiratet war[1305], und 1237 Kaiser Balduin II. von Konstantinopel[1306]. Als sich dieser zum Zwecke der Geldbeschaffung zwischen 1236 und 1239 im Okzident aufhielt, zwang er zunächst seine Schwester zum Rückzug aus der Grafschaft und verpfändete diese anschließend für 50 000 Livres an den französischen König[1307].

Auf dem Mainzer Hoftag erklärte Wilhelm nun das Lehen Namur für erledigt, weil Balduin nicht den Huldigungseid an seinen Lehnsherrn Johann von Avesnes geleistet hatte. Die Erklärung dieses Versäumnisses fällt in der Urkunde sehr detailliert aus: Johann, *primogenitus comitisse Flandrie et Hanonie*, habe anlässlich der Königswahl zusammen mit anderen Fürsten und Adligen den Lehnseid für Namur, das er als Reichslehen innehabe, geleistet. Anschließend hätte Balduin für die Grafschaft binnen Jahr und Tag ebenfalls den Eid leisten müssen, habe dies jedoch versäumt, *nec per se nec per alium requisivit nec de ipso fecit, quod debuit*[1308]. Außerdem habe der Kaiser die Burg Namur und alle Befestigungsanlagen und allen zur Grafschaft gehörigen Besitz ohne Zustimmung Johanns als Pfand an König Ludwig von Frankreich übergeben[1309]. Die Entscheidung des Fürstenrats in dieser Angelegenheit, dem sich Wilhelm vorbehaltlos anschließe, laute folgender-

---

1303) DUVIVIER, La querelle 2 Nr. 108 S. 184 f. Die Lehnsgewalt des Lüttichers ergibt sich aus einer Regelung des 11. Jh., als diesem die Grafschaft zum Schutz als Lehen übertragen worden war, vgl. CAUCHIES, Art. Hennegau Sp. 2131.

1304) DUVIVIER, La querelle 1 S. 14 f.

1305) Heinrich von Vianden, der Bischof von Utrecht, war ihr Sohn, vgl. HÖROLDT, Studien zur politischen Stellung des Kölner Domkapitels S. 593.

1306) BORGNET, Histoire du comté de Namur S. 75–84.

1307) BORGNET, Histoire du comté de Namur S. 83 f.; BURKHARDT, Mediterranes Kaisertum S. 314; vgl. auch DUVIVIER, La querelle 1 S. 172.

1308) D Wilh 88 S. 127 Z. 25–35, Zitate Z. 27 und Z. 34 f.

1309) D Wilh 88 S. 127 Z. 35–40.

maßen: Johann von Avesnes ist der rechtmäßige Besitzer der Burg und der Grafschaft Namur, der Befestigungen und aller Lehnsgüter, er darf sie verkaufen *et tanquam sua propria perpetuo possidere*. Balduin und seinen Erben werde Namur aberkannt. Alle Vasallen, Ministerialen, Amtleute seien angewiesen, Johann als ihren Herrn anzuerkennen und ihre Lehen etc. aus seiner Hand zu empfangen[1310].

Johann von Avesnes wird hier also zweifelsfrei als Graf von Hennegau behandelt[1311]. Dies ergibt sich zwangsläufig aus seiner Rolle als zuständiger Lehnsherr für die Grafschaft Namur, die, wie bereits erwähnt, ein Afterlehen Hennegaus war. Zwar fällt an keiner Stelle im Text die entsprechende Bezeichnung, und auch Johann selbst führte zu dieser Zeit niemals den Titel eines Grafen von Hennegau[1312], doch indem er als Kläger gegen Balduin wegen der unterlassenen Mutung des Lehens auftritt, übernimmt er eine Aufgabe, die eigentlich seiner Mutter als Gräfin zusteht. Diese taucht in der Urkunde gar nicht auf und wird sogar dezidiert ausgeschlossen, wenn davon die Rede ist, *quod Henricus bone memorie antecessor noster* [König Heinrich Raspe, Anm. d. Verf.] *et nos numquam habuimus alium hominem de predicto comitatu preter dictum Iohannem*[1313]. Noch weiter geht die Bestimmung, dass Namur nach der „Rückgabe" an Johann wie ein Eigengut behandelt werden darf, als ewiger Besitz[1314]. Dadurch wird ein Zugriff Margaretes ganz ausgeschlossen und die Grafschaft allein dem Schwager Wilhelms und seinen Nachkommen zugesprochen[1315].

---

1310) D Wilh 88 S. 128 Z. 1–20, Zitat Z. 7. D Wilh 89 enthält als Mandat noch einmal die Aufforderung an die Angehörigen der Grafschaft, sich Johann von Avesnes zu unterwerfen.

1311) Vgl. auch LUCAS, John of Avesnes S. 88 f.

1312) Im März 1249 etwa tritt er auf als *miles, filius illustris domine Margarete, Flandrie et Haionie comitisse*, DUVIVER, La querelle 2 Nr. 128 S. 210. Dass de jure Margarete auch für die königliche Kanzlei die Lehnsherrin Namurs ist, ergibt sich auch aus der Urkunde von 1252, in der ihr die Reichslehen aberkannt werden. Hier ist ausdrücklich auch von Namur die Rede, D Wilh 227 S. 280 Z. 25.

1313) D Wilh 88 S. 127 Z. 43–45. Interessant ist die Erwähnung Heinrich Raspes in diesem Kontext: Dies könnte bedeuten, dass ein schriftliches Dokument über die Belehnung Johanns mit Namur durch Heinrich Raspe existiert hat. Oder liegt hier gar ein Hinweis auf eine „gegenkönigliche" Traditionsbildung vor?

1314) D Wilh 88 S. 128 Z. 7.

1315) HINTZE, Das Königtum Wilhelms S. 99, geht davon aus, dass bereits im Friedensschluss zwischen Margarete und den Avesnes-Söhnen ein derartiger Umgang mit Namur vorgesehen war. Die von ihm ebd. Anm. 4 zitierte Passage weist m. E. jedoch nur darauf hin, dass Namur zum Hennegau gehört. Eine ausdrückliche Benennung Johanns von Avesnes als Herr des Hennegau, *signeur de Haynau*, in einer königlichen Urkunde findet sich erst in D Wilh 302, 1254 Febr. 14, Mechelen, Zitat S. 353 Z. 21.

Eine weitere Invektive gegen Margarete stellt die Bezeichnung Johanns als ihren Erstgeborenen dar, da 1248, also nach ihrer Aussöhnung mit der Mutter, die Avesnes noch einmal die Frage nach ihrer Legitimität an die Kirchenobrigkeit gestellt hatten. Die Entscheidung fiel am 25. November 1249 durch den Bischof von Chalons und den Abt von Liessies und lautete diesmal zugunsten Johanns und Balduins: *Quia nobis constitit dictos Johannem et Balduinum de Avesnis intentionem suam sufficienter probavisse, nos, de jurisperitorum consilio, eorum natalia legittima declarantes, ipsos legittime natos esse et legittimos sententialiter diffinimus*[1316]. Erst am 17. April 1251 bestätigte Papst Innozenz IV. dieses Urteil[1317]. Im Frühjahr 1249 war der Prozess um die eheliche Geburt der Brüder also im Gange, aber noch lange nicht abgeschlossen. Wilhelm war über dessen Verlauf mit großer Wahrscheinlichkeit gut informiert und nahm den kirchlichen Rechtsspruch einfach voraus.

Und noch eine Spitze gegen die Gräfin von Flandern enthält das Diplom: Es wird deutlich betont und lobend hervorgehoben, dass Johann von Avesnes und andere Reichsfürsten und Große bereits bei der Wahl, *in sublimatione electionis nostre*, den Lehnseid auf den König abgelegt hätten, *legium et debitum* […] *homagium*[1318]. Hier klingt auch durch, dass andere Fürsten, unter ihnen Margarete, noch nicht bereit waren, diese rechtlich zwingende Mutung ihrer Reichslehen vorzunehmen[1319]. Die ausführliche Beschreibung des korrekten Verhaltens eines Vasallen, der binnen Jahr und Tag selbst oder durch einen Dritten bei seinem neuen Lehnsherrn um die Wiederverleihung bitten musste, legt im Umkehrschluss dar, dass sich die Säumigen im Unrecht befanden, und der Fürstenspruch gegen Balduin zeigt die drohenden Konsequenzen dieses rechtswidrigen Verhaltens auf.

Alles in allem stellt die in dieser Urkunde vorgenommene Verleihung oder Rückgabe Namurs an Johann von Avesnes nicht nur eine Maßnahme gegen Balduin von Konstantinopel dar. Für diesen waren die Konsequenzen verschmerzbar, sein Interesse an der Grafschaft hatte sich offenbar darin erschöpft, sie möglichst lukrativ für die Belange seines Kaiserreiches zu Geld zu machen. Vielmehr enthielt das Schriftstück auch eine deutliche, gegen Margarete gerichtete Parteinahme für Johann von Avesnes im Streit um das flandrisch-hennegauische Erbe. Ob Wilhelm seinem Schwager in der aktuellen Situation des Frühjahrs 1249 einen großen Dienst mit der Übertragung Namurs erwies, ist unsicher. Johann hielt jedoch an seinen Ansprüchen fest,

1316) DUVIVIER, La querelle 2 Nr. 147 S. 254.

1317) DUVIVIER, La querelle 2 Nr. 155 S. 262 f.; vgl. DERS., La querelle 1 S. 185–200; vgl. HINTZE, Das Königtum Wilhelms S. 99 f.

1318) D Wilh 88 S. 127 Z. 28–30.

1319) Dazu siehe unten S. 252–258.

gegen Balduin und dessen Gemahlin Maria von Brienne, die sich seit 1248 in Frankreich und später auch Flandern aufhielt und die Interessen ihres Mannes vertrat[1320]. Im Februar 1254 verlieh er die Grafschaft weiter an Heinrich V. von Luxemburg, der aufgrund seiner Abstammung von Heinrich dem Blinden von Luxemburg selbst Erbansprüche auf Namur erheben konnte[1321]. Nach dem Tod Wilhelms jedoch musste Johann auf das Lehen verzichten[1322], und 1262 verkaufte Balduin, der sein Kaiserreich im Jahr zuvor an Michael VIII. Palaiologos verloren hatte[1323], es für 20 000 Livres an Guido von Dampierre[1324], wodurch Namur dauerhaft mit Flandern verbunden wurde[1325]. Im 15. Jahrhundert ging es im burgundischen Herrschaftskomplex Philipps des Guten auf[1326].

— Brüssel im Mai 1250: Regelungen über Zeeland bewesten Schelde
In den Jahren 1249 und 1250 gingen die zeeländischen Auseinandersetzungen weiter, zum Teil in Abwesenheit des Königs, der sich um die Durchsetzung seiner Herrschaft im Mittelrheingebiet bemühte. Im Dezember begab er sich jedoch zurück in seine Grafschaft, und es ist durchaus möglich, dass er selbst auch in militärische Aktionen verwickelt war. Seine Aufenthalte in Zierikzee, auf der Insel Schouwen direkt gegenüber Noord-Beveland gelegen, im Februar und März 1250[1327] boten ihm zumindest eine gute Aus-

---

1320) BORGNET, Histoire du comté de Namur S. 85 f. BURKHARDT, Mediterranes Kaisertum S. 314 f.

1321) Namur gehörte ursprünglich zum Herrschaftsbereich der Grafen von Luxemburg. Heinrich der Blinde († 1196) hatte zunächst keine Nachkommen und setzte deshalb Balduin V. von Hennegau als Erben ein. Nach der Geburt seiner Tochter Ermesinde 1186 führte dies zu Streitigkeiten, das Erbe wurde geteilt, Namur fiel an Balduin, doch sowohl Theobald von Bar, der erste Ehemann Ermesindes, als auch Walram IV. von Limburg, ihr zweiter Gemahl, versuchten vergeblich, Namur zurückzuerhalten. Heinrich V. war der älteste Sohn aus Ermesindes zweiter Ehe, vgl. WAMPACH, Art. Erminsindis S. 602 f.; vgl. auch BORGNET, Histoire du comté de Namur S. 39–66. Die Belehnung Heinrichs von Luxemburg mit Namur durch Johann von Avesnes ist belegt durch D Wilh 300, 1254 Febr. 12, Mechelen; eine weitere Bestätigung in D Wilh 376, 1255 Juli 20, Aalbertsberg.

1322) DUVIVIER, La querelle 2 Nr. 242 S. 422–424; DERS., La querelle 1 S. 272.

1323) Zur Rückeroberung des Lateinischen Kaiserreiches insgesamt siehe OSTROGORSKY, Byzantinische Geschichte S. 383–405.

1324) BORGNET, Histoire du comté de Namur S. 95 f.; zum Niedergang des Lateinischen Kaiserreiches und den Auswirkungen bzw. der Wahrnehmung im Westen siehe auch BURKHARDT, Mediterranes Kaisertum S. 331–335.

1325) VANDERKINDERE, Formation territoriale S. 255 f.

1326) VON SEGGERN, Geschichte der Burgundischen Niederlande S. 76.

1327) DD Wilh 104, 109.

gangsbasis für Übergriffe auf Zeeland bewesten Schelde. Wilhelms Bruder Florens befand sich in flandrischer Gefangenschaft[1328], es müssen also Kampfhandlungen stattgefunden haben.

Als Vermittler trat in Brüssel der Kardinallegat Petrus von Collemezzo auf, der als Kenner der Verhältnisse in Flandern im Januar desselben Jahres offenbar eigens für diese Mission entsandt worden war[1329]. Das Hauptdokument, das am 19. Mai 1250 ausgehandelt wurde[1330], wiederholt im Wesentlichen die bereits bestehenden Vereinbarungen, also den Vertrag von 1167 und dessen Erneuerung im August 1248, ebenso die Versprechen auf finanziellen Ausgleich im September 1248[1331]. Da jedoch zwischen den Vertragspartnern über bestimmte Artikel noch Klärungsbedarf bestand, wurden detaillierte Auslegungen einzelner Punkte hinzugefügt. An erster Stelle einigte man sich darüber, wem das Strandgut – *iactus maris* – auf den betreffenden Inseln zustünde. Beide, die Gräfin von Flandern und der Graf von Holland, hatten es vollständig für sich beansprucht. Nun wurde eine Teilung vereinbart, beide Parteien sollten je die Hälfte erhalten[1332]. Zweitens waren die Grafen von Holland bislang davon ausgegangen, dass sie die Abgaben[1333] aus den betreffenden Gebieten ganz für sich behalten konnten. Margarete hingegen bestand darauf, dass gemeinsamer Besitz gemeinsame Einkünfte bedeute, diese Abgaben also ebenfalls geteilt werden müssten. Auch dies wurde in der Urkunde nun *imperpetuum* festgeschrieben[1334]. Strittig waren als dritter Punkt die Jurisdiktion und die Festlegung der Höhe bestimmter Abgaben, und auch diese Herrschaftsrechte sollten in Zukunft strikt gemeinsam von den Grafen von Holland und Flandern bzw. den Stellvertretern letzterer vor Ort ausgeübt werden[1335].

Eine weitere Beschwerde Margaretes lautete, dass Wilhelm und seine Vorgänger „freie Orte“, *villas francas*, auf den Inseln eingerichtet hätten, was ihnen nicht gestattet sei, da es außer Middelburg, das seit alters frei sei,

1328) D Wilh 121 S. 165 Z. 14 f.; vgl. Annales S. Pantaleonis S. 546 Z. 20–22. Der Bericht der Annalen legt nahe, dass die Gefangennahme Florens' vor der Rückkehr Wilhelms nach Holland geschehen war: *rediit in Hollandiam terram suam, liberaturus germanum suum*. Zugleich ist hier nicht ausgeschlossen, dass die Befreiung des Bruders auch auf kriegerischem Wege versucht wurde.

1329) Siehe oben S. 171–173.

1330) D Wilh 117.

1331) DD Wilh 36–37.

1332) D Wilh 117 S. 159 Z. 16–23, Zitat Z. 16.

1333) [...] *omnia quecumque proveniunt ex precariis, precibus sive donis communibus sive excantiis, tam in rebus mobilibus quam immobilibus*, D Wilh 117 S. 159 Z. 29–31.

1334) D Wilh 117 S. 159 Z. 24–34, Zitat Z. 34.

1335) D Wilh 117 S. 159 Z. 35–48.

keine solchen Orte in Zeeland bewesten Schelde geben dürfe. Von holländischer Seite musste anerkannt werden, dass zukünftig keine freien Orte mehr gegründet oder bestehenden Orten Freiheitsrechte zugestanden werden durften, auch nicht von Flandern, und dass die verliehenen *francisia* widerrufen wurden[1336]. Als Zugeständnis Margaretes wurden die holländischen Schulden erlassen, die sich mittlerweile auf 16 000 Pfund beliefen, unter der Bedingung, dass die Grafen den Vertrag auch hielten[1337].

Weitere Diplome vervollständigten das Vertragswerk: Zum einen erneuerte der König seine Versicherung, dass Flanderns Recht auf eine Lehnshuldigung bezüglich Zeelands bewesten Schelde keineswegs dadurch beeinträchtigt würde, dass er selbst diesen Eid noch nicht geleistet habe[1338]. Zum andern verlangte und erhielt Margarete eine Erklärung, dass Wilhelm ihren Sohn, den Grafen von Flandern – gemeint ist Guido von Dampierre –, ohne Einwände als Lehnsmann annehmen werde, *pro hiis, que tenet ab imperio*[1339], also für Reichsflandern. Die Geiseln, die sich als Unterpfand für die Einhaltung des Vertrages bereits in den Händen Wilhelms befanden, *homines de Zelandia, qui nobili domine comitisse Flandrie et Haynonie contra nos adheserunt*, wurden gemäß der Vereinbarung, die zwischen Florens IV. und Graf Ferrand getroffen worden war, zurückgeschickt[1340]. Andererseits musste der König sich zur Zahlung von 1500 Pfund jährlich und zur Stellung von zehn Geiseln bereit erklären, bis durch den Legaten und andere geeignete Männer die endgültige Höhe des zu leistenden Schadensersatzes für die von Holland verursachten Verluste festgelegt worden war. Wilhelms Bruder Florens sollte erst nach der Überstellung der Geiseln freigelassen werden[1341]. Schließlich musste Wilhelm zusagen, dass er seine Verwandten Elekt Heinrich von Lüttich, Herzog Heinrich von Brabant, Graf Otto von Geldern und Graf Dietrich von Kleve[1342] verpflichten werde, dem Frieden zwischen Holland und Flandern beizutreten und die Einhaltung der Abmachungen zu überwachen[1343]. Der Herzog von Brabant wurde zum Garanten des Friedens ernannt, der Margarete im Falle eines Vertragsbruches durch Wilhelm und Florens beistehen sollte[1344]. Die vermittelnde Rolle des

---

1336) D Wilh 117 S. 160 Z. 1–9, Zitate Z. 1, Z. 9.

1337) D Wilh 117 S. 160 Z. 10–19.

1338) D Wilh 118.

1339) D Wilh 119 S. 163 Z. 17.

1340) D Wilh 120 Zitat S. 164 Z. 10 f.

1341) D Wilh 121.

1342) Zu den Verwandtschaftsverhältnissen siehe die Stammtafeln, Abb. 1 S. 57 und Abb. 2 S. 121.

1343) D Wilh 122.

1344) D Wilh 123.

Brabanters – nach dem Tod Heinrichs II. zu Beginn des Jahres 1248 dessen Sohn Heinrich III. – wird schon in der Wahl des Verhandlungsortes Brüssel deutlich. Als Schwager Wilhelms von Dampierre und Cousin der holländischen Brüder wuchs ihm die Position des Schlichters fast selbstverständlich zu[1345].

Betrachtet man die Bestimmungen des Brüsseler Vertrags insgesamt, so kann man diese als Rückkehr zum Status quo verstehen und die Verstöße Hollands gegen die eher allgemein formulierten Vereinbarungen von 1167 und 1248 näher fassen. Deren Tenor war das Beharren auf einer gemeinsamen Verwaltung Zeelands bewesten Schelde gewesen, und die holländischen Grafen hatten etwaige Lücken stets zu ihren Gunsten interpretiert, also das Strandgut ganz einbehalten, allein Recht gesprochen, Freiheitsprivilegien für bestimmte Orte ausgestellt[1346]. In dem Moment, als sich die Gelegenheit durch die Gefangennahme Florens' bot, versuchte Margarete, all diese Verstöße Hollands rückgängig zu machen, mit der größtmöglichen Rechtssicherheit, unter Einbeziehung nicht nur des Legaten Petrus von Collemezzo, sondern sogar des Papstes persönlich[1347]. Für den König und seinen Bruder war dies freilich eine Niederlage, die jedoch zugleich keineswegs die Schwäche der holländischen Position und die Maßlosigkeit der flandrischen Forderungen unter Beweis stellte. Vielmehr zeigt sich hier, dass Margarete alles aufbieten musste, um das ihr Zustehende zu bekommen und dafür auf bereits vorhandene Geldforderungen verzichtete. Die Einbeziehung des Lüttichers, Gelderns und Kleves in den Vertrag dokumentiert ihre nicht unbegründete Furcht vor einer antiflandrischen Koalition[1348]. Wilhelm und Florens wiederum mussten nun zwar die Auslegung Margaretes über die Verhältnisse in Zeeland bewesten Schelde anerkennen. Sie hatten jedoch die 1248 vereinbarten Entschädigungssummen nicht gezahlt, die ihnen jetzt erlassen wurden, und Wilhelm hatte immer noch nicht den Huldigungseid an Margarete geleistet und konnte auch 1250 nicht dazu gezwungen werden.

---

1345) Vgl. HINTZE, Das Königtum Wilhelms S. 103.

1346) Damit sind vermutlich die Privilegien Florens IV. für Westkapelle und Domburg gemeint, siehe oben S. 232; vgl. auch HINTZE, Das Königtum Wilhelms S. 104.

1347) Dieser bestätigte den Brüsseler Vertrag am 14. Juli 1250, Reg. Imp. V,2 8228–8229.

1348) Anders HINTZE, Das Königtum Wilhelms S. 102–105, der hinter den Verträgen 1167, 1248 und 1250 den schrittweisen Ausbau der Forderungen Flanderns sieht. Er fügt diesen noch den rekonstruierten, nicht erhaltenen Vertrag von Mons im Nov. 1250 hinzu, ebd. S. 105–108. Zwar ist die Anwesenheit Wilhelms und wichtiger beteiligter Personen wie des Legaten, des Lüttichers, des Brabanters etc. in Mons nachzuweisen, D Wilh 136, 1250 Nov. 27. Doch Hintzes Argumente für einen weiteren Ausbau der Ansprüche Margaretes bei dieser Gelegenheit sind nicht zwingend.

Ob der König und sein Bruder überhaupt jemals gewillt waren, den Brüsseler Vertrag einzuhalten, ist nicht nachzuweisen. Dass dessen Bruch kriegerische Auseinandersetzungen nach sich ziehen würde, nahmen sie vermutlich billigend in Kauf.

— Juli 1252: Hoftag bei Frankfurt

Die nächste urkundliche Äußerung Wilhelms zum Thema Flandern erfolgte über zwei Jahre später auf einem Hoftag, der während der Belagerung Frankfurts stattfand[1349]. In der Zwischenzeit war Margaretes ältester Sohn aus ihrer zweiten Ehe, Wilhelm von Dampierre, bei einem Turnier in Trazegnies tödlich verunglückt[1350]. Der König und sein Bruder Florens hatten sich offenbar nicht an die Abmachungen von Brüssel bezüglich Zeelands bewesten Schelde gehalten, wie eine fragmentarische Klageschrift Margaretes, vermutlich ebenfalls aus dem Jahr 1252, belegt: Von 20 holländischen Vasallen, die den Brüsseler Vertrag hätten beschwören sollen, seien nur vier ihrer Verpflichtung nachgekommen. Man habe Zoll von flandrischen Kaufleuten erhoben, in Zeeland bewesten Schelde Recht gesprochen, Lehen eingezogen, ohne Flandern zu beteiligen, den Vertretern der Gräfin nicht beim Eintreiben von Steuern und Vollstrecken von Strafurteilen geholfen[1351]. Ob diese Punkte bei Verhandlungen in Antwerpen Anfang Juni 1252 zur Sprache kamen, kann nur vermutet werden. Die von Wilhelm in dieser Zeit ausgestellten Urkunden betreffen andere Zusammenhänge, eine Anwesenheit Margaretes ist nicht zu belegen, die Klageschrift der Gräfin ist undatiert[1352].

1349) Dieser Hoftag wurde in der älteren Forschung oft im Kontext der Braunschweiger Nachwahl betrachtet und spielt insgesamt in der Diskussion um die Entwicklung der Königswahl im Reich und des Kurfürstenkollegs eine Rolle, vgl. dazu KRAMMER, Kurfürstenkolleg S. 99, 125; BLOCH, Die staufischen Kaiserwahlen S. 156–167; ZEUMER, Ein Reichsweisthum S. 413. Diese Überlegungen werden hier bewusst ausgeblendet und die politischen Entscheidungen Wilhelms ins Zentrum gerückt.

1350) DUVIVIER, La querelle 1 S. 203–206, hier auch zu den Gerüchten, die beiden Avesnes hätten diesen Unfall arrangiert. SATTLER, Die flandrisch-holländischen Verwicklungen S. 44, berichtet in Anlehnung an die Chronik des Jacques de Guise, dass Margarete aufgrund dieser Gerüchte die Verwaltungselite im Hennegau ausgetauscht habe, woraufhin sich dort ein Aufstand erhoben habe, mit dessen Hilfe Johann von Avesnes die Herrschaft im Hennegau hätte an sich reißen wollen.

1351) Oorkondenboek 1, ed. VAN DEN BERGH, Nr. 587 S. 307–309, hier datiert auf „um 1253“; laut HINTZE, Das Königtum Wilhelms S. 109, befindet sich auf der Archivalie eine Dorsualnotiz mit der Zahl 1252; zum Inhalt ebd. S. 111 f. Zu den Vorgängen vgl. auch SATTLER, Die flandrisch-holländischen Verwicklungen S. 45 f.

1352) HINTZE, Das Königtum Wilhelms S. 109–114, ist der festen Ansicht, dass die Verhandlungen in Antwerpen stattfanden, dass darüber hinaus Wilhelm derjenige war, der sie scheitern ließ und hier erstmals eine selbständige Haltung und Politik des Königs

Die vor Frankfurt ausgestellten Urkunden zielten auch gar nicht direkt auf das Zeelandproblem, sondern griffen die Position Margaretes an einer viel grundsätzlicheren Stelle an: Der König entzog der Gräfin von Flandern aufgrund der versäumten Mutung ihre Reichslehen und gab diese an Johann von Avesnes aus. Das Diplom enthält verschiedene Fürstensprüche der Frankfurter Versammlung. Zunächst hatte der Bischof von Würzburg erklärt, dass Wilhelm nach seiner Wahl und Krönung alles Reichsgut rechtmäßig gehöre und alle Fürsten, Adlige und Ministerialen ihre Fürstentümer und Lehen innerhalb von Jahr und Tag aus seinen Händen empfangen müssten[1353]. Der Straßburger Bischof hatte daraufhin entschieden, dass alle, die dies versäumten, ihre Herrschaften und ihren Lehnsbesitz verloren hätten und der König frei entscheiden könne, ob er diese einbehalten oder erneut ausgeben wolle[1354]. Erzbischof Konrad von Köln hatte festgelegt, dass die betreffenden Fürsten und Großen, wenn sie von ihrem Herrscher oder dessen Boten zur Mutung der Lehen aufgefordert worden waren, sechs Wochen und drei Tage Zeit hätten, dieser Weisung nachzukommen. Falls sie dies nicht täten, verfielen die Lehen und könnten vom König nach seinem Willen behandelt werden[1355]. Zuletzt hatte abermals der Würzburger befunden, dass Margarete von Flandern weder nach Jahr und Tag noch nach einer ausdrücklichen Mahnung ihre Reichslehen gemutet habe und Wilhelm diese mithin einbehalten oder neu verleihen könne[1356]. Also habe der König beschlossen, *predictis sententiis diligenter auditis, ceteris principibus et magnatibus approbantibus supradictis*, Namur, das Land an der Schelde, die Grafschaft Aalst, das Waasland und die Vier Ambachten an seinen Schwager Johann von Avesnes auszugeben, damit dieser es mit demselben Recht innehabe, mit dem es Margarete besessen hatte. Alle Vasallen der genannten Gebiete schuldeten Johann den Lehnseid[1357].

In einem weiteren Diplom verlieh Wilhelm die genannten Reichslehen direkt an Johann von Avesnes. Diesem wurde ebenfalls das Recht zugestanden, Lehen einzuziehen, falls seine Vasallen sie nicht rechtzeitig neu von ihm erbitten würden[1358]. An den Bischof von Cambrai erging eine förmliche Mitteilung über die Aberkennung der Reichslehen Margaretes. Falls ihm zu Ohren komme, dass die Gräfin darüber Beschwerde führen wolle,

---

gegenüber der Kirche erkennbar wird. Zu diesem Protokoll vgl. auch SATTLER, Die flandrisch-holländischen Verwicklungen S. 46–49.

1353) D Wilh 227 S. 280 Z. 2–8.

1354) D Wilh 227 S. 280 Z. 8–13.

1355) D Wilh 227 S. 280 Z. 13–20.

1356) D Wilh 227 S. 280 Z. 20–24.

1357) D Wilh 227 S. 280 Z. 24–32, Zitat Z. 24 f.

1358) D Wilh 228.

könne er ihr versichern, dass ihr bei einem Erscheinen am königlichen Hof Gerechtigkeit widerfahren werde[1359]. Schließlich erhielten am folgenden Tag, dem 12. Juli, die ehemaligen Vasallen Margaretes die Anweisung, ihre Lehen aus der Hand Johanns von Avesnes zu empfangen und ihm den Lehnseid zu leisten[1360].

Die in den Urkunden aufgeführten Reichslehen der Gräfin von Flandern sind, abgesehen von der Grafschaft Namur, die verschiedenen Regionen Reichsflanderns, darunter auch Zeeland bewesten Schelde[1361]. Durch deren Vergabe an Johann brach Wilhelm sein im Zusammenhang mit dem Brüsseler Vertrag gegebenes Versprechen, Guido von Dampierre als Lehnsmann des Reiches anzunehmen[1362]. Die Grafschaft Hennegau wird nicht erwähnt: Wie sich bereits bei der Verleihung Namurs an Johann von Avesnes im Frühjahr 1249 andeutete, betrachtete der König seinen Schwager ohnehin bereits als zuständigen Lehnsherrn für Namur und somit als Inhaber der Grafschaft Hennegau[1363]. Insgesamt muss diese Aberkennung der Reichslehen Margaretes als Provokation verstanden werden, zumal wiederholt auf die Säumigkeit und den Trotz Margaretes Bezug genommen wird, die ihre Lehen nicht rechtzeitig gemutet hatte: *propter suam contumaciam manifestam reddidit se indignam*[1364] – Wilhelm selbst leistete niemals den schuldigen Lehnseid für Zeeland bewesten Schelde. Eine gerichtliche Lösung des Konfliktes war eigentlich ausgeschlossen, trotz der im Brief an den Bischof von Cambrai angedeuteten Möglichkeit der Berufung vor dem Hofgericht.

Dies musste nicht nur dem König, sondern auch allen vor Frankfurt anwesenden Reichsfürsten bewusst sein. Aufgrund der Zeugenliste der Belehnungsurkunde für Johann von Avesnes können diese namhaft gemacht werden. Erzbischof Konrad von Hochstaden und die Bischöfe von Würzburg und Straßburg fungierten bereits als die Autoritäten des vorausgegangenen Fürstenspruchs. Darüber hinaus nahmen von den geistlichen Fürsten der Mainzer Erzbischof Gerhard, Kanzler Heinrich von Speyer und der Elekt Heinrich von Lüttich an der Entscheidung Anteil. Die Reihe der weltlichen Zeugen eröffnet Herzog Albrecht von Braunschweig, dessen Vater Otto nur wenige Wochen zuvor verstorben war. Es folgen Herzog Heinrich III. von

1359) D Wilh 229.

1360) D Wilh 331.

1361) Zur Diskussion über die Bezeichnung *terra*[…] *iuxta Scaldam* siehe HINTZE, Das Königtum Wilhelms S. 114 f.

1362) Siehe oben S. 250.

1363) Warum Namur in DD Wilh 227 und 228 noch einmal gesondert aufgeführt wird, ist jedoch nicht zu erklären.

1364) D Wilh 228 S. 282 Z. 3.

Brabant, Graf Hermann von Henneberg, Ulrich von Münzenberg, Otto von Geldern, außerdem unter anderem der Graf von Waldeck und der Wildgraf[1365]. Nicht nur diejenigen, die von den regionalen Verwicklungen im Nordwesten des Reiches persönlich betroffen waren, dürften sich der Tragweite dieses Belehnungsaktes und der möglichen Konsequenz eines Krieges bewusst gewesen sein. Spätestens jetzt war der Konflikt zwischen den Grafen von Holland und den Brüdern Johann und Balduin von Avesnes auf der einen und der Gräfin von Flandern auf der anderen Seite zu einer Reichsangelegenheit geworden. Mehr noch: Auch Innozenz IV. bestätigte das Urteil Wilhelms über Margarete[1366].

Die Möglichkeit, am Hof des Königs zu erscheinen und Klage zu erheben, nahm Margarete nicht wahr. Stattdessen wandte sie sich einige Monate später in einem Schreiben an den Papst und legte ihre verzweifelte Situation dar[1367]. Im Wesentlichen ging es um ihre katastrophale Finanzlage: Die Gräfin zählt auf, wieviel sie für die Unterstützung des Heiligen Landes aufgebracht habe[1368], was sie die Kämpfe gegen Johann und Balduin sowie gegen Wilhelm und Florens kosteten[1369], wie teuer die Prozesse um die Legitimität ihrer Söhne aus den verschiedenen Ehen an der Kurie und vor dem französischen König gewesen seien[1370], was sie letzterem für die Anerkennung der Ansprüche ihres Sohnes Guido auf Flandern zu zahlen habe[1371],

---

1365) D Wilh 228 S. 282 Z. 20–25.

1366) 1252 Dez. 2–3, DUVIVIER, La querelle 2 Nr. 180–181 S. 297–299.

1367) DUVIVIER, La querelle 1 S. 217–219; die Supplik selbst ist undatiert, muss jedoch nach dem 2. Febr. 1253 und vor der Schlacht von Westkapelle geschrieben worden sein, vgl. DUVIVIER, La querelle 2 Nr. 187 S. 306 Anm. 1.

1368) [...] *cum ipsa in subsidium Terre sancte miserit ad valorem centum milium librarum Turonensium et amplius*, DUVIVIER, La querelle 2 Nr. 187 S. 306; *Insuper scire vos volo, reverende pater, quod ego misi per Willelmum filium meum, comitem Flandrie, usque ad centum milia librarum Turonensium in subsidium Terre sancte*, ebd. S. 310 f.

1369) Die Rückeroberung von Rupelmonde: *cum magnis sumptibus et expensis que ultra summam LX milium librarum Turonensium excreverunt*, DUVIVIER, La querelle 2 Nr. 187 S. 310; *Alias etiam oportuit me sepius convocare exercitus meos contra dictum comitem jam in regem electum* [...], *et per eum dampna multa incuri ego et tota terra mea ad summam centum milium librarum et amplius*, ebd.

1370) *Item tunc statim Johannes et Balduinus de Avesnis, filii mei, moverunt litem in vestra curia contra fratres suos alios* [...], *per quod sumptus facti sunt non modici et expense, de quibus ego et terra mea obligate fuimus admodum et gravate*, DUVIVIER, La querelle 2 Nr. 187 S. 309; *Postmodum dicti filii mei compromiserunt in dominum regem Francie et dominum episcopum Tusculanum, tunc apostolice Sedis legatum* [...]. *Et ad prosequtionem hujus negotii ego feci sumptus non modicos et expensas*, ebd.

1371) [...] *obligata sum ad presens domino regi Francie in viginti et quinque milibus Parisiensium, pro rachato seu relevio comitatus Flandrie*, DUVIVIER, La querelle 2

welche Schulden ihre Schwester Johanna und deren Mann Thomas von Savoyen ihr hinterlassen hätten[1372]. All diese bereits entstandenen Aufwendungen, zusammen mit dem Krieg, der ihr nun von ihren Söhnen und dem König aufgezwungen werde, überstiegen ihre Einkünfte bei weitem, da sie aus Flandern und Hennegau im Jahr nicht mehr als 14 000 flandrische Pfund einnehme[1373]. Deshalb bitte sie den Papst, dass sie von den Kirchen und Klöstern ihres Landes über drei Jahre hinweg den Zehnten oder über sechs Jahre den Zwanzigsten einziehen dürfe, da sie ja diese immer unterstützt und niemals mit unbilligen Forderungen bedrückt habe, wie es so viele Fürsten täten, wenn sie ihr Land verteidigen müssten oder zum Kreuzzug aufbrächen[1374]. Sie habe ihren Sohn Wilhelm ins Heilige Land geschickt und dafür nicht ein Pferd oder einen Pfennig von den kirchlichen Institutionen in Flandern und Hennegau verlangt, sondern immer deren Rechte nach bestem Wissen und Gewissen bewahrt. Außerdem seien die betreffenden Kirchen zum größten Teil von ihren Vorfahren gegründet und privilegiert worden[1375].

Die immaterielle Unterstützung, die sie von der Kurie einfordert, erscheint im Vergleich zu Margaretes Geldsorgen zweitrangig: die Bestätigung der Entscheidung des französischen Königs von 1246 darüber, wie die Herrschaftsgebiete der Gräfin an die Nachkommen aus ihren beiden Ehen zu verteilen sind[1376]; den Widerruf des päpstlichen Urteils über die Legitimität der Avesnes von 1251[1377]; einen ernsten Brief des Papstes – *quod dure scribat* – an Johann und Balduin darüber, dass sie Krieg führten gegen ihre Mutter und ihre Brüder, und dass sie Frieden halten sollten, wie es verein-

---

Nr. 187 S. 312.

1372) [...] *reliquerunt mihi debita persolvenda, que ipsi contraxerant, usque ad summam sexaginta milium librarum Parisiensium preter legata ejusdem comitisse et restitutiones, que ultra summam XXX*[ta] *milium librarum Parisiensium excreverunt*, DUVIVER, La querelle 2 Nr. 187 S. 208.

1373) DUVIVIER, La querelle 2 Nr. 187 S. 311.

1374) DUVIVIER, La querelle 2 Nr. 187 S. 306 f.

1375) DUVIVIER, La querelle 2 Nr. 187 S. 312.

1376) DUVIVIER, La querelle 2 Nr. 187 S. 307.

1377) DUVIVIER, La querelle 2 Nr. 187 S. 307 f. Hier macht Margarete auch Vorschläge, mit welchen Argumenten man dieses Urteil kassieren könnte: zum einen aufgrund der Befangenheit des Bischofs von Chalons, *in qua procurator illorum* [Johanns und Balduins von Avesnes, Anm. d. Verf.] *fuerat in curia vestra, judex postmodum nullatenus esse deberet*; und zum anderen vor allem wegen der Abwesenheit Wilhelms von Dampierre, der während des Verfahrens im Heiligen Land gewesen war, *qui, in tanta causa que in tantum tangebat ipsum, convocari specialiter debuit et citari.*

bart sei[1378]; und Schreiben an den Bischof von Tournai und den Legaten im Reich, dass Frieden gestiftet werde zwischen ihr und ihren Söhnen, auf zehn oder fünfzehn Jahre oder für den Rest ihrer, Margaretes, Lebenszeit, um die Sache der Kirche im Heiligen Land und in Deutschland nicht zu behindern[1379].

Aus der Supplik Margaretes geht deutlich hervor, dass sie in erster Linie Geld benötigte, um einen Krieg zu führen. Sie rechnet Innozenz IV. vor, welche Ausgaben sie unter anderem zugunsten der Kirche hatte tätigen müssen, und hofft auf dessen Zustimmung zur Belastung der flandrischen und hennegauischen Klöster und Kirchen. Ihr zweiter Ansatzpunkt ist die Auseinandersetzung mit ihren Söhnen aus der Ehe mit Burchard von Avesnes. Auf sie versucht sie Druck auszuüben, indem sie noch einmal die Verteilung ihres Erbes gemäß den Vereinbarungen von Paris – Flandern für die Dampierre, Hennegau für die Avesnes – bestätigt wissen möchte und abermals die Legitimität Johanns und Balduins in Frage stellt. Offenbar sieht sie hier noch die Möglichkeit, eine nichtmilitärische Lösung zu finden. Und wie groß wäre der Schaden für König Wilhelm, könnte sie dessen Schwager und Verbündeten auf ihre Seite ziehen! An eine friedliche Einigung zwischen Margarete und dem Reichsoberhaupt ist offenbar nicht mehr zu denken, zumindest bat die Gräfin den Papst in dieser Sache nicht um Vermittlung[1380].

Um ihrem Anliegen Dringlichkeit zu verleihen, schildert Margarete in ihrem Schreiben an Innozenz IV. ihre momentane Situation und verschiedene Vorkommnisse der vorausgehenden Jahre aus ihrer Sicht. Sie geht nicht direkt auf den relativ kurz zurückliegenden Entzug der Reichslehen durch Wilhelm ein, schreibt jedoch, dass der König gewaltsam auf seinem Recht beharre, *violenter detinet jura sua*[1381]. Aus ihrer Sicht war die Zwietracht in ihren Landen bereits beigelegt, und nun sei wegen der Legitimitätserklärung des Papstes an die Avesnes der Streit wieder ausgebrochen[1382]. Als den wahren Unruhestifter betrachtet Margarete jedenfalls Wilhelm. Denn Johann und Balduin hätten sich bereits mit dem Urteil von Paris abgefunden und scheinbar keinen Groll gegen sie und ihr Land gehegt, bis sie 1247/48 ein Bündnis mit dem Grafen von Holland eingegangen seien, *qui inimicus noster erat*. Sie hätten ihren Feldzug gegen Wilhelm und Zeeland sabotiert, und aus Furcht, dass ihre eigenen Söhne sich gegen sie wenden könnten,

1378) DUVIVER, La querelle 2 Nr. 187 S. 308.
1379) DUVIVIER, La querelle 2 Nr. 187 S. 308.
1380) Vgl. DUVIVIER, La querelle 1 S. 217–219.
1381) DUVIVIER, La querelle 2 Nr. 187 S. 306.
1382) DUVIVIER, La querelle 2 Nr. 187 S. 307.

habe sie den Angriff abgebrochen. Schließlich berichtet die Gräfin über die Einnahme Rupelmondes durch die Avesnes[1383]. Margarete habe oft Heere gegen Wilhelm aufstellen müssen, *contra dictum comitem jam in regem electum*, weil dieser ihr Recht auf den Lehnseid für Zeeland bewesten Schelde missachtet habe. Und der König und sein Bruder Florens, den sie auf Bitten des Papstes freigelassen habe, hätten gegen den Vertrag von Brüssel verstoßen[1384].

War die Einziehung der Reichslehen Margaretes und deren Weitergabe an Johann von Avesnes von Wilhelms Seite eine offene Kampfansage, so sah auch diese den König nun als ihren Hauptgegner an. Trotz aller familiären Verbindungen und regionalen Interessenlagen waren die folgenden militärischen Auseinandersetzungen ein Krieg des Reichsoberhauptes gegen einen widerständigen Vasallen. Wohl galten die Interessen Wilhelms auch etwaigen territorialen Zugewinnen für die Grafschaft Holland. Doch es war nicht zuletzt für das Ansehen des Königs von essentieller Wichtigkeit, sich in diesem Konflikt durchzusetzen. Eine Stärkung seiner Position gegen Flandern würde auch positive Auswirkungen auf das gesamte Reich haben.

### Wilhelm handelt: militärisch

Die Kampfhandlungen im äußersten Nordwesten des Reiches begannen nicht sofort nach dem Frankfurter Hoftag. Wilhelms Kräfte waren noch die gesamte zweite Jahreshälfte im Rhein-Main-Gebiet gebunden. Den Winter verbrachte er in Thüringen, im Harzraum und in Braunschweig, bevor er sich über Köln im März/April 1253 zunächst nach Utrecht und dann in seine Grafschaft begab[1385]. Betrachtet man die Ausstellungsorte der Urkunden in den folgenden Monaten bis zum Friedensschluss von Le Quesnoy am 26. Juli 1254[1386], so fällt auf, dass der König erst gegen Ende der Kriegsphase dauerhaft im Heerlager war und dort auch urkundete[1387]. Vorher hielt er sich, allerdings mit längeren Unterbrechungen, an den Vororten der Graf-

1383) DUVIVIER, La querelle 2 Nr. 187 S. 309 f., Zitat S. 309; zu Rupelmonde siehe oben S. 240.

1384) DUVIVIER, La querelle 2 Nr. 187 S. 310.

1385) Siehe oben S. 40 f.

1386) D Wilh 316.

1387) DD Wilh 308–310, 1254 Mai 18–21, Vronen *in castris in depopulatione Westfrisie*; D Wilh 313, 1254 Juli 19, Strijpen *in castris*; D Wilh 315, 1254 Juli 2, Brüssel *in castris*.

schaft Holland wie Den Haag[1388], Dordrecht[1389] und Leiden[1390] sowie in Antwerpen[1391] in Brabant auf. Auffällig ist, dass er am 17. Juni 1253 in Middelburg nachweisbar ist und dort wohl auch den Schutz der Abtei arrangierte[1392], also nur etwa zwei Wochen vor der Schlacht bei Westkapelle. Es liegt die Vermutung nahe, dass Wilhelm die Verteidigung Walcherens mit organisierte und das auf der Insel versammelte Heer inspizierte.

Dieses Aufgebot dürfte vor allem aus holländischen und zeeländischen Adligen sowie deren Mannschaften bestanden haben. Über die Beteiligung von Rittern aus den anderen Teilen des Reiches am Feldzug des Königs gegen Margarete von Flandern können dessen Urkunden Aufschluss geben. Im August 1253 muss sich eine Abordnung aus dem Osten des Reiches bei Wilhelm in Leiden befunden haben: Am 21. August bestätigte dieser die Privilegien der Reichsstadt Nordhausen auf Bitten Heinrichs, des Grafen von Anhalt und Fürsten von Aschersleben[1393]. Am Tag darauf beurkundete der König vermutlich auf Veranlassung des Magdeburger Erzbischofs Rudolf von Dingelstedt einen Rechtsspruch[1394] und stellte ein Diplom über die Vererbung der Reichslehen Gunzelins von Peine-Wolfenbüttel an Albrecht von Braunschweig aus[1395]. Vielleicht waren der Askanier und sogar der welfische Herzog selbst in Nordholland anwesend[1396], jedenfalls bestand Kontakt zwischen Wilhelm und seinen Getreuen, die er erst wenige Monate zuvor aufgesucht hatte. Der Braunschweiger hatte außerdem auf dem Frankfurter Hoftag über den Entzug von Margaretes Reichslehen mit abgestimmt, war also über die Entwicklungen bestens informiert und auf den Krieg vorbereitet[1397]. Vielleicht deutet sich hier an, dass der König bei

---

1388) D Wilh 277, 1253 Mai 25; D Wilh 280, 1253 Juni 22; D Wilh 305, 1254 März 17.

1389) D Wilh 304, 1254 März 11.

1390) D Wilh 275, 1253 April 9; DD Wilh 288–290, 1253 Aug. 12–13; D Wilh 292, 1253 Nov. 18.

1391) D Wilh 276, 1253 April 26; DD Wilh 294–297, 1253 Dez. 26–1254 Jan. 8.

1392) DD Wilh 278–279, wobei D Wilh 278 kein Tagesdatum enthält.

1393) […] *ad preces dilecti principis nostri Henrici comitis de Analt et principis Ascharie*, D Wilh 287 S. 339 Z. 4.

1394) D Wilh 289; zum Magdeburger als Petenten des Diploms S. 340 Z. 26–28 (krit. Apparat); zu Rudolf von Dingelstedt vgl. SCHOLZ, Art. Rudolf S. 386 f.

1395) D Wilh 290; zu dieser Angelegenheit auch D Wilh 293, 1253 Dez. 16, Renesse.

1396) Heinrich II. von Anhalt urkundete zuletzt am 29. Juli 1253 in Wörbzig bei Köthen, Codex diplomaticus Anhaltinus 2 Nr. 201 S. 154 f., könnte also durchaus Ende Aug. in Leiden gewesen sein. Eine Urkunde des Welfen aus diesem Zeitraum ist zumindest nach Ausweis des Urkundenbuchs Herzöge Braunschweig 1 nicht erhalten.

1397) Siehe oben S. 254 f.

seinem Aufenthalt im Winter 1252/53 um militärische Unterstützung geworben und diese erhalten hatte[1398].

— Die Schlacht bei Westkapelle

Die Eckdaten des ersten militärischen Zusammenstoßes der Kriegsparteien sind rasch genannt: Wilhelm befand sich seit Anfang April in seiner Grafschaft[1399], ob es jedoch einen letzten Vermittlungsversuch durch den Herzog von Brabant gegeben hat, ist fraglich. Die Schilderung des Johannes de Beka muss jedenfalls in Zweifel gezogen werden: Er berichtet, dass in Antwerpen ein dreitägiges Gespräch Margaretes mit Wilhelm stattgefunden habe. Bereits während der Unterredungen habe die Gräfin ihrem Heer den Befehl erteilt, nach Walcheren überzusetzen und Florens in Abwesenheit des Königs anzugreifen[1400]. Die Urkunden belegen, dass sich Wilhelm am 26. April in Antwerpen aufhielt[1401], kurz vor der Schlacht auf Walcheren befand er sich jedoch bereits in Den Haag[1402]. Eine List Margaretes, die etwaige Verhandlungen als Ablenkungsmanöver gebraucht haben könnte[1403], ist also auszuschließen.

Aufgrund des Itinerars wäre es sogar möglich, dass der König selbst an der Schlacht bei Westkapelle am 4. Juli 1253 teilgenommen hat. Die erzählenden Quellen sprechen jedoch weitgehend einmütig von Florens als dem siegreichen Helden dieser Schlacht: Die flandrische Flotte hatte an der Westküste der Insel Walcheren an Land gehen wollen, wurde dort, eben bei

---

1398) Ein weiterer Hinweis auf diese Verbindung in den Osten könnte D Wilh 308, 1254 Mai 18, darstellen, die Belehnung des Bischofs von Minden mit Besitzungen, die vorher von Herzog Albert von Sachsen resigniert worden waren. HINTZE, Das Königtum Wilhelms S. 132, sieht in diesem Dokument ebenfalls einen weiteren Hinweis auf die Zusammensetzung des Heeres während des Feldzugs gegen die Friesen, allerdings aufgrund der Zeugenliste: In dieser sind der Kanzler Heinrich von Speyer, Truchsess Werner von Bolanden, der Protonotar Magister Arnold, Graf Adolf von Waldeck und Graf Heinrich von Solms genannt, D Wilh 308 S. 368 Z. 22–25. Allerdings handelt sich bei allen diesen Männern bis auf den Solmser um Funktionsträger des Hofes, im Falle des Waldeckers um den künftigen Justitiar. Vermutlich befanden sie sich nicht aufgrund der militärischen Notwendigkeit beim König, sondern eher im Dienste der Reichsverwaltung; zum Protonotar siehe ausführlich HÄGERMANN, Studien zum Urkundenwesen S. 35–37.

1399) D Wilh 275, 1253 April 9, Leiden.

1400) So der Bericht bei Melis Stoke, Rijmkroniek v 3843–3846 (A) S. 139; vgl. Johannes de Beka, Chronographia Cap. 72d S. 205 Z. 7–13.

1401) D Wilh 276.

1402) D Wilh 280, 1254 Juni 22.

1403) Johannes de Beka, Chronographia Cap. 72 d S. 207 Z. 22–24; HINTZE, Das Königtum Wilhelms S. 119 f., folgt Johannes de Beka.

dem Ort Westkapelle, vom holländischen Heer in den Dünen erwartet, überrascht und vernichtend geschlagen. Der verletzte Guido von Dampierre und sein Bruder Johann gerieten in Gefangenschaft, ebenso die Grafen von Bar und der Graf von Guise sowie viele weitere flandrische und französische Adlige[1404]. Wilhelm, der laut einigen historiographischen Quellen erst am dritten Tag nach dem holländischen Sieg vor Ort eintraf, habe die hochrangigen Gefangenen in Fesseln schlagen lassen und die große Masse des einfachen Kriegsvolkes, das überlebt hatte, in königlichem Großmut in die Heimat entlassen[1405].

Die Situation Margaretes nahm mit der Niederlage bei Westkapelle eine Wende zum Schlechteren. Ihr Sohn Wilhelm war verstorben, dessen Brüder befanden sich in Gefangenschaft, zudem trat der Kirchenbann gegen sie und das Interdikt gegen ihre Herrschaftsgebiete in Kraft. Letzteres war keine direkte Folge der Schlacht, sondern der Aberkennung der Reichslehen und deren Bestätigung durch den Papst[1406]. Verhandlungen über einen Waffenstillstand und die Freilassung der beiden Dampierre-Söhne führten zu keinem Ergebnis[1407].

---

1404) Zeitgenössisch die Überlieferung der Annales Erphordenses S. 114 Z. 6–21; vgl. Johannes de Beka, Chronographia Cap. 72d S. 205–207. HINTZE, Das Königtum Wilhelms S. 116–121, diskutiert ausführlich die verschiedenen Berichte in der Geschichtsschreibung und gibt die Vorgeschichte und den Verlauf der Schlacht detailliert wieder. Problematisch ist m. E. der Bericht über den Ritterschlag Florens' durch einen Verwandten am Tag der Schlacht, Annales Erphordenses S. 114 Z. 12–14; HOLDER-EGGER ergänzt in der Edition *consanguineo dicto [de Avesnis]*, ohne diese Entscheidung weiter zu erläutern, vermutlich, weil Matthaeus Parisiensis, Chronica Majora 5 S. 439 f., die Dampierre-Brüder als Gefangene Johanns von Avesnes schildert, letzterer also ein Teilnehmer der Schlacht gewesen sein müsste; HINTZE ebd. S. 119 schließt die Beteiligung Johanns bei Westkapelle mit guten Gründen aus und nennt S. 120 den Grafen von Kleve als Mitstreiter von Florens, allerdings ohne Angabe einer genauen Quelle; vgl. auch SATTLER, Die flandrisch-holländischen Verwicklungen S. 52.

1405) Annales Erphordenses S. 114 Z. 21–24; vgl. insgesamt auch DUVIVIER, La querelle 1 S. 227–230.

1406) Schreiben des Abtes von Fulda an die Äbte von Lobbes und Saint-Laurent in Lüttich, das Verfahren gegen Margarete einzuleiten, vom 4. Juli 1253 (!); Verkündigung der Exkommunikation im Waasland, dazu Brief des Abtes von Saint-Laurent vom 18. Sept. 1253; Aufhebung des Exkommunikation und des Interdikts durch Innozenz IV. am 14. März 1254, vgl. DUVIVIER, La querelle 2 Nr. 200–201 S. 348–351 und Nr. 213 S. 365; vgl. DERS., La querelle 1 S. 231 f.

1407) Jacques de Guise schreibt das Scheitern der Verhandlungen den maßlosen Forderungen Wilhelms zu, Iacobi de Guisia Annales Hannoniae S. 326–329; vgl. DUVIVIER, La querelle 1 S. 232 f.

In Zeeland jedoch war der Krieg beendet, Wilhelm und sein Bruder Florens hatten einen schnellen Sieg davongetragen, ein Ereignis, von dem auch die Zeitgenossen im Rest des Reiches Notiz nahmen. Während Hermann von Niederaltaich nur kurz und zum Jahr 1251 bemerkt, dass der König – *Wilhelmus rex Romanorum* – über die Gräfin von Flandern triumphiert habe[1408], berichtet Albert von Stade immerhin, dass es sich um eine Seeschlacht vor Holland gehandelt habe, bei der viele getötet, gefangen genommen und für viel Geld ausgelöst worden seien[1409]. Über die ausführlichsten Informationen scheint der Erfurter Predigerannalist zu verfügen: Er kennt die Truppenstärke des französisch-flandrischen Heeres – 150 000 Bewaffnete, *ex mari velut locuste prodeuntes* – sowie das genaue Tagesdatum der Schlacht und kann die Rolle von Florens, die Zahl der Getöteten und die Namen der gefangenen Adligen wiedergeben. Schließlich lobt er die Barmherzigkeit Wilhelms, der die einfachen Gefangenen freigelassen habe, und teilt zuletzt ein kurioses Detail mit, nämlich dass in diesem Krieg silberne Becher und Schüsseln im Wert von 300 000 Mark in den Besitz des Königs gelangt seien[1410].

Während von den militärischen Auseinandersetzungen im Mittelrheingebiet kaum etwas außerhalb der betroffenen Gebiete bekannt wurde und auch die Kämpfe Wilhelms am Niederrhein allenfalls knapp notiert wurden[1411], drang die Nachricht vom Sieg bei Westkapelle durchaus ins Reich und wurde von den Geschichtsschreibern gewürdigt. Die lokalen Bedingungen, also der Streit um die Lehnszugehörigkeit Zeelands bewesten Schelde zwischen Flandern und Holland, waren vermutlich weniger bekannt, beeinflussten jedenfalls nicht die Wahrnehmung des Konfliktes. Der König und das Reich hatten über äußere Feinde gesiegt.

---

1408) Hermanni Altahensis annales S. 395 Z. 40 f.

1409) Annales Stadenses S. 373 Z. 34–37.

1410) Annales Erphordenses S. 114 Z. 6–27, Zitat Z. 9 f. Die Zahl der flandrischen Soldaten, 150 000, erscheint freilich übertrieben; ob der Autor ihr eine symbolische Bedeutung beilegen wollte, ist sehr fraglich. Immerhin verweist die Zahl 150 auf die Dauer der Sintflut, vgl. MEYER/SUNTRUP, Lexikon der mittelalterlichen Zahlenbedeutungen Sp. 811 f., und passt insofern in den Kontext einer Seeschlacht bzw. eines Eroberungsversuches durch eine Flotte.

1411) In den Annales Stadenses S. 372 Z. 19 sehr kurz und missverständlich zur Einnahme Aachens 1249 (!); ebenfalls relativ knapp Annales Erphordenses S. 102 Z. 15–21.

— Das Einschalten Karls von Anjou und der Krieg im Hennegau

Gegen Ende des Jahres 1253 übertrug Margarete die Grafschaft Hennegau an Karl von Anjou, den Bruder des französischen Königs[1412]. Diese Maßnahme richtete sich gleichermaßen gegen Wilhelm, dem die Oberherrschaft im Reichslehen Hennegau zustand, und gegen Johann von Avesnes, der bereits seit 1249 als Graf von Hennegau agierte. Sie mag als naheliegender Ausweg erschienen sein: Die Gräfin wandte sich an ihren Lehnsherrn Frankreich um Hilfe. Ludwig IX. befand sich auf dem Kreuzzug, sein Bruder Karl war bereits aus Damiette zurückgekehrt und hatte nach dem Tod seiner Mutter die Regentschaft im Königreich übernommen[1413]. Ein Vermittlungsversuch von französischer Seite, auch militärische Unterstützung für Flandern wären zu erwarten gewesen. Doch die Auslieferung des Reichslehens Hennegau erscheint als eine überzogene Maßnahme Margaretes. Während deren Beweggründe aufgrund der Vorgeschichte durchaus nachvollziehbar sind, bleiben die Motive Karls unklar, da ein dauerhafter Erwerb des Hennegaus für Frankreich sehr unwahrscheinlich war[1414].

Nichtsdestotrotz nahm Karl von Anjou noch vor Weihnachten 1253 Valenciennes ein. Die erste Reaktion seiner Gegner war die Organisation des Widerstands im Hennegau, die Demonstration der Herrschaft durch Johann von Avesnes und das Reichsoberhaupt. In Lüttich, dessen Elekt Heinrich von Geldern nicht zuletzt aufgrund verwandtschaftlicher Verbundenheit[1415] die Sache des Königs unterstützte, musste länger über die Hilfeleistung verhandelt werden, da es Zwistigkeiten zwischen dem erwählten Bischof und seiner Stadt gab[1416]. In der Zwischenzeit hatte Karl eine Garnison nach Valenciennes gelegt und war nach Frankreich zurückgekehrt, nur um im Frühjahr 1254 mit einem beträchtlichen Heer wieder in den Hennegau zu ziehen. Er eroberte einen beträchtlichen Teil des Landes, darunter Le

1412) Dieser nennt sich erstmals am 5. Jan. 1254 selbst als *Haynoie comes*, DUVIVER, La querelle 2 Nr. 207 S. 358; bereits im Dez. 1253 trat er als „Beschützer" der Grafschaft Flandern auf, *quamdiu nobis placuerit habere custodiam comitatus Flandrie*, ebd. Nr. 205 S. 355; DERS., La querelle 1 S. 238 f.

1413) SATTLER, Die flandrisch-holländischen Verwicklungen S. 54. Zu Karl von Anjou insgesamt der Überblick bei DUNBABIN, Charles I. S. 3–8.

1414) Vgl. DUVIVIER, La querelle 1 S. 236–238; allerdings ließ sich Karl von Margarete beurkunden, dass das Waasland nicht vom Reich, sondern von Frankreich lehnrührig war, vgl. auch HINTZE, Das Königtum Wilhelms S. 123; SATTLER, Die flandrisch-holländischen Verwicklungen S. 55.

1415) Vgl. die Stammtafel oben Abb. 1.

1416) DUVIVIER, La querelle 1 S. 240–243; in diesem Zusammenhang auch die Urkunden Wilhelms D Wilh 297, 1254 Jan. 8, Antwerpen; DD Wilh 301–302, 1254 Febr. 13/14, Mechelen.

Quesnoy und Mons[1417]. Einen Einblick in die Situation gibt ein Brief Margaretes an ihren Verbündeten, in dem sie ihm die Kirche St. Johannes in Valenciennes anempfiehlt: Diese sei von alters her die Pfarrkirche der Grafen von Hennegau, und sie selbst und alle ihre Vorfahren hätten sie deshalb mit ganz besonderer Zuneigung bedacht. *Quapropter nobilitatem vestram affectuose rogamus, quatinus dictam ecclesiam sicut vestram parochialem ecclesiam velitis diligere, et adversus molestatores suos cum indiguerit protegere, et vestris si placet injungere subditis quod ipsam protegant et defendant*[1418]. Nicht nur die Gefährdung kirchlichen Lebens und des Gebäudes selbst durch die Kriegsereignisse wird hier fassbar. Es ist auch der symbolische Wert Hennegaus und Valenciennes erkennbar, dessen Besetzung durch die französischen Truppen Margarete offenbar ebenso Sorgen bereitete wie ihrem ältesten Sohn.

Auf der Seite Wilhelms und Johanns von Avesnes befand sich, wie bereits angedeutet, ein Reichsheer[1419], das im Mai zunächst einen Aufstand der mit Margarete verbündeten Friesen[1420] niederzuschlagen hatte. Am 1. Juni 1254 erhöhte der König die Pfandsumme für Nimwegen, um sich die Unterstützung Ottos von Geldern zu sichern[1421]. Während Karl von Anjou seine Truppen in der Nähe von Douai sammelte und weiterhin Valenciennes besetzt hielt, befand sich Wilhelm mit dem Heer Mitte Juni bei Strijpen und Anfang Juli bei Brüssel[1422] – von einem Zusammentreffen der Kriegsparteien kann keine Rede sein. Laut Johannes de Beka soll Karl den König zu einem Gefecht *in deserta planicie de Ascha* herausgefordert haben. Bereitwillig habe Wilhelm dort mit einer ausgewählten Schar von Kämpfern drei Tage vergeblich auf den französischen Prinzen gewartet und ihn dann mit dem Heer nach Valenciennes verfolgt. Nachdem der König so seinen Mut unter Beweis gestellt habe, sei Karl nach Hause zurückgekehrt, die Stadtbewohner hätten Wilhelm ihre Tore geöffnet und seien in königlicher Gnade

1417) DUVIVIER, La querelle 1 S. 243–248.

1418) DUVIVIER, La querelle 2 Nr. 220 S. 376.

1419) So auch Jacques de Guise, Annales Hannoniae S. 330 Z. 8f: *Interea Guillermus imperator colligi fecit aciem armatam et in armis comprobatam in omnibus Alemannie confinibus.*

1420) Dies ergibt sich aus den Bestimmungen des Waffenstillstandsvertrags von Le Quesnoy, den der König gewährte: *treugas per mare et per terram* […] *domine Margarete Flandriea comitisse, Frisonibus ac omnibus adherentibus supradictis necnon omnibus fautoribus eorundem*, D Wilh 316 S. 384 Z. 17–20.

1421) D Wilh 311.

1422) D Wilh 313, 1254 Juni 19, Strijpen *in castris*; D Wilh 315, 1254 Juli 2, Brüssel *in castris*; vgl. DUVIVIER, La querelle 1 S. 249.

aufgenommen worden[1423]. Ob der Zweikampf wie oben geschildert wirklich vorgeschlagen wurde, sei dahingestellt. Es gab Scharmützel bei Valenciennes, doch die Einnahme der Stadt durch Wilhelm lässt sich nicht belegen. Johann von Avesnes konnte Geraardsbergen im Sturm erobern. Eine größere Schlacht fand nicht statt, vielleicht auch, weil sich mittlerweile die Nachricht von der Rückkehr Ludwigs IX. verbreitete. Dieser war Anfang Juli in Hyères in der Provence gelandet und zwei Wochen später in Paris eingezogen[1424].

— Der Waffenstillstand von Le Quesnoy und die Folgen

Die militärische Pattsituation im Hennegau begünstigte im Sommer 1254 die Ausgleichsbemühungen der Kurie. Innozenz IV. hatte Margarete bereits im Dezember 1253 unter seinen Schutz gestellt und im Frühjahr 1254 ihre Exkommunikation und das Interdikt aufgehoben, vermutlich auch durch die Vermittlung von Thomas von Savoyen, des verwitweten Schwagers der Gräfin und Neffen des Papstes[1425]. Anfang Mai 1254 entsandte der Pontifex abermals Petrus Capocci als Legaten ins Reich, der sich bereits in den Anfangsjahren von Wilhelms Herrschaft bewährt hatte[1426]. Der Auftrag, zwischen dem König und Margarete zu vermitteln, wurde in seinem Bestallungsschreiben ausdrücklich formuliert, ebenso wie der Wunsch des Papstes, dass zwischen den Söhnen der Gräfin Einigkeit im Streit über deren Legitimität erzielt werde[1427]. Wenige Tage später wandte sich der Papst direkt an Wilhelm und forderte ihn auf, die seit der Schlacht bei Westkapelle gefangenen Guido und Johann von Dampierre freizulassen, *cum per ipsorum detentionem nullus tibi fructus proveniat, sed odia inter te et amicos et parentes eorum, jugiter invalescent, que per ipsorum liberationem possent sedari continuo, immo vero penitus et radicitus exstirpari*[1428]. Der König kam dieser Aufforderung jedoch nicht nach[1429].

---

1423) Johannes de Beka, Chronographia Cap. 72e S. 209 Z. 4–10, Zitat Z. 5; *Ascha* vermutlich Asse nö. Brüssel.

1424) VONES, Ludwig IX. S. 185; LE GOFF, Ludwig der Heilige S. 182, 185; vgl. DUVIVIER, La querelle 1 S. 250 f. und 258, der jedoch die Ankunft des Königs in Paris mit dem 7. Sept. angibt (ebenso LE GOFF). Zu den Kriegsereignissen im Hennegau ausführlich HINTZE, Das Königtum Wilhelms S. 124–132, mit einer ausführlichen Würdigung der verschiedenen erzählenden Quellen.

1425) DUVIVIER, La querelle 2 Nr. 204 S. 354; Nr. 213 S. 365; vgl. DERS., La querelle 1 S. 253–255.

1426) Siehe oben S. 167–171.

1427) DUVIVIER, La querelle 2 Nr. 217 S. 371 f.

1428) DUVIVIER, La querelle 2 Nr. 221 S. 377.

1429) DUVIVIER, La querelle 1 S. 255.

Petrus Capocci brachte die Kriegsparteien in Le Quesnoy an einen Tisch, und es wurde am 26. Juli ein Waffenstillstand ausgehandelt, der bis zum 1. Oktober 1254 gelten sollte. Johann von Avesnes sollte alle Gebiete behalten dürfen, die er vor der Ankunft des königlichen Heeres im Hennegau erobert hatte[1430]. Über den Status von Geraardsbergen, das Johann erst kurz zuvor hatte einnehmen können, sollten noch zusätzliche Verhandlungen geführt werden, da sowohl Margarete als auch ihr Sohn darauf bestanden, dass die Stadt ihnen zugesprochen werden müsse. Karl von Anjou wurden andererseits ebenfalls alle von ihm besetzten Städte zugestanden, darunter Valenciennes[1431].

Für den König waren die Kampfhandlungen im Streit mit Margarete beendet, und bis zu seinem Tod änderte sich an dem in Le Quesnoy festgehaltenen Status nur, dass noch vor Ablauf der Frist am 1. Oktober Margarete wieder den Titel einer Gräfin von Hennegau führte und Karl von Anjou das Land verließ[1432]. Sie hatte sich nun direkt an den vom Kreuzzug zurückgekehrten Ludwig IX. gewandt und ihm ihre Situation ausführlich geschildert[1433]. Doch bei Wilhelm erreichte sie im Verlauf des Jahres 1255 weder weitere Unterredungen bezüglich Zeelands bewesten Schelde noch eine Freilassung ihrer Söhne[1434]. Der König demonstrierte ein letztes Mal seine Unterstützung für Johann von Avesnes, indem er dessen Belehnung Heinrichs von Luxemburg mit Namur bestätigte[1435].

Dann veränderten sich die Verhandlungsbedingungen grundlegend durch Wilhelms Tod am 28. Januar 1256: Am 24. September 1256 schlichtete der französische König zunächst im Dit de Péronne den Konflikt zwischen den Söhnen Margaretes. Alle vier, Johann und Balduin von Avesnes ebenso wie Guido und Johann von Dampierre, hatten Karl von Anjou einen Lehnseid zu leisten, um die rechtmäßige Verleihung Hennegaus an den Prinzen zu belegen. Die Avesnes mussten darüber hinaus schwören, keine Rache an Karl für die zugefügten Schäden zu nehmen. Karl verzichtete zugunsten Margaretes auf den Hennegau, diese verpflichtete sich im Gegenzug zu ei-

1430) Namentlich erwähnt wird Binche, gelegen zwischen Mons und Charleroi, D Wilh 316 S. 384 Z. 22.

1431) D Wilh 316 S. 384 Z. 23–36; als Vertragspartnerin wird ihrem Rang gemäß an erster Stelle Kaiserin Maria von Konstantinopel genannt, die Gemahlin Balduins II., welche die Interessen ihres Mannes bezüglich der Grafschaft Namur vertrat, siehe oben S. 245.

1432) DUVIVIER, La querelle 1 S. 261 f.

1433) DUVIVIER, La querelle 2 Nr. 231 S. 390–395; vgl. auch kurz DUNBABIN, Charles I. S. 37 f.

1434) So auch SATTLER, Die flandrisch-holländischen Verwicklungen S. 61–63.

1435) D Wilh 376, 1255 Juli 20, Aalbertsberg.

ner Zahlung von 60 000 Livres. Ansonsten wurde im Wesentlichen die Teilung von 1246 wieder in Kraft gesetzt, unter Abzug bestimmter Gebiete, die nun bei Flandern verbleiben sollten[1436]. Am selben Tag wurden Johann und Balduin von Avesnes gezwungen, auf die Grafschaft Namur zu verzichten und die Belehnung Heinrichs von Luxemburg rückgängig zu machen[1437].

In den folgenden Wochen wurden Guido und Johann von Dampierre gegen Lösegeld aus der holländischen Gefangenschaft entlassen[1438]. Am 13. Oktober desselben Jahres wurde Friede bezüglich Zeelands bewesten Schelde geschlossen. Florens, als Vormund von Wilhelms Sohn, leistete Margarete den Lehnseid für die Inseln und sollte die älteste Tochter Guidos von Dampierre heiraten[1439]. Die Ehe konnte aufgrund des frühen Todes Florens' nicht geschlossen werden, doch 1268 nahm Florens V. Beatrix, ebenfalls eine Tochter Guidos, zur Frau[1440]. Auch damit war der Streit um dieses Gebiet noch nicht endgültig beigelegt. Erst Graf Wilhelm III., ein Enkel Johanns von Avesnes, erhielt 1323 nach langen Querelen unter Verzicht auf seine Ansprüche in Reichsflandern Zeeland als direktes Lehen vom römischen König[1441].

### Die Position von König und Reich im Konflikt mit Flandern

Betrachten wir die Ergebnisse der langwierigen Auseinandersetzungen mit Margarete von Flandern zum Zeitpunkt des Todes Wilhelms: Zeeland bewesten Schelde befand sich nach der Schlacht von Westkapelle de facto in der Hand des Königs, oder vielmehr des Grafen von Holland. Die Ansprüche Flanderns waren vorerst abgewehrt, rechtlich gesehen war das Gebiet jedoch nach wie vor ein Lehen, das der holländische Graf vom flandrischen Grafen (oder von der Gräfin) empfing, unter welchen Sonderbedingungen auch immer. Die Dampierre-Söhne Margaretes waren in Gefangenschaft, für den Moment also ausgeschaltet. Von der Gräfin zu Hilfe gerufen, hatte sich Karl von Anjou des Hennegaus bemächtigt, die Lage Johanns von

---

1436) DUVIVIER, La querelle 2 Nr. 240 S. 414–421; DERS., La querelle 1 S. 269–272.

1437) DUVIVIER, La querelle 2 Nr. 242 S. 422–424; vgl. auch SATTLER, Die flandrisch-holländischen Verwicklungen S. 64 f.; das Flandernproblem kurz zusammengefasst auch bei LE GOFF, Ludwig der Heilige S. 220–222. Er bezeichnet das Verhalten des französischen Königs als „charakteristisch“, dieser habe in seinem Urteilsspruch „mit Familiensinn gepaarten Gerechtigkeitssinn“ bewiesen, ebd. S. 222.

1438) DUVIVIER, La querelle 1 S. 276 f.

1439) DUVIVIER, La querelle 1 S. 268 f.; vgl. auch SATTLER, Die flandrisch-holländischen Verwicklungen S. 65 f.

1440) HENDERIKX, Politieke geschiedenis [950–1300] S. 109.

1441) SICKING, Politieke geschiedenis [1300–1550] S. 227.

Avesnes, dem durch den Vertrag von Le Quesnoy nur wenige Stützpunkte verblieben, war ziemlich ungünstig.

Während also auf der einen Seite in der Zeelandfrage Fakten geschaffen worden waren, war Johann von Avesnes auf der anderen Seite ins Hintertreffen geraten. Wilhelm in seiner Rolle als Graf von Holland hätte sich wohl mit dem Erwerb der zeeländischen Inseln zufriedengeben und mit Margarete von Flandern einen neuen, besseren Vertrag über die dortigen Lehnsbedingungen aushandeln können. Als König jedoch musste er vor allem den Hennegau zurückgewinnen, ein Reichslehen, das ohne Rücksprache mit ihm als Oberlehnsherrn an Karl von Anjou ausgegeben worden war. Diese Aufgabe, die ihm von Margarete aufgedrängt worden war, konnte er zu Lebzeiten nicht lösen, auch wenn er seinem Gegner nicht in einer unmittelbaren Schlacht unterlegen war.

Es gab in der Flandernfrage zu Wilhelms Lebzeiten keinen eindeutigen Gewinner oder Verlierer[1442]. Interessant ist jedoch die Wahrnehmung des Konfliktes im Reich, soweit sich diese nachvollziehen lässt. Die Schilderungen der Schlacht bei Westkapelle wurden bereits angesprochen – sie lassen nicht erkennen, dass der Krieg in Zeeland als eine „Privatsache" des Grafen von Holland oder das Engagement Wilhelms in seinem Territorium als Ablenkung von Reichsangelegenheiten betrachtet worden wären[1443]. Nur eine zeitgenössische Quelle deutet letzteres an: der angebliche Briefwechsel Gräfin Margaretes mit dem König von Böhmen aus der Münchener Handschrift der Summa dictamini des Ludolf von Hildesheim[1444]. In einem fiktiven Kontext, in dem eine Königserhebung des Böhmen anstelle des amtierenden römischen Königs erwogen wird, mischt sich die Gräfin ein und schildert die Verhältnisse im Nordwesten des Reiches: Sie habe nichts gegen eine Absetzung König Ebhards[1445] einzuwenden, denn dieser trüge drei Städte von ihr zu Lehen, und sie bemühe sich ständig darum, dass er ihr für diese endlich den Lehnseid leisten oder sie ihr auflassen würde. Weil beides sich als schwierig erweise, vernachlässige er die anderen Teile des Reiches, *partes Alamanie nec in modum regis gubernabit nec eciam visitavit*[1446]. Auf

1442) HINTZE, Das Königtum Wilhelms S. 134; SATTLER, Die flandrisch-holländischen Verwicklungen S. 78, sieht im Ausgang der Affäre „trotz der Erfolge, welche Wilhelm über seine erbitterte Feindin Margaretha erfochten hatte [...], die traurigen Folgen der damaligen Zerrüttung unseres Vaterlandes."

1443) So etwa noch KAUFHOLD, Deutsches Interregnum S. 59.

1444) Dazu ausführlich oben S. 161 f.

1445) So der Name des amtierenden Königs an dieser Stelle der Handschrift, BUSSON, Über einen Plan Nr. 3 S. 135; SCHEFFER-BOICHORST, Kleinere Forschungen 5 Nr. 4 S. 561.

1446) BUSSON, Über einen Plan Nr. 3 S. 135.

diese ungefragte Zustimmungsäußerung der Gräfin zu seiner potentiellen Kandidatur antwortet der König von Böhmen brüsk, dass man auf eine *vox inimica* nicht hören dürfe. Zur Überprüfung der Anschuldigungen habe er das Schreiben vorsichtshalber an den König weitergeleitet und warte auf dessen Antwort. Im Endeffekt liege die Entscheidung bei den Fürsten und beim Papst[1447].

Die Überlegung, dass sich der König durch die Streitigkeiten mit Margarete von der Reichsregierung abhalten lasse, wurde also durchaus angestellt und fand ihren Niederschlag im Umfeld des Bamberger Bischofs, der aus verschiedenen Gründen nicht gut auf Wilhelm zu sprechen war und sich von einem Königtum Ottokars II. etliche Vorteile erhoffte[1448]. Und selbst in diesem Zusammenhang legte man das Argument vom abwesenden König einer Frau in den Mund, deren Rolle ganz offensichtlich nicht positiv besetzt war und der gegenüber Ottokar von Böhmen seine Vernunft und moralische Überlegenheit zum Ausdruck bringen konnte. Letztlich ist zu konstatieren, dass selbst Gegner Wilhelms in seinem Engagement im Nordwesten nur sehr bedingt eine Vernachlässigung des Reiches erblicken konnten.

Gemessen an der recht kurzen Gesamtregierungszeit des Königs stellen die anderthalb Jahre, in denen er in Zeeland und Holland weilte und Krieg im Hennegau führte, einen beträchtlichen Anteil dar. In den betreffenden Monaten tritt jedoch so klar wie kaum an einer anderen Stelle die Politik Wilhelms zutage. Er ist der Dreh- und Angelpunkt im Konflikt mit Margarete, dies zeigt sich spätestens im Moment seines Todes: Ohne seinen Rückhalt muss Florens die Lehnshoheit Flanderns in Zeeland bewesten Schelde anerkennen, und Johann und Balduin von Avesnes bleibt nichts anderes übrig, als unter demütigenden Bedingungen[1449] die Regelungen von 1246 über das Erbe Margaretes anzuerkennen. Trotz der uneindeutigen Situation nach dem Waffenstillstand von Le Quesnoy muss konstatiert werden, dass Wilhelm eine maßgebliche Position innerhalb des Machtgefüges im Nordwesten des Reiches einnahm. Er war in diesem Kontext nicht nur der Legitimationsgeber[1450], sondern einer der Hauptakteure. Wie der Frankfurter Hoftag zeigt, vereinte er in seinem Vorgehen gegen Flandern die meisten Fürsten hinter sich. In dieser selbstbewussten Stellung konnte er sich auch gegen die Wünsche des Papstes und seines Legaten durchsetzen.

1447) BUSSON, Über einen Plan Nr. 4 S. 136.

1448) Siehe oben S. 163 f.

1449) So DUVIVIER, La querelle 1 S. 270.

1450) GÖRICH, Friedrich II. und das Reich S. 494.

## 4 Der König und der Osten des Reiches

Der geographische Schwerpunkt von Wilhelms Herrschaft ist im Westen, vor allem entlang des Rheins zu verorten. Spätestens seit der Salierzeit lag hier das politische und symbolische Zentrum des Reiches[1451], und auch Wilhelm konzentrierte seine Kräfte darauf, sich vor allem in dieser Gegend durchzusetzen. In den ersten Monaten des Jahres 1252 und noch einmal im Winter 1252/53 verließ der König jedoch diese Kernregion und begab sich nach Braunschweig, in den Harzraum und bis an die Saale. Betrachtet man diese Phasen seiner Herrschaft genauer, so werden deren erweiterte Zielsetzungen sichtbar: ein Ausgreifen auf das gesamte nordalpine Reich, die Einbindung möglichst aller Fürsten in das königliche Handeln und die Perspektive auf das Kaisertum.

Auch in der älteren Forschungsliteratur und in den Überblicksdarstellungen wurde das Jahr 1252 oft als ein Wendepunkt in Wilhelms Königtum betrachtet[1452], als eine Phase der Konsolidierung, die allerdings in hohem Maße mit dem Tod Friedrichs II. und dem Rückzug Konrads IV. in Zusammenhang gebracht wurde[1453]. Dabei wurde aber außer Acht gelassen, dass die Verbindungen des Königs nach Braunschweig und zu den östlichen Reichsfürsten schon bedeutend früher geknüpft worden waren.

### 4.1 Braunschweig 1252/53

Betrachtet man das Itinerar des Königs, so erscheinen die Kontakte zum Osten des Reiches als zwei Episoden im Frühjahr 1252 und im Winter 1252/53. Wie zu zeigen sein wird, gingen sie darüber hinaus, doch die intensivste Auseinandersetzung mit den Belangen im welfischen Herzogtum Braunschweig, im Harzraum und bis hin zur Saale fand sicherlich während der persönlichen Anwesenheit Wilhelms in dieser Region statt.

#### Kontaktanbahnungen im Vorfeld

Die Bemühungen des Papstes, Wilhelms Herrschaft reichsweite Anerkennung zu verschaffen, setzten nach dem Tod Friedrichs II. im Jahr 1251 ein. Am 18. Februar sandte Innozenz IV. von Lyon aus seinen Kaplan Jakob, Archidiakon von Laon, zusammen mit Dietrich von Grüningen, dem preu-

1451) MÜLLER-MERTENS, Reich und Hauptorte der Salier S. 139–158.

1452) Maßgeblich HINTZE, Das Königtum Wilhelms S. 46.

1453) STEINBACH, Die Reichsgewalt und Niederdeutschland S. 18–23; STÜRNER, Dreizehntes Jahrhundert S. 286 f.

ßischen Landmeister des Deutschen Ordens, *qui linguam novit Theutonicam*, ins Reich, um die Fürsten zur Unterstützung Wilhelms zu bewegen[1454]. Gleichzeitig versuchte der Papst, sowohl Wilhelm als auch dessen Bruder geeignete Ehefrauen zu verschaffen, indem er zum einen Gertrud von Österreich dazu riet, Florens zu heiraten, und zum andern den sächsischen Herzog um die Hand von dessen Tochter oder Enkelin, einer dänischen Prinzessin, für den König bat[1455]. Einen Tag später ergingen Schreiben an den Herzog von Sachsen, den Markgrafen von Meißen, den Herzog von Bayern, den Herzog von Braunschweig und den Markgrafen von Brandenburg mit der Aufforderung, sich jetzt dem neuen König anzuschließen[1456]. Zugleich wurden die Gemahlinnen des Bayern und des Braunschweigers um ihre Mithilfe bei der Überzeugung der Fürsten gebeten[1457]. Es ist zu erkennen, dass die Kurie nicht gezielt vorging, sondern den breiten Kreis all derer ansprechen wollte, die sich bislang noch nicht eindeutig positioniert hatten oder, im Falle Bayerns, als vehemente Gegner Wilhelms zu gelten hatten[1458]. Ob weitere Absprachen während des Aufenthalts des Königs in Lyon getroffen wurden, ist nicht zu eruieren. Insgesamt kann zumindest an dieser Stelle nicht von einer gezielten Initiative des Papstes und seiner Legaten für die Ausbreitung des königlichen Wirkungsbereiches die Rede sein.

Wesentlich konkreter sind die Bemühungen Wilhelms selbst bzw. aus dessen Umfeld. Ein erster Hinweis auf einen Kontakt nach Braunschweig findet sich in den Diplomen Wilhelms vom September 1248. In der Zeugenliste der Urkunde für Gfenn wird Propst Eberhard von Hünfeld genannt[1459]. Dessen Bruder Arnold von Diest war bereits seit längerer Zeit im Gefolge Wilhelms und vermittelte wohl auf dieser Seite den Kontakt, während Eberhards Amt als Propst des Kollegiatsstifts Hünfeld, das dem Kloster Fulda unterstand, den Anknüpfungspunkt an Braunschweig bildete. Fulda stand in engem Austausch mit Herzog Otto, dieser hatte nach dem Tod Heinrich Raspes die fuldischen Kirchenlehen an sich bringen können. Eberhard und Arnold von Diest könnten bei der Vorbereitung der Reise des

---

1454) MGH Epp. saec. XIII 3 Nr. 66, Zitat S. 53 Z. 9 f.; vgl. Reg. Imp. V,2 8325; zu Dietrich siehe FORSTREUTER, Art. Dietrich von Grüningen S. 200.

1455) Reg. Imp. V,2 8327–8329.

1456) Reg. Imp. V,2 8331–8333, 8335–8336.

1457) Reg. Imp. V,2 8334, 8337; vgl. auch ZEUMER, Ein Reichsweisthum S. 407 f., der die Rolle der Kurie in der Auseinandersetzung mit den weltlichen Reichsfürsten sehr stark betont.

1458) Vgl. HINTZE, Das Königtum Wilhelms S. 46 f.; STEINBACH, Die Reichsgewalt und Niederdeutschland S. 19–23.

1459) D Wilh 41 S. 75 Z. 13 f.

Königs nach Osten, vielleicht auch als Vermittler der Ehe mit Elisabeth in Aktion getreten sein. Sie waren beide Begleiter des Königs bei seinem Aufenthalt in Braunschweig[1460]. Die Aufmerksamkeit Wilhelms richtete sich also bereits wenige Monate nach seiner Wahl auf Braunschweig, und bereits 1251 verwendete Albrecht, der Sohn Herzog Ottos, in einer Schenkung an das Kloster Walkenried in der Datierung die Formulierung *regnante romanorum rege Wilhelmo*[1461]. Wenn die Welfen also bereits zu diesem Zeitpunkt die Herrschaft Wilhelms akzeptierten, so dürfte dies eher auf das frühe Interesse des Königs und das Wirken seiner Emissäre als auf den kurialen Schriftverkehr zurückzuführen sein[1462].

Hochrangiger und besser nachzuvollziehen als die diplomatische Mission der Herren von Diest sind die Verbindung Wilhelms mit Graf Hermann von Henneberg und der so entstandene Kontakt zum Markgrafen von Meißen. Hermann entstammte der zweiten Ehe Juttas, der Schwester der Thüringer Landgrafen Ludwig IV. und Heinrich Raspe und verwitweten Markgräfin von Meißen, mit Graf Poppo VII. von Henneberg (Stammtafel Abb. 2 S. 121). Er war somit der Halbbruder Markgraf Heinrichs des Erlauchten und ebenso wie dieser ein Neffe des letzten Ludowingers[1463]. Zusammen mit seinem jüngeren Bruder Heinrich hatte Hermann an der Königswahl Heinrich Raspes in Veitshöchheim teilgenommen[1464]. Sein weiteres Engagement für die päpstliche Sache lässt sich allerdings nur unzureichend rekonstruieren[1465].

Am 27. April 1249 bezeugte der Henneberger in Mainz das Diplom, in dem Wilhelm den Fürstenspruch über den Heimfall der Grafschaft Namur

---

1460) Arnold von Diest ist zumindest noch kurz vor der Abreise des königlichen Trosses in Köln im Gefolge Wilhelms, D Wilh 167 1252 Jan. 9.

1461) Urkundenbuch Braunschweig 1 Nr. 35 S. 26 Z. 10.

1462) Anders MICHELS, Leben Ottos des Kindes S. 63 f., und STEINBACH, Die Reichsgewalt und Niederdeutschland S. 23, der das Zustandekommen der Verlobung Wilhelms mit Elisabeth auf das Wirken der päpstlichen Gesandten zurückführt.

1463) Zu Hermann von Henneberg nach wie vor maßgeblich die Ausführungen von FÜSSLEIN, Hermann I., hier S. 65–74 über die durchaus nicht unproblematische Eheschließung zwischen Poppo VII. von Henneberg und Jutta und die Geburt des ältesten Sohnes, dessen Name auf die Abstammung mütterlicherseits von den Ludowingern hinweist.

1464) Beide werden in der Zeugenliste von D HRas 3, 1246 Mai 23, Veitshöchheim *in castris*, genannt, S. 7 Z. 9: *Heinricus et Hermannus fratres de Hennenberch*.

1465) FÜSSLEIN, Hermann I. S. 183–189, kann keinen eindeutigen Quellenbeleg für die Teilnahme Hermanns an den Kampfhandlungen Heinrich Raspes gegen Konrad IV. beibringen, wenn ihm auch in seiner Argumentation in diesem Zusammenhang durchaus zu folgen ist; äußerst problematisch sind hingegen seine Ausführungen über die angebliche Königskandidatur Hermanns im Jahr 1247, ebd. S. 189–224.

an seinen Schwager Johann von Avesnes bestätigte[1466]. Sein Name steht an erster Stelle der weltlichen Zeugen, noch vor denen der Grafen, die sich bereits im Februar beim König aufhielten[1467]. Sowohl der Anlass der Urkunde als auch die Reihenfolge der Zeugenliste lassen Rückschlüsse auf die Bedeutung des Hennebergers zu: Er erscheint sofort an hochrangiger Position in überregionalen Zusammenhängen, die für den König auch in familiärer Hinsicht von Bedeutung sind. Der Begegnung Wilhelms mit dem hennebergischen Grafen in Mainz dürften sorgfältige Absprachen vorausgegangen sein, die vermutlich spätestens mit der Ankunft des Königs in Mainz Anfang Februar eingesetzt hatten[1468].

Als Ergebnis längerer Verhandlungen muss auch die Ehe zwischen Hermann und Wilhelms Schwester Margarete betrachtet werden, die vor dem 4. Juli 1249 geschlossen wurde[1469]. Beiden Seiten erwuchsen Vorteile aus dieser Verbindung: Wilhelm schlug nicht nur „die Brücke [...], welche das niederrheinische Gegenkönigtum mit seinem Vorgänger, dem thüringischen, verbindet“[1470], sondern machte auch den ersten Schritt, um einen der wichtigsten Vertreter der staufischen Partei, nämlich Heinrich den Erlauchten, auf seine Seite zu ziehen. Die Anwesenheit des Hennebergers in Mainz bot dem König eine Möglichkeit, die Kommunikation mit dem Markgrafen aufzunehmen, und dies in einer Phase, als sich dessen Erfolg bei der Übernahme der Landgrafschaft Thüringen deutlich abzeichnete. In der ersten Jahreshälfte 1249, also in etwa zu der Zeit, als der Henneberger nach Mainz kam, musste die thüringische Opposition bei Gotha eine weitere Niederlage gegen den Wettiner hinnehmen, und am 1. Juli 1249 erzielte Heinrich der Erlauchte im Weißenfelser Vertrag die Anerkennung seiner Herrschaft durch einen großen Teil des Adels und der Ministerialität in Thüringen[1471]. Ganz offenbar verfügte der König über Informationen aus dem mitteldeutschen Raum, vielleicht durch Eberhard von Hünfeld und Arnold von Diest. Die

1466) D Wilh 88.

1467) Siehe oben S. 118 f.

1468) D Wilh 77, 1249 Febr. 4, Mainz; zum Zustandekommen des Treffens zwischen Hermann und dem König in Mainz vgl. FÜSSLEIN, Hermann I. S. 295 f.

1469) In D Wilh 93, 1249 Juli 4, Mainz, traf der König Bestimmungen über die Beschaffung der 4000 Mark Mitgift für seine Schwester. Aus dem Text lässt sich ableiten, dass die Ehe zu diesem Zeitpunkt bereits bestand: [...] *precelso viro comiti Hermanno de Hennenb(er)g, dilecto sororio nostro, Margaretam karissimam sororem nostram copulassemus et dedissemus matrimonialiter in uxorem*, ebd. S. 134 Z. 4 f. Eine Eheschließung „um Pfingsten“, wie sie FÜSSLEIN, Hermann I. S. 296, vermutet, ist denkbar, aber nicht belegbar.

1470) FÜSSLEIN, Hermann I. S. 296.

1471) TEBRUCK, Pacem confirmare S. 275.

Heirat Hermanns von Henneberg und Margaretes in ihrer auffälligen zeitlichen Koinzidenz mit den Erfolgen Markgraf Heinrichs dürfte eine Reaktion auf die Ereignisse in Thüringen gewesen sein.

Warum der Henneberger seinerseits die Nähe Wilhelms suchte, lässt sich nur vermuten. Er hatte das Königtum seines Onkels Heinrich Raspe unterstützt, jedoch offensichtlich keinen Anspruch auf dessen Erbe erhoben. In den thüringischen Auseinandersetzungen scheint er, vielleicht bereits in Absprache mit Heinrich dem Erlauchten, keine aktive Rolle gespielt zu haben[1472]. Seine Herrschaftsgebiete im Südwesten der Landgrafschaft grenzten jedoch an die Andechser Besitzungen am Obermain, die durch den Tod Ottos VIII. 1248 vakant waren. Letztlich sicherten sich der Bamberger Bischof, die Grafen von Orlamünde und Truhendingen und der Burggraf von Nürnberg dieses Erbe, doch vielleicht hoffte auch der Henneberger auf einen Anteil, den ihm die königliche Unterstützung hätte sichern können[1473]. Er stand wohl grundsätzlich in gutem Einvernehmen mit seinem Halbbruder Markgraf Heinrich, der ihm 1255 die vormundschaftliche Regierung und seine Stellvertreterschaft in der Landgrafschaft übertrug[1474]. Hermann von Henneberg war ein hervorragender Vermittler, denn seine Ehe mit der Schwester des Königs verschaffte ihm, neben einer ansehnlichen Mitgift[1475], Zugang zum Hof Wilhelms, ohne seinem Verhältnis zu Heinrich dem Erlauchten zu schaden.

Begünstigt wurde die neue Konstellation im engsten Umfeld des Königs durch den Tod Erzbischof Siegfrieds III. von Mainz am 9. März in Bingen[1476]. Dieser hatte im Streit um das Erbe der Ludowinger eigene Interessen verfolgt, die Mainzer Kirchenlehen eingezogen und sich sowohl gegen Sophie von Brabant als auch gegen Heinrich den Erlauchten gestellt[1477]. Ob

---

1472) So auch ILGEN/VOGEL, Kritische Bearbeitung S. 234 f.

1473) Der Burggraf von Nürnberg erhielt 1249 die Zusage der Andechser Reichslehen von Wilhelms, D Wilh 81, 1249 März 1, Ingelheim *in castris*; es scheint, als wurde im Frühjahr 1249 am königlichen Hof auch über die Andechsfrage verhandelt, siehe dazu die Urkunde für Philipp von Salzburg, oben S. 114 f. Zum Andechser Erbe auch SCHÜTZ, Das Geschlecht der Andechs-Meranier S. 104, Karte S. 100 f.; ebd. S. 74 f. eine genaue Aufschlüsselung der fränkischen Besitzungen der Andechser.

1474) FÜSSLEIN, Hermann I. S. 302 f.; PATZE, Politische Geschichte S. 47. In dieser Funktion stellte Hermann in den Jahren 1255–1257 auch Urkunden aus, Urkunden der Markgrafen von Meißen 1 A 5 Nr. 112, 113, 127, 129, 137, 143, 156, 161; vgl. ebd. S. XXVIIIf.

1475) S. dazu auch TEBRUCK, Pacem confirmare S. 296 Anm. 136.

1476) Siehe oben S. 133.

1477) Zum Vorgehen Siegfrieds III. in Hessen siehe WERNER, Neugestaltung S. 28 f. Eine Bannung sowohl Sophies als auch Heinrichs durch den Mainzer Erzbischof lässt

er die Ehe zwischen dem Henneberger und Margarete und somit eine wenn auch vorerst nur potentielle Annäherung Wilhelms an den Meißener Markgrafen befürwortet hätte, ist fraglich. Die Wahl eines Nachfolgers Siegfrieds durch das Mainzer Domkapitel verzögerte sich[1478], Christian von Weisenau wurde erst am 29. Juni durch päpstliches Privileg im Amt bestätigt[1479]. Die Absprachen zwischen Hermann von Henneberg und dem König fanden also während einer Vakanz auf dem Mainzer Stuhl statt, und dessen Besetzung mit Christian könnte durchaus auch von der Zustimmung des Kandidaten zur Politik Wilhelms gegenüber Heinrich dem Erlauchten abhängig gewesen sein. Der neue Erzbischof erfüllte diese Bedingung, er trat erstmals am 4. Juli 1249 ausgerechnet in der Urkunde des Königs auf, in der die Regelung der Mitgift Margaretes vorgenommen wurde[1480]. Auch hier zeigt sich, dass Wilhelm über die politischen Konstellationen gut informiert war. Als sich ihm mit dem recht überraschenden Tod Siegfrieds III. neue Handlungsoptionen eröffneten, erweiterte er seinen familiären Umkreis und gewann in Hermann von Henneberg einen wichtigen Verbündeten für den Ausgriff in den mitteldeutschen Raum.

### Die Hochzeit mit Elisabeth

Das Weihnachtsfest des Jahres 1251 verbrachte Wilhelm in Köln, und dort versammelten sich diejenigen, die mit ihm nach Braunschweig ziehen sollten. Einen Einblick in diese Personengruppe gewähren die Urkunden, die vor der Abreise ausgestellt wurden: An erster Stelle ist Heinrich von Susa, der Bischof von Embrun, zu nennen, der in Köln eine umfassende Privilegierung seiner Kirche erhielt[1481] und der nach dem Zeugnis des Predigerannalisten in Braunschweig am Palmsonntag 1252 den neuen Mainzer Erzbischof Gerhard salbte[1482]. Als Zeugen treten in dem betreffenden Diplom Jakob von Laon und Eberhard von Hünfeld auf, also der päpstliche Ge-

---

sich nur durch die Nachricht des Erfurter Predigerannalisten erschließen, der über die Erneuerung der Exkommunikation *predecessorum suorum* durch Erzbischof Gerhard am 16. März 1252 berichtet, Annales Erphordenses S. 110 Z. 20–27, Zitat Z. 22.

1478) Durch die zunächst vorgenommene Wahl des Kölner Erzbischofs Konrads von Hochstaden, die vom Papst zurückgewiesen wurde, vgl. HEINIG, Die Mainzer Kirche am Ende des Hochmittelalters S. 347 f.

1479) JÜRGENSMEIER, Art. Christian von Weisenau S. 401; ACHT, Art. Christian II. von Weisenau S. 227; HEINIG, Die Mainzer Kirche am Ende des Hochmittelalters S. 347–351, und SCHROHE, Mainz in seinen Beziehungen zu den deutschen Königen S. 54 f.

1480) D Wilh 93.

1481) D Wilh 166, 1251 Dez. 15.

1482) Annales Erphordenses S. 111 Z. 1–4.

sandte und der königliche Kontaktmann zu den Welfen[1483], sowie Grafen und Adlige aus dem Rhein-Main-Gebiet[1484]. Eine weitere Urkunde, die am 9. Januar 1252 ebenfalls noch in Köln ausgestellt wurde, richtete sich an den Deutschen Orden in Livland und wurde vermutlich vom Landmeister Dietrich von Grüningen, dem Begleiter und Dolmetscher Jakobs von Laon, in Empfang genommen[1485]. In der Zeugenliste sind weitere mutmaßliche Teilnehmer des königlichen Trosses aufgeführt, nämlich Adolf von Waldeck und Heinrich von Solms, beide Kenner der politischen Situation im Osten[1486], außerdem Arnold von Diest, der Bruder Propst Eberhards[1487]. Eine in Braunschweig selbst nur wenige Tage nach der Hochzeit ausgefertigte Stadtrechtsurkunde für Dordrecht lässt darauf schließen, dass holländische Abgesandte den Feierlichkeiten beiwohnten, vielleicht Vertreter der Stadt Dordrecht[1488]. Aus anderen Quellen geht hervor, dass auch der Legat Hugo von Saint-Cher und der Mainzer Erzbischof Gerhard dem König nach Braunschweig folgten[1489]. Insgesamt wurde Wilhelm von einem Gefolge begleitet, dessen Mitglieder schon in den Monaten zuvor in Mainzer oder braunschweigischen Belangen tätig geworden waren, von Vertretern der Kirche ebenso wie von seinen eigenen Vertrauensleuten.

Über die Hochzeitsfeierlichkeiten mit Elisabeth, der Tochter Ottos von Braunschweig, berichten die zeitgenössischen Historiographen nur wenig. Der Erfurter Predigerannalist erwähnt die Beteiligung des päpstlichen Legaten am Zustandekommen der Verbindung, das Datum (25. Januar) und ein Unglück, das sich in der Hochzeitsnacht ereignete. Denn im Brautgemach soll ein Brand ausgebrochen sein, bei dem der Ornat und „königliche Gegenstände" zerstört worden seien – *multoque ibidem apparatu regio vel ornatu consumpto*. Braut und Bräutigam seinen nur knapp dem Tod entronnen[1490]. Albert von Stade konkretisiert diese Angaben: Die königliche Krone sei verbrannt, und Elisabeth habe den König aus dem brennenden Gebäude herausgeführt, weil sie sich besser ausgekannt habe[1491].

1483) D Wilh 166 S. 220 Z. 34 f.

1484) Emich von Leiningen, Otto von Nassau, Wildgraf Emich, Heinrich von Weilnau, Gottfried von Eppstein und Werner von Bolanden, D Wilh 166 S. 220 Z. 35–37.

1485) D Wilh 167.

1486) D Wilh 167 S. 221 Z. 25 f.

1487) D Wilh 167 S. 221 Z. 26.

1488) D Wilh 173; unter den Zeugen auch Abt Wilhelm von Sint-Truiden, Mitglied der Hofkapelle S. 228 Z. 24.

1489) Siehe oben S. 137.

1490) Annales Erphordenses S. 110 Z. 5–13, Zitat Z. 11 f.; vgl. auch Cronica S. Petri S. 246 f.

1491) Annales Stadenses S. 373 Z. 21–26. Der Bericht der Braunschweigischen Reim-

Die Nachwahl und ihre Konsequenzen für das Königtum Wilhelms

Durch die Ehe mit der Tochter Ottos von Braunschweig und dessen Gemahlin Mechthild knüpfte Wilhelm ein familiäres Band zu den wichtigsten Familien im Nordosten des Reiches. Mechthild, die Mutter seiner Frau, war eine Schwester der Brandenburger Markgrafen Johann und Otto, Herzog Albrecht von Sachsen war fortan sein Schwager[1492]. Diese Fürsten sind es auch, die den König am 25. März in seinem Amt bestätigten[1493]. Dieser Vorgang wurde in der Literatur als Nachwahl[1494] bezeichnet, und ihm wurde eine besondere Bedeutung für die Entwicklung der Königswahl im 13. Jahrhundert zugeschrieben. Ohne an dieser Stelle die gesamte Forschungsdiskussion zu diesem Thema aufgreifen zu können[1495], soll hier

---

chronik v 7740–7770 S. 555, verfasst zwischen 1279 und 1292 vielleicht sogar von einem Augenzeugen der Ereignisse, fügt den Beschreibungen des Predigerannalisten und Alberts von Stade nichts hinzu; vgl. HINTZE, Das Königtum Wilhelms S. 47. Keiner der Geschichtsschreiber sieht in dem Brand in der Hochzeitsnacht ein schlechtes Omen, siehe oben S. 198–200; anders SCHNEIDMÜLLER, Reichsfürstliches Feiern S. 174, der behauptet: „Solche Katastrophe verdunkelte das Hochzeitsfest in der Rückschau," jedoch keine Quelle für diese Einschätzung anführt. Zur Braunschweiger Hochzeit im Kontext der welfischen Heiratspolitik siehe auch SCHNACK, Die Heiratspolitik der Welfen S. 33–37.

1492) Siehe oben S. 194–196 mit Stammtafel Abb. 4.

1493) Annales Erphordenses S. 111 Z. 4–7; vgl. das Schreiben des Legaten Hugo von Saint-Cher an die Bischöfe von Schwerin und Havelberg, MGH Const. 2 Nr. 459 S. 631 f.

1494) HINTZE, Das Königtum Wilhelms S. 48.

1495) Im Blick auf die Wahl Wilhelms ist vor allem BLOCH, Die staufischen Kaiserwahlen S. 228–256, zu nennen, der vom „Braunschweiger Reichstag" spricht und in ihm einen weltlichen Gegenentwurf zur kirchlich organisierten Wahl in Worringen sieht: „[...] daß in ihnen [den Braunschweiger Ereignissen, Anm. d. Verf.] der staufisch-weltliche Imperialismus noch einmal auf deutschem Boden Gestalt annimmt und seine Lebenskraft auch dem Papsttum erweist." Die Sachsen hätten gegenüber der durch den Papst vorgenommenen Königserhebung „das Recht der Wahlfürsten" behauptet, „allein durch ihren einmütigen Spruch in alter germanischer Freiheit dem römischen König die Herrschaft im Reiche zu übertragen," ebd. S. 229 f.; ZEUMER, Ein Reichsweisthum S. 404–415, beschäftigt sich hauptsächlich mit der Rolle des Hostiensis, also des damaligen Bischofs Heinrich von Embrun, bei den Vorgängen und den Zusammenhängen mit dem Licet iuris von 1338; vgl. insgesamt auch KRAMMER, Kurfürstenkolleg S. 115–126. Dagegen argumentierte MITTEIS, Die deutsche Königswahl S. 185–194, für die unumschränkte Gültigkeit der Wahl von 1247. Einen Überblick über die neuere Forschung bietet LANDAU, Eike von Repgow und die Königswahl S. 20–26; eine detaillierte Einordnung der verschiedenen Positionen bezüglich der Königswahl bei KRIEGER, König, Reich und Reichsreform S. 64–70, der zu dem bezeichnenden Schluss gelangt: „Verfolgt man den weiteren Verlauf dieser Grundsatzdebatte, so scheint die Forschung von einem allgemeinen Konsens in diesen Fragen noch weit entfernt zu sein," ebd. S. 65.

hauptsächlich die Bedeutung dieser nachträglichen Legitimierung für das Königtum Wilhelms untersucht werden.

Die ausführlichste Beschreibung der Vorgänge in Braunschweig im März 1252 gibt der Erfurter Predigerannalist. Zunächst erwähnt er die Anwesenheit des Mainzer Erzbischofs Gerhard und Heinrich von Susa, des Erzbischofs von Embrun. Am Montag der Karwoche sei Wilhelm vom Markgrafen von Brandenburg, vom Herzog von Sachsen und anderen Großen des Landes gewählt worden, *in Romanum sollemniter electus est principem*. Auch die Bürger von Goslar hätten ihre Zustimmung kundgetan[1496]. Etwas weiter unten resümiert der Autor, dass dem König nun alle Fürsten gewogen seien, außer dem Herzog von Bayern, der nach wie vor seinem Schwiegersohn Konrad IV. anhänge. Sogar der König von Böhmen habe Wilhelm Ehre erwiesen, indem er ihm reiche Geschenke gesandt habe, *in signum electionis*[1497].

Am selben Tag teilte der Legat Hugo von Saint-Cher den Bischöfen von Schwerin und Havelberg genau diesen Akt in einem Schreiben mit und legte kurz die Hintergründe dar: Obwohl Wilhelm vollkommen rechtmäßig gewählt worden sei, seine Wahl außerdem die Approbation des Papstes erhalten und der König in Aachen bereits die Krone empfangen habe, hätten einige Städte behauptet, sie müssten ihm nicht folgen, weil der Herzog von Sachsen und der Markgraf von Brandenburg, *qui vocem habent in electione predicta*, ihre Zustimmung noch nicht erteilt hätten. Der Legat selbst sei nun in Braunschweig Zeuge geworden, wie die genannten Fürsten die Wahl bestätigt, Wilhelm selbst gewählt und ihm Gefolgschaft geschworen hätten. Die genannten Städte hätten nun keinen Grund mehr, den Gehorsam zu verweigern, und namentlich Lübeck solle nun von den Bischöfen unter Androhung der Exkommunikation ermahnt werden[1498].

Beide Quellen legen großen Wert auf den Begriff der Wahl. Im Brief des Legaten findet sich gar die Dopplung *electionem de predicto rege factam ratam habuerunt et gratam ac eundem in regem elegerunt unanimiter ad cautelam*[1499]. Offenbar spielte die rechtliche Absicherung des Königtums Wilhelms eine wichtige Rolle, was angesichts der immer noch existierenden staufischen Ansprüche auf den Thron nicht verwundert. Die Kriterien für eine rechtmäßige Königswahl in dieser Zeit sind jedoch nicht so leicht nachzuvollziehen[1500]. Ausschlaggebend ist die Frage, ob man in Braunschweig

---

1496) Annales Erphordenses S. 111 Z. 1–8, Zitat Z. 6 f.

1497) Annales Erphordenses S. 111 Z. 17–23, Zitat Z. 23.

1498) MGH Const. 2 Nr. 459 S. 631 f., Zitat S. 631 Z. 31.

1499) MGH Const. 2 Nr. 459 S. 631 Z. 33–35.

1500) ERKENS, Kurfürsten und Königswahl S. 68–72, über die Wahl Konrads IV. 1237 in Wien, bei der das allgemeine Wahlrecht aller Fürsten noch praktiziert wurde.

1252 bereits auf den Königswahlparagraphen des Sachsenspiegels rekurrierte. Dessen Verfasser Eike von Repgow ist im Umfeld der Askanier zu verorten[1501], und in Braunschweig wählten zwei Askanier den König – eine Anwendung der entsprechenden Passagen des Sachsenspiegels ist sehr wahrscheinlich[1502]. Das Rechtsbuch legt fest, dass *in des keisere kore* zuerst der Trierer, dann der Mainzer und als dritter der Kölner Erzbischof wählen sollten. Unter den Laien käme die erste Wahl dem Pfalzgrafen bei Rhein als Truchsess des Reiches zu, es sollten der Herzog von Sachsen als Marschall und der Markgraf von Brandenburg als Kämmerer folgen. Der Mundschenk, der König von Böhmen, dürfe keine Stimme abgeben, *dat he nicht dudisch n'is*[1503].

Gleicht man diese Bestimmungen mit den Vorgängen ab, die der Erfurter Annalist als zeitgenössischer Beobachter beschreibt, so fallen durchaus Unstimmigkeiten ins Auge. Zwar wird die „Nachwahl" namentlich durch den Sachsen und den Brandenburger berichtet, doch ist auch von „anderen Großen" und der Stadt Goslar als Mitwählern sowie der ebenfalls als eine Art Wahl beschriebenen Anerkennung des Königs durch den Böhmen die Rede[1504]. Zählt man zu diesem doch eher allgemeinen Kreis noch diejenigen, die Wilhelm bereits in Worringen zum König erhoben hatten, also die Erzbischöfe von Köln, Mainz, Trier und Bremen, die Bischöfe von Osnabrück, Toul, Hildesheim, Lüttich, Münster, Paderborn und Verdun, sowie Herzog Heinrich von Brabant und Graf Otto von Geldern[1505], so ergibt sich doch eine sehr große Gruppe, die eher das Kriterium einer breiten Öffentlichkeit als das eines exklusiven Wahlgremiums erfüllt[1506].

---

1501) Zur Herkunft Eikes, dessen Familie wohl zunächst der Vasallität der Magdeburger Erzbischöfe angehörte und in enger Beziehung zu den Burggrafen von Giebichenstein stand, und zu Eikes späterem Status als Ministeriale der anhaltischen Askanier, vgl. LÜCK, Der Sachsenspiegel S. 17 f. Zur regionalen Prägung des Sachsenspiegels auch SCHMIDT-WIEGAND, Wahl und Weihe S. 236 f.

1502) Zudem fand der Sachsenspiegel nachweisbar bereits 1235 in Halle Verwendung, ERKENS, Kurfürsten und Königswahl S. 74.

1503) Sachsenspiegel Landrecht III 57 §2 S. 243, Zitate Z. 6, Z. 12.

1504) ZEUMER, Ein Reichsweisthum S. 409, vermutet, dass der Predigerannalist Wahl und Huldigung verwechselt.

1505) Vgl. auch ERKENS, Kurfürsten und Königswahl S. 111 f.

1506) Anders ERKENS, Kurfürsten und Königswahl S. 73 f., und ihm folgend LANDAU, Eike von Repgow und die Königswahl S. 42 f.; auch PELTZER, Der Rang der Pfalzgrafen S. 107, spricht von einer „Bedeutungssteigerung der Erstkieser" bei der Wahl Wilhelms. Interessant beim Predigerannalisten ist auch die Erwähnung des Herzogs von Bayern, der Wilhelm nicht als König anerkannte, Annales Erphordenses S. 111 Z. 19–21. Läge es in der Absicht des Verfassers, einen Abgleich mit dem im Sachsenspiegel ge-

Dennoch werden eben Herzog Albrecht von Sachsen und der Markgraf von Brandenburg ausdrücklich als Wähler Wilhelms aufgeführt, vor allem im Brief des Legaten. Vielleicht sind die Gründe hierfür weniger in der Praxis zu suchen als in der Diskussion, die unzweifelhaft dem feierlichen Akt in Braunschweig vorausgegangen sein muss. Über die Verhandlungen zwischen Wilhelm, Herzog Otto und seinen anderen neuen Verwandten fehlt jegliche Nachricht in den Quellen. Doch dürfte der Sachsenspiegel eines der schlagkräftigsten Argumente der brandenburgischen und sächsischen Askanier dargestellt haben, dass sie auf jeden Fall zu den Wählern eines Königs zählen mussten, der als rechtmäßiger Herrscher anerkannt werden wollte. Deshalb werden sie in den Quellen namentlich genannt. Die Formulierung des Predigerannalisten lässt jedoch durchaus die Vermutung zu, dass auch Otto von Braunschweig und Heinrich von Anhalt ihre Stimme für Wilhelm abgaben[1507].

Ein Punkt, der in der Forschung weniger Beachtung gefunden hat, betrifft die oben skizzierten Verwandtschaftsbeziehungen, in die Wilhelm durch seine Ehe mit Elisabeth eingebunden wurde. Erst durch diese Hochzeit ergab sich eine Konstellation, die zumindest zwei der im Sachsenspiegel genannten weltlichen Fürsten auf der Seite des Königs zusammenführte. Insofern war die Heirat mit einer Tochter Herzog Ottos von allen möglichen Eheschließungen für den König die günstigste. Es stellt sich die Frage, ob Wilhelm den Königswahlparagraphen des Sachsenspiegels bereits vor der Eheanbahnung kannte, oder ob vielleicht das zufällige Zusammentreffen von Theorie und Praxis in Braunschweig die weiteren Entwicklungen beeinflusste: Eike von Repgow hatte aus persönlicher Verbundenheit mit den Askaniern den Herzog von Sachsen und den Markgrafen von Brandenburg als Königswähler postuliert[1508]. Nur wenige Jahre später, eben 1252, ergab es sich, dass diese theoretische Forderung vielleicht auch aufgrund der Verwandtschaft der beiden Fürsten zu Wilhelm auf spektakuläre Weise in der „Nachwahl" tatsächlich umgesetzt werden konnte. In der Folgezeit war der sächsische und brandenburgische Anspruch auf die Teilnahme an der Wahl kaum mehr zurückzuweisen.

---

nannten Gremium vorzunehmen, so wäre es sinnvoller, Herzog Otto in seiner Eigenschaft als Pfalzgraf bei Rhein zu nennen.

1507) ERKENS, Kurfürsten und Königswahl S. 73 f. und 96 f., scheint dies völlig auszuschließen; vgl. insgesamt auch STEINBACH, Die Reichsgewalt und Niederdeutschland S. 24–27; HINTZE, Das Königtum Wilhelms S. 49–55.

1508) LANDAU, Eike von Repgow und die Königswahl S. 27–31.

## Urkunden des Königs Januar bis Mai 1252

Die Urkundentätigkeit des Königs während seines ersten Aufenthalts in Braunschweig wandte sich zunächst lokalen geistlichen Einrichtungen zu[1509]. Bereits am Tag nach der Hochzeit, am 26. Januar 1252, nahm Wilhelm auf Bitten des Abtes und des Konvents das Zisterzienserkloster Mariental bei Helmstedt in seinen Schutz auf und bestätigte dessen Besitzungen, wobei besonders die Schenkungen Ottos von Braunschweig, *carissimus socer et princeps noster*, hervorgehoben wurden[1510]. Das Kloster war 1138 als eine Tochter der Zisterze Altenberg von Pfalzgraf Friedrich II. von Sommerschenburg gegründet worden, seine Vogtei gelangte nach dem Aussterben der Gründerfamilie in die Hand der Welfen. Herzog Otto tat sich besonders als Förderer der Abtei hervor[1511]. Wenn Wilhelm in einem der ersten Akte nach der Eheschließung mit Elisabeth Mariental privilegierte, so zeigt sich hier nicht nur der gute Wille, den der König seinem Schwiegervater entgegenbrachte, sondern auch die besondere Wertschätzung der Zisterze durch den Herzog. Ähnlich dürfte die etwas später ausgefertigte Urkunde für die Augustinerchorfrauen in Marienberg bei Helmstedt motiviert gewesen sein, in der das Stift in den königlichen Schutz aufgenommen wurde und seine Besitzungen bestätigt wurden[1512]. Marienberg war vor 1183 von Wolfram von Kirchburg, dem Abt der Reichsabtei Werden bei Essen und zugleich Vorsteher des Helmstedter Ludgeri-Klosters, gegründet worden[1513], die Vogtei des Stifts war jedoch spätestens Anfang des 13. Jahrhunderts in die Hand der Welfen gelangt und war für diese aufgrund der territorialen Gemengelage von großer Bedeutung[1514]. Otto war auch Vogt der Werdener Besitzungen in Sachsen, zusammen mit Marienberg verfügte er also über recht ansehnliche Kirchenlehen in und um Helmstedt[1515].

---

1509) Vgl. auch STEINBACH, Die Reichsgewalt und Niederdeutschland S. 24.

1510) D Wilh 171, Zitat S. 224 Z. 30 f. Das folgende D Wilh 172 ist zwar eine Fälschung, weist jedoch auf eine weitere Urkunde Wilhelms für Mariental hin, S. 225 Z. 27–34 (krit. Apparat); HÄGERMANN, Studien zum Urkundenwesen S. 204 f.

1511) ZIRR, Art. Mariental S. 1021 f.; ZILLMANN, Welfische Territorialpolitik S. 302 f.

1512) D Wilh 177, 1252 März 19, Braunschweig.

1513) RÖMER, Helmstedt, St. Ludgeri S. 165; genauer zu den Gründungsumständen und der Person des Abtes STRAUSS, Das ehemalige Augustinerchorfrauenstift Marienberg S. 18–32.

1514) STRAUSS, Das ehemalige Augustinerchorfrauenstift Marienberg S. 46–48; JARCK, Art. Helmstedt – Marienberg S. 636–638.

1515) Die Bevogtung Werdens durch Otto erwähnt bei STRAUSS, Das ehemalige Augustinerchorfrauenstift Marienberg S. 43 Anm. 3; ebd. S. 132 f. zur Urkunde Wilhelms von 1252, allerdings mit der Vermutung, dass die Chorfrauen in diesem Zusammenhang versucht hätten, die welfische Vogtei abzuschütteln; dies erscheint zumindest zu diesem Zeitpunkt eher unwahrscheinlich, bedenkt man den geschilderten Zusammenhang der

Einen besonderen Blick verdient D Wilh 176, in dem Wilhelm seinem Schwager Albrecht von Braunschweig den Schutz des Klosters Pöhlde am Harz übertrug. Der König perpetuierte durch diese Urkunde die Einbindung der traditionsreichen Institution in die welfische Einflusssphäre, nachdem sich die Chorherren bereits 1241 selbst der Vogtei Ottos von Braunschweig unterworfen hatten[1516]. Die Narratio nimmt ausdrücklich Bezug auf die glorreiche Vergangenheit des Ortes, wenn sie von der *ecclesia Polidensis* spricht, *imperatorum privilegiis decorata et regum ac magnorum existat largitionibus honorata*[1517]. Pöhlde war von Mathilde, der Frau Heinrichs I. und Mutter Ottos I., vermutlich zwischen 929 und 952 gegründet worden, die dem Kloster angeschlossene Pfalz war vor allem in den ersten Jahren des 11. Jahrhunderts ein bevorzugter Aufenthaltsort Heinrichs II. 1129/30 wurden die Benediktiner auf Initiative Norberts von Xanten persönlich durch Prämonstratenser ersetzt. Nach einem Brand im Jahr 1223 mussten zunächst die Stiftsgebäude (bis 1240) und im Folgenden die Kirche (bis 1290) neu errichtet werden[1518]. Um die Bauarbeiten zu unterstützen, gewährte der päpstliche Legat Hugo von Saint-Cher vermutlich Ende Oktober 1251 einen 40-tägigen Ablass für die Kirche[1519]. Anhand von Pöhlde zeigt sich zum einen exemplarisch das Zusammenspiel von kurialer, königlicher und lokaler Politik. Zum anderen gewährt die Urkunde einen kleinen Einblick in das Selbstverständnis Wilhelms, der sich als Wohltäter des Stifts bewusst in der Nachfolge der ottonischen und salischen Kaiser bewegte[1520].

Dass sich der Blick des Königs von Braunschweig aus auf den Harzraum richtete, zeigt sich auch in dem Diplom für das Prämonstratenserstift in Ilfeld vom 27. März 1252[1521]. Auf Bitten Graf Heinrichs II. von Honstein gestattete Wilhelm dem Kloster, jährlich bis zu 30 Mark an Einkünften aus Reichsbesitz für sich zu behalten; *nam etsi a feudatariis subtrahantur, ex quo tamen perveniunt ad usus eclesie in fundo imperii constitute, non videmus nobis aut imperio aliquid deperire*[1522]. Das kurze Aufeinandertreffen

---

königlichen Urkundenausstellung. Selbst wenn Otto nicht namentlich als Petent für Marienberg auftrat, so ist eine Vermittlung durch ihn doch anzunehmen; zu Marienberg und seiner Lage im „Grenzgebiet", bezogen auf die Abtei Werden-Helmstedt, vgl. auch ZILLMANN, Welfische Territorialpolitik S. 306.

1516) KÖNIGHAUS, Drei Ablaßurkunden S. 242.

1517) D Wilh 176 S. 231 Z. 18–20.

1518) KÖNIGHAUS, Drei Ablaßurkunden S. 241 f.

1519) KÖNIGHAUS, Drei Ablaßurkunden Nr. 1 S. 247 f.

1520) Zu Pöhlde im Überblick siehe auch KÖNIGHAUS, Art. Pöhlde S. 1255, und JANKOWSKI, Pöhlde S. 404–410, der allerdings die Ereignisse des 13. Jh. nur streift.

1521) D Wilh 183.

1522) D Wilh 183 S. 238 Z. 1–3.

des Königs mit Heinrich von Honstein, dessen Großvater Elger das Stift Ilfeld um 1189 am Stammsitz der Familie gegründet hatte[1523], könnte vom Mainzer Erzbischof Gerhard vermittelt worden sein. Im selben Jahr nämlich schenkte der Graf an Ilfeld die Kirche in Hesserode (bei Nordhausen), 1253 bestätigte der Erzbischof diese und andere Stiftungen für seinen Getreuen[1524].

Zugleich standen die Honsteiner seit dem 12. Jahrhundert in einem Lehnsverhältnis zu den Welfen: Da Heinrich der Löwe mit dem Wildbann im Harz vom Reich belehnt worden war, konnte er die dort ansässigen Grafen seiner Lehnshoheit unterwerfen. Seine Nachkommen im 13. Jahrhundert erhielten diesen Anspruch aufrecht, trotz aller inzwischen vorgefallenen Veränderungen bezüglich der Hoheitsrechte[1525]. Heinrich II. könnte also in seiner Eigenschaft als welfischer Vasall in Braunschweig gewesen sein, vermutlich bereits anlässlich der Nachwahl. Und es ergibt sich eine weitere Verbindungslinie durch den Honsteiner, denn er gehörte zu denjenigen Grafen, die am 1. Juli 1249 den Weißenfelser Vertrag mit Heinrich dem Erlauchten geschlossen und dessen Herrschaft über Thüringen anerkannt hatten[1526]. Kein weiteres Mitglied dieser Gruppe kann in direkter Verbindung mit Wilhelm nachgewiesen werden. Der Graf von Honstein könnte also, auch wenn dies nicht anderweitig zu belegen ist, als eine Art Botschafter der thüringischen Adligen fungiert haben. Die Ilfeld-Urkunde wurde in der Karwoche ausgestellt, nur kurz nach der Braunschweiger Nachwahl. Neben den zahlreichen Verhandlungen, die der König in diesem Zeitraum mit verschiedenen Mächtigen dieses Raumes geführt haben muss, wäre es denkbar, dass er das Lehnsverhältnis seines Schwiegervaters Otto von Braunschweig zu Heinrich von Honstein nutzte, um Verbindung zum thüringischen Adel aufzunehmen. Auch diese Maßnahme hätte der Vorbereitung seines Treffens mit dem Markgrafen von Meißen dienen können, das nur etwa zwei Wochen später in Merseburg stattfinden sollte[1527].

Eine wichtige Rolle in der königlichen Politik in diesem Raum musste die Reichsstadt Goslar spielen. Bereits am 1. März 1252 urkundete Wilhelm für das Magdalenerinnenkloster St. Peter und Paul auf dem Goslarer Frankenberg, nahm es auf Bitten des Propstes, der Priorin und des Konvents in

---

1523) Zur Geschichte der Grafen im 12. Jh. MASCHER, Reichsgut und Komitat am Südharz S. 46–70.

1524) MEYER, Die Grafen von Honstein S. 450 f.

1525) MASCHER, Reichsgut und Komitat am Südharz S. 60–63.

1526) […] *comes Theodericus de Hoinstein et Heinricus suus filius*, KUNDE, Der Weißenfelser Vertrag S. 111; vgl. Urkunden der Markgrafen von Meißen 1 A 5 Nr. 11 S. 18; vgl. auch BECKER, Die Grafen von Ilfeld-Honstein S. 36–39.

1527) Siehe unten S. 309–313.

seinen Schutz und bestätigte den Besitzstand[1528]. Anfang April 1252 weilte der König dann in der Stadt und gewährte der Gemeinde sowie den Kaufleuten umfassende Privilegien[1529]. Nach seiner Rückkehr nach Braunschweig Ende April 1252 benachrichtigte er das altehrwürdige, von Heinrich III. gegründete Pfalzstift St. Simon und Judas über bestimmte vom Papst gewährte Vorrechte[1530], bestätigte als Nachfolger Kaiser Heinrichs IV. für dessen Stiftung, die Niederlassung der Augustiner-Chorherren auf dem Goslarer Petersberg, verschiedene Schenkungen[1531] und sorgte von Gandersheim aus, bereits auf dem Weg zurück in den Nordwesten des Reiches, für den Schutz des Stifts St. Georg in Goslar, wofür er besonders die Unterstützung seines Schwagers Herzog Albrecht von Braunschweig einforderte[1532].

Keiner anderen Reichsstadt oder Pfalz ließ Wilhelm eine derartige Förderung angedeihen, wie er sie den verschiedenen Institutionen in Goslar und der Stadt selbst zukommen ließ. Erklärlich wird dies aus der Tradition des Ortes, der spätestens seit den Saliern einer der wichtigsten Stützpunkte des Reiches war[1533]. Auch Wilhelm wollte ganz offensichtlich diese Tradition aufrechterhalten. Goslar war für ihn immer noch das Tor zu den weiter östlich gelegenen Gebieten, was sich auch aus dem königlichen Itinerar ergibt. Der Herrscher nutzte im Frühjahr 1252 dieselben Routen wie seine Vorgänger, er band die Fürsten im Osten und Nordosten des Reiches in sein Königtum mit ein, mehr noch: Die Goslarer Urkunden weisen darauf hin, dass dieser Ausgriff nicht ephemer, sondern von Dauer sein sollte. Die Reichsstadt im westlichen Harzvorland war wie seit Jahrhunderten auch für Wilhelm ein fester königlicher Brückenkopf. Bereits im Januar 1253 nutzte er die Pfalz in diesem Sinne als Zwischenaufenthalt[1534].

1528) D Wilh 175.

1529) D Wilh 185, 1252 April 3; D Wilh 186, 1252 April 6.

1530) D Wilh 192, 1252 April 28; zur Tradition des Stifts siehe LOHSE, Art. Goslar – St. Simon und Judas S. 489 f., zu dessen Förderung durch Wilhelm siehe auch SCHNEIDMÜLLER, Das Goslarer Pfalzstift S. 46.

1531) DD Wilh 193–194, 1252 Mai 2; zum Petersbergsstift FROBESE, Art. Goslar – Petersberg S. 506 f.

1532) D Wilh 196, 1252 Mai 7.

1533) BERGES, Der Werla-Goslarer Reichsbezirk, hier v. a. S. 153 f.

1534) D Wilh 258, 1253 Jan. 7; vgl. auch STEINBACH, Die Reichsgewalt und Niederdeutschland S. 36, 42–47; SCHUBERT, König und Reich S. 77, weist ebenfalls auf die Bedeutung Goslars für die Stellung des Reiches in Norddeutschland hin; die Goslarer Reichsvogtei ging 1290, also unter Rudolf von Habsburg, an den Rat der Stadt über, und danach wurden die Zugriffsmöglichkeiten des Königs auf die Stadt immer geringer; so auch WILKE, Das Goslarer Reichsgebiet S. 140, die jedoch auch die Absicht Wilhelms erkennt, „Goslar seiner Herrschaft zu verbinden."

Die Reise im Winter 1252/53 und Wilhelms Engagement für die Welfen

Nachdem der König im Verlauf des Sommers und Herbstes 1252 mit den Ereignissen in Holland und Flandern ebenso wie mit seinen militärischen Unternehmungen im Rhein-Main-Gebiet beschäftigt gewesen war[1535], kehrte er Anfang Dezember in den Osten zurück. Seine erste Station war diesmal jedoch nicht Braunschweig, sondern Westthüringen mit den Orten Stadtlengsfeld[1536] und Eisenach[1537]. Es waren offensichtlich die Verbindungen zur Reichsabtei Fulda, die den König in diese Region führten: Stadtlengsfeld erscheint seit den 1230er Jahren als fuldisches Lehen[1538], in Eisenach urkundete Wilhelm für Abt Heinrich von Fulda. Noch vor Weihnachten brach er in Richtung Norden auf, verbrachte die Festtage im Harzraum[1539] und befand sich schließlich Mitte Januar in Braunschweig.

Der Zweck dieses zweiten Aufenthalts war vermutlich die Werbung für den bevorstehenden Krieg gegen Margarete von Flandern. Daneben zeigen die Urkunden, die der König während dieses Zeitraums ausstellte, wieder seine Beschäftigung vor allem mit lokalen Angelegenheiten. Eine Reihe von Diplomen ging an geistliche Einrichtungen, vor allem an Klöster des Zisterzienserordens. Zunächst stärkte Wilhelm die Position der Abtei Walkenried, indem er ihren Besitz bestätigte, sie in seinen Schutz nahm und neu eintretenden Mönchen gestattete, den Besitz, der ihnen als Laien rechtlich hätte zukommen müssen, auch als Kleriker zu behalten, abgesehen von Lehngütern[1540]. Das Kloster am Südrand des Harzes, eine der ältesten Niederlassungen der Zisterzienser im Reich, verfügte bereits über große Besitzungen[1541], die durch das vom König zugestandene Privileg noch erweitert werden konnten. Andere Förderer Walkenrieds in diesen Jahren waren die

1535) Im Sommer wurden Frankfurt (DD Wilh 227–234, Juli 11–13, und DD Wilh 246–247, Okt. 5–10), Mainz (D Wilh 235, Juli 15), Lorchhausen (D Wilh 238, Juli 23) und Kaub (DD Wilh 239–241, Aug. 4–31, beide bei Bacharach am Rhein) belagert.

1536) D Wilh 253, 1252 Dez. 11.

1537) D Wilh 254, 1252 Dez. 13.

1538) KÜTHER, Art. Stadtlengsfeld S. 418 f. Die Herren von Lengsfeld waren allerdings Hersfelder Ministerialen, und Wilhelm nahm in Stadtlengsfeld die Bürger von Hersfeld in seinen Schutz auf – es scheint, als hatten beide Reichsabteien noch Besitzrechte an diesem Ort.

1539) D Wilh 255, Dez. 18, Osterrode; DD Wilh 256–257, 1252 Dez. 27, *Pilrinburch* bzw. *Peregrimburg*, siehe dazu oben S. 35; D Wilh 258, 1253 Jan. 7, Goslar.

1540) D Wilh 259.

1541) ALPHEI, Art. Walkenried S. 685 f. und 700–717.

Herzöge von Braunschweig[1542], Markgraf Heinrich von Meißen[1543], die Grafen von Honstein[1544], Schwarzburg, Blankenburg[1545], Orlamünde[1546], Beichlingen[1547], Klettenberg[1548], Stolberg[1549] und die Magdeburger Burggrafen[1550]. Der Honsteiner war bereits im Frühjahr in persönlichen Kontakt mit dem König getreten, nun treffen wir im Umfeld Walkenrieds auf weitere Grafen und Adlige, die mit Heinrich dem Erlauchten den Weißenfelser Vertrag geschlossen hatten[1551]. Auch wenn Wilhelm nicht nachweislich direkt mit dieser Personengruppe in Verbindung zu bringen ist, so zeigt sich hier doch seine Affinität zu all diesen im Harzraum und in Thüringen politisch bedeutenden Adligen. Umgekehrt kann das Bestreben des Klosters, eine Schutzurkunde von Wilhelm zu erhalten, als Beweis für die Anerkennung seiner Herrschaft in diesem Raum gewertet werden.

Als Gunstbezeigungen für die Herzöge von Braunschweig sind die Diplome für die Zisterzen Scharnebeck[1552], Medingen[1553] und Isenhagen[1554] zu betrachten. Scharnebeck war 1243 vom Bischof von Verden in Steinbeck an der Luhe gegründet worden, erst 1251 an den späteren Ort umgezogen

---

1542) Urkundenbuch Walkenried 1 (ed. DOLLE/BAUMANN) Nr. 299 S. 308; Nr. 310 S. 316 f.

1543) Urkundenbuch Walkenried 1 (ed. DOLLE/BAUMANN) Nr. 295 S. 305 f.; Nr. 323 S. 326; vgl. Urkunden der Markgrafen von Meißen 1 A 5 Nr. 15 S. 25 f., hier auch zu den Hintergründen dieser Privilegierung: Walkenried hatte unter den Kämpfen zwischen den Askaniern und Markgraf Heinrich um das Erbe Heinrich Raspes gelitten.

1544) Urkundenbuch Walkenried 1 (ed. DOLLE/BAUMANN) Nr. 286 S. 297; zu den Grafen von Honstein als Reichsvögte Walkenrieds MASCHER, Reichsgut und Komitat am Südharz S. 52 f.

1545) Urkundenbuch Walkenried 1 (ed. DOLLE/BAUMANN) Nr. 292 S. 302 f.

1546) Urkundenbuch Walkenried 1 (ed. DOLLE/BAUMANN) Nr. 293 S. 303 f.

1547) Urkundenbuch Walkenried 1 (ed. DOLLE/BAUMANN) Nr. 312 S. 318 f.; Nr. 315–316 S. 320 f.

1548) Urkundenbuch Walkenried 1 (ed. DOLLE/BAUMANN) Nr. 304 S. 312 f.; Nr. 313–314 S. 319 f.

1549) Urkundenbuch Walkenried 1 (ed. DOLLE/BAUMANN) Nr. 305 S. 313; Nr. 321 S. 325.

1550) Urkundenbuch Walkenried 1 (ed. DOLLE/BAUMANN) Nr. 300 S. 309. Zum Kreis der Förderer Walkenrieds, der sich auch in der Gebetsbruderschaft widerspiegelt, vgl. auch DOLLE, Art. Walkenried S. 1472.

1551) […] *Heinricus et Guntherus comites de Swarzburg, comes Friedericus de Bichilingin* […], *comes Fridericus de Stolberg*, KUNDE, Der Weißenfelser Vertrag S. 111; vgl. Urkunden der Markgrafen von Meißen 1 A 5 Nr. 11 S. 18.

1552) D Wilh 263, 1253 Jan. 27, Lüneburg.

1553) D Wilh 264, 1253 Febr. 3, Lüneburg.

1554) D Wilh 265, 1253 Febr. 6, Braunschweig.

und dort von Otto von Braunschweig mit umfangreichen Gütern ausgestattet worden[1555]. Die Zisterzienserinnen in Medingen waren 1228 aus Wolmirstedt gekommen und erfreuten sich ebenfalls der besonderen Gunst der braunschweigischen Welfen[1556]. Das Zisterzienser-Mönchskloster in Isenhagen entstand vor 1233 auf die Initiative von Agnes, der Witwe des welfischen Pfalzgrafen Heinrich, also des ältesten Sohnes Heinrichs des Löwen und Onkels des Braunschweigers[1557]. Die Förderung von Zisterziensern durch Herzog Otto war eine Maßnahme des Landesausbaus nach der Schaffung des Herzogtums Braunschweig durch Friedrich II. 1235[1558]. Die Bestätigung gerade der Neugründungen war vermutlich nur wenige Monate nach dem Tod des alten Herzogs am 9. Juni 1252 als Zeichen der Legitimierung dieser welfischen Territorialpolitik gegenüber dem neuen Herzog, Wilhelms Schwager Albrecht, von besonderer Bedeutung.

Albrecht hatte Wilhelm bereits auf dem Frankfurter Hoftag unterstützt und die Entziehung der Reichslehen Margaretes von Flandern bezeugt[1559]. Eine andere Angelegenheit erforderte ebenfalls ein gemeinsames Vorgehen von König und Herzog: die Auseinandersetzung des Welfen mit Gunzelin von Wolfenbüttel. Dieser war von Otto IV. zum kaiserlichen Truchsess ernannt worden[1560] und kann ab 1223 im Gefolge Friedrichs II. nachgewiesen werden[1561]. Er war also zugleich Reichsministeriale und welfischer Vasall, und um seine Position zu sichern, erbaute er bereits 1218/19 bei Wolfsburg die Asseburg, mitten im Territorium der späteren Braunschweiger Herzöge, an einer wichtigen Verkehrsverbindung nach Thüringen und Sachsen auf einem fast uneinnehmbaren Bergsporn und vor allem auf dem Gebiet des Reichsstiftes Gandersheim gelegen[1562]. Spätestens seit 1234 hatte Gunzelin darüber hinaus die Grafschaft Peine nordwestlich von Braunschweig

1555) BROSIUS, Art. Scharnebeck S. 655; DERS., Art. Scharnebeck (Niedersächsisches Klosterbuch) S. 1340; ZILLMANN, Welfische Territorialpolitik S. 185.

1556) REINHARDT, Art. Medingen S. 518–520; VOGTHERR, Art. Medingen S. 1044.

1557) SCHULZE, Art. Isenhagen S. 228 f.; Brandis, Art. Isenhagen S. 855; Schenkung der Kirche in Bockel und Tausch der dazugehörigen Güter durch Otto, 1248, Urkundenbuch Braunschweig 1 Nr. 30–31 S. 21 f.

1558) ZILLMANN, Welfische Territorialpolitik S. 324; zum Landesausbau durch Otto siehe auch SCHNEIDMÜLLER, Die neue Heimat der Welfen S. 221–223.

1559) D Wilh 228 S. 282 Z. 22, an erster Stelle unter den weltlichen Zeugen noch vor dem Herzog von Brabant; außerdem D Wilh 234 S. 287 Z. 42, hier nach dem Brabanter (Belehnung Hermanns von Henneberg mit dem Braubacher Zoll).

1560) Reg. Imp. V,1 502.

1561) Reg. Imp. V,1 1438; zuletzt im Juni 1236, Reg. Imp. V,1 2173; vgl. auch STEINBACH, Die Reichsgewalt und Niederdeutschland S. 37.

1562) STEINBACH, Die Reichsgewalt und Niederdeutschland S. 37 f.; ZILLMANN, Welfische Territorialpolitik S. 48 f., 52.

inne[1563] und stellte mithin eine nennenswerte Bedrohung für die Welfen dar. Da er zudem auch nach dem Tod Friedrichs und dem Italienzug Konrads IV. ein treuer Stauferanhänger geblieben war, lieferte er 1252/53 ein hervorragendes Objekt für ein konzertiertes Vorgehen des Königs und Herzog Albrechts.

Am 22. August 1253 legte Wilhelm zunächst fest, dass die Reichslehen Gunzelins nach dessen Tod an den Braunschweiger gehen sollten, egal ob Erben vorhanden seien oder nicht[1564]. In diesem Kontext war der Graf wohl noch einmal zur Mutung seiner Lehen aufgerufen worden, der er nicht nachkam. Denn am 16. Dezember 1253 gab der König die Anweisung an Gerhard von Wernigerode und Luthard von Meinersen, Herzog Albrecht in die betreffenden Reichslehen einzuweisen, die Gunzelin entzogen waren *propter suam elatam superbiam et malitiam obstinatam pro eo, quod nobis prestare homagium et fidelitatem debitam non curavit*[1565]. Albrecht musste seine Ansprüche gegen Gunzelin, der 1254 verstarb, und dessen Sohn Burchard militärisch durchsetzen und letztlich 1258 die nicht zu bezwingende Asseburg für 400 Mark kaufen[1566].

Der Konflikt, den der König und der Herzog gemeinsam gegen Gunzelin ausfochten, belegt, dass Wilhelm auch aus der Ferne die Angelegenheiten im Osten im Blick behielt – die beiden Urkunden bezüglich der Reichslehen des Wolfenbüttelers wurden in Leiden bzw. in Renesse auf Schouwen und während des Krieges mit Flandern ausgestellt. Albrecht von Braunschweig beteiligte sich zwar nicht nachweislich am Feldzug Wilhelms in Hennegau, doch sein Kampf gegen den widerständigen Stauferanhänger in seinem eigenen Territorium diente auch den Interessen des Reiches[1567]. Eine starke Stellung des welfischen Herzogs scheint für den König kein Problem dargestellt zu haben, er förderte dessen Vorgehen sogar noch.

---

1563) ZILLMANN, Welfische Territorialpolitik S. 52.

1564) D Wilh 290.

1565) D Wilh 293 S. 344 Z. 23 f.; vgl. ZILLMANN, Welfische Territorialpolitik S. 52 f.; STEINBACH, Die Reichsgewalt und Niederdeutschland S. 38, vermutet die ursprüngliche Enthebung Gunzelins von den Reichslehen bereits im Frühjahr 1252 in Braunschweig, was jedoch aufgrund von D Wilh 290 eher unwahrscheinlich ist. Zum Edelfreien Luthard von Meinersen, der als herzoglicher Rat zu identifizieren ist, vgl. MERTENS, Das Urkunden- und Kanzleiwesen S. 119–121.

1566) ZILLMANN, Welfische Territorialpolitik S. 53.

1567) ZILLMANN, Welfische Territorialpolitik S. 53 f. Anders STEINBACH, Die Reichsgewalt und Niederdeutschland S. 39 f., der sich sehr skeptisch über die Integrationskraft von Wilhelms Königtum äußert.

## Symbolische Kommunikation: Karfreitag 1252

Neben all den politischen Errungenschaften der Braunschweiger Aufenthalte 1252/1253 tritt eine in den Erfurter Predigerannalen überlieferte Episode etwas in den Hintergrund, die jedoch ein überaus klares Licht auf die Selbstdarstellung des Königs wirft. Nach seinem Bericht über die Nachwahl fügt der Geschichtsschreiber zunächst den Kommentar hinzu, dass der König in diesen Tagen sowohl im Ansehen Gottes als auch der Menschen gestiegen sei, *tam coram Deo quam coram hominibus crescens*[1568]. Am Karfreitag, also nur wenige Tage nach der Wahl, habe er ein großes Zeichen seiner Frömmigkeit und Demut erbracht, indem er in einem wollenen Gewand und barfuß durch Braunschweig gegangen sei, die Kirchen der Heiligen aufgesucht und freigebig Almosen verteilt habe. Seine Tugend sei gepriesen worden, denn er sei friedliebend und charakterlich reif erschienen, als ein gerechter und strenger Richter, ein frommer, mildtätiger, demütiger König[1569].

Das symbolische Konzept, das Wilhelm mit diesem Auftreten am Karfreitag verfolgte, erschließt sich unmittelbar. Zum einen vollführt er in aller Öffentlichkeit eine Handlung demonstrativer Frömmigkeit. Er wandelt auf den Spuren Christi, der ebenfalls barfuß das Kreuz durch Jerusalem tragen musste, er wendet sich den Armen zu und lindert ihre Not[1570]. Die Ausübung einer relativ modernen und expressiven Form der Christusfrömmigkeit durch den König mag durchaus auch mit seiner Herkunft zusammenhängen: In den Städten des holländischen und vor allem flandrischen Raums hatte die religiöse Armutsbewegung sehr früh Spuren hinterlassen, Wilhelm selbst trat als Förderer von Beginenhäusern und Franziskanern hervor[1571]. Vielleicht hatte auch deren radikale Christusnachfolge Einfluss auf ihn ausgeübt. Dass ein Vorbild kompromisslos gelebter Armut und Nächstenliebe durchaus in der Lage war, einen Herrscher zu beeindrucken, zeigt die Teilnahme Kaiser Friedrichs II. an der Reliquienerhebung der hl. Elisabeth in Marburg am 1. Mai 1236. Dieser half selbst beim Transport des Leichnams – *tunica grisea indutus, nudis pedibus* – und krönte das Haupt der Heiligen mit einer goldenen Krone[1572].

---

1568) Annales Erphordenses S. 111 Z. 9 f.

1569) Annales Erphordenses S. 111 Z. 10–17.

1570) Einen Überblick über die religiöse Armutsbewegung des 13. Jh. mit ihrem Bezug auf den staufischen Herrschaftsbereich gibt ANDENNA, Neue Formen der Frömmigkeit S. 246–248.

1571) Siehe oben S. 215–217.

1572) Caesarius von Heisterbach, Sermo de translatione S. 104 f.; vgl. auch ALTHOFF, Die Macht der Rituale S. 119.

Zum andern präsentierte sich der König in der Karwoche 1252 in Braunschweig als idealer christlicher Herrscher, wobei er seine *devotio* und seine *largitas* durch den Akt am Karfreitag selbst unter Beweis stellte. Das Lob seiner Qualitäten als Richter, seiner Friedensliebe und seiner Reife muss sich auf Ereignisse beziehen, die vorher stattgefunden haben, vermutlich die Herrschaftsausübung Wilhelms in Braunschweig und die Verhandlungen im Kontext der Nachwahl[1573].

Das Bild des barfüßigen Königs lässt jedoch darüber hinaus die Frage nach eventuellen Mustern laut werden. Es gibt mehrere Beispiele dafür, dass ein Herrscher vor Publikum mit bloßen Füßen und im Büßergewand auftrat, als Bestandteil einer zum Teil freiwilligen Selbsterniedrigung für bestimmte Vergehen. Berühmt ist die dreitätige Bußleistung Heinrichs IV. im Hof der Burg von Canossa im Januar 1077[1574]. Im Falle Wilhelms kann eine Fehlleistung gegenüber der Kirche ausgeschlossen werden, zumindest ist in den Quellen nichts Derartiges zu finden. Sein Gang durch Braunschweig war wohl eher ein Zeichen seiner grundsätzlich demütigen Gesinnung, und auch hierfür gibt es Vorbilder vor allem ottonischer und salischer Herrscher[1575]. Eine besonders auffällige Parallele stellt das Verhalten Heinrichs III. nach einem Sieg über die Ungarn dar: Die Annales Altahenses berichten, dass der König nach seiner Rückkehr nach Regensburg *templa omnia nudis pedibus et in laneis circuivit et altaria templorum singulis palliis vestivit*[1576], was freilich den allergrößten Jubel bei der Bevölkerung auslöste. Die siegreiche Festigung der königlichen Autorität gab den Anlass für eine demütige Geste gegenüber Gott, als Dank für dessen Beistand. Bezogen auf Braunschweig könnte das auslösende Ereignis die erfolgte Nachwahl gewesen sein, wobei die Tatsache, dass Wilhelms Bußgang am Karfreitag stattfand, als besondere inszenatorische Feinheit gewertet werden muss.

Der Herrscher griff also auf ein Mittel der Selbstdarstellung zurück, das sich im 10. und 11. Jahrhundert bei Königen und Kaisern durchaus nennenswerter Beliebtheit erfreute, durch den Gang nach Canossa jedoch laut Althoff als dramatische Geste der Unterwerfung unter die Gewalt des Papstes entwertet wurde und in der Folgezeit aus dem Repertoire königlichen rituellen Verhaltens verschwunden sein soll[1577]. Doch gerade Wilhelms Bei-

1573) Über den Tugendbegriff im politischen Kontext, v. a. zum Thema Herrschertugenden siehe BEJCZY, The Concept of Political Virtue, hier v. a. S. 21; letztlich zeigt Wilhelm die *virtus religionis*, wie sie Engelbert von Admont um 1300 in seinem Fürstenspiegel beschreibt, Celeberrimi Engelberti de regimine principum libri VII S. 213–222.

1574) ALTHOFF, Die Macht der Rituale S. 106–111.

1575) ALTHOFF, Die Macht der Rituale S. 112–116.

1576) Annales Altahenses maiores S. 37; vgl. ALTHOFF, Die Macht der Rituale S. 116 f.

1577) ALTHOFF, Die Macht der Rituale S. 117 f.

spiel „königlicher Barfüßigkeit“[1578] zeigt, dass diese außerhalb jeglichen päpstlichen Kontextes um die Mitte des 13. Jahrhunderts als ein Zeichen universaler Demut und Ausdruck der Eignung zum Königtum weiterhin funktionierte[1579].

Insgesamt lässt der König in seinem Handeln während seiner Aufenthalte vor allem in Braunschweig in den Jahren 1252/53 erkennen, dass er seine Herrschaft auf Dauer in diesem Raum etablieren wollte. Er setzte sich symbolisch am Karfreitag 1252 in Braunschweig als ideales Reichsoberhaupt in Szene. Sowohl die Förderung Goslars als auch die Unterstützung des welfischen Landesausbaus deuten darauf hin, dass er die Stellung des Reiches in dieser Region noch nicht aufgegeben hatte, dass er sich im Gegenteil als gleichrangiger Partner gegenüber den Fürsten im Osten durchsetzen konnte. Die Heirat mit der Welfin Elisabeth war nur ein erster Schritt in diese Richtung. Die Interaktion Wilhelms mit den Braunschweiger Herzögen, aber auch mit anderen Mächtigen vor Ort untermauerte seine Position.

## 4.2 Wilhelm und die Reichsfürsten im Osten

Höhepunkte der Interaktion des Königs mit den Welfen, den Askaniern und Markgraf Heinrich von Meißen waren dessen Aufenthalte in Braunschweig, in Thüringen, im Harzraum und in Halle in den Jahren 1252 und 1253. Doch wie bereits ausgeführt, wurden diese Reisen von langer Hand vorbereitet, und die Kontakte in den Osten brachen auch später nicht ab. Im Folgenden sollen die einzelnen fürstlichen Akteure und ihre Verbindungen zu Wilhelm beleuchtet werden.

### Herzog Albrecht I. von Sachsen

Aufgrund seiner 1247 geschlossenen Ehe mit Helena, einer Schwester Elisabeths, gehörte der Askanier Albrecht ab 1252 zum engeren Familienkreis des Königs (Stammtafel Abb. 6). Als jüngerer Sohn Bernhards hatte er nach dem Tod des Vaters 1212 dessen Nachfolge im Herzogtum angetreten, während sein älterer Bruder die Stammlande der Askanier um Aschersleben und die Grafschaft Anhalt erhalten hatte[1580]. Seine beiden ersten Ehen, zunächst 1222 mit einer Tochter Herzog Leopolds von Österreich, dann 1231 mit einer Schwester Landgraf Ludwigs IV. und Heinrich Raspes, banden ihn fest

1578) ALTHOFF, Die Macht der Rituale S. 119.

1579) ALTHOFF, Die Macht der Rituale S. 118 f., führt selbst einige Beispiele für die Zeit nach Canossa an, kennt aber offenbar den Bericht des Predigerannalisten über Braunschweig 1252 nicht.

1580) BECK, Herrschaft und Territorium S. 139.

in das staufertreue Gefüge der Babenberger und Ludowinger ein. Als sich jedoch die Verhältnisse im Reich in den 1240er Jahren grundlegend wandelten und sich Heinrich Raspe spätestens seit dem Frühling 1243 in Opposition zu Kaiser Friedrich II. und zu Konrad IV. befand[1581], scheint sein Schwager eine abwartende Haltung eingenommen zu haben. Der Kaiser versuchte, Albrecht durch ein neues Ehebündnis wieder vollständig auf seine Seite zu ziehen, indem er Jutta, die Tochter des Herzogs, zur Frau nehmen wollte. Allerdings scheiterte dieser Plan am Einspruch des Papstes. Die 1247/48 geschlossene Ehe Albrechts mit Helena, einer Tochter Herzog Ottos von Braunschweig, veränderte momentan nichts an dessen politischer Zugehörigkeit, brachte den Askanier aber auch nicht wieder näher an die staufische Seite heran[1582].

Es ist zu vermuten, dass eine Heirat mit der Welfin Elisabeth für Wilhelm auch deshalb überaus attraktiv war, weil er damit verwandtschaftliche Verbindungen mit dem Herzog von Sachsen schließen konnte. Vom Sachsenspiegel als Königswähler deklariert, war dessen Zustimmung für den Herrscher von großer Bedeutung[1583]. Zudem verfügte Albrecht über gute Beziehungen zu König Ottokar II. von Böhmen, und es bestanden offenbar auch Pläne einer Eheverbindung zwischen einer Tochter Albrechts und dem Přemysliden[1584].

An dieser Stelle muss noch einmal der Blick auf die Nachricht des Predigerannalisten gerichtet werden, dass auch der böhmische König die Wahl Wilhelms durch die Übersendung von Geschenken akzeptiert habe[1585]. Dabei handelte es sich noch um den Vater Ottokars, Wenzel I., der erst 1253 verstarb. Dieser stand seit 1247 in Konflikt mit seinem Sohn und war zeitweise sogar von Ottokar und dessen Anhängern des Landes verwiesen worden[1586]. Es ist denkbar, dass die Gaben, die in den Erfurter Annalen erwähnt werden, auch als eine Bitte um Unterstützung an den neuen, nun weithin im Reich anerkannten König gedacht waren. Denn etwa zur selben Zeit hatte Ottokar II. seine Position in Österreich durch die am 11. Februar 1252 geschlossene Ehe mit der Babenbergerin Margarete stärken können, und im Mai desselben Jahres wurden seine Ansprüche auf das babenbergische Erbe von Papst Innozenz anerkannt[1587]. Wilhelm engagierte sich nicht in den böhmischen Angelegenheiten, doch die Übersendung von Geschen-

1581) WERNER, Reichsfürst zwischen Mainz und Meißen S. 226.
1582) BECK, Herrschaft und Territorium S. 140 f.
1583) BECK, Herrschaft und Territorium S. 141.
1584) BECK, Herrschaft und Territorium S. 142.
1585) Annales Erphordenses S. 111 Z. 22 f.
1586) RICHTER, Die böhmischen Länder im Früh- und Hochmittelalter S. 273.
1587) ZAUNER, Ottokar II. Přemysl und Oberösterreich S. 4.

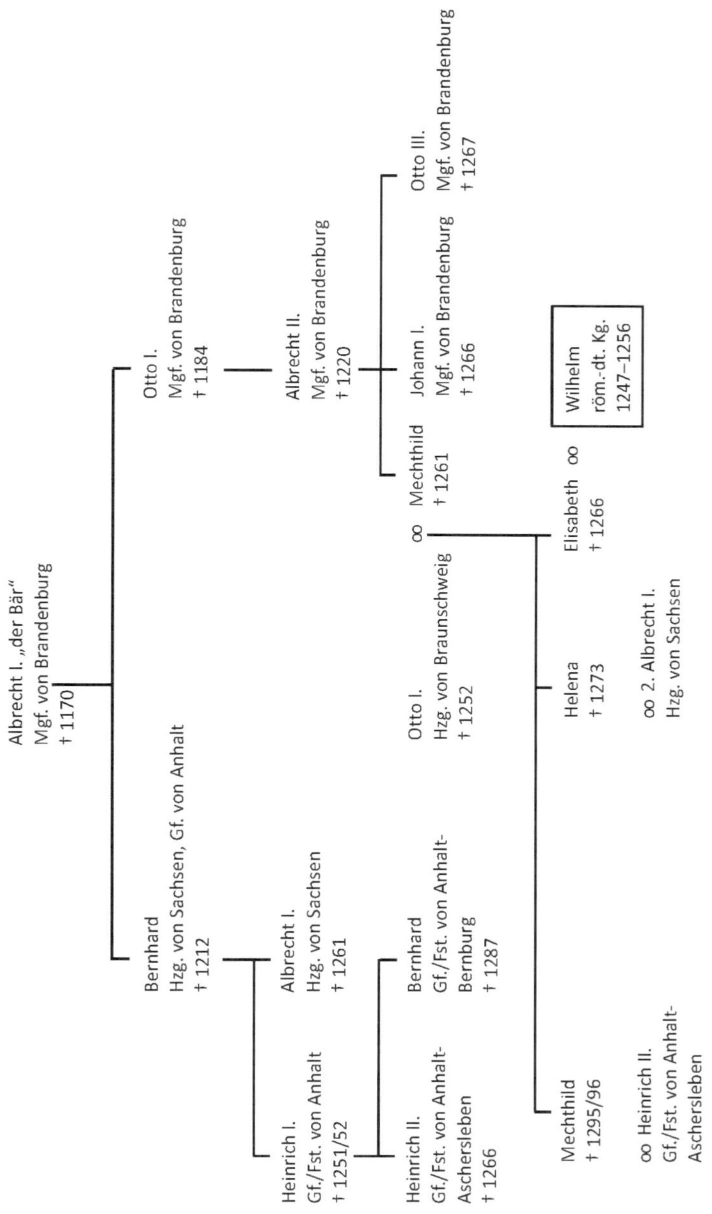


Abb. 6:
Die askanischen Linien und ihre Verbindung zu König Wilhelm

ken durch Wenzel auf der einen und die indirekte Verbindung zu Ottokar über Herzog Albrecht auf der anderen Seite weisen immerhin auf Kontaktmöglichkeiten des Königs zu beiden Kontrahenten hin.

Konkrete Gegenleistungen Wilhelms für die Unterstützung durch Herzog Albrecht lassen sich aufgrund der königlichen Urkunden nachweisen. Eine erste Vergünstigung stellte wohl die Übertragung der Investitur für die Bistümer Lübeck, Ratzeburg und Schwerin an Albrecht dar. Auch wenn der sächsische Herzog dieses Privileg letztlich nicht durchsetzen konnte[1588], so zeigt sich hier jedoch, welche Rolle Wilhelm dem Askanier zugedacht hatte, oder umgekehrt, welche Rolle der Askanier für sich im Nordosten beanspruchte: Das Besetzungsrecht der Bischofssitze in Nordsachsen, Oldenburg, Mecklenburg und Ratzeburg, war 1154 von Friedrich Barbarossa an den damaligen Herzog von Sachsen, Heinrich den Löwen, verliehen worden[1589]. Herzog Heinrich verlegte das Bistum Mecklenburg nach Schwerin[1590] und das Bistum Oldenburg nach Lübeck[1591]. Die von Wilhelm für Herzog Albrecht ausgestellte, aber nicht erhaltene Urkunde über das Investiturrecht im Norden entsprach also dem Vorrecht, das fast hundert Jahre zuvor von Friedrich Barbarossa seinem Vetter gewährt worden war. Letzterer wiederum nutzte vor allem auch dieses Privileg, um seiner Herrschaft in diesem Raum ein königsgleiches Gepräge zu geben und quasi als Stellvertreter des Kaisers vor Ort zu agieren[1592]. Offenkundig schwebte Wilhelm und Albrecht etwas Ähnliches vor – ein starker Herzog von Sachsen, zwar auf einem verkleinerten Territorium, der aber dennoch in enger Zusammenarbeit mit dem Reichsoberhaupt zur Integration des Nordostens in das Reich beitrug.

Ein zweites Diplom, das auf Bitten Albrechts für die Markgrafen von Brandenburg ausgestellt wurde, stützt und erweitert diese These im Blick auf die askanischen Verwandten des Herzogs. Während des Aufenthalts des Königs im Winter 1252/53 in Braunschweig gewährte Wilhelm eine Eventualbelehnung der Brandenburger mit den Reichslehen des sächsischen Herzogs, *si predictum ducem sine herede contingat decedere vel etiam si heredes habuerit, et eosdem infra annos discretionis vel sine heredibus contingerit ex-*

1588) Den einzigen zeitgenössischen Quellenbeleg für diese Übertragung stellt die Reaktion Wilhelms auf ein Beschwerdeschreiben der Bischöfe von Lübeck, Ratzeburg und Schwerin dar, D Wilh 226, 1252 Anfang Juli; vgl. dazu auch BECK, Herrschaft und Territorium S. 223; PRANGE/JÄHNIG, Art. Albert Suerbeer S. 647.

1589) D FI. 80, 1254 Mai/Juni, Goslar.

1590) BRODKORB, Schwerin S. 699.

1591) PRANGE, Lübeck S. 349.

1592) SCHNEIDMÜLLER, Heinrich der Löwe S. 18 f.

*solvere iura carnis*[1593]. Eine Fortsetzung der privilegierten Partnerschaft mit dem Reich schien also allen Beteiligten von so großem Vorteil, dass sie gegen die biologischen Unwägbarkeiten abgesichert werden sollte[1594].

Die Tätigkeit Herzog Albrechts beschränkte sich jedoch nicht auf den sächsischen Raum. Er unterstützte seinen königlichen Schwager im Feldzug gegen Margarete von Flandern und Karl von Anjou, wie seine Anwesenheit in dem Heer, das Wilhelm im Mai 1254 gegen die Westfriesen führte, belegt. Bei dieser Gelegenheit verzichtete Albrecht zugunsten des Bischofs von Minden auf die *comitia liberorum* in Stemwede, Haddenhausen und *Borthere*, Reichslehen in der unmittelbaren Umgebung des Bischofssitzes[1595]. Die Neubesetzung des Mindener Stuhls mit Wedekind, dem vormaligen Propst, *dilectus consanguineus et capellanus noster*, hatte der König durch die Verleihung der Regalien im Februar 1253 in Braunschweig vorgenommen[1596], vermutlich in Anwesenheit des sächsischen Herzogs. Wilhelms Aufenthalte am Hof seiner welfischen Verwandten stellten augenscheinlich wichtige Kontaktmöglichkeiten her, nicht nur zwischen dem König und dem lokalen Adel, sondern auch für die Fürsten untereinander.

Es sind nicht viele Zeugnisse, die Herzog Albrecht im Umfeld König Wilhelms zeigen. Doch es wäre verfehlt, daraus auf mangelndes Engagement von der Seite des Askaniers zu schließen[1597]. Im Gegenteil scheint es, als sei diesem ein maßgeblicher Part in der Durchsetzung der königlichen Herrschaft im Nordosten des Reiches zugedacht gewesen. Wilhelm betrieb dessen Einbindung in seine Herrschaft durchaus erfolgreich mit denselben Mitteln, derer sich schon seine Vorgänger bedient hatten.

### Die Markgrafen von Brandenburg und die Rolle Lübecks

Am Tag der Nachwahl in Braunschweig, also am 25. März 1252, teilte der König den Lübecker Bürgern mit, dass er deren Stadt an die Markgrafen von Brandenburg verlehnt habe[1598]. Kurz darauf gewährte er den Einwohnern der Mark Brandenburg dieselben Zollvorteile, welche die Kaufleute von Lübeck in Holland genossen[1599]. Der König belohnte die Markgrafen

1593) D Wilh 267 S. 319 Z. 29 f.

1594) Albrecht hatte aus einer dritten Ehe zwei Söhne, Johann I. und Albrecht II., die jedoch zum Zeitpunkt der Urkundenausstellung noch Kleinkinder waren, vgl. BECK, Herrschaft und Territorium S. 129.

1595) D Wilh 308, Zitat S. 369 Z. 13.

1596) D Wilh 266, Zitat S. 318 Z. 25; zu Wedekind, einem Sohn des Grafen Heinrich I. von Hoya, vgl. HENGST, Art. Wedekind S. 455.

1597) So STEINBACH, Die Reichsgewalt und Niederdeutschland S. 41 f.

1598) D Wilh 179.

1599) DD Wilh 181–182, 1252 März 26 bzw. 27.

für ihre Anerkennung seiner Herrschaft und gab dafür eine Reichsstadt und einen der wichtigsten Handelsstützpunkte im Ostseeraum preis.

Das Verhältnis zwischen Lübeck und Wilhelm vor 1252 lässt sich nur aufgrund von verschiedenen Schreiben des Papstes im November 1249 beurteilen[1600]. Aus keinem dieser Dokumente geht jedoch zweifelsfrei hervor, dass die Lübecker den König unterstützten, es fehlen positive Antworten oder Äußerungen von Seiten der Stadt. Auch der König wandte sich in diesen Jahren nicht an Lübeck. Im Vorfeld der Braunschweiger Nachwahl zeigten sich der Lübecker Rat und die Bürger vielmehr widerständig gegen die Herrschaft Wilhelms, wie aus der oben zitierten Mitteilung des Kardinallegaten Hugo von Saint-Cher deutlich ersichtlich wird[1601]. Unmittelbar zuvor hatten sie zusammen mit Hamburg Kontakt zu Margarete von Flandern aufgenommen, die den Kaufleuten aus den beiden Städten zusammen mit ihrem Sohn Guido von Dampierre am 24. März 1252 verschiedene Vorrechte in Flandern gewährte[1602]. Zur gleichen Zeit verstieß Wilhelms Bruder Florens in Zeeland bewesten Schelde bewusst gegen den Brüsseler Vertrag mit der Gräfin. Nur wenig später wurden Margarete auf dem Frankfurter Hoftag im Juli 1252 die Reichslehen aberkannt und somit der letzte Schritt zu einer bewaffneten Auseinandersetzung in Zeeland und später im Hennegau getan. Wenn der König nun also zugunsten der Markgrafen urkundete und diesen die Stadt unterstellte, so muss nicht unbedingt eine Verschlechterung seines Verhältnisses zu Lübeck und ein Wechsel seiner Politik vermutet werden. Die Beziehungen waren wohl von Anfang an nicht gut gewesen[1603].

Die Reaktion der Stadt lässt sich aufgrund eines Schreibens an Hugo von Saint-Cher rekonstruieren. In diesem baten die Lübecker um die Rücknahme der Exkommunikationsandrohung, die sich die Stadt aufgrund ihrer Weigerung, die Autorität Wilhelms anzuerkennen, zugezogen hatte, und um Unterstützung und Fürsprache beim König[1604]. Aus dem Brief geht hervor, dass sich die Lübecker auch direkt an Wilhelm gewandt hatten: Es sei nicht notwendig, die Stadt mit Gewaltmaßnahmen zum Gehorsam gegenüber „unserem Herrn König", *domino nostro Regi*, zu zwingen, der erst vor kur-

1600) Urkundenbuch Lübeck 1 Nr. 144–151 S. 136–142. Kurz zuvor, im Juli 1249, war Lübeck definitiv noch staufisch, am 4. Juli forderte Innozenz IV. die Stadt auf, sich Wilhelm anzuschließen, ebd. Nr. 141 S. 134 f.

1601) MGH Const. 2 Nr. 459; siehe oben S. 278.

1602) Urkundenbuch Lübeck 1 Nr. 180 S. 166–167.

1603) So allerdings STEINBACH, Die Reichsgewalt und Niederdeutschland S. 30 f.

1604) Urkundenbuch Lübeck 1 Nr. 185 S. 170 f. Die Unterwerfung der Stadt unter die Markgrafen wurde bis zum 13. Juli erwartet, danach sollte die Exkommunikation in Kraft treten.

zer Zeit die Boten und Schreiben aus Lübeck *per gratiam suam benignissime* empfangen habe. In diesen hätten sie ihn um die Ablösung von aller fremden Herrschaft gebeten, *et sibi et Imperio ad seruiendum perpetuo retineat et conseruet*[1605]. Auch wenn der Lübecker Brief an Wilhelm nicht erhalten ist, so wird hier doch deutlich, dass die Stadt sich unterworfen hatte. Mit diesem Akt war die Angelegenheit für den König erledigt, der Status der Stadt beschäftigte ihn weiter nicht mehr.

Die Markgrafen von Brandenburg mussten versuchen, ihre Ansprüche selbst durchzusetzen. Ihr Interesse an Lübeck lässt sich sehr leicht nachvollziehen: Durch die Belehnung erhielten sie de jure Zugang zur Ostsee und die Oberherrschaft über eine florierende Handelsstadt, deren Privilegien durch den König auf die Bewohner der Mark ausgedehnt wurden. Doch die Lübecker gaben den Widerstand gegen die „Fremdherrschaft" der Brandenburger nicht auf, wandten sich an Innozenz IV. und König Christoph I. von Dänemark und erlangten schließlich zu Beginn des Jahres 1254 eine Reihe von päpstlichen Privilegien, in denen unter anderem ihr Recht auf Nichtveräußerung durch das Reich bestätigt und die Stadt in den Schutz des Papstes genommen wurde[1606]. Trotz des Einsatzes von militärischen Mitteln durch die Markgrafen blieb letztlich die Reichsfreiheit Lübecks erhalten[1607].

Auch wenn Wilhelm im Streit um Lübeck nicht mehr Partei für die Brandenburger ergriffen hatte, gibt es doch Anzeichen, dass er deren Territorialpolitik ebenso unterstützte wie die der Herzöge von Braunschweig und von Sachsen. Er stellte eine Besitzbestätigung für das Zisterzienserkloster Lehnin bei Brandenburg an der Havel aus[1608], das für den Landesausbau der Askanier in der Mark eine sehr wichtige Rolle spielte. Es war von Markgraf Otto I., dem Großvater Johanns und Ottos III., im Jahr 1180 gegründet und zur Grablege der Familie bestimmt worden. In den folgenden Jahrzehnten wurde es von den Landesherrn umfangreich ausgestattet, diente wohl mehr-

---

1605) Urkundenbuch Lübeck 1 Nr. 188 S. 175.

1606) Urkundenbuch Lübeck 1 Nr. 206 (1254 Jan. 15) – 212 (1254 März 9), S. 189–194.

1607) Zu den Auseinandersetzungen ausführlich STEINBACH, Die Reichsgewalt und Niederdeutschland S. 33–35, abermals mit einer eher negativen Bewertung der königlichen Rolle: Wieder einmal seien „die Initiative und die Handlungsführung dem König schließlich ganz aus der Hand geglitten. Die betroffenen Territorialherren erwiesen sich als die politisch treibenden Kräfte, und das Königtum hatte keine Macht, ihnen seinen Willen aufzuzwingen", ebd. S. 34 f.; vgl. auch KAUFHOLD, Deutsches Interregnum S. 230–237. Zum immer wieder prekären Status Lübecks als Reichsstadt vgl. auch KAH, Die wahrhaft königliche Stadt S. 65–73.

1608) D Wilh 184, von HÄGERMANN/KRUISHEER auf das Jahr 1252 datiert. Über die Existenz dieser Urkunde informiert lediglich eine Notiz ohne Jahresangabe in einem Verzeichnis des 15. Jh. aus Lehnin.

fach als deren Aufenthaltsort und war eines der geistlichen sowie kulturellen Zentren des Territoriums[1609].

Welche Aufgabe der König den Brandenburger Askaniern für seine Herrschaft zugedacht hatte, ist aus der Eventualbelehnung Johanns und Ottos mit den Reichslehen Herzog Albrechts von Sachsen zu erkennen[1610]. Nicht nur, dass sie aufgrund dieser Urkunde die rechtmäßige Nachfolge ihres entfernen Vetters hätten antreten können – falls die Markgrafen die beiden Herrschaften in ihrer Hand vereint hätten, wäre ein großer territorial fast geschlossener askanischer Machtbereich im Norden und Osten des Herzogtums Braunschweig entstanden. Die Förderung dieses Ansinnens durch den König könnte auch als der Versuch verstanden werden, ein politisches Gegengewicht zu den Welfen zu schaffen, oder zumindest ein Gleichgewicht der bedeutenden Familien in diesem Raum herzustellen[1611].

Im Zusammenhang mit der Eventualbelehnung erhielten die Brandenburger auch das Reichsgut, das sich in der Hand Richards von Zerbst befand. Dessen Frau Uda, die offenbar von reichsministerialischem Stand war, wurde vom König gegen Grita getauscht, die Gemahlin eines Dienstmannes in Harbke westlich von Magdeburg[1612]. In Zerbst überschnitten sich die Interessensgebiete der Markgrafen, des Erzbischofs von Magdeburg und des Königs. Die dortigen Burggrafen sind seit dem Beginn des 13. Jahrhunderts mehrfach in der urkundlichen Überlieferung nachweisbar: 1213 bestätigte der Bischof von Brandenburg die Hospitalstiftung eines zu diesem Zeitpunkt bereits verstorbenen Richard von Zerbst[1613]. Dessen Frau hatte zusammen mit ihren Söhnen in Zerbst ein Nonnenkloster gegründet[1614]. Konrad, vielleicht einer dieser Söhne oder schon ein Enkel, erhielt 1244 von den Markgrafen von Brandenburg ein Drittel des Zehnts in der neugegründeten Stadt Friedland (in Mecklenburg) übertragen[1615]. Die Familie von Zerbst stand also bereits vor 1252 in enger Verbindung mit den Brandenburgischen Askaniern und gehörte zu deren Vasallen. Insofern ist es nicht verwunderlich, dass Richard freiwillig seinen Status als Dienstmann des Reiches aufgab, um in die Abhängigkeit der Markgrafen zu wechseln. Zugleich verfügte er über gute Beziehungen zu den Magdeburger Erzbischö-

1609) WARNATSCH, Geschichte des Klosters Lehnin S. 84–87.

1610) D Wilh 267.

1611) Vgl. STEINBACH, Die Reichsgewalt und Niederdeutschland S. 41 f.

1612) DD Wilh 268–269, 1253 Febr. 15, Braunschweig.

1613) Codex diplomaticus Anhaltinus 2 Nr. 8 S. 7 f.

1614) Codex diplomaticus Anhaltinus 2 Nr. 12,1214 Juni 9 (Bestätigung durch den Brandenburger Bischof).

1615) Codex diplomaticus Anhaltinus 2 Nr. 159.

fen, wie seine Vermittlerposition 1269 im Streit um das Magdeburger Burggrafenamt belegt[1616].

Durch die Übertragung des Reichsgutes in Zerbst und die Einbindung der Burggrafenfamilie in den brandenburgischen Dienstadel oder Lehnsverband gelang es den Markgrafen vorerst, an diesem strategisch wichtigen Ort zwischen der Mark, dem Erzstift Magdeburg, der Grafschaft Anhalt und dem Herzogtum Sachsen die Oberhand zu gewinnen[1617]. Die Brandenburger verfolgten damit ebenso wie mit der sächsischen Eventualbelehnung das Ziel, ihren Herrschaftsraum zu erweitern und zu verdichten. Indem Wilhelm dies guthieß, erreichte er bis zu einem gewissen Grad die Integration der fürstlichen Territorialpolitik, der er wenig hätte entgegensetzen können, in seine Herrschaft und ins Reich[1618].

### Die Grafen/Fürsten Heinrich II. und Bernhard I. von Anhalt

Nach dem Tod Heinrichs I. von Aschersleben, des Bruders Herzog Albrechts von Sachsen, hatten dessen Söhne Heinrich II. und Bernhard die Grafschaft geteilt. Der ältere, Heinrich, erhielt Aschersleben und den Stammsitz Ballenstedt, Bernhard übernahm den östlichen Teil mit Köthen und Dessau und residierte in Bernburg[1619]. Gegenüber ihren reichsfürstlichen Verwandten, dem Herzog von Sachsen und den Markgrafen von Brandenburg, treten die Anhalter Grafen scheinbar zurück. Sie sind jedenfalls nicht namentlich unter den Beteiligten der Braunschweiger Nachwahl genannt. Allerdings ist es wahrscheinlich, dass zumindest Heinrich II. anwesend war, als Ehemann Mechthilds, einer Schwester der Königin (Stammtafel Abb. 6 S. 293).

Der erste nachweisliche Kontakt der beiden anhaltischen Brüder zu Wilhelm fand erst Anfang April 1252 in Halle statt, als der König von Braunschweig aus an die Saale zog, um die Huldigung Markgraf Heinrichs von Meißen entgegenzunehmen. Hier erwirkten die Askanier für den Reichsministerialen Bertram von Hoym die Erlaubnis, seine Söhne als Mi-

---

1616) Codex diplomaticus Anhaltinus 2 Nr. 362.

1617) SCHWINEKÖPER, Art. Zerbst S. 523.

1618) Zur Brandenburgproblematik im Spätmittelalter auch kurz SCHUBERT, König und Reich S. 77 f.

1619) VON HEINEMANN, Die Grafschaft Aschersleben S. 14 f. Die königliche Kanzlei benannte sie 1252 beide als *comit*[es] *Ascharie* und *princip*[es] *de Hanalt*, D Wilh 187 S. 241 Z. 23 f.; Heinrich wird 1253 als *com*[es] *de Analt et princ*[eps] *Ascharie* betitelt, D Wilh 287 S. 339 Z. 4; der reichsfürstliche Status der anhaltischen Askanier stand nicht in Frage. Zur Verwendung des Begriff *princeps*, der seit dem 12. Jh. im engeren Sinn nur noch die Reichsfürsten bezeichnete, vgl. SPIESS, Das Lehnswesen S. 42–44.

nisterialen an die Abtei Quedlinburg zu übergeben[1620], und waren Zeugen der Belehnung Hermanns von Henneberg mit den Münzenberger Reichslehen[1621]. Es ist sogar denkbar, dass der König auf seinem Weg von Braunschweig über Goslar nach Halle in Aschersleben und Bernburg Station gemacht hat, und es ist sehr wahrscheinlich, dass die beiden Askanier in Merseburg an dem Treffen mit Heinrich dem Erlauchten teilnahmen.

Dass sie ausgerechnet in diesem Zusammenhang auftreten, ist insofern auffällig, als sie im Weißenfelser Vertrag, den der Markgraf am 1. Juli 1249 mit den thüringischen Adligen geschlossen hatte, Erwähnung finden. In einer der Klauseln dieses Textes stellen die Thüringer die Bedingung, dass Heinrich sich mit den Grafen von Anhalt aussöhnen müsse[1622], die ebenfalls Anspruch auf das Erbe der ludowingischen Landgrafen erhoben hatten. Die Anwesenheit der Grafen Heinrich und Bernhard in Halle und Merseburg belegt, dass der Markgraf diese Bedingung erfüllt hatte. 1254 nahm zumindest Bernhard auch an einem landgräflichen Gericht des Wettiners in Mittelhausen teil[1623]. Ob die Verständigung zwischen den askanischen Brüdern und Heinrich dem Erlauchten schon früher zustande gekommen ist, lässt sich nicht belegen. Doch gerade hier zeigt sich die integrierende Wirkung des Königtums, wenn sich die einstigen Kontrahenten im Kampf um die Besitzungen Heinrich Raspes im Gefolge des Herrschers zusammenschlossen.

Im Kontext ihrer reichsfürstlichen Verwandtschaft ergab sich für die Anhaltiner durch den Anschluss an Wilhelm offenbar eine Verbesserung ihrer Position. Der Fürstentitel, den Heinrich I. 1215 erstmals geführt hatte[1624], fand mit dem Diplom vom 7. April 1252 Eingang in die königliche Kanzlei, und von da an bezeichneten sich Heinrich II. und seine Nachkommen durchgehend als *principes de Anhalt*. Es scheint, als wäre mit den Ereignissen des Jahres 1252 bei den Askaniern ein reichsfürstliches Selbstbewusstsein zum Vorschein gekommen, dem sie durch diesen Titel und ihr Engagement für den König Ausdruck verliehen[1625].

Heinrich von Aschersleben befand sich noch ein weiteres Mal bei Wilhelm. Er erbat im August 1253 in Leiden ein Privileg für Nordhausen[1626].

---

1620) D Wilh 187, 1252 April 7.

1621) D Wilh 188, 1252 April 16.

1622) KUNDE, Der Weißenfelser Vertrag S. 112; vgl. Urkunden der Markgrafen von Meißen 1 A 5 Nr. 11 S. 19.

1623) Urkunden der Markgrafen von Meißen 1 A 5 Nr. 97, 98, 1254 Mai 14.

1624) Codex diplomaticus Anhaltinus 2 Nr. 14 S. 13.

1625) Vgl. hierzu ausführlich WÜRTH, König Wilhelm und die Fürsten von Anhalt S. 103–108.

1626) D Wilh 287, 1253 Aug. 21.

Während über die Beziehungen der Reichsstadt am Südrand des Harzes zu dem Askanier keine weiteren Nachrichten vorliegen[1627], ist dieser Beleg für das Verhältnis des Grafen zu Wilhelm durchaus von Belang. Nicht nur, dass sich Heinrich wahrscheinlich selbst zu seinem Schwager nach Holland begeben hatte – es ist auch zu vermuten, dass er längere Zeit im königlichen Heer blieb, vielleicht sogar am Feldzug in Hennegau teilnahm[1628]. Zusammen mit dem einen Tag später ausgestellten Diplom für den eventuell ebenfalls anwesenden Herzog Albrecht von Braunschweig ergibt sich ein aussagekräftiger Beleg dafür, dass die durch die Hochzeit im Januar 1252 erworbenen Familienverbindungen für Wilhelm auch militärische Vorteile mit sich brachten.

### Markgraf Heinrich von Meißen

Während alle bislang betrachteten östlichen Reichsfürsten dem König durch die Braunschweiger Hochzeit verwandtschaftlich verbunden waren, lief der Kontakt zum meißnischen Markgrafen über andere Kanäle. Das Treffen, das letztendlich Anfang April 1252 in Merseburg stattfand, wurde zum einen durch die Ehe zwischen Hermann von Henneberg und Wilhelms Schwester Margarete vorbereitet. Doch der König war auch aufgrund seiner mütterlichen Verwandtschaft von den thüringischen Verhältnissen tangiert: Sein Onkel, Heinrich II. von Brabant, war in zweiter Ehe mit Sophie, der Nichte des letzten Landgrafen und Wilhelms königlichen Amtsvorgängers Heinrich Raspe, verheiratet gewesen. Dieser wiederum hatte als dritte Gemahlin eine Tochter des Brabanters gewählt (Stammtafel Abb. 2 S. 121). Eine Auseinandersetzung mit den schwierigen politischen Konstellationen in der Landgrafschaft nach 1247 ließ sich für Wilhelm nicht vollständig vermeiden.

#### — Die Situation vor Ort: Der thüringisch-meißnische Raum nach 1247

Bereits 1243 waren von Landgraf Heinrich Raspe Maßnahmen zur Regelung seines Nachlasses getroffen worden, wohl unter der Annahme, dass er keine Nachkommen haben würde[1629]. Da nicht nur die Vererbung des ludowingischen Allods und der Kirchenlehen geklärt werden musste, sondern auch die Weitergabe der Reichslehen, war die Mitwirkung des Kaisers an

---

1627) LESSER/FÖRSTEMANN, Chronik der Stadt Nordhausen S. 167 f., erwähnt die Urkunde von 1253 nur kurz als die erste umfassende Privilegierung der Stadt durch einen König; ebd. S. 269 über den thüringischen Erbfolgekrieg, der an Nordhausen offenbar weitgehend vorüberging.

1628) Der nächste urkundliche Beleg für Heinrichs Anwesenheit in seinen Stammlanden ist nur auf das Jahr 1254, jedoch nicht auf einen genauen Tag datiert, Codex diplomaticus Anhaltinus 2 Nr. 209 S. 159.

1629) Dazu vgl. v. a. WERNER, Neugestaltung S. 10–16.

dieser Vereinbarung vonnöten. Am 30. Juni 1243 erlangte Heinrich Raspe von Friedrich II. eine Urkunde, in der sein Neffe, der meißnische Markgraf Heinrich der Erlauchte, mit seinen beiden Fürstentümern, der Landgrafschaft Thüringen und der Pfalzgrafschaft Sachsen, belehnt wurde, für den Fall, dass er selbst ohne leibliche Nachkommen sterben sollte. Kurz darauf trat er im Streit des Kaisers mit dem Papst offen zur kurialen Partei über[1630].

Das allodiale Erbe wurde wohl zwischen Heinrich dem Erlauchten und Heinrich Raspes Nichte Sophie aufgeteilt. Dabei wurde Hessen als Konglomerat ludowingischer Eigengüter und vor allem mainzischer Lehen, das Leinegebiet sowie wichtige Positionen in Westthüringen – die Wartburg, Eisenach und Thamsbrück – Sophie und ihrem Mann, Herzog Heinrich II. von Brabant, zugewiesen[1631]. Heinrich dem Erlauchten dürften die übrigen thüringischen Besitzungen zugesprochen worden sein[1632]. Weitere potentielle Erben, wie etwa die Grafen von Anhalt und Hermann I. von Henneberg, die ebenfalls Neffen Heinrich Raspes waren, oder die mit den Ludowingern verschwägerten Herzöge von Sachsen und von Braunschweig wurden 1243 vermutlich nicht berücksichtigt[1633].

Der Grund für die Bevorzugung Heinrichs des Erlauchten als Nachfolger in den Reichslehen des Ludowingers scheint in der Urkunde der Eventualbelehnung auf, die Friedrich II. in Benevent ausstellte: *cum de patris sui Hermanni felicis recordationis primogenita sis genitus*[1634] – der Wettiner sollte das Erbe seines Onkels antreten, weil er der Sohn der ältesten Schwester des Landgrafen und somit dessen nächster männlicher Verwandter war, und aufgrund seiner geleisteten und künftigen Verdienste um das Reich[1635]. In der Tat stand der Markgraf noch Jahre über den Tod Heinrich Raspes hinaus auf Seiten des Kaisers, dessen Tochter Margarete 1243/44 zudem mit

---

1630) HUILLARD-BRÉHOLLES, Historia diplomatica VI,1 S. 100 f.; vgl. WERNER, Reichsfürst zwischen Mainz und Meißen S. 228–230; TEBRUCK, Pacem confirmare S. 249.

1631) Beide Herrschaftsbereiche hatte Sophies Anfang 1241 verstorbener Bruder Hermann II. innegehabt, vgl. WERNER, Reichsfürst zwischen Mainz und Meißen S. 208–213, 228; DERS., Neugestaltung S. 12, 91; KÄLBLE, Heinrich der Erlauchte S. 262 f.

1632) KÄLBLE, Heinrich der Erlauchte S. 259 f.

1633) WERNER, Neugestaltung S. 12–14. Die Erbregelungen Heinrich Raspes bezüglich des ludowingischen Allods und der Kirchenlehen können insgesamt nur aufgrund späterer Besitzverhältnisse und -ansprüche rekonstruiert werden, vgl. ebd. S. 12 und KÄLBLE, Heinrich der Erlauchte S. 263.

1634) HUILLARD-BRÉHOLLES, Historia diplomatica VI,1 S. 101.

1635) KÄLBLE, Heinrich der Erlauchte S. 262 f.

Albrecht, dem ältesten Sohn des Wettiners, verlobt wurde[1636]. Sophie, die zweite voraussichtliche Hauptterbin des ludowingischen Besitzes, und ihr Gemahl Heinrich II. von Brabant wandten sich hingegen bereits im Februar 1244 der päpstlichen Partei zu[1637].

Mit dem Tod Heinrich Raspes am 16. Februar 1247 auf der Wartburg trat der Erbfall ein. Der zeitgenössische Annalist des Erfurter Dominikanerklosters beschreibt unter den Übeln, die bald darauf das Land heimsuchten, auch den Zugriff Heinrichs des Erlauchten auf die Landgrafschaft: [...] *marchio Misnensis castrum Eckerhardesberc et oppidum Wizense sibi valenter usurpans, non modicam huius terre partem sibi subiugavit*[1638]. Heinrich von Brabant urkundete im Mai 1247 in Marburg und Hersfeld und hielt sich eventuell auch auf der Wartburg auf[1639] – zunächst verlief also anscheinend alles nach dem Plan von 1243. Doch weder die Erbschaft Sophies in Hessen noch die Herrschaft Heinrichs des Erlauchten in Thüringen und in der Pfalzgrafschaft Sachsen blieben unangefochten. Nach dem Tod Heinrichs II. von Brabant am 1. Februar 1248 musste sich die verwitwete Herzogin weitestgehend ohne Unterstützung von außen besonders gegen die An-

---

1636) ROGGE, Die Wettiner S. 67; GROSS, Die Wettiner S. 48. In der Literatur finden sich unterschiedliche Jahresangaben für die Verlobung, vgl. WERNER, Reichsfürst zwischen Mainz und Meißen S. 244 f. Anm. 502; vgl. auch LUTZ, Heinrich der Erlauchte S. 206 f., unter Berufung auf ein Schreiben Friedrichs II. an den Verwalter der Terra di Lavoro, in dem dieser zur Eintreibung der Mitgift aufgefordert wird, HUILLARD-BRÉHOLLES, Historia diplomatica VI,1 S. 249, hier datiert auf Jan. 1245. In der neuen Edition in den Urkunden der Markgrafen von Meißen 1 A 4 Nr. 131 S. 200 f., ist die zeitliche Einordnung des Stückes zu 1243/44 jedoch schlüssig nachgewiesen. Heinrich den Erlauchten konnte selbst die Androhung der Exkommunikation nicht von der Verlobung seines Sohnes mit einer Stauferin abbringen, vgl. das Schreiben des päpstlichen Legaten Philipp Fontana aus der ersten Jahreshälfte 1247 (vor Mai 7), Reg. Imp. V,2 10181. Die wettinische Familie stand nicht geschlossen hinter dem Kaiser; ein wichtiger Unterstützer Heinrich Raspes war Dietrich II., Bischof von Naumburg, ein unehelicher Halbbruder des Markgrafen, vgl. WERNER, Reichsfürst zwischen Mainz und Meißen S. 257 f. mit Anm. 560.

1637) WERNER, Reichsfürst zwischen Mainz und Meißen S. 234.

1638) Annales Erphordenses S. 101 Z. 23–25. Bereits am 22. Febr. hatte sich Heinrich der Erlauchte erstmals in einer Urkunde als Landgraf von Thüringen und Pfalzgraf von Sachsen bezeichnet, vgl. DOBENECKER, Regesta 3 Nr. 1475 S. 237; vgl. KÄLBLE, Heinrich der Erlauchte S. 258 mit Anm. 7 und TEBRUCK, Pacem confirmare S. 262.

1639) STANGE-METHFESSEL, Frauwe Sophia S. 227; TEBRUCK, Pacem confirmare S. 255; WERNER, Neugestaltung S. 34; ILGEN/ VOGEL, Kritische Bearbeitung S. 257–262.

sprüche des Mainzer Erzbischofs Siegfried III. zur Wehr setzen, der die ludowingischen Kirchenlehen als erledigt betrachtete[1640].

Ähnlich gelagert waren die Probleme Heinrichs des Erlauchten mit dem Stift Quedlinburg und der Abtei Fulda. Diese vergaben 1247/48 die bislang von Heinrich Raspe innegehabten Lehen an Albrecht von Sachsen und Otto von Braunschweig, die somit als hochrangige territoriale Konkurrenten des Wettiners im Nordwesten Thüringens zu fassen sind[1641]. Graf Siegfried von Anhalt, ein Bruder der oben genannten Heinrich und Bernhard, der sich wohl durch die Absprachen von 1243 übergangen fühlte, versuchte, von Norden her in der Landgrafschaft Fuß zu fassen. Auch er findet Erwähnung in den Erfurter Predigerannalen: Die Besetzung und Befestigung der Anhöhe beim Kloster Oldisleben durch Siegfried wird in einem Atemzug mit der usurpatorischen Aneignung der Burgen Weißensee und Eckartsberga durch den Wettiner genannt[1642]. Wahrscheinlich versuchte Siegfried außerdem, die Ebersburg bei Nordhausen zu erobern[1643]. Erschwert wurde die Situation für Heinrich den Erlauchten noch dadurch, dass die genannten Akteure miteinander verschwägert waren, ihm also ein ganzer Familienverband mächtiger Reichsfürsten feindlich gegenüberstand[1644].

Auch innerhalb Thüringens, im regionalen Adel, in der Ministerialität und in den Städten, fanden sich Gegner und Unterstützer des Wettiners[1645].

---

1640) STANGE-METHFESSEL, Frauwe Sophia S. 228; WERNER, Neugestaltung S. 28–39, hier auch über die „äußeren Feinde" Hessens; TEBRUCK, Pacem confirmare S. 250, 255–257.

1641) WERNER, Neugestaltung S. 18 f.; KÄLBLE, Heinrich der Erlauchte S. 259 f.; TEBRUCK, Pacem confirmare S. 254. Zu den welfischen Erwerbungen siehe auch ZILLMANN, Welfische Territorialpolitik S. 272–276, 279–281.

1642) Annales Erphordenses S. 101 Z. 25–28. Die Erläuterung für das Handeln Siegfrieds liefert der Annalist mit dem Einschub *sue partis non immemor* – offenbar war man auch im Erfurter Dominikanerkloster der Auffassung, dass sich der Askanier in der ludowingischen Erbangelegenheit zu Recht zurückgesetzt fühlte. Siegfried verwendete noch 1252 ein Helmsiegel, in dessen Umschrift der Titel *HERES THURINGIE* genannt wird, Codex diplomaticus Anhaltinus 2 Tafel VI,1, vgl. TEBRUCK, Pacem confirmare S. 257 mit Anm. 39, 260–262; WERNER, Neugestaltung S. 17.

1643) TEBRUCK, Pacem confirmare S. 261 f. mit Anm. 50.

1644) TEBRUCK, Pacem confirmare S. 258 f.; WERNER, Neugestaltung S. 17.

1645) TEBRUCK, Pacem confirmare S. 263–275, untersucht detailliert die Positionen der einzelnen Protagonisten. „Vielfältige Motive und jeweils ganz unterschiedliche politische Ausgangssituationen werden das Verhalten der einzelnen Familien Heinrich dem Erlauchten gegenüber geprägt haben. Verwandtschaft untereinander und die früheren politischen Beziehungen zum erloschenen Landgrafenhaus scheinen bei der Entscheidung für oder gegen den wettinischen Markgrafen eine entscheidende Rolle gespielt zu haben," ebd. S. 274 f.

Nach verschiedenen militärischen Auseinandersetzungen im Verlauf der Jahre 1248/49 bei Mittelhausen, Weißensee und Gotha und der Gefangennahme der oppositionellen Grafen Günther und Berthold von Käfernburg, Günther von Blankenburg und Heinrich von Schwarzburg[1646] zeichnete sich jedoch ab, dass die Übernahme der Landgrafschaft durch Heinrich den Erlauchten nicht länger zu verhindern war. Im Weißenfelser Vertrag vom 1. Juli 1249 unterwarf sich ein großer Teil der bislang widerstrebenden Adligen und Ministerialen dem Markgrafen, schloss Frieden mit ihm und erkannte ihn als neuen Lehnsherrn an[1647]. Weitere thüringische Grafen sind noch im selben Jahr bei einem *colloquium* mit dem Wettiner in Buttstädt, einem Gerichtsort der Landgrafschaft, nachzuweisen[1648]. Am 28. Februar 1250 schließlich führte Heinrich der Erlauchte den Vorsitz beim landgräflichen Gericht in Mittelhausen, *ubi presentibus multis terre baronibus pacem firmiter atque stabiliter iuramento confirmavit*[1649]. Indem er gegenüber den versammelten Großen Thüringens am traditionellen Ort ludowingisch-landgräflicher Rechtsprechung als Friedensstifter und Gerichtsherr auftrat, demonstrierte er seine kaum mehr anzufechtende Position als neuer Landesherr[1650].

Die Stabilisierung der Landgrafschaft im Inneren wurde begleitet von einem Ausgleich mit den Grafen von Anhalt, der etwa zur selben Zeit zustande kam. Der Askanier, bis zu diesem Zeitpunkt der Hauptkonkurrent um die Herrschaft in Thüringen, ließ sich durch die Zahlung einer Abfindung dazu bewegen, seine Ansprüche aufzugeben[1651]. Bis auf die Verluste im

---

1646) Annales Erphordenses S. 105 Z. 1–15; vgl. TEBRUCK, Pacem confirmare S. 264, und ausführlicher zum schwarzburg-käfernburgischen Familienverband ebd. S. 268.

1647) KUNDE, Der Weißenfelser Vertrag S. 111–115 (Text mit Übersetzung); vgl. Urkunden der Markgrafen von Meißen 1 A 5 Nr. 11 S. 16–20; TEBRUCK, Pacem confirmare S. 275–280, 284–287; vgl. auch ILGEN/VOGEL, Kritische Bearbeitung S. 276–290.

1648) Eine Urkunde Graf Hermanns von Orlamünde für das Kloster Walkenried belegt dessen Anwesenheit und der etlicher anderer Grafen *Butstete tempore colloquii domini marchionis Misnensis*, Urkundenbuch Walkenried 1 (ed. DOLLE/BAUMANN) Nr. 293 S. 303 f., Zitat S. 304; vgl. TEBRUCK, Pacem confirmare S. 288.

1649) Annales Erphordenses S. 107 Z. 29–31.

1650) TEBRUCK, Pacem confirmare S. 289–292; vgl. zu den Vorgängen in Thüringen 1247–1249 zusammenfassend auch KÄLBLE, Heinrich der Erlauchte S. 258–260.

1651) Ein Bericht des Mönches Reinhold aus Kloster Mariental bei Helmstedt gibt eine vermutlich zeitgenössische Einschätzung der Position der Askanier im Streit um das ludowingische Erbe wieder, schildert die Spaltung der thüringischen Führungsschicht und überliefert als einzige Quelle die pekuniäre Abfindung der anhaltischen Grafen: *Postquam mortuus est devote memorie Henricus Raspo lantgravius Thuringorum* [...] *facta est contentio inter filios Henrici comitis Ascharie ex parte una et marchionem Henricum Misnensem ex parte altera, consanguineos defuncti, quis eorum videretur*

Nordwesten – die Quedlinburger und Fuldaer Kirchenlehen, die Otto von Braunschweig für sich sichern konnte – hatte Heinrich der Erlauchte also im Jahr 1250 die Landgrafschaft an sich gezogen, während die Stellung Sophies von Brabant zwar in Marburg sicher, in Nordhessen jedoch gefährdet war[1652]. Durch die Nachfolgeregelung Heinrich Raspes 1243 war der große ludowingische Herrschaftsbereich absichtlich geteilt worden[1653]. Aufgrund der in der Folgezeit vorgenommenen Positionierung des Brabanter Herzogs auf der Seite des Papstes und des Wettiners auf der des Kaisers waren eben diese Gebiete im Zentrum des Reiches auch zum Austragungsort des akuten Konflikts zwischen den Staufern und der Kurie geworden.

— Die Urkunden für den livländischen Zweig des Deutschen Ordens

Ein erster Schnittpunkt der Interessen König Wilhelms mit denen Heinrichs des Erlauchten ergab sich in der Reichsstadt Mühlhausen in Thüringen. Noch bevor sich Wilhelm von Köln aus auf den Weg nach Osten machte, stellte er am 9. Januar 1252 eine Urkunde für den Deutschen Orden aus. Er übertrug dem livländischen Zweig des Ordens, dessen preußischer Landmeister Dietrich von Grüningen vermutlich anwesend war, den *ius patronatus* an der Pfarrkirche in Brücken südwestlich von Sangerhausen und an der Kapelle in Görmar bei Mühlhausen, *quod ad nos ratione dignitatis imperii pertinere dinoscitur*[1654]. Die Privilegierung in Brücken umfasst ausdrücklich auch die Einsetzung eines Ordensbruders als Pfarrer[1655], die Schenkung in Görmar wird hingegen nicht genauer definiert. Legt das Diplom bei oberflächlicher Betrachtung zumindest nahe, dass sich Wilhelm bereits im Vorhinein mit dem Raum befasste, den er aufzusuchen gedachte, so kann ein zweiter Blick gerade auf Görmar noch weitere Zusammenhänge enthüllen. Hier lag nämlich die in königlichem Besitz befindliche Urpfarrei der Reichsstadt Mühlhausen, seit dem 11./12. Jahrhundert Sitz eines Archipres-

---

*esse vicinior hereditati eius. Quibus pro dominio terre Thuringie litigantibus quidam de nobilibus provincie illius sequebantur marchionem, quidam vero partem fovebant adversam, et schisma erat inter eos. Tandem filii comitis accepto promisso pecunie a marchione recesserunt ab eo*, Codex diplomaticus Anhaltinus 5 Nr. 5 S. 363; vgl. TEBRUCK, Pacem confirmare S. 288.

1652) WERNER, Neuordnung S. 28–38.

1653) WERNER, Reichsfürst zwischen Mainz und Meißen S. 269, spricht in Bezug auf die Erbabsprachen von 1243 von „landesherrlich-dynastischen Weichenstellungen, die seinen [Heinrich Raspes] kinderlosen Tod 1247 zu einem der wichtigsten Wendepunkte in der mittelalterlichen Geschichte des mitteldeutschen Raumes werden ließen […].“

1654) D Wilh 167, Zitat S. 221 Z. 18–20.

1655) […] *quod in predicta parrochiali ecclesia per sacerdotem, confratrem eorum, faciant deserviri*, D Wilh 167 S. 221 Z. 21 f.

byters[1656]. Da in der Königsurkunde nur von der Übertragung einer *capelle in Germar*[1657] die Rede ist, nicht von einer Pfarrkirche, bedürfen die kirchlichen Verhältnisse vor Ort einer näheren Untersuchung.

In Görmar existierten im Spätmittelalter in der Tat nachweislich zwei Kirchenbauten, die allerdings erst im 15. Jahrhundert genauer zu fassen sind: In einer Urkunde von 1445 ist ausdrücklich von zwei Pfarreien die Rede, zu 1464 wird erstmals das Martinspatrozinium einer dieser beiden Kirchen erwähnt[1658]. Noch spärlicher sind die Nachrichten zur zweiten Pfarrkirche, deren Patrozinium St. Nikolai erstmals 1525 in den Quellen auftaucht und die bereits 1562 abgerissen wurde[1659]. Aufgrund der vorhandenen Quellen kann jedoch nicht nachgewiesen werden, welche der beiden Kirchen älter und Sitz des Archipresbyters gewesen ist. Es ist auch nicht feststellbar, welches Patrozinium die Kirche führte, deren Patronatsrecht König Wilhelm dem Deutschen Orden übertrug[1660]. Nach dieser Schenkung besaß das Reich keine kirchlichen Mitspracherechte mehr in Görmar[1661]. Es kann entweder davon ausgegangen werden, dass 1252 eben jene

---

1656) GOCKEL, Art. Mühlhausen S. 292; BOOCKMANN, Der Deutsche Orden in Mühlhausen S. 12.

1657) D Wilh 167 S. 221 Z. 19.

1658) VON KAUFFUNGEN, Regesten Görmar Nr. 6 S. 4 f. und Nr. 8 S. 5 f.; vgl. GOCKEL, Art. Mühlhausen S. 286, 292.

1659) Die Quellenbelege für diese Kirche finden sich in der Chronik der Stadt Mühlhausen 1 S. 187 und 2 S. 108; vgl. GOCKEL, Art. Mühlhausen S. 292. Die von Jordan edierte Chronik stützt sich nach eigenen Angaben auf die im Mühlhäuser Stadtarchiv befindliche Chronik des Christian Thomas von 1727, die sich wiederum auf einen hauptsächlich zwischen 1550–1570 entstandenen, als Chronicon Mulhusinum antiquissimum bezeichneten Text stützte, Chronik der Stadt Mühlhausen 1 S. IVf.

1660) GOCKEL, Art. Mühlhausen S. 292, vermutet die Martinskirche als die ältere Urpfarrkirche in Görmar, v. a. aufgrund des Patroziniums; dagegen BÜHNER, Das Planungsschema des mittelalterlichen Stadtgrundrisses von Mühlhausen S. 53, dessen Theorie zur Nikolaikirche als „Fußpunkt" eines lateinischen Kreuzes, das durch mehrere Mühlhäuser Kirchen markiert wurde, allerdings nicht zu überzeugen vermag, zumal der Standort von St. Nikolai nur noch ungefähr zu rekonstruieren ist.

1661) SÜNDER, Zur Geschichte des Deutschen Ordens in Mühlhausen S. 46, argumentiert mit der zwischen 1306 und 1315 auftretenden Nennung eines *Regis plebanus* mit Namen Gottfried in Görmar, der am Sitz des Archipresbyters tätig war, Urkundenbuch Mühlhausen Nr. 563 S. 251: *dominus Godtfridus Regis plebanus in Germar* (zu 1306); Nr. 659 S. 304: *her Gotfrid des Kunges pherrer zu Germar* (zu 1314); Nr. 687 S. 317: *dominus Bertoldus archipresbyter sedis in Germar, dominus Gotfridus Regis plebanus ibidem* (zu 1315); vgl. auch BÜHNER, Das Planungsschema des mittelalterlichen Stadtgrundrisses von Mühlhausen S. 53. Vermutlich handelt es sich jedoch nicht um einen „Königspfarrer"; *Regis* bzw. *des Kunges* dürfte vielmehr ein Namensbestandteil des

alte Königskirche St. Martin den Besitzer wechselte, trotz der in der Urkunde missverständlichen Bezeichnung als Kapelle; oder man hält die andere Kirche mit dem später belegten Nikolauspatrozinium für das Objekt der Schenkung[1662].

Weiteren Aufschluss in diesem Zusammenhang kann vielleicht eine Urkunde Markgraf Heinrichs des Erlauchten geben, die am 15. März 1252, also etwa zwei Monate nach dem Diplom Wilhelms ausgestellt wurde. Wiederum war der livländische Zweig des Deutschen Ordens der Empfänger. Ihm übertrug der Markgraf eine Kirche in Görmar, *ecclesiam in Germar*[1663]. Die Ordensbrüder sollten die Kirche mit demselben Recht besitzen, mit dem sie der Schenker zuvor innegehabt hatte, allerdings unter der Bedingung, dass der Übergang an den Orden erst vollzogen werden würde, wenn der Inhaber der Pfarrstelle, der Meißner Kanoniker Konrad, diese freigegeben habe. Der Schenkungsgegenstand wird eindeutig als Pfarrkirche bezeichnet[1664], über deren Patronat der Markgraf verfügte. Auch hier wird das Patrozinium nicht genannt.

Warum die königliche Kanzlei auf die vage Formulierung *capella* zurückgriff und die betreffende Kirche nicht eindeutig bezeichnete, wird sich nicht mehr feststellen lassen. Doch die Brüder des Deutschen Ordens, auf deren

---

betreffenden Pfarrers von Görmar sein. So finden sich etwa in der Urkunde von 1314 nur zwei Zeilen unter dem Namen Pfarrer Gottfrieds der Name *Diteririch* [sic] *dis Kindes*, Urkundenbuch Mühlhausen S. 304, es handelt sich bei der Hinzufügung eines Familiennamens im Genitiv also um eine auch anderweitig im Mühlhäuser Umfeld gebräuchliche Namensform. Die Verwendung von Familiennamen ist im deutschen Sprachraum bereits ab dem 12. Jh. belegt, der Nachname König bzw. im patronymischen Genitiv „des Königs“ entwickelte sich wohl aus einem Übernamen, vgl. dazu DEBUS, Die Entstehung der deutschen Familiennamen S. 98 f., 104. Außerdem wird nur dieser eine Pfarrer von Görmar mit dem Zusatz bezeichnet, weitere Belege führen den jeweiligen Amtsinhaber als einfachen Pleban auf, so etwa Urkundenbuch Mühlhausen Nr. 763 S. 359; Urkundenbuch Deutschordensballei Thüringen Nr. 202 S. 156: *Gotefridus plebanus de Germar* (zu 1267); Nr. 631 S. 533: *Th. plebanum de Germar* (zu 1300). Alle Urkunden, in denen Görmarer Pfarrer genannt werden, stehen in Zusammenhang mit dem Deutschen Orden in Mühlhausen – es ist also eher anzunehmen, dass sie alle ihr Amt vom Deutschen Orden erhalten hatten und diesem unterstanden. Zu den Erzpriestern in Görmar siehe auch GRESKY, Vorreformatorische Geistliche S. 13.

1662) GOCKEL, Art. Mühlhausen S. 291 f., plädiert für die Martinskirche; WITTMANN, Zu den Anfängen von St. Nicolai S. 5 f., für die Nikolauskirche.

1663) Urkundenbuch Mühlhausen Nr. 122 S. 40; vgl. Urkunden der Markgrafen von Meißen I A 5 Nr. 46.

1664) Der Meißner Kanoniker Konrad wird *parrochianus verus eiusdem ecclesie* genannt, Urkundenbuch Mühlhausen Nr. 122 S. 40.

Initiative das Diplom Wilhelms zurückging[1665]. dürften genau gewusst haben, was sie sich da übertragen ließen. Sie wandten sich an den Markgrafen von Meißen, den bisherigen rechtmäßigen Inhaber des Patronats, und versicherten sich entweder dessen Zustimmung, falls es sich bei beiden Urkunden um ein und dieselbe Kirche handelte; oder sie setzten sich zusätzlich zu der vom König geschenkten Kapelle auch noch in den Besitz der anderen, mit Pfarrrechten ausgestatteten Kirche in Görmar[1666]. Wie auch immer, das Zusammenwirken Heinrichs des Erlauchten und Wilhelms in diesem Kontext ist jedenfalls ein Hinweis auf Kontakte, die bereits im März 1252 bestanden, zu dem Zeitpunkt, als Wilhelm in Braunschweig weilte. Im königlichen Umfeld wurde vermutlich das Treffen mit Heinrich dem Erlauchten in Merseburg bereits vorbereitet, und es ist von einem Austausch mit dem Hof des Markgrafen auszugehen. Die Urkunde Heinrichs des Erlauchten für den Deutschen Orden in Mühlhausen könnte ein „Nebenprodukt" solcher Unterredungen gewesen sein, und als Verhandlungsführer kommt Graf Hermann von Henneberg, der Schwager Wilhelms und Halbbruder Heinrichs in Frage: Er bezeugte als *frater noster* die Schenkung der Kirche in Görmar durch den Markgrafen[1667], befand sich am 15. März also nachweislich am meißnischen Hof. Hermanns Aufenthaltsorte in den Wochen davor sind nicht durch Quellen zu belegen, doch vielleicht hatte er im Januar der königlichen Hochzeit in Braunschweig beigewohnt und war dann als Unterhändler seines Schwagers Wilhelm zu seinem Halbbruder Heinrich dem Erlauchten gereist[1668]. Das offenkundige Zusammenspiel der beiden Parteien in der Görmarer Angelegenheit deutet zumindest darauf hin.

— Merseburg: Das Treffen mit Markgraf Heinrich von Meißen
Im Vergleich zum Frühjahr 1249, als der König gut daran getan hatte, durch die Ehe seiner Schwester mit Hermann von Henneberg eine erste Kontaktmöglichkeit zu dem in Thüringen so erfolgreichen Markgrafen zu schaffen, hatte sich die Situation zu Beginn des Jahres 1252 zu Ungunsten Heinrichs

1665) [...] *dilectorum fideolium nostrorum, fratrum domus hospitalis sancte Marie Theotonicorum de Liuonia, precibus annuentes*, D Wilh 167 S. 221 Z. 17 f. Als Inhaber der Görmarer Pfarrei tritt später Christian von Kirchberg, Bischof von Litauen und Mitglied des Mühlhäuser Deutschordenshauses auf, vgl. WOJTECKI, Studien zur Personengeschichte des Deutschen Ordens im 13. Jahrhundert S. 150 f.; DERS., Zur Identität einiger livländischer Landmeister S. 50; vgl. auch GOCKEL, Art. Mühlhausen S. 292.

1666) Zur Rolle des Deutschen Ordens in Mühlhausen insgesamt vgl. v. a. GOCKEL, Art. Mühlhausen S. 285.

1667) Urkundenbuch Mühlhausen Nr. 122 S. 40.

1668) Vgl. auch FÜSSLEIN, Hermann I. S. 300 f., der sich eher skeptisch über die Einflussmöglichkeiten des Hennebergers äußert.

des Erlauchten verändert. Auf Wilhelms Seite standen mit den sächsischen und brandenburgischen Askaniern nunmehr die Fürsten, mit denen der Markgraf um Rechte und Besitz in Thüringen gerungen hatte und die auch im Osten seines Herrschaftsgebietes eine Konkurrenz für ihn darstellten[1669]. Zudem hatte es einen erneuten Wechsel auf dem Mainzer Erzbischofsstuhl gegeben: Der aus der Familie der Wildgrafen stammende Gerhard setzte die konfrontative Politik Siegfrieds III. fort und versuchte sofort, in Thüringen wieder ehemals mainzische Besitzrechte an sich zu ziehen[1670]. Das augenscheinlich enge Verhältnis des Mainzers zum König in dieser frühen Phase seines Pontifikats, das auch Ausdruck im zeitlichen Zusammenfallen der Weihe des Erzbischofs mit der Braunschweiger „Nachwahl“ fand[1671], dürfte die Entscheidung Heinrichs des Erlauchten für den Parteiwechsel ebenfalls motiviert haben[1672].

Die Anerkennung Wilhelms durch den Markgrafen in Merseburg *in septimana post albas*[1673], also zwischen dem 8. und dem 13. April 1252, wird nur durch den Erfurter Predigerannalisten überliefert. Zusammen mit Heinrich empfing auch der Magdeburger Erzbischof Wilbrand von Käfernburg[1674] seine Lehen aus der Hand des Königs[1675]. Allerdings muss auch mit dem Magdeburger bereits im Vorhinein eine Verständigung stattgefunden haben, da ohne dessen Einverständnis der urkundlich belegte Aufenthalt des Herrschers in der erzbischöflichen Stadt Halle am 7. April[1676] nicht denkbar gewesen wäre. Es stellt sich ohnehin die Frage, welche Überlegungen zur Wahl Merseburgs als Treffpunkt mit Heinrich dem Erlauchten führten. Die Askanier hatten ihre Zustimmung zu Wilhelms Wahl in Braunschweig kundgetan, dem Residenzort Herzog Ottos, der ein ver-

---

1669) Nur wenige Jahre zuvor war ein Kampf um die sowohl für die Brandenburger als auch den Meißner territorial äußerst attraktive Niederlausitz entbrannt, der wiederum auf die Erbstreitigkeiten zwischen Herzog Heinrich III. von Schlesien und dessen Bruder Boleslaus II. zurückzuführen war, LUTZ, Heinrich der Erlauchte S. 283 f.; KÄLBLE, Heinrich der Erlauchte S. 267–270.

1670) HEINIG, Die Mainzer Kirche am Ende des Hochmittelalters S. 351–364, besonders S. 354; vgl. KÄLBLE, Heinrich der Erlauchte S. 269 f.

1671) Weihe durch den Erzbischof von Embrun am 24. März (Palmsonntag), Nachwahl am 25. März, Annales Erphordenses S. 111 Z. 1–7; vgl. HEINIG, Die Mainzer Kirche am Ende des Hochmittelalters S. 354; zum Verhältnis Heinrichs des Erlauchten zu den Mainzer Erzbischöfen siehe auch LUTZ, Heinrich der Erlauchte S. 250–253.

1672) Vgl. auch KÄLBLE, Heinrich der Erlauchte S. 270 f.

1673) Annales Erphordenses S. 111 Z. 24.

1674) Zu diesem, einem Verbündeten Heinrichs des Erlauchten gegen die Markgrafen von Brandenburg, vgl. SCHOLZ, Art. Wilbrand S. 386.

1675) Annales Erphordenses S. 111 Z. 25–27.

1676) D Wilh 187.

wandtschaftliches Bindeglied zum König darstellte. Ihre Huldigung fand also in familiärem Rahmen oder zumindest auf neutralem Boden statt. Heinrich der Erlauchte hingegen wurde zur alten ottonischen Pfalz Merseburg bestellt, um dort seinen Lehenseid zu leisten – neben praktischen Überlegungen mögen auch symbolische Gründe für diese Ortswahl gesprochen haben. Wilhelm kam durch dieses Arrangement dem Markgrafen räumlich entgegen, konnte aber zugleich die Präsenz der Reichsgewalt in diesem Gebiet demonstrieren, an die Tradition seiner Vorgänger anknüpfen und gewissermaßen auch seine in Braunschweig gewonnene Überlegenheit zeigen[1677].

Man darf wohl davon ausgehen, dass diejenigen, die in den Zeugenlisten und als Empfänger der in Halle ausgestellten Urkunden nachzuweisen sind, den König auch nach Merseburg begleiteten. Das Gefolge bestand also, um nur die Reichsfürsten zu nennen, aus dem Mainzer Erzbischof, dem Bischof von Speyer, Heinrich und Bernhard von Anhalt[1678], Markgraf Johann von Brandenburg und Herzog Otto von Braunschweig[1679]. Vor diesem Publikum, vermutlich ergänzt durch den lokalen Adel, inszenierte Wilhelm geradezu sein Selbstbewusstsein als König, indem er in seiner Pfalz – nicht als Gast seines Schwiegervaters in Braunschweig, sondern als Hausherr – als oberster Lehnsherr des Reiches auftrat und sowohl ein geistliches als auch ein weltliches Lehen vergab. Eine vergleichbare Szene an einem anderen Pfalzort ist nicht überliefert, doch in Merseburg präsentierte sich der Herrscher vor seinen Fürsten als ein wahres Reichsoberhaupt[1680].

---

1677) Zum rituellen Kontext der Kommunikation des Königs mit den Fürsten, v. a. auch zur Beilegung von Konflikten, vgl. ALTHOFF, Kommunikation S. 35–37, der auch den Fußfall als Demonstration der Untergebenheit erwähnt, allerdings als Druckmittel von der Seite des Untergebenen her. In Merseburg dürfte eher die Demonstration königlicher Überlegenheit beabsichtigt gewesen sein. SCHLESINGER, Merseburg S. 205, sieht im Besuch Wilhelms den letzten nachzuweisenden Aufenthalt eines Königs in Merseburg: „Man gewinnt den Eindruck, daß auch er noch Wert darauf legte, in Merseburg gewesen zu sein […].“ JACOB/COTTIN, Königsaufenthalte S. 115, verzeichnen aber noch einen Besuch Albrechts I. im Jan. 1302.

1678) D Wilh 187 S. 241 Z. 29–31.

1679) D Wilh 188 S. 242 Z. 30 f.

1680) Fraglich ist, ob für die Wahl des Ortes auch die spezielle Verbindung Merseburgs mit König Rudolf [von Rheinfelden], dem Gegner Kaiser Heinrichs IV., ausschlaggebend war. Immerhin bestanden durchaus Parallelen zwischen dem 1080 im Chor des Merseburger Doms beigesetzten König, der von den Fürsten gegen den amtierenden Kaiser gewählt worden war, und Wilhelm; in den Quellen finden sich dazu leider keine Hinweise; zu den Königsaufenthalten in Merseburg vgl. SCHLESINGER, Merseburg S. 174–180; JACOB/COTTIN, Königsaufenthalte S. 112–115; zum Grabmal Rudolfs

Heinrich der Erlauchte seinerseits gewann durch seine Unterwerfung nicht nur die reichsrechtliche Anerkennung seiner Herrschaft in Meißen und Thüringen[1681], sondern im König und dessen neuen Verwandtschaftskreis auch weitere Verbündete in den Auseinandersetzungen um das ludowingische Erbe[1682]. Weitere Zusammentreffen Wilhelms und des Markgrafen fanden nicht statt. Es gibt keine Belege für eine spätere Zusammenarbeit[1683], aber auch keine für ein Zerwürfnis. Beiden genügte offenbar die gegenseitige Anerkennung in Merseburg, danach ging jeder wieder seiner Wege. Lenkt man den Blick auf die nachfolgenden Jahrzehnte und die schweren Konflikte, die vor allem von König Albrecht I. mit den Wettinern ausgefochten wurden, kann die Politik Wilhelms in diesem Punkt durchaus als Erfolg gewertet werden[1684].

Am 16. April befand sich Wilhelm bereits wieder in Halle und gab an Hermann von Henneberg die Reichslehen des verstorbenen Ulrich von Münzenberg aus, *attendentes itaque sincere fidei puritatem et dilectionis constantiam, quam* [...] *carissimus sororius noster, circa nostram exaltationem habet pro laude nostri nominis extollendi*[1685]. Diese Worte gehen über formelhafte Hinweise auf Verdienste um das Reich und verwandtschaftliche Beziehungen hinaus. Sie bestätigen, was sich in den anderen Quellen andeutet: Der Henneberger war als Vermittler zwischen dem König und Heinrich dem Erlauchten aufgetreten, und wenn auch die Ereignisse im April 1252 in

---

und dessen Bedeutung in Merseburg vgl. WITTMANN, Merseburg im Zeitalter des Investiturstreits S. 263; HINZ, Grabmal S. 264 f.

1681) TEBRUCK, Pacem confirmare S. 297 f.

1682) Der Aufenthalt in Merseburg dürfte auch zur Beilegung des Konfliktes zwischen dem Magdeburger Erzbischof und dem Markgrafen von Meißen genutzt worden sein, der im Streit um die Niederlausitz ein Gegner des Markgrafen gewesen war; siehe dazu KÄLBLE, Heinrich der Erlauchte S. 267–273; LUTZ, Heinrich der Erlauchte S. 244 f., 283 f.

1683) Lediglich die beiden mutmaßliche Transsumpte Wilhelms für den Bischof von Meißen, DD Wilh 426–427, könnten hier angeführt werden: Am 22. Mai 1252 hatte Heinrich der Erlauchte für den Meißener eine Urkunde Ottos III. transsumiert und ihm Privilegien u. a. in der Lausitz zugestanden, vgl. Urkunden der Markgrafen von Meißen I A 5 Nr. 49–50, und so den seit 1250 währenden Streit mit dem Bischof beigelegt. Wilhelm wurde von den Bischöfen von Brandenburg und von Havelberg gebeten, eben diese beiden Urkunden des Markgrafen für den Bischof von Meißen zu transsumieren, erhalten sind nur die undatierten Suppliken. Einen Beleg für einen wie auch immer gearteten Austausch zwischen Wilhelm und Heinrich dem Erlauchten stellen diese nicht dar. Vgl. auch KÄLBLE, Original und Fälschung S. 275–282.

1684) SCHUBERT, König und Reich S. 78–83.

1685) D Wilh 188 S. 242 Z. 21–23.

Merseburg nicht ausschließlich auf sein Wirken zurückzuführen sein dürften, so hatte er doch großen Anteil an ihnen[1686].

## 4.3 (Un)gelöste Aufgaben

Wenn die Ausgriffe Wilhelms nach Osten, seine Interaktion mit dem Welfen, den Askaniern und dem wettinischen Markgrafen von Meißen, auch insgesamt als Demonstration königlicher Durchsetzungsfähigkeit zu betrachten sind, so gibt es doch auch Bereiche, in denen ein Eingreifen des Herrschers zu erwarten gewesen wäre, jedoch kaum erkennbar wird. Welches Engagement etwa entfaltete Wilhelm für seine Tante Sophie und ihre Stellung in Thüringen? Und wie fiel der Anteil des Reiches bei der Verteilung des Münzenberger Erbes, vor allem mit Blick auf Hermann von Henneberg, den Schwager des Königs, aus?

### Sophie, Herzogin von Brabant, *domina Hassiae*

Sophie war die älteste Tochter Landgraf Ludwigs IV. und der hl. Elisabeth, somit die Nichte Heinrich Raspes und etwa seit 1240 mit Herzog Heinrich II. von Brabant verheiratet. Das Land Hessen war ihr als Teil des ludowingischen Erbes vermutlich bereits 1243 zugesprochen worden[1687]. Da die betroffenen Herrschaftsgebiete zum größten Teil kirchliche Lehen darstellten, musste die Herzogin ihre Ansprüche vor allem gegen den Mainzer Erzbischof durchsetzen. Zudem wurde sie von den Expansionsbestrebungen des Erzstifts Köln und der Herzöge von Braunschweig bedroht. Die prekäre Lage der *domina Hassiae*[1688] Sophie, deren Mann Anfang des Jahres 1248 verstorben war, wurde lediglich durch die sog. Eisenacher Richtung von 1250 mit Markgraf Heinrich dem Erlauchten einigermaßen stabilisiert. Durch diesen Vertrag übernahm Heinrich für mindestens sechs Jahre die Herrschaft in Hessen, auf der Wartburg und in den anderen Besitzungen Sophies in Thüringen, als Vormund für deren Sohn Heinrich[1689].

In der Konstellation von 1252, nach der Hochzeit Wilhelms mit Elisabeth, der Nachwahl und dem Treffen in Merseburg, stand die Ludowingerin

---

1686) Vgl. FÜSSLEIN, Hermann I. S. 298–301.

1687) Zur Datierung der Eheschließung siehe STANGE-METHFESSEL, Frauwe Sophia S. 225.

1688) Zu diesem Titel, den Sophie in den von ihr eigenständig ausgestellten Urkunden führte, vgl. WERNER, Neugestaltung S. 36 f. mit Anm. 147.

1689) Dazu WERNER, Neugestaltung S. 42–44; KÄLBLE, Heinrich der Erlauchte S. 261–267; zur Dauer der Vormundschaft siehe jetzt v. a. Urkunden der Markgrafen von Meißen 1 A 5 Nr. 18 S. 29–31, mit Verweis auf die einschlägigen Quellenzeugnisse.

immer noch relativ isoliert gegen die nunmehr durch die königliche Verwandtschaft gestärkten welfischen Herzöge, den Mainzer und den Kölner. Der König befand sich nun in einer Position, von der aus er seine Tante unterstützen und die Erbangelegenheit in Hessen hätte regeln können – doch er tat es nicht, zumindest nicht nach dem Zeugnis der Quellen. Es gibt keine Belege für direkte Kommunikation zwischen Wilhelm und Sophie, wenn auch Treffen zwischen den beiden stattgefunden haben müssen. Vielleicht hatte die Herzogin ihren Gemahl zur Königswahl nach Worringen begleitet, und Wilhelm dürfte der Beisetzung Heinrichs II. Anfang Februar 1248 in der Zisterzienserabtei Villers in Brabant beigewohnt haben[1690]. Der König stellte jedoch keine Urkunde für Sophie aus, und gerade für die Monate Anfang 1252 oder im Winter 1252/53 fehlt jeglicher Nachweis eines Kontaktes.

Über welche Möglichkeiten verfügte Wilhelm konkret, um Sophie zu Hilfe zu kommen? Hessen war kein Reichslehen, folglich konnte er nicht als Lehnsherr die Sache seiner Vasallin vertreten und hatte keine rechtliche Handhabe im Streit um die Herrschaft Sophies in Hessen. Seine Unterstützung konnte allenfalls auf informellem Weg erfolgen und war abhängig von den Beziehungen, die er zu den Braunschweiger Herzögen und dem Erzbischof von Mainz pflegte. Wie oben dargelegt, folgte die Politik gegenüber Otto bzw. Albrecht von Braunschweig offenbar der Maxime, deren Landesausbau soweit wie möglich zu fördern und sie zu königlichen Stellvertretern im östlichen Reichsgebiet zu machen[1691]. Eine allzu deutliche Parteinahme für Sophie hätte diesem Ziel entgegengestanden.

Das gegenseitige Verhältnis zwischen dem König, dem neu ernannten Mainzer Metropoliten Gerhard und dem Legaten Hugo von Saint-Cher war ebenfalls ausschlaggebend für die Positionierung Wilhelms in der Hessenfrage. Gerhard war mit der tatkräftigen Unterstützung Heinrichs von Susa, des Erzbischofs von Embrun und Begleiter des päpstlichen Gesandten, in sein Amt gelangt. Seine erste Maßnahme als Erzbischof, nachdem er am 16. März 1252 die Priesterweihe empfangen hatte, war die Exkommunikation Heinrichs des Erlauchten und Sophies sowie die Verhängung des Interdikts über deren Herrschaftsgebiete in Hessen und Thüringen[1692]. Hugo von Saint-Cher hingegen rügte Gerhard und verhängte seinerseits im Mai

1690) Der König befand sich am 6. Febr. 1248 in Löwen, D Wilh 9; es fand bei dieser Gelegenheit mit großer Sicherheit ein Treffen mit Sophie statt; zur Bestattung des Herzogs in Villers vgl. Chronica Villariensis S. 207 Z. 28–33; vgl. STANGE-METHFESSEL, Frauwe Sophia S. 227 f. mit Anm. 21. Die Zisterze erhielt von Wilhelm später eine Schutzurkunde und Zollprivilegien in Holland und Zeeland, D Wilh 294, 1253 Dez. 26, Antwerpen.

1691) Siehe oben S. 295–299.

1692) Annales Erphordenses S. 110 Z. 20–27.

1252 den Kirchenbann über ihn, allerdings ohne erkennbaren Effekt. Der Erzbischof zeigte sich ziemlich unbeeindruckt und verbündete sich am 22. Mai mit den Grafen von Ziegenhain und von Battenberg gegen den Markgrafen und die Herrin Hessens[1693]. Der König äußerte sich zu all diesen Vorgängen nicht. Er musste auf den Legaten Rücksicht nehmen, der einen wichtigen Beitrag zum Gelingen der Reise in den Osten geleistet hatte, und bedurfte weiterhin der Unterstützung des Mainzers in den nach wie vor schwelenden militärischen Konflikten im Rhein-Main-Gebiet. Auch in diesem Kontext empfahl sich also Neutralität.

An zwei Stellen könnte es jedoch zu einem persönlichen Zusammentreffen zwischen Wilhelm und Sophie gekommen sein. Auf der Rückreise in die Niederlande machte der König am 9. Mai 1252 in Waldeck Halt und urkundete für das nahegelegene Kloster Bredelar[1694], vermutlich auf Anregung des Grafen Adolf von Waldeck, der sich in seinem Gefolge befand. Das Territorium des Waldeckers, der aus dem mainzischen Umfeld kam, aber bereits seit November 1250 ein Getreuer Wilhelms war, lag in unmittelbarer Nachbarschaft zu den hessisch-landgräflichen Besitzungen um Maden. In Waldeck hätten durchaus Gespräche zwischen dem König und der *domina Hassiae* stattfinden können, zumal sich in den Quellen andeutet, dass Adolf von Waldeck in den folgenden Monaten als Vermittler in Diensten der Ludowingerin aufgetreten ist[1695]. Es ist vorstellbar, dass Wilhelm auf „inoffiziellen“ Wegen versuchte, die Lage seiner Tante in Hessen zu verbessern, eindeutige Belege dafür gibt es aber nicht.

Eine zweite Möglichkeit für Beratungen bot sich vielleicht im Winter 1252, als der König am 13. Dezember 1252 in Eisenach weilte. Sophie muss gemäß dem Vertrag mit Heinrich dem Erlauchten von 1250 ursprünglich im Besitz der Wartburg gewesen sein, da sie diese zusammen mit Hessen der vormundschaftlichen Regierung des Markgrafen übertrug[1696]. Ob sie sich allerdings noch 1252/53 dort aufhalten konnte, ist unklar, ihr Itinerar ist aufgrund der spärlichen Urkundenausstellung kaum nachzuverfolgen. Geht man dennoch davon aus, dass sie in Eisenach Kontakt zu Wilhelm hatte, so könnte diesmal der König eine Vermittlerrolle gespielt haben: Er war im November längere Zeit bei dem im Kirchenbann befindlichen Mainzer Erzbischof gewesen[1697] und verhandelte vielleicht in dessen Auftrag mit So-

---

1693) GROTEFEND/ROSENFELD, Regesten Hessen 1 Nr. 35, 42 S. 12; vgl. ILGEN/VOGEL, Kritische Bearbeitung S. 309–311; WERNER Neugestaltung S. 45.

1694) D Wilh 197, 1252 Mai 9; zum Verhältnis Adolfs zum Kloster Bredelar und verschiedenen Übertragungen durch den Grafen siehe MÜLLER, Bredelar, v. a. S. 118.

1695) Siehe oben S. 184–187.

1696) WERNER, Neugestaltung S. 40 f.

1697) DD Wilh 251–252, 1252 Nov. 21–27.

phie. Allerdings gibt es auch dafür keine Quellen, und die Entwicklungen des Jahres 1254 zeigen, dass etwaige diplomatische Bemühungen umsonst gewesen waren.

Denn am 16. Mai 1254 schloss Heinrich der Erlauchte mit Gerhard von Mainz den Vertrag von Udestedt, in welchem dem Markgrafen die Mainzer Kirchenlehen in Thüringen zugesprochen wurden. Bezüglich der Situation in Hessen sollte bis zur Mündigkeit von Sophies Sohn Heinrich 1256 abgewartet werden[1698]. Dadurch sah die Ludowingerin ihre Position in Hessen in absehbarer Zeit erneut bedroht. Im Oktober 1254 verheiratete Sophie ihre erst elfjährige Tochter Elisabeth mit Herzog Albrecht von Braunschweig und vollzog somit einen Bündniswechsel, der weitere militärische Auseinandersetzungen mit sich brachte[1699]. Markgraf Heinrich einigte sich mit dem Mainzer Erzbischof 1254 im Vertrag von Udestedt über die Kirchenlehen in Thüringen, und in den Langsdorfer Verträgen 1263/64 kam schließlich ein Friedensschluss zwischen allen drei Parteien – Sophie, Heinrich und dem Mainzer – zustande. Hier wurde der Status bestätigt, der wohl bereits in der Eventualbelehnung von 1243 vorgesehen war: eine Teilung der ehemals ludowingischen Herrschaftsgebiete, Hessen in der Hand Sophies und ihrer Nachkommen, Thüringen bei den Wettinern[1700].

Während auf den ersten Blick in der Tat von einem Ausfall des „in unserem Raum weitestgehend nicht präsenten Königtums"[1701] die Rede sein muss, so lässt eine genauere Betrachtung einmal mehr versteckte politische Unterströmungen erahnen, so etwa das mutmaßliche Wirken Adolfs von Waldeck, der als *iustitiarius generalis* am Ende von Wilhelms Herrschaft eine herausragende Position innehatte. Allein, die Quellenlage verhindert, dass diese diplomatischen Netzwerke genauer gefasst werden können.

### Graf Hermann von Henneberg und das Münzenberger Erbe

Es musste ein Anliegen des Königs sein, sich seinem Schwager Hermann von Henneberg erkenntlich zu zeigen, der vermutlich einen beträchtlichen, wenn auch nicht mehr exakt nachzuvollziehenden Beitrag zur Verständigung mit Markgraf Heinrich von Meißen geleistet hatte. Die erste Urkunde Wilhelms zugunsten des Grafen betraf noch die Begleichung der Mitgift Margaretes in Höhe von 4000 Kölner Mark, für die Einnahmen aus den

1698) WERNER, Neugestaltung S. 20 f.

1699) WERNER, Neugestaltung S. 47–50.

1700) Der Vertrag von Udestedt bei DOBENECKER, Regesta 3 Nr. 2238 S. 353 f.; ROBERG, Langsdorfer Urkunden LU 3–4; WERNER, Neugestaltung S. 114–116; KÄLBLE, Heinrich der Erlauchte S. 269–274.

1701) WERNER, Neugestaltung S. 117.

Rheinzöllen in Geervliet und Ammers verpfändet werden mussten[1702]. Am 16. April 1252 übertrug der König dem Henneberger die Reichslehen Ulrichs von Münzenberg, in Anbetracht der reinen Treue und beständigen Zuneigung, die dieser dem Herrscher entgegenbrachte[1703]. Wenige Tage später erging der Auftrag an *C. de Eppestein*, den neuen Vasallen in seine Lehen einzuweisen[1704]. Der Zusammenhang mit der Unterwerfung Heinrichs des Erlauchten, die in der Woche zuvor in Merseburg stattgefunden hatte, ist kaum von der Hand zu weisen[1705].

Das Münzenberger Lehen stellte einen sehr attraktiven Besitztitel dar. Der bedeutendste Vertreter der Familie von Münzenberg war Kuno I., *ministerialis imperii, qui dives et sapiens castra sua, bona et militum hominia multa habebat*[1706]. Er erbaute vor 1174 die Münzenburg in der nördlichen Wetterau und akkumulierte mit Unterstützung Friedrich Barbarossas eine Reihe von Besitzungen und Rechten, wodurch ein nahezu lückenloser Herrschaftsraum im Umkreis der Burg entstand[1707]. Spätestens unter seinen Nachfolgern befand sich auch die Wetterauer Grafschaft in der Hand der Münzenberger, insgesamt kann von einer „fürstengleichen Stellung“ der Herren die Rede sein[1708].

Das „Erfolgsrezept“ der Münzenberger und ein wichtiger Faktor für ihr Selbstverständnis war die Treue zu den Staufern: Kuno selbst hatte das Amt des Reichskämmerers inne und war sowohl Friedrich I. als auch Heinrich VI. und Philipp von Schwaben eng verbunden[1709]. Unter der Herrschaft Friedrichs II. wandelte sich dies, bereits 1216 bestätigte der Kaiser eine Rückerstattung der Grafschaft und aller Güter seines Vaters und seines Bruders an Ulrich von Münzenberg, den Sohn Kunos[1710]. Aufgrund dieser Urkunde muss von einem vorausgegangenen Entzug der Herrschaft ausge-

---

1702) D Wilh 93, 1249 Juli 4, Mainz.

1703) *Attendentes itaque sincere fidei puritatem et dilectionis constantiam*, D Wilh 188 S. 242 Z. 21 f.

1704) D Wilh 189, 1252 April 20, Wolmirstedt; der Beauftragte war vermutlich nicht ein anderweitig nirgends nachzuweisender Konrad von Eppstein, wie HÄGERMANN/KRUISHEER vermuten, sondern Gottfried III. von Eppstein.

1705) Vgl. auch FÜSSLEIN, Hermann I. S. 299 f.

1706) La Chronique de Gislebert de Mons Kap. 109 S. 162 Z. 8–10.

1707) SCHWIND, Die Landvogtei in der Wetterau S. 45 f.; KEUNECKE, Die Münzenberger S. 15 f.; zur Verteilung des Münzenberger Besitzes das umfangreiche Verzeichnis ebd. S. 264–332 und Karte III.

1708) SCHWIND, Die Landvogtei in der Wetterau S. 47–50, Zitat S. 47; KEUNECKE, Die Münzenberger S. 329 f.

1709) BOSL, Reichsministerialität S. 290 f.

1710) D FII. 386, 1216 Okt. 26, Leipzig.

gangen werden, auch wenn dieser weder nachweisbar ist noch begründet werden kann[1711]. Mit dem Aufstand Heinrichs (VII.) gegen seinen Vater trat schließlich eine Spaltung der Familie ein. Ulrich und sein gleichnamiger Sohn unterstützten die Opposition, während Kuno, ebenfalls ein Sohn Ulrichs I., kaisertreu blieb. Diese innerfamiliären Auseinandersetzungen waren im Jahr 1252 jedoch bereits gelöst, da der staufertreue Kuno 1243 verstorben und Ulrich II. als letzter männlicher Münzenberger übrig geblieben war[1712].

Im Februar 1249 trat Ulrich erstmals in einer Urkunde Wilhelms als Kämmerer auf[1713], kurz darauf bezeugte er zusammen mit Hermann von Henneberg die Übertragung Namurs an Johann von Avesnes.[1714] Er nahm am Frankfurter Hoftag im Sommer 1252 teil[1715] und war wenig später in Friedberg noch einmal beim König[1716]. Am 10. August 1255 ist er verstorben: In einem Diplom für das Kloster Eberbach genehmigte Wilhelm der Abtei das Nutzungsrecht von Weiden und Wäldern, wie sie es zuvor besessen hatte, *vivente quondam Vlrico de Minzeberg*[1717]. Aus diesen Zeugnissen geht hervor, dass zwischen dem König und seinem Kämmerer ein gutes Einvernehmen herrschte. Ulrich dürfte also seine Zustimmung zu der Übertragung der Münzenberger Reichslehen an den Henneberger gegeben haben[1718], vermutlich in der Vorahnung, dass er ohne leibliche Nachkommen sterben würde. Betrachtet man die Urkunden, die er ab 1252 ausstellte, so könnten diese als eine vorgreifende Verteilung seines Erbes verstanden werden. Er verzichtete auf Rechte und Güter zugunsten des Deutschen Ordens[1719], gab Besitzungen an verschiedene geistliche Einrichtungen[1720] und

---

1711) BOSL, Reichsministerialität S. 292 f.; SCHWIND, Die Landvogtei in der Wetterau S. 46 f.

1712) KEUNECKE, Die Münzenberger S. 24 f.

1713) D Wilh 78, 1249 Febr. 19, Ingelheim.

1714) D Wilh 88, 1249 April 27, Mainz.

1715) D Wilh 228, 1252 Juli 11.

1716) D Wilh 242, 1252 Sept. 17.

1717) D Wilh 399 S. 466 Z. 33.

1718) Anders FÜSSLEIN, Hermann I. S. 297–300, der die Auftritte Hermanns in Frankfurt und Friedberg im Sommer 1252 beim König als Versuche betrachtet, die Verleihung rückgängig zu machen.

1719) KEUNECKE, Die Münzenberger Nr. 344 S. 196 f., auf Bitten Sophies von Hessen zugunsten des Deutschen Ordens in Marburg – auch dies ein Zeichen des Einverständnisses mit dem König; Nr. 369–370 S. 207 f.

1720) KEUNECKE, Die Münzenberger Nr. 347–348 S. 198 (Kloster Arnsburg), Nr. 350 S. 199 (Kloster Eberbach), Nr. 354 S. 200 f. (Seelgerätsstiftung an das Stiftskapitel in Frankfurt), Nr. 361 S. 204 (Domkapitel Mainz).

übertrug die Burg Königstein seinem Schwager Philipp von Falkenstein[1721]. Es entsteht der Eindruck, als habe der Münzenberger sein Haus bestellt, und dazu gehörte auch seine Einwilligung in die Neuvergabe der Reichslehen durch den König.

Dieser konsensualen Interpretation der Quellen widerspricht jedoch der Wortlaut der beiden Diplome, durch die Wilhelm diese Lehnsfrage regelte. In diesen ist ausdrücklich im Präsens die Rede von den *feuda, que per mortem quondam Vlrici de Minzeberg nobis et imperio vacant*[1722]. Da Ulrich II. 1252 noch am Leben war, könnte sich diese Formulierung nur auf dessen 1239[1723] verstorbenen Vater beziehen. Das Reichslehen wäre in diesem Fall bereits 13 Jahre vakant, und die königliche Kanzlei hätte den Münzenberger wohl kaum als Kämmerer in den Zeugenlisten des Jahres 1249 aufgeführt. Vermutlich hat Keunecke Recht, wenn er die in Halle vorgenommene Vergabe der Reichslehen an Hermann von Henneberg als Eventualbelehnung bezeichnet[1724], die bereits im Voraus sprachlich so gefasst wurde, dass sie nach dem Tod Ulrichs II. von Münzenberg Anwendung finden konnte. Darauf könnte auch die Rolle des Herren von Eppstein, vermutlich Gottfrieds III., als Exekutor der Belehnung hindeuten. Als Neffe des Mainzer Erzbischofs Siegfried III. ist er gemeinsam mit dem Münzenberger und dem Henneberger zum ersten Mal in Mainz im April 1248 im Umfeld des Königs nachzuweisen[1725], 1254 wurde er von Wilhelm zum Marschall des Reiches in Schweinfurt ernannt[1726], und er gehörte zum weiteren verwandtschaftlichen Umfeld Ulrichs von Münzenberg[1727]. Der König übertrug die Überwachung und Durchführung der Lehnsvergabe also einem vertrauenswürdigen Mann, der mit beiden beteiligten Personen verbunden war. Dies lässt darauf schließen, dass der Übertragung der Münzenberger Lehen an Hermann von Henneberg kein Konflikt zugrunde lag.

Dennoch gelang es Wilhelms Schwager nicht, die Herrschaft in der nördlichen Wetterau anzutreten, die für ihn eine willkommene Ausdehnung seines Besitzes nach Westen bedeutet hätte. Als die Belehnung von Halle am 10. August 1255 mit dem Tod Ulrichs wirksam wurde, befand sich der Kö-

---

1721) KEUNECKE, Die Münzenberger Nr. 346 S. 197.

1722) D Wilh 188 S. 242 Z. 24 f.; vgl. D Wilh 189 S. 243 Z. 16f: *feuda quondam Vlrici de Minzeberg ad nostram et imperii collationem spectantia.*

1723) So KEUNECKE, Die Münzenberger, Stammtafel II S. 386 f. Ein Beleg für diese Jahreszahl ist nicht aufzufinden.

1724) KEUNECKE, Die Münzenberger Nr. 339 S. 196.

1725) D Wilh 88.

1726) D Wilh 298, 1254 Jan. 9, Reimerswaal; vgl. SCHÄFER, Die Herren von Eppstein S. 313 f.

1727) Siehe oben S. 118.

nig auf einem Feldzug gegen die Friesen[1728], und Hermann selbst machte keine Anstalten, die Reichslehen in seinen Besitz zu bringen. Das Erbe wurde letztlich unter den Verwandten der Münzenberger aufgeteilt[1729].

Der Henneberger erhielt noch weitere Reichslehen von seinem königlichen Schwager: den Rheinzoll zu Braubach, weil er sich in Diensten des Königs und der Kirche verausgabt hatte, *non sine magnis laboribus et expensis*[1730], und die Reichsburg Uffenheim in Franken, südlich von Würzburg[1731]. Als Ersatz für die Münzenberger Lehen[1732] können diese Übertragungen nicht gedacht gewesen sein, zum einen, weil sie nicht ansatzweise denselben Umfang hatten, zum andern, weil ja die Aussichten auf die Nachfolge in den Besitzungen Ulrichs 1252/53 noch bestanden. Vielmehr ist anzunehmen, dass der König an strategisch wichtigen Punkten einen Verwandten einsetzen wollte, auf den er sich verlassen konnte. Der Braubacher Zoll richtete sich gegen die überzogenen Forderungen der rheinischen Erzbischöfe, die Burg Uffenheim sollte den Ansprüchen der staufertreuen Erben entzogen werden[1733]. Auch die Herrschaft in der Wetterau, an einer wichtigen Schnittstelle zwischen den Interessensphären des Reiches, der Mainzer Erzbischöfe, Hessens und Thüringens, bedurfte besonderer Aufmerksamkeit, und ihre Vergabe an Hermann stellt einen Vertrauensbeweis Wilhelms dar. Selbst wenn der Henneberger letztlich weder in der Wetterau noch in Uffenheim zum Zuge kam, scheint die Zusammenarbeit des Grafen und des Königs doch zu beiderseitiger Zufriedenheit verlaufen zu sein[1734].

---

1728) So der Bericht bei Menko, Kroniek S. 390 Z. 19 f.; von April bis Okt. 1255 war der König mit wenigen Unterbrechungen in Zeeland und Holland, DD Wilh 371–189.

1729) KEUNECKE, Die Münzenberger S. 26 f.

1730) D Wilh 234, 1252 Juli 13, Frankfurt *in castris*, Zitat S. 287 Z. 28 f. SCHÄFER, Die Herren von Eppstein S. 314 mit Anm. 38, spricht von einer Weitergabe des Zolls an Gottfried von Eppstein; die von ihr angegebenen Quellen beziehen sich jedoch nur auf die Belehnung Hermanns von Henneberg. 1269 besaßen die Eppsteiner den Braubacher Zoll laut SCHÄFER, ebd.

1731) D Wilh 261, 1253 Jan. 21, Braunschweig.

1732) So FÜSSLEIN, Hermann I. S. 297 f.

1733) FÜSSLEIN, Hermann I. S. 298.

1734) Sehr skeptisch diesbezüglich FÜSSLEIN, Hermann I. S. 295 f., der in der Eheschließung zwischen Hermann und Margarete ein rückwärtsgewandtes Bündnis sieht, das keine zukunftsträchtige Wirkung entfaltete, eine Entschädigung für die von ihm vermutete missglückte Königskandidatur des Hennebergers 1247.

## 5 Die Herrschaft König Wilhelms: Eine Neubewertung

Das Urteil der älteren Literatur über die Herrschaft Wilhelms und gerade über die erste Phase seines Königtums ist denkbar ungünstig. Angesichts der Situation zu Jahresbeginn 1252 befindet Hintze: „Überschaut man noch einmal im ganzen die bisherigen Unternehmungen Wilhelms, so kann nicht zweifelhaft sein, daß der Erfolg dieser Kämpfe ums Reich bisher doch nur ein verhältnismäßig geringer war. [...] Der König aber nahm ein bitteres Gefühl des Mißlingens mit in die neuen Kämpfe hinein, die seiner in den Erblanden harrten“[1735]. Ulrich fasst zusammen, dass „Wilhelm seit seiner Wahl bis zum Jahre 1252 planlos bald diesen, bald jenen Zug unternahm, ohne Bedeutendes zu erreichen“[1736]. Und Hasse konstatiert über die ersten Maßnahmen des Königs nach seiner Wahl: „Gar schnell hat sich die gänzliche Hülfs- und Mittellosigkeit des kleinen Grafen herausgestellt. Noch hatte kein König auf dem deutschen Throne gesessen, dessen Armut an baarem [sic] Gelde so greifbar zu Tage getreten wäre, wie es nun bei Wilhelm von Holland der Fall war“[1737]. Diese Einschätzungen prägen das Bild von diesem Königtum bis heute und wurden zum größten Teil unhinterfragt in den neueren Überblicksdarstellungen übernommen. Für Weinfurter etwa ist Wilhelm „einer der schwächsten Herrscher des Mittelalters“, „der königliche Wirkradius blieb bescheiden, beschränkt auf den Niederrhein und Holland“[1738]. Wie unzutreffend gerade letztere Einschätzung ist, konnte bis zu diesem Punkt bereits nachgewiesen werden.

An sich genügt schon ein relativ oberflächlicher Blick auf das Itinerar und die Liste der Urkundenempfänger Wilhelms, um Zweifel an den überkommenen Ansichten zu erwecken. Vom ersten Tag seiner Herrschaft an war der König bemüht, das gesamte Reich zu erfassen. Er bewegte sich im Verlauf seiner Regierungszeit fast in ganz Deutschland sowie in Burgund und richtete seine Diplome an einen noch weiteren Kreis, der italienische Kommunen ebenso wie bayerische Adlige umfasste. Er stützte sich gerade bei seinen militärischen Unternehmungen zunächst hauptsächlich auf seine holländischen Ritter und fand besonderen Rückhalt in seinem engeren familiären Umfeld – eine Verhaltensweise, die dem König nicht zum Vorwurf gemacht werden kann, entspricht sie doch der im 13. Jahrhundert gängigen

---

1735) HINTZE, Das Königtum Wilhelms S. 63 f.

1736) ULRICH, Geschichte des römischen Königs Wilhelm von Holland S. 120; noch schärfer zu 1249: „Gerade die nächsten drei Jahre gewähren ein trauriges Bild der Regierung König Wilhelms. Seine eigene Machtlosigkeit verhindert ihn überall, kraftvoll etwas zu unternehmen“, ebd. S. 43.

1737) HASSE, König Wilhelm von Holland S. 97.

1738) WEINFURTER, Das Reich im Mittelalter S. 128, 182.

Regierungspraxis[1739]. Außerdem erweiterte Wilhelm schrittweise seine Entourage, indem er zunächst seine Verwandten und dann auch weitere Vertraute wie etwa Heinrich von Speyer als Mittelsleute einsetzte, die ihm neue Personenkreise erschließen konnten. Schon früh lassen sich Verbindungslinien vom König zu scheinbar entlegenen Punkten beobachten, die sich oftmals als Vorbereitung späterer intensiverer Kontakte erweisen. Insgesamt zeigt sich aufgrund der Urkunden, dass Wilhelm bereits deutlich vor dem Stichjahr 1252 allgemein als König akzeptiert war. Die Bedeutung kirchlicher Kreise, vor allem der päpstlichen Legaten für die Durchsetzung seiner Herrschaft darf zwar keinesfalls unterschätzt werden, doch hatte sich der König aktiv an der Generierung seiner Anhängerschaft beteiligt und trat als gleichwertiger Akteur neben und zusammen mit den geistlichen Fürsten auf.

Dieses Selbstbewusstsein Wilhelms tritt auch zutage, wenn man die wechselseitigen Beziehungen des Reichsoberhauptes zu seinem engsten Umfeld betrachtet. Das Verhältnis zu den Mainzer Erzbischöfen Siegfried III., Christian und Gerhard lässt sich nicht sehr gut beurteilen, aufgrund der rasch hintereinander folgenden Wechsel auf dem Mainzer Stuhl 1249 und 1251. Mit Erzbischof Gerhard, der aus der Familie der Wildgrafen stammte und somit einer Gruppe angehörte, die dem König seit dem Frühjahr 1249 eng verbunden war, verlief die Zusammenarbeit ziemlich reibungslos. Problematischer gestaltete sich Wilhelms Interaktion mit Konrad von Hochstaden und Arnold von Isenburg. Aufgrund seiner Herkunft und Verwandtschaft war der König zwangsläufig in das Geflecht der niederrheinischen Adligen eingebunden, und diese definierten sich maßgeblich durch den Anschluss an oder die Opposition gegen den Kölner Erzbischof. In der Politik des Herrschers ist erkennbar, dass er im Sinne seiner eigenen Interessen durchaus im Stande war, sich gegen den einflussreichen Metropoliten zu stellen. Die Hinweise auf eine Eskalation des Konfliktes, die in manchen erzählenden Quellen genannt werden – der Brandanschlag in Neuss, die Verschwörung Konrads mit Margarete und vor allem der Plan, Ottokar von Böhmen zum König zu machen –, müssen jedoch sehr vorsichtig und kritisch behandelt werden. Auch im Umgang mit Erzbischof Arnold von Trier ließ Wilhelm erkennen, dass er Streit nicht um jeden Preis aus dem Weg ging. Die aggressiven Zollforderungen des Trierers und der Angriff auf die königlichen Schiffe bei Koblenz im Herbst 1252 führten zu einem Prozess in Köln, in dem der König sehr bestimmt, ja sogar unversöhnlich auftrat. Spätestens hier zeigt sich ein herrscherliches Selbstverständnis, das unabhängig funktionierte, auch im Konflikt mit der hohen Geistlichkeit.

1739) GRAMSCH, Das Reich als Netzwerk der Fürsten, hier v. a. S. 366–368.

Auf einer anderen Ebene spielte sich die Interaktion Wilhelms mit seinem Kanzler Heinrich von Speyer und dem Justitiar Adolf von Waldeck ab. Diese gehörten zum „Verwaltungsapparat“ des Reiches. Während der Speyerer von Anfang an zu den engsten Vertrauten des Königs gehörte und diese Position wohl bis zu dessen Tod innehatte, kam der Graf von Waldeck erst relativ spät an den Hof, hatte sich zunächst im Dienst des Mainzer Erzbischofs und als Gefolgsmann Sophies von Hessen bewährt. Gerade sein Amt als Stellvertreter des Herrschers ab März 1255 verweist auf innovative Ansätze, vielleicht Ideen für einen Ausbau oder eine Reform der Reichsverwaltung durch Wilhelm, die allerdings aufgrund der Kürze der ihm verbleibenden Zeit nicht zur Durchführung gelangen und in den Quellen kaum zu fassen sind.

Ebenfalls schwer zu beurteilen ist die Beratung des Königs durch den engsten Kreis, seine Frau und seinen Bruder. Während Elisabeth kaum in Erscheinung trat und auch nach der Ermordung ihres Gemahls in Holland allenfalls im Hintergrund agierte, kann die Korrespondenz der beiden Brüder über die Belange der Grafschaft, um die sich Florens zu kümmern hatte, zumindest teilweise nachvollzogen werden. Einflussnahme in Reichsangelegenheiten ist weder für die Königin noch für den Bruder Wilhelms nachzuweisen.

Überblickt man dessen gesamtes Königtum, so treten drei große inhaltliche Komplexe hervor: zunächst die Entstehung des Rheinischen Bundes, der sowohl in der älteren wie auch in der jüngsten Forschung das politische Hauptthema im Zusammenhang mit Wilhelm darstellt. Dieses sicherlich vor allem in seiner mentalen Tragweite kaum zu überschätzende Bündnis wurde in dieser Arbeit fast vollständig ausgeblendet. Der König musste sich wohl mit ihm arrangieren, doch ein besonderes Engagement für dessen Motive zeigte er nicht. Er vereinnahmte den Bund lediglich, um seine Akzeptanz zu erhöhen – diese Zusammenhänge wurden von Claudia Garnier ausführlich dargelegt[1740].

Hier standen zwei andere Schauplätze von Wilhelms Herrschaft im Mittelpunkt. Erstens der Krieg mit Margarete von Flandern: Weitestgehend einmütig[1741] verurteilt die Forschung die militärischen Auseinandersetzungen der Jahre 1254/55 in Zeeland und Hennegau als Vernachlässigung des Reiches zugunsten territorialer Eigeninteressen. Im Falle der Eroberung Zeelands bewesten Schelde und der Schlacht von Westkapelle mag diese Einschätzung sogar zutreffen – doch diese Phase des Konfliktes ist sehr kurz

1740) GARNIER, Amicus amicis S. 48–54.

1741) Anders REESE, Die Niederlande S. 286–289, jedoch aufgrund des Erscheinungsjahres 1941 als äußerst problematische Äußerung zu betrachten.

und wurde mit dem größtmöglichen Erfolg abgeschlossen. Der Krieg in Hennegau hingegen, der um die Reichslehen geführt wurde, war aus der Perspektive der Zeitgenossen eine Reichsangelegenheit, die im Blick auf die Beteiligung Karls von Anjou auch noch außenpolitische Dimensionen annahm. Auf dem Frankfurter Hoftag im Sommer 1252 hatten die Fürsten dem König ihre Unterstützung zugesichert, und es gibt Hinweise darauf, dass zumindest der Herzog von Sachsen Truppen in den Nordwesten entsandt hatte. Selbst wenn Wilhelm im Hennegau seinem Schwager Johann von Avesnes zu dessen Recht verhelfen wollte, so tat er dies nicht als Graf von Holland, sondern als ein streitbarer und durchsetzungswilliger römischer König.

Zweitens wurde hier das Vorgehen Wilhelms im Osten des Reiches gegenüber den weltlichen Fürsten beleuchtet. Weniger der Aspekt des allzu freigebigen Umgangs mit Reichsgut und Regalien sollte hier thematisiert werden, sondern vielmehr die Kontakte, die an den König herangetragen wurden, aber auch von ihm ausgingen. Gerade in der Interaktion mit Braunschweig und dem Markgrafen Heinrich von Meißen offenbart sich sehr klar, in welchem Ausmaß Wilhelm über Informationen über die aktuelle Situation in den betreffenden Regionen verfügte und mit welchen Mitteln er Verbindungen knüpfte oder zumindest entstehen ließ. Er nutzte die familiären Beziehungen seines Getreuen Arnolds von Diest zum Braunschweiger Hof, bahnte im richtigen Moment die Ehe seiner Schwester mit Hermann von Henneberg an, ließ den Legaten im Frühjahr 1252 den Harzraum erkunden, bevor er selbst bis nach Halle und Merseburg vorrückte und dort an der Saale seinen größten Coup landete: die Unterwerfung Heinrichs des Erlauchten, die ihm zwar in der Folgezeit keinen messbaren Nutzen, aber doch eine enorme Steigerung seines Ansehens einbrachte.

Der König verfolgte gegenüber den Reichsfürsten im Osten insgesamt eine realistische Politik, unterstützte offenbar deren Territorialisierungsbestrebungen und baute sie als Repräsentanten der königlichen Macht auf. Zugleich gab er jedoch den Standpunkt des Reiches vor Ort nicht vollständig auf, wie seine Förderung Goslars belegt. In den Urkunden für die dortigen salischen Stiftungen zeigt sich ebenso wie bei den Zuwendungen etwa zu Pöhlde und Walkenried das Traditionsbewusstsein des Königs, der sich demonstrativ in die Reihe der römisch-deutschen Herrscher eingliederte.

Die beiden Szenarien in den Niederlanden und im Austausch mit den östlichen Reichsfürsten zeigen Wilhelm in völlig unterschiedlichen Rollen: einerseits als einen mit den Verhältnissen aufs Beste vertrauten und in das lokale Beziehungsgeflecht von Geburt an eingebundenen Kriegsherrn, andererseits als einen vorsichtigen Politiker, der von außen kommt und nach und nach Kontakte knüpft, seinen Einfluss ausweitet und sich Respekt verschafft. Der König wird den Anforderungen der jeweiligen Situation beide Male gerecht, von einem Versagen oder einem Totalausfall königlicher Präsenz kann jedenfalls nicht die Rede sein.

Die von der älteren Forschung getroffenen und später kolportierten Urteile über das mangelhafte herrscherliche Handeln Wilhelms müssen aufgrund der intensiven Auseinandersetzung vor allem mit den Urkunden des Königs revidiert werden. Gerade der angebliche scharfe Bruch mit den kirchlichen Unterstützern 1252 zugunsten einer Fokussierung auf die weltlichen Fürsten bestätigt sich nicht: Es ist weniger ein radikaler Bündniswechsel als eine Erweiterung der Herrschaftsgrundlage zu konstatieren. Eine große Rolle für die Sichtweise Wilhelms in der Literatur haben freilich die historiographischen Quellen gespielt, die bislang jedoch kaum berücksichtigt worden sind. Sie sollen in den folgenden Kapiteln thematisiert werden.

# III Das Bild des Königs: Wilhelm im Spiegel der Geschichtsschreibung und der Memoria

> Nicht ohne Grund griffen die deutschen Humanisten bei ihrer Suche nach eigener nationaler Überlieferung auf die Geschichtswerke der Staufer- und Ottonenzeit oder noch weiter zurück; denn seitdem hatte Deutschland keine große gemeinsame Geschichtsschreibung mehr gehabt[1].

Der Befund Grundmanns betrifft die Zeit König Wilhelms in besonderer Weise. Es gibt im 13. Jahrhundert in der Tat kein historiographisches Werk, das sich ähnlich umfassend wie etwa die Gesta und die Chronik Ottos von Freising für die Reichsgeschichte und vor allem für das Schicksal des Reichsoberhauptes interessierte[2]. Gezielte Herrschaftslegitimation für die Zeitgenossen und die Nachwelt durch Geschichtsschreibung fand im Falle Wilhelms nur in sehr begrenztem Ausmaß statt[3]. Vielmehr entfaltete die pro-habsburgische Propaganda in den 1270er Jahren nachträglich eine delegitimierende Wirkung, namentlich Gottfried von Ensmingen als Verfasser der Chronik im Straßburger Ellenhard-Codex[4].

Nachdem in den vorausgehenden Kapiteln das herrscherliche Handeln des Königs vor allem aufgrund seiner Diplome untersucht wurde, wenden sich die folgenden Abschnitte zunächst dem Bild zu, das die Historiographie zu verschiedenen Zeiten und an unterschiedlichen Orten von Wilhelm gezeichnet hat. Durch eine genaue Untersuchung der einzelnen historiographischen Quellen, ihres Kontextes und ihrer Darstellungsabsicht soll versucht werden, der Wahrnehmung des Herrschers und seiner Leistungen auf die Spur zu kommen. Wer hatte zu welcher Zeit Interesse an diesem König, über welche Ereignisse seiner Herrschaft wurde berichtet, welche Rolle spielte Wilhelm für den betreffenden Autor und dessen Publikum? Hin-

---

1) GRUNDMANN, Geschichtsschreibung S. 67 f.

2) Zum Umbruch in der Geschichtsschreibung im 13. Jh. und der Weltgeschichte als „auslaufende Gattung" vgl. auch SOMMERLECHNER, Stupor mundi S. 57 f.

3) Zu den verschiedenen Methoden der Legitimation, die Otto von Freising in den ersten beiden Büchern der Gesta Frederici anwendet, vgl. GOETZ, Herrschaft und Geschichte S. 69–76; konkret über die Darstellung der Wahl Friedrichs 1152 und das Verhältnis zwischen König und Fürsten, die Friedrich „in jeder Hinsicht als überlegene und uneinholbare Herrschergestalt stilisierte", vgl. KRIEG, Zur Spiegelung Friedrich Barbarossas S. 255–272, Zitat S. 272.

4) Dazu siehe unten S. 367–371.

sichtlich der Herrschermemoria spielt die Grafschaft Holland eine besondere Rolle. Hier bewahrte man Wilhelm durchaus ein ehrendes Angedenken bis ins 16. Jahrhundert. Es stellt sich die Frage, ob dieser Umgang mit dem König auch Auswirkungen auf den Rest des Reiches oder das Traditionsbewusstsein des Reichsoberhauptes hatte.

## 1 Zeitgenössische Geschichtsschreibung

| **Werk** | **Berichtete Zeit, Entstehungszeit** |
|---|---|
| Kölner Königschronik[5] | bis 1249 |
| Chronik von St. Pantaleon[6] | bis 1249 (1251) |
| Erfurter Predigerannalen[7] | bis 1253 |
| Stader Annalen (Albert von Stade)[8] | bis 1256, 1240–1256 |
| Chronica Majora (Matthaeus Parisiensis)[9] | bis 1259, 1236–1259 |
| Chronik des Klosters Bloemhof (Menko)[10] | bis 1273, 1243–1273 |
| Gesta Treverorum Continuatio V[11] | bis 1259, vor 1272 |
| Altaicher Annalen (Hermann von Niederaltaich)[12] | bis 1273, 1250–1273 |

Die Liste gibt einen Überblick über die wichtigsten Werke der zeitgenössischen, also vorhabsburgischen[13] Geschichtsschreibung, in denen über Wil-

5) Fünfte Fortsetzung, geschrieben im Kloster St. Pantaleon, Chronica regia Coloniensis S. XX; vgl. WOLF, Art. Chronica regia Coloniensis S. 404 f.; WATTENBACH/SCHMALE, Geschichtsquellen S. 105–109.

6) Annales S. Pantaleonis S. 529 f.; WATTENBACH/SCHMALE, Geschichtsquellen S. 109–112; ausführlich zu den im Kloster St. Pantaleon entstandenen Handschriften der Königschronik bzw. der Annales S. Pantaleonis vgl. BREUER, Geschichtsbild und politische Vorstellungswelt S. 19–21, Stemma S. 22.

7) Annales Erphordenses S. 76 f.; WATTENBACH/SCHMALE, Geschichtsquellen S. 408 f.

8) GÜNTHER, Art. Albert of Stade S. 25; WATTENBACH/SCHMALE, Geschichtsquellen S. 423–425.

9) VAUGHAN, Matthew Paris S. 125; RUCH, Art. Matthew Paris S. 1093 f.

10) Kroniek S. XXXIII; MOL, Art. Menko S. 1103.

11) Gesta Treverorum S. 370; WATTENBACH/SCHMALE, Geschichtsquellen S. 351 f.

12) PLASSMANN Art. Hermann of Niederaltaich S. 779.

13) Hermann von Niederaltaich lebt zwar bis 1275 und schreibt bis 1273, erwähnt jedoch in seiner Chronik nicht die Wahl Rudolfs von Habsburg; er endet mit seinem Rücktritt als Abt im Frühjahr 1273, die Königswahl fand jedoch am 1. Okt. dieses Jahres statt, vgl. Hermanni Annales Altahenses S. 407 Z. 35–408 Z. 2.

helm berichtet wird, selbst wenn es sich nur um kurze Erwähnungen handelt. Aufgrund der unterschiedlichen Entstehungszeiten bietet sich eine Unterteilung der historiographischen Quellen an. Eine erste Gruppe bilden die Kölner Überlieferung und der Erfurter Predigerannalist, die beide vor dem Tod Wilhelms abbrechen. In der zweiten Abteilung finden sich dann alle anderen Geschichtsschreiber, also Albert von Stade, Matthaeus Parisiensis, Menko, Hermann von Niederaltaich und der anonyme Verfasser der Gesta Treverorum, deren Werke enden, kurz nachdem der König gestorben ist. Daraus ergibt sich im Wesentlichen die Gliederung der folgenden Kapitel, wobei Matthaeus Parisiensis als dem ausführlichsten Chronisten dieser Jahre eine besondere Stellung einzuräumen ist.

### 1.1 Der Kölner Blick auf die Dinge: Die Annales S. Pantaleonis

Ab 1238 entstand im Kölner Kloster St. Pantaleon[14] ein Geschichtswerk, das sich sehr eng an die Kölner Königschronik anlehnte[15]. Georg Waitz edierte den letzten Abschnitt dieser von der Forschung so genannten Annalen, der über die 1240er Jahre berichtet, als fünfte Fortsetzung der Kölner Königschronik[16], daher die Doppelbezeichnung für ein und denselben Text. In den betreffenden Passagen verengt sich der Blickwinkel des anonymen Verfassers sehr stark auf die kölnischen Ereignisse[17], doch auch das Geschehen im Reich bleibt präsent.[18] Insgesamt ist der Autor hervorragend informiert. Angefangen mit der Absetzung Kaiser Friedrichs II. auf dem Konzil von Lyon 1245 – eine Abschrift der entsprechenden Bulle befand sich nach Auskunft des Chronisten am Ende eines Exemplars der Kirchengeschichte

---

14) Zur Geschichte des von Erzbischof Brun im Jahr 955 gegründeten Klosters und seiner geistigen Entwicklung bis ins 12. Jh. vgl. WEISE, Urkundenwesen und Geschichtsschreibung S. 1–3, ebd. S. 82–87 über die Königschronik.

15) Zu den genauen Überlieferungsstufen und der jeweiligen Autorschaft vgl. WATTENBACH/SCHMALE, Geschichtsquellen S. 106, 110; kurz auch LÜCKERATH, Chronica regia und Chronica Sancti Pantaleonis S. 60, mit einem Verweis auf das Vorwort der bislang nicht erschienenen Neuedition beider Chroniken in der Reihe der Freiherr-vom-Stein-Gedächtnisausgaben.

16) Unter der etwas verwirrenden Überschrift *Pars octava. Continuatio quinta (S. Pantaleonis tertia)*, Chronica regia Coloniensis S. 273.

17) WATTENBACH/SCHMALE, Geschichtsquellen S. 111 f.; zum Verfasser der bei ihr sog. Chronica S. Pantaleonis auch PÜTZ, Die Bibliothek des Klosters St. Pantaleon S. 44 f., 138 f.; LÜCKERATH, Chronica regia und Chronica Sancti Pantaleonis S. 66.

18) BREUER, Geschichtsbild und politische Vorstellungswelt S. 151, 157 f.

Eusebs in der Bibliothek seines Klosters[19] –, berichtet er detailliert zu den Auseinandersetzungen zwischen Stauferanhängern und -gegnern im Reich, zunächst über die Wahl und die Erfolge Heinrich Raspes und des Kölner Erzbischofs[20], die finanziellen Leistungen des Papstes[21] und den Tod des ludowingischen Königs[22]. Der Kölner Schreiber weiß von einem Plan Friedrichs II., an Pfingsten 1247 nach Burgund zu kommen, sich vor dem Herzog von Brabant und vielen anderen Adligen aus dem Reich zu rechtfertigen und gegen die Vorwürfe des Papstes zu verteidigen. Allerdings sei dieses Vorhaben durch den Abfall Parmas vereitelt worden[23]. Im Frühjahr 1247 habe der Erzbischof von Köln eine Reise nach Lyon unternommen, um mit dem Papst über die Besetzung des Lütticher Stuhls zu sprechen, und kurz darauf sei Petrus Capocci als neuer Legat ins Reich geschickt worden, damit ein neuer König gewählt werde[24].

Die Nachrichten über die Geschehnisse im Reich sind durchsetzt mit Informationen von lokalem Interesse, etwa über eine Teuerung im Mai und Juni 1246 in Köln[25] oder über den Tod Graf Dietrichs von Hochstaden: Dessen Erbe Friedrich, der Propst von St. Mariengraden, habe daraufhin die Grafschaft und die Burg Altenahr an den Hl. Petrus, den Patron des Kölner Doms und damit des Bistums, übertragen, damit der Erzbischof von Köln auf ewig über diese Besitzungen verfügen könne[26]. Der Verfasser dieser Zeilen muss Konrad von Hochstaden sehr nahegestanden haben. Er hatte Kenntnis nicht nur von dessen „staatsmännischen“ Handlungen, sondern auch von familiären Ereignissen und kapitelsinternen Transaktionen. Seine

19) Annales S. Pantaleonis S. 540 Z. 2–4.

20) Annales S. Pantaleonis S. 540 Z. 35–541 Z. 5.

21) *Dominus papa de camera sua misit decem milia marcarum novo regi assignandas ante victoriam habitam apud Franckevort. Item post victoriam misit quindecim milia marcarum, que apud Leodium deposite sunt aliquanto tempore, ut inde rex largitiones faceret principibus et militibus et vires regni sui firmaret*, Annales S. Pantaleonis S. 541 Z. 11–14.

22) […] *et in reditu apud Wardinberg castrum proprium lapsus ab equo, et egrotans per paucos dies, exspiravit*, Annales S. Pantaleonis S. 541 Z. 24 f.

23) Annales S. Pantaleonis S. 541 Z. 26–32.

24) Annales S. Pantaleonis S. 541, Z. 33–36; vgl. HINTZE, Das Königtum Wilhelms S. 9.

25) Annales S. Pantaleonis S. 540, Z. 30–34.

26) Annales S. Pantaleonis S. 541, Z. 6–10. Durch die Übertragung des Erbes an Köln kam es zu territorialen Konflikten, da die Ansprüche der weiblichen Nachkommen und deren Ehemänner – u. a. Mechthilds, einer Nichte Konrads von Hochstaden, und ihres Ehemanns Walram von Jülich – übergangen worden waren, vgl. PRÖSSLER, Das Erzstift Köln S. 25–27.

Sicht der Dinge dürfte derjenigen des Kölner Erzbischofs eng verwandt gewesen sein[27].

Über Wahl und Krönung

Die Vorgänge der Wahl Wilhelms wurden oben bereits ausführlich gewürdigt. Nach dem Bericht der Annales S. Pantaleonis veranstaltete der Legat Petrus Capocci mit vielen Bischöfen – *Conradus Coloniensis, Syfridus Moguntinensis, Arnoldus Treverensis, Gerardus Bremensis et multi alii episcopi* –, dem Herzog von Brabant und einer Anzahl von Grafen eine Zusammenkunft auf einem Feld bei dem Dorf Worringen[28]. Dort wählten sie Wilhelm, den noch jungen Grafen von Holland, zum neuen König, *cuius animum intellexerant ad consequendam tanti honoris celsitudinem optabiliter preparatum*[29].

Interessant ist zunächst, dass die Rolle Konrads von Hochstaden bei diesen Ereignissen recht zurückhaltend geschildert wird. Der eigentliche Akteur ist der Legat, der Kölner taucht in der Reihe der rheinischen Erzbischöfe zwar an erster Stelle auf, aber nicht mit einer besonderen Aufgabe versehen. Dieser Eindruck bestätigt sich beim Blick in andere Quellen über die Wahl Wilhelms[30]. Bei der Aufzählung der Wähler wird Wert auf die Reihenfolge und den Rang der beteiligten Personen gelegt. Der Erzbischof von Köln steht freilich vor dem von Mainz[31], die anwesenden Grafen werden nur pauschal erwähnt.

Der Bericht über die Wahl Wilhelms in Worringen ist nicht nur mit der kurz darauf erfolgten Anerkennung von dessen Königtum durch die Stadt Köln verbunden[32], sondern auch mit Nachrichten über die Mongolen. *In electione huius regis*, also pünktlich zur Königswahl seien die Minderbrüder zurückgekehrt, die der Papst zu den Tataren, also den Mongolen[33], ge-

27) Zur Persönlichkeit des Verfassers und dessen Verhältnis zu Konrad von Hochstaden vgl. auch BREUER, Geschichtsbild und politische Vorstellungswelt S. 160–162.

28) […] *conventum faciunt*, Annales S. Pantaleonis S. 542 Z. 3–5; vgl. HINTZE, Das Königtum Wilhelms S. 11 f.; ULRICH, Geschichte des römischen Königs Wilhelm von Holland S. 13 f., hier auch zum Begriff *conventus*.

29) Annales S. Pantaleonis S. 542 Z. 6 f.; ausführlich zum Bericht der Annales ULRICH, Geschichte des römischen Königs Wilhelm von Holland S. 16–18.

30) Siehe oben S. 147–154.

31) Zur Problematik des Vorrangs des Mainzers bzw. Kölners bei Wahl und Krönung vgl. HEHL, Die Erzbischöfe von Mainz S. 100 f., und MILITZER, Der Erzbischof von Köln S. 105–108.

32) Siehe oben S. 61; HINTZE, Das Königtum Wilhelms S. 20; ULRICH, Geschichte des römischen Königs Wilhelm von Holland S. 22 f.

33) Zur Bezeichnung der Mongolen als Tataren vgl. Johannes von Plano Carpini,

schickt habe, mit einem Brief von deren König an den Pontifex. Dieses Schreiben habe einer der Franziskaner, ein Pole mit Namen Benedikt, zusammen mit einer detaillierten Reisebeschreibung während seines Aufenthalts in Köln einem gelehrten und geschichtskundigen Prälaten anvertraut. Dem Büchlein seien dann noch Ausführungen über die Herkunft und die Sitten und Lebensgewohnheiten der Mongolen, über die der Minderbruder berichtet habe, hinzugefügt worden[34].

Bei Benedikt handelte es sich offenbar um einen Teilnehmer der Gesandtschaft des Johannes von Plano Carpini, der 1245 im Auftrag Innozenz' IV. von Lyon aus aufgebrochen war, um den Großkhan der Mongolen von weiteren Angriffen auf Europa abzuhalten und ihn als Verbündeten gegen die Muslime zu gewinnen[35]. Johannes gelangte bis kurz vor Karakorum, wurde Zeuge der Erhebung Güyük Khans, eines Sohnes Ögödeis, erhielt von diesem ein Antwortschreiben für den Papst und kehrte zum Allerheiligentag 1247 an die Kurie zurück[36]. Das Buch, von dem in den Annales S. Pantaleonis die Rede ist, war vermutlich die *Ystoria Mongalorum* des Johannes von Plano Carpini[37].

Es ergibt sich die Frage, wie das Auftauchen des Franziskaners Benedikt mit der Königswahl Wilhelms in Verbindung zu bringen ist. Der Kölner Geschichtsschreiber stellt keinen Kausalzusammenhang zwischen den beiden Ereignissen her, doch es ist anzunehmen, dass sich die Furcht vor den Reiterscharen, die 1241 in der Schlacht bei Liegnitz bereits das Heer Herzog Heinrichs II. von Schlesien geschlagen hatten[38], mit den Hoffnungen vermischte, die man auf den neuen König setzte. Allerdings ist der Erfolg der diplomatischen Mission des Johannes von Plano Carpini nicht messbar, es gibt keine Informationen darüber, ob die Briefe des Papstes und des Khans

---

Kunde von den Mongolen S. 19, 31 f. (Einleitung); SCHMIEDER, Europa und die Fremden S. 22–24.

34) Annales S. Pantaleonis S. 542 Z. 11–18.

35) Zu Benedikt vgl. Johannes von Plano Carpini, Kunde von den Mongolen S. 17, 25, 29 f. (Einleitung). Der Pole agierte als Dolmetscher, ebd. S. 38. Zu den mündlichen Reiseberichten der Gesandten vgl. auch SCHMIEDER, Europa und die Fremden S. 48–51, über den Bericht Benedikts und seine Überlieferung in den Annales S. Pantaleonis ebd. S. 63.

36) SCHMIEDER, Europa und die Fremden S. 75–79; GIESSAUF, Die Mongolengeschichte S. 77–81.

37) GIESSAUF, Die Mongolengeschichte S. 81–84; zu den Editionen des lateinischen Textes vgl. Kunde von den Mongolen S. 145.

38) Johannes von Plano Carpini, Kunde von den Mongolen S. 9, 14–16 (Einleitung); zu den Reaktionen im Reich auf die heranrückenden Mongolen, die Niederlage bei Liegnitz und den plötzlichen und unerklärlichen Abzug vgl. SCHMIEDER, Europa und die Fremden S. 26–31.

ausgetauscht wurden[39]. In den folgenden Jahren fanden weitere Reisen zu den Mongolen statt, etwa des Dominikaners Andreas von Longjumeau und des Franziskaners Wilhelm von Rubruk, die durch den französischen König Ludwig IX. initiiert wurden[40]. Ein Engagement König Wilhelms in diesen Zusammenhängen ist nicht erkennbar.

Nach seinem kurzen Mongolenexkurs wendet sich der Verfasser der Annales S. Pantaleonis kurz den Ereignissen in Italien zu, um dann wieder zum Kriegsgeschehen in seiner Heimatregion zurückzukehren. Ein Thema, das ihn insgesamt stark bewegt, ist die Kreuzpredigt gegen die Stauferanhänger. Bereits kurz nach der Wahl hätten laut seinem Bericht viele der Anwesenden das Kreuz genommen[41], und an mehreren weiteren Stellen wird dieses Phänomen erwähnt. In Utrecht etwa habe der Kreuzzugsaufruf gegen Aachen durch den päpstlichen Legaten regelrechte Tumulte ausgelöst[42]. In Köln habe Petrus Capocci nicht nur Laien zur Teilnahme bewegt, sondern auch Prälaten und Kleriker, *partim exhortatione partim comminatione cruce compulit signari, lata sententia contra renitentes.* Erst am folgenden Tag, nach dem Einspruch Konrads von Hochstaden, seien die Zwangsmittel zurückgenommen worden, allerdings nicht für jene, die ihre Pfründen durch päpstliche Gnaden erhalten hatten[43]. Auch wenn der Annalist keine direkte Meinung zur Kreuzpredigt gegen die Staufer äußert, zeigt sich hier doch Skepsis, zum Teil sogar Widerstand gegenüber der päpstlichen Praxis, politische Kriegsführung als Kreuzzüge zu deklarieren, um mit dem Versprechen auf Ablass Anhänger zu gewinnen[44].

Die Belagerung Aachens und die Krönung Wilhelms am Allerheiligentag des Jahres 1247 stellte die zweite Etappe auf dem Weg zu dessen vollständigem Königtum dar. Der Kampf um die Krönungsstadt wird in den Annalen sehr ausführlich geschildert. Einige übereifrige Belagerer hätten ein Scharmützel vor einem der Tore ausgelöst, bei dem eine Anzahl der Angreifer in die eingestürzten und mit Wasser gefüllten Keller von Häusern außerhalb

---

39) Zum Zustandekommen der Gesandtschaft und dem Brief des Papstes vgl. Johannes von Plano Carpini, Kunde von den Mongolen S. 16–23 (Einleitung).

40) SCHMIEDER, Europa und die Fremden S. 81–85; vgl. GIESSAUF, Die Mongolengeschichte S. 36–40; LE GOFF, Ludwig der Heilige S. 488–491.

41) Annales S. Pantaleonis S. 542 Z. 7 f.

42) Annales S. Pantaleonis S. 542 Z. 29–34; vgl. HINTZE, Das Königtum Wilhelms S. 20; ULRICH, Geschichte des römischen Königs Wilhelm von Holland S. 25.

43) Annales S. Pantaleonis S. 542 Z. 34–39, Zitat Z. 36 f. Nach den Statuten der Synode von Clermont 1095 durften Kleriker und Mönche dem Kreuzzugsaufruf nur mit Erlaubnis ihres Bischofs oder Abtes folgen, vgl. RUNCIMAN, A History of the Crusades 1 S. 109.

44) JASPERT, Die Kreuzzüge S. 134–137.

der Mauern gefallen seien. Die Aachener hätten einen großen Sieg davon getragen und dem königlichen Heer bei dieser Gelegenheit große Furcht eingeflößt. Unter den Todesopfern sei auch ein Herr von Perwez gewesen, also ein Verwandter des Herzogs von Brabant[45], mit 16 Gefolgsleuten, und auf Aachener Seite sei einer der Brüder von Gymnich tödlich verletzt worden[46]. Obwohl das Heer des Königs viele Angriffe unternommen und die Stadt mit Bliden beschossen habe, sei es nur mäßig erfolgreich gewesen, da der Belagerungsring nicht vollständig geschlossen werden konnte.

Erst als Unterstützung aus Brabant, Flandern und der Picardie gekommen sei und diese Soldaten einen Deich gebaut hätten, um einen nahegelegenen Bach anzustauen und so eine Überschwemmung bei den Befestigungsanlagen und in der Stadt zu verursachen, habe sich das Blatt gewendet, auch unter Mitwirkung des Legaten, der sein Lager genau an der neuralgischen Stelle aufgeschlagen habe[47]. Franziskanische Kreuzprediger hätten viele aus der Rhein- und Maasgegend, aus Holland und vor allem aus Friesland zur Mitwirkung anregen können, und gerade durch die Friesen sei die Einschließung der Stadt vervollständigt und verstärkt worden. Erst nach sechs Monaten seien die Belagerten wankend geworden, hätten den Kölner Erzbischof, *qui potens et precipuus erat in exercitu*, um Vermittlung angesucht und sich dann dem König ergeben. Die Krönung selbst wird vom Autor lapidar mit einem Satz abgehandelt: *Itaque in festo omnium sanctorum dominus Wilhelmus electus ab archiepiscopo Coloniensi residens in sede regia in regem consecratur*[48].

Der Verfasser der Annales S. Pantaleonis lässt deutlich erkennen, dass sein eigentliches Interesse dem Schicksal Aachens und der Angehörigen wichtiger nordrheinischer Familien galt. Die Einschließung und Einnahme der Stadt, die ein halbes Jahr dauerte, hatte größeren Sensationswert als die durch sie erst ermöglichte Krönung Wilhelms auf dem Karlsthron[49]. Der König spielt in dem gesamten Bericht über die Belagerung Aachens gar kei-

---

45) Gottfried von Perwez befand sich Weihnachten 1248 bei König Wilhelm in Nimwegen, D Wilh 68 S. 105 Z. 1; siehe oben S. 97. Bei dem Verunglückten könnte es sich um den Bruder Gottfrieds, Ingelram (Enguerrand) handeln, vgl. SCHWENNICKE, Europäische Stammtafeln N. F. I/2, Tafel 237.

46) Arnold von Gymnich ist 1245 als Aachener Schultheiß zusammen mit seinem Bruder Edmund erwähnt, vgl. OIDTMANN, Das Geschlecht Gymnich S. 165 f.

47) Der *mons Cardinalis*, siehe oben S. 170.

48) Annales S. Pantaleonis S. 543 Z. 3–28, Zitate Z. 25–28; vgl. HINTZE, Das Königtum Wilhelms S. 26; ULRICH, Geschichte des römischen Königs Wilhelm von Holland S. 26 f., 33–39.

49) BREUER, Geschichtsbild und politische Vorstellungswelt S. 153 f., spricht vom fehlenden „Staatsbewußtsein“ des Annalisten.

ne Rolle, es wird lediglich die Leistung des Legaten angedeutet und die besondere Bedeutung des Kölner Erzbischofs, der als der eigentliche Heerführer dargestellt wird[50]. Es entsteht der Eindruck eines passiven Herrschers, während die Handelnden, gerade auch auf militärischem Gebiet, Petrus Capocci und Konrad von Hochstaden sind.

### Die Kämpfe im Rhein-Main-Gebiet

Die Abschnitte der Annalen, die auf den Bericht über die Einnahme Aachens folgen, befassen sich mit dem Brand und Neubau des Kölner Domes[51] und der gemeinsamen Eroberung der Burg Thurant durch den Kölner und den Trierer Erzbischof[52]. In einer kurzen Notiz wird des Kreuzzugs König Ludwigs IX. gedacht[53], dann berichtet der Verfasser ausführlich über die Kämpfe Friedrichs II. in Oberitalien sowie die Gefangennahme Enzios durch die Bolognesen[54] und schließt eine Bemerkung über den schlechten Winter 1248/49 und die geringen Ernteerträge des folgenden Sommers an[55]. Danach kommt er auf die Kriegsereignisse im Rhein-Main-Gebiet des Jahres 1249 zu sprechen.

Anfang Februar habe König Wilhelm Boppard belagert, dessen Einwohner bald um einen Waffenstillstand gebeten und diesen auch erhalten hätten. Daraufhin sei der König weitergezogen nach Ingelheim, das sich ihm ebenfalls nach kurzer Zeit ergeben habe[56]. Hier schreibt der Autor in St. Pantaleon zum ersten Mal von Wilhelm als dem alleinigen militärischen Akteur, wenn auch nur sehr kurz. Er schwenkt gleich weiter zur Wahl Konrads von Hochstaden zum Mainzer Erzbischof, zu den darauffolgenden Verhandlungen, zum Utrechter Schisma und zur Ernennung des Kölners zum päpstlichen Legaten[57].

Detaillierter ist wiederum die Schilderung der Belagerung Frankfurts, an der Erzbischof Konrad mit einem großen Aufgebot in Erfüllung seines Amtes als Legat und in scharfsinniger Verfolgung der Angelegenheiten des Reiches teilnahm, *legationis officium exequens nec minus negotiis regni sagaciter*

50) Vgl. BREUER, Geschichtsbild und politische Vorstellungswelt S. 154 f., über die militärischen Leistungen Konrads von Hochstaden zum Zwecke der kölnischen Territorialpolitik; zur Belagerung auch KRAUS, Aachen S. 127–133.

51) Annales S. Pantaleonis S. 543 Z. 30–47.

52) Annales S. Pantaleonis S. 544 Z. 1–11; siehe oben S. 140.

53) Annales S. Pantaleonis S. 544 Z. 12–16; zum Kreuzzug vgl. LE GOFF, Ludwig der Heilige S. 156–180.

54) Annales S. Pantaleonis S. 544 Z. 17–46; STÜRNER, Friedrich II. 2 S. 581 f.

55) Annales S. Pantaleonis S. 544 Z. 47–545 Z. 3.

56) Annales S. Pantaleonis S. 545 Z. 4–7; vgl. HINTZE, Das Königtum Wilhelms S. 30.

57) Annales S. Pantaleonis S. 545 Z. 7–30.

*intendens*. Auf dem Weg nach Frankfurt hätten die Heere die Dörfer und Ländereien der Gegner Wilhelms verwüstet, dann habe man das befestigte Sachsenhausen eingenommen, von wo aus man Zugang zur Brücke hatte. Durch den Einsatz der Wurfmaschinen sei es auch gelungen, die Besatzung des gegenüberliegenden Brückenkopfes zu vertreiben, die sich in die Stadt zurückgezogen habe[58]. Der König jedoch habe kehrtgemacht, Sachsenhausen abbrennen lassen, sich gegen ein weiteres Vorrücken entschieden, den Feldzug beendet und sich noch einige Tage auf dem Gebiet der Erzbischöfe von Mainz und Trier aufgehalten. Der Kölner sei nach Hause zurückgekehrt und habe auf dem Weg die Festung *Reimersheim* eingenommen und zerstört[59].

In diesem Bericht wird klar, dass in den Augen des Kölner Geschichtsschreibers Konrad von Hochstaden die treibende Kraft im Reich ist. Der Erzbischof handelt verantwortungsbewusst im Sinne der ihm anvertrauten Ämter, er setzt seine Kräfte für das Wohl des Reiches ein. Wilhelm dagegen, dessen Beteiligung am Zug gegen Frankfurt wohl nicht wegdiskutiert werden konnte, wird als zögerlicher Anführer beschrieben, der den errungenen Vorteil durch die Einnahme des Frankfurter Brückenkopfes nicht zu nutzen weiß und sich stattdessen zurückzieht. Selbst in diesem Moment nutzt der Kölner seine militärische Überlegenheit und erobert nebenbei einen befestigten Ort. Der Kontrast in der Darstellung zwischen dem umtriebigen, starken, erfolgreichen Erzbischof und dem schwächlichen, farblosen König ist sehr deutlich.

Im selben Jahr Anfang Oktober kam es noch einmal zu Kampfhandlungen bei Boppard, deren Verlauf ebenfalls in den Annales S. Pantaleonis überliefert wird. Die Besatzung und die Bewohner Boppards hätten die Bedingungen des Waffenstillstands mit dem König nicht eingehalten, dieser habe also sein Heer gesammelt und mit Unterstützung der Erzbischöfe von Köln, Mainz und Trier einen Angriff auf die Stadt geplant. Doch Philipp von Hohenfels[60] und andere Anhänger der Staufer seien Boppard zu Hilfe geeilt, und Wilhelm habe unverrichteter Dinge wieder abziehen müssen.

58) Einen guten Eindruck der Topographie verschafft der sog. Fabersche Belagerungsplan von 1552, JAHNS, Frankfurt im Zeitalter der Reformation S. 201; ORTH, Frankfurt im Früh- und Hochmittelalter S. 47, nur sehr kurz über die Interaktion Wilhelms und der Stadt, ohne eine genauere Betrachtung der Ereignisse des Jahres 1249.

59) Annales S. Pantaleonis S. 545 Z. 31–43, Zitate Z. 31 f. und 42; vgl. HINTZE, Das Königtum Wilhelms S. 32 f.; ULRICH, Geschichte des römischen Königs Wilhelm von Holland S. 51. *Reimersheim* ist nicht genau zu lokalisieren, es könnte sich um einen der Orte mit dem Namen Freimersheim in Rheinhessen bzw. in der Pfalz handeln, die beide pfalzgräflich, also wittelsbachisch waren.

60) Siehe oben S. 108 f.

Außerdem sei das Gerücht aufgekommen, dass Konrad IV. in Schwaben an Macht zunehme und an der Unterwerfung seiner Gegner arbeite, die er zum Teil vernichte, zum Teil wieder in seine Gnade aufnehme. Im November schließlich habe der König die Rhein-Main-Gegend verlassen und sei nach Holland zurückgekehrt, um seinen Bruder aus der Gefangenschaft Margaretes von Flandern zu befreien[61].

Auch hier zeigt sich die Meinung des Verfassers über Wilhelm recht unverstellt: Dem König mangelt es an Autorität, die bereits unterworfenen Bewohner von Boppard scheren sich nicht um die mit ihm vereinbarten Bedingungen, und es gelingt dem Herrscher auch nicht, sich militärisch durchzusetzen. Der staufische Widersacher erstarkt, Wilhelm flieht geradezu in seine Grafschaft, wo die Dinge auch nicht zum Besten stehen, wie die Situation des Bruders belegt. Die letzten Absätze der Annalen sind – wie sollte es anders sein – dem Lob Konrads von Hochstaden gewidmet, der den Rheinhafen in Neuss ausbauen und befestigen, außerdem Andernach, die Godesburg und Bonn mit Stadtmauern, Toren und Türmen habe ausstatten lassen und noch mehr zur Ertüchtigung seines Hochstifts getan habe[62].

Gerade aufgrund der erkennbaren Bevorzugung Erzbischof Konrads muss der König in den Annales S. Pantaleonis in den Hintergrund treten. Ein eigenständig agierender Herrscher hätte den Ruhm des Kölners geschmälert. Das Mittel, durch das der Geschichtsschreiber diesen Effekt erzeugt, ist simpel: Er hebt die Taten Konrads von Hochstaden hervor, berichtet von dessen Erfolgen, verschweigt das Handeln Wilhelms – von dem er vielleicht auch nichts weiß – und betont dessen Misserfolge. Bereits bei der ersten Erwähnung Wilhelms anlässlich der Wahl in Worringen demonstriert er die Abhängigkeit des Königs vor allem von den Prälaten, wenn er dessen Qualitäten nicht direkt anspricht, sondern sie aus der Perspektive der geistlichen Wähler schildert: Diese seien davon ausgegangen, dass der junge Graf für die Königswürde geeignet sei[63] – der Annalist selbst enthält sich einer Einschätzung.

Dabei ist auf die von ihm überlieferten Daten und Abläufe durchaus Verlass. Das Auftreten Benedikts, der mit Johannes von Plano Carpini bei den Mongolen gewesen war, während oder kurz nach der Königswahl in Köln kann in zeitliche Übereinstimmung gebracht werden mit dem Ende dieser Gesandtschaftsreise. Die kriegerischen Auseinandersetzungen bei Boppard

61) Annales S. Pantaleonis S. 546 Z. 12–22; vgl. HINTZE, Das Königtum Wilhelms S. 33.

62) Annales S. Pantaleonis S. 546 Z. 28–547 Z. 10; zum Ausbau der Städte Neuss, Bonn und Andernach durch Konrad von Hochstaden vgl. PRÖSSLER, Das Erzstift Köln S. 61–66; zur Godesburg ebd. S. 49.

63) Annales S. Pantaleonis S. 542 Z. 6 f.

und Frankfurt passen in das Itinerar des Königs[64]. Insofern ist es nachvollziehbar, dass sich die ältere Literatur in ihrer Darstellung der ersten beiden Jahre von Wilhelms Königtum intensiv auf die Annales S. Pantaleonis bezieht und auch gern das transportierte Bild eines schwachen Herrschers, der von der Unterstützung durch kirchliche Amtsträger, vor allem durch Konrad von Hochstaden abhängig war, übernimmt[65]. Es muss dabei jedoch immer im Kopf behalten werden, dass gerade dieser sehr auf Köln zentrierte Blickwinkel ganz dem Geschmack des Verfassers der Annalen und seines Publikums, des Kölner Klerus' entsprach und aufgrund des Befundes der Urkunden zu relativieren ist[66].

## 1.2 Ein Gegenentwurf: Der Erfurter Predigerannalist

Die Annalen aus dem 1228/29 gegründeten Erfurter Dominikanerkloster[67] gehören zu den wichtigsten zeitgenössischen Quellen der ersten Hälfte des 13. Jahrhunderts[68]. Umso problematischer ist es, dass keine Handschrift von diesem Geschichtswerk mehr existiert. Der Codex unicus verbrannte 1793 bei der Belagerung von Mainz durch die Preußen und Österreicher[69]. Zuvor waren glücklicherweise Auszüge im Codex diplomaticus des Gudenus veröffentlicht worden[70], und bereits 1723 hatte Schannat einen vollständigen, wenn auch unzuverlässigen Abdruck vorgelegt[71]. Der hohe Wert der Predigerannalen gerade für das Bild König Wilhelms besteht darin, dass sie

64) Siehe oben S. 38–43.

65) So v. a. ULRICH, Geschichte des römischen Königs Wilhelm von Holland S. 43: „Gerade die nächsten drei Jahre [1249–1251, Anm. d. Verf.] gewähren ein trauriges Bild der Regierung König Wilhelms. Seine eigene Machtlosigkeit verhindert ihn überall, kraftvoll etwas zu unternehmen […]. Aber selten sind seine Unternehmungen von Erfolg gekrönt, und wo ihm etwas gelingt, da gelingt es nur durch die Mittel der Kirche und ihrer Anhänger."

66) Zur Rezeption und Verbreitung der Annales S. Pantaleonis vgl. WATTENBACH/SCHMALE, Geschichtsquellen S. 112.

67) SCHULZE, Die Kirche im Hoch- und Spätmittelalter S. 95; BERGER, Die Bettelorden in der Erzdiözese Mainz S. 51.

68) WATTENBACH/SCHMALE, Geschichtsquellen S. 409.

69) Annales Erphordenses S. 72; zu den Kriegsereignissen während der Revolutionskriege und der Mainzer Republik vgl. DUMONT, Mayence S. 338–345.

70) GUDENUS, Codex diplomaticus, ab S. 598.

71) SCHANNAT, Vindemiae literariae 1 S. 91–106; vgl. Annales Erphordenses S. 72 f.; wenn WATTENBACH/SCHMALE, Geschichtsquellen S. 408, von „Auszügen des Gelenius" spricht, sind vermutlich die bei Gudenus über mehrere Seiten hinweg abgedruckten kurzen Abschnitte gemeint.

nicht nur eine aufgrund des dominikanischen Nachrichtennetzwerkes sehr gut informierte Quelle sind[72], sondern dass hier auch ein Verfasser wirkte, der vermutlich nicht aus dem engeren Umfeld eines der Erzbischöfe stammte wie der Annalist von St. Pantaleon. Von „Nüchternheit und Objektivität“[73] kann deshalb noch lange nicht die Rede sein – im Gegenteil, der Autor ist Wilhelm entschieden wohlwollend gesonnen.

Seine positive Einstellung dem neuen König gegenüber offenbart der Predigerannalist bereits, als er kurz dessen Wahl mitteilt. Er bezeichnet den Gewählten als *dux Hollandie*, der ein friedliebender, durch Bescheidenheit und Selbstbeherrschung ausgezeichneter Mann gewesen sei[74]. Die vorgenommene Rangerhöhung zum Herzog dürfte kein Versehen gewesen sein, zumindest unterläuft dem Verfasser an keiner anderen Stelle ein derartiger Fehler. Vielmehr wollte er damit vermutlich andeuten, dass kein Zweifel an der Eignung Wilhelms für das Königsamt bestehen konnte. Hier spiegelt sich die seit dem Ende des 12. Jahrhunderts veränderte Wahrnehmung des Reichsfürstenstandes wider, der die Grafen eben nicht mit einschloss[75]. Offenbar konnte die Königserhebung eines Nichtfürsten in Frage gestellt werden, und diese Möglichkeit wollte der Annalist von vorneherein ausschließen[76].

72) WATTENBACH/SCHMALE, Geschichtsquellen S. 409.

73) WATTENBACH/SCHMALE, Geschichtsquellen S. 409.

74) Annales Erphordenses S. 102 Z. 1–3.

75) SPIESS, Das Lehnswesen S. 42–44.

76) Die Diskussion über das passive Königswahlrecht im Mittelalter, also darüber, wer überhaupt als Kandidat für das Königtum in Frage kam, wurde in den letzten Jahren hauptsächlich von und mit Armin Wolf geführt, eine Zusammenfassung der verschiedenen Positionen bei WOLF, Königskandidatur und Königsverwandtschaft S. 45–50. Gerade zum Königtum Wilhelms hat sich Wolf jedoch leider nicht ausführlich geäußert, wenn er auch im Blick auf Rudolf von Habsburg zumindest die Problematik des Königtums eines Grafen im Sinne seiner Argumentation löst, DERS., Warum konnte Rudolf von Habsburg König werden, hier v. a. S. 86–94 (Rudolf als Mitglied eines „ottonischen Tochterstamms“); ebd. S. 78 f. mit Tafel 9 S. 80 f., auch zur Wahl Wilhelms 1247/52, allerdings ohne nähere Erläuterungen. Offenbar geht Wolf davon aus, dass Wilhelm nur als Kandidat in Frage kam, weil er ein Neffe des Herzogs von Brabant war. Doch an einer anderen Stelle des Wolfschen Systems stammt Wilhelm aus einem „jüngeren Tochterstamm“, WOLF, Königswähler und königliche Tochterstämme S. 11 und Schema S. 12–17. Hier führt Wolf die Abstammung der Grafen von Holland über die weibliche Linie auf die Grafen von Northeim, die Ezzonen und schließlich die Ottonen zurück. Wilhelm wäre also per se uneingeschränkt königstauglich, auch ohne seine Verwandtschaft zu den Herzögen von Brabant bzw. Lothringen; zu deren Auftreten als Wähler auch WOLF, Die Herzöge von (Nieder)Lothringen/Brabant S. 213–224. Zu Wolfs The-

Die mühsame Belagerung Aachens von der Osteroktav bis zum 19. Oktober 1248 wird in den Predigerannalen keineswegs unterschlagen, doch das Verdienst Wilhelms bei der Einnahme der Stadt wird deutlich gemacht. Er selbst ist es, der die königliche Stadt besetzt, mit Hilfe der Friesen, die einen Seekrieg gegen Aachen führen, *navali bello ipsum oppidum impugnabant*[77]. Es ist klar erkennbar, dass der Erfurter Dominikaner die topographischen Verhältnisse nicht so gut kennt wie der Schreiber aus dem Kölner Kloster St. Pantaleon. Doch die Nachricht von der maßgeblichen Unterstützung durch friesische Kreuzfahrer hatte sich offenbar im gesamten Reich, zumindest bis nach Thüringen verbreitet.

Der Bericht über die Krönung fällt, wie in den Annales S. Pantaleonis, sehr knapp aus, allerdings mit einer wichtigen Abweichung. Wilhelm habe als Gekrönter von zwei Kardinälen die königliche Weihe empfangen, *regalem coronatus accepit benedictionem*[78]. Ob damit allerdings gemeint war, dass diese die Krönung vorgenommen hätten, ist ungewiss[79]. Die Formulierung weist darauf hin, dass Wilhelm zum Zeitpunkt der Segnung durch die Kardinäle – Petrus Capocci und und Wilhelm von Sabina – bereits die Krone erhalten hatte, und zwar aller Wahrscheinlichkeit nach von Erzbischof Konrad von Köln. Dem Verfasser der Annalen war wohl durchaus geläufig, wer die Königskrönung am 1. November 1248 in Aachen durchgeführt hatte, doch er unterschlug die Rolle und den Namen Konrads von Hochstaden. Über Gründe für diesen Lapsus können nur Vermutungen angestellt werden: In der Tat wird der Kölner in den Predigerannalen nur ein einziges Mal erwähnt, ohne Eigennamen unter den Teilnehmern des Frankfurter Hoftags Anfang Juli 1252[80]. Selbst die aufsehenerregenden Ereignisse im Zusammenhang mit dem Tod des Mainzer Erzbischofs Siegfried III., die Wahl Konrads von Hochstaden zu dessen Nachfolger durch das Kapitel und letztendlich die Einsetzung Christians von Weisenau übergeht der Erfurter vollständig. Er notiert den Tod Siegfrieds zum 9. März in Bingen und schließt den Satz an: *Cui Cristanus maior prepositus Maguntinus successit.* Dann leitet er sofort über zur erfolgreichen Einnahme Ingelheims durch König Wilhelm[81]. Es scheint, als habe der Autor den Kölner Erzbischof absichtlich totgeschwiegen.

---

sen vgl. kurz auch ERKENS, Kurfürsten und Königswahl S. 7 f.; zur Kritik an Wolfs Idee von den Tochterstämmen auch KRIEGER, König, Reich und Reichsreform S. 68 f.

77) Annales Erphordenses S. 102 Z. 15–19, Zitat Z. 18 f.

78) Annales Erphordenses S. 102 Z. 19–21.

79) So angedeutet bei HINTZE, Das Königtum Wilhelms S. 26.

80) Annales Erphordenses S. 111 Z. 30–112 Z. 3.

81) Annales Erphordenses S. 106 Z. 7–10, Zitat Z. 8.

Eine Erklärung für die offensichtliche Abneigung gegen Konrad von Hochstaden könnte im Verhältnis des dominikanischen Geschichtsschreibers zu Christian von Weisenau liegen. Aus dem Liber de calamitate ecclesiae Moguntinae ist darauf zu schließen, dass es in der Mainzer Diözese zweifellos Stimmen gab, die sich gegen eine Verweltlichung der Kirche, die Ausübung politischen Einflusses oder die Beteiligung von Prälaten an kriegerischen Unternehmungen wandte und deshalb den friedfertigen Nachfolger Siegfrieds III. als Hoffnungsschimmer wahrnahm. Auch wenn der Predigerannalist sich nicht so deutlich positioniert wie der Verfasser des Liber de calamitate, ist doch Kritik erkennbar, wenn er den Tod Siegfrieds III. mit den Worten des Psalters kommentiert: *Sed terribilis Deus in consiliis super filios hominum, cuius iudicia abyssus multa, qui humilia respicit et alta a longe cognoscit, huius immense dignitatis gloriam intercidit*[82].

Christians Auftreten in Erfurt im Winter 1249/50 hingegen zeigt nicht nur einen gerechten, ausgleichenden Erzbischof, sondern wird außerdem von einer Art Hostienwunder begleitet. Im vorangegangenen Herbst hatte ein Dieb in der Hospitalskirche St. Martin in Erfurt eine geweihte Hostie entwendet und sie in einem Teich versenkt, *diabolico instinctu*. Nun beichtete er sein Vergehen und der Leib des Herrn wurde wiedergefunden, durch Christian geborgen und in einer feierlichen Prozession in den Dom überführt[83]. Es sind insgesamt nur sehr subtile Hinweise, aus denen auf die Meinung des Erfurter Schreibers geschlossen werden kann, doch anders als mit dessen Antipathie lässt sich das vollständige Übergehen des überaus machtbewussten und militärisch agierenden Konrad von Hochstaden kaum deuten. Allerdings änderte die Ablehnung des Erzbischofs nichts daran, dass der König durchweg positiv beschrieben, also getrennt von diesem als eigenständige Persönlichkeit akzeptiert wurde.

Die Nachrichten des Predigerannalisten über die Hochzeit, die Nachwahl und den Karfreitag in Braunschweig 1252 wurden oben bereits ausführlich ausgewertet. An dieser Stelle soll ein zusammenfassender Blick auf die Darstellung Wilhelms genügen. Zunächst ist auffallend, dass in all diesen Zusammenhängen der König als der Handelnde gezeigt wird: *Willehelmus rex* […] *filiam ducis Brunswicensis duxit uxorem*; […] *rex magnum huius terre principum sibi conquisivit favorem*; […] *omnium fere principum sibi conciliavit favorem*[84]. Auch wenn mehrfach die Unterstützung des päpstlichen Legaten erwähnt wird, ist es doch immer Wilhelm selbst, von dem die Initiative ausgeht. Auf ihn werden all die positiven Auswirkungen zurück-

82) Annales Erphordenses S. 106 Z. 2–4.
83) Annales Erphordenses S. 107 Z. 6–27, Zitat Z. 21.
84) Annales Erphordenses S. 110 Z. 5–7, Z. 16 f.; S. 111 Z. 18 f.

geführt, welche die Reise nach Braunschweig, Halle und Merseburg mit sich brachte. Es scheint fast, als hätte man einen anderen König vor sich als den, der in den Annales S. Pantaleonis beschrieben wird. Vielleicht unterschied sich das Verhalten Wilhelms 1252 tatsächlich von seinem vorsichtigeren Agieren in den Jahren zuvor im Umfeld des Kölner Erzbischofs und im Kontext der Kämpfe in der Rhein-Main-Gegend. Doch stand der Erfurter Dominikaner dem Herrscher auch wesentlich wohlwollender gegenüber als sein Pendant in Köln, und es stellt sich die Frage, worauf dies zurückzuführen ist.

Abgesehen von persönlichen Vorlieben und Abneigungen könnte die institutionelle Zugehörigkeit hier eine Rolle spielen. Das Erfurter Dominikanerkloster war zwar nicht von den ludowingischen Landgrafen, sondern von einem Mitglied der Grafenfamilie von Honstein gegründet worden[85]. Doch die zweite Niederlassung des Ordens in Thüringen, die 1235/36 in Eisenach entstand und vom Erfurter Konvent ausgegangen war, war mit Heinrich Raspe und dessen Bruder Konrad aufs Engste verbunden und wurde von diesen sehr unterstützt[86]. Es nimmt deshalb nicht wunder, dass die Erfurter Annalen den Angehörigen der Landgrafenfamilie durchgängig gewogen sind. Lobende, ja bewundernde Worte findet der Autor für die Buße des Deutschordensritters Konrad von Thüringen, des Bruders Heinrich Raspes, 1238 in Fritzlar, der sich als Strafe für die Zerstörung der Stadt öffentlich von drei Priestern geißeln ließ, so sehr, das sein Körper hinterher aussah, als sei er von einem Henker traktiert worden[87]. Heinrich Raspe ist für den Annalisten der rechtmäßige König, der bei Frankfurt am 5. August 1246 einen Sieg gegen die Stauferanhänger erringt, *auxiliante sibi de celo Dei gracia*[88]. Vielleicht übertrug sich die positive Wahrnehmung der Herrschaft des Ludowingers auf dessen Nachfolger Wilhelm. Letztlich überstrahlt dessen Bild aber das aller anderen Protagonisten in den Predigerannalen im Berichtszeitraum, vor allem in der Karfreitagsszene in Braunschweig[89]. Eine wirklich befriedigende Erklärung für die große Vorliebe des Verfassers für König Wilhelm lässt sich nicht finden.

---

85) BERGER, Die Bettelorden in der Erzdiözese Mainz S. 51.

86) BERGER, Die Bettelorden in der Erzdiözese Mainz S. 45; WERNER, Gründung des Dominikanerklosters S. 354–357.

87) Annales Erphordenses S. 95 Z. 9–18; zu dem zugrundeliegenden Ereignis, der Zerstörung Fritzlars und sogar der Kirchen in den Auseinandersetzungen der Landgrafen mit dem Erzbischof von Mainz, vgl. DEMANDT, Geschichte des Landes Hessen S. 176.

88) Annales Erphordenses S. 100 Z. 20–101 Z. 6, Zitat Z. 5.

89) Siehe oben S. 289–291.

### 1.3 Matthaeus Parisiensis

Die Chronica Majora des in der Abtei St. Albans[90] bei London wirkenden Mönches Matthaeus Parisiensis ist eine unverzichtbare Quelle für die Reichsgeschichte in der zweiten Hälfte des 13. Jahrhunderts, schon allein aufgrund ihrer Ausführlichkeit. Matthaeus, über den kaum mehr bekannt ist als das, was er selbst an Auskünften zu seiner Person gibt[91], nutzte als Grundlage die Flores historiarum seines Mitbruders und Lehrers Roger von Wendover[92] und verfasste sein Hauptwerk in zwei Etappen. Zunächst schrieb er ab etwa 1245 über die Jahre von der Erschaffung der Welt bis 1250, um 1253 setzte er die Chronik fort bis zu seinem Tode 1259[93]. Gerade im zweiten Teil des Textes berichtete er sehr unmittelbar über die jeweiligen Jahre[94]. Er verfügte über gute Kontakte zum englischen Königshof und hatte Zugang zu exklusiven Informationsquellen, die freilich hauptsächlich, aber nicht ausschließlich den Passagen über die englische Geschichte zugute kamen[95]. Die Chronica Majora ist als Autograph erhalten, mit etlichen Randbemerkungen und Hinzufügungen des Verfassers[96].

Trotz dieser idealen Überlieferungsbedingungen und des nicht zu bestreitenden Quellenwertes der Chronik des Matthaeus Parisiensis ist beim Umgang mit diesem Werk Vorsicht geboten, denn sein Autor macht keinen

90) Gegründet Ende des 8. Jh., vgl. WILLIAMS, History of the Abbey of St. Alban S. 16–19.

91) Eintritt in St. Albans im Jahr 1217, Reisen nach Westminster 1247 und Norwegen 1248, RUCH, Matthew Paris S. 1093.

92) Zu beiden vgl. KERSKEN, Geschichtsschreibung im Europa der nationes S. 239–248; die Diskussion über die genaue Abhängigkeit Matthaeus' von Roger von Wendover vgl. WEISS, Die Chronica maiora S 25 f. mit Anm. 101.

93) WEILER, Matthew Paris S. 80; RUCH, Matthew Paris S. 1093, datiert den Beginn der Arbeiten an der Chronica Majora auf das Jahr 1240; zur Abfassungsproblematik bei Matthaeus Parisiensis vgl. auch HILPERT, Kaiser- und Papstbriefe S. 27–36; zu den Informationsquellen des Chronisten vgl. insgesamt auch WEISS, Die Chronica maiora S. 89–117.

94) WEILER, Matthew Paris S. 80.

95) VAUGHN, Matthew Paris S. 11–17, listet die Besucher der Abtei St. Albans und die belegten Informanten des Chronisten auf, darunter mehrere Mitglieder der englischen Königsfamilie, englische Prälaten, aber auch König Haakon von Norwegen und ein Kaplan des Kardinals Raniero Capocci; über den amtierenden Abt zur Zeit des Matthaeus Parisiensis, John, vgl. WILLIAMS, History of the Abbey of St. Alban S. 105–114; vgl. auch SOMMERLECHNER, Stupor mundi S. 140.

96) Cambridge, Corpus Christi College, MS. 26 (enthält die Bücher der Chronik bis 1188), MS. 16 (1189–1253); London, British Library, Royal MS. 14 C vii (ab 1254); VAUGHN, Matthew Paris S. 12; vgl. RUCH, Matthew Paris S. 1094.

Hehl aus seinen Vorlieben und Abneigungen und berichtet äußerst parteiisch[97]. Große Ablehnung brachte er etwa der päpstlichen Zentralgewalt entgegen[98], und ein Objekt seiner unveränderlichen Verehrung war Kaiser Friedrich II.[99] In der Konsequenz fällt seine Darstellung von Wilhelms Königtum eher ungünstig aus[100]. Im Folgenden sollen die wichtigsten Passagen aus der Chronica Majora über Wilhelm zusammengestellt und das in ihnen transportierte Bild des Königs herausgearbeitet werden. Besondere Aufmerksamkeit verdient die ausführliche Schilderung der Ermordung des Herrschers, für die Matthaeus Parisiensis einen der frühesten Berichte liefert.

Zur Entwicklung des Wilhelmbildes bei Matthaeus Parisiensis

Bereits anlässlich der Wahl Wilhelms demonstriert Matthaeus seine umfangreichen Kenntnisse über den neuen König und die Zustände im Reich: Der Papst habe seiner Kirche unendliche Mengen Geld abgepresst und sich darum gekümmert, dass Wilhelm gewählt werde, *qui potens erat aetate et viribus, insuper genere praeclarus*. Der englische Mönch weiß ebenso über die Verwandtschaft des Königs mit dem Bischof von Lüttich und dem Herzog von Brabant Bescheid wie über dessen gutes Verhältnis zum Erzbischof von Köln. Am ausführlichsten schildert er jedoch die finanziellen Transaktionen des Papstes, der durch den Tod Heinrich Raspes eine große Summe verloren hatte. Nun habe er vorsichtiger zu Werke gehen wollen, durch die Hinterlist

97) WEILER, Matthew Paris S. 80; vgl. auch WEISS, Die Chronica maiora S. 70 f.

98) WEILER, Matthew Paris S. 80: „He abhorred ecclesiastical reform, mendicants, the growth of papal or royal bureaucracy. Few opportunities were missed to deride what he perceived to be greed, undue patronage or the evil machinations of foreign powers." Vgl. auch RUCH, Matthew Paris S. 1094.

99) [...] *principum mundi maximus Fretbericus, stupor quoque mundi et immutator mirabilis*, Matthaeus Parisiensis, Chronica Majora 5 S. 190; vgl. WEILER, Stupor mundi S. 73; KERSKEN, Geschichtsschreibung im Europa der nationes S. 246; SOMMERLECHNER, Stupor mundi S. 27–29 über den Wandel in den Ansichten des Chronisten, der in dessen späterem Werk, der Historia Anglorum, zu einer Aussöhung mit der Kurie und einer Revision des Friedrich-Bildes führte. Wilhelm spielt in der Historia Anglorum kaum eine Rolle, seine Darstellung erfährt keine positive Überarbeitung. Zu 1252 etwa berichtet Matthaeus: *Eodemque tempore per varios Martis eventus minoratus et depauperatus est, tam fama quam pecunia, Willelmus de Holand, rex Alemanniae*, Historia Anglorum 3 S. 119.

100) HINTZE, Das Königtum Wilhelms S. 8, anlässlich der Nachricht des Matthaeus über die Wahl: „Der Bericht hat ganz das Verworrene wie alles Andere, was Matthäus über die deutschen Dinge schreibt."

des Grafen Amadeus IV. von Savoyen sei er jedoch abermals der gesammelten Schätze beraubt worden[101].

Die Person Wilhelms interessiert Matthaeus erst einmal nur oberflächlich: Er sei volljährig und kräftig gewesen, dazu aus guter Familie. Etwas später präzisiert der Geschichtsschreiber seine Angaben und bezeichnet den Gewählten als einen feinen, tüchtigen, edelmütigen jungen Mann von etwa 20 Jahren, dem die meisten Fürsten den Lehnseid leisteten – bis auf den Herzog von Sachsen und andere Große, die mit der Wahl nicht einverstanden gewesen seien, weshalb sich eine Spaltung ergeben habe. Im Volk sei darüber der Ausspruch kursiert: *Ecce militia contra sacerdotium prae superbia; ecce sacerdotium eadem causa contra militia*[102]. Der Anlass der Königwahl dient Matthaeus nicht dazu, den neuen Herrscher zu charakterisieren, sondern vielmehr um die Situation im Reich darzustellen und den Hochmut der Kirche und der Fürsten zu geißeln.

Ähnlich verhält es sich mit seinen Ausführungen über den Kampf um Aachen. Er notiert noch zum Jahr 1247, dass der Zugang zur Stadt von Konrad IV. gesperrt worden sei, um Wilhelms Krönung zu verhindern. Der Legat und der Kölner und andere Fürsten hätten daraufhin versucht, mit dem Sohn Friedrichs in aller Freundschaft zu reden, damit dieser nicht dem Vater nacheifere, einem Gebannten, und ein ähnliches Schicksal erfahre. Die Antwort Konrads habe gelautet: *Nunquam pro vobis proditoribus patri meo deero*. Um Aachen aber habe sich ein erbitterter Kampf entsponnen, wobei die kirchliche Seite durch die Predigten der Bettelmönche und das Geld des Papstes immer stärker geworden sei, während die staufische Partei nach und nach an Kraft verloren habe. Als einen weiteren Grund für diese Verschiebung der Machtverhältnisse führt Matthaeus abermals die Verwandtschaft Wilhelms an, *et multi alii magnates ei foedere multiplici et muneribus concatenati*[103]. Die eigentliche Belagerung Aachens, *obsidio cruenta nimis et dampnosa*, spricht er im Bericht über das Jahr 1248 an. Als Anführer der Angreifer nennt er den Kölner Erzbischof, begleitet von vielen Kirchenmännern und einer täglich wachsenden Menge von papsttreuen Adligen, die größtenteils von Dominikanern und Franziskanern das Kreuz empfangen hätten. Zum Trost der Eingeschlossenen hätten Friedrich und Konrad Briefe geschrieben und diesen die baldige Befreiung versprochen[104].

Auffällig ist hier, dass Wilhelm laut dem Bericht des Matthaeus Parisiensis überhaupt keine aktive Rolle im Feldlager vor Aachen spielt. Er bleibt

101) Matthaeus Parisiensis, Chronica Majora 4 S. 624 f.
102) Matthaeus Parisiensis, Chronica Majora 4 S. 639 f.
103) Matthaeus Parisiensis, Chronica Majora 4 S. 653 f.
104) Matthaeus Parisiensis, Chronica Majora 5 S. 17.

vollkommen im Hintergrund, während einmal mehr die Leistung des Kölners hervorgehoben wird. Vor allem aber bietet sich dem Autor die Möglichkeit, Konrads Sohnestreue unter Beweis zu stellen und zweimal das Wirken der Mendikantenorden als Kreuzprediger zu erwähnen. Diese waren ihm, dem Benediktinermönch, grundsätzlich ein Dorn im Auge[105]. Ihr Wirken für die kirchliche Seite disqualifizierte sie zusätzlich, auch wenn Matthaeus das nicht ausdrücklich sagt.

Bevor er endlich über die Krönung Wilhelms berichtet, gibt er seinem Publikum noch eine sehr farbige Schilderung der Zustände im belagerten Aachen: Es sei Winter geworden, es habe kein Weg aus der Stadt heraus oder in sie hinein geführt, sie habe keine Hilfe, keinen Rat, keine Nahrung erhalten. In Ermangelung von Getreide hätten die Bewohner Brot aus Wurzeln und Moos gebacken, ihr Fleisch sei ranzig gewesen, ihre Waffen zerbrochen und verrostet, ihre Kleidung zerschlissen. Die Mütter hätten ihren Kindern nichts zu essen geben können. Von außen hätten die Großen des Reiches zusammen mit dem Legaten, dem Erzbischof von Köln, dem Bischof von Lüttich, mit einer unendlichen Menge von Männern, die von den Dominikanern mit dem Kreuz gezeichnet worden seien, die Stadt ununterbrochen Tag und Nacht mit allen möglichen Belagerungsgeräten beschossen und die wehrlosen Menschen bedrängt. Schließlich habe allein die Not die Aachener zur Aufgabe gezwungen[106]. Spätestens an dieser Stelle wird sehr deutlich, welcher Seite die Sympathie des Verfassers gehört, und welches Aufsehen die Eroberung der Krönungsstadt Aachen offenbar europaweit auslöste.

Nach der Einnahme der Stadt, *civitate igitur tam violenter quam viriliter capta*, habe dann die feierliche Krönung stattfinden können, durch die Hand des Kölner Erzbischofs nach alter Sitte. Mehr Information bietet Matthaeus nicht über die Zeremonie selbst, er fügt jedoch hinzu, dass währenddessen viele durch einen heimlichen Ausgang aus der zerstörten und heruntergekommenen Stadt geflohen seien, sowohl Einheimische als auch Söldner, die

---

105) Dies kommt an verschiedenen Stellen der Chronica Majora zum Ausdruck, etwa bei der Schilderung des Streits zwischen Dominikanern und Franziskanern, wer „ärmer" sei, Matthaeus Parisiensis, Chronica Majora 4 S. 279; bei der Beschreibung der aufwändigen Bauten beider Orden, die gar nicht dem Armutsgebot entsprächen, ebd. S. 279 f.; ebd. S. 511 f. über die Anmaßung der Dominikaner, die als Beichtväter auftraten und allgemein seelsorgerliche Aufgaben usurpierten; ebd. S. 599 f. über die Franziskaner, die als Geldeintreiber des Papstes auftraten, vom Abt von St. Albans 400 Mark verlangten, und als ihnen das Geld verweigert wurde, murrend abreisten: [...] *et equos suos nobiles ascendentes, cum minaci murmure recesserunt*; vgl. VAUGHN, Matthew Paris S. 137 f.; WEILER, Matthew Paris S. 80.

106) Matthaeus Parisiensis, Chronica Majora 5 S. 25 f.

Friedrich und Konrad dort stationiert hatten, alle geschwächt und halbtot vor Hunger[107]. Der glanzvolle Moment, in dem der König auf dem Thron Karls des Großen die Krone und die Salbung erhielt, wird effektvoll konterkariert durch die Beschreibung des Umfelds, in der sie stattfinden musste: eine Stadt in Trümmern, zerlumpte Menschen, die der Feier nicht beiwohnen wollen, sondern sich stattdessen davonstehlen. In diesem Szenario wird Wilhelm *comes* [...] *de Holandia, electus in regem Alemanniae*, wieder nur am Rande erwähnt, obwohl zumindest der einleitende Satz über die grausame, aber doch auch mannhafte Einnahme Aachens, eine gewisse Bewunderung für die Eroberer – nicht für den Herrscher im Speziellen – erkennen lässt.

Eine direkte Bezugnahme auf das Königtum selbst findet sich erst am Ende der ausführlichen Beschreibung der Belagerung der Stadt. Viele hätten Wilhelms Krönung für ungültig gehalten, da nicht alle Wähler anwesend gewesen seien und auch nicht zugestimmt hätten, wie etwa der Herzog von Sachsen, dessen Tochter Kaiser Friedrich heiraten wollte, *si reconciliari poterit*. Auch der Herzog von Bayern, der Schwiegervater Konrads, sei nicht mit der Königserhebung einverstanden gewesen, ebensowenig viele andere[108]. Die eigentliche Problematik, nämlich die Frage nach der Rechtmäßigkeit der Herrschaft Wilhelms, wird hier nur angesprochen, aber nicht weiter ausgeführt.

Erst in einer zusammenfassenden Betrachtung der Lage im Reich zum Jahr 1251 beleuchtet Matthaeus die Konstellation von Papst, Kaisersöhnen und Königen etwas näher: Er beginnt damit, dass die Söhne und Freunde Friedrichs nach dessen Tod wieder an Einfluss zugenommen hätten, *et sic amputato uno capite, instar Hydrae quam Hercules occidisse dicitur, multa capita succreverunt*. Konrad, der Sohn Isabellas von Jerusalem, habe sich als ein hervorragender Kämpfer erwiesen und sei überall im Reich beliebt und gefürchtet. Sein Bruder Heinrich, der Enkel des allerchristlichsten Königs von England, sei aufgrund seiner Abstammung ein überaus feiner Junge, von allen Anhängern des Kaisers geschätzt[109]. Der Papst jedoch sei bei diesen aufgrund seiner Geldgier verhasst, und die Kirche müsse von der ge-

107) Matthaeus Parisiensis, Chronica Majora 5 S. 26.

108) Matthaeus Parisiensis, Chronica Majora 5 S. 26.

109) Die Geburt dieses Sohnes im Febr. 1238 – *Cujus ortus patri et avunculo cedit ad gloriam, matri renovat gaudium, et spem corroborat subditorum* – hatte Friedrich selbst seinem Schwager Richard von Cornwall mitgeteilt, HUILLARD-BRÉHOLLES, Historia diplomatica V,1 S. 166 f., und es ist ein auf das Jahr 1247 datierter Brief des Kindes an seinen Onkel, den englischen König, erhalten, in dem Heinrich diesem von seiner Taufe berichtet, HUILLARD-BRÉHOLLES, Historia diplomatica VI,1 S. 504; vgl. STÜRNER, Friedrich II. 2 S. 311.

wachsenen Zahl ihrer Verfolger viel Übles ertragen, auch im Blick auf einige Missgeschicke in der jüngeren Vergangenheit. Denn Heinrich Raspe, den der Papst zum Kaiser habe erheben wollen und für den er viel Geld ausgegeben habe, sei eines ehrlosen Todes gestorben, woraufhin man den Grafen von Geldern gewählt habe, der jedoch die Krone abgelehnt habe, eingedenk des Schicksals seines Vorgängers. Dann sei der Herzog von Brabant und Lothringen an der Reihe gewesen, das Königtum zurückzuweisen, und nach ihm Graf Richard, *vafer et abundans numismate*, der sich nicht auf ein so unsicheres kriegerisches Unternehmen habe einlassen wollen. *Post quem elegit dominus Papa Willelmum Holandiae comitem*. Der habe ohne weitere Überlegung zugesagt, und nachdem er alles verspielt hätte, sei er in seine Grafschaft zurückgetrieben worden, die ihm nach deren Übertragung an seinen Bruder gar nicht mehr gehört habe, *unde muscipulas et promissiones papales detestans, mendicare cogebatur*. Als letzten Kandidaten habe der Papst König Haakon von Norwegen ausersehen, über dessen Ansichten sich der englische Geschichtsschreiber aufgrund persönlicher Bekanntschaft besonders gut informiert glaubte[110].

Eine Überprüfung, ob die von Matthaeus berichteten Details in irgendeiner Weise zutreffend sind, erübrigt sich. Diese Passage ist jedoch sehr aufschlussreich für die allgemeine Sicht des Chronisten auf das Geschehen im Reich. In seiner kurzen Skizze der in seinen Augen prosperierenden staufischen Partei erwähnt Matthaeus Parisiensis namentlich nur die beiden Söhne Friedrichs, mit besonderem Augenmerk auf deren Abstammung. Konrads Verwandtschaft mit den Königen von Jerusalem verschafft ihm eine gewisse transzendente Legitimation, doch noch größer scheinen die Hoffnungen zu sein, die auf Heinrich ruhen, dem Enkel des englischen Königs. Die allseitige Beliebtheit und Anerkennung der Brüder, zusammen mit den militärischen Fähigkeiten des Älteren, werden als Grund für die Erfolge der Kaiserlichen angeführt.

Die Anhänger des geizigen Papstes hingegen sind vom Unglück verfolgt, das mit dem unrühmlichen Tod Heinrich Raspes seinen Ausgang nahm. Die Aufzählung der zahlreichen unwilligen Königskandidaten dient dazu, die Uneinigkeit und Unentschlossenheit der kirchlichen Partei zu demonstrieren, die Formulierungen entlarven den Papst als den Drahtzieher: Dieser steckt hinter dem Plan, Heinrich Raspe zum Kaiser zu machen, und „wählt“ Wilhelm zum König. Matthaeus wusste, wie oben dargelegt wurde, Bescheid über die Umstände der Königswahl, bringt hier aber seine Mei-

110) Matthaeus Parisiensis, Chronica Majora 5 S. 200 f.; zum Treffen Matthaeus' mit Haakon vgl. VAUGHN, Matthew Paris S. 4–7.

nung über die ungerechtfertigte Einmischung des Pontifex in Angelegenheiten des Reiches auf den Punkt.

Die bisher eher indifferente Haltung des Geschichtsschreibers dem König gegenüber scheint zu kippen, als er zum Jahr 1251 eine knappe, sehr aussagekräftige und überraschend negative Charakterisierung Wilhelms und seiner Herrschaft bis zu diesem Zeitpunkt gibt. Nun wird Wilhelm als ein blauäugiger Jüngling dargestellt, der in kürzester Zeit im Reich auf ganzer Strecke versagt hatte, dann nicht einmal mehr Graf von Holland war und völlig desillusioniert, enttäuscht von den Hinterhältigkeiten und Versprechungen des Papstes, am Bettelstab endete. Matthaeus verarbeitet hier offenbar Informationen aus Holland, er wusste, dass Wilhelm sich immer wieder in seine Grafschaft begab und Florens dort als Stellvertreter des Bruders agierte.

Geht man davon aus, dass diese Passagen der Chronica Majora vermutlich erst 1253 entstanden sind[111], so wird dieses auf einmal so plastische und diffamierende Bild des Herrschers erklärbar. Matthaeus schrieb diese Zeilen unter dem Eindruck der erfolgreichen Politik Wilhelms in der ersten Jahreshälfte 1252, also nach der Hochzeit mit Elisabeth, der Nachwahl, der Unterwerfung Markgraf Heinrichs und dem Frankfurter Hoftag. Nun war der König auch in der Wahrnehmung von außen zu einem ernstzunehmenden Gegner geworden, und prompt bemühte sich der englische Geschichtsschreiber, ihn in einem möglichst schlechten Licht erscheinen zu lassen[112].

Es ist insofern konsequent, dass Matthaeus die gesamte Reise Wilhelms in den Osten des Reiches unterschlägt und ihn zum Jahr 1252 nur an einer Stelle erwähnt. Nachdem er über Kardinalskreierungen Innozenz' IV. berichtet hat und über dessen Plan, eine seiner Nichten an Heinrich, den erwähnten Sohn Kaiser Friedrichs und Isabellas von England, zu verheiraten, kommt er auf Wilhelm zu sprechen, der hier von ihm lediglich den Titel eines Grafen von Holland erhält. Er sei an seiner Aufgabe verzweifelt und habe nun die Auswirkungen seiner Anmaßung zu spüren bekommen, die darin bestanden habe, dass er auf die Einflüsterung des Papstes hin und mit dessen Geld das Kaisertum angestrebt hätte. Dies habe er nun ganz aufgegeben und wolle fortan, wenn auch spät, lieber die kleinen Freuden des Friedens genießen, als sich den wechselhaften Gefahren des Krieges auszusetzen[113].

---

111) Die Jahre 1250–1253 markieren eine „Schreibpause" des Chronisten, vgl. WEILER, Matthew Paris S. 80; DERS., Stupor mundi S. 73; VAUGHN, Matthew Paris S. 61.

112) Über die Neigung des Matthaeus Parisiensis zur Schwarzweißmalerei vgl. auch VAUGHN, Matthew Paris S. 139–414.

113) Matthaeus Parisiensis, Chronica Majora 5 S. 275.

Mit Blick auf das Entstehungsjahr dieser Bemerkung, also nach 1254, muss wiederum konstatiert werden, dass Matthaeus eine bewusste Falschmeldung platzierte: Während er von der angeblichen Resignation Wilhelms und dessen Bevorzugung des Friedens handelte, wusste er vermutlich bereits um die Kriegshandlungen in Zeeland bewesten Schelde, vielleicht sogar um den Sieg bei Westkapelle.

Dem Konflikt des Königs mit Flandern oder vielmehr der Auseinandersetzung um das Erbe Gräfin Margaretes widmete der Chronist einen längeren Abschnitt im Bericht über das Jahr 1254, wobei er jedoch recht eigenwillige Akzente setzt. Er sieht als Kriegsparteien die Franzosen und die Flamen auf der einen, und die Gräfin von Flandern und Wilhelm zusammen auf der anderen Seite. Er notiert kurz einen Sieg Wilhelms und der Deutschen über die Franzosen, womit er vermutlich auf Westkapelle anspielt[114]. Nach einer ausführlichen Schilderung der Vorgeschichte geht er dann noch einmal auf diese Schlacht ein, allerdings ohne die Rolle Wilhelms besonders hervorzuheben. Mit Abscheu betrachtet er jedoch Margarete, die so großes Unglück über ihr Land gebracht habe, und vergleicht sie mit Helena von Troja: *Et sicut Pergama per gamos, id est, feminam, tota Troia in cinerem est redacta, et Graecia est suis incolis spoliata, Venere procurante, ita in hac ruina, quae die Veneris accidit, tota Francia, Germania, et Flandria induit cum dolore confusionem*[115]. Matthaeus zählt die Teilnehmer der Schlacht, die Getöteten und Gefangenen auf und kommt dann wieder auf die Monstrosität Margaretes zurück, die ihre beiden Söhne der Willkür Johanns von Avesnes überlassen habe, angeblich mit den Worten: *Macta eos, carnifex truculente. Et unum eorum coctum elixum devora piperatum, et alium assatum et alleatum*[116]. Neben einer derart verwerflichen Figur – *altera Medea* – erscheint Wilhelm relativ unspektakulär. Er ist ein hochfahrender und ungeduldiger Herrscher, der die verbündeten Friesen schlecht behandelt[117] und sie in ihrer Neutralität zu Unrecht angreift[118].

Auch in diesem Zusammenhang ist es weniger von Belang, dass Matthaeus bei seiner Darstellung des Flandernkrieges offenbar einiges durcheinanderbringt. Als signifikant erscheint indes seine Konstruktion der Konfliktparteien, mit den beiden negativ konnotierten Persönlichkeiten Margaretes und Wilhelms auf einer Seite. Dem Chronisten ist hier vermutlich kein Feh-

114) Matthaeus Parisiensis, Chronica Majora 5 S. 433.

115) Matthaeus Parisiensis, Chronica Majora 5 S. 437; der 4. Juli 1253, der Tag der Schlacht bei Westkapelle, war in der Tat ein Freitag.

116) Matthaeus Parisiensis, Chronica Majora 5 S. 439 f.

117) Matthaeus Parisiensis, Chronica Majora 5 S. 439.

118) Matthaeus Parisiensis, Chronica Majora 5 S. 442.

ler unterlaufen, dazu ist die propagandistische „Ausbeute“ dieser angeblichen Allianz zu groß[119].

Insgesamt ist eine klare Verschlechterung des Wilhelm-Bildes bei Matthaeus Parisiensis zu beobachten. Zu Beginn, also im Kontext der Wahl und der Krönung, wird der Person dieses Königs wenig Bedeutung beigemessen. Die eigentlichen Akteure sind die geistlichen Reichsfürsten und der Papst, wodurch zwar ein Schatten auf den passiven Wilhelm fällt, doch für eine klare negative Charakterisierung ist er noch zu unwichtig. Diese wird erst aus einem scheinbar nichtigen Anlass heraus vorgenommen, bei der summarischen Betrachtung der Situation im Reich im Jahr 1251. Der Chronist beteuert, dass die kaiserliche Partei erstarke, während Wilhelm sich frustriert nach Holland zurückgezogen habe – eine krasse Umdeutung, die vermutlich in Kenntnis der bahnbrechenden Erfolge des Königs im Osten des Reiches geschrieben worden ist. Von diesem Moment an ist Wilhelm selbst zur Zielscheibe der Kritik in der Chronica Majora geworden, er wird als schwach, hochmütig und ungerecht beschrieben.

### Matthaeus Parisiensis über den Tod Wilhelms

Eine abschließende Bewertung Wilhelms und seiner Herrschaft gibt Matthaeus Parisiensis in seiner Beschreibung des Todes des Königs im Jahr 1256. Wilhelm, vom Papst erwählt und derart erhöht, dass er sich die Herrschaft in Deutschland gesichert und bereits viel Energie in die Erlangung der Kaiserkrone investiert hatte, auf den viel päpstliches Geld verwendet worden sei, habe aus einem nichtigen Anlass heraus einen Feldzug gegen die Friesen begonnen, *homines rudes et incultos ac indomitos*. Als es um Mariä Reinigung (2. Februar) herum immer kälter wurde, verfolgten diese den König, bewaffnet mit Wurfspießen, dänischen Äxten und Lanzen, bekleidet mit Leinen und leichten Harnischen. Wilhelm jedoch sei auf einem großen, mit Eisen bedeckten Schlachtross geritten und habe selbst einen Helm und eine Rüstung getragen. Bei einem zugefrorenen Sumpf sei er durch die dünne Eisdecke gebrochen und das Pferd bis zu den Seiten im Schlamm versunken. Der erzürnte Reiter habe das edle Tier auf grausame Weise mit den Sporen bearbeitet, dieses habe mit letzter Kraft versucht, sich zu befreien, sei noch tiefer eingesunken, habe sich herumgewälzt und seinen Herrn zwischen den Eisschollen eingeklemmt. Alle Begleiter des Königs seien geflohen, keiner habe ihm beigestanden, als die Friesen unbarmherzig den Durchnässten und Halberfrorenen durchbohrten. Der König soll seinen

119) LUCAS, John of Avesnes S. 93, bemerkt, dass Johann von Avesnes hingegen bei Matthaeus Parisiensis ein gutes Zeugnis ausgestellt wird, da er für England als willkommener Alliierter gegen die Kapetinger in Frage kam.

Verfolgern eine ungeheuer große Geldsumme angeboten haben, wenn sie ihn verschonten. [...] *sed inhumani, homini non parcentes, ipsum in frusta detruncarunt*[120].

Auch wenn die Friesen die Täter waren, so lässt doch der Chronist keinen Zweifel daran, dass Wilhelm ebenfalls Schuld an seinem Tod trägt. Er hat den Krieg provoziert, passt seine Bewaffnung nicht den Umständen an, quält sein Pferd und verschlimmert so seine eigene Situation. Außerdem verhält er sich unehrenhaft, bettelt um Gnade, versucht, sein Leben zu erkaufen. Von einem mannhaften, tapferen Tod kann keine Rede sein – im Text fällt zwar die Formulierung *fervens et magnanimus*, doch sie bezieht sich nicht auf den König, sondern auf das Streitross in seinem Todeskampf.

Nach dieser Schilderung erscheint die nachgeschobene Moral in der Chronica Majora als überaus zynisch. So sei die Zierde der Ritterschaft, *flos militiae Willelmus, Alemanniae rex et comes Holandiae*, die Kreatur des Papstes, als er schon beinahe das Kaisertum erlangt hatte, durch die Willkür seiner Feinde von der Spitze der Würde in den Abgrund der Schande gestürzt. Auf die Nachricht vom Tod des Königs habe der Papst großen Schmerz empfunden, weil er sein mühsam erworbenes Geld verloren hatte, *tot thesauros undecunque et qualitercunque adquisitos in Caribdim transmisisse*[121].

Die Beschreibung des Todes Wilhelms durch den Zeitgenossen Matthaeus wird durchaus durch die Parallelüberlieferung bei Menko und die spätere Historiographie bestätigt. Doch wichtiger als die Überlieferung der Fakten ist das Bild, das der Geschichtsschreiber vermittelt. Er will kein Mitleid mit dem König erregen, er triumphiert unverhohlen über das Schicksal dieser Marionette des Papstes[122]. Wilhelm wird in den restlichen Kapiteln der Chronica Majora keines Wortes mehr gewürdigt. Stattdessen widmet sich Matthaeus ausführlich den Großtaten der noch vorhandenen Staufernachkommen: Ebenfalls zum Jahr 1256 kann Matthaeus über einen Sieg Manfreds, des Sohnes Friedrichs II. und Bianca Lancias, berichten und in diesem Kontext mitteilen, dass dieser ein legitimer Sohn des Kaisers sei, *non jam tantus naturalis, id est, illegitimus*. Er überliefert eine rührende Geschichte über die schwerkranke Bianca Lancia, die im Glauben, sterben zu müssen, den Kaiser zu sich gebeten, diesem ihre Seelennöte wegen ihrer unehelichen Beziehung offenbart und ihn angefleht habe, sie zu heiraten und so Manfred zu legitimieren. Friedrich habe seine Zustimmung gegeben, doch die Ehe sei geheimgehalten worden. Als sie bekannt geworden sei, habe die Nachricht

---

120) Matthaeus Parisiensis, Chronica Majora 5 S. 549 f.

121) Matthaeus Parisiensis, Chronica Majora 5 S. 550 f.

122) Vgl. auch LECUPPRE-DESJARDIN/LECUPPRE, Anno 5. regni sui S. 848.

aber alle Einwohner Siziliens und Süditaliens zu unerschütterlichen Anhängern des Kaisersohnes gemacht, der glänzende Siege gegen die Soldaten des Papstes erringen konnte. Und keiner habe deshalb Mitleid mit dem Pontifex gehabt, nicht einmal die Prälaten, weil dieser sich so schlecht gegen die Gläubigen verhalten habe. [...] *immo potius si quis eum infestet et impetat, etiam malus et reprobus, successibus persequentis congratulatur*[123].

Hier wird deutlich, dass das eigentliche Objekt des Hasses für den Chronisten nach wie vor der Papst ist und dass seine Bevorzugung der Staufer und vor allem Friedrichs ungebrochen ist. Wilhelm ist für Matthaeus Parisiensis nicht von größerem Interesse, solange er im Schatten Innozenz' IV. und anderer kirchlicher Amtsträger steht, und sein Bild in den frühen Jahren seiner Herrschaft ist dementsprechend fast neutral. Erst als der König nach außen hin eine sichtbar eigenständige Politik betreibt, wird er in der Chronica Majora als vollwertiger Gegner ins Visier genommen. Sein unrühmlicher Tod ist schließlich ein willkommener Anlass, die Irrtümer der päpstlichen Partei aufzuzeigen[124]. In gewisser Weise kann die Veränderung, die Wilhelms Darstellung bei Matthaeus durchläuft, als Indikator für dessen politische Bedeutung und Ansehen gelten. Ab 1252 war er offenbar wichtig genug für eine negative Berichterstattung durch die stauferfreundliche Geschichtsschreibung.

### 1.4 Geschichtsschreibung im Reich bis 1273

Ein wichtiges Kriterium für den Umgang der Geschichtsschreibung mit Wilhelm ist die Kenntnis seines Todes. Die Verfasser der Annales S. Pantaleonis und der Erfurter Predigerannalen sind diesbezüglich unvoreingenommen, ihre Texte brechen 1249 bzw. 1254 ab. Die Genugtuung, die Matthaeus Parisiensis über das grauenhafte Ende des Königs empfunden hat, ist in dessen Bericht deutlich zu spüren. Es stellt sich die Frage, in welcher Weise das Wissen über Wilhelms Ermordung das Gesamtbild verändert, das ein historiographisches Werk von dessen Königtum vermittelt.

#### Albert von Stade

Albert von Stade, der zunächst Benediktinermönch und sogar Abt im Stader Kloster St. Marien[125] gewesen war, dann 1240 in das Stader Franziska-

123) Matthaeus Parisiensis, Chronica Majora 5 S. 571–573.
124) Vgl. auch KAMENZIN, Tode S. 328–330.
125) SCHULZE, Stade S. 467–469, 478.

nerkloster eintrat[126], verfasste ab 1240 eine Chronik, die von der Erschaffung der Welt bis zum Jahr 1256 reichte[127]. Auch wenn grundsätzlich die Meinung Schmales zutreffend ist, dass „die Stader Weltchronik erheblichen Informationswert durch die zahlreichen nur hier überlieferten Einzelnachrichten" hat[128], so ist es schwer, im Blick auf die hier mitgeteilten Ereignisse des Königtums Wilhelms zu einer kohärenten Einschätzung der Darstellungsabsichten Alberts zu kommen.

Zunächst berichtet der Chronist über die Wahl Wilhelms, den er als Bruder des Grafen von Holland bezeichnet, durch einige Bischöfe und Grafen in Neuss am 3. Oktober 1247. Bei der Gelegenheit sei Graf Johann von Holstein vom König in den Ritterstand erhoben worden[129]. Dass Wilhelm von Albert nicht als amtierender Graf von Holland angesehen wird, sondern dessen Bruder, könnte eine Reflexion der Verwaltung der Grafschaft durch Florens sein[130]. Die Anwesenheit Johanns von Holstein, vielleicht sogar dessen Beteiligung an der Wahl, wird in der Tat nur hier überliefert. Ein engeres Verhältnis zum König lässt sich nicht belegen, doch Johann heiratete bereits 1249/50 eine Tochter Herzog Albrechts von Sachsen und war also ab 1252 mit Wilhelm verschwägert[131] – ein Hinweis auf die vielfältigen und durch die Quellen nur in Ausschnitten beleuchteten Verbindungen innerhalb des Reichsadels, deren politische Auswirkungen kaum abzuschätzen sind.

Noch knapper geht Albert über die Krönung in Aachen hinweg. *Cruce signati* hätten die Stadt 1249 nach langer Belagerung eingenommen und Wilhelm gekrönt, der dann weiter den Rhein entlang nach Süden gezogen sei – *procedens ulterius* aus norddeutscher Perspektive – und die Reichsgüter, soweit möglich, an sich gebracht habe[132]. Im Gegensatz zu den Annales

126) Über den Eintritt Alberts in das Franziskanerkloster aus Verzweiflung und nach einem erfolglosen Versuch, die Benediktiner nach der Zisterzienserregel zu reformieren, vgl. BARONE, Federico II di Svevia S. 621; HOFFMANN, Art. Stade – Benediktiner S. 1370 f. Alberts franziskanische Konversion stellt den ersten sicheren Beleg für die Existenz des Stader Franziskanerklosters dar, vgl. MINDERMANN/RIGGERT-MINDERMANN, Art. Stade – Franziskaner S. 1377.

127) Die Bezeichnung als Annales Stadenses stammt nicht von Albert, sie geht offenbar auf die MGH-Edition von 1859 zurück, vgl. GÜNTHER, Art. Albert of Stade S. 25.

128) WATTENBACH/SCHMALE, Geschichtsquellen S. 425; vgl. SOMMERLECHNER, Stupor Mundi S. 29, über die problematische Zuordnung Alberts zur „Mendikantengeschichtsschreibung", obwohl er eher als Vertreter „der älteren, monastischen Weltgeschichtsschreibung" zu betrachten sei.

129) Annales Stadenses S. 371 Z. 25–27.

130) Siehe oben S. 201–204.

131) Siehe die Stammtafel bei KRAACK, Die frühen Schauenburger S. 50.

132) Annales Stadenses S. 372 Z. 19 f.

S. Pantaleonis und zu Matthaeus Parisiensis scheinen den Geschichtsschreiber in Stade die Kämpfe um die Krönungsstadt wenig zu interessieren, er verwechselt die Jahreszahl[133], hebt keinen der Angreifer besonders hervor, und dass er die Kreuzfahrer als diejenigen bezeichnet, die den König krönten, mag als Vereinfachung durchgehen. Interessant ist die Wahrnehmung Alberts, dass der Herrscher auf seinem Weg das Reich in Besitz nimmt, wenn ihm auch Hindernisse entgegenstehen. Am Ende seines Berichtes über das Jahr 1249 greift er dieses Thema noch einmal auf: Der gekrönte Wilhelm habe sich noch eine Weile in der Rheingegend aufgehalten, sei dann nach Holland zurückgekehrt, weil ihm das Geld ausgegangen sei, *cum expensas regi congruas non haberet*. Dann sei er aber wieder an den Rhein gezogen und habe sich weitere Landstriche unterworfen[134]. Von Stade aus betrachtet, war die Kriegsführung des Königs am Nieder- und Mittelrhein grundsätzlich erfolgreich, wenn auch die häufigen Aufenthalte Wilhelms in Holland damit begründet wurden, dass seine Einkünfte im Reich nicht für eine angemessene Hofhaltung ausreichend waren. Eine Qualifizierung ist in diesen Nachrichten jedoch nicht zu spüren.

Zu 1251 überliefert Albert die Geschichte über die Hochzeit Wilhelms mit Elisabeth und den Brand in der Hochzeitsnacht[135]. Auch in diesem Kontext ist der neutrale Ton der Darstellung auffällig, und es tritt das Interesse des Chronisten für die Welfen zutage. Albert beschreibt etwa die Lage des Palastes in Braunschweig, in dem sich das Unglück ereignete und der durch das Feuer ganz zerstört wurde, mit *iuxta Leonem* und stellt so seine Ortskenntnis unter Beweis. Und er betont die Rolle der Königin, die aufgrund ihrer besseren Orientierung im väterlichen Haus ihrem Mann das Leben retten konnte. Eine Auswertung oder Deutung des Geschehens, bei dem immerhin die Königskrone und andere wertvolle Gegenstände verbrannten, wird nicht vorgenommen[136]. Was jedoch auch fehlt, ist ein Hinweis auf die Nachwahl, das eigentliche herrschaftskonstituierende Ereignis in Braunschweig.

Die nächste kurze Mitteilung zu Wilhelm findet sich im Jahr 1254, diesmal handelt es sich um den Streit des Königs und des päpstlichen Legaten mit Konrad von Hochstaden, der die Unterkunft seiner beiden Kontrahenten in Neuss habe anzünden lassen[137]. Auch für dieses Ereignis gibt es keine parallele Quellenüberlieferung, und warum ausgerechnet Albert von Stade

133) Zu Alberts grundsätzlichen Problemen mit der Chronologie vgl. auch WATTENBACH/SCHMALE, Geschichtsquellen S. 425.

134) Annales Stadenses S. 372 Z. 34–36.

135) Siehe auch oben S. 198–200.

136) Annales Stadenses S. 373 Z. 21–26.

137) Annales Stadenses S. 373 Z. 38–40; siehe auch oben S. 154–157.

darüber informiert war und es als einziger tradierte, wird nicht aufzuklären sein[138]. Erstaunlich und in dem Fall auch etwas enttäuschend ist abermals, dass der Chronist sich jeglicher Wertung enthält. Wenn auch die Tat des Erzbischofs an sich als Akt des Jähzorns und als Mordanschlag verurteilenswert sein musste, so wird dies doch in der Chronik nicht ausdrücklich formuliert. Der Text liefert nicht den geringsten Hinweis, auf wessen Seite der Verfasser dieser Zeilen steht.

In dieser Hinsicht bleibt sich Albert auch treu, als er den Tod Wilhelms meldet: Der König sei von den Friesen in Medemblik *prope Hollandiam* ermordet worden, seinen Leichnam hätten sie an einem unbekannten Ort verscharrt[139]. Als einziger verlegt er die Tat an diesen Ort an der Zuiderzee, dem heutigen IJsselmeer, weitere Details und Zusammenhänge fehlen.

Der allgemeine Eindruck, den die Chronik von Wilhelm vermittelt, ist nicht der eines schlechten Herrschers. Der Zustand des Reiches wird auch nicht unbedingt als krisenhaft wahrgenommen, es scheint, als habe Albert kaum mehr einen Blick für die größeren politischen Zusammenhänge. Insofern ist es nicht verwunderlich, dass auch die Person des Königs recht undeutlich bleibt. Nur durch seine Verbindung zu den Welfen weckte dieser zumindest vorübergehend das Interesse des Geschichtsschreibers[140].

### Menko, Abt von Bloemhof

Das Kloster Bloemhof, *Floridus Hortus*, in Wittewierum in Friesland, war als Tochterkloster Prémontrés im Jahr 1209 gegründet worden[141]. Bereits sein erster Abt Emo unternahm es, die Geschichte des Konvents aufzuschreiben, und sein Schüler Menko setzte das Werk ab 1243 bis zum Beginn der 1270er Jahre fort[142]. Während Emo im Wesentlichen die Ereignisse in

---

138) Man könnte einmal mehr die Bettelordensnetzwerke und deren Nachrichtenfunktion für diesen Überlieferungszufall verantwortlich machen, Albert selbst erwähnt allerdings als einzigen Gewährsmann für seine Chronik den Scholaster Heinrich von Bremen, jedoch keine Ordensbrüder, WATTENBACH/SCHMALE, Geschichtsquellen S. 424.

139) Annales Stadenses S. 374 Z. 3 f.

140) Alberts Erfahrungen mit den Welfen gehen auf die 1230er Jahre zurück. Als Abt von St. Marien hatte er ab 1235 vergeblich versucht, sein Kloster zu reformieren und zu einem Zisterzienserkloster zu machen, um es dem indirekten Zugriff der Welfen, namentlich Herzog Ottos, zu entziehen, vgl. MINDERMANN, Abt Albert von Stade S. 55–57; SCHULZE, Stade S. 468. Über den „Reichspatriotismus" bei Albert auch SOMMERLECHNER, Stupor mundi S. 29 f.; „patriottismo imperiale", BARONE, Federico II di Svevia S. 621 f.

141) Kroniek S. Xf. (Einleitung).

142) MOL, Art. Emo S. 575; DERS., Art. Menko S. 1103.

und um Bloemhof berichtet, weitet sich der Blick der Chronik unter Menko. Dieser war „veel meer historiograaf in de traditionele zin dan Emo“[143]. Er arbeitete offenbar in unregelmäßigen Abständen an seinem Geschichtswerk: Der Abschnitt über die Jahre 1237–1249/50 entstand in einem Stück um 1250, die folgenden Jahresberichte bis 1257 dann erst zwischen 1258 und 1260[144]. Dies bedeutet, dass Menkos Beschreibung der Wahl und der Krönung Wilhelms ziemlich unmittelbar nach den Ereignissen erfolgte, sein Bericht über dessen Tod jedoch erst in etwas zeitlichem Abstand. Der Abt war jedoch nicht nur ein Beobachter des Geschehens, sondern griff auch selbst vor Aachen 1248 zugunsten seiner Landsleute ein, als er zusammen mit Thitard Dodinga für die friesischen Kreuzfahrer eine Urkunde des Königs erwirkte[145].

Menkos Darstellung der Wahl und Krönung Wilhelms, die gewissermaßen die „offizielle Version“ aus der Sicht der beteiligten Prälaten wiedergibt, wurde oben bereits ausführlich untersucht[146]. Hier soll vor allem der Bericht des Geschichtsschreibers über den Tod des Königs im Zentrum stehen und das allgemeine Bild, das er von Wilhelms Herrschaft vermittelt.

Im Jahr 1256 sei der König von einigen seiner Ritter aufgestachelt worden, gegen die Friesen im äußersten Westen, die sog. *Westlingi*, zu ziehen. Im Sommer habe er neun Dörfer – *parochias* – eingenommen und ein Kastell erbaut, auf sandigem und zugänglichem Terrain. Für die Eroberung anderer, sumpfiger Landesteile, habe er bis zum Winter und auf den Frost gewartet, der die Sümpfe und Wasserläufe für ein Reiterheer begehbar machen würde. Die Friesen hätten zu Fuß gekämpft, die Ritter des Königs aber seien geflohen, weil sie der Tragfähigkeit des Eises misstraut hätten. Der König selbst sei von seinen Feinden gefangen genommen worden, ein desertierter Soldat habe Wilhelms Identität preisgegeben und so dessen Ermordung herbeigeführt. Der Leichnam sei von den Mördern verschleppt und heimlich in einem Haus verscharrt worden[147].

Menko liefert nach Matthaeus Parisiensis die zweite zeitgenössische Schilderung des Todes Wilhelms. Er berichtet wesentlich knapper, und in den Details sind durchaus Unterschiede zu erkennen. Es ist zu erkennen, dass er besser mit den klimatischen Bedingungen und der Beschaffenheit des Bodens in Friesland vertraut ist[148]. Das Eis spielt bei Menko ebenfalls eine Rolle, doch weiß er nichts davon, dass der König einbricht. In seiner Ge-

143) Kroniek S. XXXII (Einleitung).
144) Kroniek S. XXXIII (Einleitung).
145) Kroniek S. 368 Z. 16–24; D Wilh 48; siehe oben S. 94.
146) Siehe oben S. 150–154.
147) Kroniek S. 390 Z. 16–392 Z. 2.
148) LECUPPRE-DESJARDIN/LECUPPRE, Anno 5. regni sui S. 837.

schichte bewirkt das Misstrauen der Ritter gegenüber der Eisdecke, dass sie Wilhelm im Stich lassen und dieser daraufhin ein leichtes Opfer für die Friesen wird. Die farbige Schilderung der zu schweren Rüstung und des Streitrosses, wie sie Matthaeus gibt, spart sich der Abt von Bloemhof. Dafür weist er auf andere Faktoren hin, die den Tod des Königs mit verursacht haben: das Drängen der Ritter auf einen Feldzug nach Friesland und der verräterische Deserteur. Diese namenlosen Nebenfiguren der Geschichte bewirken, dass die Hauptpersonen des Ereignisses, also der König und die Friesen, in der Erzählung entlastet werden. Wilhelm erscheint nicht als der kampfbegierige Angreifer, der sich unüberlegt in einen Krieg stürzt, und seine Gegner, die ihm auflauern, müssen nicht als hinterlistig dargestellt werden. Die Friesen werden nicht verurteilt, doch Wilhelm erhält auch keinen ehrenden Nachruf oder wird zutiefst betrauert[149]. Das Interesse des Chronisten gilt dann doch eher seinem eigenen Kloster, dem Deichbau und den Naturkatastrophen an der Nordseeküste[150].

Insgesamt sind die Informationen, die Menko über das Königtum Wilhelms bietet, eher gering. Er erwähnt dessen Wahl, Krönung und Tod, mehr nicht. Er gibt auch keinen Bericht über die Auseinandersetzung mit Flandern oder die Schlacht bei Westkapelle, und er weiß nichts von der Hochzeit oder der Nachwahl in Braunschweig. Er schreibt nur über Dinge, die ihn persönlich angehen. Bei der Einnahme Aachens und der Krönung war Menko anwesend und wurde dabei wohl über die Umstände der Königswahl in Worringen informiert, die Ermordung Wilhelms tangiert ihn, weil Friesen daran beteiligt waren. Der König ist in den Augen des Abtes ordnungsgemäß gewählt und auf dem Thron Karls des Großen gekrönt worden[151], er ist der rechtmäßige Herrscher, während Friedrich II. als Kaiser abgesetzt wurde und in der Chronik nach 1245 konsequent *quondam Romanorum imperator* genannt wird[152]. Menko enthält sich jedes Urteils und jeder Vorausdeutung, berichtet nüchtern die ihm bekannten Fakten der Reichsgeschichte und liefert ein unaufgeregtes, aber auch selektives Bild der Herrschaft Wilhelms.

---

149) Vgl. auch KAMENZIN, Tode S. 315.

150) Kroniek S. 393 Z. 6–11 zu den Deichen; ebd. Z. 12–19 zur Kirch- und Altarweihe in Bloemhof; z. B. über die Sturmfluten im Winter 1248/49 ebd. S. 372 Z. 14–376 Z. 28.

151) Kroniek S. 368 Z. 26.

152) So etwa bei der Nachricht von seinem Tod, Kroniek S. 364 Z. 14 f.: *Eodem anno mortuus est Fredericus quondam Romanorum imperator, anno depositionis sue ab imperio vi.*

## Die Gesta Treverorum

Die verschiedenen Fortsetzungen der Gesta Treverorum[153] im 13. Jahrhundert stammen von unterschiedlichen Autoren und sind nicht an einem bestimmten Ort entstanden, sie stellen lediglich eine spätere Zusammenfassung von einzeln entstandenen Bischofsviten dar[154]. Die für den Zeitraum von Wilhelms Herrschaft relevante Continuatio V befasst sich mit dem Episkopat Arnolds von Isenburg, der von 1242 bis 1259 amtierte[155]. Dessen Lebensbeschreibung ist in zwei Versionen überliefert, einer eigenständigen, die allerdings nur bis 1247 reicht, und in mehreren Gesta-Handschriften, wo sie zwar gekürzt wurde, dafür aber die gesamte Amtszeit des Erzbischofs umfasst. In jedem Fall ist sie nach 1261 entstanden[156], also durchaus mit etwas Abstand zu den Ereignissen während Wilhelms Regierung.

Der Blickwinkel des Werkes ist sehr auf Arnold und die Ereignisse im Rhein-Mosel-Gebiet konzentriert. Der Verfasser der Gesta war ein unverbrüchlicher Anhänger des Erzbischofs, was sich sehr deutlich schon bei der Beschreibung der Schlacht bei Frankfurt im Sommer 1246 zeigt. *In hoc conflictu non cum ultimis sed cum primis archiepiscopus Trevierensis est merito computandus.* Er habe die Reihen der Feinde bereits beim ersten Zusammentreffen durchbrochen, diese in die Flucht geschlagen und sie mit seinen Soldaten verfolgt. Diese Leistung habe ihm die besondere Wertschätzung König Heinrich Raspes eingebracht, und sie sei auch vom Papst honoriert worden[157]. Zusammen mit dem Mainzer und dem Kölner Erzbischof habe der Trierer an der Wahl Wilhelms in Worringen teilgenommen, bei der Herzöge, Grafen und viele Adlige zugegen gewesen seien. Arnold habe den König ganz besonders gefördert und diesen und dessen umfangreiches Gefolge auf seine Kosten acht Wochen lang in Ehrenbreitstein, Montabaur und anderen Orten des Hochstifts beherbergt, *omnia necessaria sibi largiter ministrando*[158].

Bis hierher steht der Trierer im Zentrum der Berichterstattung, und Wilhelm spielt nur eine Nebenrolle, als ein Werkzeug zur Zurückdrängung des staufischen Einflusses im Reich[159]. Ein Zusatz ist jedoch dem selbständigen Wirken des Königs gewidmet: Dieser, *homo iuvenis et potens*, habe seine

153) Zum ursprünglichen Werk des 11./12. Jh. vgl. KÜMPER, Art. Gesta Treverorum S. 701.

154) WATTENBACH/SCHMALE, Geschichtsquellen S. 350 f.

155) SEIBRICH, Art. Arnold von Isenburg S. 794 f.

156) WATTENBACH/SCHMALE, Geschichtsquellen S. 351.

157) Gesta Treverorum S. 411 Z. 22–34 (Spalte 1).

158) Gesta Treverorum S. 411 Z. 19–34 (Spalte 2).

159) *Ad reprimendam itaque potentiam sepedicti Frederici et Conradi*, Gesta Treverorum S. 411 Z. 19–21 (Spalte 2); vgl. ebd. Z. 36 f.

Herrschaft energisch angegangen und Kaiserswerth, Aachen und Boppard unter großem Aufwand eingenommen. Bei Oppenheim sei er zusammen mit den genannten Erzbischöfen dem Staufer Konrad entgegengetreten und habe diesen so sehr bedrängt, *ita quod in regni terminis trans Alpes amplius non est visus*. Andere Städte des Reiches hätten sich ihm, nachdem Friedrich und Konrad gestorben waren, freiwillig ergeben[160]. Diese Zeilen wurden als zusammenfassende Beurteilung der Herrschaft Wilhelms geschrieben und geben ein recht beeindruckendes Bild des Königs wieder. Sie zeigen einen selbstbewussten, jungen Herrscher, der aktiv gegen seine Feinde vorgeht und dem es mit militärischen Mitteln gelingt, Konrad aus dem Reich zu vertreiben. Geht man davon aus, dass die Gesta nach dem Tod Wilhelms geschrieben oder zumindest kompiliert wurden, ist dies ein wichtiger Indikator für die Wahrnehmung des Königs, zumindest im Umfeld der Trierer Kirche.

Diese positive Bilanz wurde offenbar nicht verschlechtert durch die Ereignisse an der Zollstelle in Koblenz, die oben bereits ausführlich ausgewertet wurden[161]. Der Angriff auf den König im November 1252 durch den Koblenzer Schultheißen, vermutlich aufgrund der königlichen Zollpolitik, hatte für schwere Verstimmungen zwischen Wilhelm und Arnold von Isenburg gesorgt. Der Konflikt wurde durch die Vermittlung des Kölner Erzbischofes und des päpstlichen Legaten beigelegt. Es ist sehr aufschlussreich, wie in den Gesta Treverorum das Verhalten des Königs dargestellt wird: Der gesamte Vorfall erscheint als eine Verkettung unglücklicher Umstände. Auf die Zollforderung des Schultheißen hin sei Wilhelm entrüstet gewesen und habe seine Männer zu den Waffen gerufen. Während der Aussöhnung in Köln habe er allzu vehement auf einer Absetzung des Erzbischofes bestanden, ohne die empfangene Unterstützung zu dessen Gunsten anzurechnen. Endlich habe er sich einsichtig gezeigt, *et puro corde reconciliatus de omnibus sibi fuit*[162].

Während das Bild eines aufbrausenden, kämpferischen Königs im Kontext der Zeit nicht unbedingt negativ konnotiert sein muss[163], scheint der Hinweis auf dessen Unversöhnlichkeit doch einen bitteren Beigeschmack zu haben. Andererseits bemüht sich der Schreiber, die letztlich doch zustandegekommene Versöhnung als einen Sieg der Vernunft darzustellen – *Rex*

160) Gesta Treverorum S. 411 Z. 40–47; zur Schlacht bei Oppenheim auch ebd. S. 412 Z. 20 f.

161) S. 141–144.

162) Gesta Treverorum S. 412 Z. 1–19.

163) Engelbert von Admont etwa über die *ira rationalis et moderata*: *Talis autem ira licet non sit virtus, est tamen passio sive propassio laudabilis et utilis, quia facit Principem timorosum subditis et coercet subditos a delictis*, De regimine principum S. 211.

*tandem de necessitate virtutem faciens* –, und zuletzt löst sich alles in Wohlgefallen auf. Zur Ehrenrettung des Herrschers trägt auch der unmittelbar folgende Bericht über den Aufenthalt Wilhelms zusammen mit dem Trierer Erzbischof in Lyon im Frühjahr 1251 bei[164]. Der Verfasser der Gesta durchbricht durch diese Anordnung die Chronologie, so als ob die Koblenzer Affäre nur ein unangenehmes Zwischenspiel gewesen sei, die spätestens durch das harmonische und ehrenvolle Miteinander von König und Erzbischof an der päpstlichen Kurie vergessen war. Die gemeinsame Reise zum Papst, an der Arnold als einziger Reichsfürst teilnimmt, quasi als Repräsentant des gesamten Reiches, stellt den Höhepunkt des Verhältnisses zwischen Wilhelm und dem Trierer dar. Nur kurze Zeit danach, *post modicum temporis spacium*, sei Wilhelm gestorben: [...] *rex Wilhelmus, iuvenis et potens, in imperatorem proximo coronandus, a Frisonibus est casu lamentabili miserabiliter interfectus*[165].

Durch die chronologische Ungenauigkeit des Schreibers wird die Entfremdung zwischen Arnold und dem König nach 1252 überspielt und der Eindruck erweckt, dass der Trierer über die gesamte Herrschaft Wilhelms hinweg einer von dessen engsten Vertrauten gewesen sei. Den Gesta scheint nicht nur an einer günstigen Darstellung des Erzbischofs gelegen zu sein, sondern auch des Königs, der in erstaunlich deutlichen Worten als ein tatkräftiger, erfolgreicher Herrscher gezeichnet wird. Um beiden Protagonisten gerecht zu werden, musste der Zwischenfall in Koblenz als ein Missverständnis vermittelt werden. Trotz aller Konzentration auf Arnold von Isenburg und Trier werden Wilhelms Verdienste um das Reich durchaus gewürdigt und seinem Königtum Erfolg bescheinigt.

### Hermann von Niederaltaich

Ab 1250 arbeitete Abt Hermann von Niederaltaich[166] an seinen Annalen, einer Fortsetzung der Chronik Ottos von Freising. Über die Jahre ab 1235 berichtet er selbständig, sein Werk, das im Autograph erhalten ist, endet 1273, als Hermann sein Amt als Abt niederlegte[167]. Sein Bericht ist stark auf bayerische Zusammenhänge und die wittelsbachischen Belange konzentriert[168], seine Darstellung des Königtums Wilhelms beschränkt sich auf

164) Siehe oben S. 140 f.

165) Gesta Treverorum S. 412 Z. 33–36.

166) HOLZFURTNER, Hermann von Niederaltaich S. 98.

167) PLASSMANN, Art. Hermann of Niederaltaich S. 779; WATTENBACH/SCHMALE, Geschichtsquellen S. 182 f.

168) HOLZFURTNER, Hermann von Niederaltaich S. 101–103; ebd. S. 113–115 über die Stellung Hermanns zwischen der älteren Form der Universalgeschichte und der späteren der Dynanstiegeschichte als Verfasser einer bayerischen „Landesgeschichte“.

wenige Passagen. Diese sind jedoch umso interessanter, als sie die Gegensicht repräsentieren, die Perspektive der staufischen Seite[169].

Überblickt man die Jahre 1247 bis 1256 in den Annales Altahenses, so fällt insgesamt auf, dass Friedrich II. noch bei seinem Tod als *imperator* bezeichnet wird[170], Konrad IV. bis 1254 *rex* genannt wird[171], Wilhelm aber der Graf von Holland bleibt, *iam dudum a quibusdam principibus in Romanorum regem electu*[s][172]. Allein aufgrund der demonstrativen Verwendung dieser Titel lässt sich Hermann als Stauferanhänger identifizieren. Zu Wilhelm berichtet er anlässlich der Königswahl 1247. Der knappen Nachricht ist von einer zweiten zeitgenössischen Hand auf einem anderen Blatt ein Hinweis auf den Rheinischen Bund hinzugefügt, samt einer ausführlichen Aufzählung der Bundesmitglieder[173]. Zu 1251 erwähnt Hermann den Aufenthalt des Königs an der Kurie, wo der Papst dessen Herrschaft in Anwesenheit vieler Bischöfe bestätigt habe[174]. Am Ende dieses Jahresberichtes steht isoliert der Satz: *Wilhelmus rex Romanorum de comitissa Flandrie gloriose triumphat*[175] – diese Nachricht ergibt für das Jahr 1251 keinen Sinn, sticht jedoch ins Auge, weil hier Wilhelm als König ohne jeden einschränkenden Zusatz genannt wird. Am ehesten könnte sich diese Bemerkung auf die Schlacht bei Westkapelle im Jahre 1253 beziehen, doch auch zu diesem Zeitpunkt war Konrad IV. noch am Leben und in den Augen Hermanns der rechtmäßige König. Inhaltlich hat die Notiz keinen Bezugspunkt, zuvor ist von dem Zug Konrads nach Apulien und dessen dortigen Siegen die Rede, die der Papst nicht habe verhindern können. Vielleicht handelt es sich schlicht um ein Versehen des Geschichtsschreibers, jedenfalls ist es der einzige „Ausrutscher" bezüglich der Verwendung der Königstitulatur.

Erst zu 1255 nehmen die Annalen wieder Kenntnis von Wilhelm, allerdings nur, weil dessen Engagement in Flandern und gegen die Friesen seine Aufmerksamkeit vollständig absorbiert habe und deshalb die rheinischen Städte, *quasi destitute regia defensione*, einen Bund geschlossen hätten, dem der neue Pfalzgraf Ludwig sofort freudig beigetreten sei[176]. Und schließlich berichten sie über den Tod des Königs in Friesland, allerdings mit einem au-

169) PLASSMANN, Art. Hermann of Niederaltaich S. 779, spricht von einer „identifiable pro-papacy position" im Werk Hermanns, die sich allerdings im Umgang mit Wilhelm, Friedrich II. und Konrad IV. m. E. nicht feststellen lässt.

170) Hermanni Altahensis Annales S. 395 Z. 12 f.

171) Hermanni Altahensis Annales S. 395 Z. 16, 29, 38 f. u. ö., zuletzt S. 396 Z. 40.

172) Hermanni Altahensis Annales S. 395 Z. 30 f.

173) Hermanni Altahensis Annales S. 394 Z. 20–41, mit Anm. a.

174) Hermanni Altahensis Annales S. 395 Z. 29–31.

175) Hermanni Altahensis Annales S. 395 Z. 40 f.

176) Hermanni Altahensis Annales S. 397 Z. 16–22.

ßergewöhnlichen Zusatz: Als Wilhelm eine der Städte dieser Gegend betreten habe, soll er dort ein wunderschönes Grabmal vorgefunden haben. Auf die Frage, wem diese aufwändige Begräbnisstätte gehöre, hätten die Einwohner der Stadt geantwortet, dass keiner bislang dort beigesetzt sei. Doch ihre Vorväter hätten das Grab gebaut, auf eine Prophezeiung hin, dass eben dort dereinst ein römischer König bestattet werden würde. Nachdem Wilhelm ganz Friesland unterworfen habe und schon als Sieger nach Hause habe zurückkehren wollen, sei er von einigen Flüchtigen, die sich im Röhricht versteckt hatten, mit Wurfspießen getötet und in dem genannten Grabmal von den Einheimischen beigesetzt worden, im neunten Jahr seines Königtums[177].

Betrachtet man Hermann von Niederaltaich als Repräsentanten der bayerischen Geschichtsschreibung dieser Zeit, dessen Abtei nach dem Aussterben der Grafen von Bogen 1242 unter der Vogtei der Wittelsbacher stand[178], der zudem mit dem Herzog und Pfalzgrafen bei Rhein Otto II. freundschaftlich verbunden war[179], so ist die geringe Aufmerksamkeit nachvollziehbar, die er dem Königtum Wilhelms entgegenbringt[180]. Sein Interesse gilt besonders lokalen Ereignissen, dann auch Konrad IV., vor allem wenn er im Umfeld Hermanns auftritt: So berichtet er etwa über einen Mordanschlag auf den Staufer, der an Weihnachten 1250 im Kloster St. Emmeram in Regensburg stattfand. Konrad habe die Besitzungen des Regensburger Bischofs und dessen Ministerialen gebrandschatzt, daraufhin seien Anhänger des Regensburgers nachts in das Schlafgemach des Kaisersohnes und seiner vier Begleiter im Kloster eingedrungen und hätten zwei Männer ermordet, drei entführt. Doch gerade in dieser Nacht war noch ein sechster Mann zufällig hinzugekommen, und Konrad, der sich unter einem Schemel

177) Hermanni Altahensis Annales S. 397 Z. 27–35; SCALES, The Shaping of German Identity S. 119 f., bezeichnet diese Passage bei Hermann von Niederaltaich als „narrative fancy", zu der die Figur eines Königs einen mittelalterlichen Autoren anregen konnte, selbst wenn dieser König nur in bescheidenen Maße Herrschaft ausübte; LECUPPRE-DESJARDIN/LECUPPRE, Anno 5. regni sui S. 838 weisen auf die literarische Nähe der Beschreibung Hermanns zur Rolandssage hin.

178) So Hermann selbst in seiner Schrift De advocatis Altahensibus S. 376 Z. 1–3: *Anno itaque Domini 1242. moritur predictus Albertus comes de Bogen sine herede 18. Kal. Februarii. Cui succedit in advocatia huius ecclesie Otto comes palatinus Rheni, dux Bawarie, cuius studio totus comitatus in optatam pacem et necessariam reformatur.* Hermann wurde genau zum Zeitpunkt dieses Vogteiwechsels Abt, vermutlich im Kontext des Übergangs an die Wittelsbacher.

179) PLASSMANN, Art. Hermann of Niederaltaich S. 779.

180) HOLZFURTNER, Hermann von Niederaltaich S. 110 f., über das generelle Desinteresse Hermanns an der Reichspolitik.

versteckt hatte, entging seinem Schicksal, *valde miraculose imminens periculum mortis evasit*[181]. Wie diese Episode zeigt, wird auch der staufische König nicht nur in heldenhaften Posen gezeigt, sondern durchaus kritisch betrachtet[182].

Insgesamt ist die Darstellung der Altaicher Annalen über das Königtum Wilhelms abgesehen von der Grablegende nüchtern, aber keineswegs kohärent. Umso aufschlussreicher sind die Details, die überliefert werden: die Königswahl, aber nicht die Belagerung Aachens und die Krönung; der Aufenthalt in Lyon und die Auseinandersetzung mit Margarete von Flandern und den Friesen, aber nicht die Reise nach Braunschweig, die Ehe mit der Welfin Elisabeth, die Aussöhnung mit Markgraf Heinrich von Meißen; und schließlich der Tod Wilhelms und die Entstehung des Rheinischen Bundes. Für den bayerischen Geschichtsschreiber war offenbar das Schicksal Aachens nicht annähernd so sensationell wie für den Verfasser der Annales S. Pantaleonis und Matthaeus Parisiensis. Vielleicht wollte er aber auch den Sieg Wilhelms und dessen Krönung am rechtmäßigen Ort verschweigen. Die Begegnung mit dem Papst interessierte vermutlich Hermann als Kleriker, ein Bericht über die Ereignisse in Braunschweig hingegen könnte ihm zu sehr auf die Isolierung „seiner“ wittelsbachischen Herzöge hinauslaufen. Der Rheinische Bund war für den Geschichtsschreiber von gesteigertem Interesse, da auch Ludwig II., der 1253 seinem Vater Otto II. als Pfalzgraf bei Rhein nachgefolgt war, Mitglied des Bundes war[183]. Alles in allem liefert Hermann ein etwas disparates, aber keineswegs negatives Bild von König Wilhelm[184].

### Zusammenfassung

In der Zusammenschau lässt sich die zeitgenössische Geschichtsschreibung über Wilhelm, also die historiographischen Werke, die vor 1273 abgeschlossen worden sind, zum einen in chronologischen Kategorien, zum andern regional fassen. Die Annalen von St. Pantaleon in Köln und der Geschichtsschreiber aus dem Erfurter Predigerkloster sind die frühesten Quellen, die noch vor dem Tod Wilhelms abbrechen. Alle anderen Chroniken berichten

---

181) Hermanni annales Altahenses S. 395 Z. 16–23.

182) In späteren Passagen spielt freilich der 1252 geborene Sohn Konrads und der Wittelsbacherin Elisabeth, Konradin, eine wichtige Rolle, Hermanni annales Altahenses S. 406 Z. 6–16, z. B. über dessen Zug nach Italien und Enthauptung durch Karl von Anjou.

183) Hermanni annales Altahenses S. 397 Z. 21–23.

184) Zu diesem Urteil kommt auch KAMENZIN, Tode S. 326 f., der den Bericht Hermanns über den Tod Wilhelms in Beziehung setzt mit einer negativen Bemerkung des Geschichtsschreibers über die Tode Konrads IV. und Innozenz IV.

bis zum Jahr 1256 und darüber hinaus und erwähnen auch die Ermordung des Königs. Nimmt man eine geographische Sortierung der verschiedenen Werke vor, so fällt der Blick zunächst auf die Geschichtsschreibung in den rheinischen Metropolen Köln und Trier – sowohl die Annales S. Pantaleonis als auch die Gesta Treverorum interessieren sich hauptsächlich für die Ereignisse in den jeweiligen Städten und Hochstiften, und sie sind eifrige Anhänger des Kölner bzw. Trierer Erzbischofs. Albert von Stade offenbart nur in einem Detail seine regionale Identität, bei der Erwähnung des Grafen von Holstein, der von Wilhelm kurz nach der Wahl zum Ritter gemacht wurde[185]. Menko schreib indes sehr deutlich als Friese, die Rolle seiner Landsleute bei der Einnahme Aachens sowie seinen eigenen Einsatz für deren Anerkennung betont und die Schuld der *Westlingi* am Tod des Königs zu vermindern versucht. Auch die Erfurter Predigerannalen konzentrieren sich auf die Ereignisse in ihrem engeren Umfeld, auf Thüringen, das Mainzer Erzstift und die Taten der Metropoliten, doch vertreten sie weniger den kirchlichen Standpunkt. Sie stellen ganz besonders die Hochzeit Wilhelms, die Nachwahl in Braunschweig und die Unterwerfung Markgraf Heinrichs ins Zentrum ihres Berichts, also vor allem die Anerkennung des Königtums durch die weltlichen Reichsfürsten. Hermann von Niederaltaich schließlich repräsentiert den bayerischen Blick auf das Geschehen und teilt seine Aufmerksamkeit zwischen den beiden Königen Wilhelm und Konrad. Eine Sonderstellung nimmt das Werk des Matthaeus Parisiensis ein, zum einen, weil er von außen über das Reich berichtet, zum andern aufgrund seiner deutlichen Parteinahme gegen Wilhelm, oder vielmehr gegen den Papst.

Aufgrund der sehr unterschiedlichen Ausrichtung der einzelnen Werke ist es schwierig, einen gemeinsamen Tenor der zeitgenössischen Geschichtsschreibung über Wilhelm zu definieren. Ein interessantes Kriterium kann die Darstellung des Königs als passiv oder aktiv sein. Die Annales S. Pantaleonis betonen die Misserfolge und das Zögern Wilhelms, da aus ihrem Blickwinkel eigentlich Konrad von Hochstaden im Reich das Heft in der Hand hat. Matthaeus Parisiensis beschreibt den König als Getriebenen, der sich unüberlegt in Abenteuer stürzt und schließlich verzweifelt, um die zerstörerische Kraft des Papstes aufzuzeigen. Andere Geschichtsschreiber, wie etwa der Predigerannalist oder Menko, betonen den kooperativen Charakter der Herrschaft Wilhelms, und an manchen Stellen wird auch ein eigensinniger, den Konflikt herausfordernder König gezeigt, wie in den Gesta Treverorum und den Stader Annalen. Wilhelm wird als Akteur also nicht nur in den Urkunden fassbar, sondern auch in den frühesten Zeugnissen der Geschichtsschreibung. Das Bild, das aufgrund der überlieferten Diplome

185) Annales Stadenses S. 371 Z. 27.

entsteht – der Herrscher als Akteur, der im Zusammenspiel mit anderen Großen seinen Einflussbereich ausbaut und dessen Königsherrschaft letztlich doch erfolgreich im Verlauf weniger Jahre fast das gesamte nordalpine Reich erreicht –, scheint sich schon den Zeitgenossen vermittelt zu haben.

## 2 Die Geschichtsschreibung im Reich bis zum Ende des 13. Jahrhunderts

Mit der Wahl Rudolfs von Habsburg zum römischen König am 1. Oktober 1273 endete nach landläufiger Meinung das sog. Interregnum, die Phase der Reichsgeschichte, in der das Königtum nicht durchsetzungsfähig war, die Inhaber der Krone zum Teil nicht einmal im Reich anwesend waren[186]. Der neue König sorgte selbst dafür, dass seine Herrschaft als Neuanfang im mittelalterlichen Sinn, als ein Wiederaufgreifen althergebrachter, guter Sitten wahrgenommen wurde. Zeigt sich dieses Bestreben zunächst eher im allgemeinen Rahmen, durch die Krönung in Aachen und den abgelegten Krönungseid[187], wurde nur kurze Zeit später deutlich, welche Traditionsbildung Rudolf konkret vorschwebte: das Anknüpfen an das staufische Königtum unter Ausblendung der „dazwischen" liegenden Regierungszeit Heinrich Raspes, Wilhelms, Richards von Cornwall und Alfons' von Kastilien. Bereits auf einem Hoftag in Speyer im Dezember 1273 forderte der König unrechtmäßig erworbenes Reichsgut zurück, und im November 1274 wurde in Nürnberg festgeschrieben, dass er rechtmäßig im Besitz aller Reichsgüter sei, die sich in der Hand Friedrichs II. vor dessen Absetzung befunden hatten, und dass er deren Auslieferung verlangen könne, *de omnibus talibus bonis se debeat intromittere et ipsa bona in suam retrahere potestatem*[188]. Auf einer Reichsversammlung in Nürnberg am 9. August 1281 wurde diese Bestimmung sogar noch erweitert und betraf fortan nicht nur entfremdeten Reichsbesitz, sondern auch königliche Schenkungen dieser Jahre, die nicht mit Zustimmung der Reichsfürsten getätigt worden waren[189].

---

186) So noch KAUFHOLD, Deutsches Interregnum S. 433 f.; zur Wahl Rudolfs vgl. KRIEGER, Rudolf von Habsburg S. 84–102; KAUFHOLD ebd. S. 434–457; Menzel, Die Zeit der Entwürfe S. 11, spricht etwas ausgewogener von der „Wiederbelebung des Königtums".

187) KRIEGER, Rudolf von Habsburg S. 103–108.

188) MGH Const. 3 Nr 72 S. 60 Z. 1–9; vgl. KRIEGER, Rudolf von Habsburg S. 120 f.

189) MGH Const. 3 Nr. 284 S. 290: [...] *quod omnia donata, confirmata seu facta quocumque modo alio de rebus vel bonis imperii per quondam Richardum regem illustrem aut predecessores suos in Romano imperio a tempore, quo lata fuerat in olim Friedericum imperatorem secundum depositionis sentencia, nullius habere debeant roboris firmitatem,*

Der Kontext dieser Sentenz erschließt sich im Blick auf die gleichzeitig getroffenen Entscheidungen Rudolfs auf dem Nürnberger Hoftag. Denn nur wenige Tage vorher, am 5. August 1281, hatte der König das Urteil Wilhelms bestätigt, das dieser bei Frankfurt am 11. Juli 1252 über die Reichslehen Margaretes von Flandern gefällt hatte – der Entzug Hennegaus und Reichsflanderns und deren Verleihung an Johann von Avesnes[190]. Diese Maßnahmen waren ausdrücklich mit Zustimmung aller anwesenden Fürsten getroffen worden, *in presentia principum et magnatum imperii*[191]. Rudolf ließ die betreffende Urkunde Wilhelms sogar in sein Diplom inserieren, mit einem Verweis auf seinen Vorgänger[192]. Offenbar war in diesem Zusammenhang im Jahr 1281 die Diskussion um die Vergabe von Reichslehen neu entbrannt, und König Rudolf fühlte sich veranlasst, diesbezüglich ein allgemeines Urteil zu erlassen, durch die das Mitspracherecht der Fürsten bei derartigen Entscheidungen gestärkt wurde. Es scheint, als sei dies der Hauptzweck der Nürnberger Sentenz gewesen, weniger eine Herabsetzung der Autorität von Rudolfs Vorgängern. Lehnrechtliche Fragen von größerer Tragweite, wie etwa die Hennegau-Flandern-Problematik, wurden ohnehin bereits seit dem 12. Jahrhundert durch Fürstenspruch entschieden[193]. Dass letztlich eine Infragestellung eines großen Teils aller Herrscherdiplome seit 1245 beabsichtigt war, ist eher unwahrscheinlich[194].

Jedenfalls erzielte der König einen propagandistischen Effekt, der ihn als den rechtmäßigen Nachfolger des staufischen Königtums dastehen ließ. In dieses Konzept passt auch sein Wunsch, in Speyer zu sterben und beigesetzt

---

*nisi consensu maioris partis principum in electione Romani regis vocem habencium fuerint approbata*; vgl. KRIEGER, Rudolf von Habsburg S. 166 f.; MENZEL, Die Zeit der Entwürfe S. 89–94.

190) DD Wilh 227–229.

191) D Wilh 227 S. 280 Z. 2.

192) MGH Const. 3 Nr. 282 S. 288 f.

193) So etwa die Teilung des Herzogtum Sachsens nach der Absetzung Heinrichs des Löwen, D F I 795, vgl. SPIESS, Das Lehnswesen S. 86–88, oder die Einrichtung des Herzogtums Braunschweig durch Friedrich II. 1235, ebd. S. 103–106.

194) Im Gegensatz dazu KRIEGER, Rudolf von Habsburg S. 244, der davon spricht, dass Rudolf „in schon fast spektakulärer Weise die Könige des Interregnums als rechtlich nicht existent betrachtete.“ Dieses Diktum wird konterkariert durch die Formulierung in MGH Const. 3 Nr. 282, wo ausdrücklich von Wilhelm als Vorgänger die Rede ist: [...] *preclare recordationis Willelmum Romanorum regem predecessorem nostrum*, S. 288 Z. 26 f. Rudolf bezog sich in seinen Diplomen mehrfach auf Vorurkunden Wilhelms, auch bei kleineren Schenkungen, so etwa Zuwendungen Wilhelms und Richards von Cornwall an das Kloster Thron, D Wilh 440, die von Rudolf 1277 bestätigt wurde.

zu werden[195]. Rudolf zelebrierte seine Staufernachfolge, wenn auch mit praktischen, den geänderten Umständen angepassten Einschränkungen[196].

Wichtiger als die Einstellung des Habsburgers gegenüber Wilhelm und den anderen Königen des sog. Interregnums ist der Eindruck, den dieser bei der Geschichtsschreibung seiner Zeit und späterer Epochen hinterließ. Gerade die Hochachtung für Rudolf führte dazu, dass dessen Vorgänger vergessen oder herabgesetzt wurden, wie die folgenden Beispiele zeigen werden.

### 2.1 Die Chronik im Ellenhard-Codex

In den 1290er Jahren ließ sich der Straßburger Patrizier Ellenhard, der auch für den Münsterbaufond seiner Heimatstadt verantwortlich war, eine Sammelhandschrift anfertigen, die sich heute im Archiv des Benediktinerklosters St. Paul im Lavanttal befindet[197]. Den berühmtesten Teil des Codex bilden die historiographischen Texte, hier besonders das Bellum Waltherianum über den Kampf der Straßburger gegen ihren Bischof und die Schlacht von Hausbergen, die Gesta Rudolfi aus der Feder Gottfrieds von Ensmingen, und die Gesta Alberti, also die Berichte über die habsburgischen Könige[198]. Die vorangehenden Passagen der Chronik über die 1240er und -50er Jahre, also auch die Darstellung des Königtums Wilhelms, gehen auf verlorene Annalen aus dem Straßburger Dominikanerkloster zurück[199]. Die gesamte Handschrift verfolgt in ihrer Anlage und in ihrem Inhalt das Ziel, straßburgisches Selbstverständnis zu transportieren, dessen äußeres Symbol das Münster ist, für dessen bauliche Gestaltung Ellenhard zuständig war. Sie dient zugleich der Verherrlichung der Herrschaft der Habsburger Rudolf und Albrecht, denen das Wohlergehen der Stadt Ende des 13. Jahrhunderts zugeschrieben wurde[200]. Den anderen Ereignissen der jüngeren Geschichte

---

195) KRIEGER, Rudolf von Habsburg S. 227 f.; WOLF, Warum konnte Rudolf von Habsburg König werden S. 672–678, führt die Verwandtschaftsgrade der in Speyer beigesetzten Herrscher vor Augen, nennt jedoch auch nicht-staufische Elemente, die für das Königtum Rudolfs eine Rolle gespielte haben, wie etwa seine Abstammung von Rudolf von Rheinfelden.

196) KRIEGER, Rudolf von Habsburg S. 243–246.

197) SCHNEIDER, Art. Ellenhard S. 574; MERTENS, Der Straßburger Ellenhard-Codex S. 543, ebd. S. 544–548 über die wechselvolle Überlieferungsgeschichte des Manuskripts.

198) Zu deren Entstehung MERTENS, Der Straßburger Ellenhard-Codex S. 564–567.

199) MERTENS, Der Straßburger Ellenhard-Codex S. 561 f.

200) MERTENS, Der Straßburger Ellenhard-Codex S. 567–575.

kommt somit fast zwingend der Charakter eines Prologs zu, der den Höhepunkt, die Gesta Rudolfi, nur vorbereitet.

Die Berichte der Chronik über die Jahre ab 1245 sind entsprechend knapp. Die Absetzung des Kaisers auf dem Konzil von Lyon wird als rechtmäßiger Ablauf beschrieben: die Ladung Friedrichs vor das Konzil, dessen unzureichende Antwort, die Beratung des Papstes mit den Patriarchen von Antiochia und Aquileia sowie dem Kaiser von Konstantinopel, die Aufzählung aller Vergehen des Kaisers, und schließlich dessen Exkommunikation und Absetzung[201]. Das Königtum Heinrich Raspes wird etwas ausführlicher behandelt, der Verfasser erwähnt die Wahl bei Würzburg durch die rheinischen Erzbischöfe und andere Bischöfe, auch durch den Straßburger, und den Frankfurter Hoftag. Konrad, der Sohn des *imperator depositus* Friedrich, habe diese Versammlung verhindern wollen und sei mit seinen Rittern bis kurz vor die Stadt gezogen. Heinrich habe ihm mit einem großen Heer eine Schlacht geliefert und gewonnen, Konrad sei unter großen Verlusten geflohen und habe dann auch noch die Schwaben des Verrats bezichtigt. Deshalb hätten diese sich verschworen und mit Unterstützung Heinrich Raspes den Kampf gegen die Staufer in Schwaben, an der Donau, am Main *et ubique* geführt. Dann werden diese militärischen Aktionen detailliert geschildert, zuletzt das Scheitern des Ludowingers und seiner Anhänger vor Ulm, dessen Rückkehr nach Thüringen und sein Tod im Februar 1247, *et non regnavit per unum annum*[202].

Zu Wilhelm weiß das Chronicon ebenfalls einige Einzelheiten zu berichten. Zunächst die längere Verzögerung der Königswahl nach dem Tod Heinrichs Raspes: Der Papst habe sich um einen Kandidaten bemüht, doch keiner der Fürsten sei bereit gewesen, gegen Friedrich und dessen Sohn das Königtum anzunehmen, *non invenit aliquem, qui se de regno vellet intromittere contra Fridericum et filium suum Conradum*. Schließlich habe der Herzog von Brabant seinen Neffen Wilhelm vorgeschlagen, und dieser sei bei Köln von den Bischöfen gewählt worden, welche außerdem den Eid abgelegt hätten, den neuen König auf jegliche Weise zu unterstützen. Dann folgt die Nachricht von der Einnahme Aachens, des *firmissimum castrum* Kaiserswerth und Ingelheims, ohne dass irgendwelche Schwierigkeiten Erwähnung finden. Die Kölner, Mainzer und Straßburger Kirche hätten Wilhelm geholfen, aber Worms, Speyer und andere Städte am Rhein, in Schwaben, Bayern und Meißen hätten die exkommunizierten Staufer bevorzugt. Konrad, der Sohn Friedrichs, habe den Kampf gegen die Kirche bis zum Tod seines Vaters fortgeführt, dann sei er selbst gestorben und habe einen

201) Ellenhardi chronicon S. 121 Z. 5–10.
202) Ellenhardi chronicon S. 121 Z. 11–36.

Sohn mit Namen Konradin hinterlassen, dessen Mutter die Tochter des bayerischen Herzogs gewesen sei. *Post hec Wilhelmus rex a Frisonis occisus est*[203].

Unmittelbar nach diesem Absatz steht im Codex Ellenhards die Bemerkung, dass für den Rest des Textes Gottfried von Ensmingen, ein Notar des Straßburger Bischofs[204], verantwortlich zeichne, dann folgen einige Worte über das Königtum Richards von Cornwall, den die Fürsten nur aufgrund seines Reichtums unterstützt hätten. Als er aber sein Geld aufgebraucht hatte, seien sie von ihm abgefallen, und er sei nach England zurückgekehrt. *Cuius regis memoria cum sonitu periit*[205]. Der letzte Abschnitt vor der Wahl Rudolfs von Habsburg ist dem traurigen Schicksal Konradins und seiner Enthauptung auf dem Marktplatz von Neapel 1268 gewidmet. *De cuius morte tota dolet Germania*[206]. Zwischen den beiden Passagen über Richard und Konradin ist folgender Satz eingefügt: *Tunc vacavit regnum Romanorum annis 23 usque ad tempora domini Ruodolfi, Dei gratia Romanorum regis*[207].

Der kurze Vorspann zur Geschichte Rudolfs von Habsburg, dem „Glanzstück des Codex"[208], ist von deren Verfasser Gottfried ganz bewusst komponiert worden. Er betont ganz ausdrücklich seine Autorschaft, und die exklusive Gegenüberstellung der beiden Könige Richard und Konradin, das Übergehen Alfons' von Kastilien, mag nicht nur darauf zurückzuführen sein, dass der Verfasser kaum über Informationen zu diesen Jahren verfügt hat[209]. Die beiden abschließenden Sätze der jeweiligen Abschnitte zeigen deutlich, dass sie aufeinander bezogen sind: Die Erinnerung an den einen wird nach dessen Tod vom Winde verweht, über die Hinrichtung des anderen trauert ganz Deutschland. Die Figur Konradins ist eindeutig positiv besetzt, Gottfried berichtet über einen jungen Mann, *pollens divitiis et honore*, der seinen Vater und Großvater betrauert und unter der Beteuerung, dass ihm Sizilien erbrechtlich zustehe, nach Italien aufbricht. In der Schlacht bei Tagliacozzo habe er zunächst den Sieg davongetragen, erst durch einen

203) Ellenhardi chronicon S. 121 Z. 37–49.

204) Über den Verfasser ist scheinbar nur diese Information vorhanden; sein Geburtsort ist Insming in Lothringen, vgl. MERTENS, Der Straßburger Ellenhard-Codex S. 566; vgl. auch MERTENS, Art. Ellenhard Sp. 501–503.

205) Ellenhardi chronicon S. 122 Z. 1–13.

206) Ellenhardi chronicon S. 122 Z. 16–29.

207) Ellenhardi chronicon S. 122 Z. 14 f.

208) MERTENS, Der Straßburger Ellenhard-Codex S. 566.

209) So MERTENS, Der Straßburger Ellenhard-Codex S. 566.

zweiten Angriff Karls von Anjou sei er geschlagen und letztlich gefangen genommen worden[210].

Dieses Bild unterscheidet sich sehr von der Darstellung der Staufer nur wenige Zeilen zuvor im älteren Teil der Chronik: Der anonyme Straßburger Dominikaner, auf den die Passagen über die Absetzung Friedrichs durch das Konzil 1245 und die Kämpfe unter Konrad IV. zurückgehen, lässt keinen Zweifel daran, dass die Maßnahmen des Papstes berechtigt waren und Konrad als Verfolger der Kirche grausam in den Ländern seiner Gegner wütete. Heinrich Raspe und Wilhelm werden zwar nicht überschwänglich gelobt, doch für einen Autor aus dem Südwesten des Reiches verfügt der Annalist über durchaus konkrete Kenntnisse, die er in neutralem Ton vermittelt. Er vertritt einen dezidiert kirchlichen Standpunkt und verschweigt die militärischen Erfolge Wilhelms nicht. Trotz des engen Verhältnisses zwischen dem Straßburger Dominikanerkonvent und der städtischen Elite[211], die vielleicht eine andere Sichtweise bevorzugt hätte, nahm er als Geistlicher Partei für den Papst.

Die eigentliche Degradierung Wilhelms und eine Entwertung seiner Königsherrschaft finden erst durch Gottfried von Ensmingen statt. Dieser spricht von einer Vakanz des *regnum* zwischen 1250 und 1273 – der letzte wahre König war für ihn also Friedrich II., dessen Herrschaft 1250 mit dem Tode endete, nicht etwa mit der Absetzung durch den Papst 1245. Das nächste gültige Königtum folgte in seinen Augen mit der Wahl Rudolfs[212]. Allen Personen, die in der Zwischenzeit vorgaben, Herrscher zu sein, in der Logik des Chronicon eigentlich nur Wilhelm und Richard, wird die Königswürde abgesprochen.

Diese Wahrnehmung, die nicht einmal Rudolf selbst teilte[213], setzte allerdings Maßstäbe für nachfolgende Geschichtsschreiber. Matthias von Neuenburg, einer der wichtigsten Verfasser von Reichsgeschichte in Straßburg in der ersten Hälfte des 14. Jahrhunderts[214], beginnt seine bis 1350 geschriebene Chronik mit einer Einführung über die Herkunft der Habsburger, die Könige nach Friedrich II. verwechselt er und schließt dieses unerfreuliche Kapitel mit der Bemerkung, dass nach dem Kaiser *imperium* und *regnum* dreißig Jahre verwaist gewesen seien. *Richardus enim et Wilhelmus, quia*

210) Ellenhardi chronicon S. 122 Z. 15–29.

211) So MERTENS, Der Straßburger Ellenhard-Codex S. 562–564.

212) Zur Problematik des Wahlberichtes im Ellenhard-Chronicon vgl. KAUFHOLD, Deutsches Interregnum S. 445–450.

213) Rudolf akzeptierte die Absetzung Friedrichs durch Innozenz IV., wie die Bestimmungen über die Rekuperationen belegen, siehe oben S. 365; vgl. KRIEGER, Rudolf von Habsburg S. 244.

214) JOOS, Art. Matthias von Neuenburg S. 1096.

*non duraverunt, non fuisse finguntur*[215]. Dass er nur diese beiden Könige erwähnt und dass er sie für vernachlässigenswert hält, geht vermutlich auf seine Verwendung des Ellenhard-Chronicons zurück. Der Codex fand auch über den straßburgisch-elsässischen Raum hinaus Verwendung[216], und mit ihm dürfte das Verdikt Gottfrieds über das Nichtexistieren der nachstaufischen Herrscher vor Rudolf Verbreitung gefunden haben.

## 2.2 Die Erfurter Peterschronik

Die Cronica moderna aus dem Kloster auf dem Erfurter Petersberg entstand im 13. und 14. Jahrhundert in mehreren Abschnitten. Die Darstellung der Jahre 1247 bis 1256 findet sich im zweiten Teil, der vermutlich nach 1276 geschrieben wurde und verschiedene Vorlagen vor allem aus dem Erfurter Umfeld verarbeitete. Als Informationsquelle für die Zeit nach 1245 nutzte der unbekannte Verfasser im Peterskloster hauptsächlich die Cronica minor aus dem Franziskanerkloster der Stadt als Vorlage[217], doch gerade für die Passagen über die Herrschaft Wilhelms findet sich in diesem Werk keine Entsprechung. Dort wird lediglich zum Jahr 1247 vermerkt: *Willehelmus comes Hollandie in regem electus regnavit annis III, et occisus est a Frisonibus*[218]. Der franziskanische Autor war also nicht sehr gut informiert und zeigte kein Interesse an König Wilhelm. Sein Zeitgenosse auf dem Petersberg hingegen widmete diesem Herrscher einen längeren Abschnitt, für den er wohl zumindest zum Teil das Datengerüst der Predigerannalen nutzte, dessen inhaltliche Akzente er aber selbständig setzte.

Der Bericht über Wilhelms Königtum steht als geschlossener Block zwischen den Nachrichten zum Jahre 1254. Der vorhergehende Absatz vermeldet den Tod Papst Innozenz' IV., den Baubeginn für einen neuen Glockenturm im Peterskloster und einen Wechsel auf dem Würzburger Bischofsthron[219]. Dann setzt der Verfasser mit der Königswahl in Worringen ein und beschreibt den neuen Herrscher als überaus fromm und gerecht, *quod in ipso tam devocionis humilitas quam iusticie equitas poterat non inmerito conmendari*. Wegen seiner Gottesfurcht sei er vom Herrn durch viele Siege belohnt und erhöht worden. Als herausragendes Kriegsereignis wird zuerst der Triumph des Königs über Margarete von Flandern angeführt, *que tota*

215) Chronica Mathiae de Nuwenburg S. 10 f., Zitat S. 11 Z. 2 f.

216) MERTENS, Der Straßburger Ellenhard-Codex S. 577–579.

217) Cronica S. Petri moderna S. 123–126 (Einleitung); vgl. EIFLER, Art. Cronica S. Petri Erfordensis moderna S. 421 f.

218) Cronica minor S. 663 Z. 5–7.

219) Cronica S. Petri moderna S. 246 Z. 1–9.

*bellis ac cedibus inhiabat*. Die Gräfin habe ein mächtiges Heer ausgeschickt, um das Land Wilhelms zu verwüsten, dieser aber, *utpote vir in armis ac strennuitate conspicuus*, sei ihr entgegengetreten, obwohl seine Ritter ihrem Aufgebot zahlenmäßig unterlegen gewesen seien, und habe mit Gottes Hilfe obsiegt. Auch Aachen habe er bezwungen, *violenter ac magnifice*, weil die Friesen durch den Bau eines Damms eine Überschwemmung in der Stadt hervorgerufen hätten[220]. Nach diesen militärischen Erfolgen sei der König in den Osten aufgebrochen, *ad partes accessit Saxonie*, um dort die Tochter Herzog Ottos von Braunschweig zu heiraten. Auch vom Brand in der Hochzeitsnacht weiß der Mönch auf dem Petersberg und meldet dieselben Details wie der Predigerannalist. Dann sei Wilhelm nach Halle gekommen, wo er mit großen Ehren, seiner königlichen Majestät würdig, empfangen worden sei. Viele Reichsfürsten – *principes Alemanie* – hätten dort von ihm ihre Reichslehen empfangen wie von einem römischen Kaiser[221].

Bis zu diesem Zeitpunkt habe sich das Schicksal Wilhelm gegenüber wie eine Mutter verhalten, ihn jedoch danach stiefmütterlich behandelt, weil es dem erfreulichen und heiteren Anfang ein trauriges Ende habe folgen lassen. Als der König mit seinem Heer nach Friesland vorgerückt sei, um dieses seiner kaiserlichen Gewalt zu unterwerfen, *ut ipsam imperatorie subiceret dicioni*, habe er einige Friesen am Strand erblickt und diese, von allzu großer Erbitterung verführt, mit nur wenigen Begleitern verfolgt. […] *ab ipsis morte miserabili interemptus est*[222]. Mit diesem Satz schließt die Geschichte Wilhelms. Als letzte Notiz zum Jahr 1254 vermerkt der Autor den Rücktritt Volmars als Abt des Klosters St. Peter und die Nachfolge des bisherigen Cellerars Andreas[223].

Die Beschreibung des Königs in der Cronica moderna erscheint zunächst als überschwänglich, noch begeisterter als die zeitgenössische Darstellung in den Erfurter Predigerannalen. Wilhelm wird von Gott von Sieg zu Sieg geführt und erlangt letztlich die Hand der welfischen Herzogstochter und die Anerkennung der Reichsfürsten. Doch dann dreht sich das Rad der Fortuna, und der König stirbt eines bedauernswerten Todes. Die Geschichte Wilhelms dient als Exempel für das wankelmütige Schicksal, und die dramatische Steigerung darf auch zu Lasten der Chronologie gehen[224]. Dem Verfasser der Peterschronik ging es nicht in erster Linie darum, den Verlauf eines erfolgreichen Königtums nachzuzeichnen, im Gegenteil: Er teilt das Urteil

220) Cronica S. Petri moderna S. 246 Z. 10–33, Zitate Z. 14 f., 20 f., 22 f., 29.

221) Cronica S. Petri moderna S. 246 Z. 33–247 Z. 12, Zitate S. 246 Z. 34 f. S. 247 Z. 11.

222) Cronica S. Petri moderna S. 247 Z. 13–21, Zitate Z. 18 f., Z. 21.

223) Cronica S. Petri moderna S. 247 Z. 22–24.

224) Der Sieg über Margarete, also die Schlacht bei Westkapelle, wird vor die Einnahme Aachens und die Braunschweiger Hochzeit gesetzt.

Gottfrieds von Ensmingen, dass vor der Wahl Rudolfs von Habsburg das römische Reich in Vergessenheit geraten sei, *iacuit absque imperatore et absque rege confusibiliter per XXII annos*[225]. Auch für ihn ist also der Tod Friedrichs II. der Endpunkt von dessen Herrschaft. Wilhelm, dem er weiter oben viel Platz einräumt, übergeht er an dieser Stelle, für die Reichsgeschichte erscheint ihm dieser König nicht relevant.

König Wilhelm wird als illustrierendes Gleichnis zur Demonstration unverdienten Unglücks verwendet[226]. Für den Erfurter Geschichtsschreiber ist er nicht mehr als realer Herrscher interessant, sondern fast zu einem Symbol geworden. Dies ist umso erstaunlicher, als nur zwei Jahrzehnte früher ebenfalls in Erfurt der Annalist des Predigerklosters eine uneingeschränkt positive Sicht auf Wilhelms Taten, Verhalten und Charakter hat. Sein Bild bleibt zwangsläufig unvollständig, brechen die Annalen doch vor Wilhelms Tod ab. Der Peterschronist weiß um das Ende des Königs, und diese Kenntnis zusammen mit dem Zeitpunkt der Niederschrift zu Beginn der Regierungszeit Rudolfs von Habsburg führt dazu, dass dieselbe Person von einem hoffnungsvollen, jungen, tatkräftigen König zu einer vom Schicksal geschlagenen, topischen Figur verblasst.

### 2.3 Martin von Troppau

Für die Repräsentation Wilhelms in der spätmittelalterlichen Geschichtsschreibung im Reich ist vor allem die Papst-Kaiser-Chronik Martins von Troppau († 1278/79) verantwortlich. Der böhmische[227] Historiograph, der ein Mitglied des Dominikanerkonvents in Prag war und als päpstlicher Kaplan und Pönitentiar in enger Verbindung zur Kurie, vor allem zum dominikanischen Kardinal Hugo von Saint-Cher stand[228], schuf mit seiner streng schematischen Aufstellung der Herrscher des römischen Reiches und der Päpste, angefangen mit Christi Geburt, das einflussreichste, meist kopierte, verwendete und übersetzte Geschichtswerk seiner Zeit[229]. Die ursprüngli-

---

225) Cronica S. Petri moderna S. 263 Z. 18–27, Zitat Z. 20 f.

226) LECUPPRE-DESJARDIN/LECUPPRE, Anno 5. regni sui S. 846 f.

227) Troppau gehörte bis 1318 zu Mähren und somit zum Königreich Böhmen, vgl. VON DEN BRINCKEN, Martin von Troppau S. 158; hier S. 158 f. auch zu der Benennung *Martinus Polonus*.

228) VON DEN BRINCKEN, Martin von Troppau S. 159; zur ungemein breiten Überlieferung der Chronik vgl. DIES., Studien zur Überlieferung des Martin von Troppau, hier v. a. der Überblick S. 466.

229) VON DEN BRINCKEN, Martin von Troppau S. 155 f.; DIES., Art. Martin of Opava S. 1087.

che Anlage des Werkes sah die Aufteilung einer Doppelseite in zwei Spalten und 50 Zeilen vor, links die Papstgeschiche, rechts die Kaisergeschichte, über einen Zeitraum von 50 Jahren. Für jeden Herrscher stand somit ein limitierter Platz zur Verfügung, eben die Anzahl an Zeilen, die seinen Herrschaftsjahren entsprach, auch wenn bereits Martin selbst trickreiche Auswege erfand, um sein eigenes Schema zu umgehen[230]. Im Falle Wilhelms bedeutete dies jedoch, dass er innerhalb der Regierungszeit Friedrichs II. abgehandelt wurde und gar keinen eigenen Eintrag erhielt. Bereits aus der Grundkonzeption des Werkes Martins von Troppau ergibt sich also eine deutliche Marginalisierung des Königs.

Die Chronik ist in mehreren Rezensionen überliefert. Rezension A reicht auf der Papstseite bis 1268, also bis zum Ende des Pontifikats Clemens' IV., auf der Kaiserseite brechen die frühen Handschriften mit dem Tod Friedrichs II. ab. Schon hier zeigt sich eine gewisse Reserviertheit gegenüber den „Gegenkönigen". Die beiden Rezensionen B und C führen den Bericht über die Kirchenoberhäupter bis 1272 bzw. 1277 fort und vervollständigen auch die Nachrichten über die römischen Kaiser und Könige[231]. Über das Königtum Wilhelms schrieb Martin also aus der Retrospektive und unter dem Eindruck des Doppelkönigtums Richards von Cornwall und Alfons' von Kastilien oder schon der Regierung Rudolfs von Habsburg. Dementsprechend harsch fiel auch seine Einschätzung aus.

Der Bericht über Wilhelm findet sich zum Jahr 1211, unter den Nachrichten zur Herrschaft Friedrichs II. Dessen Amtsjahre werden zwar mit der Zahl 33 angegeben[232], was bedeutet, dass der Verfasser die Absetzung durch das Konzil von Lyon 1245 anerkannte. Dennoch endet der Abschnitt über den Kaiser mit der Bemerkung: *Romanum imperium sive post deposicionem Friderici II. ab imperio, sive post mortem eius cepit vacare*[233]. Nach der Absetzung habe der Papst von den Fürsten des Reiches mehrere – *plures* – zum König wählen lassen, zum Beispiel nacheinander den Landgrafen von Thüringen und den Grafen von Holland, die jedoch gestorben seien, bevor sie die Kaiserkrone erlangt hätten. Nach dem Tod Friedrichs aber habe sich die Wählerschaft gespalten, und die einen hätten den König von Kastilien, die anderen den Grafen von Cornwall, den Bruder des englischen Königs, bevorzugt. Dieses Schisma habe viele Jahre angedauert, *usque hodie*. Die Zeilen, die für die Vakanz des Kaisertums vorgesehen waren, nutzte der

230) VON DEN BRINCKEN, Martin von Troppau S. 168 f.; DIES., Art. Martin of Opava S. 1086.

231) VON DEN BRINCKEN, Martin von Troppau S. 166 f.; DIES., Art. Martin of Opava S. 1086 f.

232) Martini chronicon S. 471 Z. 26 f.

233) Martini chronicon S. 472 Z. 28 f.

Verfasser der Chronik nach eigener Angabe, um in Kürze Nachrichten über Ereignisse aus verschiedenen Teilen der Erde zu übermitteln[234]. Auch wenn Martin sich nicht eindeutig festlegt, so geht doch aus der Aufteilung des Werkes und den Handschriften deutlich hervor, dass das Jahr 1250 eigentlich als der Endpunkt des Kaisertums betrachtet wird.

Über die Herrschaft Wilhelms wird nichts berichtet, nur dessen Wahl gegen Friedrich nach dem Tod Heinrich Raspes wird erwähnt, außerdem die Ermordung durch die Friesen[235]. Schon an dieser Stelle hält es der Autor für notwendig zu erwähnen, dass weder der thüringische Landgraf noch Wilhelm die Kaiserkrönung erhielten. Beide werden nicht als Könige, sondern nur als Elekten bezeichnet. Lediglich beim Bericht über den Pontifikat Innozenz' IV. fällt der Begriff „König", *procuravitque lantgravium Turingie eligi in regem Romanorum*[236], doch weitere Informationen bietet Martin auch im päpstlichen Teil der Chronik nicht.

Es ist ganz offensichtlich, dass für den Dominikaner der weltliche Teil seines Werkes den zweiten Rang einnimmt. Mit dem römischen Königtum kann er nichts anfangen, dieses Konzept scheint ihm fremd zu sein. Das Papsttum hat, schon aufgrund seiner ursprünglichen Platzierung links auf einer Doppelseite, den Vorrang. Dies mag verständlich wirken, stand Martin doch eindeutig der Kurie näher[237]. Doch gerade dieser Umstand erklärt nicht, warum die Chronik sich die staufische Sichtweise vom Ende der Herrschaft Friedrichs angeeignet hat und warum gerade Wilhelm, über den Hugo, der ehemalige Legat im Reich, besonders auskunftsfähig hätte sein müssen, mit so wenig Aufmerksamkeit bedacht wird.

Die Diskussion über Martins grundsätzliche Position im Streit zwischen Papsttum und Kaisertum wurde an anderer Stelle bereits geführt und die von diesem angeführten Beispiele und Argumente zum Verhältnis der zwei Gewalten ausgewertet[238]. In diesem Kontext spielt aber besonders die Meinung des böhmischen Autors zu den Ereignissen seiner unmittelbaren Gegenwart eine Rolle. Bereits die Ausgliederung der Kaisergeschichte als eigenständigem Strang der Chronologie muss bei einem im Umfeld der Kurie schreibenden Chronisten als besondere Hervorhebung der Eigenständigkeit des *imperium* gewertet werden[239]. Während Martin wenig Interesse am italienischen Geschehen der 1260er und 70er Jahre zeigte, das ihm geogra-

234) Martini chronicon S. 472 Z. 29–36, Zitate Z. 30, Z. 34.

235) Martini chronicon S. 471 Z. 41–43.

236) Martini chronicon S. 440 Z. 2 f.

237) VON DEN BRINCKEN, Martin von Troppau S. 178, 183 f., 188; DIES., Zu Herkunft und Gestalt der Martins-Chroniken S. 719.

238) MIERAU, Das Reich, politische Theorien und die Heilsgeschichte S. 551–559.

239) MIERAU, Das Reich, politische Theorien und die Heilsgeschichte S. 560.

phisch vertrauter gewesen sein muss, hob er in seinem Werk immer wieder die Bedeutung seiner Heimat Böhmen hervor. Den größten Teil des Berichts über König Heinrich I. etwa widmet er der Geschichte des hl. Wenzel, zu dessen Angedenken der dänische König Erich 300 Jahre später ein Zisterzienserkloster in Reval gegründet habe[240]. Zum Jahr 1260 schildert der Chronist den Krieg zwischen dem König von Ungarn und dem König von Böhmen, mit genauen Angaben über die Stärke der Heere und den Ablauf der Schlacht, *ex collisione equorum et armorum tantus pulvis de terra surrexit, ut media et clara die vix homo hominem cognoscere potuisset*. Die Ungarn hätten sich schließlich zur Flucht gewandt, viele von ihnen seien in einem Fluss ertrunken. Der König von Böhmen – Ottokar II. – habe aber trotz seines Sieges auf die eroberten Gebiete verzichtet und ein Freundschaftsbündnis mit dem Ungarn geschlossen, das durch eine Ehe besiegelt wurde[241].

Martins böhmischer Patriotismus, genauer gesagt, seine Vorliebe für Ottokar II., führte zum einen dazu, dass er sich gegenüber Rudolf von Habsburg reserviert verhielt: Selbst in Rezension C seiner Chronik, die 1277 entstanden ist, erwähnt er dessen Königtum nicht, und dies wohl aufgrund der Opposition Ottokars zu Rudolf[242]. Zum anderen ist diese Parteilichkeit des Autors auch der Grund für dessen ganz eigene Sicht auf das Verhältnis von Papsttum und Kaisertum, die durchaus den Vorrang der Kirche zugab, jedoch keinen Dualismus der beiden Mächte, sondern eher deren Eigenständigkeit in einer gemeinsamen Ausrichtung auf Rom hin betonte[243]. Zugleich musste Martin der Königswahl der Fürsten und den entsprechenden Bestimmungen des Sachsenspiegels kritisch gegenüberstehen, da erstere eben Rudolf gewählt hatten, letzterer den König von Böhmen ganz aus dem Kreis der Wähler ausschloss[244].

Betrachtet man die Darstellung Wilhelms in der Chronik Martins von Troppau vor diesem Hintergrund, erklärt sich dessen Vernachlässigung. Wenn der Verfasser ein Anhänger Ottokars war, außerdem seine Ausbildung im Dominikanerkloster St. Clemens in der Prager Neustadt erhalten hatte[245], so wusste er mit großer Wahrscheinlichkeit um die Einstellung des böhmischen Königs zur Herrschaft Wilhelms. Auch wenn man aufgrund

240) Martini chronicon S. 464 Z. 14–37.

241) Martini chronicon S. 473 Z. 10–20, Zitat Z. 14 f.; vgl. MIERAU, Das Reich, politische Theorien und die Heilsgeschichte S. 561.

242) MIERAU, Das Reich, politische Theorien und die Heilsgeschichte S. 561.

243) Zu dieser Romfixierung Martins vgl. auch MIERAU, Die Einheit des imperium Romanum S. 291 f., 295.

244) MIERAU, Das Reich, politische Theorien und die Heilsgeschichte S. 561–563.

245) VON DEN BRINCKEN, Art. Martin of Opava S. 1085.

der Quellenlage nicht zweifelsfrei davon ausgehen kann, dass es im Jahr 1254 einen Umsturzversuch zugunsten des Přemysliden im Reich gegeben hat[246], stand Ottokar dem Königtum des holländischen Grafen wohl bestenfalls gleichgültig gegenüber[247]. Dementsprechend unbeeindruckt verhielt sich Martin, trotz seiner Kontakte zur Kurie und zu Hugo von Saint-Cher.

Für das Bild Wilhelms in der Reichsgeschichtsschreibung des Spätmittelalters hatte dieses Desinteresse verheerende Folgen. Den Martinschroniken kam sehr bald die Funktion von Multiplikatoren einer Geschichtsauffassung zu: Sie dienten als didaktisches Werk für die Ausbildung von Studenten[248], vermittelten somit der Bildungselite ein Grundgerüst historischen Wissens[249]. Darüber hinaus wurde die Chronik noch im 13. Jahrhundert in verschiedene Volkssprachen übersetzt, außerdem ins Griechische, Persische und Armenische.[250] Wenn von den Brincken vermerkt, dass sie „in ihrer Wirkung alle bisherigen Geschichtswerke des Mittelalters überrundet" hat[251], so gilt dies auch von der in ihr vermittelten Darstellung vom Königtum Wilhelms. Martin von Troppau setzte einen Maßstab für die Gelehrten im Reich und schaffte es, seiner Anschauung auch über das Ende des Mittelalters hinaus Geltung zu verschaffen: Wilhelm war kaum der Rede wert, allenfalls im Zusammenhang mit dem Kaisertum Friedrichs, als dessen schwacher, vom Papst ernannter Gegenspieler. Somit hatte sich ein Bild etabliert, das letztlich bis in die moderne Geschichtsschreibung weitertransportiert wurde. Doch ein Strang der Überlieferung hielt sich nicht an dieses Verdikt: die Geschichtsschreibung in Holland, wo sich eine eigene Wilhelmtradition ausbildete.

---

246) Siehe oben S. 159–166.

247) Die Bemerkung des Erfurter Predigerannalisten, der böhmische König habe die Herrschaft Wilhelms 1252 durch Geschenke anerkannt, Annales Erphordenses S. 111 Z. 22 f., bezieht sich noch auf Wenzel I., zu dem Ottokar seit 1247 in Opposition stand, vgl. RICHTER, Die böhmischen Länder im Früh- und Hochmittelalter S. 273. Eine Annäherung Ottokars an Wilhelm ist in den Quellen nicht nachzuweisen.

248) VON DEN BRINCKEN, Zu Herkunft und Gestalt der Martins-Chroniken S. 727 f.; DIES., Art. Martin of Opava S. 1086.

249) VON DEN BRINCKEN, Zu Herkunft und Gestalt der Martins-Chroniken S. 695; MIERAU, Die Einheit des imperium Romanum S. 309–311, hat diese prägende Kraft der Papst-Kaiser-Chroniken insgesamt im Blick auf den Reichsbegriff des Spätmittelalters festgestellt.

250) VON DEN BRINCKEN, Studien zur Überlieferung der Chronik des Martin von Troppau S. 461; zur persischen Version DIES., Zu Herkunft und Gestalt der Martinschroniken S. 730–735; über die mittelenglische Übersetzung MOLL, Art. Martin of Opava, English S. 1088.

251) VON DEN BRINCKEN, Zu Herkunft und Gestalt der Martins-Chroniken S. 726.

## 3 Traditionsbildung in der Grafschaft Holland

Nach dem Tod Wilhelms übernahm in Holland und Zeeland zunächst dessen Bruder Florens als Vormund des noch unmündigen Sohnes des Königs, Florens' V., die Regentschaft[252]. Er bewirkte die Aussöhnung mit Flandern, leistete Margarete den Lehnseid für Zeeland bewesten Schelde[253] und stellte für die zeeländischen Inseln eine 118 Artikel umfassende Urkunde aus, in der deren rechtlicher Sonderstatus festgeschrieben wurde[254]. Doch bereits 1258 verunglückte Florens tödlich bei einem Turnier in Antwerpen, woraufhin seine Schwester Adelheid, die Witwe Johanns von Avesnes, die Vormundschaft für ihren Neffen erhielt, obwohl die Königinwitwe, also Wilhelms Frau und Florens' Mutter Elisabeth, noch am Leben war. Sie scheint allerdings keine aktive Rolle am holländischen Hof mehr gespielt zu haben[255]. 1263 erhob sich der nordholländische Adel, dem Adelheids hauptsächlich auf Zeeland konzentrierte Politik missfiel, setzte die Regentin ab und übertrug Otto von Geldern und Heinrich III. von Brabant die Verantwortung für die Grafschaft[256]. Im Jahr 1266 konnte Florens selbst die Herrschaft ergreifen, zunächst mit Unterstützung der ehemaligen Getreuen seines Vaters, wie etwa den Burggrafen von Voorne, Dietrich von Teylingen, Simon von Haarlem und Gijsbrecht von Amstel, die zusammen einen gräflichen Rat bildeten. Verschiedenen Konflikten und Einflussnahmen auf den jungen Grafen setzte dieser 1277 ein Ende, indem er seinen Cousin Florens von Avesnes, den Sohn Adelheids, des Landes verwies[257]. Die Begünstigung der Städte unter Florens' V. Regierung, der weiterhin schwelende Gegensatz zwischen den Landesteilen Zeeland und Holland und ein Parteiwechsel des Grafen von der englischen zur französischen Seite führten zu einer Adelsverschwörung. Florens wurde im Juni 1296 während der Jagd bei Utrecht entführt und schließlich erschlagen[258].

---

252) CORDFUNKE, Familierelaties S. 24 f.

253) OHZ 3 Nr. 1129–1133 S. 72–79.

254) OHZ 3 Nr. 1135 S. 80–134; der Text der lateinischen Urkunden ebd. S. 84–96.

255) CORDFUNKE, Familierelaties S. 25 f.; VAN OOSTROM, Maerlants wereld S. 107 f.

256) Zu den Regentschaften vgl. auch HUGENHOLTZ, Floris V S. 23–34.

257) Dieser war zuvor sein Statthalter in Zeeland gewesen, vgl. LENSELINK, Het burggraafschap van Zeeland S. 37 f.

258) HUGENHOLTZ, Floris V S. 94–102; VAN OOSTROM, Maerlants wereld S. 451–458; CORDFUNKE, Familierelaties S. 29–35. Zur Bewertung der Herrschaft Florens' V. vgl. auch MÜLLER, Art. Florens V. S. 129: „Florens' auswärtige Politik ist nur mit seiner schwierigen Stellung und seinen theilweise ererbten Ansprüchen und Absichten zu entschuldigen, denn sie war beispiellos falsch und rücksichtslos. Ueber seine innere ein Urtheil auszusprechen, ist kaum möglich, da uns die Verhältnisse nicht klar genug vorliegen.

Aus seiner Ehe mit Beatrix, einer Tochter Guidos von Dampierre, hatte er mehrere Kinder. Sein Nachfolger in der Grafschaft wurde sein Sohn Johann I., der bereits ein Jahr nach seiner Geburt 1285 mit einer Tochter des englischen Königs Eduard I. verlobt und in England erzogen worden war. Erst zwei Jahre nach dem Tod seines Vaters kam er nach Holland und wurde bereits am 30. August 1299 von den Dordrechter Bürgern ermordet, aufgrund eines Streits seines Gefolgsmannes Wolfert von Borsselen mit der Stadt[259]. Mit Johann endete die Reihe der holländischen Grafen aus der Familie der Gerulfinger, die Nachfolge trat Johann II. von Avesnes, ein Sohn Adelheids und Johanns I. von Avesnes an, der Holland und Zeeland in Personalunion mit dem Hennegau regierte. Bis 1345 blieb diese Verbindung bestehen, dann fielen die Grafschaften nach dem kinderlosen Tod Wilhelms IV., eines Enkels Johanns II., über die weibliche Erbfolge an die Wittelsbacher: Margarete, eine Schwester des letzten Avesnes, war die zweite Ehefrau Kaiser Ludwigs IV. Sie übernahm zunächst selbst die Herrschaft in ihren Ländern, 1348/54 gingen Holland und Zeeland nach militärischen Auseinandersetzungen an ihren Sohn Wilhelm V. über (Stammtafel Abb. 7)[260].

Die Erinnerung an das Königtum Wilhelms hing in Holland also zunächst von dessen engsten Verwandten ab, von dessen Geschwistern Florens und Adelheid sowie dessen Sohn. Diese hatten freilich ein großes Interesse daran, das Gedächtnis Wilhelms trotz der schwierigen Umstände seines Todes in Ehren zu halten. Doch auch in späteren Generationen blieb der römische König in guter Erinnerung, selbst als die Grafschaften sich in wittelsbachischer Hand befanden. Einen Indikator für die Memoria Wilhelms stellt die Geschichtsschreibung in den Niederlanden, genauer gesagt, im Umfeld des holländischen Hofes und in den kirchlichen Einrichtungen des Landes dar. Doch auch in symbolischen Handlungen, in der Dichtung, in der Argumentation bei politischen Auseinandersetzungen spielte für die holländischen Herrscher der Bezug auf Wilhelm als königlichen Vorgänger eine Rolle.

---

Doch das eine ist gewiß, daß Holland und Seeland ihm die feste Organisation dankten, welche sie in Stand setzte, nach dem segensreichen Regimente der ersten Hennegauer die Stürme der baierischen Epoche zu bestehen."

259) JANSEN, Holland, Zeeland en het Sticht 1100–1433 S. 304; VAN EICKELS, Graaf tussen kust en koning S. 50 f.; DERS., Die Grafen von Holland und das Reich S. 87.

260) JANSEN, Holland, Zeeland en het Sticht 1100–1433 S. 303–311.

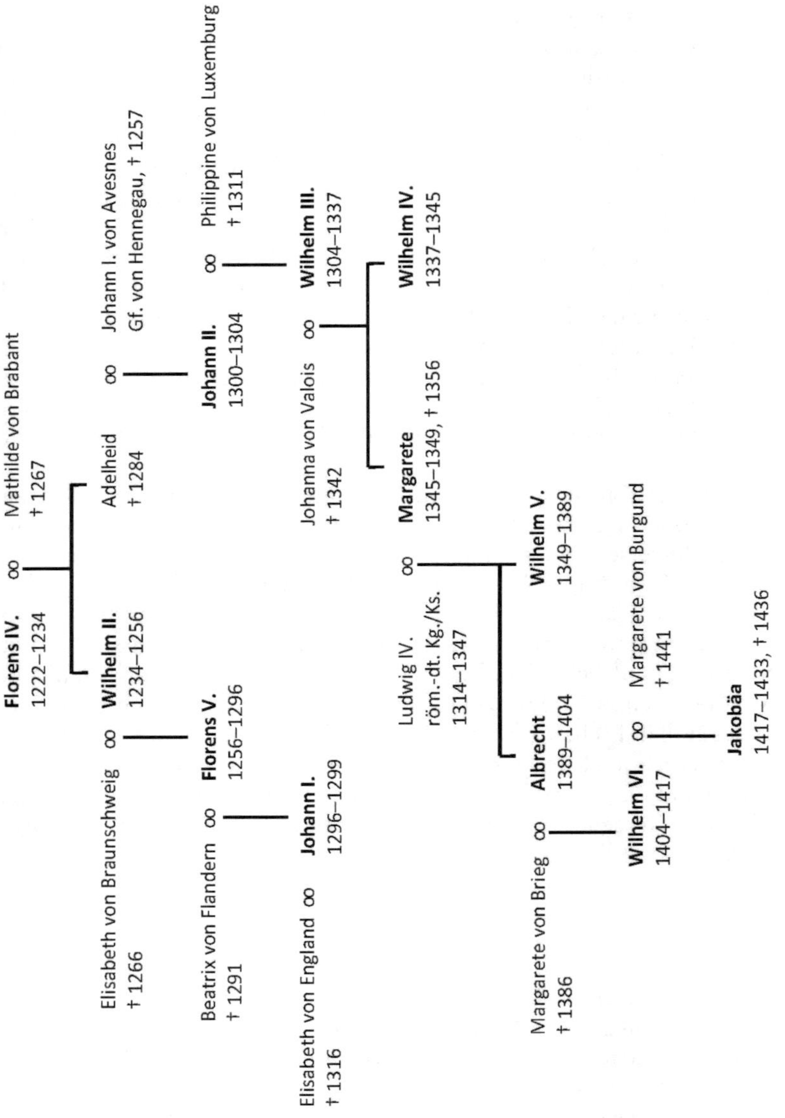


Abb. 7:
Die Grafen von Holland im Spätmittelalter – Gerulfinger, Avesnes, Wittelsbacher

## 3.1 Die Memoria innerhalb der gräflichen Familie

Das Gedenken an den Vater und die Berufung auf seine königliche Abstammung prägten durchaus die Politik Florens' V., wenn auch nicht im Blick auf das Reich. Florens versuchte niemals, die Nachfolge Wilhelms als römischer König anzutreten, demonstrierte vielmehr seine Loyalität zu Rudolf von Habsburg. Doch die Suche nach dem verscharrten Leichnam seines Vaters war für ihn Anlass für einen Feldzug gegen die Friesen, und es stellt sich die Frage, ob sein Selbstverständnis als Königssohn eine Rolle spielte, als er sich um den schottischen Thron bewarb. Das einzige schriftliche Zeugnis einer holländischen Wilhelmtradition im Sinne einer erzählenden Quelle stellt die Geschichtsdichtung Jakobs von Maerlant dar.

### Adelheid, Florens V. und Jakob von Maerlant

Die frühesten Kenntnisse über seinen Vater wurden Florens vermutlich durch seine Mutter und seine Vormunde, die Geschwister Wilhelms, vermittelt. Die Quellenlage, um diesem ersten Informationsfluss auf die Spur zu kommen, ist denkbar schlecht, und man ist auf Mutmaßungen angewiesen. Es lässt sich nicht feststellen, welche Mitwirkungsmöglichkeiten der Königinwitwe Elisabeth an der Erziehung ihres Sohnes offen gestanden haben könnten. Sie hatte sicherlich Kontakt zum Bruder ihres verstorbenen Mannes und zu ihrer Schwägerin, denn sie besiegelte mit Florens zusammen ein Privileg für das Klosters Egmond[261] und fungierte später als Zeugin in einigen der Urkunden, die Adelheid als *tutrix Hollandiae* ausstellte[262]. Eine direkte Interaktion mit ihrem Sohn, der ihrer Vormundschaft entzogen war, ist nicht nachzuweisen. Doch auch die Verbindung von Holland zur Familie Elisabeths in Braunschweig kann nicht vollständig abgebrochen sein. Im Jahr 1270, also bereits nach dem Tod der Mutter, urkundete Florens zugunsten Lübecks *ob petitionem dilectorum avunculorum nostrorum, ducum de Bruneswic*, und bestätigte die Vorrechte der Kaufleute, die diesen in der Grafschaft Holland von seinen Vorgängern, darunter Wilhelm, gewährt worden waren[263].

Den prägendsten Einfluss dürfte die Tante auf Florens ausgeübt haben, da Florens „der Vogt" bereits 1258 verstarb, als sein Neffe erst vier Jahre alt war. Adelheid hatte 1246 Johann von Avesnes geheiratet, ihre Ehe festigte die Koalition zwischen Wilhelm und dem ältesten Sohn Margaretes von

261) OHZ 3 Nr. 1158, 1257 Juni 6.

262) OHZ 3 Nr. 1205, 1259 Febr. 22; Nr. 1206, 1259 Febr. 24; Nr. 1243, 1260 Okt. 13; als Intervenientin für einen Egmonder Ministerialen in OHZ 3 Nr. 1382, 1265 April 1.

263) OHZ 3 Nr. 1525, 1270 Juni 23, Zitat S. 587 Z. 7 f.; vgl. VAN EICKELS, Die Grafen von Holland und das Reich S. 83.

Flandern, dessen Interessen der König in den Auseinandersetzungen um das flandrische und hennegauische Erbe fortan dauerhaft verteidigte. Nach dem Tod ihres Mannes an Weihnachten 1257 kehrte Adelheid mit ihren Kindern nach Holland zurück und übernahm die Erziehung ihres Neffen. Sie pflegte die Erinnerung an ihren Bruder, indem sie dessen Privilegierungen von holländischen Kirchen und Klöstern bestätigte[264]. Das königliche Siegel Wilhelms war nach dessen Ermordung nicht zerstört worden, sondern wurde in der holländisch-gräflichen Kanzlei wie eine Art Reliquie aufbewahrt und sogar 1281 von Beatrix, der Frau Florens' V., als Ersatz für das Grafensiegel ihres abwesenden Mannes verwendet[265]. Auf Adelheids eigenen Siegeln, sowohl auf dem Jagdsiegel, das sie 1258–1262 während ihrer Amtszeit als *tutrix Holandiae* verwendete, als auch auf ihrem späteren spitzovalen Siegel befanden sich Umschriften, in denen sich die Siegelinhaberin ausdrücklich als Schwester Wilhelms, des einstigen Grafen von Holland bzw. römischen Königs zu erkennen gab[266]. Die Berufung auf Wilhelm und die Verwendung des Verwandtschaftsgrades quasi als Titel gerade auf dem Siegel, das als Beglaubigungsmittel für das Regierungshandeln Adelheids unabdingbar war, zeigt den Stellenwert an, der dem verstorbenen König beigemessen wurde. Der Bruder, der die Spitze des *regnum* erlangt hatte, wurde zur identitätsstiftenden und legitimierenden Figur, gerade in den Jahren, als seine Schwester keine Amtsgewalt mehr innehatte – während sie sich als Re-

---

264) OHZ 3 Nr. 1196, 1258 Okt. 3, für Abt und Konvent von St. Paul in Utrecht; Nr. 1227–1228, 1260 Jan. 30, für die Abtei Hemiksem; Nr. 1245, 1260 Dez. 15, für die Abtei Ter Doest; Nr. 1310, nicht genau zu datieren, für die Abtei Herkenrode. Die Bemerkung VAN OOSTROMs, Maerlants wereld S. 110, Adelheid habe oft am 3. Okt., dem Tag der Königswahl Wilhelms, Urkunden ausgestellt, zum Gedächtnis an ihren Bruder, lässt sich aufgrund des holländischen Urkundenbuchs nicht bestätigen. Nur eine darin enthaltene Urkunde Adelheids datiert auf den 3. Okt., OHZ 3 Nr. 1196, siehe oben, und im Text dieses Dokuments wird nirgends angedeutet, dass sich die Ausstellerin der Besonderheit des Datums bewusst ist.

265) OHZ 4 Nr. 1947 S. 138–140; KRUISHEER, De oorkonden en de kanselarij 1 S. 54; vgl. VAN OOSTROM, Maerlants wereld S. 327.

266) Die Umschrift auf dem Jagdsiegel: + S' ALEIDIS : SORORIS : WIŁŁI : COMITIS HOLENDIE; auf dem spitzovalen Siegel: S'. AELYDIS : SORORIS : 9DAM : WIŁŁ' : RE[GIS RO]M : ET VXOR : 9DĀ : DNI : IOH'IS : DE AVENN'., vgl. KRUISHEER, De oorkonden en de kanselarij 2 Nr. 45–48 S. 476, mit den jeweiligen Sekretsiegeln; vgl. auch VAN OOSTROM, Maerlants wereld S. 111 f., dessen Behauptung, Adelheid habe sich „met voorliefde benoemen als *Aleydis, quondam soror domini Wilhelmi regis Romanorum illustris*", ebd. S. 110, wiederum keinen Rückhalt in den Urkunden findet. In allen Dokumenten, die Adelheid während ihrer Regentschaft ausstellte, bezeichnete sie sich allenfalls als Witwe Johanns von Avesnes, so etwa OHZ 3 Nr. 1196: *Aelidis, uxor quomdam domini Iohannis de Auennis, Hollandie et Zeelandie tutrix* S. 195 Z. 26.

gentin auf ihn als Vorgänger in der Grafschaft berief, verwendete sie den Königstitel erst auf dem späteren Siegel, und auch in einer Urkunde von 1271 lautete die Intitulatio: [...] *Aleidis, germana felicis recordationis domini Willelmi Romanorum regis*[267].

Florens folgte dem Beispiel seiner Tante soweit es die Bestätigung von Urkunden seines Vaters betraf[268], übernahm jedoch nicht die Benennung nach seinem Vater in seine Titulatur. Für sein Selbstverständnis dürfte jedoch der Einfluss Jakobs von Maerlant von großer Bedeutung gewesen sein. Dieser, ein gebürtiger Flame aus der Nähe von Brügge, verbrachte die Jahre zwischen 1260 und 1270 auf der Insel Voorne, wo sich auch Adelheid aufhielt. Er bekleidete das Amt eines Küsters in der Kirche von Maerlant bei Brielle und fungierte zugleich als Fürstenerzieher für die Kinder und den Neffen der Regentin[269]. Über den Inhalt des Unterrichts gibt es freilich keine Quellen, doch die in der Volkssprache geschriebenen Werke Jakobs, die in diesen Jahren entstanden sind, enthalten etliche Anspielungen auf die aktuelle Situation in der Grafschaft und dienten unzweifelhaft der Lektüre der Zöglinge.

Die früheste erhaltene Dichtung Jakobs von Maerlant sind die Alexanders Geesten, vermutlich im Auftrag Adelheids entstanden zwischen 1257 und 1260[270]. Einerseits ist die Themenwahl wenig originell, erfreute sich der Alexanderstoff doch in der höfischen Dichtung seit dem 12. Jahrhundert äußerster Beliebtheit[271]. Jakob hielt sich auch sehr eng an die lateinischspra-

267) OHZ 3 Nr. 1580, 1271 Okt. 18 S. 654 Z. 35 f. Die Selbstbetitelung unter Heranziehung der Verwandtschaft zu einer bestimmten Persönlichkeit erinnert an die Praxis der hessischen Landgrafen, sich auf Siegeln und Münzen bis ins 16. Jh. hinein über ihre verwandtschaftliche Nähe zur hl. Elisabeth zu definieren, vgl. KÄLBLE, Hessen und Thüringen S. 279, und die Katalogartikel ebd. S. 282–286, sowie WINKEL, Elisabeth-Münzen S. 286, und die Katalogartikel ebd. S. 286–292.

268) OHZ 3 Nr. 1419, 1266 Aug. 20, Nr. 1499, 1269 Juli 27, Nr. 1525, 1270 Juni 23, für Lübeck; Nr. 1428, 1266 Okt. 23, für Delft; Nr. 1476, 1268 Juli 13, für den Deutschen Orden in Utrecht; Nr. 1478, 1268 Sept. 6, für Kloster Villers; Nr. 1488, 1268 Nov. 30, für Delft; Nr. 1506, 1269 Sept. 7, für den Deutschen Orden insgesamt; Nr. 1548, 1271 März 18, für Kloster Betlehem; Nr. 1590, 1272 April 7, für die Beginen in 's-Gravenzande; 1599, 1272 Juni 23, für Kloster Ludingakerke, etc.

269) BIESHEUVEL, Art. Jacob van Maerlant S. 897; DIES./PALMER, Art. Jacob van Maerlant Sp. 747; VAN OOSTROM, Maerlants wereld S. 120–122.

270) BIESHEUVEL, Art. Jacob van Maerlant S. 897; DIES./PALMER, Art. Jacob van Maerlant Sp. 748; VAN OOSTROM, Maerlants wereld S. 113 f.

271) FRENZEL, Stoffe der Weltliteratur S. 37 f.

chige Vorlage Walters von Châtillon, die um 1180 verfasste Alexandreis, die im Mittelalter vielfach rezipiert wurde[272].

Andererseits ließ sich aber die Geschichte von dem Königssohn, der aus seiner kleinen, bescheidenen Heimatregion heraus fast die ganze Welt eroberte, sehr gut als Exempel für die Situation Hollands und als Ansporn für den unmündigen Grafen verwenden. An verschiedenen Stellen scheint der Roman Florens direkt anzusprechen. So wird etwa Philipp, Alexanders Vater, von Pausanias ermordet und spricht, bevor er stirbt: *in wille nemmer / Drouven nu om mijn seer, / Die doot en mach mi niet vervaren. / Ic laete en kint na mi te waren, / Dat sal wreken mine smerte*[273]. Im Blick auf die holländischen Zusammenhänge enthält diese Passage einen recht deutlichen Aufruf an Florens, seinen ermordeten Vater zu rächen.

Insgesamt zeigt sich Jakob fasziniert vom römischen Königtum und baut die Stellen, an denen von Alexanders römischer Krone die Rede ist, im Vergleich zu seiner Vorlage stark aus[274]. Die Krone, die dem Dichter vor Augen stand, war vermutlich die Reichskrone. Am deutlichsten wird die Gleichsetzung der holländischen Gerulfinger mit den makedonischen Herrschern bei der Beschreibung des Wappens Alexanders: *Doe hinc hi an hem sinen scilt, / Dar hie do vor die tente hilt / Daer stont in een lyoen rampant / Van kelen root, alst ware een brant; / anders was die scilt van goude*[275]. Exakt dasselbe Wappen führten die Grafen von Holland. Ob damit eine Abstammung der Holländer von Alexander dem Großen postuliert werden soll, ist nicht klar. Die Geschichte des Makedoniers wird zumindest parallel zur jüngsten Vergangenheit in der Grafschaft erzählt, Wilhelm gleicht Philipp von Makedonien, Florens Alexander, und für den Verfasser selbst entsteht dadurch eine willkommene Annäherung an Aristoteles, den Erzie-

272) FRENZEL, Stoffe der Weltliteratur S. 37 f.; VAN OOSTROM, Merlants wereld S. 114.

273) „Ich will jetzt nicht mehr länger mich über mein Leid beklagen. Der Tod kann mich nicht mehr ängstigen. Ich lasse einen Sohn zurück, der meinen Schmerz rächen soll," Alexanders Geesten I v 755–759 S. 30.

274) […] *Senden die van Rome saen / Emulium haren bode / An Alexander, dien ertscen gode / Ende gaven hem die roomsce crone. / Dit was ene ghifte scone*, Alexanders Geesten I v 1044–1048 S. 27 f. („Da [nach der Einnahme Thebens durch Alexander, Anm. d. Verf.] sandten die Römer ihren Boten Aemulius an Alexander, den irdischen Gott, und sie übertrugen ihm die römische Krone. Das war eine schöne Gabe.") Vgl. auch X v 166 S. 356 (über die zahlreichen Leistungen Alexanders), X v 1266–1274 S. 386 (über die Untreue der Römer, die ihm erst die Krone gegeben haben und sich nun von ihm abwenden, und die Strafe, die Alexander dafür vorgesehen hat).

275) „Er trat vor das Zelt und hatte seinen Schild am Griff. Darauf war ein springender Löwe abgebildet, von feuerroter Farbe, der Rest des Schildes war golden," Alexanders Geesten IV v 1615–1619 S. 151.

her Alexanders. Die Leser konnten das Schicksal Philipps als eine Überhöhung des unglücklichen Todes Wilhelms und die glanzvollen Taten Alexanders als Vorausdeutungen auf die große Zukunft Florens' V. wahrnehmen[276].

Auch die anderen Werke, die Jakob während seiner Zeit auf Voorne in Adelheids Diensten schuf, drehen sich um Könige, Auserwähltheit und edle Herkunft. 1261 schrieb er einen Artusroman, die Historie van den Grale, der mit der Thronbesteigung des Königs und einem Ausblick auf dessen lange, friedvolle Herrschaft endete, also mit einem Motiv, das vielleicht als Reminiszenz an das Königtum Wilhelms gedeutet werden kann[277]. Bereits im Jahr darauf, 1262, entstand der Torec, in dem es um einen jungen Königssohn geht, der Rache für das Unrecht nehmen muss, das seiner Mutter und Großmutter angetan wurde, und sich auf der Suche nach einem Königsdiadem mit gralsartigem Charakter befindet[278]. In der Historie van Troyen, datiert auf 1264, wird nicht nur der Untergang Trojas beschrieben. Der Autor fügt die Irrfahrten des Aeneas und die Gründung Roms hinzu, wobei er die Abstammung der römischen Kaiser von den Trojanern deutlich macht, eine Linie, die sich über Wilhelm letztlich auch bis zu Florens erstreckt und diesen auszeichnet[279]. Das letzte zeeländische Werk Jakobs ist ein Fürstenspiegel für Florens, Heimelijkheid der heimelijkheden (Secretum secretorum) genannt. Hier greift er das Alexanderszenario wieder auf, da es sich um einen fiktiven Ratgeber des Aristoteles für den jungen makedonischen König handeln soll. Er richtet sich weniger an einen Grafen, sondern wieder an einen Königssohn, der sehr jung die Herrschaft übernehmen muss. Die Heimlijkheid ist nicht zufällig auf 1266 zu datieren, das Jahr, in dem Florens anfing, selbständig als Graf zu regieren[280].

Die Inhalte all dieser Werke Jakobs von Maerlant nehmen in unterschiedlicher Weise Bezug auf die politische Situation Hollands und Zeelands, wo sich der Verfasser aufhielt, und es ist naheliegend, in den Romanen Auftragswerke entweder Adelheids selbst oder der Herren von Voorne zu sehen. Im Epilog des Alexanderromans lässt Jakob durchblicken, dass er eine weibliche Auftraggeberin hatte, er gibt jedoch deren Namen nicht preis. Aufgrund der Personenkonstellation kann eigentlich nur Adelheid in Frage

---

276) VAN OOSTROM, Maerlants wereld S. 116–119.

277) So zumindest VAN OOSTROM, Maerlants wereld S. 127–129.

278) VAN OOSTROM, Maerlants wereld S. 131 f.; BIESHEUVEL, Leben, Werk, Wirkung S. 208–210.

279) VAN OOSTROM, Maerlants wereld S. 132–134.

280) VAN OOSTROM, Maerlants wereld S. 135 f.; BIESHEUVEL, Leben, Werk, Wirkung S. 213 f.

kommen[281]. Die Gralsgeschichte ist Albrecht von Voorne gewidmet, dem Sohn des amtierenden Burggrafen Heinrich von Voorne, der als einer der engsten Vertrauten Wilhelms, Florens' des Vogtes und Adelheids nachzuweisen ist[282]. Jedenfalls lässt sich beobachten, dass Florens in einem Umfeld aufwuchs, in dem seinem Vater die höchste Achtung entgegengebracht wurde. In den Werken Jakobs von Maerlant, die wohl genau auf die Bedürfnisse und Wünsche des Publikums zugeschnitten waren, wird das Bild eines mythischen Königtums beschworen, das trotz schwerer Schicksalsschläge überdauert und nichts von seinem Glanz verliert. Der Hauptadressat dieser Botschaft war vermutlich Florens, auch wenn weder dessen Name noch der Wilhelms jemals in den besagten Dichtungen fallen[283]. Die positive Darstellung des königlichen Vaters war eher ein Nebeneffekt dieser Erziehungsliteratur, allerdings dringend nötig für die Aufwertung der Rolle des Sohnes. An dieser Stelle ist erstmals eine wirklich bewusste Stilisierung der Figur Wilhelms nach dessen Tod zu erahnen.

In späteren Jahren, ab 1282, schuf Jakob den Spiegel historiael, ein Speculum historiale nach dem Vorbild des Vincent von Beauvais. Er widmete das Werk Florens V. und betonte abermals sehr deutlich dessen Stellung als Königssohn[284]. Doch leider konnte der Autor das Geschichtsbuch nicht, wie geplant, bis zu seiner eigenen Zeit fortführen, der Text bricht bei den Be-

281) *God gheve haer ere ende prijs goet / Die dede dat ict bestoet, / Want soe es edel ende bequame / Die wille weten hare name / Ic segge hem, waer hise mach souken / Die erste literre van ses bouken / Segghen hare nam, min no mee, / Beghinnet hi ter eerster G*, Alexanders Geesten X v 1513–1520 S. 392 f. („Gott gewähre ihr Ehre und guten Lohn, die dafür gesorgt hat, dass ich durchgehalten habe und es [das Werk, Anm. d. Verf.] so zu einem guten Ende gebracht habe. Wer ihren Namen wissen will, dem sage ich, was er machen soll: Der erste Buchstabe dieses Buches weist darauf hin, dass ihr Name mit einem G beginnt.") Nun beginnt aber Adelheids Name nicht mit einem G; VAN OOSTROM, Maerlants wereld S. 113, nimmt die Anfangsbuchstaben aller zehn Bücher der Alexanders Geesten und formt daraus das Kunstwort GHEILEHIDA, die er als eine Verschlüsselung des Namens Aleide, also der niederländischen Form von Adelheid, betrachtet.

282) Zum Verhältnis zu Wilhelm siehe oben S. 210. Heinrich spielte eine wichtige Rolle beim Friedensschluss zwischen Holland und Flandern bezüglich Zeelands unter Florens, OHZ 3 1135, 1256 Okt. Am 22. Febr. 1259 bezeugte er eine Schenkung Adelheids an das Kloster Rijnsburg, an erster Stelle unter den *viri nobiles*, OHZ 3 Nr. 1205 S. 207 Z. 17.

283) VAN OOSTROM, Maerlants wereld S. 133 f.

284) BIESHEUVEL, Art. Jacob van Maerlant S. 898; VAN OOSTROM, Maerlants wereld S. 308.

richten über den Ersten Kreuzzug ab[285]. Man darf annehmen, dass die Darstellung der Herrschaft Wilhelms aus der Perspektive eines Verfassers, der sich dessen Sohn verpflichtet fühlt, einen vollständig anderen Stellenwert erhalten hätte als in den historiographischen Werken, die zur selben Zeit im Reich entstanden sind[286].

Es wäre zudem denkbar, dass Adelheid an ihrem Hof auf Voorne eine „Palastschule" unterhielt, wie sie diese in Valenciennes als Gräfin von Hennegau kennengelernt hatte[287]. Neben Florens hätten dann wohl die meisten adligen Söhne der näheren Umgebung, also Zeelands, dort ihre Erziehung genossen, wie etwa der oben genannte Albrecht von Voorne. Das Wilhelmfreundliche Geschichtsbild, das von der Verwalterin der Grafschaft und ihren Beratern vertreten und von Jakob von Maerlant dichterisch umgesetzt wurde, hätte also einen weiteren Kreis erreichen können. Man dürfte dann davon ausgehen, dass am Ende des 13. Jahrhunderts ein großer Teil des zeeländischen und holländischen, vielleicht auch brabantischen Adels eine überaus günstige Meinung über Wilhelm und dessen Herrschaft als römischer König hatte[288].

### Königssohn Florens?

Florens V. verwendete in seiner Titulatur im Gegensatz zu seiner Tante keinen Hinweis auf seine Abstammung oder Verwandtschaft und nannte sich schlicht *Florentius comes Hollandiae*[289]. Er trat nie selbst als Kandidat für den Thron in Erscheinung und beteiligte sich weder an der Wahl Rudolfs von Habsburg noch an einer der Wahlen im Jahr 1292[290], auch seine Anwe-

---

285) BIESHEUVEL, Art. Jacob van Maerlant S. 898; DIES., Leben, Werk, Wirkung S. 212 f.

286) Der Spiegel historiael wurde von Lodewijk von Velthem fortgesetzt, allerdings erst um 1300 unter der Herrschaft der Grafen aus dem Hause Avesnes, vgl. BIESHEUVEL/PALMER, Art. Jacob van Maerlant Sp. 750, 753 f.; SLEIDERINK, Art. Lodewijk van Velthem S. 1041.

287) VAN OOSTROM, Maerlants wereld S. 120 f.; als Beleg für das Bestehen dieser Schule zu Adelheids Zeit im Hennegau führt er „Duvivier 1894 II, nr. 103" an, ebd. S. 468. Diese Angabe führt jedoch leider ins Leere, ein Hinweis auf die Schule ist in dieser Urkunde nicht enthalten.

288) Zum Aufenthalt Jakobs von Maerlant auf Voorne auch BIESHEUVEL, Leben, Werk, Wirkung S. 206 f.

289) So bereits in seiner ersten Urkunde, die er als selbständig regierender Graf ausstellte, OHZ 3 Nr. 1417, 1266 Juli 8, S. 446 Z. 10.

290) Zur Wahl Adolfs von Nassau und den vorausgehenden Verhandlungen vgl. GERLICH, Adolf von Nassau S. 25–34; über die Wahl Konrads von Teck WOLF, Königs für einen Tag S. 761–770, hier v. a. die Beilage mit der Aufstellung der Kandidaten und Wähler.

senheit bei der Krönung in Aachen am 23. Oktober 1273 ist eher unwahrscheinlich, da er am 22. Oktober in Den Haag urkundete[291], Er erwies sich Rudolf gegenüber als treuer Reichsfürst und erhielt vom König am 19. Juni 1282 auf einem Hoftag in Worms das Privileg, die Grafschaft an seine Tochter zu vererben, falls er ohne männlichen Nachkommen sterben sollte[292]. Diese Regelung war für die Englandpolitik des Grafen von großer Bedeutung, da dessen Tochter Margarete mit Alfons, dem ältesten Sohn und Thronfolger Königs Eduards I. von England verlobt war[293]. Gleichzeitig deutete sich in diesen Jahren wieder eine Annäherung an die Avesnes an, die Florens aufgrund innenpolitischer Differenzen wenige Jahre zuvor aus Holland verbannt hatte. Für die Erlangung des Diploms nutzte der Graf vermutlich die Verbindungen seines Vetters Johann II., der immer noch im Konflikt mit Guido von Dampierre um das flandrische Erbe stand und zur Durchsetzung seiner Ansprüche eine ständige Gesandtschaft am habsburgischen Hof unterhielt. Auf dem besagten Wormser Hoftag im Juni 1282 wurde schließlich auch durch einen Fürstenspruch im Sinne Johanns entschieden, und er wurde mit Reichsflandern belehnt[294]. Die Gunst des Königs vergalt Florens, indem er diesen gegen den Kölner Erzbischof Siegfried von Westerburg unterstützte[295].

Im Kontext des Reiches nahm der Graf von Holland also keine Sonderstellung ein und meldete keine Vorrechte oder gar Ansprüche auf die Krone an, obwohl seine Erziehung auf Voorne darauf schließen lässt, dass Adelheid an die Person ihres Neffen vielleicht derartige Hoffnungen geknüpft hatte. An einem Punkt jedoch wurde Florens in grundlegende Fragen des Königtums und der Legitimität des Reichsoberhauptes hineingezogen, und er musste Position beziehen: Dietrich Holzschuh, der ab 1283 vorgab, der wiedergekehrte Kaiser Friedrich II. zu sein, wandte sich mit einer Aufforderung, ihm zu huldigen, ausgerechnet an den Grafen von Holland. Holzschuh, der zunächst in Köln versucht hatte, Anhänger zu gewinnen, war 1284 nach Neuss weitergezogen und konnte dort mit Unterstützung der Stadt, aber auch von Adligen aus der Gegend, seine Stellung etablieren. Er verschickte mehrere Schreiben, versehen mit einem Siegel, das dem des echten Friedrich täuschend ähnlich war[296].

291) OHZ 3 Nr. 1652; im Gegensatz dazu VAN EICKELS, Holland und das Reich S. 83.

292) OHZ 4 Nr. 2041.

293) Zu den Zusammenhängen der Politik Eduards I. in Nordfrankreich und in Flandern vgl. KRIEGER, Geschichte Englands S. 167 f.

294) MGH Const. 3 Nr. 308–309, 1282 Juni 15 bzw. 17, S. 304.

295) VAN EICKELS, Holland und das Reich S. 83 f.

296) Ausführlich über Holzschuh und mit Angabe der älteren Literatur vgl. WÜRTH, Die sogenannten Falschen Friedriche S. 194–203.

Der Briefwechsel des „Kaisers“ mit Florens ist nur abschriftlich überliefert, die älteste Handschrift ist ein Codex, der sich heute im Corpus Christi College in Cambridge befindet[297]. Die Gründe für das Bündnisgesuch an den Grafen sind in den vielfältigen Auseinandersetzungen der nordrheinischen Städte und Adligen mit dem Kölner Erzbischof zu suchen und sollen in diesem Kontext ausgeblendet werden[298]. Hier ist die Argumentation des Antwortschreibers von Interesse, der sich mit den unrechtmäßigen Ansprüchen eines falschen Herrschers konfrontiert sieht. Florens war nämlich weit davon entfernt, in Holzschuh den Stauferkaiser zu erblicken, lehnte es ab, nach Neuss zur Huldigung zu kommen und bezeichnete sein Gegenüber unumwunden als Betrüger, wie bereits aus der Anrede hervorgeht: *F. comes Hollandie inopinato fantasmati pro Frederico quondam Romanorum imperatore simulatorie se gerenti salutem et vera frivolis anteferre*[299]. Als erstes Argument führt er gegen den falschen Friedrich ins Feld, dass ein toter Mensch kein lebender Mensch sein und auch keine Befehle erteilen könne[300], dann erbringt er den Nachweis, dass Friedrich tatsächlich tot und außerdem vor seinem Tod aus der Kirche ausgeschlossen und als Ketzer verurteilt worden sei[301]. *Tu ergo, ut extrema contradicionis, inter que non cadit medium, breviter colligamus: aut idem es aut non. Si autem idem es, cum tu eundem te firmiter esse asseras, ea que proponis penitus sunt frivola et mendosa; si autem idem es, ab ecclesia, ut predictum est, es precisus et imperio maturo precedente consilio es privatus*[302]. Des Weiteren weist der Graf darauf hin, dass allein den Fürsten die Erhebung eines Königs zustehe, und seit der Absetzung Friedrichs seien schon drei Könige rechtmäßig gewählt worden. Der vierte Nachfolger des Staufers, König Rudolf, sei ein rechtschaffener Mann, dem auch er, Florens, den Lehnseid geleistet habe. Folglich werde er die Anweisungen des falschen Kaisers nicht befolgen[303].

Der Austausch zwischen Dietrich Holzschuh und dem holländischen Grafen hat auch Eingang in die Geschichtsschreibung gefunden. Johannes de Beka berichtet, dass der angebliche Herrscher dem Bischof von Utrecht

297) OHZ 4 Nr. 2210–2212.

298) Detaillierter bei WÜRTH, Die sogenannten Falschen Friedriche S. 196–199.

299) OHZ 4 Nr. 2211 S. 464 Z. 23–26 (rechte Spalte).

300) […] *quod, cum homo sis, prout prima apparet facie, ymmo minor homine quia statum, personam et dignitatem mortui hominis tibi niteris usurpare; nam homo mortuus non est homo iuxta naturales et pholosophicas* [sic!] *raciones, et de cadavere post separacionem anime racionalis non possit diffinicio hominis predicari*, OHZ 4 Nr. 2211 S. 464 Z. 29–39 (rechte Spalte).

301) OHZ 4 Nr. 2211 S. 464 Z. 39–465 Z. 10 (rechte Spalte).

302) OHZ 4 Nr. 2211 S. 465 Z. 10–18 (rechte Spalte).

303) OHZ 4 Nr. 2211 S. 465 Z. 20–34, Zitat Z. 20 f. (rechte Spalte).

die Anweisung erteilt habe, Florens von seinem Feldzug gegen die Friesen abzuhalten. Er weiß auch von einem Brief des Grafen, in dem die Verse gestanden haben sollen: *Non es magnificus quondam cesar Fredericus; non es monarcha, sed Nucie patriarcha*[304]. Auch wenn gegenüber dem Wahrheitsgehalt der Chronographia oftmals Skepsis angezeigt ist, so scheinen doch in diesem Fall die unabhängige Überlieferung des Schreibens Florens' einerseits und dessen Erwähnung bei Johannes de Beka andererseits für dessen Authentizität zu sprechen[305].

Der Sohn König Wilhelms äußert sich also über den Charakter des römischen Königtums und über die Rechtmäßigkeit Rudolfs. Er beginnt auf einer philosophischen Ebene und widerlegt zunächst die rein physische Existenz Friedrichs im Jahr 1285. Dann führt er die Exkommunikation des ketzerischen Kaisers an, die obendrein jeglichen Anspruch auf die Herrschaft von dessen Seite zunichte mache. Als letztes, schlagendes Argument bringt er das Wahlrecht der Fürsten, die seit der Absetzung Friedrichs bereits viermal zusammengetreten seien, um einen rechtmäßigen König zu küren. Die Namen der drei Herrscher vor Rudolf nennt Florens nicht, vermutlich meint er Heinrich Raspe, Wilhelm und Richard.

Abgesehen von der rhetorischen Qualität des Textes, der auf einen hochgebildeten Verfasser schließen lässt, verhält sich der Graf vollkommen politisch korrekt. Es ist fast verwunderlich, dass er mit keinem Wort auf seinen Vater eingeht, sondern vielmehr seine Loyalität gegenüber dem Habsburger demonstriert – auch dies vermutlich eine Gegenleistung für die Urkunde von 1282. Musste der Graf seine Treue beteuern, weil Anlass bestand, an ihr zu zweifeln? Dafür gibt es keinen Hinweis. Offenbar richtete sich Florens' Ehrgeiz nicht auf das Reich, er beteiligte sich kaum an reichsinterner Politik, und wenn er sich zu Wort meldete, brachte er seinen Status als Königssohn nicht in Anschlag.

Dennoch strebte Florens nach einer Königskrone: nach der schottischen. Die Verwandtschaft mit den Königen David I., Malcolm IV. und Wilhelm dem Löwen, die durch die Ehe Graf Florens' III. mit Ada von Schottland zustande gekommen war, spielte für das Selbstverständnis der holländischen Grafen eine große Rolle[306]. Als nach dem Tod Margaretes, der einzigen Erbin König Alexanders III., im Jahr 1290 der schottische Thron vakant war, meldete auch Florens V. als Ururenkel Adas Ansprüche auf die Nachfolge an. Die nun folgenden Auseinandersetzungen sind als die sog. Great Cause

304) Johannes de Beka, Chronographia Cap. 74f S. 231, Zitat Z. 21 f.

305) Zur Echtheitsdebatte vgl. auch OHZ 4 Nr. 2210 S. 462 Z. 35–463 Z. 14 (krit. Apparat).

306) Siehe oben S. 243 f.

durch die Kanzlei des englischen Königs Eduard I. hervorragend dokumentiert. Dieser hatte die Gelegenheit ergriffen, um sich selbst bis zur Lösung der Erbschaftsfrage zum Interims-Herrscher über Schottland zu erklären[307]. Von den insgesamt 13 Bewerbern konnten sich nur vier berechtigte Hoffnungen auf das Königtum machen. Drei von ihnen, John Balliol, Lord von Galloway, Robert Bruce, Lord von Annandale, und John Hastings, Lord von Abergavenny, waren Nachkommen der drei Töchter des jüngsten Enkels König Davids I., also Davids, Earl von Huntingdon. Als vierter aussichtsreicher Kandidat repräsentierte Florens die Erbberechtigung Adas, der Schwester Davids von Huntingdon (Stammtafel Abb. 8)[308]. Er stützte sich hauptsächlich auf eine angebliche Urkunde des Earl von Huntingdon, in der dieser sein Recht und das seiner Erben auf die Nachfolge als schottische Könige an Ada übertrug und im Gegenzug das Land Garioch erhielt[309]. Die Beteiligung Florens' hatte durchaus Auswirkungen auf den Ablauf des Verfahrens, doch letztlich wurde das fragliche Dokument nicht als Beweis akzeptiert[310]. Der Anspruch des holländischen Grafen wurde abgewiesen, und John Balliol bestieg am 30. November 1292 den Thron in Scone. Auch wenn sein Auftreten in der Great Cause in der Forschung als Ablenkungsmanöver, inszeniert von Robert Bruce zur Schwächung Balliols, betrachtet wird[311], stellt sich doch die Frage, ob Florens in den überlieferten Dokumenten an irgendeiner Stelle auf seinen königlichen Vater Bezug nimmt.

Er tut es, aber nur ein einziges Mal, ganz zu Beginn des Verfahrens. Unter dem Datum des 3. August 1291 wurde in der aufgelassenen Kirche der Dominikaner in Berwick-upon-Tweed[312] an der schottisch-englischen Grenze die Petition des Grafen von Holland vorgelegt, in der dieser seinen Anspruch auf das schottische Königtum verkündete. In dem Schreiben wird die Abstammungslinie Florens' V. von Ada nachgezeichnet, allerdings unter Auslassung deren Sohnes, Wilhelms I.[313] Erwähnt wird jedoch der Vater des Antragsstellers, Wilhelm, ohne weiteren Titel, weder unter seiner Be-

307) KRIEGER, Geschichte Englands S. 165–167.

308) REID, Art. Great Cause S. 280 f.; STONES/SIMPSON, Edward I and the Throne of Scotland 1 S. 11–21.

309) STONES/SIMPSON, Edward I and the Throne of Scotland 2 Nr. D.69.i S. 150 f.

310) Eine kurze Zusammenfassung der Position Florens' und der Überlieferungsproblematik bei STONES/SIMPSON, Edward I and the Throne of Scotland 1 S. 122–125.

311) REID, Art. Great Cause S. 281.

312) Zu diesem Verhandlungsort vgl. STONES/SIMPSON, Edward I and the Throne of Scotland 1 S. 230.

313) STONES/SIMPSON, Edward I and the Throne of Scotland 1 S. 122, betrachten diese Auslassung als ein Versehen des holländischen Kanzlisten.

zeichnung als holländischer Graf noch als römischer König[314]. Florens argumentiert also nicht mit seiner doppelten königlichen Abstammung, durch die er allen anderen Bewerbern überlegen gewesen wäre. Es hätte vielleicht einerseits seiner Sache nicht gedient, wenn er gegenüber Eduard I., dem Neffen Richards von Cornwall und Isabellas, der dritten Gemahlin Friedrichs II., allzu sehr die Person seines Vaters König Wilhelm betont hätte. Andererseits wusste der englische König vermutlich sehr wohl um die familiären Zusammenhänge, und er stand selbst in verwandtschaftlicher Verbindung mit den Holländern, da seine Tochter Elisabeth seit 1285 mit Johann, dem Sohn Florens' verlobt war. Letztlich hätte Eduard auch von einem Erfolg des Grafen in Schottland profitieren können[315].

Es bleibt der Befund, dass Florens weder innerhalb seiner Grafschaft noch in Reichsangelegenheiten und auch nicht nach außen hin, also in der Great Cause, seinen Status als Sohn eines römischen Königs in irgendeiner Weise nutzbar machte. Van Oostrom beschwört in seinem sicherlich maßgeblichen Werk über Jakob von Maerlant wiederholt das königliche Selbstbewusstsein des Grafen, spricht von dessen „majestätischen Allüren"[316] und wertet den großen Tross, mit dem Florens nach Schottland aufbrach, als Versuch, die schwachen Argumente durch Imponiergehabe zu untermauern[317]. Für ihn war der Beweggrund für das schottische Engagement das Verlangen nach einer „echten Königskrone" für Florens[318]. Die Quellen lassen einen solchen Schluss jedoch nicht zu, und Reminiszenzen an den königlichen Vater des Grafen spielten in diesem Kontext keine Rolle. Es mag sein, dass die Werke Jakobs von Maerlant, vor allem der Spiegel historiael, der 1282 begonnen und Florens gewidmet wurde, und auch die Reimchronik des Melis Stoke eines Königs als Auftraggeber würdig gewesen wären. In der Tat scheint Jakob eine sehr spezielle Begeisterung, ja Besessenheit im Blick auf das Königtum zu zeigen[319]. Auch die Betonung der karolingischen Abstammung der Grafen von Holland und die Preisung Karls des Großen bei verschiedenen Autoren, die der Grafenfamilie nahestanden, können als Hinweis auf ein royales Selbstbewusstsein gesehen werden[320]. Doch blieben all diese Motive und Anspielungen reine Fiktion, die auf das

---

314) STONES/SIMPSON, Edward I and the Throne of Scotland 2 Nr. A.54 S. 132, bzw. B.54 S. 133.

315) Eine Zusammenfassung der schottischen Politik Florens' auch bei HUGENHOLTZ, Floris V S. 73–76.

316) VAN OOSTROM, Maerlants wereld S. 331.

317) VAN OOSTROM, Maerlants wereld S. 333.

318) VAN OOSTROM, Maerlants wereld S. 334.

319) VAN OOSTROM, Maerlants wereld S. 324 f.

320) VAN OOSTROM, Maerlants wereld S. 323, 335.

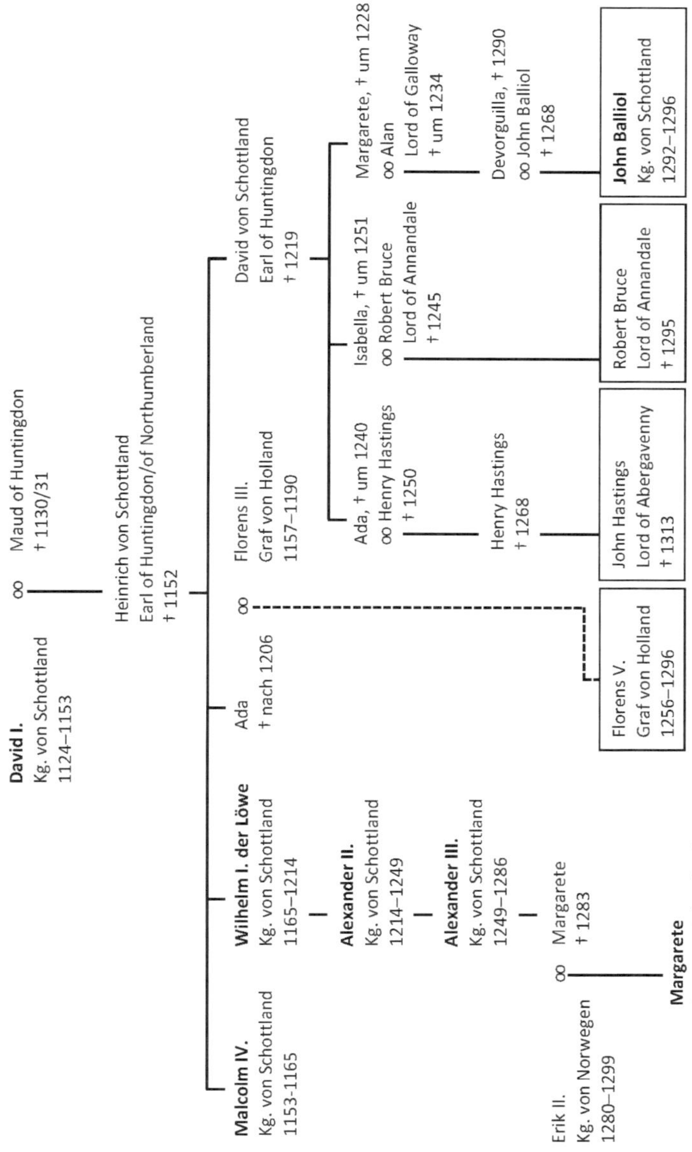


Abb. 8:
Die Nachkommen König Davids I. von Schottland und einige der Bewerber in der „Great Cause“ 1290/92

Auftreten Florens in der „echten“ Welt offenbar keine Auswirkungen hatte. Der Graf gedachte sehr wohl seines Vaters, aber nicht aus einem übersteigerten königlichen Bewusstsein oder gar einer Art Minderwertigkeitskomplex heraus[321], sondern als dessen Sohn und Amtsnachfolger.

### Wilhelms Grab in Middelburg

Vermutlich noch im Sommer 1282 berichtete Florens in einem Brief an den englischen König Eduard I. von seinem erfolgreichen Feldzug gegen die Friesen, die er als seine „Todfeinde“ bezeichnete[322]. Er habe sie in vier Feldschlachten geschlagen, ihr Land erobert und sie mit Gewalt gezwungen, den Leichnam seines Vaters herauszugeben, *la quele chose ie desirois sur toutes riens*[323]. Bereits 1272 hatte der Graf versucht, Westfriesland einzunehmen, und war zurückgeschlagen worden[324]. Zehn Jahre später wurde sein Heer durch Truppen der Grafen von Geldern und Kleve verstärkt, und er griff die Feinde zudem auch vom Osten her an, indem er mit Schiffen in die Zuiderzee einfuhr und in Wijdenes anlandete. Der Sieg war vollkommen, und Florens konnte in den folgenden Jahren daran gehen, Westfriesland dauerhaft seiner Herrschaft zu unterwerfen, indem er Burgen baute[325]. Nach einer weiteren gelungenen Offensive im Winter 1288/89 huldigten die Abgesandten der westfriesischen Stämme dem Grafen in Torenburg, wodurch diese endgültig ihre Unabhängigkeit verloren[326]. Florens zeigte sich entgegenkommend und verlieh ihnen Keuren, also Stadtrechte. Beide erhaltenen Urkunden nehmen Bezug auf Privilegien, die Florens' Vater Wilhelm, *wilenneer coningh van Almanghen*, für Vronen und Oudorp (bei Alkmaar) ausgestellt hatte[327]. Die Keuren Wilhelms sind nicht überliefert, doch sie dürften in den Kontext des Feldzugs im Mai 1254 einzuordnen sein[328]. Vermutlich nicht zufällig rief Florens den unterworfenen Friesen noch in den Do-

321) Dies deutet VAN OOSTROM, Maerlants wereld S. 329, an.

322) […] *mes anemis morteus les Frisons*, OHZ 4 Nr. 2061 S. 275 Z. 25.

323) „[…] was ich mir mehr als alles andere erwünscht habe“, OHZ 4 Nr. 2061 S. 275 Z. 30 f.; vgl. CORDFUNKE, Willem II S. 28; KAMENZIN, Tode S. 449.

324) Insgesamt zur Frieslandpolitik des Grafen vgl. HUGENHOLTZ, Floris V S. 48–59.

325) DE GRAAF, De kastelen van Floris V S. 177–181; vgl. auch VAN OOSTROM, Maerlants wereld S. 328 f.

326) CORDFUNKE, Willem II S. 31.

327) OHZ 4 Nr. 2369, für Hoogwouderambacht, Nr. 2370 für die Einwohner von *Oistermancoge*, Nieuwe Niedorp, Oude Niedorp, Barsingerhorn und Winkel; Zitat Nr. 2369 S. 668 Z. 31.

328) D Wilh 310, 1254 Mai 21, wurde im Heerlager bei Vronen ausgestellt S. 371 Z. 3; in D Wilh 312, 1254 Juni 11, Leiden, verlieh Wilhelm umfangreiche Rechte an Alkmaar.

kumenten, mit denen er sie privilegierte und zugleich seiner Herrschaft unterstellte, seinen ermordeten Vater in Erinnerung[329].

Dessen Gebeine befanden sich zu diesem Zeitpunkt bereits in der Stiftskirche Unser Lieben Frauen in Middelburg[330]. Wie der Graf selbst an den englischen König geschrieben hatte, war ihre Auffindung das Hauptziel seiner Expedition von 1282 gewesen, und der Begräbnisort war gewaltsam, *par force*[331], aus den Einheimischen herausgepresst worden. Die niederländische Geschichtsschreibung liefert Einzelheiten, allen voran die zweite Redaktionsstufe der Reimchronik von Melis Stoke, die zwischen 1311 und 1314 entstanden ist[332]. Der Autor berichtet zunächst von 1200 Toten, die der Krieg forderte, und beschreibt dann die Einnahme und Zerstörung Hoogwouds, wo König Wilhelm 27 Jahre lang begraben gewesen war[333]. Nur vier Männer hätten den Begräbnisort gekannt, einer sei gestorben, die andern drei hätten Zuflucht in der Kirche gesucht. Von diesen wiederum seien zwei von Knappen erschlagen worden, der letzte habe den Grafen angefleht, ihm sein Leben zu lassen, dafür wolle er diesem den Leichnam des Vaters zeigen. Der Friese führte Florens und dessen Begleiter zu einem Haus, wo Wilhelm unter dem Herd verscharrt sein sollte. Nach längerem Graben hätten sie große Balken entdeckt, darunter einen kleinen Kasten mit den Gebeinen des Königs. *Die grave sprac in corten stonden: / 'Des moete God ghelovet zijn'*[334]. Dann habe er Gott und der Jungfrau gedankt, die sterblichen Überreste säubern und in einem schönen Schrein nach Middelburg bringen lassen[335].

Wilhelm Procurator, der in den 1320er Jahren seine Chronik verfasste[336], bietet weitere Informationen. Er erwähnt erst das mühsame Vorrücken des Heeres, das durch die Furcht vor Verrat erschwert worden sei. Endlich habe man die Friesen bei Hoogwoud stellen, zu einer Schlacht zwingen und besiegen können. Dabei seien viele getötet und wenige gefangen genommen worden, *quasi in vindictam regis Alemannie principis decorati*[337]. Ein alter

---

329) Zum Feldzug Florens' V. und dessen Darstellung in der Geschichtsschreibung vgl. auch LECUPPRE-DESJARDIN/LECUPPRE, Anno 5. regni sui S. 844 f.

330) Noch im kleineren romanischen Vorgängerbau, vgl. VERMEER, De abdijgebouwen S. 72–76.

331) OHZ 4 Nr. 2061 S. 275 Z. 30.

332) Rijmkroniek S. XV; zum Verfasser und dessen Umfeld siehe auch unten S. 401 f.

333) Rijmkroniek v 4942–4954 (A) S. 180.

334) „Der Graf sprach nach kurzer Zeit: Gott sei gelobt", Rijmkroniek v 4987 f. (A) S. 181.

335) Rijmkroniek v 4955–4998 (A) S. 180 f.; vgl. KAMENZIN, Tode S. 450.

336) GUMBERT-HEPP, Art. Willelmus Procurator S. 1507; siehe auch unten S. 411 f.

337) Willem Procurator S. 166.

Mann sei mit vorgehaltenem Schwert gezwungen worden, das Grab des Königs preiszugeben. Man habe ihm nicht nur sein Leben, sondern auch eine Belohnung gewährt, und so „den Ort des königlichen Schatzes"[338] erfahren können. Die eigentliche Auffindung der Gebeine lautet bei Wilhelm Procurator ähnlich wie bei Melis Stoke, allerdings mit einigen literarischen Ausschmückungen: So hätten die Soldaten schon aufgegeben, an der Feuerstelle zu graben, doch der alte Mann habe sie weiter angespornt. Die Balken, unter denen der Leichnam gelegen habe, seien in der Form eines Kreuzes zusammengebunden gewesen. In einer Kiste von geringem Wert, *parvi muneris*, habe schließlich der Körper des edelsten Fürsten, *corpus nobilissimi principis*, gelegen. Das ganze Heer habe frohlockt über den Fund, und zugleich hätten alle erneuten Schmerz über diesen Verlust empfunden. Doch schließlich habe die Freude, auch über den Sieg, überwogen, *et omnium conscientia roboratur*[339].

Der Geschichtsschreiber räsoniert abschließend noch über die Gründe, aus denen die Friesen den Leichnam des Königs versteckt hätten. Nachdem sie Wilhelm getötet hätten, sei ihnen aufgegangen, dass man sie des *crimen laese maiestatis* anklagen und für immer verdammen könnte. Also hätten sie den Beweis ihres Verbrechens verschwinden und alle schwören lassen, niemals das Versteck zu verraten. Doch zum Glück habe einer den Eid gebrochen, und so sei Florens mit einem Sieg und den Gebeinen des Vaters, die er in Middelburg habe beisetzen lassen, nach Hause zurückgekehrt[340].

Johannes de Beka schließlich handelt den Feldzug Florens' nach Westfriesland im Jahr 1282 erstaunlich kurz ab. Er nennt die Namen von einigen Widersachern des Grafen und spricht von 800 getöteten Feinden. Als einziger Geschichtsschreiber berichtet er, dass Florens mit den Gebeinen des Vater zunächst nach Utrecht zog, wo die Exequien gefeiert wurden, und sie erst dann nach Middelburg brachte, *in expensis magnificis*[341].

Das einzige wirklich zeitgenössische, also zu Lebzeiten Florens' entstandenen historiographische Zeugnis, das den Sieg über die Friesen und die Auffindung der Gebeine Wilhelms erwähnt, stammt überraschenderweise nicht aus Holland, sondern aus Goslar. Die in den 1280er Jahren geschriebene Chronik des Stiftes St. Simon und Judas[342] notiert zu 1251 kurz das Königtum Wilhelms. Dieser habe mit den Friesen gekämpft, sei getötet und von einem mächtigen Friesen in dessen Haus begraben worden. Sein Sohn,

338) [...] *locus regalis thesauri*, Willem Procurator S. 166.

339) Willem Procurator S. 168.

340) Willem Procurator S. 168; vgl. auch KAMENZIN, Tode S. 450 f.

341) Johannes de Beka, Chronographia Cap. 74c S. 225 Z. 1–19, Zitat Z. 18.

342) Zur Entstehungszeit des Textes vgl. Chronik des Stiftes S. Simon und Judas S. 586 f. (Einleitung).

Graf Florens, sei auch gegen die Friesen gezogen, habe 12 000 getötet, denjenigen aber, der seinen Vater verscharrt hatte, habe er aufhängen lassen. Die Gebeine seien wieder ausgegraben worden und hätten eine ehrenhafte Bestattung – *erliken graven* – in einem Kloster erhalten[343]. Auch wenn der Verfasser der Chronik von den Nordfriesen spricht und den Namen der letzten Ruhestätte Wilhelms mit *Daff* angibt, scheint er doch über gute Informationen verfügt zu haben. Die von ihm genannten 12 000 Todesopfer könnten auf dieselbe Quelle zurückgehen wie die 1200 bei Melis Stoke. Doch lässt sich der Nachrichtenfluss aus Friesland oder Holland nach Goslar nicht nachvollziehen. Das Reichsstift könnte Wilhelm freilich in ehrendem Angedenken gehalten haben, war er doch wiederholt als Förderer sowohl der Institution als auch der Stadt aufgetreten[344].

Mit Blick auf die holländische Tradition belegen die etwas späteren Chroniken des Melis Stoke, Wilhelm Procurators und Johannes' de Beka einhellig die immense Bedeutung des Sieges über die Westfriesen und vor allem der Auffindung und ordentlichen Beisetzung Wilhelms. Erst aus dieser Perspektive wird vollständig erkennbar, wie problematisch der Tod des Königs und das Fehlen des Leichnams für die Memoria gewesen waren. Ob Florens mit der Bergung der Gebeine irgendwelche Träume vom eigenen Königtum verband, ist nicht nachzuweisen. Er erfüllte jedenfalls seine Sohnespflicht[345], und für das Selbstbewusstsein nicht nur der Familie, sondern auch der gesamten Grafschaft war die Schaffung eines Memorialortes für Wilhelm von allergrößter Wichtigkeit. In Middelburg ruhte der König neben seiner 1266 verstorbenen Gemahlin Elisabeth, seinem Bruder Florens und weiteren Verwandten[346].

Die Gebeine Wilhelms wurde in der Stiftskirche nicht in der Erde beigesetzt, sondern in einem Schrein im Chor aufgestellt[347]. Dies erinnert an den Umgang mit Heiligenreliquien[348], und auch der Bericht über die Auffindung und Erhebung der sterblichen Überreste gerade mit den Ausschmückungen Wilhelm Procurators – das retardierende Moment, als die Ausgräber beinahe aufgeben wollen, die als Kreuz arrangierten Balken, die Reaktion der Anwesenden bei der Auffindung – verstärkt diesen Eindruck. Offenbar wurde Wilhelm bereits durch seinen Sohn gezielt mit der Aura eines

343) Chronik des Stiftes S. Simon und Judas S. 597 Z. 1–7, Zitat Z. 7.

344) Siehe oben S. 283 f.

345) VAN OOSTROM, Maerlants wereld S. 328 f.

346) CORDFUNKE, Willem II Tafel 2 S. 40.

347) CORDFUNKE, Willem II S. 41; DHANENS, Het graf van Rooms-Koning Willem II S. 80.

348) DHANENS, Het graf van Rooms-Koning Willem II S. 80 f., verweist auf das Vorbild des Karlsschreins in Aachen, den Friedrich II. 1215 gestiftet hatte.

Märtyrers umgeben. Dass dies ausgerechnet in Middelburg geschah, könnte einerseits den Wünschen seines Vaters entsprochen haben. Doch dafür gibt es keine eindeutigen Belege[349].

Andererseits lagen Stadt und Abtei auch zu Florens' Zeiten noch im Brennpunkt der Auseinandersetzungen mit Flandern, der Status Zeelands bewesten Schelde war noch nicht eindeutig zugunsten der Grafen von Holland entschieden. 1290 erhob sich der zeeländische Adel, unterstützt durch den Grafen von Flandern Guido von Dampierre. Middelburg wurde belagert, und Florens V. geriet sogar in Gefangenschaft. Erst 1295/96 konnte er wieder die Oberhand gewinnen und die Herrschaft in Zeeland zurückerlangen[350]. Vielleicht wurde die Beisetzung Wilhelms in Middelburg gezielt genutzt, um das Festhalten des holländischen Grafenhauses an den zeeländischen Inseln zu demonstrieren, ähnlich wie Wilhelm selbst bereits seine Urkunden für das Stift zur Markierung seiner Ansprüche verwendet hatte. Der Effekt eines fast zum Heiligen stilisierten toten Königs in der Liebfrauenkirche darf in diesem Kontext keineswegs unterschätzt werden.

Das Aussehen des Schreins wird nicht näher beschrieben, doch ist es durchaus vorstellbar, dass dieser mit Metall beschlagen, vielleicht sogar mit figürlichen Abbildungen verziert war. Ebenso ist dessen genauer Aufstellungsort unbekannt[351]. Es gibt zumindest ein schriftliches Indiz, das auf eine Wilhelmsverehrung in Middelburg auch in späteren Zeiten schließen lässt: Wilhelm III., der Enkel Adelheids, somit Großneffe Wilhelms und Nachfolger als holländischer Graf, stiftete 1325 für das Andenken des Königs eine Kaplanspfründe in der Stiftskirche[352]. Allerdings weist dieser Beleg nicht zwangsläufig auf einen speziellen Altar zu Wilhelms Ehren hin[353].

349) Zur Förderung Middelburgs durch Wilhelm siehe oben S. 212–215.

350) CORDFUNKE, Willem II S. 40 f.

351) DHANENS, Het graf van Rooms-Koning Willem II S. 81–83.

352) Das Interesse Wilhelms III. an seinem gleichnamigen königlichen Vorfahren ging offenbar Hand in Hand mit einer gesteigerten Beteiligung des holländischen Grafen in Reichsangelegenheiten: Wilhelm III. war sehr stark im Rheinland engagiert, verheiratete seine Tochter mit Kaiser Ludwig IV., beteiligte sich an den beiden Königswahlen von 1308 und 1314 und diente 1317 als Bewahrer des königlichen Landfriedens in den Niederlanden, vgl. BURGERS, Die Grafen von Holland-Hennegau in der Region von Maas und Niederrhein S. 74.

353) Wie DHANENS, Het graf van Rooms-Koning Willem II S. 83 f., und CORDFUNKE, Willem II S. 53, vermuten. Die Urkunde ist bei MEERMAN, Geschiedenis van Graaf Willem van Holland 2 S. 398 f. abgedruckt, die entsprechende Passage lautet: [...] *de novo fundauimus vnam capellaniam deseruiendam in ecclesia beate marie in claustro apud middelburg super vnum altare per abbatem dicti claustri de nostro consilio parando vbi dictus dominus rex est sepultus*; der Nachsatz „wo der König begraben ist" bezieht sich nicht eindeutig auf den Altar.

Im 14. Jahrhundert wurde die romanische Kirche durch einen hochgotischen Neubau ersetzt, der bereits die Ausmaße der heute noch stehenden „Koorkerk“ hatte (Grundriss siehe Abb. 9 S. 432)[354]. Über die Lokalisierung des Königsgrabes darin können nur Spekulationen angestellt werden. Es ist verlockend, den Schrein im Erdgeschoss des achteckigen Turmes zu vermuten, dessen Form auf das Oktogon des Aachener Domes verweist[355]. Höhere Wahrscheinlichkeit besitzt die Vermutung, dass er in einer eigens ausgesparten Nische in der Südwand unmittelbar vor dem Chor aufgestellt war[356]. Doch es fehlen Hinweise in schriftlichen Quellen. Am 22. Oktober 1492 brannte die Kirche vollständig aus, wobei allerdings die Gebeine erhalten blieben[357]. Die Errichtung eines neuen Grabmonuments wurde erst in der Mitte des 16. Jahrhunderts durch Karl V. und Maria von Ungarn, dessen Schwester und Statthalterin der Niederlande, in Angriff genommen[358].

Auch wenn sämtliche Hinweise auf die Memorialtradition Wilhelms in Middelburg aufgrund der wechselvollen Geschichte der Stiftskirche verwischt sind, so scheinen die einzelnen erschlossenen Elemente doch auf eine annähernd heiligmäßige Verehrung des Königs hinzuweisen. Florens setzte diesen Kult gezielt ins Werk, zum einen, um das Andenken seines Vaters zu bewahren, ein Bedürfnis, das die Erziehung durch Adelheid und Jakob von Maerlant vermutlich vertieft hatte. Zum andern dürfen hinter der Platzierung Wilhelms auf Walcheren wohl auch strategische Überlegungen vermutet werden: Durch die Königsgrablege in Middelburg wurde der Ort und mit ihm Zeeland bewesten Schelde mit äußerstem Nachdruck für die holländischen Grafen reklamiert.

## 3.2 Die Nachfolger in Holland: Avesnes und Wittelsbacher

Florens V., der von adligen Oppositionellen ermordet wurde, folgte sein gerade 15-jähriger Sohn Johann I. als Graf nach. Dieser starb bereits nach wenigen Jahren und hinterließ keine Nachkommen. Holland fiel an den Sohn Adelheids und Johanns von Avesnes und wurde in den folgenden Jahrzehnten gemeinsam mit dem Hennegau regiert, zunächst von den Avesnes, dann von den Wittelsbachern[359]. Die Bedingungen für eine positive Erinnerung

354) Zu den Bauphasen vgl. CORDFUNKE, Willem II S. 51–53.

355) DHANENS, Het graf van Rooms-Koning Willem II S. 86.

356) So CORDFUNKE, Willem II S. 53.

357) CORDFUNKE, Willem II S. 41–43; DHANENS, Het graf van Rooms-Koning Willem II S. 86 f.

358) CORDFUNKE, Willem II S. 43; siehe auch unten S. 429–437.

359) JANSEN, Holland, Zeeland en het sticht S. 303–323.

an das Königtum Wilhelms waren in diesen dynastischen Konstellationen hervorragend. Der König hatte durch die Eheverbindung seiner Schwester mit Johann das Bündnis mit dem Hennegau begründet und war als loyaler Unterstützer der Avesnes in den Auseinandersetzungen mit Margarete von Flandern aufgetreten. Durch die Ehe Margaretes von Holland mit Kaiser Ludwig IV. setzte sich die Tradition in der wittelsbachischen Linie Niederbayern-Straubing-Holland fort[360]. In Middelburg war durch das Wirken Florens' nun ein Ort vorhanden, an den das ehrende Angedenken Wilhelms auch außerhalb des engeren Familienkreises im territorialen Kontext anknüpfen konnte.

Unter den letzten Gerulfingern hatte sich kein holländischer Geschichtsschreiber der jüngeren Vergangenheit zugewandt, doch in der ersten Hälfte des 14. Jahrhunderts entstanden drei historiographische Werke, in denen sich ein gewandelter Umgang mit dem Königtum Wilhelms beobachten lässt: die Fortsetzung der Holländischen Reimchronik durch Melis Stoke 1301/1302, die Chronik des Egmonder Mönches Wilhelm Procurator in den 1320er und 30er Jahren und die Chronographia des Johannes de Beka in den 1340er Jahren. Alle drei berichten sehr ausführlich und grundsätzlich wohlwollend über Wilhelm. Doch jeder der drei Historiographen verband mit der Person des Königs andere Absichten: Melis Stoke transportierte holländisches Selbstbewusstsein gegenüber der neuen Dynastie der Avesnes, indem er diese auf die Leistungen der „alten" Familie und namentlich Wilhelms für Johann von Avesnes und den Hennegau hinwies. Zugleich rügte er aber das Verhalten des Grafen, der sich zum König hatte wählen lassen und seine Heimat im Stich ließ.

Wilhelm Procurator schrieb für ein klösterliches Publikum und verwendete das tragische Ende des Protagonisten als Beispiel für die Wankelmütigkeit des Schicksals und Mahnung an die Dankbarkeit, die der Mensch Gott für alle Wohltaten schuldig sei – eine Tendenz, die bereits in der Erfurter Peterschronik zu beobachten war, ohne dass man von einem Zusammenhang der beiden Werke ausgehen darf. Sowohl Stoke als auch Wilhelm Procurator konzentrieren sich in ihrer Darstellung auf den holländischen Teil der Doppelgrafschaft, die durch die Nachfolge der Avesnes entstanden ist, vielleicht als Reaktion auf die Verlagerung des politischen Schwerpunktes aus Holland heraus in den Hennegau und nach Valenciennes[361].

Ein uneingeschränkt positives, fast verherrlichendes Bild von König Wilhelm vermittelt die Chronographia des Johannes de Beka. Die historischen

---

360) STRAUB, Bayern im Zeichen der Teilungen S. 217–222.

361) Zum „Nationalitätenproblem" vgl. auch DE BOER/CORDFUNKE, Graven van Holland S. 99 f.

Ereignisse bilden bei ihm ein zum Teil bereits stark überformtes Gerüst für die Präsentation eines Ideals. Wilhelm, ein untadeliger Graf und König, wird zum Inbegriff des Ritters stilisiert, vor dem Hintergrund einer Gegenwart, die durch den Übergang des Territoriums an die Wittelsbacher und verschiedene Konflikte belastet ist.

Die Fortsetzung der Holländischen Reimchronik durch Melis Stoke

Die Holländische Reimchronik ist eine der wichtigsten Quellen für die Geschichte der Grafschaft Holland bis zum Jahr 1305, sie vermittelt einen Eindruck „van de moeizame gang van Holland naar een territoriaal vorstendom“[362], und auch für die Herrschaft Wilhelms liefert sie wichtige Informationen. Die Geschichte der Grafschaft Holland von ihren Anfängen bis 1205 war in der lateinischen Geschichtsschreibung des Klosters Egmond, vor allem in den Egmonder Annalen und dem Chronicon Egmundanum gut dokumentiert. Das Abbrechen dieser Tradition wurde erst Ende des 13. Jahrhunderts unter Florens V. kompensiert[363]. Die Reimchronik ist in drei vollständigen Handschriften erhalten, deren älteste zwischen 1325 und 1328 entstanden ist[364], und wurde in zwei Redaktionsstufen verfasst. Der erste Teil der Chronik berichtet bis zum Jahr 1205, wurde in den Jahren 1280–1282 von einem anonymen Autor geschrieben und stellt eine Übersetzung des Chronicon Egmundanum dar[365]. Der zweite Teil stammt von Melis Stoke, der zunächst 1301/1302 die Fortsetzung für die Zeit nach 1205 hinzufügte und dann im Jahr 1305 oder kurz darauf vor allem die Ereignisse ab 1296 beschrieb. Diese erste Gesamtversion der Reimchronik, erhalten in den Handschriften B und C, wurde vom Verfasser selbst nur wenige Jahre später, vermutlich zwischen 1311 und 1314, noch einmal überarbeitet, und es entstand die Rezension, die in Handschrift A überliefert ist[366]. Für die Passagen, die über König Wilhelm berichten, bedeutet dies konkret: Sie

362) „[...] vom zähen Entwicklungsprozess von der holländischen Grafschaft zu einem territorialen Fürstentum“, HAGE, Een clerc schrijft geschiedenis S. 245.

363) Zur Egmonder Geschichtsschreibung insgesamt vgl. BURGERS, Geschiedschrijving in Holland S. 93–104, über das Chronicon Egmundanum, das ebenfalls erst unter Florens V. geschrieben wurde, ebd. S. 104–117.

364) Handschrift A, Den Haag, Koninklijke Bibliotheek, 128 E 3, vgl. BURGERS, De Rijmkroniek S. 320–332; zu den anderen Manuskripten, entstanden zwischen 1385 und 1420 (Hs. B) und 1390 (Hs. C), ebd. S. 332–350.

365) BURGERS, Art. Chronicon Egmondanum S. 331; DERS., Geschiedschrijving in Holland S. 117–121.

366) Zusammengefasst in Rijmkroniek S. Xf. (Einleitung); die ausführliche Analyse des Textes bei BURGERS, De Rijmkroniek S. 76–155.

wurden wohl nach 1301 von Melis Stoke geschaffen[367], also bereits unter der Herrschaft der Avesnes. Die beiden Überarbeitungsstufen laufen meist parallel, nur an wenigen Stellen wurde später etwas hinzugefügt.

Der Autor der Chronik, Melis Stoke, lässt sich mehrfach als Schreiber von Urkunden nachweisen. Zwischen Juli 1296 und Oktober 1299 wirkte er als städtischer Notar in Dordrecht und stand offenbar in Kontakt mit Graf Johann I., für den er zwei Dokumente anfertigte. Im Dezember 1299 trat er in die Kanzlei Johanns II. ein und begleitete diesen auf dessen Huldigungsumritt, und fortan ist er entweder im Gefolge des Grafen selbst oder eines Grafensohnes in Zierikzee, Den Haag, Nimwegen, Leiden, Middelburg und Utrecht anzutreffen. Insgesamt lässt die eher geringe Anzahl der von Melis Stoke geschriebenen Stücke darauf schließen, dass er kein regulärer Kanzlist war, sondern eher ein Gelegenheitsschreiber, auf dessen Dienste zurückgegriffen wurde, wenn sonst niemand verfügbar war. Seine genaue Stellung am Hof Johanns II. ist nicht zu eruieren, seine Urkundenausstellungen weisen jedoch auf ein gewisses Selbstbewusstsein des Autors hin[368]. Nach November 1305 ist Stoke nicht mehr nachweisbar. In den Jahren, in denen er an der Reimchronik arbeitete, gehörte er also zum engsten Umfeld des ersten holländischen Grafen aus dem Hause Avesnes, und vorher hatte er in Dordrecht zumindest punktuell das Vertrauen Johanns I., also Wilhelms Enkel, genossen. Man darf davon ausgehen, dass er über exklusive Informationen zum Zeitgeschehen verfügte und seine Darstellung der jüngsten Geschichte der Grafschaft dem Geschmack des Hofes entsprach. Insofern kann das Bild Wilhelms in der Reimchronik als symptomatisch für den Umgang mit dem königlichen Amtsvorgänger in Holland betrachtet werden.

Die erste Erwähnung Wilhelms in dem Werk findet sich zum Jahr 1234, dem Todesjahr des Vaters, Florens' IV. Es handelt sich um einen Zusatz der späteren Rezension, in dem die Kinder des verstorbenen Grafen aufgezählt werden: Wilhelm als der älteste Sohn, der die Nachfolge in der Grafschaft antrat, Florens und zwei Töchter, von denen die eine Johann von Avesnes,

---

367) BURGERS, De Rijmkroniek S. 143. Die Ergebnisse Burgers' haben die ältere Forschung über Melis Stoke an mehreren wesentlichen Punkten revidiert; hier ist besonders von Belang, dass etwa HAGE, Een clerc schrijft geschiedenis S. 248, oder HUGENHOLTZ, Melis Stoke S. 20 f., den Bericht über die Regierungsjahre Wilhelms noch der ersten Redaktionsstufe zurechnete, die ihrer Ansicht nach für Florens V. um 1282 geschrieben wurde. Burgers konnte jedoch überzeugend darlegen, dass eben auch der Bereicht über die Jahre 1247–1256 erst von Melis Stoke und aus den ersten Jahren des 14. Jh. stammt. Vgl. auch GROTEN, Volkssprachliche Geschichtsdichtungen S. 287.

368) BURGERS, De Rijmkroniek S. 43–45, 74 f.; DERS. Geschiedschrijving in Holland S. 121, nennt Stoke einen einflussreichen Ratgeber bei Hofe, „een invloedrijk adviseur aan het hof".

die andere den Grafen von Henneberg heiraten sollte. Stoke beendet den Einschub mit einer kurzen Charakterisierung Wilhelms, der Holland mit starker Hand beherrscht habe. *Hoech draghende was hi ende stout sere, / So dat hi hiet der heren here, / Also ghi wel hier na selt horen*[369]. Es fällt auf, dass vom Königtum vorerst keine Rede ist, der Titel „Herr der Herren“ verweist jedoch auf eine herausragende Stellung, für die sich der Schreiber sogar einer neutestamentlichen Formulierung bedient[370].

Friedrich II. wird sehr kurz abgehandelt, nur sein Streit mit dem Papst, die Bannung und die Absetzung werden berichtet. Noch knapper fallen die Nachrichten über Heinrich Raspe aus: *Maer ghi moghet seker wesen das, / Dat hi onlanghe coninc was / Ende here vanden Roemschen rike*[371]. Nach einem unchronologischen Exkurs über den falschen Friedrich in Neuss und Wetzlar beginnt dann eine ausführliche Darstellung des Königtums Wilhelms. Stoke schildert die Rolle Herzog Heinrichs von Brabant, der seinen stolzen, jungen, tapferen und aller Falschheit abholden Neffen vorgeschlagen haben soll. Dieser habe sich als Graf schon bewährt und sein Land gut verteidigt gegen alle Herren und Knechte und gegen seine Nachbarn[372]. Stoke kennt das Tagesdatum von Wahl (Michaelstag 1247) und Krönung (Allerheiligen 1248) und nutzt die Gelegenheit, über die schweren Flutkatastrophen dieses Jahres in Flandern, Zeeland und Holland zu berichten. Er weiß auch, was diese zu bedeuten hatten: Seiner Meinung nach müsse sich ein Herr um sein eigenes Land kümmern, in guten und in schlechten Zeiten. Er solle dessen Einwohnern mit Rat zur Seite stehen, diejenigen bestrafen, die sich schuldig machten, alle, ob arm oder reich, gerecht behandeln, und zu Gericht sitzen, das alles mache einen guten Fürsten aus. Als Herzog Heinrich seinen Neffen für das Königsamt vorgeschlagen und so gezwungen habe, seine Heimat zu verlassen, habe er kein gutes Werk vollbracht. Der Herzog habe wohl gedacht, dass er mit Wilhelm weniger Ärger haben würde, wenn der weit weg sei – *Hi waende te min hebben toren, / Als hi ware in vremden rike*. Auch andere hätten so gedacht und sich über dessen Wahl gefreut. So könne ein Fürst mehr verlieren, als er in seinem angestammten Hoheitsgebiet zu gewinnen habe[373].

Stoke nimmt also einen ganz und gar holländisch-patriotischen Blickwinkel ein. Die Sturmfluten waren in seinen Augen eine Strafe dafür, dass Wil-

---

369) „Er war ritterlich und sehr tollkühn, so dass man ihn den Herrn der Herren nannte; doch davon sollt ihr später noch hören,“ Rijmkroniek v 3484–3486 (A) S. 125 f.

370) *Dominus dominantium*, 1. Tim. 6,15; vgl. Apoc. 19,16.

371) „Ihr wisst sicher, dass er nur kurz [oder kürzlich] König und Herr des römischen Reiches war,“ Rijmkroniek v 3540–3542 (A) S. 128.

372) Rijmkroniek v 3565–3578 (A) S. 128 f.

373) Rijmkroniek v 3592–3641 (A) S. 130 f., Zitat v 3633 f.

helm sein Land verlassen hatte. Doch der eigentliche Schuldige ist nicht der junge, tatendurstige Graf, sondern Herzog Heinrich von Brabant, der ihn „weggelobt" hat, mit dem Hintergedanken, dann freie Hand zu haben. Worauf diese Anschuldigung zurückgeht, ist schwer nachzuvollziehen. Doch Melis Stoke könnte die Situation in Holland während der Abwesenheit Wilhelms und vor allem nach dessen Tod noch aus eigener Anschauung gekannt haben. Vielleicht ist diese Einschätzung auf die Streitigkeiten der Adligen während der Regentschaft Adelheids und Heinrichs III. von Brabant sowie in den ersten Jahren von Florens' eigenständiger Herrschaft zu beziehen. Im Blick auf den aktuellen Kontext der Chronik gibt der Verfasser hier seinem Publikum, vielleicht auch direkt dem neuen Grafen Johann II., einen kurzen Abriss über gute Herrschaft, und diese wird mit Wilhelm in Verbindung gebracht, wenn auch eher ex negativo: Dessen gute Fähigkeiten als Graf fehlten in Holland, nachdem er zum König gewählt worden war.

In einer kurzen Überleitung führt Melis Stoke in die Familienverhältnisse Wilhelms ein: *Ende hadde ene joghet te wive, / Jonc, scone ende wel gheboren / Van Brusewijc; als wijt horen, / Was si des hertoghen kijnt*[374]. Darüber hinaus wird Florens als Nachkomme des Königs nur am Rande erwähnt. In der ersten Redaktionsstufe der Chronik von 1301/02 werden im Folgenden die Einnahme Aachens und Kaiserswerths sowie die Krönung in wenigen Zeilen zusammengefasst[375], die spätere Version geht ausführlicher auf die Belagerungen ein: Die Aachener hätten dem König, der dringend gekrönt werden musste – *Want soude hi den rike ghenaken, / Hi moeste op den stoel tot Aken*[376] –, unmissverständlich mitgeteilt, dass sie ihn nicht als ihren Herren betrachteten. Daraufhin habe Wilhelm lange erfolglos versucht, die Stadt einzunehmen, bis ein Mann mit einem Vorschlag gekommen sei. Er habe vom König Männer mit Spaten verlangt und auch bekommen, und an einer bestimmten Stelle graben lassen, bis sie zu einem runden Stein gekommen seien. Nachdem dieser unter großen Anstrengungen hochgehoben und weggeschafft worden war, sei darunter eine riesige Menge Wasser hervorgequollen, soviel, dass sogar einige der Anwesenden ertrunken seien. Das Wasser habe in Aachen die große Flut verursacht, die schließlich zu Wil-

374) „Er hatte eine junge Frau als Gemahlin, jung, schön und wohlgeboren, wie wir hören, die Tochter des Herzogs von Braunschweig", Rijmkroniek v 3647–3651 (A) S. 132.

375) Rijmkroniek v 3658–3684 (C) S. 132 f.

376) „Denn wollte er das Reich erringen, musste er den Thron in Aachen besteigen", Rijmkroniek v 3687 f. (A) S. 133.

helms Krönung geführt habe. Alle Vasallen des Reiches, groß und klein, hätten dann ihre Lehen aus der Hand des Königs empfangen[377].

Entgegen vielen zeitgenössischen Berichten von der Eroberung Aachens unterlässt es Melis Stoke, das Verdienst der Friesen in dieser Auseinandersetzung zu erwähnen. Er führt stattdessen einen nicht näher beschriebenen, aber etwas geheimnisvoll wirkenden Mann ein, der über das nötige Wissen verfügt, um die Stadt zu bezwingen. Vielleicht wollte der Autor die Rolle der Friesen, die in den vorhergehenden Jahrzehnten immer wieder für Unruhe in der Grafschaft Holland gesorgt hatten, nicht zusätzlich hervorheben. Der unbekannte Fremde verleiht dem Geschehen hingegen ein zauberhaftes Element, fast als ob übernatürliche Kräfte den Belagerern zu Hilfe gekommen seien. Die Krönung selbst bleibt überraschend farblos, wird fast als Nebensächlichkeit beschrieben. Es scheint, als habe die Fixierung Jakobs von Maerlant auf Königtum und Königskrone in der literarischen Tradition der Grafschaft Holland keine dauerhaften Spuren hinterlassen.

Bei Stoke steht mehr als jeder Bezug zum Reich das regionale Element im Vordergrund, auch bei dem nachfolgenden Bericht über die Kämpfe um Kaiserswerth, die Wilhelm mit seinen eigenen Mannen *Ute Hollant ende uut Zeelant* bestritt[378]. Gleicht man diese Bemerkung mit dem Befund ab, den die Untersuchung der Zeugenlisten in den ersten Monaten von Wilhelms Herrschaft erbringen konnte, so lässt sich diese Wahrnehmung der Reimchronik durchaus bestätigen: Vor Kaiserswerth sind in der Tat viele Ritter aus den Stammlanden Wilhelms anzutreffen, die allerdings schon sehr früh auch durch Adlige aus dem Nieder- und Mittelrheingebiet ergänzt werden[379]. Über die Kampagne *in Overlant*, an der Mosel und in der Rhein-Main-Gegend, scheint der Autor zwar auch Bescheid zu wissen[380], doch er wendet sich sehr schnell einer sehr detaillierten Schilderung der Flandernkrise zu.

Als Auslöser des Krieges nennt Melis Stoke den Wunsch Margaretes, Zeeland anzugreifen. Die Gräfin habe viele Verbündete aus Frankreich, Flandern und Hennegau um sich geschart und sich mit diesen beraten, wie sie vorgehen sollte. Die Herren hätten ihr empfohlen, einen Boten zum König zu schicken und ihn aufzufordern, den Lehnseid für Zeeland zu leisten. Auf dieses Ansinnen habe Wilhelm ablehnend reagiert: *Dit ne sceen gheen*

377) Rijmkroniek v 3689–3754 (A) S. 133–135.
378) Rijmkroniek v 3755–3785 (A) S. 136, Zitat v 3769.
379) Siehe oben S. 66–75.
380) Rijmkroniek v 3786–3793 (A) S. 137.

*recht, / Dat ic soude wesen knecht / Mijns knechts; want si van mi / Soude houden goet*[381]. Auf diese Antwort hin habe Margarete ein Heer gerüstet[382].

Besonderes Gewicht legt der Autor auf das verräterische Ablenkungsmanöver, das die Gräfin ins Werk setzte. Denn der König sei mit Absicht in Brabant von Abgesandten aus Flandern in Gespräche verwickelt worden. *Die voer de vrouwe hilden tpleit, / Makedent so langhe ende so breit / Ende treckedent willens also langhe / Misselic hoet in Zeelant ganghe*[383]. Während dieser Verhandlungen habe Margarete Zeeland erobern wollen. Dort aber habe der Bruder des Königs, *jonghe Florens*[384], mit seinem Heer gelegen, das vor allem aus zeeländischen und holländischen, aber auch aus auswärtigen Soldaten bestanden habe. Der König aber in Antwerpen sei benachrichtigt worden, dass die Flotte der Gräfin bereits in See gestochen sei, und habe sich nur noch so schnell wie möglich in Richtung Zeeland aufmachen können[385].

Stoke zeichnet den Verlauf der Schlacht bei Westkapelle sorgfältig nach, kennt die Beteiligten auf beiden Seiten, weiß, wie viele ertranken, wer verletzt und gefangen wurde[386]. Wilhelms Anteil war gering, und dementsprechend unspektakulär wird sein Verhalten geschildert. Er sei erst nach dem Sieg seines Bruders am Ort des Geschehens eingetroffen, und die Flamen hätten sich an ihn um Gnade gewandt. Der König habe ihnen angeboten, sie auf Booten nach Flandern zurückfahren zu lassen, *Also naket als si waren*. So habe sich das Heer gezwungen gesehen, auf Walcheren zu bleiben, doch habe sich Wilhelm gut um die Gefangenen gekümmert. Der Verfasser schließt den Bericht über die Schlacht mit der genauen Angabe des Tagesdatums und holt dann abermals zu einer moralischen Einordnung der Ereignisse aus. Die Flamen hätten die Niederlage verdient, weil sie Zeeland angegriffen und sich außerdem einer List bedient hätten[387].

Erst nach dem Bericht über Westkapelle führt Melis Stoke die zweite Konfliktlinie in Bezug auf Margarete von Flandern ein, nämlich deren Hass auf ihren ältesten Sohn Johann von Avesnes, dem die ungeteilte Sympathie des Geschichtsschreibers gehört: *Haer outste zone entie eerste, / Die met*

381) „Das erscheint nicht rechtens, dass ich Knecht meines Knechtes sein soll. Denn sie sollte meine Vasallin sein", Rijmkroniek v 3819–3821 (A) S. 138.

382) Rijmkroniek v 3795–3836 (C/A) S. 137–139.

383) „Diejenigen, die für die Dame die Verhandlungen führten, sprachen lang und breit über die Unsicherheiten in Zeelant und zogen alles mit Absicht in die Länge", Rijmkroniek v 3843–3846 (A) S. 139.

384) Rijmkroniek v 3855 (A) S. 139.

385) Rijmkroniek v 3837–3872 (C/A) S. 139 f.

386) Rijmkroniek v 3874–3934 (C/A) S. 140–142.

387) Rijmkroniek v 3935–4009 (C/A) S. 142–145.

*rechte was de geheerste / Van Avenes mijn heer Jan*[388]. Dieser habe Adelheid, die Schwester des Königs, in Aachen vor all den Großen des Reiches am Tag der Königskrönung geheiratet, und deshalb habe seine Mutter ihn enterbt und sich an den Holländern rächen wollen[389]. In dieser stark verkürzten und ungenauen Version der Geschichte sind die Geschicke Wilhelms und Johanns aufs Engste miteinander verknüpft, Erfolg und Misserfolg des Grafen von Hennegau und seiner Gemahlin hängen unmittelbar mit dem Königtum seines Schwagers zusammen, und die Verbindung wurde von allen Fürsten abgesegnet.

Im Gegensatz dazu erscheint der Hass Margaretes umso ungerechtfertigter, und sie setzt sich in den Augen des Verfassers noch mehr ins Unrecht, als sie sich Karl von Anjou als Verbündeten zulegt und ihm die Grafschaft Hennegau zu Lehen gibt. Dieser habe sich darauf eingelassen, *Ende seide oec al openbare, / Dat de gheboorte van Hollant / Nemmermeer ne soude inhant / Hebben tgoet van Henegouwen*[390]. Hier wird deutlich, dass Stoke Johann von Avesnes und seine Familie viel mehr mit Holland identifiziert als mit ihrer eigentlichen Herkunftsregion Hennegau. Holland und Avesnes sind ihm eins geworden, und das erst wenige Jahre nachdem diese Familie die Nachfolge in der Grafschaft angetreten hatte, die ursprünglich den Gerulfingern gehört hatte[391].

In dieser Notlage, als Johann nicht wusste, ob er sich noch im Hennegau werde halten können, habe er sich an seine Frau Adelheid gewandt. *Hi sende doe om dese bederve / Sijn vrouwe, sijn wijf, om dese dinc, / Die hem dit claghede den coninc*[392]. Daraufhin habe Wilhelm an Karl von Anjou geschrieben und ihm geraten, sich zurückzuziehen und seinen unrechtmäßigen Anspruch aufzugeben. Karl aber habe dem König geantwortet, dass er es gar nicht erwarten könne, mit diesem in einer Schlacht zusammenzutreffen. *Mochti wel den water coninc / Uten watre opt lant ghecrighen, / Hi soudene saden so met wighen / Ende sinen toren an hem wreken*[393]. Im Ge-

---

388) „Ihr ältester und erster Sohn, der mit Recht auch der ehrenhafteste war, mein Herr Johann von Avesnes", Rijmkroniek v 4019–4021 (A) S. 146.

389) Rijmkroniek v 4019–4033 (A) S. 146.

390) „Und er [Karl von Anjou, Anm. d. Verf.] sagte auch ganz offen, dass das Geschlecht derer von Holland niemals mehr den Hennegau besitzen sollte", Rijmkroniek, v 4048–4051 (A) S. 147.

391) Vgl. auch GROTEN, Volkssprachliche Geschichtsdichtungen S. 294 f.

392) „Zu diesem Zweck sandte er dann seine Frau, damit sie sich beim König über diese Angelegenheiten beklagte", Rijmkroniek v 4076–4078 (A) S. 148.

393) „Wenn er nur den Wasserkönig aus dem Wasser ans Land ziehen könne, dann werde er ihn mit Kämpfen überziehen und seinen Zorn an ihm auslassen können", Rijmkroniek v 4098–4101 (A) S. 149.

genzug habe Wilhelm dem Grafen von Anjou Ort und Datum eines Zweikampfes angeboten. *Hoech man sidi, van hoghem gheslachte, / Ende daer toe van groter machte; / Sidi coene, comt dan daer! / Ic comer seker, weet vor waer, / Op dat ghi beydet enen dach; / Winne daer, die winnen mach*[394]. Hier und in den folgenden langen Passagen, in denen die Kämpfe im Hennegau beschrieben werden, ist die Person des Königs durchgängig als überaus tapfer, konsequent, kriegerisch und letztlich erfolgreich charakterisiert. Karl hingegen scheut die Schlacht mit Wilhelm und flieht zuletzt aus Valenciennes. Margarete ist gezwungen einzulenken, und schließlich muss sie ihrem Sohn sein Erbe zugestehen[395].

In der Auseinandersetzung mit Flandern steht Melis Stoke unzweifelhaft auf der Seite Hollands, so sehr, dass er sogar von „seinem Herrn, dem König" spricht[396]. Der ehrenvolle Ton gilt jedoch nicht Wilhelm als dem Oberhaupt des Reiches, sondern hauptsächlich dem Grafen von Holland in seiner Eigenschaft als Vorfahre des amtierenden Grafen. Stoke weist abschließend noch einmal darauf hin, dass der König im Hennegau seinem Schwager und den Kindern seiner Schwester zu Hilfe gekommen sei. Diese hätten mittellos bleiben müssen, hätte Wilhelm nicht eingegriffen. Später seien dann die Hennegauer nach Holland gekommen und hätten sich diese Grafschaft unterworfen. Nun sollten diese sich lieber daran erinnern, was sie Holland zu verdanken hätten[397]! Weil die Avesnes aufgrund ihrer Verwandtschaft mit Wilhelm über Adelheid die Nachfolge in der Grafschaft hatten antreten können, ist ihnen der Autor ein treuer Anhänger. In erster Linie aber gehört seine Loyalität Holland und der „alten" Grafenfamilie, vor allem Florens V., aber auch dessen Vater Wilhelm, dem *coninc van Hollant*[398].

Anlässlich der Kämpfe im Hennegau kann Melis Stoke auch von einem freudigen Ereignis für den König berichten, nämlich der Geburt des Sohnes Florens. An dieser Stelle deutet der Chronist bereits an, dass sein Publikum von diesem Grafen noch viel hören werde, *Wonder ende jamer groot, / Dat*

394) „Ihr seid ein angesehener Mann aus einer edlen Familie, und außerdem habt ihr viel Macht. Wenn ihr mutig seid, dann kommt ihr! Ich komme sicher, das sollt ihr wissen, und biete auch einen Kampf an. Möge der Bessere gewinnen", Rijmkroniek v 4123–4128 (C) S. 150.

395) Rijmkroniek v 4133–4283 (C/A) S. 150–155.

396) […] *mijn here de coninc*, Rijmkroniek v 4282 (A) S. 155.

397) *De willen qualike dat bedinken, / Dat de van Hollant haren here / Brochten in so groter ere*, Rijmkroniek v 4296–4298 (A) S. 156.

398) „Entsetzen und große Trauer, die sein Tod hervorrief", Rijmkroniek v 4269 (A) S. 155.

*ghesciede van siere doot*[399]. So gelingt ihm auch eine gute Überleitung zum Bericht über den Tod Wilhelms, der seinen Sieg über Flandern und Karl von Anjou gefeiert, sich etwas erholt und dann darüber nachgedacht habe, was als nächstes zu tun sei. Seine Ratgeber hätten ihm eine Reise in den Süden empfohlen, *opwaert*, um in Rom die Kaiserkrone zu empfangen. Doch der König habe Bedenken geäußert: Wie könne er in die Fremde fahren, wenn er nicht Herr im eigenen Land sei? Zuerst müsse er die Friesen bezwingen, *De woenen in dit wester ende*[400]. Man habe also ein Heer ausgerüstet und sei über das Eis nach Alkmaar und Vronen gezogen. Wilhelm, stolz und kühn, sei vorausgegangen, habe eine Gruppe von Friesen auf dem Eis gesehen, sei auf sie zugeritten, keiner seiner Begleiter sei ihm gefolgt, das Pferd sei durch die Eisdecke gebrochen. *Doe quamen de Vriessche kaitive, / De den coninc waren ghevee, / Tue of dre of lettel mee, / Ende sloeghene doot al onbekent*[401]. An seinem Wappen hätten sie schon gesehen, dass es sich um einen Adligen handeln musste. Doch erst als ein weiterer Mann hinzugekommen sei, der den König gekannt habe, sei ihnen das ganze Ausmaß ihrer Tat klargeworden, und sie hätten ihn heimlich verscharrt[402]. Nach diesem Unglück habe das holländische Heer sich aufgelöst und sei nach Hause zurückgekehrt. Melis Stoke stellt im Anschluss die Frage, warum denn keiner der edlen Herren dem König zu Hilfe gekommen sei, und findet keine befriedigende Antwort. Er kann abschließend nur noch konstatieren, dass Wilhelm *Op sinte Agnieten achte daghe*, also am 28. Januar 1256, bei Hoogwoud zu Tode gekommen sei[403]. Die spätere Rezension der Chronik fügt noch einen Absatz hinzu, der bereits auf die Auffindung des Leichnams 1282 hin komponiert ist. Vier Männer seien es gewesen, die Wilhelm in der Erde unter einem Haus in Hoogwoud begraben hätten. 27 Jahre habe der König dort gelegen, bevor sein Sohn ihn gefunden habe. Wilhelm sei bei seiner Wahl 20 Jahre alt gewesen, und 15, als er Graf von Holland wurde[404].

Auch am Schluss kommt Melis Stoke wieder darauf zurück, dass der römische König ursprünglich ein holländischer Graf war[405]. Die Reimchronik ist ein Geschichtswerk, das ganz und gar auf die Grafschaft zugeschnitten ist, und dient dazu, die Herrschaft der neuen Dynastie Avesnes in Holland

399) Rijmkroniek v 4315 f. (A) S. 157.

400) Rijmkroniek v 4318–4350 (C/A) S. 157 f.

401) „Da kamen die friesischen Schurken heran, die dem König feindlich gesinnt waren, zwei oder drei oder wenige mehr, und schlugen ihn tot, ohne ihn zu erkennen“, Rijmkroniek v 4382–4385 (A) S. 159.

402) Rijmkroniek v 4386–4400 (C/A) S. 159 f.

403) Rijmkroniek v 4401–4420 (C) S. 160 f.

404) Rijmkroniek v 4421–4438 (A) S. 161.

405) Vgl. auch KAMENZIN, Tode S. 317–319.

zu legitimieren und ein Identifikationsangebot zu machen: Seit der Eheschließung Adelheids mit Johann von Avesnes besteht eine enge Verbindung zwischen Holland und Hennegau, und die Nachfolge von deren Sohn in beiden Grafschaften muss als überaus erwünschtes Ergebnis betrachtet werden[406].

Hier stellt sich die Frage, welche Rolle dabei Wilhelm zugeschrieben und welches Bild insgesamt von dem König gezeichnet wird. Grundsätzlich ist der junge König eine positive Figur, stolz und kühn, im Kampf erfolgreich, ein edler Ritter. Doch in der Erzählung Stokes werden diese Eigenschaften nur in holländischen Kontexten demonstriert: Wilhelm bietet Margarete wegen Zeeland die Stirn und behauptet sich gegen Karl von Anjou, um seinem Schwager zu Hilfe zu kommen. Gerade die Darstellung des Konflikts mit der Gräfin reflektiert vermutlich auch zeitgeschichtliche Bezüge. Die Avesnes waren nach wie vor die Erbfeinde Flanderns, und nur kurze Zeit nach der Abfassung des zweiten Teils der Reimchronik sollte wieder ein bewaffneter Konflikt zwischen den Kontrahenten ausbrechen, dessen Schauplatz abermals Zeeland war[407]. Das Bild Margaretes ist folglich nicht nur bei Stoke sehr düster.

Die „Ausflüge" des Königs ins Reich tauchen nur als kurze Unterbrechungen seines Handelns in den Stammlanden auf. Der Verfasser macht auch sehr deutlich, dass er die königlichen Ambitionen Wilhelms für schädlich für die Grafschaft und den Herzog von Brabant für einen eigennützigen und schlechten Ratgeber hält, weil er seinen Neffen loswerden wollte. Für den Patrioten Stoke ist Wilhelm nur im holländischen Kontext interessant, als Vermittler der Grafenwürde an die Avesnes. Und dennoch muss er mehr oder weniger aus Versehen reichspolitische Zusammenhänge ansprechen. Die Eroberung Aachens ist nötig, weil der König gekrönt werden muss. Die Flandernfrage hängt natürlich auch an der absurden Situation, dass Wilhelm als holländischer Graf und Reichsoberhaupt zugleich Lehnsmann und Lehnsherr Margaretes sein müsste. Nicht zuletzt ein Brief, den Ludwig IX. von Frankreich an seinen Bruder Karl von Anjou geschrieben haben soll, um ihn von der Seite Margaretes abzuziehen, nimmt Bezug auf den römischen König und akzeptiert diesen als ebenbürtigen Partner von europäischem Rang. In den Augen Ludwigs gäbe es keinen Grund, gegen Wilhelm zu kämpfen, *Also langhe als hi blivet / In sinen lande ende niet verdrivet /*

406) BURGERS, De Rijmkroniek S. 293 f.

407) SICKING, Politiek geschiedenis [1300–1550] S. 226 f.; BURGERS, Geschiedschrijving in Holland S. 122.

*Mine liede ute minen lande*[408], schon gar nicht um des Übermuts eines Weibes willen.

Die Chronik Wilhelm Procurators

Über den Verfasser der Chronik, die als eine wichtige Quelle vor allem für das erste Drittel des 14. Jahrhunderts heranzuziehen ist[409], sind nur diejenigen Details bekannt, die er selbst von sich preisgibt. Wilhelm besuchte die Schule in Spaarnwoude bei Haarlem in Nordholland und war um das Jahr 1321 Kaplan der Herren von Brederode. Angehörige dieser Familie gehörten zum engsten Umfeld König Wilhelms, und in den ersten Monaten von dessen Herrschaft war Wilhelm von Brederode fast ein ständiger Begleiter des Herrschers, mit dem er vermutlich auch verwandt war[410]. Während seiner Zeit als Kaplan wurde der spätere Chronist sehr krank und betete zum hl. Adalbert, dem Patron des Klosters Egmond, um Hilfe. Nachdem er auf wundersame Weise genesen war, wurde er aus Dankbarkeit Mönch und zog sich 1324 in eben jene Abtei zurück. 1329 erhielt er das Amt des Procurators bzw. Dispensators, also des Almosenausgebers. Sein Werk reicht bis zur Mitte des Jahres 1332, und im Egmonder Necrologium ist für den 18. April 1335 der Tod eines *Wilhelmus filius Jacobus sacerdos et monachus* vermerkt[411], womit Wilhelm Procurator gemeint sein könnte[412]. Wahrscheinlich begann er schon während seiner Zeit bei den Herren von Brederode mit dem Sammeln und Aufschreiben historischer Nachrichten, spätestens mit seinem Klostereintritt hatte er dann aber Zugang nicht nur zu Werken der Geschichtsschreibung, sondern auch zu den unterschiedlichsten Dokumenten, mit denen er seine Chronik anreichern konnte[413].

Der Text ist nur in einer Handschrift erhalten, dem Autograph Wilhelms[414]. Aufgrund inhaltlicher und kodikologischer Kriterien ergeben sich verschiedene Möglichkeiten, das Werk zu unterteilen. Die Darstellung der Herrschaft König Wilhelms ist im älteren Abschnitt enthalten, der laut Gumbert-Hepp, der Herausgeberin der Chronik, noch vor dem Klostereintritt des Verfassers geschrieben wurde. Allerdings wurden auch für diese

408) „[...] solange er in seinen Landen bleibt und nicht meine Untertanen aus meinem Land vertreibt," Rijmkroniek v 4157–4159 (A) S. 151.

409) LEVISON, Wilhelm Procurator S. 794.

410) Siehe oben S. 70 f.; zu dieser Familie insgesamt auch CORDFUNKE, Macht en aanzien S. 105–120.

411) Necrologium Egmundense S. 107; vgl. Willem Procurator S. 10 (Einleitung).

412) Willem Procurator S. 9 f. (Einleitung).

413) Willem Procurator S. 12 f. (Einleitung); vgl. auch GUMBERT-HEPP, Art. Willelmus Procurator S. 1507.

414) Hamburg, Staats- und Universitätsbibliothek, Cod. hist. 17.

Passagen bereits Bücher aus der Bibliothek der Abtei Egmond, nicht zuletzt die Handschrift der Egmonder Annalen herangezogen[415]. Die Lage der Burg Brederode, auf der sich Wilhelm als Kaplan befunden haben dürfte, nur wenige Kilometer südlich von Egmond, macht dies durchaus wahrscheinlich. Die Entstehungszusammenhänge der Chronik und die allerdings nur rudimentär zu rekonstruierende Biographie des Verfassers lassen jedenfalls vermuten, dass dieser nicht nur Holland und seinen Grafen größte Sympathie entgegenbrachte, sondern auch speziell die Familie der Gerulfinger, die Verwandten der Brederodes und Stifter Egmonds, im besten Licht darstellen würde[416].

Die erste Erwähnung Wilhelms in der Chronik findet sich zum Jahr 1223 anlässlich des Todes Graf Wilhelms I. und der Nachfolge von dessen Sohn Florens IV. Der Autor kommt in einer kurzen Notiz auf die Familie des neuen Grafen zu sprechen, um dann davon zu berichten, wie dieser bei einem Turnier in Corbie von den Pferden seiner Mitbewerber zermalmt worden war[417]. Demselben Schema folgt der Jahresbericht zu 1235, wo die Erhebung Wilhelms zum Grafen angezeigt wird und – eigentlich ein Anachronismus – dessen Frau Elisabeth, die Tochter des Herzogs von Braunschweig, sowie der Sohn Florens genannt werden[418]. Der erste längere Abschnitt zum Königtum Wilhelms wird der Nachricht über den Tod Papst Coelestins und die Wahl Innozenz' IV. im Jahr 1240 beigefügt, da in das Pontifikat des letzteren die Absetzung des Kaisers und die Wahlen Heinrich Raspes und Wilhelms fallen. Wilhelm sei bei seiner Erhebung zum König zwar noch jung gewesen, habe den Mangel an Jahren aber durch seinen ehrbaren Charakter und gute Taten wettgemacht. Gerade wegen seiner Qualitäten sei der überaus fromme Herrscher von allen Seiten von Feinden umgeben gewesen – *quot sunt gaudia felicium. tot sunt suspiria invidorum. et ubi multe sunt divitie multi sunt qui eas satagunt devorare* –, und er sei mit einem großen Heer in den Hennegau gezogen, habe Valenciennes belagert, eingenommen und unterworfen[419]. Die erste Großtat Wilhelms, die dem Geschichtsschreiber sofort einfällt und die er gleich zu Beginn seines Berichtes ansprechen möchte, ist also der Feldzug gegen Margarete von Flandern und Karl von Anjou zugunsten Johanns von Avesnes. Ganz offensichtlich war dieser Krieg prägend für das holländische Selbstverständnis zu

415) Willem Procurator S. 13 f. (Einleitung).

416) So auch Willem Procurator S. 15 (Einleitung).

417) Willem Procurator S. 118.

418) Willem Procurator S. 122.

419) Willem Procurator S. 126. Die Interpunktion der Edition von Gumbert-Hepp folgt exakt dem Gebrauch der Handschrift und wurde nicht modernisiert, vgl. ebd. S. 41 f. (Einleitung).

Beginn des 14. Jahrhunderts, ein Umstand, der bereits in der Reimchronik des Melis Stoke zutage getreten ist.

Dann fährt Wilhelm Procurator aber chronologisch fort und meldet die Einnahme Kaiserswerths, dessen Burggraf sich dem König nach langen Kämpfen ergeben habe. Um sich ganz dessen Treue zu versichern, habe Wilhelm ihm seine Nichte, die Tochter Dietrichs Drossaert von Brederode, zur Frau gegeben und ihm Kaiserswerth als Reichslehen übertragen[420]. Das Verhältnis zwischen dem König und Gernand von Kaiserswerth lässt sich aufgrund der Urkunden verifizieren: Im Januar und Februar 1249, also kurz nach der Eroberung der Stadt, bestätigte Wilhelm den Burggrafen in seinem Amt[421]. Im Juni 1252 wiederholte er diese Belehnung[422], und im August 1253 richtete der König sich an seinen „lieben Getreuen" mit der Aufforderung, von Mitgliedern des Deutschen Ordens keinen Rheinzoll zu erheben[423]. In den ersten Diplomen Wilhelms wird auch Elisa, die Ehefrau Gernands, namentlich genannt, als Nutznießerin der Entschädigungszahlungen für die Belagerung, falls ihr Mann vor ihr sterben sollte. Allerdings fehlen in dem Dokument weitere Angaben zu ihrer Verwandtschaft[424]. Kaiserswerth war Anfang Dezember 1248 gefallen, am 30. Dezember erhielt Wilhelm von Brederode dort ein Schriftstück aus der Hand des Königs[425], er war also vor Ort. Die Verheiratung seiner mutmaßlichen Schwester mit dem Burggrafen könnte also durchaus in diesen Wochen stattgefunden haben, und die ausdrückliche Aufnahme der Rechte der Ehefrau in die königliche Urkunde erscheinen vor dem verwandtschaftlichen Hintergrund plausibel[426]. Das Interesse des Geschichtsschreibers an Elisa muss nicht erläutert werden, doch auf diesem Umweg vervollständigt sich das Bild von Wilhelms Politik in den ersten Monaten seiner Herrschaft weiter: Die Eheschließung zwischen einer entfernten Nichte mit dem einstmals gegnerischen Reichsministerialen passt ganz und gar zu dessen Vorgehensweise, familiäre Bindungen für die Kontaktaufnahme und Festigung von Beziehungen nutzbar zu machen.

---

420) Willem Procurator S. 126.

421) DD Wilh 71, 77.

422) D Wilh 221.

423) D Wilh 282.

424) D Wilh 71 S. 107 Z. 33; vgl. D Wilh 77 S. 113 Z. 9.

425) D Wilh 69.

426) LORENZ, Kaiserswerth im Mittelalter S. 72–74, kennt den Beleg bei Wilhelm Procurator offenbar nicht und hält Elisa für eine Rennenbergerin, zumal der Ritter Rorich von Rennenberg ebenfalls in DD Wilh 71 und 72 auftaucht. Siehe auch die Stammtafel bei SCHWENNICKE, Europäische Stammtafeln N. F. XVIII, Tafel 39, hier allerdings statt Elisa der Name Aleid.

Das nächste Ereignis in Wilhelms Königtum, das Aufnahme in die Chronik gefunden hat, ist dann der Krieg mit Flandern. Guido von Dampierre sei schon lange auf den König neidisch gewesen und habe nun seine Waffen gegen ihn erhoben. Der eigentliche Grund für den Konflikt läge aber im Verhalten der Gräfin von Flandern, *quedam nigra* [...] *Margareta*, worauf der Autor einen Abriss der flandrischen Erbschaftsstreitigkeiten folgen lässt[427]. Guido habe sich also gegen den König gestellt, weil dieser seinem Bruder Johann zu Hilfe gekommen sei, und in dieser Konstellation sei auch die Wurzel der Nachfolgeregelung in Holland zu sehen, wo zur Zeit der Abfassung der Procurator-Chronik bereits der Enkel Johanns von Avesnes, Wilhelm III., herrschte[428].

Guido habe also eine Flotte ausgestattet und sei nach Walcheren gesegelt, während er den König durch andere wichtige Geschäfte abgelenkt glaubte. Doch die Holländer seien vorbereitet gewesen, und die Adligen und die Einwohner der Insel hätten darum gewetteifert, wer bei Westkapelle in der vordersten Reihe gegen die Feinde antreten dürfe. *Ecce quam bonus et quam fidelis sibi invicem quondam Hollandie et Zelandie populus. qui sicut Pilades et Orestes zelo bone fidei mortis bravio infestantur*[429]. Im Bericht zu 1253 setzt Wilhelm Procurator seine Beschreibung fort. Das flandrische Heer sei am Strand wie Schafe von Wölfen zerrissen worden, *qui iam unius regis absentia gavisus fuerat mox mille sibi similibus contristatur*. Als schließlich die Holländer schon unfassbar viele Feinde niedergemacht hatten und anfingen, müde zu werden, habe das Gerücht von der Ankunft des Königs die Runde gemacht und ihnen neue Kraft gegeben, den Flamen aber noch größere Furcht eingeflöst. Als dann Wilhelm nach der Schlacht, als der Sieg errungen war, mit seinem Heer ankam, habe er es unterlassen, Gott ausreichend Dank abzustatten. Abschließend zählt der Verfasser die Opfer des Krieges auf und wundert sich, dass die Flamen – *stultus ille Flamingorum populus* – noch nicht begriffen hätten, dass Gott durch die Holländer bereits an ihren Vätern in diesem Land, also in Zeeland, Wunder getan und diesen aufgezeigt habe, dass sie auf dem falschen Weg seien[430]. Auf welches Ereignis genau er sich mit diesen Worten bezieht, ist unklar, doch es wird deutlich, dass er den Sieg bei Westkapelle ebenso wie die Zugehörigkeit Zeelands bewesten Schelde zur Grafschaft Holland als gottgewollt betrachtet.

427) Willem Procurator S. 128–130, Zitat S. 128.
428) Willem Procurator S. 130.
429) Willem Procurator S. 130.
430) Willem Procurator S. 138–140.

In der Beschreibung bei Wilhelm Procurator fällt vor allem eine Besonderheit auf: Er erwähnt mit keinem Wort Florens, den Bruder des Königs, der bislang von allen Geschichtsschreibern als der eigentliche Feldherr bei Westkapelle gefeiert wurde. In der gesamten Chronik wird Florens an keiner Stelle erwähnt, auch nicht später als Vormund des gleichnamigen Sohnes Wilhelms. Im Kontext der Schlachtbeschreibung wird erkennbar, dass der Autor auf holländischer Seite nur eine Persönlichkeit namentlich erwähnt, nämlich den König. Ansonsten werden die Holländer und Zeeländer als Gemeinschaft dargestellt und mit dem berühmten Freundespaar der griechischen Mythologie, Orestes und Pylades, verglichen, die zusammen das in Mykene begangene Unrecht rächen[431]. Die Erinnerung an Florens wird zugunsten der Gesamtheit vernachlässig, und vor allem, um den König besonders zur Geltung zu bringen. Allein der Ruf Wilhelms reicht in der Erzählung der Chronik bereits aus, um die Kämpfer anzuspornen.

Perfektioniert wird das Bild des heldenhaften Herrschers bei der Beschreibung von Wilhelms Tod. Die inhaltlichen Elemente sind bekannt: der Plan des Romzugs, für den die Befriedung des eigenen Territoriums als Voraussetzung betrachtet wird; der Winterfeldzug nach Alkmaar; die Aufteilung des Heeres und Wilhelm an der Spitze einer Vorhut, die das Eis begutachten soll. Auch bei Wilhelm Procurator reitet der König voran auf die Feinde zu, bricht als einziger durch die Eisdecke und wird von verbrecherischer Hand in einem Schlammloch ertränkt[432]. Die Trauer des Heeres um den Verlust habe keine Grenzen gekannt, zumal seine Getreuen ohne den Leichnam nach Hause zurückkehren mussten, *qui a nephandis loco vilissimo reconditur. in quo annis pluribus detinetur*[433]. Der Autor selbst lässt seiner Klage freien Lauf, verflucht die Friesen, die nicht nur den Grafen von Holland und den König, sondern den Vorkämpfer der ganzen Christenheit ermordet hätten, und mehr noch, den eigenen Herrn! Doch sie seien getäuscht worden, denn hätten sie Wilhelm erkannt, hätten sie niemals einen so ruhmreichen Mann getötet[434]. Auch in dieser Chronik werden Überlegungen angestellt, wie es zu dem Unglück hatte kommen können. Erstens hätten die Feinde das Wappen des Königs nicht gekannt. Zweitens seien sie zuvor von anderen Rittern betrogen worden, die bei ihrer Gefangennahme behaupteten, sie seien der König, um nicht sterben zu müssen. Dies habe dazu geführt, dass die Friesen fortan jeden ohne Ansehen der Person sofort erschlagen hätten.

---

431) SCHUBERT, Art. Orestes Sp. 2145.

432) Willem Procurator S. 142–144.

433) Willem Procurator S. 144.

434) Willem Procurator S. 144.

Den eigentlichen Grund für das grausame Ende dieses erhabenen Königs sieht Wilhelm Procurator aber in den Läuften des Schicksals. Er, der gegen die edlen und schönen Flamen einen so großartigen Sieg errungen habe, sei durch ein so niederes und häßliches Volk vernichtet worden. Der Geschichtsschreiber zitiert Ovid: *Unde illud poeticum. ludit in humanis divina potentia rebus. et iterum. omnia sunt hominum tenui pendentia filo*[435]. Weil Wilhelm Gott nicht genügend für seinen Triumph bei Westkapelle gedankt und den Erfolg seiner eigenen Leistung zugeschrieben habe, sei ihm der Tod durch die Friesen widerfahren. Wenn doch die Menschen immer dem Herrn den schuldigen Dank erweisen würden, so würde es ihnen nie an Frömmigkeit fehlen und sie könnten sich immer des Heils und Ruhms erfreuen. So aber habe das holländische und zeeländische Heer unverletzt heimkehren müssen, während der König allein unter Fremden an einem schrecklichen Ort begraben worden sei, *cuius anima bonorum precibus angelorum Domino sit accepta*. Abschließend fügt Wilhelm Procurator eine Zusammenfassung in Versform an[436].

Auf der einen Seite beschreibt der Autor Wilhelm als christusgleichen König, der wie der gute Hirte immer bereit gewesen sei, sein Leben für seine Schafe zu opfern[437]. Auf der anderen Seite dient der ermordete Herrscher aber auch als ein Beispiel für die undankbare Haltung der Menschen gegenüber Gott und die Unwägbarkeiten des Schicksals – letztere Sichtweise konnte bereits an anderer Stelle beobachtet werden[438]. Bei Wilhelm Procurator ist dieser Zweck allerdings so wichtig, dass er ihm auch den Inhalt unterordnet. Das Fehlen Florens' im Bericht über Westkapelle ist auch kompositorischen Überlegungen geschuldet. Wilhelm muss in Walcheren als der einzige siegreiche Protagonist vorgestellt werden, um dann bei Alkmaar auch als einziger bestraft werden zu können. Das Konstruieren von möglichst scharfen Gegensätzen ist insgesamt charakteristisch für die Chronik, zumindest für die Passagen über Wilhelm. Zweimal wird das Mittel der direkten Anrede gewählt, zunächst an die Friesen: *O maledicta Frisia*, dann an den König: *O rex inclite*. Auch die Widersacher des Königs könnten unterschiedlicher nicht sein, die Flamen *nobiles es pulcherrim*[i], die Friesen eine *gen*[s] *infima necnon turpissima*[439].

Wie Melis Stoke hat Wilhelm Procurator wenig Interesse an der Reichsgeschichte in der Mitte des 13. Jahrhunderts. Auch er sieht König Wilhelm

435) Willem Procurator S. 144; vgl. Ovid, Ex Ponto IV,3 v 49 und v 35.

436) Willem Procurator S. 144–146; vgl. auch KAMENZIN, Tode S. 319–322.

437) [...] *rex ut semper paratus animam pro ovibus suis ponere*, Willem Procurator S. 144.

438) In der Erfurter Peterschronik, siehe oben S. 371–373.

439) Willem Procurator S. 144.

als Holländer und überliefert nur die Nachrichten, die für die Grafschaft und für sein engeres Umfeld von Belang sind. Allerdings verband er keine politische Botschaft mit seinem Bericht, keine Lehren für den Hof, für künftige oder gegenwärtige Herrscher. Sein Publikum waren seine Mitbrüder in Egmond, und für diese zeichnete er Wilhelm zunächst als einen großen, erfolgreichen König, um ihn dann umso wirkungsvoller zu Fall bringen zu können. Für die Mönche musste dieser als Mahnung herhalten, dass man sich nicht überheben dürfe und für alle Wohltaten Gott danken müsse. Allerdings ändert sich dieses Bild etwas, als Wilhelm Procurator von der Auffindung des Leichnams und dessen Überführung nach Middelburg durch Florens V. schreibt[440]. Passend zum ehrenvollen Umgang mit den väterlichen „Reliquien" und den Ansätzen eines Wilhelmkultes, die sich in der Stiftskirche beobachten lassen, lieferte der Egmonder Geschichtsschreiber zu 1282 eine Inventio, die zusammen mit der Lebensbeschreibung des Königs ein fast hagiographisch anmutendes Ensemble von Texten bildet[441].

Die Chronik von Wilhelm Procurator steht zum einen für die Erinnerung an König Wilhelm in dessen weiterem Verwandtschaftskreis. Die Herren von Brederode hatten dessen Herrschaft zu Lebzeiten unterstützt und hielten sein Andenken noch in der ersten Hälfte des 14. Jahrhunderts hoch, sodass auch ihr Kaplan über die von Wilhelm arrangierte Eheschließung einer Tochter des Hauses mit Gernand von Kaiserswerth berichtete. Zum andern schlägt sich in dem Geschichtswerk die Tradition des gerulfingischen Hausklosters Egmond nieder, das zudem nicht weit entfernt von dem Ort lag, an dem der König den Tod fand. Der Historiograph verwendete vielleicht nicht nur schriftliche Aufzeichnungen aus der Bibliothek der Abtei, die heute verloren sind, sondern konnte sich auch auf mündliche Überlieferung stützen. Für die Auffindung des Leichnams könnte er sogar noch Augenzeugen befragt haben.

### Die Chronographia des Johannes de Beka

Zwar ist über den Autor Johannes de Beka ebenfalls nur sehr wenig bekannt, doch zumindest sind wir über seine Zielgruppe und die Entstehungszeit der Chronographia ziemlich genau informiert. Das Werk reicht bis ins Jahr 1346, als Margarete, die Frau Kaiser Ludwigs IV., die Herrschaft in Holland übernahm und diese noch im selben Jahr an ihren Sohn Wilhelm weitergab[442]. Der Tod des Kaisers im Oktober 1347 wird nicht mehr vermeldet, die Arbeiten an dem Text waren zu diesem Zeitpunkt also beendet.

---

440) Siehe ausführlich oben S. 395 f.

441) Vgl. auch KAMENZIN, Tode S. 453.

442) Johannes de Beka, Chronographia Cap. 87b S. 305 Z. 72–78.

Johannes widmete die Chronik sowohl dem Utrechter Bischof Johann von Arkel[443] als auch dem holländischen Grafen Wilhelm V., *Wilhelmo duci palatino sive principi Hollandiensis provincie*[444]. Auch den Titel Chronographia hatte der Verfasser selbst gewählt[445], vielleicht in Anlehnung an Sigebert von Gembloux, dessen Werk ihm als Quelle diente[446]. Aus dem ersten Kapitel des Buches geht hervor, dass Johannes in mühevoller, siebenjähriger Arbeit die Handschriften im Kloster Egmond ausgewertet hat[447]. Vermutlich war er also ein Mitglied des Konvents, auch wenn über seine genaue Arbeitsweise und die verschiedenen handschriftlichen Versionen der Chronographia keine letztgültige Sicherheit hergestellt werden kann[448].

Zum Auftakt legt der Autor auch die Absicht seines Werkes dar: Die Geschehnisse in der Grafschaft und im Hochstift Utrecht seien so miteinander verwoben, dass sie gar nicht getrennt voneinander dargestellt werden könnten, und indem er sie nun auf diese Weise, also zusammen, präsentiere, könnten die Fürsten daraus lernen, wie wichtig Einigkeit untereinander sei. *Presertim cum Deo propicio nulla vobis nocere poterit inimicorum adversitas, si inter vos habundaverit tranquille pacis amicabilitas, de quo multis in locis cronographie presentis poteritis experiri certitudinem*[449]. Johannes de Beka nimmt also Bezug auf die dauernden Auseinandersetzungen zwischen den Grafen von Holland und von Geldern auf der einen und den Bischöfen von Utrecht auf der anderen Seite, wobei Holland vor allem territoriales Interesse am Niederstift zeigte[450]. Erst Johann von Arkel sollte es gelingen, die Ansprüche der weltlichen Konkurrenten abzuwehren und das Hochstift zu konsolidieren[451]. Die Rücksichtnahme des Autors sowohl auf den holländischen wie auf den Utrechter Standpunkt konnte bereits bei der Berichterstattung über die nicht unbedingt harmonisch verlaufenden Aufenthalte König Wilhelms in der Stadt Utrecht beobachtet werden[452].

Johannes de Beka richtete sich in seiner Beschreibung des Herrschers im Wesentlichen nach den holländischen Quellen. Allerdings neigt er zu Aus-

443) VAN HERWAARDEN/MINKE, Art. Johann von Arkel S. 375 f.

444) Johannes de Beka, Chronographia Cap. 1 S. 3 Z. 2 f.

445) Johannes de Beka, Chronographia Cap. 1 S. 3 Z. 4.

446) Johannes de Beka, Chronographia S. XL.

447) Johannes de Beka, Chronographia Cap. 1 S. 3 Z. 6–9.

448) Johannes de Beka, Chronographia S. V–XII; vgl. auch JANSE, Art. Beke S. 163.

449) Johannes de Beka, Chronographia Cap. 1 S. 3 Z. 11–30, Zitat Z. 22–25; vgl. auch JANSE, Art. Beke S. 163.

450) Zu den Auseinandersetzungen zwischen Utrecht und Holland und Florens V. vgl. HUGENHOLTZ, Floris V S. 60–71.

451) JANSEN, Holland, Zeeland en het Sticht S. 303–311.

452) Siehe oben S. 222–230.

schmückungen, so etwa bereits anlässlich der Nachfolge Wilhelms als Graf von Holland. Dieser habe bereits von frühester Jugend an die Schärfe des Eisens mehr geschätzt als den Glanz des Goldes[453] – eine wenig subtile Vorausdeutung auf die militärischen Erfolge und das kriegerische Ende des Fürsten. In der Literatur oft zitiert wird die Beschreibung des Aussehens des jungen Königs durch Johannes: *adhuc fuit imberbis, rubore decorus, cute candidus, crine nigerrimus, statura procerus ac in disposicione tocius corporis collaudandus*[454]. Hier lässt sich bereits eine starke Idealisierung des Königs erahnen.

Die Chronographia berichtet von der Einnahme Aachens und beschreibt ausführlich die feierliche Krönung, bei der die Bischöfe von Münster und Minden Wilhelm in der Sakristei eingekleidet und die von Lüttich und Utrecht ihm das Diakonsgewand angelegt hätten. Der Kölner habe ihn auf den Thron gesetzt, der Mainzer ihn gesalbt, der Trierer ihm die Hand aufgelegt. Vom Markgrafen von Brandenburg habe er den Ring erhalten, vom Herzog von Sachsen das Schwert und vom Herzog von Bayern bzw. dem Pfalzgrafen den Reichsapfel. Der König von Böhmen habe ihn dann, mit Zustimmung des Kölner Erzbischofs, gekrönt, alle Fürsten hätten applaudiert und den Lehnseid geleistet, und dann hätten alle zusammen eine Woche lang einen feierlichen Hoftag abgehalten, *cunctisque principibus sue dicionis patefecit excellenciam*. Am Ende dieser Versammlung habe sich noch ein kleiner geheimer Zirkel getroffen, dem Bischof Otto von Utrecht und Herzog Heinrich von Brabant, beide Onkel Wilhelms, angehört hätten. Diese hätten sich bemüht, den Kampfesmut des Königs zu zügeln. Bei der Gelegenheit wurde auch Lubbert, der Abt von Egmond, zum Vizekanzler bestimmt[455].

Auch wenn nicht auszuschließen ist, dass Johannes de Beka gerade in Egmond über Informationen verfügte, die später verloren gegangen sind, erscheint die Beschreibung der Krönung doch sehr topisch. Die Anwesenheit der rheinischen Erzbischöfe mag noch im Rahmen des Möglichen gelegen haben[456], doch die genannten weltlichen Fürsten waren in Aachen nicht vertreten. Der in der Chronographia detailliert aufgeführte Ablauf der Zeremonie entspricht auch nicht dem Ordo, der vermutlich seit der Zeit Rudolfs in Gebrauch war[457]. Vielmehr fühlte sich der Verfasser durch die Aufzäh-

453) Johannes de Beka, Chronographia Cap. 70a S. 185 Z. 4 f.

454) Johannes de Beka, Chronographia Cap. 70a S. 185 Z. 17–19.

455) Johannes de Beka, Chronographia Cap. 70e S. 191–193, Zitat Z. 51.

456) Sowohl Siegfried III. von Mainz als auch Arnold von Isenburg waren wohl nicht bei der Krönung anwesend, siehe oben S. 131, 139 f.

457) MGH LL 2 S. 384–392.

lung der späteren Kurfürsten bei Melis Stoke und Martin von Troppau[458], die ihm beide vorlagen, zu einer etwas farbigeren Gestaltung des Vorgangs inspiriert. Dennoch ist der Aachener Krönungshoftag auch durch die Urkundenausstellung des Königs belegt, und gerade die letzte Nachricht von der Beratertätigkeit der beiden Onkel und der Ernennung Lubberts zum Vizekanzler erscheint nicht abwegig.

Bei der Darstellung des Königtums Wilhelms neigt Johannes grundsätzlich dazu, Konflikte zu verharmlosen oder zu verschleiern, sodass es manchmal schwierig wird, die Ereignisse nachzuvollziehen. Die verschiedenen Auseinandersetzungen in und mit Utrecht können hier als Beispiel dienen. Wo eine konsensuale Darstellung nicht möglich ist, wie beim Krieg zwischen Wilhelm und Margarete von Flandern, setzt der Autor dennoch einen versöhnlichen Schlusspunkt: Die Gräfin habe am Ende Johann von Avesnes als Erben der Grafschaft Hennegau akzeptiert, ihr Sohn Guido von Dampierre habe Flandern erhalten, *Margareta comitissa Flandriensis amiciciam regis adepta est, et omnis controversie discordia prorsus in hunc modum terminata est*[459]. Das Verhalten des Königs in all diesen Affären ist freilich immer tadellos, sowohl bei Westkapelle[460] als auch im Hennegau, wo Karl von Anjou freiwillig aufgibt und nach Frankreich zurückkehrt, *magnanimitatem regis intuens*[461].

Selbst auf dem Frieslandfeldzug, der zu seinem Tode führte, machte sich Wilhelm in den Augen des Johannes de Beka keines Fehlverhaltens schuldig. Der Geschichtsschreiber liefert im Vergleich etwa zu Wilhelm Procurator wenig neue Informationen, er kennt lediglich den Namen des zweiten Heerführers (Wilhelm von Brederode) und weiß, dass es holländische Geächtete waren, die den Friesen die Augen über ihren Königsmord öffneten und so den Auslöser für das Verstecken des Leichnams gaben[462]. Er versucht nicht, das Unglück theologisch oder moralisch zu deuten, berichtet die schlichten Fakten, allerdings so, dass Wilhelm und sein Handeln mit positiven Attributen versehen werden: Der König zog mit einer großen Streitmacht nach Friesland und errang einen erhabenen Sieg gegen die Rebellen, *Frisiam potenter introivit, rebellantes sibi Frisones egregie vicit*[463]. Er war ein *rex illustris*, der Holland 21 Jahre und das Reich sieben Jahre machtvoll

458) Rijmkroniek v 963–994 (C/A) S. 35 f.; vgl. Martini chronicon S. 466 Z. 16–24 (beim Tod Ottos III. 1003).
459) Johannes de Beka, Chronographia Cap. 72e S. 209 Z. 11–16.
460) Johannes de Beka, Chronographia Cap. 72d S. 205–207.
461) Johannes de Beka, Chronographia Cap. 72e S. 209 Z. 9 f.
462) Johannes de Beka, Chronographia Cap. 72i S. 215.
463) Johannes de Beka, Chronographia Cap. 72i S. 215 Z. 1 f.

regiert hatte, *cum potencia gubernasset*[464]. Zum Abschluss des Kapitels verdeutlicht Johannes, dass durchaus für die Memoria Wilhelms, trotz der Verschleppung seines Körpers, gesorgt war, da seine Schwester Richardis zu seinem Angedenken das Kloster Koningsveld gegründet habe[465]. Zwar war Richardis die Tante Wilhelms und das Kloster bereits 1251 gegründet worden[466], doch die Absicht hinter der Anmerkung ist klar: Der König war nicht vergessen[467].

Mag die Chronographia auch im Blick auf die Ereignisgeschichte an manchen Stellen irreführend sein, so sind doch die Briefe, die sie überliefert, von besonderem Interesse. Das Schreiben an Lubbert von Egmond, in dem der König von der Eroberung des Trifels und der Erbeutung der Reichskleinodien berichtet, wurde oben bereits ausführlich gewürdigt[468]. Im Kontext der Wahl zitiert Johannes de Beka einen Brief Papst Innozenz' IV. an Raniero Capocci, der mehrfach erhalten ist[469]. Der Geschichtsschreiber kennt aber außerdem zwei weitere Dokumente, die an Wilhelm gerichtet waren, zum einen eine Bitte um Anerkennung durch die Städte des Rheinischen Bundes. Diese hätten dem König ihre Versammlung am 29. Juni (1255) angezeigt, wo sie unter dem Vorsitz Adolfs von Waldeck, des Justitiars des Reiches, einen Frieden beschlossen hätten, *firma pax et treuge stabiles super universis guerris et discordiis*. Der König wolle nun gnädig diesen Frieden durch eine Urkunde bestätigen, und außerdem werde seine Ankunft im Süden mit ungeheurer Sehnsucht erwartet[470]. Die zweite Mainzer Bundesversammlung an diesem Tag ist belegt, ebenso die Teilnahme Adolfs von Waldeck[471]. Die zusammengekommenen Vertreter der Städte schickten auch ein Schreiben an die westfälischen Kommunen, dessen Ausfertigung erhalten ist[472]. Die Ausstellung eines Diploms für den Bund durch Wilhelm erfolgte am 10. November 1255, als der König sich bereits ins Rhein-Main-Gebiet begeben hatte[473]. Doch nur der Geschichtsschreiber Johannes überliefert die Kontaktaufnahme des Bundes mit dem Herrscher, die er vielleicht aus den in Egmond aufbewahrten Unterlagen kannte.

---

464) Johannes de Beka, Chronographia Cap. 72i S. 215 Z. 26 f.

465) Johannes de Beka, Chronographia Cap. 72i S. 215 Z. 30–33.

466) D Wilh 153, 1251 Juni 24, Ehrenbreitstein.

467) Vgl. auch KAMENZIN, Tode S. 322 f.

468) Siehe oben S. 211 f.

469) MGH Const. 2 Nr. 352 S. 459–461; es scheint nicht vollständig geklärt zu sein, ob Johannes eine gekürzte Version wiedergibt, ebd. S. 459 Z. 17–19 (kritischer Apparat).

470) Johannes de Beka, Chronographia Cap. 70h S. 197, Zitat Z. 9 f.

471) MGH Const. 2 Nr. 428 III S. 583 f.

472) MGH Const. 2 Nr. 431 S. 591 f.

473) D Wilh 398; HINTZE, Das Königtum Wilhelms S. 197–205.

Zum andern übernimmt Johannes wörtlich die Einladung Papst Innozenz' IV. an Wilhelm, nach Italien zu kommen und sich zum Kaiser krönen zu lassen, nun, da Konrad tot sei und kein anderer übrigbleibe, *alius iam superstes non sit, qui Deo tibi propicio, tuis valeat progressibus adversari*[474]. Für dieses Schreiben gibt es eine Parallelüberlieferung im sog. Codex Dunensis, einer Sammlung von verschiedenen Schriftstücken aus dem Kloster Ten Duinen in Flandern[475], die jedoch eine ausführlichere Version des Briefes enthält. In dieser betont der Papst, dass es eigentlich die Könige seien, die den Pontifex um die Kaiserkrönung bäten, doch er komme Wilhelm nun zuvor und rufe ihn nach Rom, *cum taedio morae prolixioris*. Außerdem solle der König, damit auf dem Italienzug dann alles reibungslos verlaufe, Boten zur Entgegennahme der Treueide vorausschicken[476]. Entweder wird in der Chronographia eine Zusammenfassung des päpstlichen Dokuments gegeben, oder der Verfasser kannte eine andere Ausfertigung. Letzteres erscheint möglich, da auch die Anrede des Königs unterschiedlich wiedergegeben wird: *excellentissimo filio Wilhelmo Romanorum regi* bei Johannes de Beka, *karissimo in Christo filio Willelmo regi Romanorum illustri* im Codex Dunensis[477]. Nichtsdestotrotz dürfte es sich auch hier um einen authentischen Brief gehandelt haben, der vielleicht in Egmond archiviert worden war[478].

Allerdings fügt der Historiograph einen Nachsatz hinzu. Der König sei auf diesen Aufruf hin mit zwölf Bewaffneten wie ein Pilger über die Alpen gezogen, habe die Lage in Italien vorsichtig erkundet und schließlich heimlich den Papst in Genua getroffen. Dort sei er von Innozenz in aller Feierlichkeit und Liebenswürdigkeit empfangen und längere Zeit bewirtet worden. Auf Wilhelms Bitte hin seien dem Abt von Egmond die Pontifikalien gewährt und etliche Privilegien ausgestellt worden. Schließlich habe der König vom Papst Abschied genommen, die Lombarden links liegen lassen, sei aus Italien weggezogen und in Deutschland ehrenvoll begrüßt worden, *cum inestimabili gloria receptus est ulteriorem Alemanniam, ubi quantum hono-*

474) Johannes de Beka, Chronographia Cap. 72f S. 211, Z. 8 f.

475) Zum Charakter des Codex, in dem zum größten Teil Dokumente aus dem 13. Jh. gesammelt sind, vgl. Codex Dunensis S. II f.

476) Codex Dunensis Nr. 161 S. 250 f.; vgl. Reg. Imp. V,2 8755.

477) Johannes de Beka, Chronographia Cap. 72f S. 211 Z. 4 f.; vgl. Codex Dunensis Nr. 161 S. 150.

478) HINTZE, Das Königtum Wilhelms S. 143 f., betrachtet alle vier von Johannes überlieferten Briefe als gekürzte Auszüge und sieht sie als Beleg dafür, dass Briefsammlungen wie das Baumgartenberger Formelbuch weit verbreitet waren; dazu auch oben S. 159 f.

*ris sibi quisque princeps impendit presens hec epistola lucidissime manifestat*[479]. Es folgt der Brief Wilhelms über die Einnahme des Trifels.[480]

Die angebliche Reise nach Genua kann nicht stattgefunden haben, wie ein Blick auf das Itinerar des Königs in den Jahren 1254/55 belegt[481]. Doch die Idee des Johannes de Beka von einem Herrscher, der mit nur zwölf Begleitern unerkannt durch die Lande zieht, in der Nachahmung Christi und der Apostel, sein Bericht über die hohe Wertschätzung, die Wilhelm überall entgegengebracht wird, vermitteln einen guten Eindruck von dem Bild, das die Chronographia zeichnen will, nämlich das eines tadellosen, vorausschauenden, demütigen und allgemein anerkannten Königs.

In diesem Zusammenhang wird auch klar, warum der Autor gerade diese vier Briefe wörtlich in seinen Text übernimmt: Innozenz stellt Wilhelm zweimal ein besonders gutes Zeugnis aus, zunächst anlässlich der Wahl, wenn er ihn als *fidelis catholicus, animo prudens, milicia strennuus, propriis potens viribus* beschreibt[482]. Dann, bei der Einladung nach Rom, freut der Papst sich, dass der himmlische Segen sich im Gedeihen und in der Herrschaft Wilhelms deutlich zeige[483]. Dessen Meldung an Lubbert von Egmond wiederum, dass sich die Reichsinsignien nun endlich in seiner Hand befänden, muss als weiterer Beleg für das göttliche Wohlwollen betrachtet werden. Das Schreiben des Rheinischen Bundes schließlich demonstriert die Friedensliebe des Königs und wird außerdem mit der kurzen Nachricht verbunden, dass die Städte und Bürger freigebig Steuern gezahlt hätten, *ita quod indeficienti thesauro suum exuberaret ghazofilacium*[484]. Die Vorstellung von niemals versiegendem Reichtum passt zur idealisierten Darstellung Wilhelms bei Johannes de Beka.

Die Tendenz zur Überhöhung zeigt sich auch in der Erzählung vom Zusammentreffen des Königs mit Albertus Magnus in Köln anlässlich eines Dreikönigsfestes[485]. Aufgrund der Urkunden lässt sich belegen, dass Wilhelm sowohl 1249 als auch 1252 den Epiphaniastag in Köln begangen hat[486]. Albert leitete von 1248 bis 1254 das dortige Generalstudium der Dominikaner[487], beide Jahresdaten kommen also in Frage. Der gelehrte Bi-

479) Johannes de Beka, Chronographia Cap. 72f S. 211 Z. 24–26.
480) Johannes de Beka, Chronographia Cap. 72g S. 211.
481) Siehe oben S. 211.
482) Johannes de Beka, Chronographia Cap. 70d S. 189 Z. 32 f.
483) Johannes de Beka, Chronographia Cap. 72f S. 211 Z. 5–7.
484) Johannes de Beka, Chronographia Cap. 70h S. 197 Z. 2.
485) Johannes de Beka, Chronographia Cap. 70g S. 195–197.
486) DD Wilh 71–75; DD Wilh 166–167.
487) GRABMANN, Art. Albertus Magnus S. 144; FRIES, Art. Albertus Magnus Sp. 126.

schof von Regensburg[488], *magnus in nigromancia, maior in philosophia sed maximus in theologia*, habe den König gebeten, an dem Festtag mit ihm zu speisen, und dieser, in der Hoffnung, irgendein Wunderzeichen zu erleben, habe zugesagt. Nach dem Gottesdienst habe Albert also Wilhelm und sein Gefolge vor dem Speisezimmer in einem Lustgarten empfangen, wo wunderschöne Diener alles für ein Gastmahl vorbereiteten. Doch es sei tiefster Winter gewesen, überall habe Schnee gelegen, und die königlichen Begleiter hätten sich beklagt, dass sie im Freien ohne ein wärmendes Feuer essen sollten. Als sich nun der Bischof, *futurorum omnium conscius*, der König und alle andern zu Tisch begeben hatten, seien die Kälte und das Eis plötzlich ganz verschwunden und die Sonne habe sommerliche Wärme verbreitet, alles habe zu blühen angefangen, von überall habe es geduftet und die Vögel hätten gesungen. Es sei so heiß geworden, dass sich einige sogar ausziehen und sich in den Schatten zurückziehen mussten. Die Diener hätten reichlich Speisen herbeigebracht, und alle seien fröhlich gewesen. Aber nach dem Essen sei alles wieder verschwunden *quasi fantasma*, die Diener, die Blumen, die Vögel, und alles sei wieder verschneit und gefroren gewesen, und diejenigen, die kurz zuvor noch halbnackt geschwitzt hätten, hätten sich schlotternd vor Kälte an den Ofen des Speisezimmers geflüchtet. Nach diesem Wunder habe Albert den König darum gebeten, eine Niederlassung der Dominikaner in Utrecht zu unterstützen, was dieser unter Einbeziehung seines Onkels, Bischof Ottos, auch getan habe. Schließlich sei Wilhelm in die Grafschaft Holland zurückgekehrt und habe dort in Den Haag einen königlichen Palast erbauen lassen und Recht gesprochen[489].

Die in der Chronographia erzählte Geschichte gehört zum großen Kreis der Legenden, die sich um Albertus Magnus schon bald nach dessen Tod rankten[490] und hat für das Bild Wilhelms relativ wenig Aussagekraft. Sucht man ihren wahren Kern, so stößt man auf die durchaus nicht unwahrscheinliche Möglichkeit, dass sich der König und der Gelehrte in Köln begegnet sein könnten. Ein Zusammenhang zwischen Wilhelm und dem Utrechter Predigerkonvent, der bereits 1232 gegründet worden war, lässt sich in den

---

488) Albert hatte dieses Amt allerdings erst ab 1260 inne, vgl. GRABMANN, Art. Albertus Magnus S. 144; FRIES, Art. Albertus Magnus Sp. 127.

489) Johannes de Beka, Chronographia Cap. 70g S. 195–197, Zitate S. 195 Z. 4 f., 15 f., 32.

490) GRIMM, Deutsche Sagen 2 Nr. 489 S. 189–191, führen die Geschichte nach einer Version von Trithemius an; zum Sagenkreis um Albert v. a. ECKERT, Albert-Legenden S. 1–23; vgl. auch HELM, Art. Albertus Magnus Sp. 242 f.; STAMMLER, Albert der Große S. 297, über die Popularität Alberts: „Vielmehr war es seine gemütvolle Art der Predigt, sein verständnisvoller Umgang mit den unteren Schichten, der ihm die Herzen gewann […].“

Quellen jedoch nicht nachweisen[491]. Johannes de Beka übernahm hier zwar eine bereits kursierende Sage[492], doch fügte sich die Episode sehr gut in die Darstellungsabsicht des Geschichtsschreibers: Es war ihm wichtig, Wilhelm, Albert und Utrecht miteinander zu verbinden, damit sowohl der Herrscher als auch die Bischofsstadt, an denen ihm gelegen war, vom Ruhm des dominikanischen Gelehrten und Zauberers profitieren konnten.

Ein anderes Ziel muss jedoch den Ausführungen in der Chronographia über den angeblichen Ritterschlag Wilhelms vor der Krönung in Aachen zugrunde gelegen haben. Bereits zu Beginn des betreffenden Abschnittes gibt Johannes diesbezüglich einen Hinweis: Er schreibe das Folgende deshalb so detailliert auf, weil in den modernen Zeiten viele Adlige aus Sparsamkeit die aufwändigen Feierlichkeiten scheuten und sich nur *per collaphum* zum Ritter machen ließen. Die Regeln des Ritterstandes seien in Vergessenheit geraten, und deshalb sei es notwendig, an dieser Stelle aufzuzeigen, wie Wilhelm unter Einhaltung aller Bestimmung mit größter Feierlichkeit den Ritterschlag erhalten habe[493]. Eine minutiöse Nacherzählung der einzelnen Schritte in der Chronographia kann hier entfallen, zumal sie ein Ritual beschreiben, das für die Mitte des 13. Jahrhunderts nicht nachweisbar ist[494]. Interessant ist jedoch die Funktion dieser Passagen und das vermittelte Bild Wilhelms für die Gegenwart des Autors. Denn das Ritterideal, das Johannes vor Augen führt, dürfte vor allem als Ansporn für Wilhelm V., den Sohn Kaiserin Margaretes gedacht gewesen sein.

Die Ehe zwischen der ältesten Schwester Graf Wilhelms IV. und Kaiser Ludwig war 1324 in Köln geschlossen worden, kurz vor der Bannung des Wittelsbachers durch Papst Johannes XXII.[495] Die Verbindung mit den Avesnes war für Ludwig Teil seiner gegen die Kurie in Avignon und Frankreich gerichteten Politik. Er versicherte sich so der Unterstützung eines der mächtigsten Reichsfürsten an der Nordwestgrenze des Reiches und knüpfte zugleich Kontakt nach England. 1328 verstärkte sich diese Koalition durch die Heirat Philippas, einer Schwester Margaretes, mit dem englischen König

---

491) VAN VLIET, De stad van de burgers S. 100.

492) Bereits Lodewijk van Velthem, Spiegel historiael 5, v 1740–1897, überliefert die Sage. Sie gehört, so ECKERT, Albert-Legende S. 19, zur ältesten Schicht; vgl. auch SIGHART, Albertus Magnus S. 69–71.

493) Johannes de Beka, Chronographia Cap. 70b S. 185–187 Z. 4–13.

494) Johannes de Beka, Chronographia Cap. 70b–d S. 187–189; übersetzt bzw. zusammengefasst und ausgewertet bei ROTH VON SCHRECKENSTEIN, Das angebliche Ceremonial S. 237–245; vgl. auch JANSE, Ridderslag en ridderlijkheid S. 323.

495) THOMAS, Ludwig der Bayer S. 163.

Eduard III.[496] Nachdem Wilhelm IV. im Kampf gegen die Friesen bei Stavoren an der Ostküste der Zuiderzee gefallen war – ein Unglück, das laut Johannes de Beka durch ein Erdbeben am 2. Januar 1342 angekündigt worden war[497] –, trat der Erbfall in den Grafschaften ein. Vor allem aufgrund seiner Position als Lehnsherr konnte der Kaiser Holland, Zeeland und den Hennegau seiner Frau übertragen[498].

Margarete begab sich sofort in den Hennegau und nahm in Mons die Huldigung des Adels entgegen. Der Herrschaftsantritt in Holland verlief ebenfalls weitgehend reibungslos. In Zeeland regte sich jedoch adliger Widerstand gegen die neue Herrin, der auch nach der Einsetzung Wilhelms V. als Stellvertreter seiner Mutter im September 1346 nicht abflaute[499]. Das Verhältnis zwischen dem gerade erst 15-jährigen Grafen und Margarete war ebenfalls keineswegs harmonisch, und in den folgenden Jahren werden erstmals die beiden Parteien der Kabeljauwen und Hoeken fassbar, deren Widerstreit bis zum Ende des 15. Jahrhunderts eine wichtige Rolle in der holländischen Geschichte spielen sollte. Erstere waren anfänglich die Anhänger Wilhelms und später die „bürgerliche“ Fraktion, letztere im Wesentlichen die alteingesessenen adligen Unterstützer der Mutter[500]. Einen ersten Höhepunkt dieser inneren Kämpfe in der Grafschaft stellte das Jahr 1351 dar, in dem Wilhelm aus mehreren Gefechten letztlich als Sieger hervorging. Insgesamt kann in den ersten Monaten und Jahren der wittelsbachischen Herrschaft in Holland und Zeeland durchaus von bürgerkriegsähnlichen Zuständen die Rede sein[501].

In genau diesem Zeitraum widmete Johannes de Beka sein Werk dem jungen, gerade ernannten Inhaber der Grafenwürde. Wenn er in der Einleitung der Chronographia als Hauptziel seiner Geschichtsdarstellung den Aufruf zur Einigkeit zwischen Holland und Utrecht formuliert, so dürfte ihm auch ein erzieherisches Einwirken gerade auf den Grafen vorgeschwebt

---

496) DE BOER/CORDFUNKE, Graven van Holland S. 112; zu den Auswirkungen dieses bis 1341 reichenden Bündnisses vor dem Hintergrund des Hundertjährigen Krieges (Eduard als Generalvikar des Reiches am Rhein, gemeinsame Kriegsführung gegen Frankreich) vgl. THOMAS, Ludwig der Bayer S. 315–322.

497) Johannes de Beka, Chronographia Cap. 87b S. 301 Z. 1 f.

498) Auf einem Hoftag in Frankfurt am 15. Jan. 1346, DE BOER/CORDFUNKE, Graven van Holland S. 113.

499) DE BOER/CORDFUNKE, Graven van Holland S. 113 f.; SICKING, Politieke geschiedenis [1300–1550] S. 227 f.; BOEHM, Das Haus Wittelsbach in den Niederlanden S. 109–111.

500) BOEHM, Das Haus Wittelsbach in den Niederlanden S. 107 f.

501) DE BOER/CORDFUNKE, Graven van Holland S. 117; BOEHM, Das Haus Wittelsbach in den Niederlanden S. 111 f.

haben. Passagen wie die über den Ritterschlag des erwählten, noch nicht gekrönten Wilhelm mit ihrem Bezug auf die Werte des christlichen Rittertums waren sicherlich weniger an Bischof Johann von Arkel als vielmehr an den Wittelsbacher gerichtet. Die insgesamt außergewöhnlich ehrenvolle Erinnerung an den römischen König, die nicht zuletzt durch dessen Einbindung in den Sagenkreis um Albertus Magnus einen Zug ins Märchenhafte bekommt, könnte sogar eine versteckte Hommage an Wilhelm V. sein: Sie teilten denselben Vornamen, und wer könnte ein besseres Vorbild für den Sohn eines Kaisers abgeben als das idealisierte Reichsoberhaupt selbst?

### 3.3 Habsburgischer Epilog: Maximilians Ehrenpforte und das Grab in Middelburg

Den letzten Akt der wittelsbachischen Herrschaft in Holland bestritten Jakobäa, die Tochter Graf Wilhelms VI. († 1417) und Großnichte Wilhelms V., ihre verschiedenen Ehemänner und ihr Onkel Johann VI.[502] Die Auseinandersetzungen um die Nachfolge in der Grafschaft können hier nicht detailliert nachvollzogen werden. Richtungsweisend für den Übergang an Burgund war jedoch zunächst der Erbvertrag zwischen Johann VI. und seinem Neffen, Herzog Philipp dem Guten von Burgund, der im Jahr 1424 geschlossen wurde. Die Überschreibung Hollands, Zeelands, Hennegaus und Frieslands an den Herzog erfolgte schließlich 1433[503]. Zwei Generationen später konnte Maximilian I. durch seine Heirat mit Maria, der Enkelin Philipps des Guten, 1477 und deren frühen Tod 1482 den gesamten burgundischen Herrschaftskomplex für die Habsburger erwerben[504].

Maximilian bemühte sich zeit seines Lebens, seine Herrschaft durch großangelegte genealogische Konstrukte zu untermauern, und er ließ seinen Stammbaum zu verschiedenen Gelegenheiten bildlich festhalten, etwa in Schloss Ambras in Tirol[505]. Das größte Projekt dieser Art stellt die Ehrenpforte dar, ein Riesenholzschnitt, der zwischen 1512 und 1518 nach längeren Vorarbeiten von Albrecht Dürer und Albrecht Altdorfer in Nürnberg

502) Siehe Stammtafel b) bei BOEHM, Das Haus Wittelsbach in den Niederlanden S. 101.

503) BOEHM, Das Haus Wittelsbach in den Niederlanden S. 117–125; LADEMACHER, Geschichte der Niederlande S. 12; JANSEN, Holland, Zeeland en het Sticht S. 320–323; VON SEGGERN, Geschichte der Burgundischen Niederlande S. 76–83.

504) VON SEGGERN, Geschichte der Burgundischen Niederlande S. 163–181; VOCELKA, Die Europäisierung der habsburgischen Hausmachtpolitik S. 206–208.

505) SCHAUERTE, Die Ehrenpforte für Kaiser Maximilian I. S. 120–125, 141 f.

hergestellt wurde[506]. In dieses Monumentalwerk ist auch Wilhelm aufgenommen, unter der Bezeichnung *Wilhelm kron von holland*, abgebildet mit Krone, Reichsapfel und Szepter als regierender römischer König. Mit ihm in einer Reihe stehen *Alphonsus getzier von hyspania* und *Reichart eer von engeland*, also Alfons von Kastilien und Richard von Cornwall. Im Feld darüber sind *Fridrich ·I· der straffer* (Friedrich Barbarossa), *Konrad 3. der kreützer* (Konrad III.) und *Rudolff ·I· liecht der hohen felsen der teutschen lannd* (Rudolf von Habsburg) zu sehen[507]. Die gesamte Gruppe der römischen Kaiser und Könige angefangen mit Julius Cäsar befindet sich auf der heraldisch rechten, also höherrangigen Seite der Ehrenpforte[508].

Allerdings ergeben sich aus der Kombination der verschiedenen Herrscher einige Probleme: Die Chronologie ist nicht vollständig eingehalten, es fehlen Kaiser, obwohl durchaus noch Platz gewesen wäre, und der Bezug der einzelnen Personen zu Maximilian ist nicht immer klar. Insgesamt sollte dieser Abteilung wohl die Funktion eines Fürstenspiegels für den Habsburger zukommen, in den dessen vorbildlichere Amtsvorgänger Aufnahme fanden und der zugleich dessen „historiographisches Interesse“ bedienen sollte. Endpunkt der Abfolge ist Friedrich III., der Vater Maximilians, in dem sich die Herrscherreihe und die Ahnenreihe – auf der gegenüberliegenden Seite der Ehrenpforte dargestellt – vereinigen[509].

Wilhelm kommt freilich kein herausragender Platz in diesem Tableau zu. Es ist jedoch bemerkenswert, dass er überhaupt Aufnahme fand, unmittelbar unter dem ersten habsburgischen König Rudolf. Dies könnte zum einen den holländisch-burgundischen Familienzusammenhängen geschuldet sein: Unter den Wappen der Ehrenpforte über dem Mittelportal finden sich auch diejenigen der Grafschaften Holland, Zeeland und Hennegau[510], und Maximilian dürfte sich seiner wenn auch entfernten Verbindung mit Wilhelm bewusst gewesen sein. Zum andern zeigt sich in den Herrscherporträts insgesamt eine gewisse Unbefangenheit im Umgang mit den „Gegenkönigen“, so auch mit Wilhelm. Im Abstand von fast 300 Jahren hatten sich die einstigen Antagonismen verwischt, und es war möglich, den von der Reichsgeschichtsschreibung des späten 13. Jahrhunderts mit Missachtung gestraften König einfach in die Tradition einzureihen.

Die Kaiserabteilung der Ehrenpforte beruhte auf mehreren literarischen Vorlagen, eine davon die sog. Caesares des Johannes Cuspinian, die aller-

506) SCHAUERTE, Die Ehrenpforte für Kaiser Maximilian I. S. 112–114.
507) SCHAUERTE, Die Ehrenpforte für Kaiser Maximilian I. S. 303 f., Abb. S. 391.
508) Ebd. S. 159.
509) Vgl. insgesamt SCHAUERTE, Die Ehrenpforte für Kaiser Maximilian I. S. 157–167.
510) Ebd. S. 226 f.

dings erst 1540 im Druck erschienen sind[511]. Dessen Kapitel über Wilhelm, *Guilelmus Caesar*, zeigt, welche Elemente aus dessen Herrschaftszeit erzählerisch überdauert hatten. Es war erstens der Rheinische Bund, der als Friedensstifter gelobt wird: *ac pulcherrima pax in uniuersa pene Germania per nouem continuos annos (totidem enim hic rexerat) efflorebat*[512]. Als zweites Ereignis führt Cuspinian den Krieg gegen Margarete von Flandern auf, und zuletzt berichtet er über den Tod des Königs. Die Hauptquelle des Humanisten scheint Johannes de Beka gewesen zu sein, was angesichts dessen ausgedehnter Überlieferung[513] keineswegs abwegig ist. Offenbar hatte Anfang des 16. Jahrhunderts auch das Verdikt Ellenhards und Martins von Troppau ausgedient, wenn auch ein sehr reduziertes Bild Wilhelms überliefert wird.

Auf Reichsebene blieb das Gedächtnis an den König also eher blass. Doch wie sah es in Holland aus, wenn doch im 16. Jahrhundert mit dem Herrschaftsantritt Karls V. zum zweiten Mal ein holländischer Graf den römischen Thron bestieg[514]? Diese Parallele wurde von den Zeitgenossen allem Anschein nach nicht gezogen. Dhanens aber postuliert, dass vermutlich aus dieser Assoziation heraus der König des 13. Jahrhunderts in der darstellenden Kunst die Züge des Habsburgers annahm[515]. Dem ist entgegenzusetzen, dass bereits die Beschreibungen Wilhelms in den schriftlichen Quellen topisch sind, so etwa die Schilderung eines großen, gutaussehenden, dunkelhaarigen, bartlosen Jünglings bei Johannes de Beka[516]. Die Bildnisse des 15. bis 17. Jahrhunderts zeigen den Herrscher in der Mode ihrer Zeit und, entsprechend seiner Rolle als König, durchaus auch mit Bart[517].

---

511) ANKWICZ VON KLEEHOVEN, Art. Cuspinianus S. 451; hier wurde der Druck De Caesaribus atque Imperatoribus romanis opus insigne, Basel: Oporinus 1561, herangezogen. Vgl. SCHAUERTE, Die Ehrenpforte für Kaiser Maximilian I. S. 158 f. Das geplante Kaiserbuch Maximilians, mit dem Konrad Peutinger beauftragt war, scheiterte, doch eine 1580, also unter Rudolf II. in Augsburg entstandene Handschrift widmete allen Kaisern seit Julius Caesar eine Doppelseite, links die Lebensbeschreibung, rechts ein ganzseitiges Bild und berief sich ganz offensichtlich auf den Humanistenkreis unter Maximilian, GOFFRILLER, Antikenrezeption S. 197–216; zu Cuspinians Caesares kurz auch OBERPARLEITER, Johannes Cuspinians Austria S. 67–69. Zum Kaiserbuch auch HUTTER, Germanische Stammväter S. 26–28.

512) De Caesaribus S. 432 Z. 3–5. Die Entstehung des Bundes wird von Cuspinian an den Beginn von Wilhelms Regierungszeit gesetzt, dementsprechend die Dauer der Friedensphase.

513) Johannes de Beka, Chronographia S. XII–XVII.

514) MEERMAN, Geschichte des Grafen Wilhelm von Holland 2 S. 278.

515) So DHANENS, Het graf van Rooms-Koning Willem II S. 71–78.

516) Johannes de Beka, Chronographia Cap. 70a S. 185 Z. 17–19.

517) Zum Bart als königlichem Attribut vgl. SCHRAMM, Zur Haar- und Barttracht S. 118–121; HUNDSBICHLER, Art. Bart Sp. 1490. Auch in der höfischen Literatur ist der

Nachweislich aber wurde während der Regierungszeit Karls ein prunkvolles Grabmonument für Wilhelm in der Stiftskirche in Middelburg geschaffen, als dessen Initiatorin auch Maria von Ungarn, die Schwester des Kaisers, genannt wird[518]. Diese, geboren 1505 in Brüssel und aufgewachsen hauptsächlich in Mechelen, war durch ihre Ehe mit Ludwig II. Königin von Ungarn und Böhmen. Ihr Gemahl unterlag 1526 in der Schlacht von Mohács gegen die Osmanen und ertrank auf dem Rückzug in der Donau. Maria übernahm für ihren Bruder 1531 die Statthalterschaft in den Niederlanden und hatte diese bis zur dessen Abdankung 1555 inne[519].

Karl selbst hatte ebenfalls Verbindungen mit Zeeland und Walcheren. 1515 nahm er in Middelburg die Huldigung der zeeländischen Stände entgegen, *als een rechte lantsheere ende grave van Zeelant*[520]. Nachdem er im Jahr 1540 die Stadt Gent, die sich geweigert hatte, seine Kriege zu finanzieren, wieder seiner Botmäßigkeit unterworfen hatte, unternahm er einen Triumphzug durch Holland und Zeeland und führte den Niederländern Beutestücke aus seinen gewonnenen Schlachten vor[521]. Der Zustand der Liebfrauenkirche in Middelburg, die 1492 ausgebrannt war, dürfte ihm also bekannt gewesen sein[522], und die Errichtung des neuen Monuments in den Jahren zwischen 1542 und 1546 für Wilhelm könnte durchaus dazu gedient haben, die Abstammung Karls aus der langen Linie der Grafen von Holland, seine Verbindung zu einem römischen König und letztlich die Rechtmäßigkeit seiner Herrschaft zu demonstrieren.

Unter den Personen, die an der Wiedereinrichtung der Middelburger Stiftskirche ab 1492 mitwirkten, befand sich auch der Abt Maximilian von Burgund (1518–1534), ein Enkelsohn Herzog Philipps des Guten aus einer unehelichen Verbindung und somit ein entfernter Vetter Karls und Marias von Ungarn[523]. Künstlerisch tätig wurde vor allem Jan Gossaert, der beson-

---

(lange) Bart ein kaiserliches Merkmal, so im Rolandslied, vgl. KLEIN, Die Farben der Herrschaft S. 55 mit Anm. 117.

518) Pieter Opmeer, Opus Chronographicum, Antwerpen 1611 S. 381, zitiert nach DHANENS, Het graf van Rooms-Koning Willem II S. 87 Anm. 88.

519) HEISS, Art. Maria, Erzherzogin von Österreich S. 207 f.; knapp zur Verwaltung der Niederlande in der Zeit Karls V. auch ERBE, Die Habsburger 1493–1918 S. 41 f.

520) Reygersbergh, Dye Chronijcke ende historien van Zeelandt, Kap. 57 [unpaginiert]; vgl. DHANENS, Het graf van Rooms-Koning Willem II S. 87 f. Zum Umritt Karls vgl. auch DE BOER/CORDFUNKE, Graven van Holland S. 171; SCHLEGELMILCH, Die Jugendjahre Karls V. S. 491; ausführlicher zu seinem Aufenthalt in Middelburg HENDERIKX, De geschiedenis van de norbertijner abdij S. 61.

521) DE BOER/CORDFUNKE, Graven van Holland S. 174.

522) Siehe oben S. 399.

523) DHANENS, Het graf van Rooms-Koning Willem II S. 105.

ders durch Philipp von Burgund gefördert wurde. Dieser war Bischof von Utrecht (1517–1524) und ebenfalls ein natürlicher Sohn des gleichnamigen Herzogs[524]. In gewissem Sinne war die Neuausstattung der Liebfrauenkirche nach dem Brand ein Unternehmen der burgundischen Familie. Bereits im Jahr 1505 fand hier das 17. Kapitel des Ordens vom Goldenen Vlies statt, und die Wappenschilde der Teilnehmer – darunter auch Karls Vater Philipp der Schöne – blieben dauerhaft in der Kirche angebracht[525]. Wenn also auch keine eindeutigen Belege wie Verträge oder Rechnungen überliefert sind und die Zusammenarbeit des Kaisers mit seiner Schwester und dem Abt von Middelburg, Florens von Schoonhoven[526], bezüglich einer prachtvollen Begräbnisstätte Wilhelms nicht zweifelsfrei zu belegen ist, so dürfte sie doch immerhin Karls Selbstbewusstsein entsprochen und dessen Herrschaftsziele in den Niederlanden propagandistisch untermauert haben.

Eine kleine handschriftliche Epitaphiensammlung aus dem Jahr 1559, die heute in der Königlichen Bibliothek in Brüssel aufbewahrt wird[527], enthält eine ausführliche Beschreibung des Grabmals Wilhelms und der angebrachten Inschriften. Dieses befand sich an der Südwand der Kirche unmittelbar vor dem Chor (siehe Abb. 9), wo der königliche Schrein vielleicht schon seit den Erweiterungen des 14. Jahrhunderts in einer Nische gestanden hatte[528] – *une ryce sepulture d'albaste de iapres & de jayes, le tout enrycy d'or*[529], also aus Alabaster, Jaspis und schwarzem Marmor, mit Gold verziert. Die vermutlich lebensgroßen Hauptfiguren, also Wilhelm und seine Frau Elisabeth, waren als Kaiser und Kaiserin auf Knien dargestellt, *tous acoutres en abillemens imperialle*, in kaiserlicher Gewandung oder vielleicht in Krönungsgewändern. Zwei Göttinnen hielten die Inschriftentafel, Iustitia und Pax. Die beiden Herrscher waren von einem Bogen eingefasst, auf dessen Dach ein Putto mit den Wappen von Brabant und Flandern stand. An den Seiten hielten zwei Krieger Wache, ebenfalls mit Bannern und Wappenschil-

524) DHANENS, Het graf van Rooms-Koning Willem II S. 103–105; ebd. S. 125–128 mit Abb. 36, stellt Dhanens einen von Gossaert überlieferten Kupferstich, der ein Hochgrab mit einer darauf liegenden weiblichen gekrönten Figur zeigt, als einen Entwurf des Künstlers für das Grab Wilhelms und Elisabeths vor. Die Assistenzfiguren auf dem Entwurf halten ein Schwert (Reichsschwert?), ein Kreuz (Reichskreuz?), Reichsapfel und Szepter. Vgl. insgesamt auch HEYNING, Structura magnificentius S. 94–97.

525) HEYNING, Structura magnificentius S. 94 f.

526) MEERMAN, Geschichte des Grafen Wilhelm von Holland 2 S. 278 f.; DHANENS, Het graf van Rooms-Koning Willem II S. 87.

527) Brüssel, Koninklijke Bibliotheek, Fonds Goethals G 1655, fol. 85r–86r; vgl. DHANENS, Het graf van Rooms-Koning Willem II S. 64–66, 129 f.

528) Siehe oben S. 399.

529) DHANENS, Het graf van Rooms-Koning Willem II S. 129.

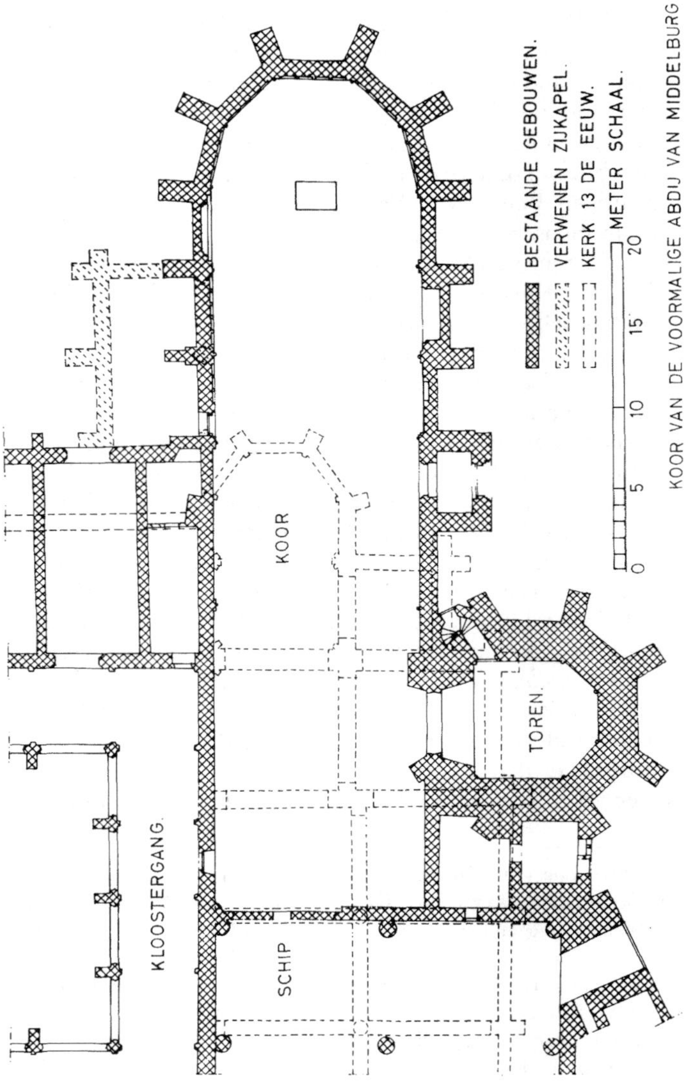


Abb. 9:
Grundriss der Abteikirche in Middelburg (DHANENS, Het graf van Rooms-Koning Willem II S. 82)

den, darauf die Abzeichen Schottlands, Brabants, Bayerns, Flanderns, Hollands und vermutlich Middelburgs, *ung escu d'or a ung casanon de geulle*. Im Tympanon des Bogens waren das Reichswappen, das bayerische und das hennegauische Wappen angebracht, und unter den beiden knienden Figuren, auf dem Rand des Sockels, noch einmal Putten mit geteilten Wappenschilden (Bayern/Hennegau, Brabant/Flandern, Reich/Braunschweig, Limburg). Das Fundament schließlich bildeten die sieben Tugenden in den sieben Feldern des Sockels[530]. Aufgrund der Beschreibung in der Handschrift lassen sich nur Mutmaßungen über das genaue Aussehen des Epitaphs anstellen, doch durch einen Vergleich mit zeitgenössischen Wandgräbern konnte zumindest eine Rekonstruktionszeichnung angefertigt werden (siehe Abb. 10)[531].

Eine detaillierte Interpretation des Grabmals auf der skizzierten Grundlage ist kaum möglich. Gerade die unterschiedlichen und offenbar redundant verwendeten Wappen, die an verschiedenen Stellen des Monuments positioniert waren, können schwer eingeordnet werden. Sie bildeten ganz offensichtlich ein Konglomerat von Hoheitszeichen aus den Jahrhunderten vor der Errichtung des Epitaphs[532]. Die Brüsseler Handschrift überliefert jedoch auch den genauen Wortlaut der Grabinschrift. Diese führt zunächst Wilhelms Wahl in jungen Jahren durch alle Kurfürsten, seine Bestätigung durch den Papst, seine kriegerischen und politischen Erfolge, seinen vorzeitigen Tod und die Verschleppung seines Leichnams auf. Dann werden die Entdeckung seiner Gebeine durch den Sohn Florens und die Tochter Richardis sowie deren Beisetzung in der Abtei, die Wilhelm gegründet haben soll[533], gewürdigt. Der Brand der Kirche wird erwähnt, Name und Abstammung der Ehefrau angesprochen, zuletzt werden Todestag, Sterbeort und Regierungsdaten Wilhelms genannt. Als einziger Stifter des Denkmals tritt Florens von Schoonhoven auf, der Abt von Middelburg[534].

---

530) DHANENS, Het graf van Rooms-Koning Willem II S. 129.

531) Ausführlich zu den möglichen Vorbildern des Grabmals DHANENS, Het graf van Rooms-Koning Willem II S. 91 f.

532) DHANENS, Het graf van Rooms-Koning Willem II S. 93–98.

533) Eine Tochter Wilhelms mit Namen Richardis ist in den Quellen nicht bekannt, vgl. auch DHANENS, Het graf van Rooms-Koning Willem II S. 66. Eventuell handelt es sich um eine Fehldeutung der Chronographia des Johannes de Beka, in der die Stiftung des Kloster Koningsveld durch Richardis, die Tante Wilhelms (hier fälschlich als Schwester bezeichnet), erwähnt wird, Johannes de Beka, Chronographia Cap. 72i S. 215 Z. 30–33.

534) *Serenissimis atque jnvictissimis principibus dominis D. guillielmo rhomanorum & germaniae regi hollandiae zelandiae & frisiae comiti qui vix dum aetatis annum agens vicesimum concordibus omnium principum electorum suferagiis jn regem rhomanorum &*

Abb. 10:
Grabmal König Wilhelms und Königin Elisabeths aus dem 16. Jahrhundert, Skizze C. A. van Swigchem, 1984 (DHANENS, Het graf van Rooms-Koning Willem II S. 90)

Welchen Befund lassen die Entstehungszusammenhänge des Monuments, sein Aussehen und die Inschrift über das Interesse der beiden Habsburger an Wilhelm zu? Geht man davon aus, dass sowohl Maria von Ungarn als auch Karl V. von der Neugestaltung der Kirche in Middelburg und somit auch von der Errichtung des Grabmals wussten, vielleicht sogar Anteil daran hatten, so bleiben die ikonographischen Anspielungen doch sehr zurückhaltend, soweit sie überhaupt aus der überlieferten Beschreibung rekonstruiert werden können. Als einzige Verbindungslinie zwischen dem bestatteten König und Kaiser Karl kann die Darstellung Wilhelms und Elisabeths im kaiserlichen Ornat identifiziert werden. Offenbar war weder das burgundische noch das habsburgische Wappen angebracht, sondern nur die Wappenschilde der Gerulfinger, Avesnes und Wittelsbacher, dazu – in Erinnerung an Ada, die Gemahlin Florens' III.[535] – das schottische. Die Inschrift evoziert noch einmal den Kern des Wilhelmkultes in Middelburg, der darin bestand, dass Florens hier eine Memorialstätte für die Gebeine seines Vaters schuf. Der Sohn hatte einen gleichwertigen Anteil an dieser Tradition, und dies spiegelt sich auch auf diesem Denkmal wider. Eine habsburgische Note hingegen kann nur über Umwege hineingedeutet werden.

Es bleibt zu konstatieren, dass Maximilian und Karl V. allenfalls kursorisches Interesse an Wilhelm hegten. Die Konflikte des 13. Jahrhunderts, der Antagonismus Rudolfs, die Missachtung in der Geschichtsschreibung waren für sie so weit entfernt, dass es kein Problem mehr darstellte, diesen König zusammen mit allen seinen durch ihre Wappen vertretenen Nachfolger in der Grafschaft ohne weitere Komplikationen in die Vorgeschichte der habsburgischen Herrschaft einzureihen.

Das prächtige Grabmal in Middelburg überstand zwar den Bildersturm des Jahres 1566, doch zwei Jahre später schlug der Blitz in den Kirchturm ein, die Spitze fiel auf den Dachstuhl der Kirche, und diese brannte fast vollständig aus. Eventuell noch vorhandene Reste des Monuments wurden ent-

---

*germaniae assumptus a sancta sede apostolica confirmatus belli domique victor preclaras res dessit tandemque aevo emmaturo extinctus ignotuque abditus loco post annos viginti septem inventus pietate florentij commitis filij filiaeque richardae in hoc monasterio quid primo fundaverat sepulturae traditus fortuito incendio in memoriam hominum esse desijt*

*Et elisabethae othonis primi brunsvyci et lunenburgi ducis filiae romanorum et germaniae reginae coniugibus ammattissimis florentius a scoonhovia abbas principibus patriae protectoribus memoriam ergo reposuit*

*Obijt idem serenissimus rex anno domini .M.C.C.LV. quinto kalendas februarij prope hoigwoud rexit rhomanorum regnum annis ix holandrie xxi vixit xxix*, vgl. DHANENS, Het graf van Rooms-Koning Willem II S. 129.

535) Auch für Ada wurde im 16. Jh. eine neue Gedenktafel in der Stiftskirche geschaffen, vgl. DHANENS, Het graf van Rooms-Koning Willem II S. 99.

fernt, als 1574 nach der Einnahme der Stadt durch die Truppen Wilhelms von Oranien die Liebfrauenkirche profaniert wurde. Ab 1603 nutzte man das Gebäude wieder als Gotteshaus, allerdings für den reformierten Gottesdienst. Der Chor wurde durch eine Mauer abgetrennt und als Konsistorienkammer verwendet, außerdem zog man eine Zwischendecke ein. Spätestens zu diesem Zeitpunkt dürften die letzten Anzeichen für die Grablege verschwunden sein[536]. Die Gebeine, die Florens V. 1282 in Friesland geborgen hatte, blieben genau an dem Ort in der Nische an der Südseite der Kirche, die mit einer Mauer verschlossen wurde und in Vergessenheit geriet[537]. 1817 wurde sie erstmals geöffnet, in ihr fand man einen Steinsarkophag, auf dem ein Ritter mit dem holländischen Wappen abgebildet war, und in dem Sarkophag einen Leichnam, den man für Wilhelm oder seinen Bruder Florens hielt. Anlass für diese Unsicherheit gab eben der Wappenschild der Grabplatte, da der Heraut Beieren Anfang des 15. Jahrhundert für den König ein zweigeteiltes Wappen überliefert, bestehend aus dem Reichsadler schwarz auf Goldgrund, und dem roten holländischen Löwen, ebenfalls vor goldenem Hintergrund[538]. Nach verschiedenen Umbettungen im 19. und 20. Jahrhundert ruht das 1817 entdeckte Skelett heute wieder an seinem angestammten Platz[539]. Aufgrund einer neuen Untersuchung im Jahr 2011 kann nicht mit vollkommener Sicherheit gesagt werden, dass es sich bei dem Mann, der in der Nische an der Südwand der Stiftskirche in Middelburg beigesetzt ist, tatsächlich um König Wilhelm handelt. Die anthropologischen Befunde sprechen nicht dagegen[540], die entnommenen DNA-Proben lieferten aufgrund einer zu starken Kontaminierung keine eindeutigen Er-

536) DHANENS, Het graf van Rooms-Koning Willem II S. 88.

537) Zur Geschichte der Abteikirche im 17. und 18. Jh. vgl. HEYNING, Die Abdijkerken S. 153–159.

538) HEYNING, Oude glorie en nieuwe zakelijkheid S. 218 f.; CORDFUNKE, Willem II S. 50, 53 f., vermutet, dass die Grabplatte ursprünglich die sterblichen Überreste Florens' des Vogtes bedeckte, beim Bildersturm 1566 beschädigt und Anfang des 17. Jh., als man die Nische vermauerte, zum Verschließen des Grabes Wilhelms verwendet wurde; DHANENS, Het graf van Rooms-Koning Willem II S. 64, 100–102, nimmt hingegen an, dass auch die Gebeine diejenigen des Bruders sind; zum Heraut Beieren, dem Herold Claes Heynensoen, der in den Diensten Graf Wilhelms VI. (1404–1417) stand und mehrere Chroniken verfasste, vgl. auch BERTELOOT, Mittelalter [Niederländische Literaturgeschichte] S. 37.

539) CORDFUNKE, Willem II S. 47–49; zu den Zerstörungen in Middelburg während des Zweiten Weltkriegs, den folgenden bauhistorischen Untersuchungen, die noch unter der deutschen Besatzungsmacht stattfanden, und dem Wiederaufbau der Kirche vgl. SINKE/VAN DRUNEN, Verwoesting en wederopbouw S. 230–242.

540) MAAT, Het fysisch antropologisch onderzoek S. 61–73.

gebnisse[541]. Für die holländische Memoria des späten Mittelalters und der frühen Neuzeit sind diese Erkenntnisse jedoch nicht von Belang.

541) ALTENA/SMEDING/DE KNIJF, Het DNA-onderzoek S. 79 f.; vgl. auch KAMENZIN, Tode S. 452 f.

# IV Königliche Herrschaft im Reich in der Mitte des 13. Jahrhunderts – und die Frage, was vom Interregnum übrigbleibt

Der erste Teil der vorangegangenen Studie hat König Wilhelm innerhalb eines vielfältigen Beziehungsgeflechts gezeigt. Auf verschiedenen Ebenen konnte ein Ineinanderwirken von Reichsspitze, päpstlichen Legaten, lokalen Adligen, Fürsten und Reichsklerus in allen Regionen des nordalpinen Reiches beobachtet werden. Der Schwerpunkt lag zunächst auf den ersten anderthalb Jahren von Wilhelms Herrschaft. Eine detaillierte Analyse vor allem der Urkundenüberlieferung konnte darlegen, dass der König bereits in dieser frühen Phase keineswegs nur als „Pfaffenkönig"[1] zu bewerten ist, allein von der Gunst des Papstes und der geistlichen Reichsfürsten abhängig. Die ersten Monate des Königtums Wilhelms waren zwar vordergründig geprägt von den Belagerungen Kaiserswerths und Aachens, dennoch geben die Diplome deutliche Hinweise darauf, dass auch auf dem Weg von Verhandlungen und durch das klassische Mittel königlicher Gunstbezeigungen die Grundlagen der Herrschaft systematisch erweitert wurden. Aufgrund der Zeugenlisten lassen sich verschiedene Personengruppen identifizieren, die in dieses Vorgehen eingebunden waren. Manche der rekonstruierten Verbindungen mögen auf den ersten Blick nur als schwache Linien erkennbar werden, doch in der Gesamtheit tritt ein Beziehungsnetz zutage, innerhalb dessen der König an zentraler Stelle agierte.

Dieser Eindruck von einem aktiven Auftreten des Herrschers wurde in einem zweiten Schritt mit dessen Position innerhalb des „inner circle" abgeglichen. Indem das Verhältnis Wilhelms zu den engsten Beratern, den höchsten Funktionsträgern im Reich und der Familie untersucht wurde, ließ sich das Bild von der Stellung des Königs weiter schärfen. Die Interaktion des Herrschers mit den rheinischen Erzbischöfen, vor allem mit Konrad von Hochstaden, erweist sich nur bei oberflächlicher Betrachtung als klar einschätzbar. Bei genauerem Hinsehen wird es auch aufgrund der problematischen Quellenüberlieferung immer schwerer, die verschiedenen Ereignisse und Verhaltensweisen der Prälaten zu kategorisieren. Letztlich verfolgten wohl alle Erzbischöfe, die während der Regierung Wilhelms amtierten, in erster Linie die Interessen ihrer Diözese und ihres Hochstifts und suchten ihren persönlichen Vorteil sowie den ihrer Familie. Die Anforderungen der Gesamtkirche und des Reiches waren nachrangig. Doch gerade in diesem

1) So etwa ZEUMER, Ein Reichsweisthum S. 407.

Kontext und vor allem in den Konflikten ist der König als ein eigenständiger und ernstzunehmender Akteur zu beobachten.

Während die päpstlichen Legaten und der Kanzler Heinrich von Speyer als loyale Mitarbeiter Wilhelms auftraten, kann die Stelle eines Justitiars des Reiches, besetzt mit Adolf von Waldeck, als Innovation verstanden werden, deren genauere Einordnung allerdings problematisch ist. Eine Beeinflussung des Königs durch Familienmitglieder, die Ehefrau oder den Bruder, ist in den Quellen nicht nachzuweisen. Gerade innerhalb seines engsten persönlichen Umfeldes trat Wilhelm als selbständig handelnden Herrscher hervor, der sich auch von den geistlichen Reichsfürsten abgrenzen und alternative Möglichkeiten erproben konnte.

Zwei thematische Zugänge zeigten Wilhelm in konkreten, entscheidenden Situationen seiner Herrschaft, in den Auseinandersetzungen mit Margarete von Flandern und in der friedlichen Politik gegenüber den weltlichen Reichsfürsten im Osten. Wieder erlauben es die Quellen, von einem aktiven König zu sprechen, der seine Optionen kennt und ausschöpft. Den Krieg im Nordwesten des Reiches führt er mit großem militärischen Geschick im Wesentlichen als Reichsoberhaupt mit Unterstützung der Fürsten, sein intensives Engagement wurde, wie der Blick auf die zeitgenössische Geschichtsschreibung zeigen konnte, nicht als ungebührlich oder schädlich für das Reich empfunden. Das Vorgehen in Braunschweig und in Ostsachsen zeigt deutliche Anklänge an das „klassische" Reichsregiment von Wilhelms Vorgängern. Im Harzraum reihte er sich in die Traditionslinie der ottonischen, salischen und staufischen Könige vor ihm ein, durch die Förderung der alten Stiftungen in Goslar, Pöhlde, Walkenried.

Bis heute hallt in der Forschung die Meinung Kempfs nach, dass die Herrschaft Wilhelms „eine der traurigsten unserer ganzen Geschichte" gewesen sei[2]. In dieser Arbeit wurde versucht, das gesamte Aussagespektrum der Quellen zu berücksichtigen und so zu einer ausgewogeneren Beurteilung dieses Königtums an der Schwelle zum sog. Interregnum zu kommen. Den älteren Autoren, vor allem Hintze, lagen die Urkunden vor allem in Form des von Julius Ficker herausgegebenen Regestenbandes vor. Sie stützten sich in ihrem Urteil also stärker auf die erzählenden Quellen. Kempf kannte zusätzlich bereits die in den MGH erschienene Auswahledition der Papstbriefe des 13. Jahrhunderts[3], was seine Wahrnehmung ebenfalls beeinflusst haben mag. Die Interpretation erfolgte zudem aus einer nationalstaatlichen Perspektive heraus, die gerade mit dem „Holländer" unter den römi-

2) KEMPF, Geschichte Interregnum S. 176 f.; vgl. KIRK, Interregnum S. 283; zum Fortleben dieses Negativurteils bis in die aktuellste Literatur siehe oben S. 18–21.

3) Epp. saec. XIII 1, erschienen 1883; Epp. saec. XIII 2, erschienen 1887.

schen Königen hart ins Gericht ging, auch wenn diese Kategorisierung für das Mittelalter unsinnig ist[4]. Berücksichtigt man aber das gesamte zur Verfügung stehende Material und räumt der zeitgenössischen Überlieferung den Vorrang vor der späteren ein, erscheint eine günstigere oder zumindest vorsichtigere Interpretation an vielen Stellen angebracht.

Die systematische Auseinandersetzung mit der mittelalterlichen Historiographie wurde bewusst in einen zweiten Hauptteil der Arbeit ausgelagert. Die Texte der Geschichtsschreiber wurden unter dem Aspekt behandelt, welche Darstellungsabsicht sie mit Wilhelm und seinem Königtum verbinden wollten. In diesem Zusammenhang lassen sich Periodisierungen vornehmen, die von einiger Bedeutung für die Betrachtungsweise des Königs sind: Zwei Werke, die Erfurter Predigerannalen und die Annalen von St. Pantaleon in Köln, brechen ab, ohne vom Tod Wilhelms und somit vom „unvollendeten" Ausgang dieser Herrschaft zu wissen. Ihnen muss ein einigermaßen unvoreingenommener Charakter zugestanden werden. Die anderen zeitgenössischen Verfasser kennen das unglückliche Ende des Königs, hier fächert sich das Spektrum der Ansichten über diese Herrschaft bereits erkennbar auf. Matthaeus Parisiensis äußert sich als einziger Chronist wirklich abschätzig über Wilhelm, doch selbst er räumt diesem eine gewisse Bedeutsamkeit ein und nimmt ihn als ernstzunehmenden Gegner der Staufer wahr. In anderen Werken wird der König einfach als rechtmäßig gewähltes und gekröntes Reichsoberhaupt akzeptiert, als mehr oder weniger selbstbewusster Akteur neben oder vielleicht sogar vor anderen.

Ein weiterer Wandel findet mit dem Regierungsbeginn König Rudolfs statt. Mit ihm bzw. in der Geschichtsschreibung ab den 1270er Jahren setzt ein Prozess der Marginalisierung Wilhelms ein. Während Gottfried von Ensmingen, der Chronist im Straßburger Ellenhard-Codex die Rolle der habsburgischen Könige auf Kosten der Herrscher des sog. Interregnums hervorhebt, erwähnt Martin von Troppau das Königtum Wilhelms im starren Schema seiner Papst-Kaiser-Chronik nur en passant als ein Ereignis während der Regierungszeit Friedrichs II. Die Martinschroniken prägten als Schulbuch das Geschichtsbild des Spätmittelalters. Die Auswirkungen dieser Akzentuierung des späten 13. Jahrhunderts – bedeutende Staufer und Habsburger, unwichtige Könige des sog. Interregnums – reichen bis in die wissenschaftliche Beschäftigung des 19. und 20. Jahrhunderts.

Die in der deutschen Forschung bislang kaum gewürdigte Traditionsbildung in der Grafschaft Holland, die sich deutlich von der Vernachlässigung des Königs im Reich abhob und eigene Akzente setzte, ergänzt das Bild des Königs um ein maßgebliches Element: die ehrende Memoria durch dessen

4) Vgl. auch LECUPPRE-DESJARDIN/LECUPPRE, Anno 5. regni sui S. 848 f.

Familie und Nachfolger, zu denen zu guter Letzt die Habsburger selbst zählten. Die Wertschätzung, die Wilhelm in der holländischen Geschichtsschreibung entgegengebracht wird, hat einen deutlichen regionalen Bezugspunkt. Aus der Perspektive des Melis Stoke wird das Reich sogar zu einer verderblichen Ablenkung des Grafen von seiner eigentlichen Bestimmung. Dazu passt die zunehmende Konzentration der holländischen Grafen auf ihr unmittelbares Umfeld, die bereits unter Wilhelms Sohn Florens V. einsetzt. Dieser zeigte keinen Ehrgeiz, dem Beispiel seines Vaters nachzufolgen und eine Karriere auf Reichsebene anzustreben. Das Andenken an Wilhelm fand in der Stiftskirche in Middelburg sein Zentrum, durchaus prunkvoll und mit fast heiligmäßigem Gepräge, aber ausschließlich von Bedeutung in einem holländisch-zeeländischem Setting und ohne übergreifende Wirkung.

Dennoch waren die Verbindungen zwischen Holland und dem Reich nicht vollständig gekappt. Unter Ludwig IV. wurde die Grafschaft Teil des wittelsbachischen Herrschaftsgebietes, und Johannes de Beka führte in seiner Chronographia König Wilhelm als Vorbild untadeliger Ritterschaft vor Augen, vermutlich als Ansporn für den Sohn des Kaisers, der als Wilhelm V. in Holland regierte. Kaiser Maximilian reihte Wilhelm schließlich ganz unvoreingenommen in die Reihe seiner Vorgänger ein, und in Holland, das im 16. Jahrhundert zum großen habsburgischen Herrschaftskomplex gehörte, entstand mit dem leider nur wenige Jahre überdauernden Renaissancegrabmal in Middelburg ein letztes eindrucksvolles Zeugnis der Erinnerung an König Wilhelm, für das sich vielleicht sogar Karl V. interessierte.

Die vorliegende Untersuchung hat gezeigt, dass Wilhelm als König im 13. Jahrhundert in einer Weise agierte, die den Vergleich mit seinen staufischen Vorgängern und seinem habsburgischen Nachfolger nicht zu scheuen braucht. Er war ein Legitimationsgeber für das Reich, er konnte seine Position auch gegen andere Akteure behaupten, er wurde als Herrscher wahrgenommen und akzeptiert. Eingangs wurde die Frage gestellt, ob Wilhelm eine Art Vermittlerrolle einnehmen könnte, in dessen Herrschaftspraxis sich Elemente älterer Methoden der Reichsverwaltung mit innovativen Ansätzen verbinden. Hinsichtlich der Urkundenausstellung wurde diese Brückenfunktion von Dieter Hägermann bereits bestätigt[5]. Bei der Ausübung seiner Herrschaft bediente sich der König im Wesentlichen personaler Elemente: Er bezog seine Verwandten mit ein, schloss eine politisch gewinnbringende Ehe, belohnte die Treue seiner Anhänger durch die Vergabe von Reichsrechten – all dies sind klassische Mittel, die sich für das römisch-deutsche

5) HÄGERMANN, Studien zum Urkundenwesen S. 364 f.

Königtum bewährt hatten, die jedoch auch nach Wilhelm immer noch Anwendung fanden[6].

In den Bemühungen um Zeeland bewesten Schelde und die Nachfolgerechte Johanns von Avesnes mag man Ansätze zur Schaffung einer Hausmacht erkennen, doch bemühten sich Könige und Fürsten seit jeher um eine Arrondierung ihres territorialen Besitzes. Mit der ausgeprägten Hausmachtpolitik Karls IV. kann Wilhelms Vorgehen gegen Flandern nicht verglichen werden[7]. Lässt sich auch im Amt eines *iustitiarius imperii*, das von Adolf von Waldeck verwaltet wurde, ein neuer Ansatz, vielleicht sogar ein Bemühen um eine Institutionalisierung des königlichen Hofes als Verwaltungszentrum erkennen, so ist die Quellenbasis doch zu gering, um hier zu tragfähigen Aussagen zu gelangen[8]. Insgesamt bietet sich eher das Bild einer Herrschaftspraxis, die auf Kontinuität angelegt ist. Der vermeintliche Bruch nach dem Ende der Staufer hatte aus herrschaftlicher Perspektive keine besondere Bedeutung. Zumindest im Blick auf das Regnum Wilhelms ergibt das Paradigma des sog. Interregnum keinen Sinn mehr.

In der Einleitung zu seiner Habilitationsschrift „Deutsches Interregnum und europäische Politik", erschienen im Jahr 2000, betrachtet Martin Kaufhold die verschiedenen Vorstellungen und Begriffe seit dem 18. Jahrhundert und konstatiert: „Der vorsichtige Wandel in der Beurteilung des Interregnums basiert nicht auf neuem Wissen über diese Zeit, sondern auf einem allgemeinen Wandel ordnungspolitischer Maßstäbe. [...] Es gibt nur einen schwachen Zusammenhang zwischen der stringenten Analyse der einzelnen politischen Erscheinungen dieser Jahre und der Gesamteinschätzung der Epoche"[9]. Die Konsequenz aus dieser Überlegung zieht Kaufhold jedoch nicht. Er affirmiert den Interregnums-Begriff und konstruiert eine Epoche, die ungefähr von 1230 bis 1280 gereicht haben soll, unter der Maßgabe europäischer „Gemeinsamkeiten praktischer Vernunft"[10]. Interessant an diesem Konzept ist auch, dass der Verfasser ausdrücklich Reichsgeschichte betreiben möchte[11], jedoch dem Königtum Wilhelms, das exakt im Zentrum des von ihm gesetzten Zeitraumes stattfand, nur wenige Seiten widmet[12]. Er geht a priori davon aus, dass königliche Herrschaft grundsätzlich nicht in

6) SCHUBERT, König und Reich S. 100–113.

7) SCHUBERT, König und Reich S. 91.

8) Zur Ausprägung des Hofes, die wiederum besonders unter Karl IV. voranschritt, siehe SCHUBERT, König und Reich S. 84–91.

9) KAUFHOLD, Deutsches Interregnum S. 16.

10) KAUFHOLD, Deutsches Interregnum S. 477 f.

11) KAUFHOLD, Deutsches Interregnum S. 26.

12) Im Wesentlichen im Kontext des Rheinischen Bundes, KAUFHOLD, Deutsches Interregnum S. 185–187.

der Lage ist, zu konsensualen Lösungen zu gelangen[13] – was im Blick auf König Wilhelm unzutreffend ist: Die verschiedenen Kontaktanbahnungen, die zwischen dem königlichen Hof, geistlichen Institutionen, lokalen adligen Kreisen und Fürsten in allen Teilen des Reiches in den ersten anderthalb Jahren von Wilhelms Herrschaft stattfanden, sprechen eine andere Sprache. Auch das Anknüpfen von Verbindungen nach Braunschweig, das Arrangement der Hochzeit und die anzunehmenden Verhandlungen im Umkreis der Nachwahl sind dazu geeignet, Kaufholds generalisierende Annahme zu entkräften. Wenn dessen Untersuchungen in den Einzelheiten über die Anwendung von Schiedsverfahren in den genannten Jahrzehnten durchaus anregend sind, so stellt sich doch die Frage, warum weiterhin vom Interregnum die Rede sein muss. Wenn ein Begriff so wenig für das Verständnis dieser Zeit leisten kann, weshalb sollte man dann noch weiter an ihm festhalten, vor allem, wenn er in seiner wörtlichen Bedeutung offensichtlich missverständlich, ja sogar falsch ist[14]?

Von den verschiedenen Argumenten in der Debatte um das sog. Interregnum sei hier nur eines angesprochen: die Problematik der Epochengrenzen. Von Wandlungsprozessen im 13. Jahrhundert zu sprechen, die vor 1245 oder 1250 oder 1254 einsetzten und über das Jahr 1273 hinausreichten, ist lapidar. Die postulierte „Wende des Mittelalters“[15] um 1200 ist keineswegs

13) „Das Schwert des Königs sorgte für eine klare Richtung. Aber Schwerter haben nur begrenzte Fähigkeiten. Man kann mit ihnen einen Knoten durchschlagen, zum Zusammenknüpfen taugen sie kaum,“ KAUFHOLD, Deutsches Interregnum S. 24.

14) KAUFHOLD, Deutsches Interregnum S. 15, scheint die einschränkende Formulierung vom 'sogenannten Interregnum' nicht überzeugend zu finden, auch wenn er dies nicht weiter begründet. Er orientiert sich offenbar an Ernst H. Kantorowicz, der im Anschluss an das berühmte Friedrich-Buch eine Monographie mit dem Titel „Interregnum“ geplant hat, ebd. S. 16–18; vgl. auch LERNER, Ernst Kantorowicz S. 155 f. In einer 2003 erschienen Überblicksdarstellung zu den römisch-deutschen Königen verhandelt Kaufhold unter der Überschrift „Die Könige des Interregnum“ sowohl Konrad IV., Heinrich Raspe, Wilhelm, Alfons und Richard, KAUFHOLD, Könige des Interregnum S. 315–339, und bezeichnet den Beginn des Interregnums ausdrücklich mit der Wahl Wilhelms, ebd. S. 339. Wesentlich sinnvoller erscheint die Definition STÜRNERS, Dreizehntes Jahrhundert S. 309–313, der die Hauptfunktion des sog. Interregnums als Vergleichsfolie für die jeweilige Gegenwart betont, ebd. S. 310. Doch auch er kommt zu dem Schluss, dass der Begriff weiterhin Verwendung finden sollte. „Der Schaden scheint gering, sofern stets bewußt bleibt, wie unzutreffend der Begriff im strengen Wortsinn die Periode beschreibt, für die er steht.“ Einen sehr guten Überblick über die Interregnumsforschung des 20. Jahrhunderts und eine Auseinandersetzung mit den Begrifflichkeiten bietet KIRK, Interregnum S. 556–567.

15) GRUNDMANN, Wahlkönigtum §128 S. 427.

in dieser Schärfe zu beobachten[16], es sind „gleichzeitige Ungleichzeitigkeiten," die ein Charakteristikum der Geschichte überhaupt darstellen[17]. Zudem führte die spezifisch deutsche Unterteilung des Mittelalters in Früh-, Hoch- und Spätmittelalter dazu, dass die zweite Hälfte des 13. Jahrhunderts als „Kurzepoche"[18] keine deutliche Zuordnung erhielt und sowohl von der einen wie von der anderen Seite aus nicht beachtet wurde[19].

Sucht man nach gemeinsamen Merkmalen dieser Jahre, so reduzieren sich diese auf dem Sektor der politischen Reichsgeschichte sehr schnell auf den dynastischen Aspekt: Im sog. Interregnum gab es Herrscher, die keine Staufer mehr und noch keine Habsburger, Luxemburger oder Wittelsbacher waren. Heinrich Raspe, Wilhelm, Richard und Alfons werden fast zwangsläufig auch noch in der aktuellen Literatur mit Schwäche assoziiert, trotz aller inzwischen erlangten Erkenntnisse über die durchaus vorhandenen Erfolge während deren Herrschaft[20]. Hier wurde dargelegt, dass von einer Phase

16) KELLER, Das frühe 13. Jahrhundert S. 15 f.; auch SCHNEIDMÜLLER, Konsensuale Herrschaft S. 81, plädiert dafür, die „Brüche in der Mitte des 13. Jahrhunderts nicht zu scharf" zu zeichnen, wenn er auch weiterhin von kleinen Königen und dem Schwinden des Kronguts spricht.

17) SCHREINER, Diversitas temporum S. 381; vgl. auch GRAUS, Epochenbewusstsein im Spätmittelalter S. 163 f.

18) HÄGERMANN, Art. Interregnum Sp. 468.

19) KIRK, Interregnum S. 558–563.

20) Von besonderer Bedeutung ist immer noch MORAW, Von offener Verfassung S. 155, der im Blick auf das gesamte Spätmittelalter den Begriff des „überforderten Königs" prägte; ebd. S. 206 „Päpstlich-rheinische Könige", „Grafen-Könige", das Streben nach Emanzipation als „das unabänderliche ›Gesetz‹ kleinköniglichen Verhaltens", womit freilich die Begrenztheit und Schwäche deren Herrschaft auf den Punkt gebracht werden soll, und die Betrachtung der gesamten Herrschaftszeit Wilhelms als Krise, ebd. S. 206–209. Hier kann des Weiteren nur auf die neuesten Publikationen verwiesen werden: STÜRNER, Dreizehntes Jahrhundert S. 294; WEINFURTER, Das Reich im Mittelalter S. 128, über Wilhelm als einen „der schwächsten Herrscher des Mittelalters"; ebd. S. 181–183 bemüht er einmal mehr das Bild der 'kleinen Könige', um dann auf S. 184 Rudolf als „König des Glücks und wohl auch des diplomatischen und militärischen Geschicks" zu preisen, eine Vereinfachung, die selbst für eine knappe Überblicksdarstellung zu weit geht. Selbst SCALES, The Shaping of German Identity S. 119, verfällt in die althergebrachten Deutungsmuster, wenn er bezüglich Wilhelms von „modest reign" spricht. Neue Einschätzungen der Herrschaft Richards von Cornwall etwa bei NEUGEBAUER, Richard von Cornwall S. 24: „[...] ein sicher nicht großer, aber doch weithin anerkannter römisch-deutscher König"; SCHWARZ, Herrschaft und Herrschaftskonzeptionen, zusammenfassend S. 89 f., dessen Plädoyer man sich anschließen möchte: „Höchste Zeit [...], die immer noch latent wirksame Abqualifizierung hinter sich zu lassen und [...] zu einem [...] der Wirklichkeit angemessenen Bild zu gelangen," ebd.

„ohne königliche Herrschaftspräsenz“[21] mit Blick auf das Königtum Wilhelms keinesfalls die Rede sein kann.

František Graus hat zu Recht davor gewarnt, dem menschlichen Urteil über die positiv oder negativ herausragende Bedeutung der jeweils eigenen Epoche allzu sehr zu trauen, und dieses scheinbare „Epochenbewusstsein“ als „Epochenillusion“ entlarvt[22]. Umgekehrt kann jedoch die Sichtweise der Zeitzeugen dazu herangezogen werden, den einer bestimmten Phase der Reichsgeschichte zugeschriebenen Charakter zu entkräften. Die entsprechenden Belege wurden oben bereits angeführt: In der zeitgenössischen Geschichtsschreibung ist kaum zu erkennen, dass man sich in einer besonders krisenhaften Situation wähnte. Aus den Urkunden geht hervor, dass sich Wilhelm in einer Reihe mit seinen königlichen und kaiserlichen Vorgängern sah und dass er seinerseits von seinen Nachfolgern als Teil der rechtmäßigen Herrscherreihenfolge betrachtet wurde[23]. Sein eigener Sohn Florens V. widerlegte die Ansprüche des „falschen Friedrichs“ Dietrich Holzschuh mit dem Verweis auf die legitimen Königswahlen, die seit der Absetzung des Kaisers stattgefunden hatten[24] – mangelndes Reichsbewusstsein oder gar das schmerzliche Empfinden eines Fehlens von Reichsgewalt ist hier nicht zu sehen.

Das Verfallsbild vom sog. Interregnum wurde im Nachhinein kreiert, von einer Historiographie, deren Ziel es war, Heinrich Raspe, Wilhelm, Richard und Alfons so klein wie möglich zu machen, um Rudolf umso größer erscheinen zu lassen. Viele Vertreter der Geschichtswissenschaft des 19. und 20. Jahrhundert haben dieses Bild, das zwar durchaus in mittelalterlichen Quellen zu finden ist, aber lediglich einen Ausschnitt aus dem Meinungsspektrum repräsentiert, nur zu gern angenommen. Denn es entsprach ihrer eigenen Perspektive von einem mächtigen staufischen Kaisertum, dem nachfolgenden Niedergang und der habsburgischen „Auferstehung“[25]. Hat man diese Voreingenommenheit als solche erkannt, so erscheint es nur konsequent, das sog. Interregnum als Kurzepoche zu vergessen und stattdessen übergreifend vom Königtum des 13. Jahrhunderts zu sprechen. Es sind weder die Herrschaftspraxis noch die politischen Zielsetzungen, die Durchset-

---

21) KAUFHOLD, Deutsches Interregnum S. 15. Ähnlich unvorsichtig äußert sich auch GRAMSCH, Das Reich als Netzwerk der Fürsten S. 12, der das „zeitweilige Verschwinden der Zentralgewalt“ konstatiert und damit den Interregnums-Begriff auch in der heutigen Zeit rechtfertigen möchte. Er stellt ebd. sogar die Frage, „inwieweit es damals überhaupt noch eine ›Reichsgeschichte‹ gegeben hat.“

22) GRAUS, Epochenbewusstsein – Epochenillusion S. 531–533.

23) Siehe oben S. 27 f.

24) Siehe oben S. 388–390.

25) SCHNEIDMÜLLER, Konsens, Territorialisierung, Eigennutz S. 228–232.

zungsfähigkeit oder die Autorität im Reich, die Wilhelms Herrschaft von der seiner Vorgänger unterscheiden, sondern allein die Dauer. In diesem Punkt kann er freilich mit den jahrzehntelangen Regierungsperioden Friedrichs II. oder Friedrichs I. nicht konkurrieren. Sein Königtum fand nach etwas mehr als acht Jahren ein gewaltsames Ende. In dieser Zeit entsprach es jedoch ganz dem Erwartungshorizont seiner Zeitgenossen. Ein ehrendes Andenken, ja eine Herrschermemoria hat sich nach seinem Tod nur in seiner Heimatregion etabliert. Im Reich hingegen verblasste das Bild des ersten „Grafen-Königs" schnell.

# Register

# Namen

Der Name „Wilhelm, röm.-dt. Kg.“ wurde nicht ins Register aufgenommen. Kursiv gesetzt sind Bezeichnungen aus den Quellen, die nicht eindeutig aufgelöst werden konnten. Hochgestellte Ziffern hinter den Seitenzahlen beziehen sich auf Anmerkungsnummern.

Abkürzungen: Äbt.in = Äbtissin, b. = bei, B. = Bruder, Bf. = Bischof, Bgf. = Burggraf, Bgft. = Burggrafschaft, byzant. = byzantinisch, d. = das/des/der, Ebf. = Erzbischof, Fst. = Fürst, Fst.in = Fürstin, Fstm. = Fürstentum, Gem. = Gemahlin/Gemahl, gen. = genannt, Gf. = Graf, Gf.in = Gräfin, Gft. = Grafschaft, gr. = griechisch, hl. = heiliger/heilige, Hzg. = Herzog, Hzg.in = Herzogin, Hzgtm. = Herzogtum, Kg. = König, Kg.in = Königin, Kgtm. = Königtum, Kgr. = Königreich, Ks. = Kaiser, Ks.in = Kaiserin, Ksr. = Kaiserreich, lat. = lateinisch, Lgf. = Landgraf, Lgf.in = Landgräfin, Lgft. = Landgrafschaft, M. = Mutter, Mgf. = Markgraf, Mgf.in = Markgräfin, Mgft. = Markgrafschaft, Myth. = Mythologie, Pfgf. = Pfalzgraf, Pfgft. = Pfalzgrafschaft, röm.-dt. = römisch-deutsch, S. = Sohn, Schw. = Schwester, T. = Tochter, u. = und, V. = Vater, v. = von